성경강해시리즈

신명기

Deuteronomy

유동근

IMC

BIBLE EXPOSITION SERIES

STUDY ON

DEUTERONOMY

Yu Dong Keun (Th. M., D. D)

Korean Edition

420-031, 617-5, Sang Dong, Wonmi Gu, Bucheon City, Gyeonggi Do, Korea

신명기 강해

Deuteronomy

차 례 · contents

신명기
Deuteronomy

서문

신명기는 하나님의 종 모세가 40년 광야 생활을 끝내고 요단 동편에 와서 약속의 땅에 막 들어가려던 시점에서 이스라엘 백성들에게 말해낸 것들을 기록한 것이다. 이는 호렙에서 이스라엘 자손과 세우신 언약 외에 모세에게 모압 땅에서 세우신 또 하나의 다른 언약이다(29:1). 모세는 이 말을 마치고 하늘로 가려는 참이고 이스라엘은 가나안 땅에 들어가려는 참이다. 모세는 지난 40년을 회상하면서 엄숙하고도 애정에 찬 마음으로 이스라엘을 교훈하고 있다. 교훈의 주제는 순종이다. 모세는 많은 말로 이스라엘에게 하나님의 계명에 순종할 것을 강조한 것이다. 많은 사람들이 신명기를 출애굽기와 레위기와 민수기 말씀의 반복이라고 생각하지만 이는 단순한 반복의 책이 아니다. 독자들은 신명기를 통해서 새로운 하나님의 성품과 속성을 알고 깊은 인상을 받게 되리라 확신한다.

신명기의 중요성은 신약 시대에 예수 그리스도와 사도들이 가장 많이 인용한데서도 드러난다. 신약 27권 중에서 17권에서 신명기가 인용되었으며 전체적으로 80여 회나 직접적으로 인용이 되었다. 또한 주 예수님이 광야에서 마귀에게 시험 받으실 때 세 번씩이나 신명기의 말씀을 인용하심으로 사탄을 물리치셨다. 또한 주님이 신명기 6장 4-5절

내용, 쉐마를 크고 첫째 되는 계명이라고 규정하신 것에서도 그 중요성을 알 수 있다. 신명기의 기록 목적은 분명하여 그 주제가 순종에 있음을 알 수 있다. 이는 단순한 순종이 아니라 하나님을 사랑함과 두려워함으로 인한 순종이다.

이 책은 3000년 전에 기록된 것이지만 오늘을 사는 우리에게 가장 필요하고 긴요한 말씀의 공급을 제공한다. 시대를 뛰어넘어서 인간에게 너무나 실제적이며 유익을 준다는 것이 성경의 위대성의 또 한 가지 방면이다. 나는 신명기의 연구자들이 이 책을 통해 하나님의 인자하시고 자비로우시며 엄위하신 속성들을 대하면서 더욱 그분을 닮으려는 갈망이 마음속 깊이 불러일으켜지리라고 기대해 본다.

본인이 모세 오경을 강해함에 있어서 창세기와 출애굽기는 기록하였고 레위기와 민수기와 이번에 출판하는 신명기는 사경회에서 강해한 내용을 받아 적어 만든 것임을 밝혀두고자 한다. 자연히 강단에서 전한 내용에 있어서는 여러모로 섬세한 접근(fine approach)이 부족할 수 있으니 독자제위께서 양해하고 읽어주시기 바란다. 그러나 출판에 앞서 본인은 다시 한 번 내용 전체를 읽으면서 다소나마 보완하여 부족함을 감해보려는 최선의 노력을 기울였다.

한 가지 이 책을 통해 신명기를 공부하고자 하는 분들에게 권하고 싶은 것은 성경 본문 말씀을 중요시하여 읽어달라는 것이다. 강해서마다 특징이 있고 기록 목적이 다르겠지만 본서를 작성함에 있어서는 성경을 한 장 한 장 공부하고 읽으려는 사람들을 돕기 위한 것이다. 즉 성경을 약간의 설명과 더불어 즐거운 누림과 함께 한 장씩 읽음으로써 전체의 내용을 쉽게 이해하도록 하는 데 중점을 둔 것이다. 그러므로 저자가 권하는 것은 한 장의 내용을 이 책으로 읽었다면 강해서를 덮어두고 성경 본문 내용을 한두 번 더 읽어달라는 것이다. 그럴 때 독자들이 신명기를 통해서 하나님께서 친히 말씀하시고자 하는 내용으로 더욱 깊이 있고 신선하게 감동받을 수 있을 것이다.

이 책을 강해함에 있어서 국내외의 훌륭한 저자들의 저술들을 고루 참조했다. 국내는 박윤선 주석과 이상근 주석, 호크마 주석, 외국으로는 맥킨토시와 매튜 헨리의 강해서 등이다. 해석상 부족함이나 오류가 있다면 양해해주기 바라며 다만 하나님의 말씀을 공부하고 이해하는데 조금이라도 유용한 자료가 되기만을 간절히 바랄 뿐이다. 그래서 성도들이 우리가 섬기는 귀한 하나님을 더 사랑하게 되고 말씀에서 유익을 얻으며 주님께 영광이 된다면 그 이상 더 바랄 것이 무엇이겠는가! 강해 집회마다 빠지지 않고 참석해주신 성도님들께 감사하며 이 강해서를 성심성의껏 교열해준 사랑하는 아내와 편집과 교정에 참여해주신 여러분들께 진정으로 감사를 표하는 바이다. 모든 영광이 하나님께 돌아가기를… .

2004년 11월 1일
2008년 8월 10일
저자 유동근

서론

신명기는 모세 오경 중에서 마지막 책이다. 영어로는 신명기를 'Deuteronomy' 라고 하며, 그 뜻은 '율법의 반복' 이다. 원래 히브리어로는 '엘레하 데바림(אלה הדברים)' 으로서 '이는 곧 말씀들이라' 는 뜻인데 히브리인들은 '엘레하' 를 제하고 그냥 '데바림' (말씀들)으로 사용하기도 했다. 그리고 나중에 70인 역자들은 이 책에 '제 2율법서(repetition of the law)' 라는 뜻을 지닌 '듀테로노미온(Deuteronomion)' 이라고 명명하였다. 따라서 영어 번역본들은 본서를 'Deuteronomy' 라고 한 것이다. 이것은 신명기가 두 번째 율법서로서 율법을 다시 한 번 자세하게 풀어서 설명했다는 뜻이다. 그러나 신명기는 단순한 율법의 재강론에 그치지 않고 신명기만이 가진 독특한 하나님의 말씀의 특징을 보여준다.

신명기의 기록 배경

이스라엘 백성들은 홍해를 건넌 뒤에 시내 산에 도착해서 거기서 대략 11개월간 머물렀다. 그 기간 동안 많은 말씀을 듣고 율법을 받고 성전의 식양도 받았다. 이 신명기는 그때로부터 사십 년 후에 주신 것으로서, 이스라엘 백성들이 가데스 바네아라는 곳에서 하나님께 불순종한 연고로 가나안 땅에 들어가지 못하고 다시 홍해 길로 돌아가서 사십 년 동안 광야에서 방황하다가 다시 가데스로 돌아왔을 때 주신 말씀이다. 이스라엘 백성들은 가데스 바네아에 이르러 열두 정탐꾼을 가나안에 보내서 정탐하게 한 뒤에 결국 하나님의 말씀을 신뢰치 못하고 불순종함으로써 그때 가나안 땅에 들어가지 못하고 다시 광야로 보내어져서 사십 년 동안 광야에서 방황하게 되었다. 하나님께서는 그들의 정탐한 날 사십 일을 사십 년으로 계산하여(하루를 일 년으로 계산함) 사십 년 동안을 광야에서 방황하게 하셨다. 그리고 당시 불신했던 세대는 여호수아와 갈렙을 제외한 모든 사람이 가나안 땅에 들어가지 못하고 다 광야에서 죽었다. 이 시점에서는 결국 여호수아와 갈렙만이 남아서 새로운 세대와 함께 가나안 땅에 들어가기 위해 준비하고 있다.

하나님의 종 모세는 이 신명기의 말씀을 다 마친 뒤에 느보 산에 올라가서 죽게 된다(34장). 신명기는 율법을 재차 설명한 책으로서 광야 사십 년 동안 첫 세대가 다 광야에서 죽어 흩뿌림을 당하고 새로운 세대가 일어났는데, 하나님께서 그들에게 다시 한 번 율법을 말씀해주실 필요가 있으셨기 때문에 모세를 통하여 이 말씀을 주신 것이다.

그리고 1장 1절에 '선포한 말씀'이라는 말이 있고 3절에 '모세가 자기에게 주신 명령을 다 고하였으니'라는 말이 있고 31장 24절에는 "모세가 이 율법의 말씀을 다 책에 써서 마친 후에"라고 한 것으로 보아 신명기는 처음에 모세가 입으로 전하고 그 다음에 자신이 말한 것을 기록하여 책으로 쓴 것임을 알 수 있다. 모세가 신실한 사람인 것은 그가 한 말을 다 기억하여 기록할 수 있다는 데에서도 발견할 수 있다.

성경에서 신명기의 위치와 주제

창세기는 에덴동산으로 시작하여 요셉이 애굽에서 입관되는 것으로 끝난다. 그러므로 창세기는 에덴에서 애굽까지이고, 출애굽기는 애굽에서 시내 산까지이며, 레위기는 시내 산에서 하나님이 모세를 통해 하신 말씀이고, 민수기는 시내 산에서 모압 평지까지(신 1:1), 그리고 신명기는 모압 평지에서 하신 말씀이다. 따라서 창세기의 중점은 '하나님의 창조와 하나님의 선택'에 있다. 출애굽기는 그 중점이 하나님께서 타락한 인간을 어떻게 '구속하셨는가'에 있다. 또 레위기는 구속받은 백성이 어떻게 하나님을 '섬기며 경배하는가'를 말하며, 민수기는 이스라엘 백성들이 광야에서 시험을 통과하면서 어떻게 하나님으로부터 공과를 배웠는가를 말한다. 즉 그들의 '단련과 시험'이 민수기의 중점이라고 할 수 있다.

그렇다면 신명기의 주제는 무엇이겠는가? 신명기의 주제를 한 단어로 말한다면 그것은 '순종'이다. 하나님의 말씀에 대한 순종인 것이다. 4장 1절을 보겠다. "이스라엘아 이제 내가 너희에게 가르치는 규례와 법도를 듣고 준행하라 그리하면 너희가 살 것이요". 이 구절에 신명기의 핵심 되는 내용이 들어있다.

모세 오경의 책들 중에서 신명기는 이스라엘 백성들의 활동이 적다는 특징이 있다. 이 점은 레위기와 같은데, 레위기는 시내 산에서 주어진 것이며 신명기는 모압 평원에서 말씀한 것이다. 레위기는 주로 제사장들과 레위인들에게, 신명기는 이스라엘 전체 백성들에 대하여 교훈이 기록되었다는 점에서 차이가 있다.

신명기의 내용 구분

신명기의 전체 내용을 구분해보면 1장 1절부터 4장 43절까지는 여정에 대한 회고이다. 즉 지난날을 회고하는 것이다. 하나님께서는 그분의 사랑하는 백성들이 앞으로 길을 잘 가서 축복을 받게 하시려고 지난날의 역사를 회고함으로 배우게 하신다. 그래서 처음 부분은 여정에 대한 회고이다. 둘째 부분인 4장 44절부터 26장 19절까지는 율법의 재강론이다. 즉 율법을 복습하는 것이다. 그 다음 27장부터 30장까지의 내용은 미래의 좌우를 선택하라는 축복과 저주에 대한 예언적인 권면이다. 즉 모세가 이스라엘 백성들에게 주는 마지막 권면이요 훈화이다. 그리고 31장부터 34장까지는 결론이다. 거기에 모세의 노래가 들어있고 모세의 마지막 축복과 작별인사가 들어있다.

신명기의 강조점

신명기의 내용에서 강조되는 한 가지는 '한 하나님' 이다. 모세는 이스라엘 백성들에게 여호와 하나님이 유일한 하나님이심을 가르치고 있다 "이스라엘아 들으라 우리 하나님 여호와는 오직 하나인 여호와시니 너는 마음을 다하고 성품을 다하고 힘을 다하여 네 하나님 여호와를 사랑하라"(6:4-5).

신약에서 가장 많이 인용한 책이 바로 신명기이다. 또한 우리 주님이 광야에서 마귀에게 시험 당하실 때 신명기의 말씀으로 대응하셨다. 신명기는 신약 성경에서 80번 가량 인용되었다. 이 신명기에서 강조하는 또 다른 단어는 '한 성소' 와 '한 민족' 이다. 이 책을 공부하는 동안 '한 하나님', '한 성소', '한 민족' 이라는 세 단어를 기억하기 바란다. 이스라엘 백성들은 반드시 한 하나님을 섬겨야 했으며 결코 다른 신이나 우상을 섬겨서는 안 되었다. 가나안 땅에 들어가서 우선적으로 해야 할 일이 바로 우상들을 깨뜨리고 파하는 것이었다. 그리고서 오직 한 하나님만을 섬겨야 했다.

여기까지 말한 다음 이러한 결론을 도출해 보겠다. 오늘날 이 땅의 그리스도인들은 너무나 많이 분열되어 있다. '한 민족, 한 성소' 는 오늘날의 '한 교회' 로 말할 수 있을 것이다. 구약 성경이 예언과 예표와 그림자를 말하고 있다면 신약은 그 실제를 말하고 있기 때문이다. 그러면 신명기에서 강조하는 '한 나라' 는 어떻게 해서 분열되지 않고 보존될 수 있는가? 우리가 13장부터 읽다보면 하나님께서 한 장소를 선택하여 거기서만 경배해야 한다고 강조하시는 것을 볼 수 있다. 앞으로 세세한 것들을 보겠지만 신명기의 핵심을 가지고 말한다면, 오늘날 그리스도인들 가운데 보여지는 수많은 분열과 반목과 어지러운 상황은 다 하나님의 말씀을 순종하지 않기 때문에 생긴 것들이다. 간단하게 말해서 불순종 때문에 분열이 있는 것이다. 역으로 말해서 하나님의 말씀에 대한 완전한 순종이 있다면 거기에 하나가 존재하게 되고 분열이 사라지게 될 것이다. 그러므로 이 신명기의 말씀은 하나님의 말씀에 대한 절대적인 순종을 그 골자로 하고 있는 것이다. 순종은 기업을 얻는가 못 얻는가, 축복을 얻는가 못 얻는가를 결정하는 매우 중요한 것이다.

이 책은 하나님의 말씀 자체를 중요시하게 하고 귀히 여기게 하고 엄중히 여기게 하여 지키도록 강조한다. 그리고 그 말씀을 순종할 때 임하는 축복과 그 말씀을 불순종할 때 임하는 저주를 보여 주고 있다. 우리는 이 책을 공부하면서 하나님의 말씀을 온전히 순종하는 것이 얼마나 중요한 일인가를 깊이 배우게 될 것이다.

신명기 1장

1절, 이는 모세가 요단 저편 숩 맞은편의 아라바 광야 곧 바란과 도벨과 라반과 하세롯과 디사합 사이에서 이스라엘 무리에게 선포한 말씀이니라

이 '요단 저편'이 바로 모압 땅이다. 그리고 이 '숩'이란 얌숩으로서 홍해를 의미하는 단어이다. 요단 저편은 모압 평지이고 숩은 홍해이고 그 맞은편에 아라바 광야 곧 바란 광야가 있는데, 바란은 가데스 바네아보다 남쪽에 있다. 도벨과 라반과 하세롯과 디사합은 모압 평지에 있는 지점들의 이름이다. 신명기의 말씀은 바로 이 모압 평지에서 모세가 선포한 내용이다.

2절, 호렙 산에서 세일 산을 지나 가데스 바네아에까지 열하룻길이었더라

호렙 산은 곧 시내 산으로서 그곳은 모세가 하나님의 부르심을 받은 곳이자 또 계명을 받은 곳이기도 하다. 호렙 산에서 세일 산을 지나 가데스 바네아까지는 열하룻길이었다. 말하자면 호렙 산에서 출발하여 가데스 바네아까지 가는 데에는 열하루가 걸리는 것이다. (이제 가데스 바네아에서 요단을 건너면 곧 가나안 땅에 들어갈 수 있다.) 이는 오늘날로 말하면 257킬로미터이며, 차로는 세 시간이면 갈 수 있는 거리이다. 그들의 수효는 육십만 장정에다 아이들과 여자와 노약자들과 몸이 약한 사람들까지 합하면 200만 정도 되었을 것이다. 호렙에서 가데스 바네아까지는 이 200만의 사람들이 걸어서 열하루면 도달할 수 있는 거리였다.

그런데 3절을 보면 '제사십년 십일월 그 달 초일일에' 라고 말한다. 열하루면 도착할 수 있는 그곳을 그들은 사십년이 걸려 도착한 것이다. 가데스 바네아에서 얼마 안 가서 곧 요단을 건너게 되고 가나안에 입성할 수 있었다. 그러나 그들이 불순종했기 때문에 열하룻길이 사십 년으로 연장되어 버린 것이다. 이것은 너무나 안타까운 일이다. 오늘 우리가 이 말씀을 읽을 때 느낌이 없을 수 없다. 열하루면 충분히 도착할 수 있는 곳을 사십 년 동안 광야에서 방황하다가 이제야 도착했다. 그들은 가데스 바네아에서 정탐꾼을 보내어 가나안 땅을 탐지하게 했는데, 돌아온 정탐꾼들의 보고를 듣고서 밤새 울고 원망하며 들어가지 않겠다고 하여 하나님께 버림을 받았다. 그리고 사십 년 동안 광야에서 방황한 후에 다시 그 자리 가데스 바네아로 돌아왔다. 이것은 신약의 믿는 이들인 우리를 위한 말씀이기도 하다.

이스라엘의 40년 방황의 영적의미

우리 그리스도인들은 이러한 말씀을 읽을 때 아무 느낌도 없어서는 안 된다. 오늘 우리도 광야에서 방황하는 이스라엘 백성들처럼 계속 우리의 혼 안에서 맴돌고 방황할 뿐 참된 영적 생활로 들어가지 못하는 경우는 얼마든지 있다. 그러한 사람들은 여기 광야에서 사십 년 동안이나 방황한 이스라엘 백성과 결코 다르지 않다. 그러므로 그리스도인이 영적 생명이 자라지 않은 채 항상 그대로인 것은 아주 위험한 것이다. 영적 생명이 자라는 것은 말씀을 순종할 때 일어나는 현상이다. 많은 사람이 말을 받지만 그 받은 말씀을 믿음에 화합하지 않는다. 믿음에 화합하지 않는다는 말은 듣고 순종하지 않는다는 말이다. 오늘날 많은 사람의 믿음이 말씀을 지식으로 깨닫고 기쁨으로 받는 수준에서 그칠 뿐 그 말씀을 생활 가운데 순종하는 믿음이 없다. 이를테면 주님은 우리의 물질을 공급하는 분이라고 할 때(마 6장) 사람들은 그런 말씀을 재미있게 배운다. 그러나 실생활에서는 우리의 먹을 것과 입을 것을 공급하시는 천부를 의지하는 것보다는 이 땅의 보이는 것을 더 신뢰하는 것을 본다. 믿음으로 하나님을 의지하고 아무것도 염려하지 않으며 다만 그의 나라와 의를 구하는 사람은 얼마나 되겠는가?

한 말씀이라도 순종하여 믿음의 실제로 가져가지 않는 한 생활은 변하지 않는다. 그리고 그러한 지식적인 믿음을 우리는 참 믿음이라고 볼 수 없다. 믿음은 생활로 실제화(substantiation)와 증거(witness)가 되도록 하는 것이 있어야 참 믿음이라고 말할 수 있다(히 11:1). 히브리서 11장의 증인들은 그들 속에 있는 하나님의 말씀을 삶으로 살아내는 실제와 증거를 갖고 있었기에 승리자들이 된 것이다. 그렇게 살지 않으면 다만 말씀을 입술에만 있게 하고 생활에 영향을 주지 못하는 것이 되어 참 믿음을 소유하지 못 하게 되기 때문에 항상 배우지만 제 자리에 있으며 전진하지 못하는 것이다. 이러한 사람들은 이스라엘 백성 40년의 재판(再版)이라고 말할 수밖에 없다.

반드시 자라고 변화가 있어야 한다

만일 어떤 사람이 십 년 전에 그를 보았을 때나 지금 볼 때나 말하는 것과 생각하는 것과 주님에 대한 인식에 있어서 별반 달라진 것이 없다면 그것은 아주 위험한 것이다. 그것은 마치 여기 기록된 이스라엘 백성들의 상황과 같다. 사십 년 동안 전진이 없고 진보가 없이 그 자리에서 계속 맴도는 것이다. 이 일은 주님이 오시기 천오백 년 전쯤에 있었던 일이다. 지금으로부터는 삼천 오백 년 전의 일이다. 그때에 있었던 이스라엘 백성들의 사례가 오늘 신약에서 주님을 믿는 우리에게 현실이 될 수 있다는 것을 반드시 유념해야 한다. 그래서 그리스도인이 진보하지 않고 성장하지 않는 것이 매우 위험하다는 것이다.

신약의 고린도 전서나 히브리서에서 사도는 믿는이들에게 때가 되면 어린아이의 상태를 버리고 반드시 성장해야 한다는 것을 말해주고 있다. 히브리서 5장 12-13절을 보겠다. "때가 오래므로 너희가 마땅히 선생이 될 터인데 너희가 다시 하나님의 말씀의 초보가 무엇인지 누구에게 가르침을 받아야 할 것이니 젖이나 먹고 단단한 식물을 못 먹을 자가 되었도다 대저 젖을 먹는 자마다 어린아이니 의의 말씀을 경험하지 못한 자요". 이 말씀을 볼 때 하나님께서는 그분의 자녀들이 시간이 지나면 반드시 자라기를 원하신다. 항상 배우기만 해서는 안 된다는 것이다. 여러분은 어느 정도 배우고 자라면 다른 사람을 가르칠 수 있어야 한다. 즉 선생이 될 수 있어야 한다는 말이다. 선생이 되려면 반드시 배운 것이 있어야 한다. 이론과 지식만을 배우면 아무 소용이 없다. 실제 생활에서 믿음을 배워야 한다. 말씀 하나 하나를 몸으로 체험하면서 배운 것들이 있어야 한다. 그래야 다른 사람들에게 줄 수 있다. 여러분이 원하기만 하고 겸손한 마음을 갖고 있다면 많이 배울 수 있다. 그리고 하나님은 여러분을 많은 방면에서 배우게 하실 것이다. 나는 불과 몇 년 안 되어 여러분이 이곳저곳에 가서 가르칠 수 있기를 기대한다. 만일 어떤 그리스도인이 항상 그 자리에 머물러 있다면 그것은 매우 위험한 징조라는 것을 알아야 한다.

베드로 후서 1장을 보겠다. "이러므로 너희가 더욱 힘써 너희 믿음에 덕을, 덕에 지식을, 지식에 절제를, 절제에 인내를, 인내에 경건을, 경건에 형제 우애를, 형제 우애에 사랑을 공급하라"(5-7절). 이 말씀은 그리스도인이 계속 진보하는 것을 말해준다. 이렇게 진보할 때만이 우리는 '구주 예수 그리스도의 영원한 나라에 들어감을 넉넉히 얻게' (벧후 1:11) 된다.

3절, 제사십년 십일월 그달 초일일에 모세가 이스라엘 자손에게 여호와께서 그들을 위하여 자기에게 주신 명령을 다 고하였으니

'제사십년' 이란 출애굽으로부터 사십 년째라는 말이다. 모세는 지금 120세이다. 모세가 출애굽할 당시는 80세였는데, 사십 년 동안 이스라엘 백성들과 함께 광야를 맴돌다가 세월을 다 보내고 이제 백이십 세의 할아버지가 되었다. 그리고 신명기 말씀을 이스라엘 백성에게 다 고한 다음에 모세는 주님께 가게 된다. 따라서 이 신명기는 나이든 주님의 종의 마지막 유언과 같은 말씀이다. 여러분은 지금 모세가 백 이십 세에 전한 말씀을 듣고 있는 것이다.

"자기에게 주신 명령을 다 고하였으니". 사역자는 자기에게 주신 하나님의 말씀을 순전하고 명료하게 전할 필요가 있다. 진실한 마음을 가진 그리스도의 종 모세는 이스라엘 백성들을 하나님 자신과 개별적인 접촉을 할 수 있도록 인도하는 일을 중심 삼았다. 진실한 하나님의 종들은 사람들을 설득시켜 자신을 이해하도록 하는 일을 하지 않는다. 또한 자신을 따르게도 하지 않는다. 그들은 어찌하든지 사람들이 그리스도께 나아가도록 인도하는 자들이다. "그런즉 아볼로는 무엇이며 바울은 무엇이뇨 저희는 주께서 각각 주신대로 너희로 하여금 믿게 한 사역자들이니라"(고전 3:5).

전적으로 거짓된 사역은 사람들을 그 사역 자체에 접착시키는 것을 그것의 목적으로 한다. 그리하여 사역자는 높임을 받고 하나님은 제거를 당하신다(맥킨토시). 그러나 참으로 모세의 경우나 바울의 경우는 사람들을 하나님께 접촉시키는 일만을 그들의 사역의 목표로 삼았던 것이다. 이것은 오늘날도 우리 사역하는 모든 사람에게 교훈이 되어야 한다. 고린도 전서 15장 3절은 바울이 전한 복음에 대하여 "내가 받은 것을 먼저 너희에게 전하였노니"라고 한다. 그가 받은 것은 무엇인가? '그리스도께서 우리 죄를 위하여 죽으시고 장사지낸 바 되었다가 성경대로 사흘 만에 다시 살아나신 것' 이다(3-4절). 사도들은 이와같이 성경에서 말한 것을 전하였을 뿐 자기의 지혜의 탁월한 것(지혜의 권하는 말)으로 하지 않았다(고전 2:4). 따라서 하나님의 말씀을 맡은 자들에게 구할 것은 충성이다(고전 4:1-2). 우리는 얼마나 성경에서 말하는 바로 그것을 전해야 하는지! 이것은 얼마나 사역자에게 중요한 사명인지!

또한 하나님의 말씀을 듣는 자들에게도 책임은 있다. 이스라엘은 모세가 전한 하나님의 명령을 그대로 준행하면 되었다. 그러나 그들은 자신들의 소견에 좋은대로 행하였으며 하나님의 말씀에서 떠나 자신들의 악한 마음의 생각과 계획을 따랐다. 바울의 사역 당시 고린도 성도들이 각각 자신들의 의견을 따랐을 때 분열되었다. 고린도 전서 1장 11-13절은 "내 형제들아 글로에의 집 편으로서 너희에게 대한 말이 내게 들리니 곧 너희에게 분쟁이 있다는 것이라 이는 다름 아니라 너희가 각각 이르되 나는 바울에게, 나는 아볼로에게, 나는 게바에게, 나는 그리스도에게 속한 자라 하는 것이니 그리스도께서 어찌 나뉘었느뇨"라고 한다. 주님은 "형제들아 내가 우리 주 예수 그리스도의 이름으로 너희를 권하노니 다 같은 말을 하고 너희 가운데 분쟁이 없이 같은 마음과 같은 뜻으로 온전히 합하라"(고전 1:10)고 하셨지만 고린도 성도들은 다 사적인 생각으로 오히려 "너희가 각각 이르되"를 실행하였다.

어떤 사람도 자신의 그럴듯한 생각을 성도들에게 주입하거나 퍼뜨리는 권리를 갖고 있지 않다. 인간의 사사로운 판단과 이성, 양심 등은 어느 정도의 위치만을 가져야 하지 더 나아가지 않도록 조심해야 하며 항상 성경의 권위를 최고의 권위로 두고 순종해야 한다. 심지어 성경의 탁월한 해석조차도 성경의 그 말씀 자체를 대치해서는 안 된다. 이 또한 대단한 위험이다. 성경은 오직 한 권위만을 인정한다. 그것은 곧 하나님이 친히 하신 말씀 자체이다. 아멘.

4절, 때는 모세가 헤스본에 거하는 아모리 왕 시혼을 쳐 죽이고 에드레이에서 아스다롯에 거하는 바산 왕 옥을 쳐 죽인 후라

우리는 민수기에서 이 일을 자세하게 공부했기 때문에 더 이상 말하지 않겠다. 이때 이스라엘 백성들은 길을 돌아갔기 때문에 원망이 일어나게 되었고 또 대적들을 만나게 되었다. 그러나 이들을 쳐부순 후에 한 면으로 이스라엘 백성들은 가나안 땅에 들어갈 용기를 얻게 되었으며, 또 한 면으로 이 두 왕을 쳐부수었다는 것을 들은 가나안 사람들이 이스라엘 백성들을 두려워하게 되었다. 말하자면 '충격과 공포' (shock and terror)에 휩싸이게 된 것이다. 이렇게 하나님께서는 주권적으로 이스라엘 사람들로 하여금 바산 왕 옥과 아모리 왕 시혼을 만나 싸워서 이기게 하셨다. 여기 모세가 모압 평지에서 마지막 고별의 말씀을 전하는 때는 바로 이 아모리 왕 시혼과 바산 왕 옥을 쳐 죽인 후이다.

5절, 모세가 요단 저편 모압 땅에서 이 율법 설명하기를 시작하였더라 일렀으되

다시 말하지만 신명기는 율법을 다시 한 번 설명하는 책이다. 모세가 율법을 설명한 장소는 요단 동편 모압 땅이다.

6-7절, 우리 하나님 여호와께서 호렙 산에서 우리에게 말씀하여 이르시기를 너희가 이 산에 거한 지 7 오래니 방향을 돌려 진행하여 아모리 족속의 산지로 가고 그 근지 곳곳으로 가고 아라바와 산지와 평지와 남방과 해변과 가나안 족속의 땅과 레바논과 큰 강 유브라데까지 가라 하셨나니

여기서 모세는 과거의 역사를 회상하면서 교훈을 주고 있다. 그때 이스라엘 백성들은 호렙 산에서 1년 가까이 있었다. 그러므로 하나님께서는 이 산에 거한 지가 오래 되었으니 이제 나아가서 가나안을 정복하라고 말씀하시는 것이다. 이 말씀에서 우리는 하나님께서 이스라엘 백성들이 어느 지점에서는 오래 머물고 어느 지점에서는 짧게 머무는지도 다 관심하신다는 것을 볼 수 있다. 내가 서울에서 몇 년을 살았고 경기도 광주에서 얼마간 살았으며 지금은 충북 청원으로 이주했다는 것을 다 아신다는 것이다. 내가 청원에서 몇 년 살 것 같은가? 우리는 모르지만 하나님은 아신다. 하나님께서는 내가 청원에서 너무 오래 살면 이 말씀과 같이 "네가 거기 있은 지 너무 오래 되었으니 이제 그만 방향을 돌려라" 하실 것이다(이 책을 출판할 때는 이미 서울에 이주해 와 있음-편자 주).

우리 하나님께서는 그분의 자녀들이 어느 곳에 오래 있으면 그것까지 다 기억하시고 그 다음은 어디로 인도하실지를 정하신다. 이것은 매우 분명하다. 우리로서는 다만 하나님께서 "거기 있으라" 하시면 거기 있으면 된다. '아, 빨리 어디로 이사해야 할 텐데' 하면서 조바심을 낼 필요가 없다. 하나님께서 떠나라고 하실 때가 온다. 그때까지는 편안하게 그 자리에 머물러 있으면 된다.

그런데 하나님의 말씀을 듣고 순종하는 사람들이 알아야 할 가장 중요한 것 한 가지는 하나님의 뜻을 모를까봐 걱정할 필요가 없다는 것이다. 하나님께서는 그분의 뜻을 알고자 하는 사람들에게 그 뜻을 알려주신다. 그리고 순종할 마음이 있는 사람들에게는 반드시 그의 갈 길을 말씀해주실 뿐 아니라 인도하신다. 그러므로 걱정할 필요가 없다. 이제 인용하는 이 두 구절을 반드시 기억하시기 바란다. 하나님의 말씀을 듣고 그 말씀에 순종하고자 하는 사람들이 반드시 기억해야 할 말씀이다.

시편 25편 9절, "온유한 자를 공의로 지도하시며 온유한 자에게 그 도를 가르치시리로다". 우리말 성경에는 '온유한'으로 되어 있는데 영어 성경에는 '겸손한'으로 되어 있다. 사실 겸손한 사람이 또 온유하다. 마태복음 11장에서 주 예수님은 '나는 마음이 온유하고 겸손하다'고 하셨다. 이 구절에서 하나님은 온유한 자, 겸손한 자를 공의로 지도하시며 또 그러한 자에게 그 도를 가르치겠다고 하셨다. 지도하신다는 것은 곧 인도하신다는 것이다. 그러므로 하나님의 인도를 받을 수 있는 사람은 온유하고 겸손한 사람이다. 이미 마음속으로 자기가 원하는 어떤 뜻을 세우고 그 방향으로 가고자 애쓰는 사람, 이미 마음에 스스로 결단을 하고서 그냥 한 번 하나님의 뜻을 알고 싶어 하는 사람에게는 하나님께서 그 뜻을 알려주지 않으신다. 그런 사람은 마음이 온유하고 겸손한 사람이 아니다. 하나님 앞에서 온유하고 겸손한 사람은 자기 뜻대로 길을 갈까봐 매우 두려워하고 조심하는 사람이다. 하나님 앞에서 마음을 낮추고 하나님께서 과연 나를 어떻게 인도하시려나 하고 듣고자 하는 사람이다. 하나님께서는 그런 사람을 공의로 인도하시며 그에게 그 도를 가르치신다.

25편 14절, "여호와의 친밀함이 경외하는 자에게 있음이여 그 언약을 저희에게 보이시리로다". 하나님께서는 어떤 사람에게 그분의 비밀을 보이시는가? 바로 그분을 경외하는 사람이다. 경외한다는 것은 하나님을 두려워하는 것이다. 하나님은 그분을 두려워하는 사람에게 언약을 보이신다. 이 두 구절을 깊이 생각해보기 바란다. 그러면 여러분 스스로 하나님의 인도를 받을 수 있는 사람인지 그렇지 않은 사람인지를 알 수 있을 것이다. 자기의 원함과 뜻을 굳게 세우고서 '주님, 어떻게 하는 것이 좋습니까? 주님, 어떻게 순종하지요?' 하고 묻는 사람은 두려워하는 사람이 아니다. 따라서 그런 사람에게는 하나님께서 말씀하시지 않는다. 하지만 하나님께서 말씀하시면 어떤 대가를 지불해서라도 그 뜻에 순종하려고 하는 사람이라면 반드시 인도해주신다. 하나님은 그분의 말씀에 신실하신 분이다. 우리가 만일 참으로 온유하고 겸손하다면, 하나님을 두려워하는 사람이라면 그분의 뜻은 우리의 것이다. 그분은 그분의 비밀을 우리에게 보이신다. 그분은 우리를 공의로 지도하고 가르치신다.

다시 신명기로 돌아가겠다. 이스라엘 백성들은 호렙 산에서 11개월가량 있었다. 그때 하나님은 그들에게 "이 산에 거한 지 오래니 방향을 돌려 진행하여 아모리 족속의 산지로 가고 그 근지 곳곳으로 가고 아라바와 산지와 평지와 남방과 해변과 가나안 족속의 땅과 레바논과 큰 강 유브라데까지 가라" 하셨다. 여기서 말하는 아라바와 산지와 평지와 남방과 해변과 가나안 족속의 땅 레바논과 큰 강 유브라데까지는 바로 하나님이 이스라엘에게 약속으로 주시고자 하는 가나안 땅 전체를 말한다.

8절, 여호와께서 너희의 열조 아브라함과 이삭과 야곱에게 맹세하사 그들과 그 후손에게 주리라 하신 땅이 너희 앞에 있으니 들어가서 얻을지니라

이들은 호렙 산에서 십일 개월 정도 머물렀고, 그리고 가데스 바네아까지 열하루를 걸려서 왔다. 그런 다음 이 말씀을 받은 것이다. 이때 하나님께서 "땅이 너희 앞에 있으니 들어가서 얻을지니라" 하셨으므로 들어가면 되었다. 그때 들어가서 얻었으면 이토록 방황하지 않고 시간도 단축되었을 텐데 불신과 원망으로 들어가지 못했기 때문에 이야기가 이렇게 길어지게 된 것이다.

9절, 그때에 내가 너희에게 말하여 이르기를 나는 홀로 너희 짐을 질 수 없도다

여기서 모세는 자기가 이스라엘 백성들을 다스리기 위해 질서를 세운 것을 말하고 있다. 과거에 있었던 일을 회고하면서 이스라엘 백성들을 가르치고 있는 장면이다.

10절, 너희 하나님 여호와께서 너희를 번성케 하셨으므로 너희가 오늘날 하늘의 별같이 많거니와

아브라함에게 하신 하나님의 축복의 말씀이 모세 때에 이르러서 이미 이루어진 것이다.

11절, 너희 열조의 하나님 여호와께서 너희를 현재보다 천 배나 많게 하시며 너희에게 허락하신 것과 같이 너희에게 복 주시기를 원하노라

하나님의 종 모세는 지금도 그들의 인수가 많지만 현재보다 천 배나 더 많게 하시기를 원한다고 했다. 이것이 하나님의 종들의 원함이다. "너희에게 허락하신 것과 같이". 이때 '허락'은 원문에서 '언약'이다(흠정역). 하나님은 이스라엘 백성들에게 복을 주시겠다고 언약하셨다.

12절, 그런즉 나 홀로 어찌 능히 너희의 괴로운 것과 너희의 무거운 짐과 너희의 다툼을 담당할 수 있으랴

모세는 이렇게 많은 백성들을 홀로 감당할 수 없다고 생각했다. 이것은 좋은 것이다. 인도자는 결코 자기 혼자 모든 일을 다 하려고 해서는 안 된다. 많은 사람들이 함께 할 수 있도록 세워주고 일을 나누어주고 또 그들이 할 수 있도록 도와주어야 한다.

13절, 너희의 각 지파에서 지혜와 지식이 있는 유명한 자를 택하라 내가 그들을 세워 너희 두령을 삼으리라 한즉

하나님의 백성 가운데서 그들을 섬기고 도와주며 또 어떤 면에서 다스리는 인도력을 가진 사람은 지혜와 지식이 있어야 한다. 그리고 유명한 자여야 한다. 이것은 하나님의 자녀들 가운데서 이미 좋은 이름을 얻은 사람, 신뢰를 얻고 있는 사람을 의미한다. 그런 사람들이 두령이 될 수 있다.

14절, 너희가 대답하여 이르기를 당신의 말씀대로 하는 것이 좋다 하기에

여기서 모세는 자기의 뜻을 백성들에게 말하여 그들의 찬성을 얻어 냈다. 모세는 결코 자기 혼자 생각한 것을 백성들의 동의나 찬성도 구하지 않고 마구 밀고 나가는 인도자가 아니었다. 그는 모든 하나님의 자녀들에게 그 뜻을 말하였고 그들이 찬성하여 '당신의 말씀대로 하는 것이 좋다' 고 한 것이다. 우리는 여기서 인도자들이 어떻게 할 때 가장 좋은 인도력이 발휘되는지를 배울 수 있다. 하나님으로부터 나온 것이고 영적인 것이고 진리에 맞는 것이라 하더라도 하나님의 백성들 가운데서 뭔가를 수행하기 위해서는 그들의 동의와 찬성을 구하는 것이 아름다운 것이다.

15절, 내가 너희 지파의 두령으로 지혜가 있는 유명한 자들을 취하여 너희의 어른을 삼되 곧 각 지파를 따라 천부장과 백부장과 오십부장과 십부장과 패장을 삼고

모세는 백성들의 동의대로 각 지파를 따라 천부장, 백부장, 오십부장, 십부장, 패장 등 여러 종류의 인도자들을 세웠다. 여기서 우리가 생각할 수 있는 것은 사람마다 분량이 다르다는 것이다. 각 사람의 분량에 맞게 섬길 수 있도록 배정해주는 것이 또 한 면의 지혜이다. 열 명

정도를 잘 인도해줄 수 있는 사람도 있고 천 명을 인도할 수 있는 사람도 있다. 어떤 사람이 열 명 정도를 인도할 역량을 갖고 있는데 그에게 천 명을 맡기면 잠을 잘 수도 없고 잘 먹을 수도 없을 것이다. 병이 날 수도 있다. 그렇기 때문에 각 사람에게 알맞은 분량의 일을 주어야 한다. 또 만일 어떤 사람이 천 명 정도를 감당할 수 있는 역량을 갖고 있다면, 그에게 열 명만 돌보라고 할 때 에너지가 남아돌아서 다른 일을 벌이게 된다. 사람마다 역량이 이렇게 차이가 있다. 우리 편에서는 이러한 말씀을 들을 때, 우리의 그릇이 그 정도여서 열 명을 맡겨 주셨다면 다만 충성을 다해 섬기면 된다.

16절, 내가 그때에 너희 재판장들에게 명하여 이르기를 너희가 너희 형제 중에 송사를 들을 때에 양방 간에 공정히 판결할 것이며 그들 중의 타국인에게도 그리 할 것이라

그때 세우심을 입은 인도자들이 주로 하는 일은 재판이었다. 교회에서 인도자들의 덕성 중에 가장 중요한 것이 바로 재판이다. 솔로몬이 왕이 되었을 때 하나님께서 꿈에 그에게 나타나 "내가 네게 무엇을 줄꼬 너는 구하라" 하시자 솔로몬은 이렇게 말했다. "하나님께서 주의 종으로 왕이 되게 하셨사오나 종은 작은 아이라 출입할 줄을 알지 못하고…누가 주의 이 많은 백성을 재판할 수 있사오리이까 지혜로운 마음을 종에게 주사 주의 백성을 재판하여 선악을 분별하게 하옵소서." 그의 구하는 바가 하나님의 마음에 합했기 때문에 하나님은 심히 기뻐하시며 이렇게 말씀하셨다. "네가 이것을 구하도다 자기를 위하여 수도 구하지 아니하며 부도 구하지 아니하며…오직 송사를 듣고 분별하는 지혜를 구하였은즉 내가 네 말대로 하여 네게 지혜롭고 총명한 마음을 주노니…내가 또 너의 구하지 아니한 부와 영광도 네게 주노니 네 평생에 열왕 중에 너와 같은 자가 없을 것이라".

성도들 가운데 어떤 문제가 생겼을 때 인도자의 판결이 분명치 않으면 교회는 어려움에 처하게 된다. 그때 성도들은 너무 답답하게 되고 길을 잘 갈 수 없다. 그러므로 앞으로 인도하는 위치에 서야 할 여러분이 반드시 기억해야 할 것은 백성들을 판결하는 지혜를 갖는 것이다. 한 가지를 말씀드리면, 지혜를 얻는 데 있어서 성경보다 좋은 책이 없다. 여러분은 인정이 많고 사랑이 많은 인도자가 되어서 그저 다정하게 손을 꼭 붙잡아 주면 된다고 생각하실지 몰라도 인도자에게 더욱 필요한 것은 판결의 지혜이다. 그것이 가장 중요하다. 그러려면 반드시 이 말을 유념해야 한다. "양방 간에 공정히 판결하라". 바울도 디모데에게 이렇게 말했다 "편벽되이 말라". 즉 편들지 말라는 것이다.

한편을 들어서 판결하는 사람은 자격이 없는 인도자이다. 반드시 양방 간에 공정해야 한다. 심지어 인도자들은 부모나 아내나 자녀의 일이라 할지라도 교회에서 분쟁이 생길 때 공평해야 한다. 그렇지 않으면 인도자로서 자격 미달이다. "그들 중의 타국인에게도 그리할 것이라". 심지어 관계가 먼 사람들, 유대인이 아닌 타국인들, 오늘날로 말하면 교분이 좀 적은 사람들과도 분쟁이 생겼을 때에는 반드시 양방 간에 공정한 판결을 주어야 한다. 이러한 것들은 지혜에 속한 것이다. 사도 야고보는 "너희 중에 누구든지 지혜가 부족하거든 모든 사람에게 후히 주시고 꾸짖지 아니하시는 하나님께 구하라 그리하면 주시리라"고 했다(약 1:5). 지혜에 관해서는 반드시 하나님께 구할 필요가 있다.

17절, 재판은 하나님께 속한 것인즉 너희는 재판에 외모를 보지 말고 귀천을 일반으로 듣고 사람의 낯을 두려워 말 것이며 스스로 결단하기 어려운 일이거든 내게로 돌리라 내가 들으리라 하였고

재판은 하나님께 속한 것이다. 우리가 성도들 간의 어떤 일을 판단할 때, 혹은 교회의 일을 판단할 때 반드시 기억해야 할 것은 재판은 우리에게 속한 것이 아니라 하나님께 속한 것이라는 사실이다. 우리가 때로 판결해야 할 위치에 처할 때 이 판결이 우리의 소관이 아니라 여호와께 속한 것임을 분명히 알기 바란다. 그러므로 섣부른 판단은 금물이다. 우리는 결코 어떤 일에 대해서 섣불리 이렇다 저렇다 말하지 않기를 배워야 한다. 우리는 잘 모른다. 결코 잘 알지 못한다. 우리가 '이런 것이다' 라고 생각하고 판단했던 것에 대해 일 년이나 오 년이 지난 후에는 '내가 잘못 생각하고 판단했구나' 하고 깨닫는 경우가 허다하다. 어떤 사람은 자신의 판단을 매우 신뢰하는데 어쩌면 그는 시간이 지날 때 자신이 잘못 판단했다는 것을 알게 될 것이다. 그렇기 때문에 때로 우리가 판결을 할지라도 그 판결의 최종 주권자는 하나님이심을 기억하면서 조금 말할 수 있을 뿐이다. 그런 사람이 하나님을 아는 사람이고 실수가 적게 된다. 그러므로 가장 좋은 길은 기도하는 것이다. 기도 안에서 하나님과 함께 판단하는 것을 배워야 한다. 사역자에게 있어서 가장 중요한 요소는 판단력에 있으며 성도들 역시 마찬가지이다. 고린도 전서에는 성도들이 바울을 판단한 것이 나온다. 영적인 사람의 판단이 아닌 것은 다 틀린 것으로 보면 된다. 영에 속한 사람만이 모든 것을 판단하며 아무에게도 판단을 받지 아니한다.

"너희는 재판에 외모를 보지 말고 귀천을 일반으로 듣고 사람의 낯을 두려워 말 것이며 스스로 결단하기 어려운 일이거든 내게로 돌리라 내가 들으리라". 하나님의 백성 가운데에는 자기보다 더 지혜로운 사람이 있다. 그러므로 어떤 일들에 있어서는 그러한 사람들을 의뢰할 필요가 있다. 하나님의 교회의 인도자들은 하나님의 백성들 간의 일과 상황을 판단하는 지혜에 있어서 진보가 있어야 한다.

18절, 내가 너희의 행할 모든 일을 그때에 너희에게 다 명하였느니라

여기서 모세는 계속 지난 일을 회상하며 말하고 있다. 이것은 아마 출애굽기 18장에서 모세가 장인 이드로의 권면을 받고서 천부장, 백부장, 오십부장, 십부장을 세웠을 때의 이야기일 것이다. 모세의 장인 이드로는 그의 사위가 하루 종일 앉아서 사람들을 재판하느라고 밥도 제대로 못 먹고 쉬지도 못하니까 '자네가 그렇게 하는 것은 좋지 않네. 그러다가 자네나 자네 백성이나 다 기진맥진할 걸세.' 하면서 한 방침을 일러 주었다. 그때 모세가 장인의 말을 듣고 사람들을 세우게 된 것이다.

"내가 너희의 행할 모든 일을 그때에 너희에게 다 명하였느니라" 따라서 이 일은 하나님의 백성들이 가나안 땅을 정복하기 위해서 좋은 질서와 체계를 갖추는 계기가 되었다고 할 수 있다. 하나님의 백성들의 가장 좋은 상태는 이와 같이 유기적인 질서가 세워지고 공의가 확립되는 것이다. 판결이란 바로 공의를 세우는 것이며, 잘한 것은 잘한 것으로, 잘못한 것은 잘못한 것으로 드러내는 것이다. 그런데 어떤 단체에서는 잘못된 사람이 당당하고 옳은 사람은 구석에서 울고 있다. 이러한 상황은 공의가 세워지지 않음으로 판결이 온당치 않을 때 일어난다. 합당한 질서와 공의가 세워질 때만이 하나님의 백성들은 건강하게 된다. 그러한 상태에 있을 때 비로소 가나안을 정복할 수 있는 힘을 얻는 것이다.

8절에서는 하나님께서 이스라엘 백성에게 열조에게 약속하신 땅을 들어가서 얻으라고 하셨다는 것을 말하고, 9절부터 18절까지에서는 모세가 이스라엘 백성을 군대로 편성해서 좋은 조직과 체계를 갖추게 함으로 가나안을 정복할 수 있도록 구비해 주었다는 것을 말한다. 그런데 그 다음이 문제이다.

19-21절, 우리 하나님 여호와께서 우리에게 명하신 대로 우리가 호렙산에서 발행하여 너희의 본바 크고 두려운 광야를 지나 아모리 족속의 산지 길로 가데스 바네아에 이른 때에 20 내가 너희에게 이르기를 우리 하

나님 여호와께서 우리에게 주신 아모리 족속의 산지에 너희가 이르렀나니 21 너희 하나님 여호와께서 이 땅을 너희 앞에 두셨은즉 너희 열조의 하나님 여호와께서 너희에게 이르신 대로 올라가서 얻으라 두려워 말라 주저하지 말라 한즉

이들은 결국 크고 두려운 광야를 지나 아모리 족속의 산지 길로 가데스 바네아에 이르렀다. 모세는 여기서 이스라엘 백성들에게 두려워 말고 주저하지 말고 가나안 땅을 들어가서 얻으라고 격려했다.

22절, 너희가 다 내 앞으로 나아와 말하기를 우리가 사람을 우리 앞서 보내어 우리를 위하여 그 땅을 정탐하고 어느 길로 올라가야 할 것과 어느 성읍으로 들어가야 할 것을 우리에게 회보케 하자 하기에

모세가 하나님께서 지시하신 내용을 전달했으면 이들은 그저 말씀만 믿고 순종함으로 들어가면 되었을 것이다. 그런데 문제는 그들이 하나님의 말씀만으로는 부족하여 뭔가 더 조사하고 확인하려고 한 것이다. 그래서 정탐꾼을 보내어 그 땅을 탐지하고서 어떤 식으로 들어갈 것인지를 회보케 하자고 했다. 이것이 문제이다. 오늘날도 동일하다. 우리가 부르는 찬송 중에 "주 말씀이면 만족해/ 주 말씀뿐이다"라는 가사가 있다. 주님이 하신 말씀으로 족한 것이다. 주님의 말씀만 믿고 따르면 된다. 그런데 거기에다 환경이나 여건으로 확인을 시켜줘야 움직이겠다고 하는 것은 결코 온전한 믿음이 아니다. 민수기에는 그냥 정탐한 사실만을 기록하였지만 신명기에는 그 배후의 이야기를 자세히 쓰고 있다. 신명기가 없다면 우리는 어떻게 해서 정탐이 나가게 되었는가를 알 수 없다. 이는 모세가 발의한 것이 아니라 백성들이 발의한 것이다.

23-24절, 내가 그 말을 선히 여겨 너희 중에서 매 지파에 한 사람씩 열

둘을 택하매 24 그들이 앞으로 가서 산지에 올라 에스골 골짜기에 이르러 그곳을 정탐하고

당시에 그들의 믿음이 그 정도이기 때문에 모세는 그렇게 할 수밖에 없었다. 그리고 그들이 어떤 식으로든 확인을 하고 고무되어 그 땅에 들어가려는 줄로 생각하고 그 말을 선히 여긴 것이다. 그래서 한 지파에서 하나씩 열두 명을 택했고 그들은 앞으로 가서 산지에 올라가 에스골 골짜기에 이르러 그곳을 정탐했다.

25절, 그 땅의 과실을 손에 가지고 우리에게로 돌아와서 우리에게 회보하여 이르되 우리의 하나님 여호와께서 우리에게 주시는 땅이 좋더라 하였느니라

여기서 모세는 소극적인 열 정탐꾼의 보고는 언급하지 않았다. 그 사람들의 말은 들을 가치도 없기 때문이다. 여호수아와 갈렙, 이 두 사람이 한 적극적인 보고가 하나님 보시기에 옳은 것이다.

26-27절, 그러나 너희가 올라가기를 즐겨 아니하고 너희 하나님 여호와의 명을 거역하여 27 장막 중에서 원망하여 이르기를 여호와께서 우리를 미워하시는고로 아모리 족속의 손에 붙여 멸하시려고 우리를 애굽 땅에서 인도하여내셨도다

이스라엘 백성들은 정탐꾼들의 보고를 듣고서 이렇게 반응했다. 그들의 보고 중에 소극적인 말이 있었던 것이다. 거역적이고 육체적인 사람들의 귀에는 적극적인 보고가 들어오지 않고 소극적이고 거역적인 말만 들어온다. 주님의 말씀은 귀에 들어오지 않고 소극적인 말만 들어오는 것이다. 사실 정탐꾼을 보내자고 한 의도에는 '그 땅에 들어가기는 들어가야 할 텐데 어렵지 않을까?' 하는 마음이 있었을 것이다. 그 때 두 정탐꾼은 '그들은 우리 밥이라' 하면서 올라가자고 하는데 다른 열 정탐꾼은 '거기 있는 아낙 자손에 비하면 우리는 메뚜기 같아' 하면서 백성들을 낙심케 했다. 그러자 이스라엘 백성들은 태도가 바뀌었다. 어제까지는 '아멘, 옳습니다. 당신 말이 맞습니다.' 하던 사람들이 일단 불신이 들어오자 생각이 바뀐 것이다. 그들은 '이제 보니 하나님께서 우리를 미워하여 아모리 족속의 손에 붙여 멸하시려고 우리를 애굽 땅에서 인도해내신 거야.' 하고 원망하면서 하나님의 말씀을 정면으로 뒤집었다.

하나님께서는 그들을 사랑하시고 긍휼히 여기셔서 그들을 애굽 땅에서 인도해내어 가나안 땅으로 들어가게 하려 하시는데 이들은 하나님께서 그들을 미워하여 죽이려고 여기까지 데려오셨다고 하는 것이다. 여러분은 이런 말씀을 읽을 때 '참, 이스라엘 백성들은 너무나 악하구나' 라고 생각할 것이다. 그러나 나는 오늘날에도 이런 상황을 도처에서 보게 된다. 당시 이스라엘 백성과 조금도 다르지 않다. 그때의 육체나 지금의 육체나, 그때의 거역이나 지금의 거역이나 똑같다. 그들을 사랑하는 사람의 말을 완전히 뒤집는 것이다. 선의를 악의로 오해하는 것이다. 이스라엘은 이처럼 하나님께서 자기들을 아모리 사람의 손에 주어 죽게 하려고 광야에 데려왔다고 오해하고 원망했다.

28-31절, 우리가 어디로 갈꼬 우리의 형제들이 우리로 낙심케 하여 말하기를 그 백성은 우리보다 장대하며 그 성읍은 크고 성곽은 하늘에 닿았으며 우리가 또 거기서 아낙 자손을 보았노라 하는도다 하기로 29 내가 너희에게 말하기를 그들을 무서워 말라 두려워하지 말라 30 너희 앞서 행하시는 너희 하나님 여호와께서 애굽에서 너희를 위하여 너희 목전에서 모든 일을 행하신 것같이 이제도 너희를 위하여 싸우실 것이며 31 광야에서도 너희가 당하였거니와 사람이 자기 아들을 안음같이 너희 하나님 여

호와께서 너희의 행로 중에 너희를 안으사 이곳까지 이르게 하셨느니라 하나

28절은 열 명의 소극적인 정탐꾼의 말을 요약한다. 모세는 그 말을 '우리의 형제들의 말' 이라고 표현한다. "그 백성은 우리보다 장대하며 그 성읍은 크고 성곽은 하늘에 닿았으며 우리가 또 거기서 아낙 자손을 보았노라". 이 말을 듣고 이스라엘 백성들이 흔들리자 모세가 이렇게 말했다. "그들을 무서워 말라 두려워하지 말라". 그는 과거에 하나님께서 이스라엘 백성들을 어떻게 애굽에서 인도해내셨으며 광야에서 어떻게 돌봐주셨는가를 회상하게 한다. 특히 31절에서는 "사람이 자기 아들을 안음같이"라고 하면서 하나님께서 그들을 행로 중에 안으사 이곳까지 이르게 하셨다고 말한다. 오늘날도 마찬가지이다. 믿음이란 사랑에 기초를 둔다. 에덴동산에서 하와는 뱀의 말을 듣고 하나님의 사랑을 의심함으로 타락하게 되었다. 어떤 사람이 거역하는가? 권위자의 사랑을 의심하는 사람이다. 오늘날 믿는이들이 주님 앞에서 물러났다가 돌이킬 때, 가장 좋은 회개는 그들이 하나님을 오해했다고 고백하는 것이다. 하나님께서 지금까지 나를 이렇게 사랑하고 계시는 것을 모르고 오해했다는 것이다. 하나님의 사랑을 오해하는 것이 타락의 첫 걸음이다. 성도들이 그들을 섬기는 하나님의 종 사역자를 오해하는 것도 마찬가지이다. 주님의 은혜가 있어서 나중에 다시 만났을 때 가장 크게 뉘우치는 것은 '아, 그가 나를 사랑했는데 진실을 몰랐구나' 하는 것이다. 어쨌든 여기서 모세는 광야에서 하나님께서 그들을 사랑하여 사람이 자기 아들을 안음같이 그들을 안아서 여기까지 데리고 오셨다고 말한다.

32절, 이 일에 너희가 너희 하나님 여호와를 믿지 아니하였도다

하나님께서는 사람이 그분을 믿지 않는 것을 가장 기뻐하시지 않는다. 불신은 사람들의 가장 근원적인 죄이다. 우리가 할 수 있는 것이 무엇이란 말인가? 오직 하나님을 신뢰하고 믿는 일 뿐이다.

33절, 그는 너희 앞서 행하시며 장막 칠 곳을 찾으시고 밤에는 불로, 낮에는 구름으로 너희의 행할 길을 지시하신 자니라

"그는 너희 앞서 행하시며". 오늘날 우리의 상황과 똑같다. 우리 하나님은 항상 우리 앞서 행하시며 작은 일 큰일에서 우리를 인도하시는 분이다. 여러분은 하나님께서 이렇게 작은 일 큰일에서 여러분과 함께 계시고 인도해 주시고 앞서 행하시는 것을 아는가? 그분은 우리의 생활 가운데 사소한 일에서도 앞서 행하시고 인도해주신다. 나는 많은 때 이것을 느끼며 체험한다. 하나님께서는 여러분에게서 멀리 떠나 계시지 않고 항상 여러분과 함께 계신다는 것을 믿기 바란다. 그리고 항상 하나님과 함께 움직이기를 배우라. 그런 삶은 참으로 즐겁다. 나는 참으로 작은 일 큰일에서 주님이 우리 앞에서 인도하고 계심을 발견한다.

34절, 여호와께서 너희의 말소리를 들으시고 노하사 맹세하여 가라사대

이 말소리는 거역적이고 불신하는 말소리이다. 그들은 하나님이 하신 말씀과 정면으로 반대되는 말을 했던 것이다. 그때 하나님은 노하시며 맹세하셨다. 이 부분의 말씀이 신약 히브리서 3장에 기록되어 있다. "듣고 격노케 하던 자가 누구뇨 모세를 좇아 애굽에서 나온 모든 이가 아니냐 또 하나님이 사십년 동안에 누구에게 노하셨느뇨 범죄하여 그 시체가 광야에 엎드러진 자에게가 아니냐 또 하나님이 누구에게 맹세하사 그의 안식에 들어오지 못하리라 하셨느뇨 곧 순종치 아니하던 자에게가 아니냐"(히 3:16-18).

35-36절, 이 악한 세대 사람들 중에는 내가 그들의 열조에게 주기로 맹세한 좋은 땅을 볼 자가 하나도 없으리라 36 오직 여분네의 아들 갈렙은 온전히 여호와를 순종하였은즉 그는 그것을 볼 것이요 그가 밟은 땅을 내가 그와 그의 자손에게 주리라 하시고

하나님께서는 그 악한 세대 사람들 중에는 한 사람도 좋은 땅을 볼 자가 없을 것이며 오직 순종한 사람 갈렙만이 그 땅을 보고 그것을 얻을 것이라고 하셨다. 결국 어떤 사람이 축복을 얻는가? 끝까지 순종하는 사람이다. 이 신명기의 핵심 단어가 순종이다. 여러분은 갈렙처럼 진정으로 여호와를 순종하는 사람이 되기 바란다. 이 순종의 중요성은 아무리 강조해도 지나치지 않다. 그런데 하나님의 말씀에 온전히 순종해서 기업을 얻는 사람은 이렇게 소수이다. 어떤 지파도 아니고 어떤 가족도 아니다. 성경은 오직 순종한 한 사람을 말하고 있다. 우리는 이 땅에서 무언가를 얻는 것을 목표로 하지 말고 주님의 나라에서 기업을 얻는 것을 목표로 세워놓아야 한다.

37절, 여호와께서 너희의 연고로 내게도 진노하사 가라사대 너도 그리로 들어가지 못하리라

이제 모세 자신의 슬픈 이야기이다. 반석을 두 번 친 사건 때문에 이렇게 된 것이다. 물론 모세도 잘한 것은 아니지만 그 정황을 제공한 것은 이스라엘 백성들이다. 모세가 참을 수 없을 정도로 그들이 불신하고 거역하므로 그가 노하여 "패역한 너희여 들으라" 하면서 반석을 두 번 쳤는데, 이때 하나님은 모세가 그분의 거룩함을 나타내지 아니하였다 하여 약속하신 땅에 들어가지 못하리라고 하신 것이다(민 20:10-12).

결국 모세 오경의 말씀의 특징은 그 땅을 기업으로 얻는 문제인데 이는 신약에도 그대로 이어진다(갈 5:21,엡 5:5, 히 6:12).

38절, 너의 종자 눈의 아들 여호수아는 그리로 들어갈 것이니 너는 그를 담대케 하라 그가 이스라엘에게 그 땅을 기업으로 얻게 하리라

말하자면 갈렙과 여호수아 두 사람이 그 땅에 들어가게 되었다. 하나님의 역사에 있어서는 이렇게 소수라도 순종하는 사람만이 약속의 땅에 들어가 축복을 얻는다는 것을 배울 수 있다.

39절, 또 너희가 사로잡히리라 하던 너희의 아이들과 당일에 선악을 분변치 못하던 너희 자녀들 그들은 그리로 들어갈 것이라 내가 그 땅을 그들에게 주어 산업이 되게 하리라

불신하고 거역하던 이스라엘 백성들은 다 죽고 그들이 사로잡혀갈 것이라고 우려하던 어린아이들과 그때 선악을 분변치 못하던 그들의 자녀들은 그 땅을 얻게 된다. 이와 같이 불신하는 자들의 말은 전연 틀린 것이다. 오늘날에도 동일한 일이 일어난다. 하나님을 단순하게 믿는 사람들, 아무것도 할 수 없을 것 같은 사람들, 아무것도 모르는 사람들이 오히려 다 안다고 교만하고 남을 멸시하는 사람들보다 주님의 기업을 얻기가 더 쉽다. 그러므로 우리는 두려워해야 한다. 마태복음 18장에는 어린아이같이 자신을 낮추지 아니하면 천국에 들어가지 못한다고 말한다(2-3절).

계시록에서 주님은 빌라델비아 교회의 사자에게 어느 날 유대인들은 주님이 진정으로 빌라델비아 교회를 사랑하신다는 것을 알게 될 것이라고 하셨다. 그러나 당시 유대인들은 신약의 참된 믿는이들을 어떻게 생각했는가? '저 문제거리들, 저 이단자들' 하지 않았는가? 그러나 그날 주님 앞에서 참된 믿는이들은 진정으로 주님의 사랑을 받고 있는 자들로 나타나게 될 것이다. 거역과 교만은 참으로 무서운 것이다. 그것은 사람을 눈멀게 하며 판단을 그릇되게 하는 것이다.

40절, 너희는 회정하여 홍해 길로 하여 광야로 들어갈지니라 하시매

이제 가나안으로 들어갈 수 없고 다시 돌아서 광야로 들어가라는 말씀이다. 이것은 마치 학교에서 아침 조회를 마치고 교실로 들어가 공부하려다가 자세가 좋지 않다고 다시 운동장에 나가서 기합받는 것과 같다.

41절, 너희가 대답하여 내게 이르기를 우리가 여호와께 범죄하였사오니 우리 하나님께서 우리에게 명하신 대로 우리가 올라가서 싸우리이다 하고 너희가 각각 병기를 띠고 경솔히 산지로 올라가려 할 때에

하나님께서 광야로 다시 돌아가도록 돌이키게 하시니까 그때서야 이들은 '아, 우리가 하나님께 범죄했구나!' 하고 굳이 싸우겠다면서 경솔하게 병기를 지니고 산지로 올라가려고 했다.

42절, 여호와께서 내게 이르시되 너는 그들에게 이르기를 너희는 올라가지 말라 싸우지도 말라 내가 너희 중에 있지 아니하니 너희가 대적에게 패할까 하노라 하셨다 하라 하시기로

우리는 이 말씀을 읽을 때 두려워해야 한다. 순종은 때가 있는 것이다. 바로 그때 순종하지 않으면 안 된다. 나중에 순종하겠다고 보류하는 자들은 나중에는 기회가 없음을 기억하기 바란다. 이제 하나님께서는 이미 뜻을 바꾸시고 '너희는 광야로 들어가라' 고 하셨다. 그럴 때

이 시점에서의 순종은 '내가 범죄하였으니 이제 광야로 들어가야 하리라.' 하는 것이다. 그런데 이들은 다시금 하나님의 뜻과는 별도로 그들이 올라가 싸우겠다고 한다. 이렇게 나서는 것도 거역이다. 겉으로 볼 때에는 이것이 순종인 것 같지만 그렇지 않다. 하나님께서 이미 그들에 대해 뜻을 바꾸셨기 때문이다.

과거에 어떤 주님의 종이 한 형제가 거역을 했을 때 '아, 이 사람은 그릇이 깨졌구나' 라고 생각했다고 한다. 그런데 그 형제가 주님의 종에게 와서 "이제 나는 어떻게 주님을 섬겨야 합니까?" 하고 묻자 그 주님의 종은 그에게 이렇게 말해 주었다. "네가 다시 전과 같이 쓰임받을 수는 없다. 그런 용도의 그릇은 이미 깨어졌기 때문이다. 그러므로 이제는 이렇게 기도하거라. 하나님, 내가 이전과 같이 쓰임받을 수는 없을지라도 다른 방식으로 하나님께 쓰임받을 수 있게 해 주십시오." 이미 그는 스스로 지난날의 그릇을 손상시켰으므로 하나님은 그를 과거의 방식대로 쓰실 수가 없다. 그것은 어떤 사건으로 인해 그가 그 자격과 위치를 박탈당했기 때문이다. 하나님은 사람이 죄를 짓고 회개 할 때 용서하실 수 있지만, 그릇이 파손되는 경우는 전처럼 쓰실 수가 없다. 그런 경우는 하나님이 그에 대한 뜻을 바꾸셨기 때문이다. 그가 후에 자신의 잘못을 알고서 돌이켜 다시 과거처럼 섬기려고 할 때 그것은 이루어지지 않는다. 오히려 그러한 시도는 자신에 대하여 바꾼 하나님의 뜻을 여전히 따르지 않는 것이 될 뿐이다.

43절, 내가 너희에게 고하였으나 너희가 듣지 아니하고 여호와의 명을 거역하고 천자히 산지로 올라가매

여기서 분명히 "여호와의 명을 거역하고 천자히 산지로 올라가매"라고 했다. '천자히' 란 '주제넘게' 라는 뜻이다. 시편에는 '고범죄' 라는 말이 있다. "또 주의 종으로 고범죄를 짓지 말게 하사 그 죄가 나를 주장치 못하게 하소서 그리하시면 내가 정직하여 큰 죄과에서 벗어나겠나이다"(시 19:13). 죄 가운데는 이와 같이 하나님이 명하신 것을 순종치 않는 것이 있는가 하면 시키지도 않은 것을 주제넘게 하는 죄가 있는데 이런 죄가 바로 고범죄이다. 이들은 당시 하나님께서 시키지 않으신 것을 주제넘게(presumptuously) 나서서 하겠다고 했다. 이것 또한 결국은 거역인 것이다.

44-45절, 그 산지에 거하는 아모리 족속이 너희를 마주 나와서 벌떼같이 너희를 쫓아 세일 산에서 쳐서 호르마까지 미친지라 45 너희가 돌아와서 여호와 앞에서 통곡하나 여호와께서 너희의 소리를 듣지 아니하시며 너희에게 귀를 기울이지 아니하셨으므로

통곡하는 것, 눈물 흘리며 우는 것도 때로 믿을 수가 없다. 왜 우는가? 어떤 눈물은 하나님 앞에서 합당치 않다. 하나님 앞에 참된 회개의 아름다운 눈물도 있고 거역적인 사람의 거역적인 눈물도 있다. 이들은 여기서 자기들이 하고자 하는 대로 하다가 안 되니까 슬퍼하고 우는 것이다. 하나님과의 근본적인 문제를 해결하지 않은 채 자신들의 기대와 예상에 따라 일을 하다가 안 되니까 흘리는 눈물이다. 그런 눈물은 하나님 앞에서 가증한 것이다. 바로 여기 이스라엘 백성들의 눈물이 그런 것이다. 이러한 눈물을 흘릴 때에 "여호와는 너희의 소리를 듣지 아니하시며 너희에게 귀를 기울이지 아니하셨으므로"라고 말씀하셨다.

46절, 너희가 가데스에 여러 날 동안 거하였었나니 곧 너희가 그곳에 거하던 날 수대로니라

이들은 하나님께서 뜻을 세우셨을 때 순종하지 않고 하나님이 이미 그 뜻을 바꾸셨을 때 자기들 임의로 하나님의 뜻을 수행하겠다고 했다.

믿고 순종하는 것은 때가 중요하다. 순종할 때 순종해야 한다. 바로 순종해야 할 그때 순종하는 것이 필요하다. 그런데 왜 그 정확한 순종의 때에 순종하지 못하는가? 그것은 목이 곧고 순종할 자세가 없기 때문이다. 어떤 사람들은 바로 순종해야 할 그때 불순종하고서 불안하니까 나중에야 순종하겠다고 하면서 자기 임의로 뭔가를 하는데, 이는 또 다른 불순종만 낳게 된다. 이래서는 안 된다. 참으로 주님의 기뻐하시는 바를 살피고 찾으면서 주님의 뜻을 발견할 때 기꺼이 대가를 지불하여 순종하면서 주님을 따라가는 사람이 하나님의 기업을 얻을 수 있다.

신명기 2장

1장에 이어 2장은 계속해서 모세가 가나안을 향한 이스라엘의 여정에 대하여 회고하는 부분이다. 1장과 2장 사이는 38년의 긴 간격이 있는데(2장 1절과 2절 사이에 언급됨) 2절부터는 제 40년에 일어난 일을 회고하고 있다. 신명기는 광야에서의 38년의 자세하고 긴 역사 스토리에 대하여는 침묵하고 있다. 다만 그렇게 되어진 일을 간단히 회상한 후, 가나안 땅에 들어가는 문제와 그곳에 들어가서 지켜야 할 하나님의 명령에 집중하고 있다. 1장부터 4장 43절까지는 과거에 대한 회상이다.

이 이야기는 모세가 경험한 지 얼마 지나지 않은 이야기들이다. 이렇게 그들이 모압 평지에 도착하기 얼마 전에 일어난 이야기들을 회상하는 것으로부터 신명기 2장이 시작된다. 2-23절은 이스라엘이 가나안을 향하여 진군해 나아갈 때 싸우거나 정복해서는 안되는 에돔(1-8절)과 모압(9-15절)과 암몬(16-23절)에 대하여 기록하고 있다. 그 다음은 하나님으로부터 명령을 받아 정복하게 된 요단 동편 아모리 왕 헤스본의 시혼을 정복한 사건이다(24-37절).

1절, 우리가 회정하여 여호와께서 내게 명하신 대로 홍해 길로 광야에 들어가서 여러 날 동안 세일 산을 두루 행하더니

2장은 이스라엘이 가데스 바네아에서 하나님의 명령을 따라 홍해 길로 돌이켜 있었던 38년의 일은 침묵하고 그들이 바야흐로 가나안 땅으로 향하게 된 때의 일부터 기록하고 있다. 하나님께서 이스라엘을 이끌어 가나안 땅을 향하여 가게 하시는 도중에 에돔이나 암몬 족속을 만나게 되는데 하나님은 그들에게도 땅을 주셨으니 싸우지 말라고 명하셨다. 그러나 아모리 족속의 시혼과 바산왕 옥에 대해서는 싸워 정복해야 한다고 말씀하신다.

여기의 '우리'란 모세가 자신을 이스라엘 백성들과 일치시켜 말하는 것이다. 그는 하나님께 거역함으로써 광야로 내쳐진 이스라엘 백성들과 함께 광야로 들어가지 않으면 안 되었다. 1장 마지막 부분을 볼 때 그들은 결국 불신으로 인해 가나안 땅에 들어가지 못하게 되었고 모세로부터 매우 슬픈 말을 들었으며 40년 동안 광야에서 방황하게 되었다. 순종치 않은 모든 사람들은 다 광야에서 죽으리라고 하나님이 말씀하신 그때 그들은 굳이 올라가겠다고 하여 결국 아모리 사람들에 의해 호르마까지 쫓겨나면서 많은 사람들이 죽게 되었다. 그들은 여호와 앞에서 통곡을 했지만 여호와께서는 그들의 통곡하는 소리를 듣지 않으셨다. 하나님의 백성이 진실한 눈물을 흘리는 것은 좋다. 회개의 눈물, 감사의 눈물, 기쁨의 눈물은 다 좋다. 그러나 어떤 때 주님은 사람들의 눈물 보기를 기뻐하시지 않는데 특히 이러한 때이다. 이들의 눈물은 참다운 회개나 감사에서 나온 눈물이 아니고 거역한 뒤에 자신들의 비참한 상황 때문에 흘린 눈물이다. 주님 앞에 진정으로 엎드러져서 흘리는 눈물이 아니라 그저 자신의 애처로움을 한탄하는 눈물, 거역의 성분이 들어 있는 눈물은 하나님께서 귀히 보지 않으시고 그들의 통곡하는 소리를 듣지 않으신다.

"여러 날 동안 세일 산을 두루 행하더니". 여기 여러 날이란 한 달이나 두 달이 아니고 38년 간이다. 우리는 보통 40년이라고 말하는데, 그것은 처음 홍해를 건넜을 때부터 계산한 것이다. 1월 15일에 유월절을 지켰고, 그런 다음 시내 산에 와서 11개월쯤 거기 머물렀으며, 첫 번에 가데스에 도착했을 때가 출애굽 2년째 4월 1일이다. 그리고서 그들은 가데스에서 회정하여 세일 산 주위를 맴돌았다. 그곳이 바로 광야이다. 그들은 38년 동안 광야를 맴돌다가 결국 제 40년 1월에 다시 가데스에 왔다. 그래서 그들이 광야에서 방황한 날 수는 정확하게 38년이다. 이 38년의 있었던 역사는 신명기에서 재론하지 않는다. 다만 그렇게 되돌아갔었다는 사실만을 회상케 하고 가나안 땅을 향하여 나아가게 하신다.

2-3절, 여호와께서 내게 고하여 이르시되 3 너희가 이 산을 두루 행한 지 오래니 돌이켜 북으로 나아가라

1절에서 여러 날 동안이라고 했지만 이 1절과 2절 사이에는 38년이라는 긴 세월의 시간 간격(time span)이 있다. 38년이 되었을 때 하나님은 모세에게 그들이 이제는 가나안 땅에 들어갈 수 있도록 북진하라고 명하셨다. 하나님의 백성들이 합당한 위치에 있으면 하나님께서는 그들의 나아갈 길을 말씀하시고 또 인도하신다. 이스라엘 백성들은 38년 전에 하나님을 불순종하고 광야로 들어가 38년 동안 광야에서 많은 것을 배웠다. 그런 다음 이제는 전보다 하나님의 말씀을 들을 수 있는 상태가 되었다. 물론 이때는 과거 가데스에서 하나님의 말씀을 거역하고 광야로 회정하였던 사람들은 다 죽고 여호수아와 갈렙만 남은 상황이었다.

우리가 여기서 한 가지 생각해 보아야 할 것은 하나님은 다른 나라들은 별로 주의하지 않으시고 하나님의 선민 이스라엘만 주의하신다는 것이다. 그들이 그렇게 불순종하고, 약속의 땅에 들어가라고 해도 들어가지 않고 광야에서 38년이나 방황하는 동안에도 하나님은 늘 그들을 인도하고 돌보셨으며, 이제 어느 정도 그들이 준비되었다고 여기실 때 거기에 그만 머물고 북으로 올라가라고 말씀하시는 것을 볼 수 있다.

4-5절, 너는 또 백성에게 명하여 이르기를 너희는 세일에 거하는 너희 동족 에서의 자손의 지경으로 지날진대 그들이 너희를 두려워하리니 너희는 깊이 스스로 삼가고 5 그들과 다투지 말라 그들의 땅은 한 발자국도 너희에게 주지 아니하리니 이는 내가 세일 산을 에서에게 기업으로 주었음이로라

그들이 가나안 땅에 들어가기 위해서는 세렛 시내를 건너야 했고 그러기 위해서는 에서의 지경과 모압과 암몬의 지경을 통과해야 했다. 여기서 주님은 "세일에 거하는 너희 동족 에서의 자손의 지경을 지날 때 그들과 다투지 말라"고 하셨다. 그리고 "너희는 깊이 스스로 삼가라"고 하셨다. 이것은 에서의 자손에 대해서는 매우 조심성 있게 처신하라는 말씀이다. 민수기 20장에 이스라엘 백성들이 에돔을 대하는 장면이 나온다. 민수기 20장 14절을 보면 모세가 가데스에서 에돔 왕에게 사자를 보냈다. 이들이 가데스에서 광야로 회정하여 다시 가데스로 오는 데 38년이 걸렸는데, 다람쥐 쳇바퀴 돌듯이 계속 돌다가 도로 그 자리로 온 것이다.

이제 가데스에서 북으로 나아가야 하는데 그때 첫 번째 만나게 되는 족속이 에돔이다. 민수기 20장을 보면 "에돔 왕에게 사자를 보내며 이르되 당신의 형제 이스라엘의 말에 우리의 당한 모든 고난을 당신도 아시거니와 우리 열조가 애굽으로 내려갔으므로 우리가 애굽에 오래 거하였더니 애굽 인이 우리 열조와 우리를 학대하였으므로…" 하면서 길게 설명한다. 그런 다음 "청컨대 우리로 당신의 땅을 통과하도록 하소서"하자 "에돔 왕이 대답하되 너는 우리 가운데로 통과하지 못하리라 내가 나가서 칼로 너를 맞을까 염려하라"고 한다. 에돔 왕은 이처럼 이스라엘을 매우 적대시한다. 에돔 왕이 그렇게 나오자 이스라엘은 다만 그들에게서 돌이켰다. 그런데 신명기에는 주님이 미리 이스라엘 백성들에게 '그들이 너희를 두려워한다' 고 알려주시는 것이 있다. 민수기만 보면 그들의 두려워하는 표현이 없지만 실상은 그들이 두려워하기 때문에 그렇게 나온 것이다. 에돔으로 말하면 이삭의 장남의 자손이기 때문에 야곱을 조상으로 한 이스라엘과는 형제지간의 나라이다. "그들의 땅은 한 발자국도 너희에게 주지 아니하리니 이는 내가 세일 산을 에서에게 기업으로 주었음이로라". 하나님께서는 에서에게도 세일 산을 기업으로 주셨다.

6절, 너희는 돈으로 그들에게서 양식을 사서 먹으며 돈으로 그들에게서 물을 사서 마시라

양식이든 물이든 다 사서 마시고 절대 그들에게 신세지지 말라고 하신다. 정당하게 그들과 거래하라는 말씀이다.

7절, 네 하나님 여호와가 너의 하는 모든 일에 네게 복을 주고 네가 이 큰 광야에 두루 행함을 알고 네 하나님 여호와가 이 사십 년 동안을 너와 함께하였으므로 네게 부족함이 없었느니라 하셨다 하라 하시기로

겉으로 볼 때 에서 자손은 세일 산에 거하면서 별로 고생을 하지 않았다. 그렇기 때문에 다소 부요하고 풍족했을 것이다. 그러나 이스라엘 백성들은 아무것도 없이 광야에서 맴돌고 있었다. 그래서 이스라엘 백성들은 에서에 대해 동족이니 어려울 때 좀 도와주었으면 좋겠다고 생각할 수도 있었을 것이다. 그런데 하나님은 이스라엘 백성에게 말씀 하시기를, '그들에게서 아무것도 공으로 구하지 말라. 뭐든지 돈을 내고 정당하게 거래하라' 고 하신다. 양식도 사서 먹고 물도 사서 마시라고 하신다. 그러면서 하나님께서는, "네 하나님 여호와가 너의 하는 모든 일에 네게 복을 주고 네가 이 큰 광야에 두루 행함을 알고 네 하나님 여호와가 이 사십 년 동안을 너와 함께하였으므로 네게 부족함이 없었느니라"고 하신다. 하나님께서 이 사십 년 동안 이스라엘 백성들을 계속 돌보아오셨는데 그 동안 아무 부족함이 없지 않았느냐고 하시면서 그들을 안심시키시는 말씀이다.

8절, 우리가 세일 산에 거하는 우리 동족 에서의 자손을 떠나서 아라바를 지나며 엘랏과 에시온 게벨 곁으로 지나 행하고 돌이켜 모압 광야 길로 진행할 때에

모세는 에돔 족속을 '우리 동족' 이라고 표현했다. "우리 동족 에서의 자손을 떠나서 아라바를 지나며 엘랏과 에시온 게벨 곁으로 지나 행하고 돌이켜 모압 광야 길로 진행할 때에". 모세는 '에서의 자손을 떠나서' 라고 간단하게 썼다. 민수기를 보면 에돔 왕이 '칼을 가지고 너희를 맞으랴' 하면서 거칠게 나왔는데, 하나님께서 다투지 말라고 하셨기 때문에 그냥 떠난 것이다. 이제 이스라엘은 돌이켜 모압 광야의 길로 진행하게 되자 모압과 부딪히게 되었다.

9절, 여호와께서 내게 이르시되 모압을 괴롭게 말라 그와 싸우지도 말라 그 땅을 내가 네게 기업으로 주지 아니하리니 이는 내가 롯 자손에게 아르를 기업으로 주었음이로라

모압과 암몬은 롯의 자손이다. 아브라함의 조카 롯의 자손이 결국 모압과 암몬이다. 결국은 이들도 이스라엘에게는 친척이 된다. 에서보다는 좀 멀지만 여전히 친척이다. 하나님은 이들에게도 기업을 주셨다.

10-11절, (옛적에 엠 사람이 거기 거하여 강하고 많고 아낙 족속과 같이

키가 크므로 11 그들을 아낙 족속과 같이 르바임이라 칭하였으나 모압 사람은 그들을 에밈이라 칭하였으며

하나님이 모압 족속에게 기업으로 주신 아르 땅에 살았던 원주민들을 말하고 있다. 거기에는 원래 엠 사람이 살고 있었는데 그들은 강한 자들이었고 그 수도 많았으며 그들의 특징은 아낙 족속과 같이 키가 크다는 것이었다. 그래서 그들을 아낙 족속과 같이 르바임이라고도 했다. 즉 모압 족속이 사는 땅 아르에는 원래 좋지 않은 종류의 인간들이 살고 있었다는 것이다. 창세기 6장에 나오는 비정상적인 인류, 악령과 결합한 인류, 그런 거인 족속들이 살고 있는 땅을 하나님께서 모압 족속에게 기업으로 주신 것이다.

12절, 호리 사람도 세일에 거하였더니 에서의 자손이 그들을 멸하고 대신하여 그 땅에 거하였으니 이스라엘이 여호와의 주신 기업의 땅에서 행한 것과 일반이었느니라)

세일에도 '호리' 라는 원주민이 있었는데 에서 자손이 그들을 몰아내고 그 땅에 거했다. '호리' 는 동굴이라는 뜻으로서 그들은 아마도 동굴에 사는 원주민이었을 것이다. 이 호리 사람이든 엠 사람이든 다 악한 영과 결부된 족속이라고 할 수 있다. 하나님께서는 그분의 선택하신 백성과 가까운 친척 관계에 있는 족속들에게 그러한 사람들이 거주하고 있는 땅을 기업으로 주사 그들을 다 멸하고 쫓아내게 하셨다.

13절, 이제 너희는 일어나서 세렛 시내를 건너가라 하시기로 우리가 세렛 시내를 건넜으니

모세는 지금 이 모압 평지에서 이스라엘 백성들에게 율법을 재차 설명해주고 있는데, 그들이 모압 평지까지 온 모든 과정을 다시 한 번 서술하고 있는 것이다. 그들은 세일 산에 있다가 에서 자손과 모압 자손과 암몬 사람들의 땅을 통과해서 모압 평지로 갔다. 에돔과 모압의 국경이 세렛 시내이며 그들은 이 세렛 시내를 건너야 했다.

14절, 가데스 바네아에서 떠나 세렛 시내를 건너기까지 삼십팔 년 동안이라 이때에는 그 시대의 모든 군인들이 여호와께서 그들에게 맹세하신 대로 진중에서 다 멸절되었나니

이들이 결국 세렛 시내를 건너서 모압 변경에 이르게 된다. "이때 그 시대의 모든 군인들이 여호와께서 그들에게 맹세하신 대로 진중에서 다 멸절되었나니". 38년이 지나서 세렛 시내를 건너 모압 평지에 이를 때쯤 그 시대의 군인들은 다 죽었다. 그리고 이제 새로운 세대가 일어났다. 민수기 14장 23절의 하나님의 말씀이 그대로 이루어진 것이다. "나의 영광과 애굽과 광야에서 행한 나의 이적을 보고도 이같이 열 번이나 나를 시험하고 내 목소리를 청종치 아니한 그 사람들은 내가 그 조상들에게 맹세한 땅을 결단코 보지 못할 것이요 또 나를 멸시하는 사람은 하나라도 그것을 보지 못하리라"(민 14:22-23). 그러나 24절에서 하나님은 "내 종 갈렙은 그 마음이 그들과 달라서 나를 온전히 좇았은즉 그의 갔던 땅으로 내가 그를 인도하여 들이리니"라고 하셨다. 이 말씀대로 갈렙은 살았고 나머지는 다 죽었다. 참으로 하나님의 말씀은 엄중하다.

15-19절, 여호와께서 손으로 그들을 치사 진중에서 멸하신 고로 필경은 다 멸절되었느니라 16 모든 군인이 사망하여 백성 중에서 진멸된 후에 17 여호와께서 내게 일러 가라사대 18 네가 오늘 모압 변경 아르를 지나리니 19 암몬 족속에게 가까이 이르거든 그들을 괴롭게 말라 그들과 다투지도

말라 암몬 족속의 땅은 내가 네게 기업으로 주지 아니하리니 이는 내가 그것을 롯 자손에게 기업으로 주었음이로라

암몬 자손하고도 다투지 말라고 하셨다. 모압이나 암몬이나 다 롯의 자손이고 하나님께서 그들에게 그곳을 기업으로 주셨기 때문이다.

20절, (이곳도 르바임의 땅이라 하였었나니 전에 르바임이 거기 거하였었음이요 암몬 족속은 그들을 삼숨밈이라 일컬었었으며

르바임이란 11절에도 나오듯이 거인을 뜻한다. 그러므로 그곳도 거인들이 사는 땅이었다. 암몬 족속은 그들을 '삼숨밈' 이라 일컬었는데, 이 말은 히브리어로 '떠드는 자들', 또는 '악을 꾀하는 자들' 이라는 뜻이다. 이들은 몸집만 큰 것이 아니라 떠들고 악을 꾀하는 자들이었다.

21절, 그 백성은 강하고 많고 아낙 족속과 같이 키가 크나 여호와께서 암몬 족속 앞에서 그들을 멸하셨으므로 암몬 족속이 대신하여 그 땅에 거하였으니

"여호와께서 암몬 족속 앞에서 그들을 멸하셨으므로". 이 사람들은 강하고 많고 키가 컸지만 암몬 족속이 대신하여 그 땅에 거하게 되었다. 아마 하나님께서는 그 땅에 이러한 '르바임' 족속, 즉 비정상적인 악한 인간들이 사는 것보다는 그래도 모압이나 암몬이나 에서의 자손이 사는 것이 낫다고 여기셨을 것이다. 그래서 원래 살던 악한 종류의 인간들을 다 멸하시고 그 땅을 그들에게 기업으로 주신 것이다. 그러나 이들은 하나님께서 친히 인도하시고 돌보시는 이스라엘 백성과는 다르다.

22절, 마치 세일에 거한 에서 자손 앞에 호리 사람을 멸하심과 일반이

라 그들이 호리 사람을 쫓아내고 대신하여 오늘까지 거기 거하였으며

앞에서 말했듯이 호리 사람은 동굴에 사는 원주민인데 에서 자손이 그들을 몰아내었듯이 암몬 족속도 르바임을 몰아내고 대신 그 땅에 거했다.

23절, 또 갑돌에서 나온 갑돌 사람이 가사까지 각 촌에 거하는 아위 사람을 멸하고 그들을 대신하여 거기 거하였었느니라)

23절까지의 내용을 간단하게 설명하겠다. 이스라엘 백성들은 가데스에 있다가 가데스에서 모압 평지로 와서 거기서 말씀을 듣고 장비하고 요단을 건너서 가나안으로 들어가야 한다. 그러한 노정에서 그들은 몇 족속을 만나게 되는데, 곧 에서 자손과 모압 족속과 암몬 족속이다. 그런 다음 아모리 왕 시혼을 만나게 되고 또 바산 왕 옥을 만나게 된다. 아모리 왕 시혼과 바산 왕 옥에 대해서는 하나님께서 전쟁하여 이기라고 하셨다. 그러나 앞의 세 족속에 대해서는 다투지 말라고 하신다. 특히 에서 족속에게서는 양식이든 물이든 다 돈을 내고 사서 먹으라고 하시면서 그분이 지금까지 어떻게 이스라엘 백성을 인도하고 돌보셨는지를 상기시키신다.

그러면 이 일에서 우리는 과연 어떤 영적인 공과를 배울 수 있는가? 여기에 매우 귀한 공과가 있는데, 그것은 이들이 가나안 땅을 정복하기 전에 마지막으로 처리해야 할 것을 보여주기 때문이다. 바로 아주 깊숙이 자리 잡고 있는 육체이다. 가나안 땅에 들어가는 사람은 믿음이 있는 사람이고 온전히 성령을 좇아 사는 사람이다. 육체를 가지고는 결단코 가나안에 들어갈 수 없다. 사실 광야 40년은 그들이 육체와 혼 안에서 방황하던 세월을 말한다. 그런데 여기서 가나안 땅으로 들어가는 데 최종적으로 방해되는 것이 첫째로 동족이다. 이 동족을 달리 해석할 수도 있겠지만 나는 일단 그들을 형제라고 해석하겠다. 그들은 왕국을 바라보지 않는 형제들이다. 가나안 땅에 들어가는 것을 전혀 관심하지 않는 사람들이다. 그들은 다만 이 땅에서 안락하게 그리스도인 생활을 할 뿐 약속의 땅을 바라보는 것에는 관심이 없다. 또 하나님도 그들에게 약속에 땅에 들어갈 것을 요구하지 않으신다. 그런 그리스도인들이 있다면 바로 모압이나 암몬이나 에돔 자손이라고 할 수 있다. 모세는 에서 자손에 대해 '우리 동족'이라고 했다. 그들도 나름대로 기업을 가지고 살고 있으며, 물론 그것도 하나님께서 주신 것이다.

이제 이스라엘 백성의 측면에서 보겠다. 이스라엘 백성이야말로 하나님께서 약속의 땅을 유업으로 주시고자 하는 사람들이다. 하나님께서 친히 그들을 인도하신다. 그런데 그들에게는 가까운 친척인 에서, 모압, 암몬 등이 있다. 이들은 이스라엘을 대적하기는 하지만 동족이다. 하나님께 선택되어 하나님의 인도를 받고 있는 이스라엘 백성에게 깊숙이 감추인 육체가 무엇인가? 조심하지 않으면 안 되는 것이 무엇인가? 그것은 그들만이 유일한 하나님의 선민이라는 자만심이다.

이스라엘 백성들은 에서 자손과 모압 자손과 암몬 자손을 상대하면서 무엇을 배워야 했는가? 그들이 하나님께 선택받고 하나님의 인도를 받는 유일한 백성일지라도, 또 약속의 땅에 들어가도록 부르심을 받은 자들일지라도 그 축복과 관계없이 가까이 있는 동족들과 싸우지 않고 함께 잘 거하는 것이다. 이사야 5장 8절 하반절은 "이 땅 가운데서 홀로 거하려 하는 그들은 화 있을진저"라고 말한다. 이 땅에 자기들만 존재하는 것처럼 거하는 사람들은 화가 있다는 것이다. 이스라엘 백성은 분명 하나님께서 선택하신 백성이고 하나님의 모든 관심이 그들에게 있었다. 하나님께서는 그들이 불순종하면 불순종하는 대로 역사하시고 순종하면 순종하는 대로 기뻐하시며 역사하셨다. 그런데 이들에게는 가까운 동족들이 있었다. 그들에 대한 태도가 어떠해야 했는가? 그들이 약속의 땅에 대하여 관심이 없고 현세의 축복과 은혜만을 중요시 하지만 여전히 그들은 주 안의 형제들이다. 이스라엘은 조심하고 그들과 다투지 말아야 했다. 그들과 합당한 거래를 해야 했다. 양식이든 물이든 값을 주고 사서 먹어야 했다. 또 그들이 싸우려고 대들어도 사실은 그들이 이스라엘을 두려워해서 그러는 것이니 싸우지 말고 그냥 지나가야 했다.

여러분은 하나님께서 이 세 족속과는 다투지 말고 그냥 지나치라고 하신 것의 의미를 알겠는가? 사실 동족이 괴롭힐 때 우리의 육체가 나오기가 가장 쉽다. 왜냐하면 그들이야말로 어려울 때 도와줄 수 있는 사람이라고 생각하기 때문이다. 어쨌든 그들은 이 땅에서 하나님의 백성들 간에 가장 가까운 사람들이 아니겠는가? 민수기에서 모세는 에돔 왕에게 그들이 지금까지 얼마나 고생하며 지내왔는지를 자세히 설명한다. 그렇게 말할 수 있다는 것은 다른 사람들과는 달리 그들이 이해할 거라고 여기기 때문이다. 그런데 에돔 왕은 도리어 칼을 가지고 맞이하겠다고 했다. 그때 이스라엘 백성들은 참기 어려웠을 것이다. '저것들을 완전히 때려 부수고 지나갈까?' 하는 마음이 들 수 있다. 혈기와 육체가 최고도로 발동할 수 있다. 거기에 감추인 육체가 있는 것이다. 쉽게 말해서 가장 도와야 마땅하고 이해하고 감싸줄 수 있는 사람들이 가장 괴롭게 하고 아프게 할 때 참을 수 없는 느낌이 올라온다는 말이다. 바로 이러한 감추인 육체가 가나안 땅에 들어가기 위해 요단을 건너기 전에 마지막으로 처리되어야 할 요소이다. 혹 그들이 적대감을 가지고 덤비더라도 다투지 않고 합당하게 처신하며 그냥 지나갈 수 있는 이것이 영이고 생명이다.

24절, 너희는 일어나 진행하여 아르논 골짜기를 건너라 내가 헤스본 왕 아모리 사람 시혼과 그 땅을 네 손에 붙였은즉 비로소 더불어 싸워서 그 땅을 얻으라

하나님께서는 이제 싸우라고 하신다. "시혼과 그 땅을 네 손에 붙였은즉 비로소 더불어 싸워서 그 땅을 얻으라". 아무하고나 다 잘 지내야 하는 것이 아니다. 어떤 경우는 대적의 진을 향하여 싸워 이겨야 한다(고후 10장 참조).

25절, 오늘부터 내가 천하 만민으로 너를 무서워하며 너를 두려워하게 하리니 그들이 네 명성을 듣고 떨며 너로 인하여 근심하리라 하셨느니라

이 말씀을 통해 우리는 참으로 나라를 유업으로 받을 사람들은 악한 자의 간담을 서늘하게 하는 사람들임을 알 수 있다. 그러한 기세가 없는 사람들은 가나안 땅에 들어가기가 어렵다. 한면으로는 육체를 완전히 처리하고 또 한면으로는 영이 강해서 대적을 섬멸할 수 있어야 한다. 그럴 때 천하 만민이 그들을 무서워하고 두려워하며 명성을 듣고 떨게 된다. 오늘날 교회의 모습이 바로 이와 같아야 한다. 주님이 이 땅에 오셔서 사역하실 때 멀리서도 예수님이 오신다는 소리만 들으면 귀신들이 떨었다. 오늘날 그리스도의 연장인 그리스도의 몸인 교회는 그리스도와 같아야 한다. 교회가 이렇게 강해져서 마귀의 일을 대적하고 분쇄하고 귀신을 쫓아내고 사단의 일을 멸할 수 있어야 한다. 그렇게 강한 사람들이 가나안에 들어가는 사람들이다.

26-29절, 내가 그데못 광야에서 헤스본 왕 시혼에게 사자를 보내어 평화의 말로 이르기를 27 나를 네 땅으로 통과하게 하라 내가 대로로만 행하고 좌로나 우로나 치우치지 아니하리라 28 너는 돈을 받고 양식을 팔아 나로 먹게 하고 돈을 받고 물을 주어 나로 마시게 하라 나는 도보로 지날 뿐인즉 29 세일에 거하는 에서 자손과 아르에 거하는 모압 사람이 내게 행한 것같이 하라 그리하면 내가 요단을 건너서 우리 하나님 여호와께서 우리에게 주시는 땅에 이르리라 하나

이 이스라엘 백성의 대표는 모세이다. 그는 헤스본 왕 시혼에게 처음부터 '우리 한바탕 너희들과 싸워야겠다' 고 말한 것이 아니다. 에서나 모압이나 암몬에게 하듯 동일한 말로 정중하게 요청했다.

30절, 헤스본 왕 시혼이 우리의 통과하기를 허락지 아니하였으니 이는 너의 하나님 여호와께서 그를 네 손에 붙이시려고 그 성품을 완강케 하셨고 그 마음을 강퍅케 하셨음이라 오늘날과 같으니라

결국 에서나 모압이나 암몬은 이스라엘이 지나갈 때 그냥 두었다. 그런데 시혼은 마음이 강퍅하게 되어 덤볐다. 마음이 강퍅해지는 사람들은 망하기로 작정된 사람들이다. 특히 하나님의 선택하신 백성들, 하나님께서 성령으로 친히 인도하시는 사람들의 움직임에 대해 마음이 강퍅해지는 사람들은 망하기로 작정된 사람들이다. 그리스도인일지라도 괜히 다른 그리스도인들에 대해 마음이 강퍅해지는 사람들은 스스로 아주 위험한 데 처해 있다는 것을 알아야 한다. 왜냐하면 '하나님께서 그를 네 손에 붙이려고 완강케 하셨기' 때문이다. 이때 시혼의 마음을 강퍅케 하신 것은 바로의 경우와 동일하다. 심판을 받으려고 더욱 강퍅케 되는 것이다.

31-37절, 때에 여호와께서 내게 이르시되 내가 비로소 시혼과 그 땅을 네게 붙이노니 너는 이제부터 그 땅을 얻어서 기업을 삼으라 하시더니 32 시혼이 그 모든 백성을 거느리고 나와서 우리를 대적하여 야하스에서 싸울 때에 33 우리 하나님 여호와께서 그를 우리에게 붙이시매 우리가 그와 그 아들들과 그 모든 백성을 쳤고 34 그때에 우리가 그 모든 성읍을 취하고 그 각 성읍을 그 남녀와 유아와 함께 하나도 남기지 아니하고 진멸하였고 35 오직 그 육축과 성읍에서 탈취한 것은 우리의 소유로 삼았으며 36 우리 하나님 여호와께서 그 모든 땅을 우리에게 붙이심으로 아르논 골짜

기 가에 있는 아로엘과 골짜기 가운데 있는 성읍으로부터 길르앗에까지 우리가 모든 높은 성읍을 취하지 못한 것이 하나도 없었으나 37 오직 암몬 족속의 땅 얍복강 가와 산지에 있는 성읍들과 무릇 우리 하나님 여호와께서 우리의 가기를 금하신 곳은 네가 가까이하지 못하였느니라

하나님께서 금하신 곳은 가지 않았고 정복하라고 하신 땅은 다 정복하였다는 것이다. 하나님은 헤스본 왕 시혼의 땅을 이스라엘 백성에게 기업으로 주기 원하셨다. 여기서 우리는 한 가지 생각해 볼 것이 있다. 지금 모세는 모압 평지에서 이 말을 하고 있는데 이 일은 이미 지난 일이다. 지난 일을 새로운 세대의 이스라엘 백성에게 설명해 주면서 그들을 교육시키고 있는 것이다. 신명기 1장 4절에서는 "때는 모세가 헤스본에 거하는 아모리 왕 시혼을 쳐 죽이고 에드레이에서 아스다롯에 거하는 바산 왕 옥을 쳐 죽인 후라"고 한다. 그리고 5절은 "모세가 요단 저편 모압 땅에서 이 율법 설명하기를 시작하였더라 일렀으되"라고 한다. 모세가 요단 동편 모압 땅에서 이 율법 설명하기를 시작한 것은 이 두 전쟁을 마치고 난 뒤이다. 즉 헤스본 왕 시혼과 바산 왕 옥을 쳐 죽인 뒤에 비로소 모압 평지에서 율법을 설명하고 있는 것이다. 이스라엘 백성들은 가나안 땅에 들어가기에 앞서 이 두 전쟁을 통해 그 땅을 기업으로 얻게 되었다. 이것은 엄청나게 중요한 의미를 가지고 있다.

그들은 불순종하고 거역함으로 38년 동안 광야에서 돌고 또 돌았다. 그러면서 많은 과정을 겪었다. 우리는 민수기를 통해 그것을 보았다. 하나님께서는 그들이 열 번이나 그분을 시험했다고 하셨다. 그들은 거듭거듭 심판을 받고 죽고 하면서 배워야 했다. 그런데 마지막으로 통과해야 할 시험이 바로 여기 있는 두 번의 전쟁이다. 그들은 이 두 전쟁에서 이겼으며 하나님께서는 그 땅을 이스라엘 백성에게 기업으로 주셨다. 여기 헤스본 땅에 살고 있는 사람들은 바로 아모리 족속이다. 이 아모리 족속은 가나안 일곱 족속 중에 주된 족속인데 그들이 요단 동편 헤스본에서도 살고 있었던 것이다. 이제 이스라엘 백성들은 가나안에 들어가서 전쟁을 해야 하는데 이미 헤스본 땅에 같은 종류의 대적이 있어서 그 땅에 들어가서 싸우기 전에 먼저 싸워 이겼다. 이 전쟁에서 승리함으로써 이스라엘 백성은 용기가 생겼을 것이다. 이 두 전쟁에서 이긴 이스라엘 백성들은 이제 모세로부터 율법의 말씀을 듣고 요단을 건너서 가나안에 들어갈 자격을 부여받은 것이다. 오늘 우리는 이 모든 것을 왕국에 적용할 수 있다. 이는 하나님의 나라를 유업으로 받는 문제이기 때문이다.

오늘 우리는 이 땅에서 장차 싸우게 될 동일한 대적(공중의 권세 잡은 자)과 대면하고 있다. 주님은 오늘 이 대적을 우리 앞에 두시고 싸워 이기게 하신다. 그런 다음 장차 주님이 오셔서 큰 전쟁을 치르게 될 때 '네가 전에 이미 싸워서 이긴 자이다. 이제 실제로 싸워라!' 하실 것이다. 복음서에서 주님은 70제자를 보내시며 '나가서 전하라. 귀신을 쫓아내라' 고 하셨다. 그들이 돌아와 기뻐하면서 보고했다. '우리가 전파하니 귀신들도 두려워 도망갔습니다.' 그러자 주님은 "내가 하늘에서 사단이 번개 같이 떨어지는 것을 보았노라"고 하셨다. 공중의 권세 잡은 자, 하늘에 있는 사단의 군대는 결국 이기는 자들이 휴거될 때 주님과 이들에 의해 쫓겨난다. 그때 이 땅에는 대환난이 있을 것이다.

주님은 이 땅에 대적을 두셨고 또한 이기는 자들을 일으키신다. 먼저 그 대적을 쳐부수고 승리해야 주님과 함께 하늘에서 그 자를 내쫓을 수 있다. 우리가 그날 주님과 함께 싸우다 보면 이 땅에서 싸웠던 바로 그 자임을 알 것이다. 그러므로 오늘 우리는 많은 훈련을 거쳐야 한다. 이스라엘에게 있어서 이 두 전쟁이야말로 가나안 입성을 앞두고 마지막으로 받는 훈련이라고 할 수 있다. 그 전쟁에서 이긴 사람들이 가나안을 얻는 것이다. 이제 스스로 점검해 보기 바란다. 우리는 과연 그 땅을 기업으로 얻을 수 있는 사람들인가? 그 시금석은 바로 이 땅에서의 전투이다. 시편 135편 10-11절은 "저가 많은 나라를 치시고 강한 왕들을 죽이셨나니 곧 아모리 인의 왕 시혼과 바산 왕 옥과 가나안에 모든 국왕이로다"라고 하며, 12절은, "저희의 땅을 기업으로 주시되 자기 백성 이스라엘에게 기업으로 주셨도다"라고 말한다. 결국 누가 이 왕들을 쳐부수었다는 것인가? 주님이시다. 우리가 아니다. 우리는 다만 그 분의 능력을 힘입어서 전쟁하여 이기는 것이다.

또 여기서 아모리 인의 왕 시혼과 바산 왕 옥과 가나안의 모든 국왕을 다 함께 언급하지 않았는가? 그 전쟁에서 이기는 사람들이 바로 기업을 얻는 사람들이기 때문이다. 그러므로 11절은 그 왕들을 이겼다는 것을 말하고 12절은 이긴 사람들이 그 땅을 기업으로 얻는 것을 말한다. 따라서 영적 전쟁이 무엇인지 모르는 사람들은 기업을 얻는 것이 무엇인지도 알지 못한다.

신명기 3장

3장도 2장에 이어 이스라엘이 출애굽 40년에 가나안을 향한 행군 과정에서 헤스본의 왕 시혼을 정복한데 이어 바산 왕 옥을 정복한 것을 기록한다(1-11절). 즉 이는 모세와 함께 한 이스라엘 백성의 그리 오래되지 않은 일을 회고하는 것이라고 보아야 한다. 그리고는 두 왕들로부터 획득한 요단 동편 땅을 르우벤, 갓, 므낫세 반 지파에게 분배한 사건을 다룬다(12-20절). 그 다음은 모세가 후계자 여호수아에게 두 왕과의 싸움의 승리를 근거로 가나안 전투에서 이기게 하리니 두려워하지 말라고 말한다(21-22절). 마지막은 가나안 땅에 들어가고 싶은 모세의 소원에 대한 하나님의 답변에 대하여 기록한다(23-29절).

1절, 우리가 돌이켜 바산으로 올라가매 바산 왕 옥이 그 모든 백성을 거느리고 나와서 우리를 대적하여 에드레이에서 싸우는지라

당시 요단 동편(Trans-Jordan) 땅에는 얍복강을 경계로 하여 두 아모리 왕국이 있었는데 곧 헤스본을 중심으로 시혼이 통치하는 아모리 남왕국과 옥(Og)이 통치하는 아모리 북 왕국이 그것이었다. 이 구절은 이스라엘 군대가 아모리 남 왕국을 점령하고(민 21:21-32), 아모리 북 왕국으로 진격하는 모습을 기록한 것이다. 바산 왕 옥은 대화를 나눌 것도 없이 사람들을 끌고 와서 이스라엘을 대적하여 싸웠다.

2-3절, 여호와께서 내게 이르시되 그를 두려워 말라 내가 그와 그 모든 백성과 그 땅을 네 손에 붙였으니 네가 헤스본에 거하던 아모리 족속의 왕 시혼에게 행한 것과 같이 그에게도 행할 것이니라 하시고 3 우리 하나님 여호와께서 바산 왕 옥과 그 모든 백성을 우리 손에 붙이시매 우리가 그들을 쳐서 한 사람도 남기지 아니하였느니라

바산 왕 옥도 다 쳐부수었다는 말이다. 한 사람도 남기지 아니하였다는 말은 아모리 족속에게 '헤렘'의 원칙을 적용하였다는 말이다. 헤렘이란 우상숭배자 등에 대하여, 저주 받은 물건이나 완전히 바쳐진 것에 대하여(레 27:28-29), 그러한 재산이나 가축까지 완전히 없애게 되어 있는 것을 말한다.

4절, 그때에 우리가 그들에게서 빼앗지 아니한 성읍이 하나도 없이 다 빼앗았는데 그 성읍이 육십이니 곧 아르곱 온 지방이요 바산에 있는 옥의 나라이라

결국 이스라엘 백성들은 전쟁을 해서 성읍들을 얻었다. 이제까지 이스라엘 백성들은 광야에서 그냥 장막을 치고 살았다. 그런데 이제는 싸워서 성읍을 얻은 것이다. 2장 36절에서는 "아르논 골짜기 가에 있는 아로엘과 골짜기 가운데 있는 성읍으로부터 길르앗에까지 우리가 모든 높은 성읍을 취하지 못한 것이 하나도 없었으나"라고 말한다. 그들은 다른 사람들이 이미 만들어 놓은 성읍을 얻은 것이다. 이것은 우리가 영적 전쟁을 치름으로 주님의 유업을 얻게 될 때 예상되는 축복이다. 손으로 짓지 아니한 영광스럽고 아름다운 성이 우리를 위해 예비되어 있고 우리를 기다리고 있다. 신약 성서에도 성도들이 얻을 기업에 대하여 많은 곳에서 말하고 있다(마 5:5, 행 20:32, 26:18, 엡 1:18, 5:5, 골 1:12, 히 6:12,17, 12:17). 이스라엘이 구약의 많은 성읍들을 얻는 것에 관한 이야기는 신약의 성도들이 그리스도의 왕국에서 얻을 분깃을 예표하는 것이다. 바산에는 그 성읍이 육십 개라고 했다. 이는 당시 굉장히 강한 나라였다.

5절, 그 모든 성읍에 높은 성벽이 둘려 있고 문과 빗장이 있어 견고하며 그 외에 성벽 없는 고을이 심히 많았느니라

이 바산이라는 나라의 성읍에는 높은 성벽이 둘려 있고 문과 빗장이 있어서 견고했으며 그 외에도 성벽 없는 고을이 심히 많았다. 이를 통해 이 나라가 아주 강하고 부요했다는 것을 알 수 있다. 그러면 바산을 쳐서 이긴 것의 의미는 무엇일까? 아모리 족속은 그 자체가 악한 영을 대표하며 이 바산은 강하고 견고한 진을 가진 대적을 나타낸다. 신약 고린도 후서 10장에서 사도 바울은 "우리가 육체에 있어 행하나 육체대로 싸우지 아니하노니 우리의 싸우는 병기는 육체에 속한 것이 아니요 오직 하나님 앞에서 견고한 진을 파하는 강력이라 모든 이론을 파하며 하나님 아는 것을 대적하여 높아진 것을 다 파하고 모든 생각을 사로잡아 그리스도에게 복종케 하니"(3-5절)라고 말한다. 사도 바울은 당시 영적 전쟁을 치르고 있었다. 견고한 진을 파하는 전쟁을 치르고 있었던 것이다. 주님의 날에 유업을 얻는 사람들은 바로 영적인 능력으로 견고한 진을 파하는 전쟁을 치른 사람들이다.

또 이 전쟁이 단체적임을 보는 것도 중요하다. 이스라엘 백성들은 개개인이 아닌 군대로서 이 전쟁을 치렀다. 오늘날 우리 믿는이들 또한 이러한 싸움을 단체적으로, 군대로서 치러야 한다. 성도들은 때로 단체적인 기도회에서 공중의 권세 잡은 자를 묶는 기도를 할 필요가 있다. 개인의 기도도 좋지만 부족함이 있다. 어떤 기도는 그만큼 기도의 큰 무게를 요구하는 것이다.

가나안에 들어가 기업을 얻을 사람들은 이처럼 높은 성벽이 있고 견고한 문과 빗장이 있는 성을 무너뜨릴 수 있는 사람들이다. 그들은 가나안에 들어가서도 이러한 전투를 벌였다. 가나안의 여리고 성은 얼마나 견고했는지! 그러나 이스라엘은 이러한 전투를 이미 치른 후이기 때문에 가나안에 들어가서도 여리고 성을 무너뜨릴 수 있었다. 여리고의 높고 견고한 성이 일곱 번을 돈 다음 나팔을 불며 큰 소리로 외치니 무너졌던 것이다(수 6장 참조).

6-9절, 우리가 헤스본 왕 시혼에게 행한 것과 같이 그 성읍들을 진멸하되 각 성읍의 남녀와 유아를 진멸하였으나 7 오직 모든 육축과 그 성읍들에서 탈취한 것은 우리의 소유로 삼았으며 8 그때에 우리가 요단 강 이편 땅을 아르논 골짜기에서부터 헤르몬 산에까지 아모리 족속의 두 왕에게서 취하였으니 9 (헤르몬 산을 시돈 사람은 시룐이라 칭하고 아모리 족속은 스닐이라 칭하였느니라)

헤르몬 산을 시돈 사람은 시룐이라 부르고 아모리 족속은 스닐이라고 불렀다는 기록은 이러한 말씀의 사실성을 확증해 준다.

10절, 우리의 취한 것은 평원의 모든 성읍과 길르앗 온 땅과 바산의 온 땅 곧 옥의 나라 바산의 성읍 살르가와 에드레이까지니라

이스라엘이 취한 땅이 어디서부터 어디까지인지 그 경계를 말해주고 있다.

11절, (르바임 족속의 남은 자는 바산 왕 옥뿐이었으며 그의 침상은 철 침상이라 지금 오히려 암몬 족속의 랍바에 있지 아니하냐 그것을 사람의

보통 규빗으로 재면 그 장이 아홉 규빗이요 광이 네 규빗이니라)

이 바산 왕 옥을 쳐 죽인 것의 또 하나의 의미는 그가 르바임 족속, 즉 거인 족속의 유일한 생존자였기 때문이다. 하나님께서는 사단 마귀의 세력을 완전히 진멸하기를 원하시는데, 그분의 택하신 백성을 통해서 그 일을 하고자 하신다. 바산 왕 옥은 사단 마귀를 대표하는 악한 세력이다. 여기서는 그 거인의 모습을 묘사하기 위해 그의 철 침상의 크기를 말한 것이다. 장이 아홉 규빗이라 하면 4m 정도 된다. 골리앗의 키가 거의 3m 가까이 되니까 골리앗의 침상이 그 정도 되었을 것이다. 르바임 족속은 어쩌면 골리앗보다도 더 큰 사람들이다. 그리고 광은 2m 가까이 된다. 굉장히 큰 침상이다. 당시 엄청나게 큰 거인들이 살고 있었던 것이다. 이는 기업을 물려받는 믿는이들이 쳐부수어야 할 대적이 매우 강한 자라는 것을 말한다. 성도 개인이 이렇게 강한 대적을 물리칠 수 있다는 것이 아니라 단체적인 이스라엘의 군대가 그렇게 했듯이 교회가 한 몸으로 건축될 때 할 수 있는 일인 것이다. 그러므로 민수기의 군대 편성은 전쟁 이전에 매우 필수적인 것이다.

12-13절, 그때에 우리가 이 땅을 얻으매 아르논 골짜기 곁에 아로엘에서부터 길르앗 산지 절반과 그 성읍들을 내가 르우벤 자손과 갓 자손에게 주었고 13 길르앗의 남은 땅과 옥의 나라이었던 아르곱 온 지방 곧 온 바산으로는 내가 므낫세 반 지파에게 주었노라 (바산을 옛적에는 르바임의 땅이라 칭하더니

르바임의 땅이란 거인의 땅이라는 뜻이다. 12절부터 17절까지의 말씀은 헤스본 왕 시혼과 바산 왕 옥에게서 빼앗은 요단 동편 땅을 르우벤 자손과 갓 자손과 므낫세 반 지파에게 주었다는 것을 설명하고 있다.

14-17절, 므낫세의 아들 야일이 그술 족속과 마아갓 족속의 경계까지의 아르곱 온 지방을 취하고 자기의 이름으로 이 바산을 하봇야일이라 칭하여 오늘까지 이르느니라) 15 내가 마길에게 길르앗을 주었고 16 르우벤 자손과 갓 자손에게는 길르앗에서부터 아르논 골짜기까지 주었으되 그 골짜기의 중앙으로 지경을 정하였으니 곧 암몬 자손의 지경 얍복 강까지며 17 또는 아라바와 요단과 그 가요 긴네렛에서 아라바 바다 곧 염해와 비스가 산록에 이르기까지의 동편 지경이니라

이 두 지파 반이 요단 동편의 헤스본 땅과 바산 왕 옥의 땅을 어떤 식으로 취하였는지를 설명하고 있다. 이들도 40년 광야 길을 통해 육체를 처리하고 온 것이 있어서 하나님이 약속한 바로 그 땅은 아닐지라도 그 가깝고 좋은 땅을 유업으로 받은 것이다. 비록 약속의 땅에 들어가지는 않았지만 그들은 광야에서 엎드러져 죽은 사람들과는 종류를 달리해야 한다.

18-20절, 그때에 내가 이 땅을 받은 너희에게 명하여 이르기를 너희의 하나님 여호와께서 이 땅을 너희에게 주어 기업이 되게 하셨은즉 너희 군인들은 무장하고 너희의 형제 이스라엘 자손의 선봉이 되어 건너가되 19 너희에게 육축이 많은 줄 내가 아노니 너희의 처자와 육축은 내가 너희에게 준 성읍에 머무르라 20 여호와께서 너희에게 주신 것같이 너희 형제에게도 안식을 주시리니 그들도 요단 저편에서 너희 하나님 여호와의 주시는 땅을 얻어 기업을 삼기에 이르거든 너희는 각기 내가 준 기업으로 돌아갈 것이니라 하고

다시 한 번 언급하건대, 성도들은 신앙 생활의 종점에 상급이 있으며 그것은 땅을 기업으로 얻는 것이다. 그러나 이는 간단히 예수를 믿어 얻을 수 있는 것이 아니라 승리한 자들이 얻는 것이다. 또한 단체적인 군대가 아니면 그 기업을 얻을 수 없다. 그리스도의 몸인 교회를 말하는 에베소서에서 그 기업의 영광의 풍성을 말하고 있으며(엡 1:18), 5장에는 그리스도와 하나님의 나라에서 기업을 얻지 못하는 경우에 대한 경고를 발하고 있다(엡 5:5).

여기에서 요단 동편에서 기업을 얻은 두 지파 반에 대해서 조금 말하겠다. 이들에 대해서는 말하기가 쉽지 않다. 한 면으로는 적극적으로 말할 수 있다. 또 한 면으로는 다소 소극적으로 말할 수도 있다. 적극적으로는 기록상 그들이 요단 동편에서 기업을 얻는 것이 잘못된 것이라는 언급이 없다. 하나님께서는 요단강을 건너가서 가나안 땅을 얻으라고 하셨는데, 그들은 강을 건너기 전에 두 전쟁에서 승리하여 땅이 생기자(땅이 비옥하여 짐승을 먹이기에 족했다) 그 땅을 기업으로 달라고 모세에게 요청했다. 그러자 모세는 그 말을 받아들였고 하나님께서도 기꺼이 그 땅을 그들에게 기업으로 주셨다. 또 후에 레위 지파나 도피성을 배정할 때 그곳에도 공평하게 분배해주셨다. 즉 그곳을 이스라엘 백성의 기업으로 여기신 것이다. 이것을 볼 때 이 일은 적극적인 것이다. 어쨌든 그들은 기업을 미리 얻은 것이다. 적극적인 면에서 미리 기업을 얻은 사람들은 아직 받지 않은 형제들을 위해서 같이 싸워야 한다. 즉 다른 사람들도 얻을 수 있도록 도와주어야 한다. 이것이 바로 사역이다. 우리가 뭔가를 얻었다면 다른 형제들도 동일한 은혜와 축복을 얻을 수 있도록 도와주어야 하는 것이다. 그런 사람들은 반드시 앞장서야 한다. 먼저 얻은 사람들은 마음이 든든하기 때문에 죽음이 두렵지 않다. 그래서 앞으로 나가서 싸울 수 있는 것이다.

우리는 여기서 그리스도인이 이기적이어서는 안 된다는 것을 배울 수 있다. 나만 얻으면 되는 것이 아니다. 아직 얻지 못한 형제들이 많이 있기 때문에 그들을 위해서 싸워야 한다. 자신을 위해서라면 이제 싸우지 않아도 될 것이다. 이미 얻었기 때문이다. 그러나 아직 얻지 못한 우리의 형제자매들을 위해서는 처자와 육축을 놓고 나가서 싸워야 한다.

우리는 이미 안식을 얻었지만 아직 안식을 얻지 못한 많은 성도들을 위해서 함께 싸워야 한다는 말이다.

이번에는 이 일을 소극적인 면에서 생각해보겠다. 이들은 주님이 요단을 건너가서 기업을 얻으라고 하신 말씀에 다소 순종치 않은 부분이 있다. 완전한 순종이 아닌 것이다. 이것은 온전한 목표에 이르지 않고 어느 지점에서 멈춘 그리스도인들을 예표할 수도 있다. 그러므로 그리스도인들이 주님과 함께 나아가기 위해서는 그 말씀을 가감하지 말고 자신의 뜻을 섞지 말고 온전히 주님의 말씀에 순종해야 한다. 그것이 가장 좋다. 그런데 자신들의 육축이 많아서 그것들을 위해 이것저것을 고려하다 보니 요단 동편을 택하게 되는 것이다. 그렇다고 해서 그들이 전혀 순종하지 않았다고 보기는 어렵다. 그러면 온전히 순종했는가? 그렇게 말하기도 어렵다. 그렇게 애매모호하게 기업을 받는 사람들이 바로 이런 사람들인 것 같다.

우리는 그러한 사람들에게서도 경계를 받을 것이 있다. 우리는 이제까지 여러 부류의 그리스도인들을 보았다. 에돔적인 그리스도인, 암몬이나 모압적인 그리스도인, 이스라엘적인 그리스도인 등이 있다. 그런데 이스라엘적인 그리스도인들 중에도 목적지에 온전히 도달하지 않은 사람들이 있다. 이들은 물론 기업을 얻은 자들로 분류되지만 뭔가 석연치 않은 구석이 있다.

열왕기 하 10장 32절은 "이때에 여호와께서 비로소 이스라엘을 찢으시매"라고 말한다. 이때 이스라엘이 끝난다. 그리고 "하사엘이 그 사방을 치되 요단 동편 길르앗 온 땅 곧 갓 사람과 르우벤 사람과 므낫세 사람의 땅 아르논 골짜기에 있는 아로엘에서부터 길르앗과 바산까지 하였더라"고 말한다. 이것은 이스라엘이 멸망하는 광경을 말하는데, 가장 먼저 대적의 공격을 받은 지역이 바로 요단 동편 길르앗 온 땅, 즉 이 두 지파 반이 기업으로 받았던 땅이다. 여기서 우리는 무엇을 볼 수 있는가? 가장 대적에게 공격을 받기 쉬운 땅이 그러한 땅이라는 것이다. 온전히 순종하지 않고 어중간하게 중도에서 머물러 선 부분과 자신의 원함에 따라 선택한 땅이 대적에게 가장 노출되기가 쉬운 것이다.

역대 상 5장 25절-26절을 보자. "저희가 그 열조의 하나님께 범죄하여 하나님이 저희 앞에서 멸하신 그 땅 백성의 신들을 간음하듯 섬긴지라 그러므로 이스라엘 하나님이 앗수르 왕 불의 마음을 일으키시며 앗수르 왕 딜갓블레셀의 마음을 일으키시매 곧 르우벤과 갓과 므낫세 반 지파를 사로잡아 할라와 하볼과 하라와 고산 하숫가에 옮긴지라 저희가 오늘날까지 거기 있으니라". 가장 먼저 사로잡혀간 사람들이 이들인데, 왜 이렇게 되었는가? "저희 앞서 멸하신 그 땅 백성의 신들을 간음하듯 섬긴지라"(25절). 즉 원래 아모리 족속이 살던 땅에 그들이 섬기던 신들이 있었는데 이스라엘 백성이 미혹되어 그 신들을 섬긴 것이다. 이처럼 우상과 연루되기 쉬운 곳이 바로 이러한 곳이다. 그래서 결국 그들이 맨 먼저 사로잡혀가게 되었던 것이다.

우리는 여기서 하나님의 말씀을 가감하지 않고 온전히 순종하는 사람들의 위치가 안전하다는 것을 알 수 있다. 자신의 처지를 고려해 선택이 들어가고 선호가 들어가면 의도하지 않아도 대적에게 열려 있기 때문에 쉽게 공격을 당하여 멸망하게 된다.

이렇게 적극적인 면과 소극적인 면을 둘 다 이야기할 때 요단 동편 사람들에 대한 견해가 온전하다.

21-22절, 그때에 내가 여호수아에게 명하여 이르기를 너희 하나님 여호와께서 이 두 왕에게 행하신 모든 일을 네가 목도하였거니와 네가 가는 모든 나라에도 여호와께서 이와 같이 행하시리니 22 너희는 그들을 두려워하지 말라 너희 하나님 여호와 그가 너희를 위하여 싸우시리라 하였노라

이 부분은 모세가 여호수아를 격려하고 강화시키는 장면이다. 실상 요단을 건너기 전 두 왕에 대한 전투는 장래 가나안 땅의 전투에 대한 훈련의 성격을 지니기도 하고 예비이기도 하다. 그 전투는 모세가 이끌었으며 승리를 거두었고 여호수아와 이스라엘을 크게 강화시키는 일을 한 것이다. 어차피 모세는 가나안 땅에 들어가지 못한다. 그러므로 그는 그의 계승자인 여호수아를 강화시켜 그로 하여금 가나안 땅을 정복하게 해야 한다. 그러므로 이제 모세는 여호수아에게 "여호와께서 이 두 왕에게 행하신 모든 일을 네가 목도하였거니와" 하면서 그를 격려하는 것이다.

여기서 우리는 두 가지를 배울 수 있는데, 앞으로 있을 전쟁에서 이길 수 있는 사람은 지난 전쟁에서의 승리를 목도한 사람이다. 그렇기 때문에 우리가 과거에 대적을 이겨온 경험들은 소중한 것이다. 그리고 두 번째는 두려워하지 않는 것이다. 우리는 일차적으로 전쟁에서 싸워 이긴 경험을 많이 가지고 있어야 할 뿐 아니라 이런 경험이 있는 사람들은 두려워하지 말고 담대해야 한다. 왜냐하면 여호와께서 우리를 위하여 싸우시기 때문이다. 그러한 믿음을 가진 사람들이 가나안을 정복할 수 있다.

23-25절, 그때에 내가 여호와께 간구하기를 24 주 여호와여 주께서 주의 크심과 주의 권능을 주의 종에게 나타내시기를 시작하셨사오니 천지간에 무슨 신이 능히 주의 행하신 일 곧 주의 큰 능력으로 행하신 일같이 행할 수 있으리이까 25 구하옵나니 나로 건너가게 하사 요단 저편에 있는 아름다운 땅, 아름다운 산과 레바논을 보게 하옵소서 하되

이제 하나님의 신실한 종 모세는 마지막으로 한 번 더 하나님께 청원해 보고 있다. 자기의 직분을 여호수아에게 인수인계하고 그를 마지막으로 격려하고 강화해주고 나니 모세는 너무 아쉬운 것이다. 여기까지 왔는데 주님이 허락해 주신다면 자기도 들어가고 싶다는 것이다. 그는 지금까지 많은 하나님의 역사를 보아왔고 그분의 능력을 체험해왔고 승리를 체험해왔다. 또 그분의 영광을 보았다. 그렇게 뭔가를 많이 본 사람은 더 보고 싶은 것이다. 주님을 많이 받아들인 사람이 더 갈급한 것이다. 모르는 사람은 그 귀함을 잘 모르기 때문에 어떤 간절한 갈급함도 없고 배고픔도 없다. 그러나 모세는 알기 때문에 갈급하다. 알면 알수록 더 얻고 싶고 더 보고 싶고 더 갖고 싶은 것이 바로 주님께 관계된 것이다. 모세는 지금까지 하나님의 축복을 체험하고 승리를 보았으며, 이제 한 발자국만 건너면 40여년 동안 갈망하던 대망의 약속의 땅이 펼쳐지는데 이제 여기서 그만이라니 참으로 안타까웠을 것이다. 그래서 한 번만 더 주님께 구해보고자 하여 이렇게 구하는 것이다. "구하옵나니 나로 건너가게 하사 요단 저편에 있는 아름다운 땅, 아름다운 산과 레바논을 보게 하옵소서".

물론 이 장들에서 성경은 두 지파와 반 지파가 요단 동편을 택한 것에 대하여 잘잘못을 논한 것이 없다. 그러나 적어도 모세가 이 구절에서 말한 것을 보면 그는 요단 저편의 아름다운 땅에 대한 사모함이 가득하였던 것을 알 수 있다. 그리스도인은 하나님의 원래의 원하심의 그 표준에 이르는 것을 하나님이 기뻐하신다는 것을 알아야 한다. 물론 하나님은 그 온전한 목표에 이르지 못한 어떤 것도 허락하시는 수가 얼마든지 있으시다. 그러나 모세가 이 구절에서 하나님께 요청한 것을 보면 그는 적어도 두지파 반의 사람들이 얻은 땅에 도달하는 것으로는 만족하지 않고 있다는 사실을 볼 수 있다. 그러므로 우리는 두 지파 반의 사람들은 스스로 하나님의 목표에 이르는 축복을 양보해버린 사람들을 대표한다는 것을 알 수 있다. 반면 모세는 스스로 포기한 것이 아니라 자신의 잘못에 의한 대가로 인하여 못 들어간 것이다.

26절, 여호와께서 너희의 연고로 내게 진노하사 내 말을 듣지 아니하시고 내게 이르시기를 그만해도 족하니 이 일로 다시 내게 말하지 말라

여기서 모세는 꼭 '너희의 연고'라는 말을 언급한다. '너희 때문에 그렇게 하신 것이다'라는 말이다. 사실 모세는 좋은 인도자이다. 만일 이스라엘 백성들이 속을 썩이지 않았더라면 그렇게 화를 낼 리가 없었다. 견딜 수 없게 만든 자들이 바로 이스라엘 백성들이다. 결코 모세 자신이 믿음이 부족하고 약화되어 주님께 거역한 것이 아니다. 이 백성들을 이끌고 가는데 해도 너무 하니까 노하여 그만 반석을 두 번 친 것이다.

여기의 '내 말을 듣지 아니하시고'는 하나님께서 들으셨지만 듣지 않으신 걸로 하시겠다는 말씀이다. 주님은 모세의 기도를 존중하셨고 사실은 듣고 계셨다. 주님이 이 정도만 응답해주셔도 참 좋은 것이다. 얼마나 친밀하신 분인지!

"내게 진노하사". 여기서 주님이 진노하셨다고 말했지만 이때의 진노는 사랑스런 진노이다. 사랑이 가득 담긴 진노이다. 때로 우리 하나님은 이렇게 우리에게 진노하시는데, 하나님의 이러한 진노조차도 우리에게는 사랑스럽다.

"그만해도 족하니 이 일로 다시 내게 말하지 말라". 이러한 주님의 대답은 참으로 친밀함이 가득 담긴 대답이다. 그리고 모세의 기도를 상당히 존중하신 대답이다. 하나님께서 사람을 이토록 우대하실 수 있다니! 부모나 매우 친밀한 사람이 말하듯이 '그만 됐다. 그 이야기는 이제 그만 해라' 하시는 것이다.

여기서 모세는 이스라엘 백성들에게 자신의 기도가 하나님 앞에서 거절된 것을 기록한다. 이는 그의 겸손한 태도이다. 그는 형제들에게 자신의 잘못을 고백하는 것을 부끄러워하지 않았다. 그는 하나님이 자기에게 진노하셨다는 사실과 그의 말을 거절하신 것과 그로 하여금 요단을 건너는 것을 허락지 않으신 사실과 자신의 직분을 사임시키고 후계자를 임명하신 사실을 다 말해주었다. 나는 우리나라의 가장 큰 교회의 지도자가 사임하는 예배를 경청한 적이 있다. 나는 그분이 그 큰 단체를 훌훌 털고 떠나는 모습이 평소 훌륭하게 여러 곳에서 사역하는 모습들보다 훨씬 아름답다고 느꼈다.

27절, 너는 비스가 산 꼭대기에 올라가서 눈을 들어 동서남북을 바라고 네 눈으로 그 땅을 보라 네가 이 요단을 건너지 못할 것임이니라

하나님께서는 모세가 비스가 산에 올라가서 그 땅을 바라보는 것까지는 허락하셨다. 그렇지만 들어가는 것은 허락지 않으셨다. 이것이 하나님의 주권이다. 그렇게 하심에 있어서 하나님은 여러 가지 뜻을 갖고 계셨을 것이다. 인도자의 작은 실수가 우리가 볼 때에는 작은 것이지만 하나님께서 보실 때에는 엄중한 것이다. 그러한 한 가지 잘못이 얼마나 심각한 것인지를 알도록 경고를 주시는 것일 수도 있다. 그리고 또 한 가지, 예표적으로 율법은 거기까지라는 것을 나타낸다. 모세의 율법은 거기까지이고 이제 백성을 가나안 땅으로 인도하는 사람은 여호수아(헬라어로는 '예수')이다. 우리를 실제 약속의 땅으로 인도하는 것은 율법이 아닌 예수님이시다. 예수님이 우리를 약속의 땅으로 인도하는 참 인도자이시다.

28절, 너는 여호수아에게 명하고 그를 담대케 하며 그를 강경케 하라 그는 이 백성을 거느리고 건너가서 네가 볼 땅을 그들로 기업으로 얻게 하리라 하셨느니라

우리는 마지막으로 여호수아를 세우라는 하나님의 말씀에도 겸허하게 순복하는 모세의 모습을 볼 수 있다. 그의 전달하는 말에는 하나님의 통치적인 다스림에 고요히 순종하며 머리를 숙이는 태도가 배어있다. 그는 철서히 하나님의 백성들 가운데 자신의 비(非)이기성을 실현한 사람이다. 그에게서 우리는 조금의 거역이나 시기나 질투를 찾아볼 수 없다.

우리는 여기서 민수기 20장을 인용함으로 교훈을 얻겠다. 22-24절, "이스라엘 자손 곧 온 회중이 가데스에서 진행하여 호르 산에 이르렀더니 여호와께서 에돔 땅 변경 호르 산에서 모세와 아론에게 말씀하시니라 가라사대 아론은 그 열조에게 돌아가고 내가 이스라엘 자손에게 준 땅에는 들어가지 못하리니 이는 너희가 므리바 물에서 내 말을 거역한 연고니라". 그들이 들어가지 못한 이유를 하나님께서 말씀하시는데 그것은 곧 "너희가 므리바 물에서 내 말을 거역한 연고니라"고 하신다. 주님의 말씀을 거역했기 때문에 못 들어간다는 것이다. 여기서 하나님이 모세를 통해서 경고하시고 훈계하시는 가장 중요한 말씀은 '거역하면 안 된다'는 것이다. 그 어떤 사람이라도 거역하면 축복을 잃게 된다. 아담이 타락하여 인류에게 죄를 가져온 것이나 모세가 가나안에 들어가지 못한 것이나 사울이 왕국을 잃게 된 것 등의 실패는 무엇 때문인가? 결국은 하나님의 말씀을 소홀히 한 죄이다. 오늘날 사람들이 자신들의 의견을 고집하고 스스로 생각하고 스스로 판단하여 행동하는 것은 모두가 아담이나 모세나 사울이 실패한 원리와 동일한 것을 반복하는 것이다. 우리는 이러한 교훈들을 심각한 것으로 받아들여야 한다. 사람들은 자신들 스스로 생각하고 판단하여 행할 수 없느냐고 반문할 것이다. 그렇지 않다. 우리는 순복의 길을 가야 한다.

우리는 사람의 계명이나 사람의 유전을 순종하지 않는다. 교회의 권위에 순종하는 것도 아니다. 아무리 오래되고 정통성이 있는 전통도 마찬가지요 자신들이 옳다 하는 그럴듯한 견해도 마찬가지이다. 우리는 다만 살아계신 하나님의 말씀과 성령의 음성에 순종한다. 거기에 십자가가 없을 수 없다. 십자가가 없이는 진실한 순종이 있을 수 없다. 우리는 많은 일에서 진리로 자신의 길을 대조할 필요가 있으며, 성령의 음성에 귀 기울여야 하며, 많은 영적인 사람들의 충고도 마음을 열고 들어보아야 한다. 우리가 자신에 빠져서 함부로 판단하여 행동에 옮기는 것이 얼마나 위험한지! 그렇게 망령되이 길을 가면 결국은 자신의 길을 가게 되는 것이지 하나님께 순종하는 길은 아닌 것이다. 하나님은 우리가 단순하고 철저하게 순종하는 자들이 되기를 원하시며 따라서 그분이 주시고자 하는 축복을 우리가 다 받기를 원하신다. 하나님은 우리의 순종이 단호하고 의문이 조금도 없는 것이기를 원하신다. 결과를 살피면서 전략적으로 순종해서도 안 되고 순종의 명분과 이유를 물어서도 안 된다. 그것이 다만 주님이 하신 말씀이라면 단순히 순종하면 된다. 아담이 에덴동산에서 하나님의 말씀을 무시하고 소홀히 한 행동에 대하여 성경은 불순종이라고 이름을 붙였다(롬 5:19). 그 한 사람의 불순종의 결과는 무서운 결과를 가져와 육 천년 동안 온 인류가 그 열매를 먹고 있다. 우리는 신명기의 주제가 한 단어로 '순종'이라는 것을 배웠다. 순종하는 사람이 가나안에 들어간다. 우리 모두 그 나라를 유업으로 받기 위해서 일생 순종하는 그리스도인들이 되기를 바란다.

29절, 그때에 우리가 벧브올 맞은편 골짜기에 거하였었느니라

벧브올 맞은편 골짜기는 모압 평지이며, 이곳이 모세가 죽어서 장사된 곳이다. 신명기 34장 5-6절, "이제 여호와의 종 모세가 여호와의 말씀대로 모압 땅에서 죽어 벧브올 맞은편 모압 땅에 있는 골짜기에 장사되었고 오늘날까지 그 묘를 아는 자가 없으니라". 그러나 그의 묘는 감취어 있어서 아는 사람이 없다고 했다. 이 부분의 말씀은 마지막 부분에 가서 자세히 언급된다. 신명기는 모세가 자신의 마지막 운명을 알고 그 땅을 바라보기만 할 수 있을 뿐 들어가지는 못한다는 것을 알고, 즉 죽음을 목전에 두고 이스라엘에게 가르친 유언과 같은 고별 메시지들로 구성되어 있다. 그러므로 모세는 중요한 하나님의 명령들과 교훈들을 주기 전에 자신의 운명에 대하여 엄숙하게 말해 놓고 설교를 시작하는 것이다. 이렇게 말하는 방식은 듣는 이스라엘 자손들로 하여금 훨씬 그 말씀의 무게와 엄중함을 더 하도록 할 것이다. 모세는 1-3장에서 그들이 왜 40년을 광야로 들어가서 방황하게 되었는가를 회상하게 해주고 가나안으로 향하는 노정에서 만난 대적들을 처리한 일들과 거기서 얻은 영토를 두 지파 반에게 분배한 일들을 말해주었으며 자신이 가나안 땅에 들어가지 못하게 된 일과 여호수아를 후계자로 세운 일등을 회상하게 해준다. 이 모든 말씀들은 4장부터 주어지는 하나님의 명령을 더욱 엄위한 가운데서 듣게 해주고 그들로 하여금 자신들의 하나님 앞에서의 현재의 위치를 깨닫는데 큰 도움을 준다.

신명기 4장

신명기 4장부터는 율법과 관련된 계명에 대한 재 강론이 되겠다. 본 장에서는 모세가 백성들에게 들려준 첫 번째 설교(1:1-4:43)를 마무리 짓고 두 번째 설교(4:44-26:19)로 나아가는 부분이다. 4장 44절부터 11장까지는 주로 십계명에 대한 재 강론이며 12장부터 26장까지는 관련된 계명을 재론하는 것이다. 27장부터 30장은 축복과 저주이며 31-34장은 모세의 작별의 말씀이다.

4장 1절부터 8절까지는 율법이 이스라엘에게 주어진 것임을 강조하면서 반드시 가감 없이 준행되어야 함을 강조한다. 9-14절은 율법이 주어진 상황을 회고하면서 율법의 신적 권위가 엄중함을 알려주며 순종을 강화하는 말씀이다. 15-24절은 율법수여자이신 하나님의 거룩성과 유일성을 상기시키며 순종치 않을 때의 엄중한 형벌을 시사한다. 25-31절은 율법을 순종치 않을 경우 받을 엄청난 죄의 대가를 생각하게 한다. 32-40절은 지난 날 하나님이 이스라엘을 위하여 역사하신 것들을 상기시킴으로서 이런 분은 오직 여호와뿐이시니 그분을 순종함이 마땅함을 알려준다. 그 길만이 그 땅에서 오래 살고 축복받을 수 있는 길임을 말해준다.

1절, 이스라엘아 이제 내가 너희에게 가르치는 규례와 법도를 듣고 준

행하라 그리하면 너희가 살 것이요 너희의 열조의 하나님 여호와께서 너희에게 주시는 땅에 들어가서 그것을 얻게 되리라

처음 신명기를 시작할 때 신명기 전체의 중심 되는 구절이 바로 4장 1절이라고 말했다. 그리고 다시 한 번 말하지만 신명기의 핵심 단어는 '순종' 이다. 어떤 사람들이 그 땅을 기업으로 얻게 되는가? 결국 한 마디로 그 말씀을 준행하는 자들이라는 말이다. 이 구절 안에 그 핵심이 다 들어 있다. 모세는 하나님의 규례와 법도를 가르칠 때 그들을 다정한 호칭 '이스라엘아!' 로 부른다. '내가 너희에게 가르치는 규례와 법도' 는 한 마디로 해서 율법이다. 하나님의 말씀을 먼저는 '듣고' 다음은 '준행' 해야 한다. 그럴 때 그들이 살 것이라고 했다. 그 다음은 "너희의 열조의 하나님 여호와께서 너희에게 주시는 땅에 들어가서 그것을 얻게 되리라" 이다. 여기 네 가지 주된 항목이 있다. 첫째는 율법을 듣는 것이고 그 다음은 준행하는 것이다. 그럴 때 살게 되고 또 기업을 얻는다. 사는 것도 말씀을 준행하는 것이요 기업을 얻는 것도 말씀을 준행하는 것이다. 앞의 두 가지는 조건이고 나중 두 가지는 결과이다.

우리는 신약에서도 주님이 신실한 믿는이들에게 영생을 약속하시는 것을 본다. 물론 주님을 믿음으로 영생을 얻는 것이 있지만 또 한편 축복으로 영생을 얻는 면도 있다. 여기에서 '산다' 는 말은 다만 구원받아서 살아난 것만이 아니라 우리가 이 시대에 생명(영생) 안에서 사는 것을 말한다. 즉 거듭나는 것만이 아니라 영생을 유업으로 누리는 것을 말한다. 그런데 이렇게 영생을 얻고 땅을 기업으로 얻기 위해서는 두 가지가 중요하다. 첫째는 잘 듣는 것이고 둘째는 행하는 것이다. 듣고 행하는 것의 중요성은 신약에 주님의 산상수훈의 말씀으로도 증명된다. 그리고 성경의 다른 많은 곳에서도 말씀을 듣고 지키는 문제를 강조했다. 하나님의 말씀은 다만 듣는다고 되는 것이 아니라 반드시 준행해야 한다.

맥킨토시는 하나님께서 우리에게 말씀을 주신 것은 추상적으로 생각하고 논의하라는 것이 아니라 순종하라는 것이라고 했다. 그렇기 때문에 순종하지 않는 사람에게는 말씀이 축복으로 임하지 않는다. 오늘날 우리 그리스도인들이 하나님의 말씀을 소홀히 함으로 입는 손실이 너무나 크다. 하나님의 말씀의 중요성을 깨닫지 못하고 가볍게 여기고 멸시하는 사람들이 입을 손실은 가히 상상할 수가 없다.

나는 엊그제 교회가 건물을 구입한 것이 자신의 신념과 맞지 않기에 교회생활을 그만하고 떠나겠다는 한 형제와 교제를 나누었다. 그는 교회가 건물을 소유해서는 안 된다는 강한 신념을 갖고 있었다. 나는 그에게 교회가 건물을 소유해서는 안 된다는 규정이 성경 그 어디에도 없는 것이라고 말해주었다. 그것은 사람의 신념이지 진리가 아니다. 그래도 그는 강하게 교회가 건물을 그저 빌려 써야지, 소유하는 것은 자신의 길과 다르므로 교회를 떠나겠다고 말했다. 나는 그런 사소한 이유로 교회와 성도들을 등지고 떠나는 것은 진리적으로 옳지 않다고 말했다. 어떤 견해든지 교리와 관념을 붙잡고 형제와 자매를 나누는 것은 옳지 않으며 한 마음 한 뜻을 품지 않는 것은 잘못된 일이다. 이렇게 말씀을 지키지 않고 자신의 관점대로 사는 사람들에게는 결코 영생의 축복이나 기업이 주어지지 않는다. 그러나 많은 사람들이 진리보다 자신의 관점을 더 좋아하는 것 같다.

그러므로 오늘 나는 여러분이 이 4장의 말씀을 통해서 하나님의 말씀을 잘 듣고 준행하는 것이 얼마나 큰 복이며 그것을 지키지 않는 것이 얼마나 큰 손실인지를 깨달음으로 이후 여러분의 남은 일생에서 하나님의 말씀을 귀히 여기고 지키는 믿는이들이 되기를 바란다. 요한복음 14장 23절을 보겠다. 주 예수님이 가룟인 아닌 유다에게 대답하신 말씀이다. "예수께서 대답하여 가라사대 사람이 나를 사랑하면 내 말을 지키리니 내 아버지께서 저를 사랑하실 것이요 우리가 저에게 와서 거처를 저와 함께 하리라". 이 말씀은 사실 우리 모두에게 하신 말씀이

기도 하다. 이 말씀에서 주 예수님은 그분의 제자들이 말씀에 순종하는 것이 얼마나 중요한 문제인지를 가르쳐 주고 계신다. 말씀은 들을 뿐 아니라 지키도록 주신 것이다. 말씀을 지키는 사람이 진정으로 주님을 사랑하는 사람이다. 주님을 사랑하는 사람은 반드시 그분의 말씀을 지킨다. 그리고 그렇게 말씀을 지키는 자를 아버지께서 사랑하시며 또 '우리가 저에게 와서 거처를 저와 함께 하리라' 고 하셨다.

우리는 창세기의 두 믿는이를 놓고 이 문제를 생각해 보겠다. 아브라함과 그의 조카 롯이다. 창세기 18장에서 여호와께서 아브라함에게 나타나셨다. 그런데 19장에서 롯에게는 직접 방문하신 것이 아니라 천사를 보내셨다. 왜 하나님은 아브라함에게는 직접 오시고 롯에게는 천사를 보내셨는가? 아브라함과 롯은 둘 다 믿는이를 대표한다. 아브라함은 믿는이의 조상이고 롯도 역시 성경에서 의로운 심령을 가진 의인으로 묘사되어 있다(벧후 2:8). 그러나 창세기에서 우리는 롯이 하나님의 말씀에 온전히 순종하는 믿는이었다는 암시를 발견할 수 없다. 물론 아브라함은 진정으로 하나님께 순종하는 자였다. 아브라함에게 실패가 전혀 없었던 것은 아니지만 근본적으로 아브라함은 순종하는 사람이었다. 그러므로 우리는 창세기 18장 1절의 "여호와께서 마므레 상수리 수풀 근처에서 아브라함에게 나타나시니라"는 말씀을 이해할 수 있다. 그것은 요한복음 14장 3절 말씀에 의하면 '내 말을 지키는 그에게 와서 거처를 함께 하겠다' 고 하셨기 때문이다. 영원하신 하나님은 과거에나 현재에나 미래에나 동일하시다. 아브라함 때에도 그가 순종하는 자였기 때문에 하나님은 그에게 자신을 나타내시고 그와 거처를 함께 하기를 기뻐하신 것이다.

다시 창세기 18장을 보면, "가로되 내 주여 내가 주께 은혜를 입었사오면 원컨대 종을 떠나 지나가지 마옵시고 물을 조금 가져오게 하사 당신들의 발을 씻으시고 나무 아래서 쉬소서"(3-4절) 하고 아브라함이 간청하자 여호와께서는 아브라함에게 "네 말대로 그리하라"(5b)고 하시며 아브라함이 차린 음식을 받아 잡수셨다. 그리고 거기서 아브라함에게 네게 자손이 있을 것이라고 하시며 축복해주셨다. 그런 다음 아브라함에게 그분의 마음속에 있는 것을 감추지 않고 말씀하셨다 "여호와께서 가라사대 나의 하려는 것을 아브라함에게 숨기겠느냐". 참으로 주님은 주님을 사랑하고 가까이 하며 그분의 말씀을 순종하여 지키는 사람에게 자신을 나타내시며 거처를 그와 함께하신다.

이어서 창세기 19장을 보자. "날이 저물 때에 그 두 천사가 소돔에 이르니"(1절). 롯에게는 여호와께서 직접 가지 아니하시고 천사를 보내셨다. 그때 롯은 성문에 앉아 있다가 땅에 엎드리어 절하면서 이렇게 말했다. "내 주여 돌이켜 종의 집으로 들어와 발을 씻고 주무시고 일찍이 일어나 갈 길을 가소서". 그러자 "그들이 가로되 아니라 우리가 거리에서 경야 하리라"(2절). 천사들도 절대적으로 말씀에 순종하지 않는 사람과는 기꺼이 함께 거하려 하지 않는 것 같다. '그냥 놔둬라, 나는 거리에서 자도 된다. 꼭 들어갈 필요는 없다' 하는 것이다. 나중에 롯이 간청하자 그의 말을 받아들였는데, 결국 그날 밤 롯의 집에서는 일이 생기고 말았다.

우리는 주님의 말씀을 지키는 것이 하나님 앞에서 우리 그리스도인의 위치를 얼마나 다르게 만드는지를 깨달을 수 있다. 이사야 66장 2절에서 주님은 "무릇 마음이 가난하고 심령에 통회하며 나의 말을 인하여 떠는 자 그 사람은 내가 권고(look)하려니와"라고 말씀하신다. 하나님은 어떤 사람을 주의하고 보살피시는가 하면 '마음이 가난하고 심령에 통회하며 내 말을 인하여 떠는 자'이다. 하나님의 말씀을 두려워 떨면서 듣고 순종하는 사람을 하나님은 권고하신다. 그러므로 말씀을 들을 뿐 아니라 준행하는 사람은 참으로 복된 사람이다.

사실 세상 사람들은 하나님의 말씀을 존중하지 않고 멸시한다. 욥기 21장 14절을 보겠다. "우리를 떠나소서 우리가 주의 도리 알기를 즐겨하지 아니하나이다". 이처럼 세상 사람들은 주님의 도리 알기를 즐겨

하지 않는다. 그런데 그리스도인들 가운데서도 주님의 말씀에 대한 반응이 차이가 있다. 어떤 사람들은 아브라함이나 사도 바울처럼 하나님의 말씀을 절대적으로 지켜야 할 것으로 알지만, 어떤 사람들은 하나님의 말씀을 그리 중요시하지 않는다. 오늘 우리는 과연 하나님의 말씀에 대해 어떤 태도를 가지고 있는지 스스로 살펴보기 바란다. 우리 생활 가운데 많은 일들이 생긴다. 그럴 때 하나님의 말씀은 우리 발에 등불이 된다. 한 가지 한 가지 어떻게 행해야 할지를 지시하는 말씀이다. 그런데 그러한 말씀을 지키려 할 때 자신에게 손실이 오고 때로는 어려움이 닥치기 때문에 사람들은 하나님의 말씀을 소홀히 하고 지나친다. 하나님께서는 그러한 사람들을 가까이 하시지 않는다. 오직 하나님의 말씀을 두려워 떨며 순종하며 지키는 사람을 가까이 하시고 함께 거하신다.

2절, 내가 너희에게 명하는 말을 너희는 가감하지 말고 내가 너희에게 명하는 너희 하나님 여호와의 명령을 지키라

2절에서는 주님의 말씀을 가감하지 말고 지킬 것을 말하고 있다. 하나님의 말씀을 있는 그대로 순종해야지 뭔가를 더하거나 빼지 말라는 것이다. 하나님은 그렇게 하는 사람을 미워하신다. 잠언 30장 6절은 말씀에 뭔가를 더하는 사람은 거짓말하는 사람이라고 했다. 하나님의 말씀에다 자기 생각과 자기 의견을 더하여 말하는 사람은 곧 거짓말하는 사람이다. 구약과 신약 66권의 말씀은 이미 완성된 하나님의 말씀이기 때문에 우리는 이를 온전한 권위가 있는 말씀으로 받아들여야 한다. 성경은 그 자체가 온전하다. 그리고 이 모든 말씀은 하나님의 영감으로 되어 있다. 계시록에도 이곳과 동일한 말씀이 있는데, 누구든지 이 기록된 하나님의 말씀에 더하면 그에게 재앙이 더할 것이고 빼면 그 성에 참여하는 데서 제하여진다고 했다(계 22:19).

어떤 사람은 이 성경 말씀의 전체가 영감으로 되었다는 것을 부인한다. 또 어떤 사람은 성경의 어떤 부분을 불필요한 것으로 여긴다. 오늘날 현대주의나 자유주의 학파 사람들은 성경의 영감설을 부인한다. 하나님의 모든 말씀이 하나님의 영감으로 된 권위 있는 말씀이라는 것에 찬성하지 않는다. 그리고 성경의 어떤 부분만을 하나님이 주신 말씀으로 인정한다. 그리고 그것만을 믿으려 하고 그것만을 강조하여 사람들에게 가르친다. 그러나 결코 그래서는 안 된다. 성경 말씀은 창세기부터 계시록까지 66권의 말씀이 다 하나님의 영감으로 이루어진 것이다.

디모데 전서 3장 16절은 '모든 성경'은 하나님의 영감으로 된 것이라고 말한다. 또 어떤 사람들은, 창세기 3장에서 뱀이 하와에게 한 말, '하나님이 참으로 너희더러 먹지 말라 하시더냐'는 사단이 한 말이고 또 욥기 1장에도 사탄이 하나님 앞에 와서 욥에 대해 참소하여 말한 것이 있는데 이런 구절들을 근거로 하여 성경에는 하나님이 하시지 않은 말씀들도 있다고 말한다. 성경 말씀을 감하는 데 그러한 구절들을 사용하는 것이다. 여러분은 이것에 대해 어떻게 생각하는가? 물론 그 말 자체는 사탄이 한 말일지라도 그 모든 말은 하나님의 말씀하심을 위해 필요하다. 내가 어떤 것을 설명할 때 내 말도 있고 나를 위해서 하는 사람들의 말도 있고 반대자들의 말도 있을 수 있다. 그렇게 모든 말들을 합해서 하나님이 하시고자 하는 온전한 설명을 제시하는 것이다.

솔로몬이 쓴 전도서에도 표면적으로 볼 때 사람의 불평과 염세적 관념과 숙명론 등 하나님의 신성한 계시의 말씀에 비하여 수준이 낮아 보이는 말들이 많이 들어있다. 그러나 전도서를 깊이 읽어보면 그 말씀은 다만 사람의 숙명론적 탄식을 쏟아낸 말이 아니라, 하나님이 없으면 세상에서 많은 학문이나 지식이나 부와 명예, 향락, 지위를 얻는다 해도 공허하다는 것을 말하는 것이므로 전체적으로 볼 때 하나님의 영감이 있다고 말할 수 있다. 야고보서에 대해서도 심지어 어떤 사람들은 신약의 진리면에서 애매한 부분이 많으니 성경에서 제해야 한다고 말한다.

그러나 야고보서는 믿음의 다른 부분을 강조한 것으로 믿음을 보완한 것이지 잘못된 사상을 전하는 책이 아니다. 그러므로 제해져서는 안 되는 것이다. 사람들은 또 성경의 어떤 부분은 없어도 된다고 말한다. 그러나 성경 전체는 다 하나님의 영감으로 되어 있으며 그 모든 말씀은 하나님께서 필요로 하여 두신 말씀이다. 그 모든 말씀을 읽을 때 우리는 하나님께서 하시고자 하는 말씀을 이해할 수 있다. 그래서 거기에 더해도 안 되고 빼서도 안 되는 것이다.

3-4절, 여호와께서 바알브올의 일을 인하여 행하신 바를 너희가 목도하였거니와 바알브올을 좇은 모든 사람을 너의 하나님 여호와께서 너의 중에서 진멸하셨으되 4 오직 너희의 하나님 여호와께 붙어 떠나지 않은 너희는 오늘까지 다 생존하였느니라

이것은 민수기 25장에 있는 내용이다. 이스라엘 사람들이 싯딤에 있을 때에 음행을 하여 바알브올에게 부속되었다고 했다. 바알브올은 이방 신의 이름이다. 이스라엘 백성들은 결국 발람의 계략으로 음행하게 되었고 우상 숭배를 하게 되었다. 그로 인해 여호와의 진노가 임했으며 그 결과 이만 사천 명이 죽었다. 여기서 모세는 바알브올의 일로 이스라엘 백성들 이만 사천 명이 멸망당한 일을 상기시키고 있다. "너희가 목도하였거니와 바알브올을 좇은 모든 사람을 너의 하나님 여호와께서 너의 중에서 진멸하셨으되 오직 너희의 하나님 여호와께 붙어 떠나지 않은 너희는 오늘까지 다 생존하였느니라". 그때 많은 사람들이 우상 숭배를 하다가 죽었으며 오직 하나님께 붙어 떠나지 않은 사람들만이 생존한 것이다. '여호와께 붙어' 라는 말은 히브리어에서 '굳게 붙어 있다' 는 뜻이다.

5절, 내가 나의 하나님 여호와의 명하신 대로 규례와 법도를 너희에게

가르쳤나니 이는 너희로 들어가서 기업으로 얻을 땅에서 그대로 행하게 하려 함인즉

모세가 이스라엘 백성들에게 규례와 율례와 법도를 가르친 목적은 그들로 가나안 땅에 들어가서 그것을 지키고 행하게 하려는 것이다.

6절, 너희는 지켜 행하라 그리함은 열국 앞에 너희의 지혜요 너희의 지식이라 그들이 이 모든 규례를 듣고 이르기를 이 큰 나라 사람은 과연 지혜와 지식이 있는 백성이로다 하리라

이스라엘 백성들의 지혜와 지식은 다른 것이 아니라 하나님이 명하신 규례와 법도를 지켜 행하는 것이다. 그것은 오늘날 우리에게도 동일하다. 오늘날 그리스도인들의 지혜와 지식은 하나님이 하신 말씀을 순종하는 데 있지 그 말씀을 다만 머리로 이해하고 논리적으로 추론하는 데 있지 않다. 나는 과거에 하나님의 말씀을 잘 해석하고 잘 말하는 사람들을 많이 보았다. 그런데 나는 그들을 볼 때마다 '참 좋다. 굉장히 놀랍다' 라고 느껴지지 않았다. 그것은 참 지혜가 아니고 참 지식이 아니다. 참 지혜와 지식은 하나님이 하신 말씀을 그대로 지키고 준행하는 데 있다. 여기까지 말할 때 어떤 사람은 이렇게 생각할 것이다. '그럼 당신은 우리에게 율법을 지키라는 말인가? 여기서 모세가 말하는 것은 율법인데, 지금 우리는 신약 시대에 살고 있고, 로마서, 갈라디아서 등을 읽어 보면 우리는 율법을 행할 의무가 없는 사람들이고 율법에서 해방된 사람이라고 말한다. 그런데 지금 와서 율법의 말씀을 지켜야 한다는 것이 과연 올바른 가르침인가?'

오늘날 많은 신자들이 말씀을 지키는 문제가 신약에서는 그리 중요하지 않다고 말한다. 신약의 말씀은 다만 듣고 이해하고 누리면 된다고 말한다. 그러나 신약 어느 곳에도 하나님의 말씀을 지키지 않아도 된다고 하는 구절은 없다. 물론 사도 바울은 우리가 율법의 저주에서 해방되었으며 율법을 향해서 우리가 죽임을 당했다고 말했다. 그렇지만 사도 바울은 율법이 폐하여졌다고 말하지 않았다. 로마서 3장 31절에서 그는 "그런즉 우리가 믿음으로 말미암아 율법을 폐하느뇨 그럴 수 없느니라 도리어 율법을 굳게 세우느니라"고 했다. 믿음이 옴으로 율법이 폐하여지는 것이 아니라는 말이다. 또 로마서 8장 3-4절에서는 "율법이 육신으로 말미암아 연약하여 할 수 없는 그것을 하나님은 하시나니 곧 죄를 인하여 자기 아들을 죄 있는 육신의 모양으로 보내어 육신에 죄를 정하사 육신을 좇지 않고 그 영을 좇아 행하는 우리에게 율법의 요구를 이루어지게 하려 하심이니라"고 말한다. 믿음이 오고 영이 오고 생명이 와서 율법의 요구를 이루어지게 하는 것이지 이제 믿음이 왔기 때문에 율법은 지키지 않아도 되는 것이 아니다.

이렇게 말할 때 혹 여러분 가운데에는 혼돈된다고 하는 사람이 있을지 모르겠다. 물론 우리는 한 면으로 율법의 요구에서 벗어났다. 즉 우리는 그리스도와 함께 죽음으로 율법을 향하여 끝났다. 율법은 더 이상 우리에게 요구할 수 없다. 우리는 율법의 요구에서 해방되었다. 그러나 또 한 면으로 우리는 그리스도와 함께 죽었을 뿐 아니라 그리스도와 함께 부활했다. 그리스도께서 우리 안에 살고 계시며 우리는 하나님의 은혜를 얻은 사람들이다. 이제 새 사람인 우리는 하나님이 주신 새 영에 의해 하나님의 율법의 요구를 이룰 수 있게 되었다. 그것도 넉넉히 이룰 수 있게 된 것이다. 요한 일서 2장 6절은 "저 안에 거한다 하는 자들은 그의 행하시는 대로 자기도 행할지니라"고 한다. 결국 율법이 할 수 없는 그것을 은혜는 할 수 있는 것이다. 율법을 폐했다는 것은 우리의 행함을 다 폐한 것이 아니라 율법의 행위를 폐한 것이다. 하지만 은혜로 인한 행위는 여전히 남아 있고 그로 인하여 하나님의 자녀들의 빛과 소금의 삶이 나오는 것이다. 죄와 율법에 대하여는 죽었으나 하나님을 향하여는 살아있는 것이다. 그러나 먼저는 그리스도 안에서 죽은 자로서 우리 자신은 아무것도 할 수 없다는 것이고 다음은 부활 안에서 그리스도와 함께 모든 것을 할 수 있게 되는 것이다.

7-8절, 우리 하나님 여호와께서 우리가 그에게 기도할 때마다 우리에게 가까이 하심과 같이 그 신의 가까이 함을 얻은 나라가 어디 있느냐 8 오늘 내가 너희에게 선포하는 이 율법과 같이 그 규례와 법도가 공의로운 큰 나라가 어디 있느냐

여기서 모세는 이스라엘 백성들이 하나님의 말씀을 지키도록 격려하기 위해서 그들의 특권을 설명해 주고 있다. 그들은 기도할 때마다 하나님 여호와께서 가까이 해주시는 특권을 누리고 있다. 그리고 그들에게 선포된 율법과 같이 그 규례와 법도가 공의로운 나라가 없다. 그렇게 뛰어난 법도를 가진 나라는 이 땅에 유일무이하다는 것이다. 이 자체가 이스라엘 백성들에게는 하나의 특권이요 큰 축복이었다. 그렇기 때문에 그들은 하나님의 말씀을 지켜야 한다는 것이다.

9절, 오직 너는 스스로 삼가며 네 마음을 힘써 지키라 두렵건대 네가 그 목도한 일을 잊어버릴까 하노라 두렵건대 네 생존하는 날 동안에 그 일들이 네 마음에서 떠날까 하노라 너는 그 일들을 네 아들들과 네 손자들에게 알게 하라

이것이 말씀을 지키는 방법이다. 하나님의 말씀을 지키는 사람들은 하나님의 말씀을 매우 신중하게 상고하면서 생활하는 사람들이다. '내가 이렇게 행하는 것이 혹 하나님의 말씀을 어기는 것이 아닐까?' 하면서 말이다. 그리고 "네 마음을 힘써 지키라"고 했다. 하나님의 말씀을 기꺼운 마음으로 힘을 다해 지켜야 한다는 말이다. 힘을 쓰지 않고 지킬 수 있는 사람은 아무도 없다. (그러나 여기서의 힘은 자신의 육신의 힘을 의미하는 것은 아니다.) 주님의 은혜로 말씀을 지키는 길을 걷는 것도 힘을 다하는 사람에게 통하는 것이다.

"두렵건대 네가 그 목도한 일을 잊어버릴까 하노라 두렵건대 네 생존하는 날 동안에 그 일들이 네 마음에서 떠날까 하노라 너는 그 일들을 네 아들들과 네 손자들에게 알게 하라". 사람의 마음은 하나님께서 우리에게 해주신 일들을 쉽게 잊어버린다. 이 길을 가는데 있어서 가장 위험한 것 한 가지가 잊어버리는 것이다. 주님으로 인해 우리가 얻은 특권들과 선택된 백성이라는 신분을 쉽게 망각하는 것이다. 그래서 생존하는 날 동안 그 일들이 마음에서 떠날까 염려되니 스스로 삼가고 마음을 힘써 지키라는 것이다. 우리는 항상 우리의 신분을 마음에 두어야 하고 주님이 우리를 위해서 하신 일을 기억해야 한다.

하나님의 백성은 하나님이 주신 율법에 의해 규례와 법도가 공의로운 큰 나라이다(8절). 인수가 많아서 큰 나라가 아니라 그들에게 있는 하나님의 법도가 너무나 놀랍기 때문에 큰 나라인 것이다. 사실 지금도 이 땅에서 하나님의 말씀을 그대로 간직하고 지키는 무리가 큰 나라이다. 인수가 적어도 그들이 큰 나라이다. 문제는 그들 가운데 하나님의 진리가 있느냐 없느냐 하는 것이다. 하나님의 말씀이 그들 가운데 살아 존재하지 않는다면 아무리 인수가 많아도 큰 나라가 아니다. 오늘날은 인수에 따라서 큰 교회, 작은 교회를 구분하지만, 실제로 교회의 크고 작은 것은 그들이 과연 하나님의 말씀을 지키는가 그렇지 않은가에 달려 있다. 아무리 큰 인수라 하더라도 하나님의 말씀을 지키는 것이 없다면 하나님은 그런 무리를 크다고 보시지 않는다.

"너는 그 일들을 네 아들들과 네 손자들에게 알게 하라". 하나님의 말씀을 잊어버리지 않을 수 있는 또 한 가지 좋은 비결은 자녀들과 손자들에게 가르치는 것이다. 그럼으로써 그 대에서 끊어지지 않고 대대로 간직할 수 있게 된다.

10-12절, 네가 호렙 산에서 네 하나님 여호와 앞에 섰던 날에 여호와께서 내게 이르시기를 나를 위하여 백성을 모으라 내가 그들에게 내 말을 들려서 그들로 세상에 사는 날 동안 나 경외함을 배우게 하며 그 자녀에게 가르치게 하려 하노라 하시매 11 너희가 가까이 나아와서 산 아래 서니 그 산에 불이 붙어 화염이 충천하고 유암과 구름과 흑암이 덮였는데 12 여호와께서 화염 중에서 너희에게 말씀하시되 음성뿐이므로 너희가 그 말소리만 듣고 형상은 보지 못하였느니라

이것은 이스라엘 백성들이 하나님의 말씀을 받을 때의 광경이다. 모세는 그들이 율법을 받을 때의 상황을 회상케 함으로서 하나님의 말씀의 엄위함을 일깨워주고 있다. 그들은 모세가 시내 산에서 말씀을 받을 때 산 아래에 서 있었다. 그때 산에 불이 붙어 화염이 충천하였고 유암과 구름과 흑암이 덮여 있었는데 여호와께서 화염 중에서 그들에게 말씀하시되 그분의 형상은 보이지 않고 음성만 들렸다. 하나님께서 이렇게 하신 것은 그들로 하여금 하나님께서 이와 같이 말씀하신 것을 목도하게 하여 '아, 우리 하나님이 산에서 화염 가운데 말씀하셨지' 하며 잊어버리지 않고 그 말씀을 소중히 간직하고 지키게 하려는 것이었다.

13-14절, 여호와께서 그 언약을 너희에게 반포하시고 너희로 지키라 명하셨으니 곧 십계명이며 두 돌판에 친히 쓰신 것이라 14 그때에 여호와께서 내게 명하사 너희에게 규례와 법도를 교훈하게 하셨나니 이는 너희로 건너가서 얻을 땅에서 행하게 하려 하심이니라

주님은 이스라엘 백성들에게 반드시 그 말씀을 듣고 지키라고 강조하고 계신다. 그러면서 왜 꼭 지켜야 하는지 그 이유를 덧붙여 설명해 주신 것이다. 율법이란 언약으로서 하나님이 친히 반포하신 것이고 지키라 명하신 것이며, 두 돌판에 쓰셔서 주신 것이므로 지켜야 하는 것이다. 염두에 두지 않아도 될 것이라면 그분이 반포하시고 명하시며 돌판에까지 새겨주셨겠는가!

하나님은 이스라엘이 기도할 때마다 그들을 가까이 하셨다. 어떤 나라도 그렇게 하나님의 가까이 함을 얻은 나라가 없다. 또한 그들에게 선포된 율법과 같이 그 규례와 법도가 공의로운 큰 나라가 없다. 그리고 하나님께서는 율법을 선포하실 때 그들을 산 가까이에 오게 하셔서 산에 불이 붙어 화염이 충천하고 유암과 구름과 흑암이 덮여 있을 때 화염 중에서 그들에게 말씀하신 것을 목도하게 하셨다. 그것이 십계명이고 두 돌판에 쓰신 것이다. 이것은 가나안 땅에 들어가서 그 법도를 행하게 하려는 것이다. 이 모두가 이스라엘 백성에 대한 하나님의 크신 사랑이다.

신약에 있는 히브리서를 통해 우리는 이 장면을 또 한 번 볼 수 있다. "너희의 이른 곳은 만질 만한 불붙는 산과 흑운과 흑암과 폭풍과 나팔 소리와 말하는 소리가 아니라 그 소리를 듣는 자들은 더 말씀하지 아니하시기를 구하였으니 이는 짐승이라도 산에 이르거든 돌로 침을 당하리라 하신 명을 저희가 견디지 못함이라 그 보이는 바가 이렇듯이 무섭기로 모세도 이르되 내가 심히 두렵고 떨린다 하였으나"(히 12:18-21). 이것이 구약 민수기 4장에서 본 바로 그 광경이다. 즉 모세가 하나님의 말씀을 받을 때의 광경이다.

그런데 22절부터는 "그러나 너희가 이른 곳은 시온 산과 살아 계신 하나님의 도성인 하늘의 예루살렘과 천만 천사와 하늘에 기록한 장자들의 총회와 교회와 만민의 심판자이신 하나님과 및 온전케 된 의인의 영들과 새 언약의 중보이신 예수와 및 아벨의 피보다 더 낫게 말하는 뿌린 피니라 너희는 삼가 말하신 자를 거역하지 말라 땅에서 경고하신 자를 거역한 저희가 피하지 못하였거든 하물며 하늘로 좇아 경고하신 자를 배반하는 우리일까 보냐"(히 12:22-25)고 말한다. 이 말씀은 구약 당시에 하나님께서 산에서 구름과 흑암이 덮인 가운데 화염 중에서 말씀하신 것은 땅에서 있었던 일이지만 우리 주 예수님이 신약에서 주신 말씀은 하늘로 좇아 경고하신 것이라고 말한다. 신약의 말씀은 하나님의 아들이 친히 이 땅에 오셔서 하나님 아버지로부터 받아 우리에게 주신 것이다. 또 이 말씀은 주 예수님이 은혜와 진리로 오셔서 우리에게 주신 말씀이며 십자가에서 흘리신 피로 언약을 세워 주신 말씀이다. 이 땅에서 천사들을 통해 주신 말씀을 거역하는 사람들이 진멸되고 심판을 받았다면 이 시대에 하늘로 좇아 주신 말씀을 거역하는 우리는 어떻게 되겠는가!

"그때에는 그 소리가 땅을 진동하였거니와 이제는 약속하여 가라사대 내가 또 한 번 땅만 아니라 하늘도 진동하리라 하셨느니라"(히 12:26). 구약 시대에는 말씀을 지키지 않고 거역하는 사람들에게 땅이 진동하는 징계를 내렸지만 이제 신약에서 하늘로 좇아 경고하신 자를 배반하는 자에게는 땅만 아니라 하늘도 진동하는 징계를 내릴 것이다. 이렇게 이 시대의 말씀을 소홀히 하는 자는 구약의 말씀을 소홀히 하는 자보다 그 징계가 엄중하다는 것을 알아야 한다.

15-19절, 여호와께서 호렙 산 화염 중에서 너희에게 말씀하시던 날에 너희가 아무 형상도 보지 못하였은즉 너희는 깊이 삼가라 16 두렵건대 스스로 부패하여 자기를 위하여 아무 형상대로든지 우상을 새겨 만들되 남자의 형상이라든지, 여자의 형상이라든지, 17 땅 위에 있는 아무 짐승의 형상이라든지, 하늘에 나는 아무 새의 형상이라든지, 18 땅 위에 기는 아무 곤충의 형상이라든지, 땅 아래 물 속에 있는 아무 어족의 형상이라든지 만들까 하노라 19 또 두렵건대 네가 하늘을 향하여 눈을 들어 일월성신 하늘 위의 군중 곧 너희 하나님 여호와께서 천하 만민을 위하여 분정하신 것을 보고 미혹하여 그것에 경배하며 섬길까 하노라

이 부분에서 모세는 이스라엘에게 여호와 하나님의 유일성과 거룩함을 강조함으로서 율법을 반드시 지키도록 교훈하는 일을 하고 있다. 여호와 하나님은 유일한 주시므로 우상을 피할 것을 강조한다. 하나님께서는 호렙 산 화염 중에서 말씀하실 때 이스라엘 백성들에게 아무 형상도 보여 주지 않으시고 다만 말씀하셨다. 여기서 모세는 "너희가 아무 형상도 보지 못하였은즉 깊이 삼가라"고 했다. 하나님께서 왜 그분의 형상을 전혀 나타내지 않으시고 말씀만 하셨겠는가? 그리고 왜 여기서 다시금 이 사실을 일깨우겠는가? 그것은 하나님께서 이스라엘 백성에게 어떤 형상이든지 우상으로 만들 근거를 주지 않기 위해서였다. 만일 그분의 형상을 나타내시면 그것을 근거로 해서 형상을 만들어 '하나님은 이렇게 생기셨다' 할까봐 아무 형상도 보여 주지 않고 말씀만 하신 것이다. 그러므로 이스라엘 백성에게 가장 중요한 것은 '말씀'이다. 하나님을 사랑한다면 말씀을 순종하면 된다. 다른 방식으로는 하나님을 기쁘시게 할 수 없다.

여기에 하나님의 말씀을 지키는 문제와 우상을 만드는 문제가 대비되어 있다. 우리는 보이지 않는 하나님을 믿고 있는데 우상이란 눈에 보이는 것이다. 우리는 하나님을 볼 수 없지만 하나님의 말씀을 듣고 지키는 것이다. 보지 못하는 가운데서 하나님과 관계를 맺고 교제를 갖고 하나님께 순종하는 무리가 바로 신약의 믿는이들이다. 그런데 그러한 하나님을 뭔가 볼 수 있는 것으로 만들어 섬기려 할 때 그것이 바로 우상 숭배이다.

결국 여기에서 강조하는 것은 우상 숭배를 금하는 것인데, 십계명의 두 번째 계명이 우상을 만들지도 말고 섬기지도 말라는 것이다. 우상을 섬기게 되면 백성이 부패하게 된다. 신약 고린도 후서 11장 3절에서 사도 바울은 "뱀이 그 간계로 이와를 미혹케 한 것같이 너희 마음이 그리스도를 향하는 진실함과 깨끗함에서 떠나 부패할까 두려워하노라"고 말한다. 우리 마음이 부패케 된다는 것은 우리 마음이 그리스도를 향한 진실함과 단순함에서 떠나는 것이다. 고린도 전서 10장에서도 우상 숭배를 하는 것에 대해 경고한다. "저희 중에 어떤 이들과 같이 너희는 우상 숭배하는 자가 되지 말라 기록된바 백성이 앉아서 먹고 마시며 일어나서 뛰논다 함과 같으니라"(7절). 또 요한 일서 5장 마지막 21절에서도 "자녀들아 너희 자신을 지켜 우상에서 멀리하라"고 하면서 끝맺는다. 요한 서신에는 겉으로 보기에는 우상이 언급되어 있지 않다. 그런데 마지막으로 우상에서 너희 자신을 지키라고 한 것을 볼 때 우상이란 금송아지나 어떤 보이는 것만이 아니고 믿는이들이 하나님 아닌 다른 것을 향했을 때에도 그것을 우상이라고 하는 것을 알 수 있다. 그렇게 될 때 부패해지기 때문이다.

출애굽기 32장에서 이스라엘 백성들은 모세가 산에서 더디 내려오자 금송아지를 만들었다. 남자들이나 여자들이나 금귀고리를 빼서 아론에게 주었고 아론은 금을 녹여 조각하여 금송아지를 만든 것이다. 그것은 사람의 고안과 기술로 만든 것이다. 그런데 어떻게 사람이 만든 금송아지를 놓고 하나님이라고 섬길 수 있는지! 그러나 사람의 고안과 기술도 아주 놀라워서 그들은 자신들이 만든 금송아지에 스스로 압도당한 것 같다. '이것이 너희를 애굽에서 인도해낸 신이다' 하니까 그것에 엎드려 경배했다.

갈라디아서 4장 8-9절은 이렇게 말한다. "그러나 너희가 그때에는 하나님을 알지 못하여 본질상 하나님이 아닌 자들에게 종노릇 하였더니 이제는 너희가 하나님을 알 뿐더러 하나님의 아신 바 되었거늘 어찌하여 다시 약하고 천한 초등 학문으로 돌아가서 다시 저희에게 종 노릇하려 하느냐". 갈라디아 성도들은 유대교 교사들의 말을 듣고 복음 진리에서 떠나 다른 복음을 좇게 되었다. 이는 다른 가르침을 받은 결과이다. 그러자 사도 바울은 그들이 '하나님 아닌 자들에게 종노릇 했다'고 했다. 즉 그들이 율법(초등 학문)으로 돌아갔을 때 사도 바울은 그들이 우상 숭배를 한다고 한 것이다. 여기서 하나님 아닌 자들이란 우상을 말한다. 사실 고린도 후서 11장에서도 그들이 부패한 것은 다른 가르침을 받아들인 결과이다. 말하자면 다른 가르침을 좇는 것이 우상 숭배가 될 수 있다는 것이다.

이로써 우리는 요한 일서 5장 마지막 절에서 너희 자신을 지켜 우상에서 멀리하라는 말씀을 이해할 수 있다. 당시에 많은 적그리스도들이 이단적인 가르침을 교회 안에 침투시키고 있었다. 그러한 다른 가르침들을 받은 결과는 살아 계신 하나님으로부터 떠나 다른 것을 향하게 되는 것이다. 하나님 아닌 것에 순종하는 것이다. 그것이 바로 우상 숭배이고 그 결과 하나님의 자녀들은 부패하게 된다. 그것이 바로 영적 간음이다. 그렇게 해서 하나님의 백성들은 그 단순함과 순수함을 잃게 되는 것이다.

여러분 자신은 우상 숭배와 아무 관계가 없다고 속단해서는 안 된다. 만일 신약 시대에 절에다 세워놓은 부처의 형상 같은 것들만 우상으로 여긴다면 사도 바울이 고린도 전서와 갈라디아서에서, 또는 사도 요한이 그의 서신에서 이러한 방식으로 우상을 경계하라는 말을 했겠는가? 우상은 시대마다 다른 방법으로 나타나 믿는이들의 마음을 사로잡고 하나님 아닌 것들을 그 마음속에 심어 놓는다. 그리고 대부분의 믿는이들은 그것이 우상인지도 모른다. 갈라디아 성도들이 우상을 숭배하려고 했겠는가? 유대교 교사들이 갈라디아 성도들에게 와서 '너희는 우상을 숭배해야 한다' 고 말했겠는가? 아니다. 그들은 하나님의 말씀인 구약의 율법을 가지고 들어왔다. 할례를 가지고 들어왔다. 그런데 갈라디아 성도들은 결국 어떻게 되었는가? 하나님 아닌 것들로 향했고 살아 계신 하나님에게서 떠났다. 사도는 그것을 우상 숭배로 여긴 것이다.

16절에서는 "두렵건대 스스로 부패하여 자기를 위하여 아무 형상대로든지 우상을 새겨 만들되 남자의 형상이라든지, 여자의 형상이라든지"라고 했다. 우상을 숭배하는 사람들은 다 자기를 위한다. 이것은 두려운 일이다. 우리 하나님은 보이지 않는 하나님이시므로 아무 형상도 만들지 말아야 하며 우리는 우리 자신을 완전히 하나님께만 내어드려야 한다. 하나님의 말씀만이, 그리스도만이 우리 속에 충만하시게 하여 우리를 다스리시도록 해야 한다. 다른 어떤 권세도 우리를 다스리게 해서는 안 된다. 다른 어떤 사람도 우리를 다스리게 해서는 안 된다. 이 문제는 그렇게 간단한 문제가 아니다. 믿는이들이 경계하고 또 경계하지 않으면 안 되는 문제이기 때문에 이렇게 강조하는 것이다.

17-18절에서는 "땅 위에 있는 아무 짐승의 형상이라든지, 하늘에 나는 아무 새의 형상이라든지, 땅 위에 기는 아무 곤충의 형상이라든지, 땅 아래 물 속에 있는 아무 어족의 형상이라든지 만들까 하노라"고 했고, 19절에서는 "또 두렵건대 네가 하늘을 향하여 눈을 들어 일월성신 하늘 위의 군중 곧 너희 하나님 여호와께서 천하 만민을 위하여 분정하신 것을 보고 미혹하여 그것에 경배하며 섬길까 하노라"고 했다. 사람들은 또 하나님께서 창조하신 놀라운 창조물들, 즉 일월성신 하늘 위의 군중(별들의 무리)을 경배하며 섬길 우려가 있다. 원래 태양은 인류를 비추어 따뜻하게 하고 곡식이 나고 자라게 하도록 하나님께서 분정하신 것이다. 그래서 히브리 사람들은 태양을 종이라고 표현했다. 그런데 사람들이 도리어 이 태양을 섬긴다는 것이다(애굽에는 태양신이 있었음). 그렇게 해서는 안 된다.

오늘날 하나님께서 사용하시는 많은 종들이 있다. 그들은 어디까지나 종이다. 그런데 종들이 너무 탁월하고 그들에게서 큰 도움을 받다 보니까 도리어 종들에게 경배하는 것이다. 이러한 것이 다 우상 숭배이며 우리 그리스도인들이 매우 주의해야 할 것이다. 우리는 보이지 않는 하나님만 의지하고 그분의 말씀만 순종해야 하는데 오늘날 그리스도인들은 쉽게 단체를 의지하고 따르게 된다. 그것은 보이는 세력이다. 그러한 보이는 세력을 따르는 것 또한 우상 숭배이다. 하나님 외에 다른 것을 의지하는 것이 곧 우상 숭배이다. 오늘날 어떤 사람이 뛰어난 영성을 갖고 있다 하더라도 그 사람 자체를 의지하면 그것이 바로 우상

숭배이다. 또 어떤 사람들이 합당한 교회 생활을 하고 소위 그리스도의 몸의 생활을 영위한다고 할 때 그 자체는 좋다. 그러나 그러한 단체를 의지하고 신뢰하면서(그런 사람들은 그저 그 훌륭한 단체에 몸을 담고 있으면 어떻게 잘 되겠지 하는 막연한 믿음을 갖고 있다.) 하나님을 소홀히 할 때 그 또한 우상 숭배가 되는 것이다. 우리가 그러한 축복된 생활을 할 수 있다면 그것으로 족할 뿐 우리의 의지는 오직 하나님 한 분이시다. 우리의 신은 오직 하나님이시다.

이렇게 볼 때 오늘날 신약의 그리스도인들에게도 우상 숭배의 위험성은 도처에 도사리고 있다. 그러므로 신약의 사도들은 계속 우상 숭배를 경계하는 것이다. 우리는 도처에 우리를 미혹하는 악한 세력이 있다는 것을 알아야 한다.

구약에서 히브리어로 우상을 말하는 단어는 20가지나 된다. 몇 가지 경우만을 말한다면 '아웬' 은 헛됨을 뜻하며 우상의 헛됨을 의미한다(사 66:3, 호 10:8). '엘릴' 은 무가치성을 뜻하며 우상의 무가치함을 의미한다(레 26:1, 사 2:8). '카마르' 는 영향받다는 뜻에서 온 말로 우상의 제반 악영향을 가리킨다(왕하 23:5). '치르' 란 아름답게 장식된 우상을 가리킨다(시 49:14, 사 45:16). '첼렘' 이란 환영(幻影)이라는 뜻으로서 우상의 헛된 환상을 의미한다(왕하 11:18, 대하 23:17). '세멜' 이란 닮다는 뜻인데 우상의 다른 형상을 본 딴 것을 의미한다(대하 33:15, 겔 8:3). 이와 같이 우상은 그 형태에 따라 다양하며 다만 주조된 어떤 형상을 가진 우상(페셀-신 4:16, 대하 33:19 등)만을 가리키지 않는다(호크마 주석 참조).

20-23절, 여호와께서 너희를 택하시고 너희를 쇠풀무 곧 애굽에서 인도하여 내사 자기 기업의 백성을 삼으신 것이 오늘과 같아도 21 여호와께서 너희로 인하여 내게 진노하사 나로 요단을 건너지 못하며 네 하나님 여호와께서 네게 기업으로 주신 그 아름다운 땅에 들어가지 못하게 하리라

고 맹세하셨은즉 22 나는 이 땅에서 죽고 요단을 건너지 못하려니와 너희는 건너가서 그 아름다운 땅을 얻으리니 23 너희는 스스로 삼가서 너희 하나님 여호와께서 너희와 세우신 언약을 잊어버려서 네 하나님 여호와께서 금하신 아무 형상의 우상이든지 조각하지 말라

20절부터 23절까지에서 모세는 하나님께서 그들을 쇠풀무 애굽에서 인도하여 내시고 자기 기업의 백성을 삼으셨기 때문에 그들이 우상을 섬겨서는 안 된다고 말하고 있다. 우리가 하나님 아닌 것들을 섬길 수 없는 이유는 하나님께서 우리를 택하시어 부패하고 멸망할 세상에서 구출해내셨기 때문이다. 어떤 그리스도인 자녀가 이렇게 말하는 것을 들었다. 세상의 유혹이 너무 커서 자기도 세상에 나가 죄를 짓고 싶은데 자기 부모의 사랑이 너무 커서 죄를 짓기가 어렵다는 것이다. 우리가 오늘 하나님 아닌 다른 것을 향할 수 없고 다른 세력에 굴복할 수 없는 이유가 하나 있는데, 그것은 여기서 쇠풀무 애굽으로 표현된 부패하고 멸망할 세상에서 주님이 그분의 보혈로 우리를 건져내셨기 때문이다. 우리에게는 다른 구주가 없고 오직 예수뿐이다. 예수만이 우리를 구속하려고 피와 눈물을 쏟으시고 자신을 버리사 우리를 구원하신 구주시다.

그런 다음 모세는 자신의 이야기를 했다. "너희로 인하여 내게 진노하사 나로 요단을 건너지 못하며 네 하나님 여호와께서 네게 기업으로 주신 그 아름다운 땅에 들어가지 못하게 하리라고 맹세하셨은즉 나는 이 땅에서 죽고 요단을 건너지 못하려니와 너희는 건너가서 그 아름다운 땅을 얻으리니". 모세같이 훌륭한 하나님의 종이 어디 있는가! 그런데 그렇게 귀히 쓰인 종이라도 한 번의 작은 실수로 인해 (물론 하나님 눈으로 볼 때 그 일은 행정적으로 크게 잘못된 것이다.) 가나안에 들어가는 것이 허락되지 않았다. 여기서 그는 자기 이야기를 하면서 그 사안의 엄중함을 말하고 있다. 모세는 자신이라 할지라도 거역할 때 그 땅에 들어가지 못하고 여기서 끝나게 된다는 것을 말하면서 '너희는 그곳에 들어가서 결코 우상을 섬겨서는 안 된다' 고 말하고 있다.

24절, 네 하나님 여호와는 소멸하는 불이시요 질투하는 하나님이시니라

하나님은 우리가 다른 것을 사랑하고 다른 것을 의지할 때 참지 않으신다. 우리는 두려워해야 한다. 이 말씀은 신약 히브리서에도 있다. "하나님은 소멸하는 불이심이니라." 우리가 만일 하나님 아닌 다른 것들을 마음속에 가지고 있다면 하나님은 우리를 어떻게든 심판하시어 그것을 태워 버리실 것이다. 또 그분은 질투하시는 하나님이시다. 하나님은 그분의 자녀들이 그분 외에 다른 것을 사랑하고 다른 것을 붙잡을 때 질투하신다. 그분은 그분의 구속하신 백성이 오로지 그분만 사랑하기를 원하신다. 그 마음속에 다른 것이 있어 그것을 사랑하면 주님은 질투하신다. 사도 바울은 고린도 전서 10장에서 "우리가 주보다 강한 자냐"(22절)고 했다. 주님이 질투하시면 여러분은 위험하게 된다. 그래서 우상 숭배를 해서는 안 된다는 것이다. 우리는 주님의 말씀만 지킬 수 있기를 바란다.

25-28절, 네가 그 땅에서 아들을 낳고 손자를 얻으며 오래 살 때에 만일 스스로 부패하여 무슨 형상의 우상이든지 조각하여 네 하나님 여호와 앞에 악을 행함으로 그의 노를 격발하면 26 내가 오늘날 천지를 불러 증거를 삼노니 너희가 요단을 건너가서 얻는 땅에서 속히 망할 것이라 너희가 거기서 너희 날이 길지 못하고 전멸될 것이니라 27 여호와께서 너희를 열국 중에 흩으실 것이요 여호와께서 너희를 쫓아 보내실 그 열국 중에 너희의 남은 수가 많지 못할 것이며 28 너희는 거기서 사람의 손으로 만든바 보지도 못하며 듣지도 못하며 먹지도 못하며 냄새도 맡지 못하는 목석의

신들을 섬기리라

오늘날 우리가 깨달아야 할 것은 하나님의 백성들이 나누어지고 흩어지는 커다란 이유 중 하나는 하나님의 말씀을 순종하지 않고 우상을 섬기기 때문이라는 것이다. '나는 바울에게, 나는 게바에게' 하는 것이 일종의 우상 숭배이다. 그렇기 때문에 분열이 생기는 것이다. 이 말씀은 우리에게 분열의 원인이 무엇인지를 밝히 보여준다. 어떤 단체든지 분열이 일어나는 곳은 다 탐심과 우상숭배가 있기 때문이다. 만일 어떤 사람들이든지 이 땅에서 얻으려 하는 다른 것이 없고 다만 주님 한 분만 얻으며 그분만을 섬기려 한다면 어떤 형태의 분열도 없을 것이다. 분열이란 결국 우상숭배의 죄로 인한 하나님의 심판(흩으심)의 결과라고 보아야 한다. 즉 분열과 혼돈은 인간의 죄악에 대한 하나님의 심판의 형태로 나타난 현상 외에 아무것도 아닌 것이다. 그러므로 오늘날 성도들 가운데 분열이 있다면 그것은 거기에 육체가 있다는 말이며 따라서 회개해야 마땅한 것이다.

이는 창세기 11장의 바벨탑 사건에서부터 일치하는 개념이다. 그들이 당시 시날 땅에서 하나님 외에 인간의 이름을 내고자 하며 높이 대와 성을 쌓을 때 하나님은 그들을 흩으셨던 것이다. 이것이 모든 분열의 기원이다. 모든 하나님의 자녀들이 다 하나님의 말씀에 순종한다면 하나가 된다. 돈과 지위를 우상 삼든지 훌륭한 사람을 우상 삼든지 자기를 우상 삼든지 명예를 우상 삼기 때문에 하나님께서 그들을 흩어버리시는 것이다. 그런 자들은 서로 이해관계가 맞지 않을 때 나누어질 수 밖에 없다. 그럴 때 "너희는 거기서 사람의 손으로 만든바 보지도 못하며 듣지도 못하며 먹지도 못하며 냄새도 맡지 못하는 목석의 신들을 섬기리라"고 하신다. 분열은 분열로 끝나는 것이 아니고 결국 목석의 신들을 섬기게 되는 결과를 가져 오는 것이다.

29절, 그러나 네가 거기서 네 하나님 여호와를 구하게 되리니 만일 마음을 다하고 성품을 다하여 그를 구하면 만나리라

참으로 인자하신 하나님이시다. 바로 앞(24절)에서 그분은 소멸하는 불이시고 질투하는 하나님이시라고 하면서 그들이 악을 행할 때 노를 격발하여 망하고 전멸하게 한다고 하셨는데(25-26절), 여기서는 그들이 우상을 섬김으로 비참하게 된 상태에서 마음을 다하고 성품을 다하여 그들의 하나님 여호와를 구하면 만나주겠다고 하시는 것이다. 이는 그분이 그들에 대하여 사랑이 가득한 하나님이심을 나타낸다.

30-31절, 이 모든 일이 네게 임하여 환난을 당하다가 끝 날에 네가 네 하나님 여호와께로 돌아와서 그 말씀을 청종하리니 31 네 하나님 여호와는 자비하신 하나님이심이라 그가 너를 버리지 아니하시며 너를 멸하지 아니하시며 네 열조에게 맹세하신 언약을 잊지 아니하시리라

이 부분의 말씀은 예언적인 성격이 들어있다. 결국 이스라엘은 다윗 이후 쇠패하게 되었고 이 말씀대로 환난을 당하게 되지만 다시 여호와께 돌아오게 된다. 이는 이미 소폭적으로 이루어졌지만 장래 왕국에서 온전한 분량으로 나타날 것이다. 이 말씀에서 우리는 하나님의 극진하신 사랑을 본다. 우리는 이런 말씀을 들을 때 이해하기가 어렵다. '하나님은 도대체 소멸하는 불이신가, 아니면 자비로운 하나님이신가? 조금 전에는 다 소멸하겠다고 하시더니 이제는 버리지 않겠다고 하시니 어찌 된 일인가?' 자녀들을 키우다 보면 자녀들이 자기 아버지를 이해하지 못할 때가 있다. 왜냐하면 어떤 때는 '너 집에서 나가라' 하고서 또 어떤 때는 '나는 너희들을 너무나 사랑한다' 하기 때문이다. 아이들은 도대체 이해할 수 없어서 혼돈이 된다. '도대체 집에서 나가라는 말인가, 집에서 살라는 말인가?', '나를 사랑한다는 말인가, 미워한다는 말인가?' 이처럼 우리 하나님도 인격의 하나님이시고 사랑의 하나님이시다. 그렇게 심판하고 징계하시는 것조차도 사랑하시기 때문이다. 하나님께서 자신의 형상조차도 보여주지 않고 다만 말씀만 하시는데 다른 형상을 만들어 경배하고 섬긴다면 그냥 두시겠는가? 하나님은 소멸하는 불이시요 질투하는 하나님이시다. 이 4장에 감춰어 있는 하나님의 마음은 사랑이다. 그분의 택하신 백성을 이토록 사랑하신다는 것이다.

"이 모든 일이 네게 임하여 환난을 당하다가". 우상을 숭배하는 사람은 반드시 환난을 당하게 되는데, 환난을 당하는 것도 사랑으로 인해서이다. "끝 날에 네가 네 하나님 여호와께로 돌아와서 그 말씀을 청종하리니". 환난을 당하다가 그때에는 말씀을 청종하게 될 것이다. "네 하나님 여호와는 자비하신 하나님이심이라 그가 너를 버리지 아니하시며 너를 멸하지 아니하시며 네 열조에게 맹세하신 언약을 잊지 아니하시리라". 결국 하나님이 환난을 주시는 목적은 그분의 말씀을 청종하게 하기 위함이다.

32-34절, 네가 있기 전 하나님이 사람을 세상에 창조하신 날부터 지금까지 지나간 날을 상고하여 보라 하늘 이 끝에서 저 끝까지 이런 큰 일이 있었느냐 이런 일을 들은 적이 있었느냐 33 어떤 국민이 불 가운데서 말씀하시는 하나님의 음성을 너처럼 듣고 생존하였었느냐 34 어떤 신이 와서 시험과 이적과 기사와 전쟁과 강한 손과 편 팔과 크게 두려운 일로 한 민족을 다른 민족에게서 인도하여 낸 일이 있느냐 이는 다 너희 하나님 여호와께서 애굽에서 너희를 위하여 너희의 목전에서 행하신 일이라

모세는 이스라엘 백성들이 하나님을 사랑하고 청종하도록 지금까지 역사하신 일을 설명해주고 있다. 그들을 애굽에서 인도해내신 일이며 시내 산에서 큰 음성으로 말씀하신 일 등이다. 신약에 사는 우리는 주 예수님이 어떻게 이 땅에 오셔서 인생을 거치셨으며 어떻게 우리를 위해 죄를 담당하시고 죄와 사망에서 우리를 구출하셨는지를 한 번 생각해보아야 한다. 이 우주 가운데 하나님이 그분의 아들을 보내서 죄인을 구원하시기 위해 죽으신 일보다 큰 일이 없다. 그럴 때 우리는 구주의 음성을 듣지 않고는 못 견디게 된다. 이것은 오늘 우리가 들어야 할 말씀이다. 이 세상에 어느 누가 천만 번 결심한다고 해서 죄와 사망으로 가득한 흑암의 권세에서 구출되어 하나님의 나라로 옮겨질 수 있겠는가?

35-38절, 이것을 네게 나타내심은 여호와는 하나님이시요 그 외에는 다른 신이 없음을 네게 알게 하려 하심이니라 36 여호와께서 너를 교훈하시려고 하늘에서부터 그 음성을 너로 듣게 하시며 땅에서는 그 큰 불을 네게 보이시고 너로 불 가운데서 나오는 그 말씀을 듣게 하셨느니라 37 여호와께서 네 열조를 사랑하신 고로 그 후손 너를 택하시고 큰 권능으로 친히 인도하여 애굽에서 나오게 하시며 38 너보다 강대한 열국을 네 앞에서 쫓아내고 너를 그들의 땅으로 인도하여 들여서 그것을 네게 기업으로 주려 하심이 오늘날과 같으니라

이것은 격려하는 말씀이다. 우리를 죄와 세상에서 분별하시고 주님의 은혜의 말씀을 지금까지 듣게 하신 것은 장차 그분의 나라를 기업으로 주려 하심이다. 이는 하나님의 이스라엘에 대한 사랑이다. 그들은 비록 율법을 어기고 예언자를 거절하고 그의 아들을 십자가에 못 박았으며 성령을 거절하고 그의 음성을 듣지 않고 있지만 그들의 조상의 하나님은 그들에 대한 자기의 약속을 지키심으로 말미암아 당신의 이름을 영화롭게 할 것이다. 또한 미래 영광의 이스라엘의 회복 속에서 하나님의 불변적 사랑을 드러내실 것이다. 하나님의 언약과 사랑의 불변하심을 찬양하라! 그분의 사랑을 변하게 할 것은 아무것도 없다. 하나님은 자기의 사랑하시는 자에 대하여 끝까지 사랑하신다(요 13:1).

39절, 그런즉 너는 오늘날 상천하지에 오직 여호와는 하나님이시요 다른 신이 없는 줄을 알아 명심하고

명심하라는 것은 마음에 간직하라는 것이다. 상천하지에 오직 여호와는 하나님이시요 다른 신이 없다는 것을 알아서 명심하라고 하신다. 나는 여러분이 이 말씀을 기억하고 오직 하나님 한 분만 섬기기로 작정하며 그분의 말씀만 순종하기를 바란다.

40절, 오늘 내가 네게 명하는 여호와의 규례와 명령을 지키라 너와 네 후손이 복을 받아 네 하나님 여호와께서 네게 주시는 땅에서 한 없이 오래 살리라

구약에서 이러했다면 신약의 우리는 더욱더 하나님의 말씀을 지켜야 한다. 육체의 행위로는 아무것도 할 수 없지만 우리는 성령을 의지하여 하나님의 율법의 요구를 이룰 수 있다. 적어도 우리는 신약에서 가장 중요한 계명, 성도를 사랑하는 것을 지켜야 한다. 서로 사랑하는 것은 주님의 새 계명이다. 모든 율법이 이 계명 안에 다 들어있다.

41-43절, 때에 모세가 요단 이편 해 돋는 편에서 세 성읍을 구별하였으니 42 이는 과거에 원혐이 없이 부지중에 오살한 자로 그곳으로 도피케 하기 위함이며 그 한 성읍으로 도피한 자로 그 생명을 보전케 하기 위함이라 43 하나는 광야 평원에 있는 베셀이라 르우벤 지파를 위한 것이요 하나는 길르앗 라못이라 갓 지파를 위한 것이요 하나는 바산 골란이라 므낫세 지파를 위한 것이었더라

요단 동편 두 지파 반이 기업을 차지한 곳에 도피성 세 개를 만들어서 부지중에 오살한 자가 도피할 수 있도록 안배해주었다는 것이다.

44-49절, 모세가 이스라엘 자손에게 선포한 율법이 이러하니라 45 이스라엘 자손이 애굽에서 나온 후에 증거 하신 것과 규례와 법도를 모세가 선포하였으니 46 요단 동편 벧브올 맞은편 골짜기에서라 이 땅은 헤스본에 거하는 아모리 족속의 왕 시혼에게 속하였더니 모세와 이스라엘 자손이 애굽에서 나온 후에 그를 쳐서 멸하고 47 그 땅을 기업으로 얻었고 또 바산 왕 옥의 땅을 얻었으니 그 두 사람은 아모리 족속의 왕으로서 요단 이편 해 돋는 편에 거하였었으며 48 그 얻은 땅은 아르논 골짜기 가의 아로엘에서부터 시온 산 곧 헤르몬 산까지요 49 요단 이편 곧 그 동편 온 아라바니 비스가 산록 아래 아라바의 바다까지니라

여기에서부터 율법의 재 강론의 두 번째 부분이라고 말할 수 있다. 먼저는 모세가 이 율법을 선포한 장소에 대해 설명한다. 그곳은 요단 동편 벧브올 맞은편 골짜기로서 헤스본에 거하는 아모리 족속의 왕 시혼에게 속했었지만 그때 이스라엘 족속이 애굽에서 나와서 쳐서 멸하여 기업으로 삼았으며 또 바산 왕 옥의 땅이었는데 그것도 싸워서 얻은 것이다. 이것을 기록한 이유를 한두 가지 생각해 보면 모세가 율법을 선포한 장소가 이스라엘 백성들이 승리한 장소(바산)라는 것을 시사하는 듯하다. 이와 같이 그리스도께서 우리에게 주신 모든 말씀은 사실 그분이 승리하신 지점인 십자가에서 주신 말씀이다. 또 한 가지 생각해 볼 수 있다면 이스라엘 백성들이 겪은 고통과 싸워서 승리하여 얻은 땅과 그 경계 등을 하나님께서 다 관심하신다는 것이다.

하나님께서는 이스라엘 백성들에게 율법을 주실 뿐 아니라 지킬 수 있는 마음도 주신다. 그럴 뿐 아니라 혹 잘못하다 사람을 죽여서 맞아 죽게 될까봐 도피처를 만들어 놓고 살 길을 마련해 주신다. 그리고 나서 이제 마지막으로 모세가 서서 율법의 말씀을 반포한 곳이 어떠한 곳인지를 자세하게 설명해준다. 이제 여러분은 하나님의 말씀을 잘 지키는 그리스도인이 되기를 스스로 다짐하기 바란다. 나는 이것이 그리스도인 일생에서 너무나 중요한 것이기 때문에 어떻게 더 강조해야 좋을지 모르겠다. 아무튼 말씀을 귀히 여기고 말씀에 순종하는 여러분이 되기를 간절히 바란다. 4장에서는 우상이 아닌, 보이지 않으시지만 실제이신 하나님과 관계를 맺으며 말씀이신 하나님을 순종하라는 것이 가장 중요한 요점이다. 하나님과의 관계를 정상적으로 맺고 그분의 말씀을 지킬 때 여러분의 삶은 참으로 축복된 삶이 될 것이다.

신명기 5장

본 장은 4장 44절부터 이어지는 모세의 두 번째 설교의 계속이다. 여기서 모세는 38년 전에 자신이 호렙 산에서 언급한 바 있던 하나님이 주신 언약을 재 강론하고 있는데 이는 그들이 가나안에 들어가 지켜야 할 법이었다. 1-6절은 이스라엘이 호렙에서 받은 언약이 하나님과 어떤 관계를 갖는 것인가를 다루고 7-21절은 몇 가지 구체적인 계명이 반복되고 있다. 22-33절은 이스라엘이 언약을 받을 때 모세 자신이 하나님과 그들 사이에 중재 역할을 한 것에 대하여 회고하고 있다.

1절, 모세가 온 이스라엘을 불러 그들에게 이르되 이스라엘아 오늘 내가 너희 귀에 말하는 규례와 법도를 듣고 그것을 배우며 지켜 행하라

모세는 먼저 이스라엘을 소집했다. "모세가 온 이스라엘을 불러" 이는 전 회중을 소집하여 설교한 것이다. 영문 성경에는 여기에 '이스라엘아 들으라' (Hear O Israel!)는 명령이 있다. 즉 그들 전체를 불러 모을 뿐 아니라 '들으라' 고 주의를 집중시켰다. 하나님께서는 출애굽기 20장에서 시내 산에서 모세를 통해 이스라엘 백성들에게 율법을 반포하셨다. 그런데 이제 그때로부터 39년이 지났다. 과거에 불순종했던 세대는 다 광야에서 죽고 새로운 세대가 일어났다. 그리고 그들은 이제 곧 요단강을 건너 가나안 땅으로 들어가려 하고 있다. 모세는 바로 그들-새로운 세대-에게 다시 한 번 율법을 재교육할 필요가 있었던 것이다. 그러므로 신명기 5장은 출애굽기 20장의 십계명에 대한 재교육으로 이해하면 되겠다. 사역자는 이미 전했던 중요한 말씀을 다시 한 번 말해야 할 때가 있다. 과거의 전한 가르침을 듣지 못한 세대가 앞에 있을 경우는 더욱 그러하다. 말씀의 사역자들은 그러한 일을 번거롭게 생각해서는 안 된다(고후 11:12, 빌 3:1).

"이스라엘아 오늘 내가 너희 귀에 말하는 규례와 법도를 듣고 그것을 배우며 지켜 행하라". 규례와 법도는 곧 율법을 뜻한다. 먼저는 듣고 그 다음에 배운다. 그리고 세 번째로는 지키며 마지막으로 행하는 것이다. 이 네 단어는 매우 중요하므로 반드시 기억하기 바란다. 첫째는 들어야 한다. 하나님의 자녀들이 하나님을 잘 따르기 위해서는 먼저 말씀을 잘 들어야 한다. 많은 성도들이 말씀을 듣는 태도에서 실패한다. 사역자를 업신여기는 태도가 있다면 잘 듣지 못한다(딤전 4:12). 교만한 경우도 잘 듣지 못한다. 이미 다 알고 있다고 생각하는 부요한 마음도 말씀을 잘 듣는데 방해가 된다(계 3:17). 말씀을 잘 듣지 못하면 길을 잘 갈 수 없다. 그러므로 여러분은 주님의 말씀을 사랑해야 하고 그 말씀 잘 듣기를 사모해야 한다. 물론 건강하고 바른 가르침을 가르치는 사역자들을 만나는 것도 중요한 일이다.

그 다음에는 배워야 한다. 다만 듣는 것으로는 부족하고 하나님의 말씀을 학습하는 것이 필요하다. 말씀을 잘 이해하고 마음속에 간직할 수 있으려면 잘 배워야 한다. 그리고 세 번째는 지켜야 한다. 지킨다는 것은 마음에 간직한다는 것이다. 사단이 여러분 마음에 들어온 말씀을 빼앗아가지 못하도록(마 13:19) 여러분 마음에 말씀이 거하게 해야 한다. 그렇게 하려면 여러번 반복해서 읽고 그 말씀을 놓고 기도해야 한다. 그래서 마음속에 깊이 새겨지게 해야 한다. 그런 다음 여러분은 속에 있는 말씀대로 살아야 한다. 그것이 행함이다.

다시 말하지만 여기 네 단어가 매우 중요한데, 첫째는 듣고 두 번째는 배우는 것이다. 반드시 말씀을 잘 듣고 배우는 사람이 되어야 한다. 우리는 늘 하나님 말씀 배우기를 즐겨해야 한다. 어떤 사람들은 조금 말씀을 안다고 해서 더 이상 배우려 하지 않고 늘상 다른 사람을 가르치려 든다. 그것은 그리 좋은 태도가 아니다. 아무리 나이가 들었어도, 또 말씀에 대한 인식이 아무리 깊어도 여전히 하나님의 말씀을 배울 필요가 있다. 그리고 세 번째는 말씀을 지키는 것이다. 말씀이 우리 마음에서 떠나지 않게 해야 한다. 네 번째는 말씀대로 살고 행하는 것이다.

앞에서 언급했듯이 신명기에서 가장 중요한 단어는 '순종'이다. 하나님의 말씀에 순종하는 것이다. 그런데 말씀을 순종하는 사람이 되려면 이와 같이 네 단계가 있고 각 단계가 다 좋아야 한다. 하나님의 기뻐하심을 받으며 축복받는 사람은 말씀에 순종하는 사람이다. 하나님께서는 이 시대에 순종하는 한 무리를 얻기 원하신다.

베드로 전서 1장에서 사도 베드로는 "하나님 아버지의 미리 아심을 따라 성령의 거룩하게 하심으로 순종함과 예수 그리스도의 피 뿌림을 얻기 위하여 택하심을 입은 자들"이라고 말한다. 즉 우리가 택함받은 목적은 예수 그리스도의 피 뿌림을 얻기 위한 것이고 순종하기 위한 것이다. 순종하는 사람들을 얻기 위해서 하나님이 우리를 택하신 것이다 하나님의 백성들의 특징은 곧 순종이다. 사도 바울은 우리가 이전 믿지 않을 때의 광경을 '우리도 전에는 어리석은 자요 순종치 아니한 자요 속은 자요'라고 표현한다. 불신자의 특징이 순종치 않는 것이다. 반면 신자의 가장 큰 특징은 순종하는 것이다. 순종하기 위해서는 먼저 잘 들어야 한다. 대표적으로 순종하지 않는 사람들이 유대인들이었는데, 그들은 하나님의 종이 말씀을 전하면 반대하는 얼굴을 하고 분을 내면서 이를 갈았다. 사도 바울은 자신의 서신에서 '유대의 순종치 않는 자들'이라는 표현을 썼다.

다시 말하지만, 첫째로는 말씀을 잘 들어야 한다. 어떤 사람은 말씀을 잘 듣지 않아도 행하기만 하면 된다고 하는데 잘 듣지 않고 행할 수 있는 사람은 없다. 먼저 잘 들어야 준행할 수 있는 것이다. 그러므로 여러분은 먼저 뭔가 행하려 하지 말고 잘 듣는 훈련부터 해야 한다. 잘 들으면 배울 수 있게 되고 잘 배우면 말씀을 잘 이해하여 그 말씀을 사모하게 되므로 마음에 그 말씀을 간직하게 된다. 그리고 결국 그 말씀을 따라서 살고 행하게 된다. 믿음이란 들음에서 나는 것이다(롬 10:17). 잘 듣지 못하면 믿음이 생겨나지 않는다. 성도들은 하나님 말씀을 잘 들을 수 있는 갈급함과 겸손함 주시기를 기도해야 한다. 어떤 사람들은 해설집과 말씀의 풀이만을 너무 좋아하고 성경 본문을 소홀히 하는 치우침에 빠지는데 이것도 조심하지 않으면 말씀을 받아들이는데 방해가 될 수 있다. 모든 것이 제 위치에 있어야 유익하다.

또 한 가지 주의할 것은 우리의 순종의 대상이다. 사도행전 5장 29절에서 베드로는 '사람을 순종하는 것보다 하나님을 순종하는 것이 옳다' 고 했다. 그리스도인은 아무에게나 순종하는 것이 아니라 하나님께 순종해야 한다. 완고하고 불순종하는 사람들은 대부분 자기 뜻을 세우는 사람들이다. 자기 뜻을 따라 행하는 사람은 순종하지 않는다. 그러나 또 한 면으로 무조건 아무에게나 순종하는 것 역시 어리석은 것이다. 하나님의 명령이 아닌데도 그저 순종한다고 되는 것이 아니다. 반드시 여러분은 그 순종의 대상이 궁극적으로 하나님인가를 보아야 한다. 물론 우리는 교회 안에서 인도자에게 순종하는 것을 배워야 한다. 그러나 그 순종이 궁극적으로 하나님께 대한 순종인지 아니면 다만 인간 조직 안에서의 순종으로 끝나는 것인지를 생각해 보지 않을 수 없다. 만일 그리스도인이 하나님께 대한 순종인지 아닌지를 구분하지 못하고 그냥 순종한다면 인생의 많은 세월을 낭비하게 되고 하나님의 명령은 결국 순종하지 못하게 된다. 결국 그는 교회를 건축하는 성도가 되지 못하고 인간 단체의 구성원이 될 뿐이다. 그것은 하나님의 역사에서 아무런 가치를 발생시키지 못하게 된다.

고린도 전서 16장 15-16절에서는 "형제들아 스데바나의 집은 곧 아가야의 첫 열매요 또 성도 섬기기로 작정한 줄을 너희가 아는지라 내가 너희를 권하노니 이 같은 자들과 또 함께 일하며 수고하는 모든 자에게 복종하라"고 말한다. 여기서 바울은 그들이 성도를 섬기기로 작정한 사람들이고 함께 일하고 수고한 사람들이기 때문에 복종하라고 말했다.

데살로니가 전서 5장 12-13절, "형제들아 우리가 너희에게 구하노니 너희 가운데서 수고하고 주 안에서 너희를 다스리며 권하는 자들을 너희가 알고 저의 역사로 말미암아 사랑 안에서 가장 귀히 여기며 너희끼리 화목하라". 이 말씀도 그 인도자들이 역사가 있는 사람들이기 때문에 순종해야 한다는 것이다. 다만 어떤 사람이 지위를 갖고 있기 때문에 그에게 순종하는 것이 아니다. 그에게 하나님의 역사가 있고 하나님을 위한 수고가 있기 때문에 순종하는 것이다. 그러한 사람의 일은 곧 하나님의 일이 되기 때문이다.

히브리서 13장 17절, "너희를 인도하는 자들에게 순종하고 복종하라 저희는 너희 영혼을 위하여 경성하기를 자기가 회계할 자인 것같이 하느니라". 이 말씀에서도 인도하는 자들에게 순종하고 복종하라고 가르치고 있다. 그것은 그들이 성도들의 영혼을 위하여 경성하기를 자기가 회계할 자인 것같이 하기 때문이다.

한 가지 더 말한다면 그리스도인들은 참된 사역과 거짓된 사역을 분별할 줄 알아야 한다. 여러분이 아무 사역에나 순종한다고 할 적에 귀한 인생을 잘못 투자하게 된다. 왜냐하면 신약 성경 많은 곳에서 거짓 선지자에 대한 경고의 말씀을 주고 있기 때문이다. 그러므로 사역의 인도에 순종하되 그 사역이 하나님이 세우시고 역사하시는 사역인지 아니면 거짓된 사역인지를 분별해서 순종해야 한다. 우리 주 예수님도 마태복음 7장에서 거짓 선지자를 삼가라고 하셨다. 그들은 너희에게 양의 옷을 입고 나아오지만 그 속은 노략질하는 이리라고 하셨다. 사도행전 20장에서도 사도 바울은 에베소 장로들에게 자기가 떠난 후에 흉악한 이리가 들어올 것이라고 경고했다. 또 요한 일서 4장에서 사도 요한은 믿는이들에게 영을 다 믿지 말고 그 영이 하나님께 속하였나 시험하여 보라고 했다. 계시록 2장에서도 사도는 에베소 교회가 자칭 사도라 하되 아닌 자들을 드러낸 것에 대해 칭찬했다. 그러므로 성도들은 어떤 사역이든 무조건 순종할 것이 아니라 과연 그 사역이 참되게 하나님께서 세우신 것인지를 보아야 한다. 그럴 때 여러분은 주님의 길을 잘 갈 수 있고 영적인 길에서 유익을 얻을 수 있다.

고린도 전서 12장 28절에서는 "하나님이 교회 중에 몇을 세우셨으니 첫째는 사도요 둘째는 선지자요 셋째는 교사요 그 다음은 능력이요"라고 했다. 이렇게 하나님의 교회의 사역자들은 하나님께서 세우신다. 에베소서 4장 11-12절에서도 "그가 혹은 사도로, 혹은 선지자로, 혹은 복음 전하는 자로, 혹은 목사와 교사로 주셨으니 이는 성도를 온전케 하며 봉사의 일을 하게하며 그리스도의 몸을 세우려 하심이라"고 말한다. 이 말씀은 승천하신 그리스도께서 그 모든 은사들을 교회에게 주셨다는 것을 가리킨다. 그래서 참된 사역은 반드시 그 근본이 하나님이셔야 한다. 갈라디아서 1장에서도 사도 바울은 자기의 사도 직분이 사람으로부터 난 것이 아니요 사람으로 말미암은 것도 아니라고 했다. 오직 죽은 자 가운데서 그리스도를 다시 살리신 하나님으로 말미암아 사도가 되었다고 했다.

그러므로 참된 사역은 그 근본이 하나님이시다. 하나님이 그를 섬기도록 부르셔야 한다. 그렇게 하나님이 세우시고 보내신 종들은 하나님을 위해서 일하고 사람들을 하나님께로 인도하는 사역을 하게 된다. 그러나 사람이 세워서 일하게 한 사역자들은 결국 사람을 위해서 일하게 되고 사람들을 특정한 사람이나 조직이나 단체로 인도하는 사역을 하게 된다. 그러한 사역이 바로 거짓된 사역인 것이다. 따라서 성도들은 참된 사역을 구별하여 순종하는 것을 배워야 한다.

2절, 우리 하나님 여호와께서 호렙 산에서 우리와 언약을 세우셨나니

하나님께서 이스라엘 백성에게 율법을 주심으로 하나님과 이스라엘 백성 사이에는 언약의 관계가 발생했다. 이스라엘 백성은 율법을 받음으로 하나님과 언약을 맺은 귀한 나라가 된 것이다. 이 땅에서 다른 어느 민족이 하나님과 언약을 맺은 적이 있는가? 없다. 오직 이스라엘만이 유일하게 하나님과 언약을 맺었다. 이것은 마치 남녀가 결혼하기 전에 약혼하는 것과 비슷하다. 약혼이란 결혼을 약속하는 것이다. 그러므로 겉으로 볼 때에는 하나님께서 이스라엘 백성에게 율법을 반포하신 것 같지만 사실 그것은 이스라엘과 언약을 세우신 것이다.

출애굽기 24장 8절에서 모세는 율법(언약서)을 낭독한 뒤에 피를 백성에게 뿌리며 '언약의 피'라고 말했다. 이는 신약에서 주님이 제자들에게 "이 잔은 내 피로 세우는 새 언약이니"(눅 22:20)라고 말씀하신 것과 일치하는 개념이다. 하나님이 인간에게 언약하신다는 것은 그 개념 자체가 감동적인 것이다. 그만큼 지으신 사람을 사랑하시고 우대하신다는 뜻이다. 이스라엘은 하나님의 언약을 받음으로 하나님의 백성의 지위를 획득한 것이다. 따라서 하나님의 보호와 간섭하심과 축복의 지위를 얻은 것이다. 하나님은 자신을 낮추시어 사람과 사람처럼 이스라엘과 언약 관계를 맺으심으로 그 언약을 통해 스스로 그들과 묶이시게 된 것이다. 아니 그렇게 되기를 기뻐하신 것이다. 이스라엘은 후에 그분의 언약을 소홀히 하므로 그들의 지위를 잃어버리는 결과를 가져왔지만 그분은 그 언약을 기점으로 하여 그들의 하나님이 되시는 것을 포기하실 수 없으시다.

당시 하나님과 이스라엘의 옛 언약은 쌍무계약(雙務契約)과 같은 것이었다(갈 3:20). 이는 어느 한 쪽이 계약을 파기하면 그 계약의 효력이 소멸되는 성질의 것이다. 그러나 하나님을 찬양하리니, 새 언약은 옛 언약과 같지 않다. 새 언약은 그 성취의 책임을 온전히 하나님이 짊어지신다. 옛 언약 그 자체는 문제가 없지만 그 언약을 지켜야 하는 한 쪽이 지킬 수 없다는 약점이 있는 것이다. 왜냐하면 사람 자체가 타락했기 때문이다. 그러므로 첫 언약은 흠이 있었지만 새 언약은 무흠하여 실패하지 않는다(히 8:7-13). 새 언약은 주님이 친히 세우시고 그분이 모든 것을 행하시겠다는 언약이니 중보가 필요 없었다. 따라서 우리 편에서는 행함의 조건이 필요 없고 다만 그분의 신실한 언약을 믿으면 된다. 이에 대하여는 신약 〈히브리서 강해〉를 참고하기 바란다.

3절, 이 언약은 여호와께서 우리 열조와 세우신 것이 아니요 오늘날 여기 살아 있는 우리 곧 우리와 세우신 것이라

출애굽기 19장과 20장에 있는 율법의 말씀은 그들의 열조와 맺은 것이 아니요 당시 살아 있는 이스라엘 백성과 맺은 것이다. 열조란 아브라함과 이삭과 야곱을 가리킨다. 하나님께서 아브라함에게 하신 언약은 하나님께서 약속하시고 그 약속을 하나님께서 지키시겠다는 것이었다. 하나님께서 자신을 두고 약속을 지키시겠다는 보증을 하신 것이다. 사실 그것은 믿음과 관계되는데 오늘날 우리에게 하신 약속과 동일선상에 있는 것이라고 볼 수 있다. 그러나 호렙 산에서 하신 언약의 말씀은 '오늘날 여기 살아 있는 우리', 즉 당시 이스라엘 백성에게 하신 것이다. 모세는 다시 한 번 "곧 우리와 세우신 것이라"고 함으로 '우리'라는 말을 강조했다.

하나님께서는 이렇게 시대에 따라 달리 역사하신다. 열조 시대에는 그들에게 어떤 방식으로 언약하셨지만 이제 시내 산에서 이스라엘 백성들에게는 다른 방식으로 언약하신다. 이 두 언약은 전혀 다른 범주에 있다. 서로 다른 성질의 언약이다. 다시 말해서, 열조들에게 하신 언약은 하나님께서 자신을 담보로 하여 자신이 다 이행하시겠다고 약속하신 것으로서 믿음의 언약이고(이는 원칙상 주 예수님이 세우신 새 언약과 일직선상에 있다), 여기 시내 산에서 세우신 언약은 인간이 책임을 지는 부분이 있는바 율법성이 있는 언약이다. 이스라엘 백성들은 그 언약 안에서 율법을 지킬 책임이 있는 것이다. 그러나 열조에게 하신 언약은 하나님께서 자신을 담보로 하여 이행하시겠다고 약속하신 것이므로 다만 믿으면 되었다.

예를 들어, 하나님께서 아브라함에게 "명년 이 맘 때에 사라에게 아들이 있으리라"고 말씀하셨는데, 그것은 아브라함더러 아들을 만들어 내라는 뜻이 아니다. 아브라함은 할 수 없다. 그러나 하나님께서 그렇게 하시겠다는 강한 의지를 가지고 자신을 담보로 약속하신 것이기 때문에, 그것은 아브라함이 아무것도 하지 않고 그 약속을 신뢰하기만 하면 틀림없이 이루어진다. 그러나 여기 호렙 산에서 이스라엘 백성과 세우신 언약은 하나님께서 다 이행하시겠다는 언약이 아니라 이스라엘 백성들에게 책임이 부과된 언약으로서 인간 편에서 반드시 수행하지 않으면 안 되는 면이 있다. 따라서 이 언약에는 중보자가 있다. 그가 바로 모세이다. 모세를 통해서 언약을 주신 것이다.

여기서 우리가 한 가지 생각해볼 수 있는 것은 시대마다 하나님의 말씀하시는 방식이 다르다는 것이다. 우리는 지금 마르틴 루터나 칼빈이 살았던 종교개혁 시대에 살고 있지 않다. 그때 하나님께서는 확실히 크게 역사하셨다. 그것은 너무나 위대한 역사였다. 당시 성경이 닫혀 있어서 사람들이 구원의 은혜를 얻지 못하고 그저 행위로 하나님께 나아가려고 애쓰고 있을 때 그들은 이신득의(以信得義)의 진리를 성경에서 보고 많은 사람들의 눈을 열어주었고 구원을 얻도록 도와주었다. 이것이 바로 1500년대 초의 말씀이다. 그로부터 지금 사오백 년이라는 시간이 흘렀다. 당시에는 그 진리가 너무나 놀라웠지만 지금 하나님의 말씀은 훨씬 밝게 열렸다. 오늘은 진리가 더욱 보편적으로 밝혀져 순종해야 할 말씀이 훨씬 더 많다. 우리가 실천하고 따라야 할 말씀이 많이 열린 시대에 우리는 살고 있다. 종교개혁 당시에는 교회가 무엇인지, 그리스도인이 어떻게 하나가 되는지 잘 몰랐으며, 또 내주하는 성령과 주관적인 십자가의 도에 대해서도 잘 몰랐다. 영적 전쟁에 대해서도 잘 몰랐다. 그러나 지금은 진리가 훨씬 많이 열렸기 때문에 오늘날 믿는이들은 그때보다 훨씬 진보된 말씀을 듣고 더 많이 순종해야 한다.

4절, 여호와께서 산 위 불 가운데서 너희와 대면하여 말씀하시매

호렙 산에 불이 붙었고 그 불 가운데서 하나님이 말씀하셨다. 이것은 실제로 산불이 난 것이 아니라 '여호와의 불' 이었을 것이다. 그들은 여호와께서 불 가운데서 말씀하시는 것을 보았다.

5절, 그때에 너희가 불을 두려워하여 산에 오르지 못하므로 내가 여호와와 너희 중간에 서서 여호와의 말씀을 너희에게 전하였노라 여호와께서 가라사대

구약에서 율법을 주실 때에는 하나님께서 그분과 인간 사이에 중재자를 두셨다. 이것이 옛 언약이다. 이것은 그렇게 직접적이거나 친밀하지 못하다. 갈라디아서 3장 19절에서 사도는 "그런즉 율법은 무엇이냐 범법함을 인하여 더한 것이라"고 말한다. 여기서 사도는 하나님께서 이스라엘 백성들에게 왜 율법을 주셨는지를 설명하고 있다. 죄를 지었기 때문에 율법을 주셨다는 것이다. "천사들로 말미암아 중보의 손을 빌어 베푸신 것인데 약속하신 자손이 오시기까지 있을 것이라 중보는 한 편만 위한 자가 아니나 오직 하나님은 하나이시니라"(갈 3:19-20). 이처럼 옛 언약에는 모세라는 중보가 있다.

다시 신명기 5장으로 가겠다. 이스라엘 백성들은 여호와의 불로 인하여 감히 산에 오르지 못하고 모세가 여호와와 이스라엘 백성들 중간에 서서 여호와의 말씀을 그들에게 전했다. 여기서 주신 말씀은 옛 언약이다. 그러나 새 언약은 하나님이 사람으로 오셔서 직접 사람과 세우신 언약이기에 새 언약을 세우실 때에는 하나님께서 중재자를 필요로 하지 않으셨다. 옛 언약을 주실 때에는 흑암과 천둥 번개가 있었고 불 가운데서 주셨기 때문에 이스라엘 백성들이 두려워했지만 새 언약을 주실 때에는 모든 것이 다 은혜롭다. 거기에 두려움이 없다. 주님은 제자들을 친구처럼 앞에 두시고 잔을 주시며 "이 잔은 내 피로 세운 새 언약이라"고 하셨다. 그분은 사랑 안에서 직접 우리에게 말씀해 주신 것이다.

또한 호렙 산에서 모세를 중재자로 하여 이스라엘 백성들에게 주신 언약은 완전한 언약이 아니며 다만 필요로 인해 주신 것이다. 우리는 오늘 신명기 5장을 배우면서 먼저 하나님께서는 왜 모세를 통해 율법을 주실 필요가 있으셨는가를 이해해야 한다. 이스라엘은 이미 타락하여 육체가 되었는데 자신들이 어떤 사람들인지를 몰랐다. 그러므로 하나님은 그들에게 하나님의 율법을 주심으로 그들이 얼마나 부패하고 무능한지를 드러내고자 하셨다. 그럴 때 그들은 예수 그리스도께로 인도되는 것이다. 율법은 이와 같이 사람들을 그리스도께로 인도하는 몽학 선생으로서 필요했던 것이다(갈 3:24). 율법을 받은 이스라엘 백성들은 그것을 지키겠다고 말하고 또 지키려고 노력했지만 결국 지킬 수 없는 자신을 발견했을 뿐이다. 이스라엘 백성의 역사는 실패의 역사이다. 그들은 하나님이 여기서 주신 모든 말씀을 송두리째 어겼다.

결국 때가 되었을 때 하나님은 그 아들을 보내어 여자에게서 나게 하셨다. 그것은 율법 아래 있는 자들을 속량하시기 위함이다. 만약 그들에게 율법이 없었다면 그들은 그리스도를 필요로 하지 않았을 것이다. 그러나 율법이 있기 때문에 율법을 통해서 자신들이 부패하고 무능한 죄인들이라는 것을 알고 그리스도께로 와서 그리스도를 영접하게 되는 것이다. 여기에 율법의 필요가 있었던 것이다.

그러나 우리는 율법의 노예가 되어서는 안 된다. 왜냐하면 우리는 이미 율법에서 해방된 사람들이기 때문이다. 어떻게 해서 율법에서 해방되었는가? 로마서 7장과 갈라디아서 2장을 통해 알 수 있다. "그러므로 내 형제들아 너희도 그리스도의 몸으로 말미암아 율법에 대하여 죽임을 당하였으니"(롬 7:4a), "내가 율법으로 말미암아 율법을 향하여 죽었나니"(갈 2:19a). 우리는 그리스도와 함께 십자가에 못 박혀 죽음으로써 율법에서 벗어난 것이다. 여러분은 자신이 그리스도와 함께 죽은 자라는 것을 아는가? 율법은 계속 요구하고 있다. 율법은 결코 끝나지 않는다. 천지가 없어지기 전에는 율법의 일점일획도 없어지지 않는다. 율법은 그대로 있다. 그러나 믿는이들은 그리스도와 함께 죽음으로써 율법에서 벗어날 수 있다. 로마서 7장에서 사도 바울은 아내가 살아 있을 동안은 남편의 법에 묶이게 되나 어느 날 아내가 죽으면 그 남편의 법에서 벗어난다고 했다.

가령 어떤 남편이 굉장히 까다로워서 아침에는 몇 시에 일어나야 하고 식사는 몇 시에 하며 또 빨래는 어떻게 해야 하는지, 머리 모양은 어떠하고 걸음걸이는 어떠하며 말은 어떻게 해야 하는지를 사사건건 지시하고 감시한다고 하자. 그런데 그 아내는 원래 풀어진 사람이어서 도무지 그 남편의 요구를 따라갈 수가 없다. 아마 그 아내는 계속 그렇게 살다가는 얼마 안 가서 병에 걸리든지 노이로제에 걸려서 살 수 없다고 할 것이다. 게다가 이 남편은 아주 건강해서 쉽게 죽을 것 같지도 않다. 아침마다 산책하고 운동하고 생수도 마시면서 스스로 관리를 잘한다. 이 아내는 남편에게서 벗어날 가능성이 거의 없다. 그럴 때 한 가지 해결책은 이 아내가 죽는 것이다. 남편의 법은 여전히 있지만 그 아내가 죽는 날 그녀는 남편의 법에서 해방되는 것이다.

우리 그리스도인들은 어떤 사람들인가? 그리스도와 연합하여 십자가에서 죽은 사람들이다 "그리스도의 몸으로 말미암아 율법에 대하여 죽임을 당하였으니". 그렇게 해서 우리가 율법의 얽매임에서 벗어난 것이다. 그러므로 우리는 더 이상 율법에게 종노릇 할 필요가 없게 되었다.

만일 여러분이 율법을 지키려 하는 사람들이라면 여러분은 굉장히 불행한 사람들이다. 왜냐하면 여러분은 저주 아래 있는 사람들이기 때문이다. 갈라디아서 3장 10절은 "무릇 율법 행위에 속한 자들은 저주 아래 있나니 기록된바 누구든지 율법책에 기록된 대로 온갖 일을 항상 행하지 아니하는 자는 저주 아래 있는 자라 하였음이라"고 말한다. 그들은 스스로 율법을 지키려고 노력하는 바람에 자기 자신을 저주 아래 두게 된 것이다. 그러나 성경에서 사도 바울은 우리가 예수 그리스도로 말미암아 율법의 저주에서 속량되었다고 말한다. "하나님 앞에서 아무나 율법으로 말미암아 의롭게 되지 못할 것이 분명하니 이는 의인이 믿음으로 살리라 하였음이니라 그리스도께서 우리를 위하여 저주를 받은 바 되사 율법의 저주에서 우리를 속량하셨으니 기록된바 나무에 달린 자마다 저주 아래 있는 자라 하였음이라"(갈 3:11,13).

그리스도께서 우리 대신 저주를 받으셨다. 그분이 우리 대신 저주의 쓴 잔을 드셨다. 그로 인해 우리는 율법의 저주에서 벗어났으며 또한 율법의 요구에서 벗어났다. 이제 여러분은 율법을 지킬 의무가 없는 사람들이 되었다는 것을 아는가? 여러분은 율법을 지킬 의무가 없다. 그리스도께서 십자가에서 죽으실 때 우리도 그분과 연합하여 죽었기 때문이다. 이것이 바로 복음이다.

이 문제에 있어서 빠질 수 있는 한 가지 극단적인 오류가 있는데, 그것은 율법에서 해방되었다고 해서 자유방임으로 치닫는 것이다. 이런 사람들을 가리켜 '도덕률 폐기론자'라고 한다. 오늘날 우리나라에도 그런 사람들이 많다. 그들은 율법에서 벗어났기 때문에 자유롭다 하여 죄 짓기를 물 마시듯이 한다. 그럼으로써 많은 사람들 앞에서 하나님의 이름을 더럽힌다. 갈라디아서 5장을 읽어보겠다. 1절, "그리스도께서 우리로 자유케 하려고 자유를 주셨으니 그러므로 굳세게 서서 다시는 종의 멍에를 메지 말라". 율법의 종이 되지 말라는 것이다. 13절, "형제들아 너희가 자유를 위하여 부르심을 입었으나 그러나 그 자유로 육체의 기회를 삼지 말고 오직 사랑으로 서로 종노릇 하라". 우리는 그리스도와 함께 죽었지만 또 그리스도와 함께 살았다. 그리스도의 죽음만 알고 부활을 모르면 안 된다. 우리가 그리스도와 함께 죽임을 당한 것은 하나님을 향하여 살게 하려는 것이다. 그럴 때 그리스도께서 우리의 생명과 은혜와 능력이 되셔서 우리의 모든 일을 주관해 주시고 인도해 주시고 가르쳐 주신다. 우리가 할 수 없는 것을 하나님께서 해주신다. 그런 실제 안에서 사는 그리스도인은 구약의 율법보다 더 높은 수준의 하나님의 법을 지킬 수 있게 된다.

구약의 율법이 초등학교 수준이라면 신약 마태복음 5-7장의 산상 수훈은 대학원 수준이다. 구약의 율법에서는 행위로 살인하지 않으면 되지만 마태복음 5장에 있는 주 예수님의 법은 형제에 대해서 노하거나 욕하거나 미련한 놈이라고 멸시하기만 해도 지옥불에 들어간다고 말씀하신다. 구약의 율법에서는 실제로 간음을 하지 않으면 되지만 신약에서 주 예수님이 말씀하신 법은 여자를 보고 음욕을 품는 자마다 마음에 이미 간음을 하였다고 하신다. 구약 율법에서는 이에는 이로, 눈에는 눈으로 보복을 하는 것이 의(義)이지만 신약에서는 어떤 사람이 송사해서 우리의 속옷을 빼앗아 가려고 하면 속옷을 줄 뿐 아니라 겉옷까지도 주는 것이 의(義)이다. 그리스도인은 구약의 율법에서는 도저히 지킬 수 없는 것을 은혜로 말미암아 행할 수 있다. 복음 안에 있는 십자가만이 자아를 십자가에 못 박고 온전히 남을 위해 살도록 할 수 있다. 그러므로 산상수훈은 원수를 사랑하라고 할 수 있는 것이다. 이것은 어떠한 영광인가!

율법이 아닌 복음만이 사람들로 하여금 자아를 죽음에 넘기우고 남을 위해 살도록 한다. 율법은 결코 남을 위해 자신을 희생할 수 없다.

율법은 결국 자신에게 집중하게 할 뿐이다. 과거에 나는 이기는 자가 되어야 한다는 교리를 매우 심도있게 가르치는 사람들과 함께한 적이 있다. 그런데 그러한 영성은 사람들로 대단히 자아를 중심삼게 하는 결과를 가져오는 것을 보았다. 즉 매우 이기적인 그리스도인이 형성되는 것이다. 사람들은 다 '내가 이기는 자가 되어야지!' 라고 하면서 자신의 영성을 주의하고 관심했지 남을 위한 여지가 별로 없었다. 그들은 매우 귀한 진리로 자신들의 슬로건을 만들어 이것도 행하고 저것도 행해야 한다고 믿고 있었다. 그때 교묘한 율법이 들어왔고 그 속에서는 남을 위한 희생적인 사랑은 찾아보기 어려웠다.

율법의 통치 하에서는 누구든지 자신을 위해 할 수 있는 일만 하는 법이다. 뭔가 남을 위해 한다 하더라도 거기에는 순수한 것보다는 다 의도가 있고 자신의 유익을 위한 고도의 목표의식이 자리 잡고 있는 것이다. 그러나 복음의 빛 아래서는 어떠한가? 자아(나)의 존재는 십자가에 못 박히고 부활로 새로워진 '나' 가 하나님 앞에 있게 된다. 이 새로운 나는 결국 새 생명이요, 그리스도 자신이다. 그분의 성령은 우리 속에 들어오셔서 생명이 되고 인격이 되셨다. 따라서 우리 안의 그리스도가 우리의 생명이 되시고 우리의 의, 거룩, 목적, 태도 모든 것이 되신 것이다. 우리의 일상생활은 성령의 능력으로 말미암아 우리 안에 나타나신 그리스도 자신 외에 아무것도 아니다. 우리 속에 살아계신 그리스도가 이렇게 온전히 남을 위해 살 수 있는 사랑과 힘과 능력을 공급하신다. 그러한 대학원에 우리를 입학시켜 준 것이 바로 그리스도의 부활과 승천이다. 십자가의 죽음을 거쳐 부활 승천 안에서 하나님은 우리를 천국의 수준으로 높이 올리셨다. 그런데 갈라디아서에서 보면 이러한 그리스도인을 유대교 교사들은 다시 끌어내려 초등학교에 집어넣으려고 한 것이다.

6절, 나는 너를 애굽 땅에서 종 되었던 집에서 인도하여 낸 너희 하나님

여호와로라

먼저 하나님께서는 그분이 이스라엘 백성을 애굽 땅 종 되었던 상태에서 건져내신 분이라는 것을 말씀하신다. 그분은 이 시점에서 자신이 창조주이심을 말씀하시는 것이 아니라 구속주이심을 말씀하고 있다. 즉 하나님은 그들을 창조한 것을 근거로 하여 약혼하시려는 것이 아니라 그들을 구속하사 피로 사신 것(예표로서-출애굽과 유월절과 홍해를 건넘)에 의해 언약하시려는 것이다. 이제부터 말하려는 십계명은 그들이 이미 가지고 있는 것이지만 다시 들려질 필요가 있었다. 이제 십계명의 제 일계명부터 보겠다.

7절, 나 외에는 위하는 신들을 네게 있게 말지니라

이 '위하는' 은 원문에서 '대립하다, 병립하다' 라는 뜻이 있다. 만일 어떤 사람이 하나님과 재물을 대립하거나 병립하여 섬긴다면 그것은 제 일계명을 범하는 것이다. 하나님을 섬기는 사람은 하나님과 대립되거나 병립하는 존재가 없어야 한다. 어떤 사람에게는 그의 아들이 하나님과 대립적인 존재이다. 어떤 부인에게는 그 남편이 하나님과 대립적인 존재이다. 어떤 남편에게는 그 아내가 하나님과 대립적인 존재이다. 그렇기 때문에 하나님을 섬기다가도 자식의 장래 문제나 교육 문제가 대두되면 그것을 하나님과 견주어 재본다. 이것은 제 일계명을 범하는 것이다. 만일 여러분의 재물을 가지고 하나님과 견주어 본다면 그것 또한 제 일계명을 범하는 것이다.

앞에서 언급했듯이 하나님께서 그분의 백성과 언약하신 것은 그들과 약혼하신 것과 같다. 구약 전반에 걸쳐서 우리는 하나님께서 택하신 백성 이스라엘을 사랑하시며 그분의 아내로 여기신다는 것을 알 수 있다. 호세아서에서 그분은 "내가 네게 장가들어 영원히 살되 의와 공변됨과 은총과 긍휼히 여김으로 네게 장가들며"(호 2:19)라고 말씀하신다. 하나님께서는 그분의 피조된 사람들을 사랑하시며, 더욱이 그분의 귀한 피 값을 지불해서 사신 백성을 사랑하신다. 그러므로 이 율법은 한 면에서 약혼식의 조항들이다. 말하자면 '나 외에 다른 남자를 사귀면 안 된다', '나하고 다른 남자를 견주어서도 안 된다' 하는 것이다. 따라서 율법 자체는 문제가 없다. 로마서 7장에서 사도 바울은 이렇게 말했다. "율법도 거룩하며 계명도 거룩하며 의로우며 선하도다"(12절). 시편 119편 기자는 얼마나 율법을 사랑했는지 모른다. 율법 자체에 문제가 있다고 생각지 말라. 참으로 율법에는 하나님의 성분이 들어 있으며 율법은 하나님을 표현한다. 그리고 그 율법은 이스라엘 백성들에 대한 하나님의 사랑의 서약이라고 말할 수 있다.

8절, 너는 자기를 위하여 새긴 우상을 만들지 말고 위로 하늘에 있는 것이나 아래로 땅에 있는 것이나 땅 밑 물 속에 있는 것의 아무 형상이든지 만들지 말며

둘째 계명은 어떤 우상도 만들지 말고 아무 형상이든지 만들지 말라는 것이다. 하나님은 보이지 아니하시지만 실제이신 하나님이시다. 그분은 그분의 보이지 아니하시는 방식으로 진실로 그분을 찾는 자들을 보기 원하시는 것 같다. 나타나고 보여지는 것을 보고 따르고 사랑하는 것은 쉽다. 그러나 그런 경우는 진정한 사모의 영과 사랑을 갖지 않고도 얼마든지 따를 수가 있다. 그러니 우상을 따르는 것은 육체와 관계되며 그러한 일은 탐욕적이고 야심적인 사람들에 의해 점유되는 것이다(골 3:5). 그러나 보이지 않는 하나님을 대하려니 그분에 대해 진실한 마음을 갖지 않으면 합당한 관계를 맺을 수가 없다. 진정한 신앙은 보이지 아니하는 분을 보는 것같이 따르며 그분의 말씀을 순종하는 가운데 배양된다(히 11:3,27).

9-10절, 그것들에게 절하지 말며 그것들을 섬기지 말라 나 여호와 너의 하나님은 질투하는 하나님인즉 나를 미워하는 자의 죄를 갚되 아비로부터 아들에게로 삼사대까지 이르게 하거니와 10 나를 사랑하고 내 계명을 지키는 자에게는 천대까지 은혜를 베푸느니라

하나님은 영이시기 때문에 우리 눈으로 볼 수 없는 분이시다. 우리는 다만 신령과 진정으로, 영과 실제로 하나님께 경배하는 것이다. 그리스도인은 결코 눈에 보이는 어떤 형상을 만들어 놓고 거기에다 경배해서는 안 된다. 그것은 제 이계명을 범하는 것이다. 우리 나라에서는 일제시대 때 신사 참배를 거부하고 반대하다가 많은 목사님들과 신자들이 순교했다. 우리는 결코 우상에게 경배하는 것을 작은 일로 여겨서는 안 된다. 작은 형상이든 큰 형상이든 그것을 하나님 삼아 거기에다 경배하는 것은 절대로 옳지 않다.

나는 어떤 집을 방문했을 때 십자가에 달린 예수님의 형상을 걸어 놓거나 소위 예수님의 초상화를 걸어놓은 것을 본다. 그 그림이 정말 예수님의 초상화라 할지라도 하나님은 그것을 원치 않으신다. 하나님께서는 어떤 형상도 만들지 말라고 하셨다. 하나님은 영이시기 때문에 다만 영으로 경배해야 한다. 뭔가 보이는 것을 만들어 놓고 경배하거나 섬기는 것은 하나님이 결코 기뻐하시지 않는다. 오늘 여러분 가운데 깨달음이 있다면 집에 있는 모든 보이는 형상들을 다 제하기 바란다. 하나님의 말씀은 아무 형상이든지 만들지 말라고 하셨다. 그것은 예수님의 초상화까지도 포함한다. 만들지 말라고 하시면 만들지 않으면 된다. 거기에다 무슨 구실을 붙이지 말라. 그러한 그림이 예수님을 더 생각하게 한다라든가 그것은 대상이 예수님이기 때문에 어떤 형상에 속하지 않는다라든가 하지 말고 없애는 것이 좋다. 순종이 제사보다 더 귀하다. 어떤 것들이 참 하나님이 아닌데 거기에 뭔가 있는 것처럼 섬기다 보면 그것의 노예가 되어 버린다. 거기에 사로잡히게 된다. 하나님은 그렇게 되는 것을 원치 않으신다. 살아 계신 하나님께서 우리 마음 깊은 곳에서 다정하고 부드러운 목소리로 말씀하시고 가르쳐주시고 인도해 주시는 것으로 족하지 다른 무엇이 더 필요한가?

주님은 얼마나 우리를 사랑하시는지! "나 여호와 너의 하나님은 질투하는 하나님인즉". 다른 것들을 만들어 놓고 경배하고 섬기면 우리 하나님께서 질투하신다. 우리 하나님은 참 솔직한 분이시다. '너희들 그렇게 하면 나 질투한다' 라고 하신다. 하나님이 질투하시면 큰일난다. "우리가 주를 노여워하시게 하겠느냐? 우리가 주보다 강한 자냐?" (고전 10:22). 물론 우리는 주보다 강한 자들이 아니다. 하나님을 두려워할 줄 알아야 한다. 함부로 다른 형상을 만들어 놓고 섬기고 경배하면 하나님은 질투하시며 그 죄를 삼사대까지 갚겠다고 하셨다. 그러나 주님을 사랑하고 그분의 계명을 지키는 자에게는 천대까지 은혜를 베풀겠다고 하셨다. 하나님께서는 그러한 사람 하나를 만나면 너무나 기뻐하시며 천대까지 은혜를 베풀겠다고 약속하신다. 여러분이 오늘 이렇게 신실하게 주님을 믿고 사랑하면 여러분의 자자손손이 축복을 받게 된다.

11절, 너는 너의 하나님 여호와의 이름을 망령되이 일컫지 말라 나 여호와는 나의 이름을 망령되이 일컫는 자를 죄 없는 줄로 인정치 아니하리라

이것이 제 삼계명이다. "여호와의 이름을 망령되이 일컫지 말라". 그래서 이스라엘 백성들은 '여호와' 라는 호칭을 감히 쓰지 못했다. 우리는 이방인이기 때문에 그런 개념이 없어서 자유롭게 부르는 것 같다. '여호와' 는 너무 존귀하고 경외하는 이름이기 때문에 감히 부르지 못하고 다만 '아도나이' (주님)라고 불렀다. 마치 우리 한국 사람들이 아버지의 함자를 함부로 부르지 못하는 것과 같다. 오늘날 주 예수의 이름을 부르는 것도 마찬가지이다. 주님을 사랑하므로 부르는 것은 천 번이고 만 번이고 좋다. 그러나 어떤 사람들은 주 예수의 이름을 자신이 매우 영적이고 옳다는 것을 나타내고자 할 때 크게 부르며 다른 사람에게 나 또한 잘 믿는 사람이라고 보이기 위해 부른다. 이 모든 것은 존귀한 주의 이름을 망령되이 부르는 행위이다.

"나 여호와는 나의 이름을 망령되이 일컫는 자를 죄 없는 줄로 인정치 아니하리라". 여기에는 심판 받을 자로 여기신다는 뜻이 있고 징계를 하신다는 뜻도 있다. 다만 죄 없는 것으로 인정하지 않는 것이 아니라 거기에 징계가 있다는 뜻이다. 그러므로 하나님의 이름을 망령되이 일컫는 것을 조심해야 한다. 망령되이 일컫는다는 것은 허무하고 거짓되게 일컫는다는 것이다. 오늘 어떤 사람들은 경망스럽게 주님을 부르는데, 조심해야 한다. 그러한 것은 주님을 영광스럽게 하지 못한다. 우리가 주님을 사랑하는 마음으로 주님을 부르는 것은 좋다. 그러나 주님의 이름에 존귀함을 돌리지 못하는 방식으로 장난삼아 언급하는 것은 참으로 좋지 않다. 그것은 하나님의 징계를 자초하는 것이다. 우리는 그분의 이름을 높이기를 배워야 한다. 우리로 말미암아 그분의 이름이 존귀케 되기를 원해야 한다.

12절, 여호와 너의 하나님이 네게 명한 대로 안식일을 지켜 거룩하게 하라

제 사계명으로서 안식일에 관한 것이다.

13-15절, 엿새 동안은 힘써 네 모든 일을 행할 것이나 14 제 칠일은 너의 하나님 여호와의 안식인즉 너나 네 아들이나 네 딸이나 네 남종이나 네 여종이나 네 소나 네 나귀나 네 모든 육축이나 네 문 안에 유하는 객이라도 아무 일도 하지 말고 네 남종이나 네 여종으로 너같이 안식하게 할지니라 15 너는 기억하라 네가 애굽 땅에서 종이 되었더니 너의 하나님 여호와

가 강한 손과 편 팔로 너를 거기서 인도하여 내었나니 그러므로 너의 하나님 여호와가 너를 명하여 안식일을 지키라 하느니라

안식일을 지키는 문제는 매우 중요하다. 이는 안식일이란 하나님과 이스라엘 간의 연결선이기 때문이다. 도적질이나 살인, 간음 등은 이방인의 양심으로도 알 수 있지만 안식일만은 하나님의 말씀을 직접 받은 자들이 아니면, 그 언약을 사랑 안에서 받은 자들이 아니면 지킬 수 없는 것이다. 실상 안식일은 모세가 출애굽기 20장에서 율법을 받기 전부터 하나님이 명하신 명령이었다. 이미 출애굽기 16장의 엘림과 시내 사이에서 만나를 공급받을 때도 하나님은 이스라엘이 안식일을 지키는 것에 대하여 훈련을 시키신 것이다. 사실 안식일은 육일간의 창조 직후 생겨났다. 그러므로 사실 여호와의 안식일은 모든 피조물에게 해당되는 날이다. 그러나 하나님을 모르는 자들은 창조를 모르니 안식을 모를 수밖에 없다.

그러나 하나님의 선택된 백성 이스라엘은 구속을 받아 하나님에게 이끌린 민족이 되었기에 하나님의 안식일을 준수할 수 있게 된 것이다. 또한 출애굽기 31장에서 하나님은 안식일에 대하여 특별히 강한 강조를 하신 것을 볼 수 있다. "너희는 안식일을 지킬찌니 이는 너희에게 성일이 됨이라 무릇 그 날을 더럽히는 자는 죽일찌며 무릇 그 날에 일하는 자는 그 백성 중에서 그 생명이 끊쳐지리라 엿새 동안은 일할 것이나 제 칠일은 큰 안식일이니 여호와께 거룩한 것이라 무릇 안식일에 일하는 자를 반드시 죽일찌니라 이같이 이스라엘 자손이 안식일을 지켜서 그것으로 대대로 영원한 언약을 삼을 것이니 이는 나와 이스라엘 자손 사이에 영원한 표징이며 나 여호와가 엿새 동안에 천지를 창조하고 제 칠일에 쉬어 평안하였음이니라 하라"(출 31:14-17).

안식일은 특별히 유대인, 즉 선택된 백성들을 위한 표징으로 강조되고 있다. 출애굽기 31장 16절은 안식일에 대해 "대대로 영원한 언약을 삼을지니"라고 하였고 17절은 "나와 이스라엘 사이에 영원한 표징이며"라고 하였다. 즉 안식일이란 하나님의 백성의 영원한 표시라는 것이다. 타락한 인생의 특징은 무엇인가? 그들에게는 안식이라는 것이 없는 것이다. 육체는 일하고 수고하며 무엇인가를 하는 것이다. 안식이란 오직 안식일의 주인이신 주님을 모시고, 그분을 의지하여 사는 자들의 특권이다. 따라서 오늘날도 하나님은 안식을 지키는 것을 그분의 백성의 특징으로 삼으시는 것이다. 주 예수는 안식일의 주인이시다(마 12:8). 주님은 "수고하고 무거운 짐진 자들아 다 내게로 오라 내가 너희를 쉬게 하리라"고 우리를 부르신다. 누구든지 주님을 참되게 믿는 신자들은 안식 안으로 부르심을 받아서 안식을 누린다. 안식하는 자들이 아니면 참된 하나님의 백성이라고 할 수 없다.

출애굽기 20장과 신명기 5장을 비교할 때 가장 차이가 나는 부분은 바로 제 4계명의 안식에 관한 것이다. 출애굽기 20장은 다만 율법의 사실을 기록한 것이라면 신명기 5장에는 그 설명이 들어있다. 출애굽기 20장은 창조를 기초로 한 안식을 말하고 있다면 신명기 5장은 구속에 그 기초가 있다. "너는 기억하라 네가 애굽 땅에서 종이 되었더니 너의 하나님 여호와가 강한 손과 편 팔로 너를 거기서 인도하여 내었나니 그러므로 너의 하나님 여호와가 너를 명하여 안식일을 지키라 하느니라". 하나님께서는 엿새 동안 만물을 창조하시고 일곱째 날을 복주시며 그날 쉬셨다. 그리고 그날을 거룩히 분별하여 지키라고 하셨다. 이것이 바로 안식일이다. 그런데 신약에 와서 주 예수님은 안식일에 일하셨다. 그러자 유대인들이 주님을 비난했다. '왜 다른 날도 있는데 안식일에 병을 고치는가?' 하는 것이었다. 사실 안식일의 본질은 우리가 어떤 행위를 하느냐 하지 않느냐에 있지 않다. 왜냐하면 참된 안식은 그리스도 자신이시기 때문이다.

신약 히브리서 4장에 안식에 대한 말씀이 있다. 주님은 십자가상에서 구속의 역사를 다 이루시고 우리에게 안식하라고 하셨다. 따라서 하나님의 계시는 점진적인 것임을 주의해야 한다. 그리스도의 십자가의 역사가 없다면 우리는 안식을 누릴 수 없는 것이다. 이는 우리 인간이 타락한 것에 기인한다. 사람이 타락하기 전 하나님은 창조에 기인하여 안식일을 선포하셨다. 그러나 창조된 사람은 타락되었고 이제는 그리스도의 구속을 입지 않고는 안식할 수 없게 된 것이다. 그러니 신명기에서는 좀 더 진보된 계시 안에서의 안식을 말씀하고 있는 것이다. 따라서 안식의 실제는 십자가를 근거로 한 말씀, 갈라디아서 2장 20절에 있다고 할 수 있다 "내가 그리스도와 함께 십자가에 못 박혔나니 그런즉 이제는 내가 산 것이 아니요 오직 내 안에 그리스도께서 사신 것이라". 십자가로 자기의 일을 끝내고 또 자기를 끝내고 안식에 들어간 사람들은 하나님께서 자기 일을 쉬신 것처럼 자기도 쉰다. 스스로 뭔가를 하는 사람은 안식하는 사람이 아니다. 그러므로 아무것도 하지 않는 것이 안식이 아니라 우리 스스로 하지 않고 주님으로 우리 안에서 하시게 하는 것이 안식이다.

주님이 이 땅에 오셨을 때 안식일에 병을 고치시고 또 여러 가지 일을 하시자 유대인들은 주님이 안식일을 범한다고 비난했다. 그때 주님은 이렇게 말씀하셨다. '아버지께서 이제까지 일하시니 나도 일한다.' 그분의 안식은 아버지와 함께 일하시는 것이었다. 오늘날 우리도 동일하다. 스스로 뭔가를 하는 사람은 안식이 없다. 안식에 들어간 사람은 자신의 일을 그치고 오직 그 안에서 그리스도께서 사시고 행하시는 사람이다. 다시 말해서 안식일의 실제는 그리스도이시다. 안식일의 주인도 그리스도이시다. 그리스도와 함께할 때 안식이 있다. 그러므로 구약에서 하나님은 안식일을 범하는 것을 상당히 엄하게 다루셨다.

오늘 우리가 그리스도께서 이미 다 이루신 것을 믿고 스스로 어떤 것도 하지 않고 그리스도께서 모든 것을 하시도록 하는 것이 안식의 실제이다. 그것이 진실로 하나님의 역사를 경외하는 것이다. 이미 그리스도와 함께 죽은 자로서 안식 안에서 아무것도 하지 않아도 된다는 것을 누리는 사람은 행복한 사람이다. 우리가 가만히 우리 자신의 약점이라고 생각되는 것을 생각해보면 그 점에 있어서 어쩌면 안간힘을 쓰면서 스스로 하나님을 기쁘시게 하려는 시도를 그치지 않은 것을 알게 될 것이다. 그것을 주님께 맡기고 쉬는 것이 정말 필요한 것이다. 그것이 진정으로 안식을 지키는 것이다. 즉 죽은 자가 안식을 지킨다는 것이다.

우리는 제 일계명, 제 이계명에서 하나님 자신을 경외하고 사랑하는 것을 배우며, 제삼계명에서 여호와의 이름을 망령되이 일컫지 않는 것을 배우고, 제 사계명에서는 하나님의 역사를 존중하는 것을 배운다. 하나님께서 엿새 동안 모든 만물을 창조하시고 제 칠일에 안식하셨는데, 그 하나님의 모든 역사를 감상하고 찬양하고 감사드리면서 우리 또한 제 칠일에 쉬는 것이다. 안식일을 구별하여 거룩히 지키는 것은 하나님의 역사를 감상하고 존중하는 것과 관계된다. 오늘 신약에서 안식일의 실제는 곧 그리스도께서 이루신 모든 역사를 받아들이고 귀히 여기며 그 역사 안에 머무는 것이다. 이것은 믿음으로 가능한 것이다. 이것이 우리가 안식일의 실제를 갖는 비결이다.

16절, 너는 너의 하나님 여호와의 명한 대로 네 부모를 공경하라 그리하면 너의 하나님 여호와가 네게 준 땅에서 네가 생명이 길고 복을 누리리라

이제 다섯째 계명이다. 십계명의 다섯 개는 하나님을 향한 계명이고 다섯 개는 사람을 향한 계명인데, 이 다섯째 계명은 하나님을 향한 것이라고도 볼 수 있고 사람에게 대한 것이라고도 볼 수 있다. 그러므로 학자에 따라서는 십계의 두 돌판이 앞의 넷과 뒤의 여섯으로 나누어졌다고 하기도 하고 다섯 다섯으로 나누어졌다고도 한다. 어쨌든 부모는 근본이기 때문에 하나님을 향한 계명으로 분류할 수 있다. "너는 너의 하나님 여호와의 명한 대로 네 부모를 공경하라 그리하면 너의 하나님 여호와가 네게 준 땅에서 네가 생명이 길고 복을 누리리라". 이는 부모를 공경하는 문제이다. 이것은 구약의 계명이지만 에베소서 6장에서 사도 바울은 신약의 성도들에게도 같은 말을 하고 있다. "자녀들아 너희 부모를 주 안에서 순종하라 이것이 옳으니라 네 아버지와 어머니를 공경하라 이것이 약속 있는 첫 계명이니 이는 네가 잘되고 땅에서 장수하리라"(엡 6:1-3).

여기서 약속 있는 첫 계명이란 십계 중에서 축복의 약속이 곁들여 있는 첫 계명이란 말이다. 이는 또한 인간 상호간의 여섯 가지 계명 중 첫 계명으로 생각할 수도 있다. 이러한 계명은 결코 폐하여진 것이 아니다(마 5:17, 롬 3:31). 다만 우리 그리스도인들은 하나님이 주신 생명의 능력으로 은혜 안에서 이러한 율법의 요구를 이루는 것이다. 전에는 우리 육체가 연약함으로 할 수 없었지만 지금은 '내게 능력 주시는 자 안에서' 모든 것을 할 수 있는 사람들이 되었다. 그래서 이러한 계명을 넉넉히 이룰 수 있게 된 것이다. 참된 그리스도인치고 부모를 공경하지 않는 그리스도인이 없다. 육체의 본성은 거역이기 때문에 사실 육체 안에 있는 사람들은 부모를 합당하게 공경할 수 없다. 참된 그리스도인만이 참으로 부모를 공경할 수 있다. 그런데 부모를 공경하는 데에는 하나님의 약속이 따른다. 잘되고 땅에서 장수하리라는 약속이다.

17-21절, 살인하지 말지니라 18 간음하지도 말지니라 19 도적질하지도 말지니라 20 네 이웃에 대하여 거짓 증거 하지도 말지니라 21 네 이웃의 아내를 탐내지도 말지니라 네 이웃의 집이나 그의 밭이나 그의 남종이나 그의 여종이나 그의 소나 그의 나귀나 무릇 네 이웃의 소유를 탐내지도 말지니라

여섯째 계명부터 열째 계명까지이다. 살인, 간음, 도적질, 거짓말, 탐욕, 이 다섯 가지가 마지막 다섯 계명이다. 실상 우리 죄인들은 믿기 전에 이 다섯 계명을 다 어긴 사람들이라고 고백하지 않을 수 없다. 실제적으로 말하면 사람을 미워만 해도 살인이고 마음으로 음욕을 품어도 간음인 것이다. 우리는 어릴 때부터 조그마한 물건 한 번이라도 남의 것을 가져본 적이 있고 거짓말을 많이 하였으며 탐심은 말할 것도 없다. 이 모든 계명에 대하여 우리는 다 유죄(guilty)임을 시인하지 않을 수 없다.

이러한 죄의 끔찍함을 우리는 어디서 볼 수 있는가? 십자가이다. 우리는 주 예수님이 우리의 죄를 인하여 죽으신 것을 안다. 우리의 죄가 얼마나 수치스럽고 참담하며 악하고 더러운 것인지 알려면 그 참혹한 주 예수의 십자가를 보면 알 수 있다. 그분이 그렇게 심한 수치와 고난을 당하신 것은 우리의 죄가 그러하기 때문이다. 율법을 송두리째 범한 낱낱의 죄가 주님을 십자가에 매단 것이다. 하나님께 감사하는 것은 우리의 죄가 이미 그리스도의 십자가에서 그분께 담당되어져 심판되었다는 사실이다(사 53:6).

사랑은 모든 율법의 완성이다

십계명을 한 마디로 하면 사랑이다. 하나님을 사랑하라는 것이요 사람을 사랑하라는 것이다. 마음을 다하고 뜻을 다하고 성품을 다하여 주 여호와 하나님을 사랑하라는 것이고 네 이웃을 네 몸같이 사랑하라는 것이다. 사랑한다면 살인하거나 간음하거나 도적질하지 않는다. 이웃에 대해 거짓 증거하지 않고 이웃의 소유를 탐내지도 않는다. 이것이 바로 십계명의 본질이다. 실상 성경의 모든 계명이 사랑이라는 한 단어로 요약이 된다. 하나님의 말씀을 순종하고 지킨다는 것이 매우 어렵고 다양하게 느껴지지만 실제로는 간단하다. 사랑하는 것이다. 성경의 모든 말씀은 각각 다른 환경과 다른 경우에 어떻게 사랑하는가를 말해주는 것이다. 미워하는 자의 나귀가 짐을 싣고 엎드러진 것을 보면, 어떻게 해야 하는가? 어렵지 않다. 원수를 미워하여 보복하는 방식이 아니라 사랑하는 방법으로 해결하는 것이다(출 23:5). 십계명은 이웃을 내 몸과 같이 사랑하는 방법들이 율법의 형태로 쓰여진 것이다. 그러므로 사랑은 모든 율법의 완성이다(롬 13:10).

율법은 하나님의 간증이다

구약의 출애굽기에서 그분이 율법을 돌비에 새겨서 언약궤 안에 넣었는데 그 율법의 돌비를 증거판(Testimony)이라고 불렀고(출 25:16) 증거궤가 들어 있는 궤를 언약궤 혹은 증거궤(ark of the Testimony)라고 불렀다(출 25:22, 26:33-34, 27:21). 또한 모세가 광야에서 지은 성막을 증거막(tabernacle of the Testimony)이라고 불렀다(출 38:21, 민 1:50,53, 9:15, 10:11). 증거(Testimony)란 무엇인가? 성막이 증거막으로 불리운 것은 증거판으로 말미암은 것이다. 즉 십계명은 그 자체가 하나님을 표명하는 것이다. 그러므로 율법은 장차 오는 좋은 일의 그림자요 참 형상이 아니라고 한 것이다(히 10:1). 참 형상이 아닐지라도 율법은 그 자체가 하나님의 형상을 지니고 있다는 말이다. 그것은 우리가 율법을 대할 때 하나님의 속성을 어렴풋이나마 볼 수 있다는 말이다. 우리는 율법을 통해서 하나님이 빛이시며 거룩이시며 사랑이시며 의로우신 분임을 알게 된다. 율법은 그 자체가 하나님이 어떤 분이신가를 나타내는 것이다.

22절, 여호와께서 이 모든 말씀을 산 위 불 가운데, 구름 가운데, 흑암 가운데서 큰 음성으로 너희 총회에 이르신 후에 더 말씀하지 아니하시고 그것을 두 돌판에 써서 내게 주셨느니라

하나님께서는 산 위 불 가운데, 구름 가운데, 흑암 가운데서 큰 음성으로 이 모든 말씀을 이스라엘 총회에 이르신 후에 더 말씀하지 않으시고 두 돌판에 그것을 써서 모세에게 주셨다. 하나님은 참 자상하시다. 이 말씀은 출애굽기 20장에 있는 십계명의 반복인데 모세는 그때의 십계명을 가감 없이 동일하게 말했다. 다만 여기서는 그의 느낌이 다소 추가되었다. 그리고 안식일을 지키는 것이 출애굽기 20장에서는 그분의 창조의 역사를 기념하기 위한 것이라고 하는 반면 신명기 5장에서는 그분이 강한 손과 편 팔로 애굽 땅에서 그들을 인도해 내셨기 때문이라고 말한다. 이렇게 좀 더 구체적으로 자기의 설명을 부연한 것들이 있지만 근본적으로는 출애굽기 20장의 십계명의 내용을 그대로 말했다. 이와 같이 사역자들은 하나님이 하신 말씀을 자기 나름대로 바꾸거나 가감하지 말고 그대로 말해 주어야 한다.

23-27절, **산이 불에 타며 캄캄한 가운데서 나오는 그 소리를 너희가 듣고 너희 지파의 두령과 장로들이 내게 나아와 24 말하되 우리 하나님 여호와께서 그 영광과 위엄을 우리에게 보이시매 불 가운데서 나오는 음성을 우리가 들었고 하나님이 사람과 말씀하시되 그 사람이 생존하는 것을 오늘날 우리가 보았나이다 25 이제 우리가 죽을 까닭이 무엇이니이까 이 큰 불이 우리를 삼킬 것이요 우리가 우리 하나님 여호와의 음성을 다시 들으면 죽을 것이라 26 무릇 육신을 가진 자가 우리처럼 사시는 하나님의 음성이 불 가운데서 발함을 듣고 생존한 자가 누구니이까 27 당신은 가까이 나아가서 우리 하나님 여호와의 하시는 말씀을 다 듣고 우리 하나님 여호와의 당신에게 이르시는 것을 다 우리에게 전하소서 우리가 듣고 행하겠나이다 하였느니라**

이때 이스라엘 백성들은 아직 하나님으로부터 직접 말씀을 받을 만한 위치에 있지 않았다. 어떻게 말하면 이들의 상태는 매우 육적이었다. 그렇기 때문에 하나님께서 말씀하시는 곳에 두려워서 감히 서 있을 수가 없었던 것이다. 그래서 그들은 중재자로 모세를 필요로 했다. 또

한 면에서 하나님 편에서도 그들에게 다가오시려면 친히 육신을 입고 이 땅에 오셔서 십자가로 화목을 이루셔야만 했다. 율법을 주실 당시 그분은 이스라엘 백성들에게 직접 가까이 오실 수 없는 상태이셨으며, 이스라엘 백성들도 그것을 느끼고 있었다. 그래서 그들은 이렇게 말하는 것이다. '불이 저렇게 산에서 타오르는데 우리가 가까이 가면 죽을 것입니다. 지금 하나님의 말씀을 듣고 살아 있는 것만도 기적입니다. 모세, 당신이 가서 말씀을 잘 듣고 우리에게 전달해주십시오. 우리가 듣고 따르겠습니다.' 당시 이스라엘 백성의 상태는 하나님과 이 정도로 멀었다. 그래서 중보가 필요했던 것이다. 그런데 그들은 또 한 면으로 자신들이 어떤 사람들인지 모르기 때문에 "우리가 듣고 행하겠나이다"라고 했다.

28절, 여호와께서 너희가 내게 말할 때에 너희의 말하는 소리를 들으신지라 여호와께서 내게 이르시되 이 백성이 네게 말하는 그 말소리를 내가 들은즉 그 말이 다 옳도다

당시 모세는 백성의 말을 그리 긍정적으로 듣지 않았던 것 같다. 왜냐하면 모세는 이스라엘 백성들이 듣고 행하겠다고 해도 그런 태도가 얼마 가지 않을 거라는 것을 알았기 때문이다. 그러나 여호와께서는 모세보다 그들을 더 잘 아실 텐데도 모세에게 이렇게 말씀하셨다. "네게 말하는 그 말소리를 내가 들은즉 그 말이 다 옳도다". 하나님은 그래도 이스라엘이 하는 말을 들으시고 그들의 말을 인정해 주셨다. 이는 공부를 못하는 자녀의 열심히 해보겠다는 말을 들을 때 형은 믿어주지 않지만 아버지는 그 아들의 말을 인정해주고 싶어 하는 것과 같다.

29절, 다만 그들이 항상 이 같은 마음을 품어 나를 경외하며 나의 모든 명령을 지켜서 그들과 그 자손이 영원히 복 받기를 원하노라

이것이 아버지의 마음이다. 그들이 지킬 수 있는 역량이 없다는 것을 하나님은 다 아신다. 그러나 그때 그들의 마음만큼은 진실이기 때문에 "다만 그들이 항상 이 같은 마음을 품어 나를 경외하며 나의 모든 명령을 지켜서 그들과 그 자손이 영원히 복 받기를 원하노라"고 하신 것이다. 하나님이 주신 율법을 통해 복을 받은 사람들이 하나도 없었겠는가? 있다. 물론 나는 그들 중 어느 누구도 율법을 온전히 지킴으로써 의롭게 된 사람은 없었으리라고 믿는다. 그러나 율법에 대한 그들의 태도가 중요하다. 즉 율법은 하나님의 말씀이기 때문에 율법을 사랑하는 것은 결국 하나님을 사랑하는 것이 된다. 율법을 다 지킬 수는 없겠지만 율법의 말씀을 지키고자 하는 그 마음은 귀한 것이다. 그 경외하는 마음은 귀한 것이다.

그들은 율법을 통해 하나님께 마음을 향할 수 있었고 그 율법 너머로 보이는 은혜로우시고 자비로우신 하나님을 만날 수 있었던 것이다. 다윗이 그러했고 히스기야가 그러했으며, 많은 선지자들이 그러했다. 그들은 분명 구약 시대에 살고 있었지만 그 노선이 은혜의 노선과 일치하는 많은 간증을 지녔던 것이다. 그러므로 율법 시대라고 해서 은혜가 더 이상 역사하지 않은 것이 아니다. 율법은 가입(추가)된 것이지 은혜를 대치한 것이 아니기 때문이다.

창조 후 아브라함과 이삭과 야곱에게 나타나신 하나님은 은혜의 하나님이시요 복음의 하나님이시다. 그러나 시내 산에서 하나님은 타락한 인간에 대한 근본적인 교육을 위해 율법을 주셨던 것이다. 따라서 율법이 주어진 후에도 여전히 하나님은 율법 너머로 은혜의 햇빛을 비추고 계셨던 것이다. 그것은 그분이 시내 산에서 율법을 주고 계신 순간에도 어찌하든지 그분을 가까이 할 수 있는 방도(성막)를 그들에게 제시하고 계셨던 것에서도 알 수 있다. 즉 타락하여 율법을 범할 수 밖에 없는 인간들이 죄를 범한 후 양이나 소를 잡아 제단에 제사를 드리고 그 피를 가지고 여전히 지성소에 계신 하나님 앞에 나올 수 있는 길을 준비하고 계셨던 것이다. 참으로 하나님은 사람에게 은혜를 베풀고자 하셨다. 그러므로 이스라엘 백성들이 합당한 마음과 경외하는 마음으로 하나님의 율법을 사랑하고 율법을 지키려고 했을 때 하나님은 때때로 그분의 은혜로운 방문을 해주셨던 것이다. 우리가 이렇게 이해하지 않는다면 28절의 "그들의 말이 다 옳다"는 말씀과 29절의 "그 자손이 영원히 복받기 원한다"는 하나님의 말씀을 합당하게 이해할 수 없다.

30-32절, 가서 그들에게 각기 장막으로 돌아가라 이르고 31 너는 여기 내 곁에 섰으라 내가 모든 명령과 규례와 법도를 네게 이르리니 너는 그것을 그들에게 가르쳐서 내가 그들에게 기업으로 주는 땅에서 그들로 이를 행하게 하라 하셨나니 32 그런즉 너희 하나님 여호와께서 너희에게 명령하신 대로 너희는 삼가 행하여 좌로나 우로나 치우치지 말고

여기서 모세는 십계명을 받을 때의 광경과 그 당시 주님과 했던 대화, 소위 뒷이야기를 하고 있는 것이다. 그는 어떻게 해서 이 율법이 그들에게 왔는지를 설명해 주고 있다. 그때 하나님께서 백성은 각기 장막으로 돌아가라 하시고 모세에게는 하나님 곁에 서 있어서 모든 명령과 규례를 받아 그들에게 가르쳐서 그분이 기업으로 주시는 땅에서 그것을 행하게 하라고 하셨다. 그러면서 모세는 "너희에게 명령하신 대로 너희는 삼가 행하여 좌로나 우로나 치우치지 말라"고 말한다. 하나님의 말씀을 지키는 사람들은 결코 치우쳐서는 안 된다. 가령 사랑을 강조하는 사람은 공의를 소홀히 하기 쉽다. 또 어떤 사람은 너무 의를 강조하다 보니 거기에 사랑이 없고 용서가 없고 관용이 없다. 이것이 좌우로 치우치는 것이다. 좋은 그리스도인이 되려면 치우치지 말고 주님이 명령하신 대로 삼가 행해야 한다.

33절, 너희 하나님 여호와께서 너희에게 명하신 모든 도를 행하라 그리하면 너희가 삶을 얻고 복을 얻어서 너희의 얻은 땅에서 너희의 날이 장구하리라

근본적으로 그들은 이 명령을 지킬 수 없지만 그들이 이러한 말씀을 준행하여 살고자 했을 때 그들은 약속하신 혜택을 누렸다. 그러나 지키지 못했을 때에는 그에 상당하는 징계와 형벌을 받았다.

신명기 6장

신명기 5장에는 하나님의 율법의 내용이 있고, 이제 6장에서는 어떻게 하나님의 율법을 지키며 하나님의 율법에 대해 어떤 태도를 가져야 하는지를 말하고 있다. 1-3절까지는 율법이 수여된 참 목적을 말해주고 4-9절은 그 유명한 쉐마(shema)에 대하여 말하고 있다. 이는 복종에 대한 중대한 원칙을 말하는 것인데 하나님은 유일한 분이며 그분만을 사랑해야 한다는 것이다. 10-19절은 가나안 땅에 들어간 후 이스라엘의 신앙을 파괴할 가능성이 있는 것들에 대한 경계이다. 첫째는 풍요의 남용(10-12절)이고 둘째는 우상숭배로 기울어질 가능성(14-15절), 하나님을 시험하지 말 것, 정직하고 선량할 것 등을 강조했다. 20-25절은 후손들에게 전해야 할 하나님의 말씀들이다. 하나님의 백성들은 반드시 다음 세대를 유의해야 한다.

1절, 이는 곧 너희 하나님 여호와께서 너희에게 가르치라 명하신바 명령과 규례와 법도라 너희가 건너가서 얻을 땅에서 행할 것이니

모세는 여호와 하나님께서 이스라엘 백성들에게 가르치라고 명하신 것, 즉 하나님의 명령과 규례와 법도를 다시 한 번 그들에게 가르쳤다. 사역자는 하나님께서 명하시지 않은 것을 사람들에게 가르쳐서는 안 된다. 여기 모세처럼 하나님께서 가르치라고 명하신 것만 가감하지 말고 가르쳐야 한다. 이것이 사역자의 기본 자세가 되어야 한다. 자신의 생각과 관점이 아니라 하나님의 말씀에 근거하여 가르치고 사역하는 것이다. 나도 초기에는 어떤 일이 발생했을 때 소위 자신의 영적인 견해에 따라 많이 말했는데 나중에는 그렇게 하지 않고 오직 모든 일을 하나님의 말씀에 대조하고 말씀에 근거하여 권면하고 가르치는 식으로 전환했다.

모세는 율법을 세 단어로 표현했는데, 명령(commandments)과 규례(statutes)와 법도(ordinances)이다. 이 세 마디 말은 이스라엘 백성이 하나님께로부터 받은 모든 계명들을 통칭하는 말이다. 오늘날 우리나라와 비교하면 헌법과 법률과 법령 및 제반 판례까지 포함한 법 전체를 포함한 개념이다.

"너희가 건너가서 얻을 땅에서 행할 것이니". 다시 말하지만 신명기 6장은 이스라엘 백성들이 가나안 땅에 들어가서 하나님의 율법을 어떠한 자세로 지켜야 하며 또 어떻게 자손들에게까지 이 율법이 계속 전수되게 할 수 있는지를 말하고 있다. 신명기를 공부하는 사람들은 신명기 6장이 하나님의 선민의 나라를 구성하는 데 기초가 되는 진리를 다루고 있다는 것에 동의한다. 즉 이 장은 이스라엘 나라가 어떻게 해서 설립되었으며 그 나라의 기초를 이루는 중심 사상은 무엇인지를 말한다는 것이다. 그러므로 신명기 6장의 내용을 구체적으로 보기 전에 우리는 이스라엘 나라가 이러한 율법의 말씀을 바탕으로 하여 통일성을 이루고 또 하나님의 백성의 특성을 지니게 된다는 것을 알아야 한다. 더 나아가 이러한 진리는 신약의 교회인 우리에게도 여전히 반영되어야 한다. 구약의 교훈들은 곧 신약의 우리를 위한 것이기 때문이다.

2절, 곧 너와 네 아들과 네 손자로 평생에 네 하나님 여호와를 경외하며 내가 너희에게 명한 그 모든 규례와 명령을 지키게 하기 위한 것이며 또

네 날을 장구케 하기 위한 것이라

이 6장에서 하나님이 이스라엘 백성들에게 주신 말씀의 핵심은 자녀들과 손자들까지도 여호와 하나님을 경외하게 하며 하나님이 그들에게 주신 명령과 규례를 지키게 하라는 것이다. 그럴 때 그들의 날은 장구하게 될 것이다. 경외한다는 것은 히브리어로 '얄'(ירא)인데, 영어로는 'fear', 즉 두려워한다는 뜻이 있다. 누구든지 하나님의 명령을 지키고자 한다면 먼저 하나님 경외하기를 배워야 한다. 하나님을 두려워하는 것이 지혜이다. 다만 하나님의 말씀을 지식적으로 연구하는 것으로는 부족하다. 하나님을 합당하게 경외하는 것을 모르는 사람들은 하나님을 학문적인 체계로 바꾸어 버리기 때문에 결국 하나님의 말씀을 지킬 수 없게 된다. 거듭 말하거니와 하나님의 명령을 일생토록 잘 지키고자 하는 사람들은 하나님 경외하기를 배워야 한다. 하나님이 두려우신 분임을 알아야 한다.

3절, 이스라엘아 듣고 삼가 그것을 행하라 그리하면 네가 복을 얻고 네 열조의 하나님 여호와께서 네게 허락하심같이 젖과 꿀이 흐르는 땅에서 너의 수효가 심히 번성하리라

2절에서는 하나님의 말씀을 지킬 때 이스라엘 백성들이 그 땅에서 장구하게 된다고 말하며 3절에서는 그들이 말씀을 행할 때 그들의 수효가 번성하게 된다고 말한다. 결국 이스라엘 백성이 그 땅에 들어가서 그들의 날이 장구하게 되고 그 수효가 번성하여 강대국을 이룰 수 있는 비결은 여호와 하나님의 말씀을 지키는 데 있다.

하나님의 말씀을 지키기 위해서는 첫째로 하나님 경외하기를 배워야 하며 다음은 '삼가야' 한다. 삼간다는 것은 히브리어로 '스아마르타'(שמרת)인데, '조심하다, 주의하다', 또는 '대단히 신중하게 하다'라는 뜻이다. 하나님의 말씀을 지키는 사람들의 태도는 모든 것에서 매우 조심스럽게 행하고 신중하게 행하는 것이다. 그리하면 "네가 복을 얻고…심히 번성하리라". 하나님께서 이렇게 말씀하시는 목적은 이스라엘 백성들에게 축복을 주시기 위함이다.

그렇다면 오늘날 교회는 어떤가? 교회 또한 이 땅에서 그리스도의 몸으로서 합당하게 존재할 수 있는 비결은 하나님의 말씀을 경외하고 삼가 순종하는 데 있다. 오늘날 교회는 분열되고 혼란하게 되었다. 그러면 이러한 분열과 혼란 가운데서 우리는 어떻게 하나님의 자녀로서 그리스도의 몸의 생활을 하며 교회로 존재할 수 있겠는가? 여러분은 어떻게 해야 우리가 합당한 그리스도인 무리로 존재할 수 있다고 생각하는가? 어떤 그리스도인 단체는 자신들만이 유일한 교회라고 주장한다. 이 지구상에는 자신들만이 유일한 그리스도의 몸이라고 하는 단체가 수없이 많다고 들었다. 그런데 그들은 뿔뿔이 나누어져 하나가 되지 못한다. 그러면 그리스도의 몸은 도대체 몇 개란 말인가? 우리는 교회의 기초가 그리스도이심을 알고 있다. 그리고 신명기 6장을 볼 때 이스라엘 나라의 기초는 하나님의 말씀이다. 하나님의 말씀을 성실하게 지키는 것이 하나님의 나라인 이스라엘의 기초이다. 이 말씀을 성실하게 지키지 않았을 때 이스라엘은 분열되고 혼란되었다. 그들은 하나님의 나라로서의 위치를 잃어버렸다. 그렇다면 오늘날 하나님의 자녀들이 합당한 교회로 존재하면서 그리스도의 몸의 통일성을 유지하고 그분의 간증을 유지하는 비결은 어디에 있을까? 그것은 동일하게 하나님의 말씀을 경외하고 주의 깊게 지켜 나가는 데 있다. 이것이 오늘날 교회의 기초이다. 하나님의 말씀을 온전히 지키는 것만이 이 시대에 하나님의 백성으로서 이 땅에 합당하게 존재하는 비결이다.

오늘 우리는 이천년 전에 존재했던 사도 시대의 교회를 생각해 볼 필요가 있다. 그들은 과연 어떠한 모습을 가진 믿는이들이었는가? 그들을 만날 때 우리는 향취를 느낄 것이다. '아, 이들은 이러한 그리스도인이구나! 이러한 교회 생활을 했구나! 이렇게 주님을 사랑하고 형제를 사랑하고 절대적으로 헌신하면서 말씀을 지켰구나!' 하고 말이다. 그렇다면 오늘 이 시대에 우리는 어떤 사람들이 되어야 하는가? 가장 좋은 것은 그들과 똑같은 모습을 지니는 것이다. 사도 시대의 믿는이들처럼 주님의 말씀을 성실하게 지키는 것이다. 여기에 교회의 기초가 있다. 오늘날 많은 분열과 혼란의 요인은 하나님의 말씀을 그대로 지키지 않는 데 있다. 계시록 2장과 3장을 볼 때 결국 교회가 하락되었다는 것은 그들이 하나님의 말씀을 순종치 않은 결과이다. 하나님을 경외하고 사랑하는 마음에서 떠났기 때문에 하나님의 간증을 잃어버린 것이다.

4절, 이스라엘아 들으라 우리 하나님 여호와는 오직 하나인 여호와시니

이 말씀은 신약 복음서의 이곳저곳에서 읽을 수 있다. 주 예수님도 이것을 말씀하셨다. 그리고 이 말씀은 오늘날에도 유대인들이 가장 중요시하는 말씀이다. 히브리어로는 '쉐마'(שמע, 들으라)라는 말이 서두에 나온다. 그래서 6장 4절부터 9절까지의 말씀을 보통 '쉐마'라고 한다. 이스라엘 백성은 이 말씀을 아침에도 읽고 저녁에도 읽곤 했다. 오늘날까지도 유대인들은 그것을 실행하고 있으며 이 말씀에 더하여 11장 13절부터 21절까지의 말씀을 읽고 외우곤 한다. 원래는 6장 4절 말씀만 쉐마로 여겼는데 9절까지 늘여서 쉐마로 삼았고 그 다음에는 11장 13절부터 21절까지를 추가했다. "내가 오늘날 너희에게 명하는 나의 명령을 너희가 만일 청종하고 너희의 하나님 여호와를 사랑하여 마음을 다하고 성품을 다하여 섬기면 여호와께서 너희 땅에 이른 비, 늦은 비를 적당한 때에 내리시리니 너희가 곡식과 포도주와 기름을 얻을 것이요…이러므로 너희는 나의 이 말을 너희 마음과 뜻에 두고 또 그것으로 너희 손목에 매어 기호를 삼고 너희 미간에 붙여 표를 삼으며 또 그것을 너희의 자녀에게 가르치며 집에 앉았을 때에든지, 길에 행할 때에든지, 누웠을 때에든지, 일어날 때에든지 이 말씀을 강론하고 또 네 집 문설주와 바깥문에 기록하라"(11:13-14, 18-20).

"우리 하나님 여호와는 오직 하나인 여호와시니". 우리가 섬기는 하나님은 유일한 분이시다. 에베소서 4장에서는 "주도 하나이요…하나님도 하나이시니"(5-6절)라고 말한다. 오늘날 우리는 이렇게 많은 기독교의 분열을 바라보면서 이런 질문을 하지 않을 수 있다. '한 분 하나님을 섬기는데 왜 이렇게 많은 분열이 있고 서로 다를 수가 있는가?' 원인은 신약 성도들도 '쉐마'를 지키지 않는 데 있다. 우리는 신명기를 공부하면서 이 '쉐마'를 잊어버려서는 안 된다. 오늘날 이스라엘이 강력한 나라를 이룩하고 있으며 기적같이 생존하고 있는 것은 그래도 유대인의 기초 교육이 '쉐마'에 있기 때문이다. 그들은 근본적으로 쉐마가 중요하다는 것을 안다. 그들은 아이들이 어릴 적부터 탈무드(유대인의 구전 율법으로 모세의 성문 율법인 쉐마와는 구별된 것이다)를 통해 하나님의 백성으로서의 교육을 엄청 엄격하게 시킨다. 이렇게 탈무드를 통해서 하나님의 말씀에 대한 엄격한 교육을 시킴으로 부강한 나라를 이룰 수 있었던 것이다. 물론 탈무드가 성서의 본질이 아니며 이들 대부분이 현재는 그리스도의 복음의 말씀을 받지 않고 그림자를 붙잡고 있을지라도 쉐마를 지키는 원칙에 서 있을 때 그 결과로 번영을 누리는 것을 볼 수 있다. 이것을 오늘 신약의 교회에 적용한다면 주님의 말씀을 가감 없이 충실하게 지키는 것이 축복과 강함의 비결이라고 할 수 있다.

5절, 너는 마음을 다하고 성품을 다하고 힘을 다하여 네 하나님 여호와를 사랑하라

4절에서 "우리 하나님 여호와는 오직 하나인 여호와시니"라고 한 것은 다른 하나님이 없다는 말이다. 우리가 섬기는 하나님은 오직 한 분이시다. 그분이 바로 이 땅에 오신 예수이시다. 그분은 우리의 참 하나님이시요 살아 계신 하나님이시다.

"너는 마음을 다하고 성품을 다하고 힘을 다하여 네 하나님 여호와를 사랑하라". 이 세상에 다른 어떤 종교 창시자도 그 추종자들에게 자기를 사랑하라고 하지는 않는다. 불교도 있고 유교도 있고 기타 많은 종교들이 있지만, 그 창시자들은 자신을 사랑하라고 하지 않고 다만 그 가르침을 따르라고 한다. 그러나 우리 하나님은 인격을 가진 살아 계신 하나님이시기 때문에 사람들이 그분을 사랑하기를 원하신다. 사랑하되 마음을 다하고 성품을 다하고 힘을 다해 사랑해야 한다. 마음이란 우리 속 부분들, 즉 생각, 감정, 의지, 양심 등을 포함한다. 그리고 '성품'이란 히브리어에서 '혼'을 뜻한다. 즉 생명을 가리키는데 우리의 생명, 목숨을 다해서 하나님을 사랑하라는 것이다. 그리고 힘을 다해서 사랑하라고 했다. '힘'은 우리의 육신적인 힘과 정신적인 힘을 다 포함한다.

여기서 우리는 하나님께서 우리가 얼마만큼 그분을 사랑하기 원하시는지를 본다. 이 말씀의 수준에 미치지 못하는 것은 하나님의 명령을 지키지 못하는 것이다. 그리고 또 한 가지, 우리가 하나님의 명령을 지키는 것은 다만 그 가르침이 중요하기 때문이 아니라 그분을 사랑하기 때문이어야 한다. 하나님께서는 우리가 그분의 말씀을 마지못해서 형식적으로 지키기를 원치 않으신다. 우리는 하나님을 경외하기를 배울 뿐 아니라 사랑하기를 배워야 한다. 우리가 하나님의 명령을 지키는 것은 그분을 경외하고 존경하기 때문이며 또한 사랑하기 때문이다. 오늘날 어떤 자녀가 아버지를 순종한다면 그는 틀림없이 아버지를 존경하는 사람이요 아버지를 사랑하는 사람이다. 하나님께서는 그분의 자녀들이 명령을 지키되 그분을 지극히 사랑함으로 지키기를 원하신다. 또 이 말씀은 우리가 하나님의 명령을 지킬 수 있는 비결이기도 하다.

시편 27편 4절, "내가 여호와께 청하였던 한 가지 일 곧 그것을 구하리니 곧 나로 내 생전에 여호와의 집에 거하여 여호와의 아름다움을 앙망하며 그 전에서 사모하게 하실 것이라". 이것은 이 시편 기자가 여호와 하나님을 얼마나 사랑하는지를 보여준다. 16편 2절, "내가 여호와께 아뢰되 주는 나의 주시오니 주 밖에는 나의 복이 없다 하였나이다". 73편 25절, "하늘에서는 주 외에 누가 내게 있으리요 땅에서는 주 밖에 나의 사모할 자 없나이다". 이와 같이 구약의 시편 기자들은 하나님을 중심 삼고 사랑했다. 우리 마음을 다하고 성품을 다하고 힘을 다한다면 우리 존재에는 하나님 외에 남는 것이 없다. 우리가 하나님을 사랑하는 정도는 이렇게 우리 온 존재를 다 드리는 것이다. 그것은 그분이 우리를 지으신 여호와 하나님이시기 때문이다. 그분이 없으면 우리도 없다. 그분이 우리를 짓지 않으셨더라면 우리는 존재하지 않는다. 그렇기 때문에 우리가 하나님을 사랑하는 정도는 우리를 지으신 그분과 걸맞아야 한다. 즉 우리 온 존재를 다해서 그분을 사랑하는 것이 마땅하다는 말이다.

박윤선 박사는 이에 대해 이렇게 말했다. "힘을 다한다는 것은 정신적으로나 육체적으로나 그 능력을 다한다는 것이며 우리가 인생으로서 하나님을 사랑함에 있어서 우리 자신들에게는 남는 것이 없는 것같이 되는 것이다. 과연 그렇게 되는 것이 진리이다. 우리 인생은 본래 없었던 것인데 하나님께서 우리를 지어 주셔서 있게 된 것이다. 우리 자신에게는 밑천이 전혀 없었던 것이다. 우리가 하나님을 사랑한다면 우리는 영점(零點)으로 돌아가야 한다. 진리대로 산 과거의 사람들은 하나님만을 중심 삼고 자신은 영점(零點)으로 돌아간 사람이었다. 하나님의 말씀을 지식으로만 취급하는 것은 하나님을 생명 없는 기계로 상대함이니 그를 모독함이다."

우리가 진정으로 하나님을 사랑한다면 우리 자신에게는 아무것도 없고 하나님만을 중심 삼는 태도로 사랑해야 한다. 욥은 자기 재산과 자녀와 건강까지도 다 잃었을 때 이렇게 말했다. "주신 자도 여호와시요 취하신 자도 여호와시오니 여호와의 이름이 찬송을 받으실지니이다". 어떤 사람들이 하나님의 명령을 철저히 순종하지 못하는가? 자기 자신에게 뭔가가 있다고 생각하는 사람이다. 또는 자기 자신에게도 뭔가가 있어야 한다고 주장하는 사람이다. 그런 사람이 하나님께서 뭔가 다 가져가셨다고 생각할 때 원망하고 하나님을 배반하게 되는 것이다.

그러므로 우리는 이 구절에서 커다란 교훈을 받아야 한다. 우리 자신의 인생은 없다. 하나님이 아니면 우리는 없는 자이다. 그리고 우리의 모든 것은 다 하나님의 것이다. 다윗은 밧세바에게서 처음 태어난 아들을 잃었다. 그 아들이 병들었을 때 그는 간절히 울면서 기도했다. 그러나 결국 그 아들이 죽었다는 말을 들었을 때에는 일어나 얼굴을 씻고 음식을 먹었다. 그의 태도는 무엇을 말하는가? 하나님께서 원래 없던 것을 주셨고 또 가져가는 것이 그분의 뜻이라는 것을 알았기 때문에 거기에 아무런 원망이 없었던 것이다.

우리가 하나님을 사랑하는 사람으로서 마음과 성품과 힘을 다해서 하나님을 사랑하는 것을 알지 못하면 하나님의 명령을 온전히 지킬 수 없다는 것을 기억해야 한다. 하나님을 사랑하되 온 마음으로 사랑하지 않는 것은 진정으로 사랑하는 것이 아니다. 목숨을 다 바쳐 사랑하지 않는 것도 참 사랑이 아니다. 힘을 다하여 사랑하지 않는 것도 참 사랑이 아니다. 전체를 바쳐 사랑하는 것만이 수준에 미치는 사랑이다. 이러한 자세로 사랑하는 자가 그분의 말씀을 온전히 지킬 수 있다.

6절, 오늘날 내가 네게 명하는 이 말씀을 너는 마음에 새기고

여기서 하나님의 말씀을 지킬 수 있는 비결을 말하고 있다. 그것은 마음에 새기는 것이다. 하나님의 말씀을 다만 지식으로 취하는 것으로는 부족하다. 하나님의 말씀은 반드시 우리 마음에 새겨야 한다. 골로새서 3장 16절에서는 "그리스도의 말씀이 너희 속에 풍성히 거하게 하라"고 했다. 여기서 '거한다'(dwell)는 말은 집을 짓고 거주한다는 뜻이다. 다만 말씀을 듣고 잊어버리는 것은 거하게 하는 것이 아니다. 말씀으로 하여금 우리 안에 집을 짓고 거주하는 정도로 되어야 한다. 우리가 이 세상에서 세속에 물들지 않고 죄에 오염되지 않고 하나님의 말씀을 지키며 살 수 있는 비결은 하나님의 말씀이 늘 우리 속에 거하며 새겨져 있는 것이다.

시편 119편 말씀을 보면 구약의 경건한 성도들이 당시에 얼마나 하나님의 말씀을 사랑했는지를 알 수 있다.

9절, "청년이 무엇으로 그 행실을 깨끗케 하리이까 주의 말씀을 따라 삼갈 것이니이다".

10절, "내가 전심으로 주를 찾았사오니 주의 계명에서 떠나지 말게 하소서". 그는 전심으로 주님을 찾았다고 했다.

11절, "내가 주께 범죄치 아니하려 하여 주의 말씀을 내 마음에 두었나이다". 이들은 주께 범죄하지 않는 길이 주님의 말씀을 마음에 두는 것임을 알았다. 우리는 주의 말씀을 마음속에 저장해 두고 깊이 새겨두어야 한다.

14-16절, "내가 모든 재물을 즐거워함같이 주의 도를 즐거워하였나이다 내가 주의 법도를 묵상하며 주의 도에 주의하며 주의 율례를 즐거워하며 주의 말씀을 잊지 아니하리이다". 주의 말씀을 묵상하고 주의하고 즐거워하며 잊지 않겠다고 했다.

20절, "주의 규례를 항상 사모함으로 내 마음이 상하나이다". 이 시편 기자가 주님의 말씀을 얼마나 사모했으면 그 마음이 상했겠는가?

24절, "주의 증거는 나의 즐거움이요 나의 모사니이다". 주님의 말씀만이 그의 즐거움이었다.

31절, "내가 주의 증거에 밀접하였사오니 여호와여 나로 수치를 당케 마소서". 수치당하는 삶을 살지 않으려면 주님의 말씀에 밀접하면 된다.

40절, "내가 주의 법도를 사모하였사오니 주의 의에 나를 소성케 하소서". 소성할 수 있는 길도 주님의 말씀을 사모하는 것이다.

42절 하반절, "내가 주의 말씀을 의뢰함이니이다". 43절 하반절, "내가 주의 규례를 바랐음이니이다". 주님의 말씀은 우리가 의뢰할 말씀이고 우리가 바라야 할 말씀이다.

45절, "내가 주의 법도를 구하였사오니 자유롭게 행보할 것이오며".

56절, "내 소유는 이것이니 곧 주의 법도를 지킨 것이니이다". 이 시편 기자는 자기의 소유는 다른 것이 없고 오직 주님의 말씀을 지킨 것뿐이라고 말한다.

62절, "내가 주의 의로운 규례를 인하여 밤중에 일어나 주께 감사하리이다".

87절, "저희가 나를 세상에서 거의 멸하였으나 나는 주의 법도를 버리지 아니하였사오니". 핍박을 당하고 설움을 당해도 주님의 말씀을 버리지 않았다고 간증한다.

88절, "주의 인자하심을 따라 나를 소성케 하소서 그리하시면 주의 입의 증거를 내가 지키리이다".

97절, "내가 주의 법을 어찌 그리 사랑하는지요 내가 그것을 종일 묵상하나이다". 주의 법을 종일 묵상한다고 했다.

105-106절, "주의 말씀은 내 발에 등이요 내 길에 빛이니이다 주의 의로운 규례를 지키기로 맹세하고 굳게 정하였나이다".

116절, "주의 말씀대로 나를 붙들어 살게 하시고 내 소망이 부끄럽지 말게 하소서".

117절, "나를 붙드소서 그리하시면 내가 구원을 얻고 주의 율례에 항상 주의하리이다".

127절, "그러므로 내가 주의 계명을 금 곧 정금보다 더 사랑하나이다".

130절, "주의 말씀을 열므로 우둔한 자에게 비취어 깨닫게 하나이다".

131절, "내가 주의 계명을 사모하므로 입을 열고 헐떡였나이다".

147절, "내가 새벽 전에 부르짖으며 주의 말씀을 바랐사오며 주의 말씀을 묵상하려고 내 눈이 야경이 깊기 전에 깨었나이다".

161-162절, "방백들이 무고히 나를 핍박하오나 나의 마음은 주의 말씀만 경외하나이다 사람이 많은 탈취물을 얻은 것처럼 나는 주의 말씀을 즐거워하나이다". 이 시편 기자는 한 마디 말씀을 얻었을 때 많은 탈취물을 얻은 것처럼 기뻐하고 즐거워했다.

163절, "내가 거짓을 미워하며 싫어하고 주의 법을 사랑하나이다".

다시 신명기 6장으로 돌아가겠다. "오늘날 내가 네게 명하는 이 말씀을 너는 마음에 새기고". 하나님의 명령을 지킬 수 있는 비결은 오직 하나이신 여호와 하나님을 사랑하되 마음을 다하고 성품을 다하고 힘을 다하여 사랑하는 것이며 마음에 하나님의 말씀을 새기는 것이다. 사람의 마음은 참으로 중요하다. 마음에 무엇이 있으면 그것을 행하는 법이다. 마태복음 12장 34절에서 주님은 "독사의 자식들아 너희는 악하니 어떻게 선한 말을 할 수 있느냐 이는 마음에 가득한 것을 입으로 말함이라"고 하신다. 마음에 가득한 것을 입으로 말해낸다는 것이다. 어떤 사람의 마음속에 악한 것이 가득하면 그 사람의 말은 악할 것이다. 다음 35절에서는 "선한 사람은 그 쌓은 선에서 선한 것을 내고 악한 사람은 그 쌓은 악에서 악한 것을 내느니라"고 하신다.

우리는 우리의 말을 고치고 우리의 행실을 고치려고 노력하지만 그것은 가능하지 않다. 먼저 우리 마음을 고쳐야 한다. 우리 마음속에 그리스도의 말씀과 사랑이 풍성하게 있어야 한다. 그럴 때 우리의 표현도 선하게 된다. 마음은 고치지 않고 입술의 말만 고치려 하는 사람은 마치 시계 태엽이 늘어져 고장났는데 시계 바늘만 고치려는 사람과 똑같다. 근원을 고쳐야 거기서 나오는 것도 올바르게 된다. 사람의 마음은 생명의 근원이다. 사람의 모든 것이 그 마음에서 나온다. 우리는 하나님께 우리 마음을 고쳐 달라고 기도하자. 모든 악을 제해 달라고 기도하자. 오직 하나님의 말씀만이 우리 마음속에 풍성히 거하게 해달라고 기도하자.

7-9절, 네 자녀에게 부지런히 가르치며 집에 앉았을 때에든지 길에 행할 때에든지 누웠을 때에든지 일어날 때에든지 이 말씀을 강론할 것이며 8 너는 또 그것을 네 손목에 매어 기호를 삼으며 네 미간에 붙여 표를 삼고 9 또 네 집 문설주와 바깥문에 기록할지니라

이 말씀에 의거하여 유대인들은 이것을 외적으로 실행했다. 그들은 말씀을 기록한 경문을 손목에 매고 미간에 붙이고 집의 문설주와 바깥문에도 말씀을 기록했다. 주 예수님이 이 땅에 오셨을 때 그들은 겉으로는 율법을 따라 그렇게 행동했지만 그 속에는 하나님을 사랑하는 것이 없었다. 하나님은 밖의 행위만을 원하신 것이 아니라 진심으로 하나님을 사랑하기를 원하셨다. 그리고 하나님의 말씀을 그들 마음에 새김으로 이러한 밖의 표현이 있기를 원하셨다. 나는 젊을 때부터 오늘날까지 성경을 사랑했다. 길을 걸으면서도 말씀을 읽곤 했고, 운동을 할 때도, 심지어 목욕탕에서 목욕을 할 때도 말씀을 읽을 때가 많았다. 차를 타고 다닐 때도 늘 말씀을 읽는다. 아프리카 딜라에서 아디스 아바바로 이동하는 10여 시간 동안 먼지 나고 덜컹거리는 차 속에서도 많은 양의 말씀을 읽은 기억이 있다. 외국에 다닐 때 긴 시간 비행기 대합실에서 기다릴 때는 정말 많은 말씀을 읽을 수 있었다. 성경은 "집에 앉았을 때에든지 길에 행할 때에든지 누웠을 때에든지 이 말씀을 강론하라"고 한다.

오늘 우리가 이 말씀을 신약의 성도들인 우리에게 적용할 때, 말씀을 손목에 매라는 것은 우리의 손의 모든 행사가 말씀에 따른 것이어야 한다는 것이다. 또 미간에 붙이라 함은 그의 신분을 표시하는 것이다. (고대에 주인은 그의 종에게 표시할 때 바로 이 미간, 즉 이마와 눈썹 사이 한 가운데에 인을 쳤다.) 그리고 그 말씀을 자녀에게 가르쳐야 한다. 이것은 다만 아침저녁으로 자녀들을 붙들고서 성경을 읽자고 하는 것만이 아니다. 그렇게 하면 오히려 자녀들이 부담스럽게 여길 수도 있다. 그리고 그리 효과가 없을 수도 있다.

이것은 사실 내적으로 또는 실제 행동으로 지켜야 할 말씀이다. 우리는 자녀들을 하나님의 말씀으로 교육하되 먼저 부모인 우리의 모든 행동이 하나님의 말씀에 규제를 받는 식으로 해야 한다. 하나님의 말씀의 본성을 그들에게 나타내 보여주어야 한다. 우리 부모들이 한 가지 행동을 할 적에 그것은 하나님의 말씀에 통제받는 행동이어야 한다. 그럴 때 우리 자녀들에게 말만이 아닌 행위로 인한 교육이 되는 것이다. 손의 행위만이 아니라 미간, 즉 우리의 됨됨이를 통해서도 하나님의 말씀을 그들에게 전수할 수 있어야 한다. 9절에서는 "또 네 집 문설주와 바깥문에 기록할지니라"고 했다. 하나님은 가정 전체가 하나님의 말씀의 증거가 되기를 바라시는 것이다. 다른 사람들이 우리 가정을 방문할 때 문에 들어설 때부터 이 가정은 하나님의 말씀을 지키는 가정이라는 인식을 줄 수 있어야 한다는 것이다. 또한 말씀을 이곳저곳 붙여놓고 자녀들로 하여금 읽게 하는 것도 좋은 방법이다.

그런데 이스라엘 백성들에게 이처럼 철저하게 당부한 말씀이 잘 지켜졌는가? 여호수아는 가나안 땅에 들어가서도 이스라엘 백성들에게 이 말씀으로 재삼재사 당부했다. 여호수아 24장 13절을 보면, "내가 또 너희의 수고하지 아니한 땅과 너희가 건축지 아니한 성읍을 너희에게 주었더니 너희가 그 가운데 거하며 너희가 또 자기의 심지 아니한 포도원과 감람원의 과실을 먹는다 하셨느니라"고 한다. 이 말씀은 신명기 6장 후반부에 나오는데 여호수아 24장에서 여호수아는 다시 반복하여 강조하면서 그들에게 경고하고 권면한다.

이어서 14절과 15절이다. "그러므로 이제는 여호와를 경외하며 성실과 진정으로 그를 섬길 것이라 너희의 열조가 강 저편과 애굽에서 섬기던 신들을 제하여 버리고 여호와만 섬기라 만일 여호와를 섬기는 것이 너희에게 좋지 않게 보이거든 너희 열조가 강 저편에서 섬기던 신이든지 혹 너희의 거하는 땅 아모리 사람의 신이든지 너희 섬길 자를 오늘날 택하라 오직 나와 내 집은 여호와를 섬기겠노라". 여호수아가 이스라엘 백성을 가나안 땅에 인도하여 들인 다음 기업을 분배해주고서 하는 말을 들어볼 때 왠지 그들에 대한 신뢰가 부족하다. 여호수아는 곧 세상을 떠나게 되는데 이 백성의 태도가 그리 분명치 않게 느껴지는 것이다. 그것은 "여호와를 섬기는 것이 너희에게 좋지 않게 보이거든 너희 열조가 강 저편에서 섬기던 신이든지 혹 너희의 거하는 땅 아모리 사람의 신이든지 너희 섬길 자를 오늘날 택하라 오직 나와 내 집은 여호와를 섬기겠노라"고 말한 것에서 나타난다. 너희 모두가 여호와를 섬기지 않고 다른 신을 택한다 할지라도 나와 내 집은 여호와를 섬기겠다는 말이다. 그러자 16절에서 백성은 "여호와를 버리고 다른 신들 섬기는 일을 우리가 결단코 하지 아니하오리니"라고 대답했다. 19절, "여호수아가 백성에게 이르되 너희가 여호와를 능히 섬기지 못할 것은 그는 거룩하신 하나님이시요 질투하는 하나님이시니 너희 허물과 죄를 사하지 아니하실 것임이라". 여기서 여호수아가 그들에게 당부하는 방법이 아주 기묘하다. 이는 역설적으로 여호와를 섬길 것을 강조하고 있는 것이다.

사사기 2장 8절부터 13절까지를 읽어보자. "여호와의 종 눈의 아들 여호수아가 일백십 세에 죽으매 무리가 그의 기업의 경내의 에브라임 산지 기아스 산 북 딤낫 헤레스에 장사하였고 그 세대 사람도 다 열조에게 돌아갔고 그 후에 일어난 다른 세대는 여호와를 알지 못하며 여호와께서 이스라엘을 위하여 행하신 일도 알지 못하였더라 이스라엘 자손이 여호와의 목전에 악을 행하여 바알들을 섬기며 애굽 땅에서 그들을 인도하여내신 그 열조의 하나님 여호와를 버리고 다른 신 곧 그 사방에 있는 백성의 신들을 좇아 그들에게 절하여 여호와를 진노하시게 하였으되 곧 그들이 여호와를 버리고 바알과 아스다롯을 섬겼으므로". 이 말씀을 볼 때 그들은 여호수아가 죽자마자 그가 당부한 말씀에서 떠났다. 말씀을 지키지 않았던 것이다.

이제 신약의 교회에 대해서 좀 더 말하겠다. 우리는 신약의 교회가 사도들이 예루살렘에서부터 복음을 전함으로 세워진 것을 알고 있다. 그리고 부흥이 있었고 그런 다음 사도 바울이 안디옥에서부터 출발하여 이방 세계에 교회들을 세웠다. 그러나 얼마 되지 않아 사도들이 아직 이 땅에 존재할 때 이미 교회들은 하나님의 진리를 떠나기 시작했다. 오늘날 어떤 사람들은 '아, 구약의 이스라엘 백성들은 너무 심했다. 우리가 그때 살았더라면 그 정도는 아니었을 텐데' 라고 하겠지만 신약 성경을 보면 신약의 성도들도 내내 마찬가지였다. 그들은 하나님의 말씀을 정확하게 들었지만 얼마 되지 않아 아직 교회를 세운 사도들이 생존해 있을 때 이미 빗나가고 있었다. 갈라디아서에서 사도 바울은 갈라디아 성도들이 다른 복음을 속히 좇아간다고 말했다. 또 진리에서 돌이켜 허탄한 것을 좇는다고 말했다. 이러한 상황은 과거에도 있었고 오늘날에도 여전히 있다. 우리는 이것을 매우 주의해야 한다.

10-11절, 네 하나님 여호와께서 네 열조 아브라함과 이삭과 야곱을 향하여 네게 주리라 맹세하신 땅으로 너로 들어가게 하시고 네가 건축하지 아니한 크고 아름다운 성읍을 얻게 하시며 11 네가 채우지 아니한 아름다운 물건이 가득한 집을 얻게 하시며 네가 파지 아니한 우물을 얻게 하시며 네가 심지 아니한 포도원과 감람나무를 얻게 하사 너로 배불리 먹게 하실 때에

이것을 영적으로 말한다면, 우리가 만일 주님께 신실하고 그분의 말씀을 지킨다면 그분이 언약한 것을 다 주신다는 것이다. 진리와 영적인 체험들을 많이 얻게 하신다는 것이다. 그런데 그렇게 많이 얻은 다음이 문제이다. 하나님께서는 이렇게 많이 주신 뒤의 일을 염려하신다. 그래서 많은 것을 얻은 백성들이 조심해야 할 바를 말씀하신다. 왜냐하면 그렇게 많이 얻은 사람치고 위험하지 않은 사람이 없기 때문이다. 계시록에서 라오디게아 교회는 왜 그렇게 미지근하게 되었는가? 그들이 많이 얻지 않았다면 그렇게 되지 않았을 것이다. 그들은 많이 얻은 뒤에 조심하지 않았기 때문에 그런 상태에 떨어지게 된 것이다.

12절, 너는 조심하여 너를 애굽 땅 종 되었던 집에서 인도하여 내신 여호와를 잊지 말고

믿는이들은 제 아무리 많은 지식을 얻고 계시를 얻고 영적 체험을 얻었다 하더라도 주님이 어떻게 우리를 영원히 멸망할 수밖에 없는 상태에서 구속해 주셨는지를 잊어 버려서는 안 된다. 많은 것을 소유하다 보면 자신이 누구인지, 자기가 어떻게 해서 지금 이러한 풍성을 누리고 있는지를 잊어버리게 된다. 그러다 결국 여호와를 잊어버리고서 하나님이 주신 많은 풍성한 것들만 가지고 자긍하게 되는 것이다. 이렇게 될 때 타락하고 부패하게 된다.

13절, 네 하나님 여호와를 경외하며 섬기며 그 이름으로 맹세할 것이니라

여호와 하나님을 경외하고 섬기며 그 임재를 늘 놓치지 않는 것이 필요하다. 출애굽기 32장에서 이스라엘 백성들은 왜 금송아지 우상을 만들었는가? 하나님은 살아계신 인격이시고 우리를 다스리시며 명하신다. 그분은 우리의 일거수일투족을 감찰하시고 명령하시고 통제하시는 분이다. 그러한 분의 인도를 따르다보니 이스라엘 백성들은 힘들다고 느꼈다. 먹을 것이나 마실 것이나 항상 믿음으로 얻다 보니까 쉽지 않다고 여겨졌던 것이다. 그래서 이들은 살아계신 하나님의 음성 듣기를 싫어하고 금을 모아서 그것으로 송아지를 만든 것이다. 금이란 하나님의 본성을 상징하는 것으로서 말하자면 영적인 것으로 우상을 삼은 것이라고 할 수 있다. 사실 소는 꼭 사랑해야 할 필요도 없고 경외할 필요도 없다. 단지 소가 주는 혜택을 누리면 된다.

하나님은 많은 영적인 지식들 속에 계시지 않으신다. 따라서 그것들은 우리의 양심을 찌르거나 우리를 다스리지 않는다. 그저 귀만 즐겁다. 이것은 금송아지가 하나님을 대치하는 것에 비유할 수 있다. 이스라엘은 살아 계신 하나님을 금송아지로 대치했다. 그리고서 '이것이 우리를 애굽에서 인도해낸 신이다' 하면서 그 앞에서 먹고 마시며 일어나서 뛰놀았다. 하나님은 결코 사람들이 임의로 누릴 수 있는 존재가 아니다. 사람들은 다만 그 말씀을 듣고 순종해야 한다. 온 마음으로 순종해야 한다. 내가 재미있든지 그렇지 않든지, 기쁘든지 기쁘지 않든지 전심으로 하나님을 따르며 그분의 음성을 들어야 한다. 그러나 금송아지 같은 것은 우리에게 어떤 부담도 주지 않는다. 말하지도 않고 우리 양심을 만지지도 않으며 규제하지도 않는다. 그저 즐기면 된다. 그래서 사람들은 금송아지를 만드는 것이다. 그들에게 풍족한 자원이 없었다면 금송아지 만들 길이 없었을 것이다. 하나님께서 그들에게 수고하지 않은 많은 것들을 거저 얻게 하시자 이제는 하나님을 잊어버리고 그러한 외적인 것들로 하나님을 대치해 버린 것이다.

"네 하나님 여호와를 경외하며 섬기며 그 이름으로 맹세할 것이니라". 그 이름으로 맹세한다는 것은 이사야 48장 1-2절, 예레미야 4장 2절, 12장 16절의 말씀을 읽어 보면 주님의 이름으로 한 가지 한 가지를 구체적으로 생활하는 것을 의미한다. 그것이 바로 그 이름으로 맹세하는 것이다. 여기서 세 단어를 주의해야 한다. 첫째는 하나님을 경외하며(아무리 많은 지식을 가지고 있고 영적으로 부요하게 되었다 하더라도), 둘째는 하나님을 섬기며, 셋째는 모든 것을 행할 때 주의 이름으로 행하는 것이다.

14절, 너희는 다른 신들 곧 네 사면에 있는 백성의 신들을 좇지 말라

아스다롯이나 바알과 같은 이방 신들을 좇지 말아야 한다. 조심하지 않으면 믿는이들 속에도 이러한 열국의 우상들이 들어오게 된다. 신약의 골로새 교회에 스며들어왔던 그리스도의 대치물은 무엇이었는가? 철학이었다. 금욕주의였다. 그런 것들은 다 이방 사람들의 풍습이다. 살아계신 하나님을 떠나서 다른 것들을 좇을 때 그것이 바로 우상이다.

처음에는 분명하게 복음 진리를 받아서 하나님과 좋은 관계를 가졌던 골로새 사람들이 그럴듯한 철학, 즉 금욕주의와 천사 숭배 사상이 들어왔을 때 살아계신 하나님의 음성을 듣는 것에서 실패하게 되었다. 갈라디아 사람들도 마찬가지이다. 그들은 원래 복음 진리를 바르게 받았지만 율법주의가 들어오자 하나님 아닌 것들을 따르게 되었다. 그것이 바로 우상이다. 또 요한 서신에서는 믿는이들 가운데 영지주의 사상이 들어온 것을 볼 수 있다. 그 모두가 이방의 철학이요 이방의 지식 세계이다. 그러한 것들이 교회 안에 스며들어왔을 때 성도들은 그만 하나님을 잊어버리게 된 것이다. 그러므로 요한 일서 5장 마지막 절에서 사도는 "나의 자녀들아 너희 자신을 지켜 우상에서 멀리하라"고 말한다. 우상이란 다름 아닌 하나님에게서 떠나게 하고 하나님을 대치하는 모든 것들, 즉 학문, 지식, 종교, 문화 등이다.

15절, 너희 중에 계신 너희 하나님 여호와는 질투하시는 하나님이신즉 너희 하나님 여호와께서 네게 진노하사 너를 지면에서 멸절시키실까 두려워하노라

하나님은 질투하는 하나님이시다. 우리가 하나님을 떠나서 우상을 섬겨도 무방한 게 아니다. 하나님은 질투하는 하나님이시기 때문에 만일 하나님을 떠나서 우상을 섬기면 해를 받게 된다. 하나님은 계속해서 신명기 4장 24절, 5장 9절, 그리고 이곳 6장 15절에서 그분이 질투하는 하나님이시라는 것을 말씀하고 계신다. 마치 우리 하나님은 사람이 사람을 상대하여 말하듯이 말씀하신다. '나는 네가 나 이외에 다른 신들을 좇으면 질투할 것이다. 나는 너를 창조하고 너를 구속한 여호와이다.'

"너희 하나님 여호와께서 네게 진노하사 너를 지면에서 멸절시키실까 두려워하노라". 이 일이 작은 일이 아니라는 것을 말해주는 것이다. 믿는이들이 하나님을 떠나서 하나님 외에 다른 것들을 섬기는 것은 하나님을 진노하시게 한다. 성도 여러분, 우리는 하나님 자신에게로 돌이켜야 한다. 하나님 자신만을 온 마음으로 사랑하고 경외하고 섬겨야 한다.

16절, 너희가 맛사에서 시험한 것같이 너희의 하나님 여호와를 시험하지 말고

이는 출애굽기 17장에 있는 내용이다. 맛사란 히브리어로 '시험'이라는 뜻이다. "백성이 모세와 다투어 가로되 우리에게 물을 주어 마시게 하라 모세가 그들에게 이르되 너희가 어찌하여 나와 다투느냐 너희가 어찌하여 여호와를 시험하느냐…그가 그곳 이름을 맛사라 또는 므리바라 불렀으니 이는 이스라엘 자손이 다투었음이요 또는 그들이 여호와를 시험하여 이르기를 여호와께서 우리 중에 계신가 아닌가 하였음이더라"(출 17:2,7). 결국 이들은 물이 없음으로 여호와를 시험한 것이다. 이들은 '하나님이 계시다면 물을 주지 않으실 리가 있는가?'라고 의심하기에 이르렀다는 것이다. 오늘날도 많은 그리스도인들이 어려움이 닥치고 어떤 것을 크게 상실했을 때 하나님을 시험하려는 유혹에 빠지게 된다. '하나님이 계시다면 왜 이런 일이 나에게 일어나겠는가?' 하는 것이다. 그러나 어차피 우리는 아무것도 없는 사람들이다. 주신 자도 여호와시요 가져가는 자도 여호와이시다. 주시지 않아도 우리는 하나님의 말씀을 믿어야 한다.

전에 믿음생활을 등한히 하고 주님을 멀리한 한 형제가 있었는데 어느 날 잠을 자다가 얼굴 한 편이 마비되었다. 말도 잘 할 수가 없게 되었다. 그는 다급해지고 겁이 덜컥 났다. 그동안 주님을 멀리한 것이 두려워지고 당황스러워져서 주님의 종에게 전화를 걸었다. "큰일났습니다. 제 입이 돌아갔습니다." 그러자 그 주님의 종은 그에게 "주님께 간절히 기도하십시오."라고 권면했는데, 그가 기도하자 정말 얼굴이 원래대로 회복되었다. 그때 그는 정신이 났다. 그 이후로 그는 집회도 빠지지 않고 신실한 사람이 되었다. 그 일에 대해 그 주님의 종은 이렇게 말했다. "그 형제는 얼굴이 돌아가는 것을 하나님 말씀보다 더 중하게 생각하는 것 같다." 나는 그 말을 잊을 수가 없다. 얼굴이 원래로 회복되는 것보다 하나님의 작은 한 말씀이 더 중요하다. 하나님의 한 말씀을 더 두려운 것으로 알아야 복되다. 그것이 더 믿을 만하다. 얼굴이 마비되었다가 원래로 돌아온 것을 보고서야 '아, 하나님이 나를 사랑하시는구나' 하고 확인하는 것이 아니다. 성경 말씀은 하나님께서 우리를 사랑하시되 자기 아들을 아끼지 않고 주시기까지 사랑하시며 그와 함께 모든 것을 은사로 주신다고 했다. 우리는 다만 이러한 하나님의 말씀을 믿으면 된다.

17-18절, 너희의 하나님 여호와께서 너희에게 명하신 명령과 증거하신 것과 규례를 삼가 지키며 18 여호와의 보시기에 정직하고 선량한 일을 행하라 그리하면 네가 복을 얻고 여호와께서 네 열조에게 맹세하사 네 대적을 몰수히 네 앞에서 쫓아내리라 하신 아름다운 땅을 들어가서 얻으리니 여호와의 말씀과 같으리라

하나님의 백성들은 하나님의 말씀을 마음속에 새기고 그분의 명령을 지킬 때 하나님 보시기에 정직하고 선량한 일을 행하게 된다. 이것이 하나님의 원하심이다. 그럴 때 하나님께서는 약속하신 땅을 우리에게 주신다. 그러므로 우리는 아무리 풍성한 하나님의 말씀을 얻었다 하더라도 계속해서 자신을 낮추어 여전히 하나님을 섬기고 하나님의 말씀을 지켜야 한다. 그러면 하나님은 그분이 약속하신 땅을 주실 것이다. 즉 우리가 영적인 기업을 충만히 얻는 비결은 다른 것이 아니라 하나님의 약속하신 말씀을 지키는 것이다.

20-21절, 후일에 네 아들이 네게 묻기를 우리 하나님 여호와의 명하신 증거와 말씀과 규례와 법도가 무슨 뜻이뇨 하거든 21 너는 네 아들에게 이르기를 우리가 옛적에 애굽에서 바로의 종이 되었더니 여호와께서 권능의 손으로 우리를 애굽에서 인도하여 내셨나니

부모들은 반드시 자녀들에게 하나님의 구원의 이야기를 들려주어야 한다. 하나님께서 그들을 어떻게 인도하여 내셨는가를 알려주어야 한다. 구원의 복음에 대하여는 정확하고 분명하게 전해줌으로 확신을 갖게 해주고 그리스도의 한량없는 은혜를 깨닫게 해주어야 한다.

그 받은 은혜에 근거해서 하나님은 우리에게 그분의 계명을 지키라고 하신다. "그리스도께서 너희를 사랑하신 것같이 너희도 사랑 가운데서 행하라 그는 우리를 위하여 자신을 버리사 향기로운 제물과 생축으로 하나님께 드리셨느니라"(엡 5:2). 이는 그분의 구원받은 사랑의 은혜에 근거하여 우리가 성도들을 사랑해야 함을 가르치는 구절이다. 우리는 하나님께 받은 은혜와 구원에 근거하여 명령을 지키는 것이다.

22-25절 곧 여호와께서 우리의 목전에서 크고 두려운 이적과 기사를 애굽과 바로와 그 온 집에 베푸시고 23 우리 열조에게 맹세하신 땅으로 우

리에게 주어 들어가게 하시려고 우리를 거기서 인도하여 내시고 24 여호와께서 우리에게 이 모든 규례를 지키라 명하셨으니 이는 우리로 우리 하나님 여호와를 경외하여 항상 복을 누리게 하기 위하심이며 또 여호와께서 우리로 오늘날과 같이 생활하게 하려 하심이라 25 우리가 그 명하신 대로 이 모든 명령을 우리 하나님 여호와 앞에서 삼가 지키면 그것이 곧 우리의 의로움이니라 할지니라

하나님께서 주신 모든 규례를 지키면 우리가 복을 받고 그것이 우리의 의로움이 된다는 것을 자녀들에게 말해주라는 것이다. 가나안에 들어가 거하게 될 이스라엘 백성들은 자신들이 말씀을 지킬 뿐 아니라 자녀들에게도 전수해서 자녀들 또한 말씀을 지키며 생활할 수 있도록 이끌어주어야 한다. 그러기 위해서 과거에 하나님께서 그들을 위해 역사하신 모든 내력을 자세하게 말해줄 필요가 있다. 특별히 구속의 은혜를 말해주어야 한다. 우리가 어떠한 죄인의 상태에서 은혜를 얻고 용서를 얻었으며 긍휼을 얻었던가? 우리는 이에 근거해서 다른 사람을 용서하고 사랑하며 긍휼을 베푸는 것이다. 결국 구약 시대에도 하나님께서 얻고자 하신 것은 의로운 백성이다. 하나님께서는 그분을 닮은 의로운 백성 얻기를 원하시는 것이다.

다시 말하지만, 6장에서는 가나안 땅에 들어간 이스라엘 백성들이 그 자녀들까지도 관심해야 함을 말해주고 있다. 7절, "네 자녀에게 부지런히 가르치며". 20절, "네 아들들이 네게 묻기를". 7절에는 적극적으로 자녀들에게 가르칠 것을 말하고 20절에는 그 자녀들이 물어볼 때 답변해 줄 것을 말하고 있다. 이처럼 6장에서는 그 자녀들에게도 하나님의 말씀이 전수되도록 계속 일깨우고 있다.

그러나 우리가 보았듯이 여호수아가 죽은 후에 그들은 바로 여호와 하나님의 규례를 떠나 이방신들을 섬겼다. 신약의 교회 또한 하나님의 말씀이 선포되었을 때 한때 부흥이 있었지만 곧이어 쇠퇴하게 된 것을 볼 수 있다. 사도 시대에 그러했고 그 이후 2000년 교회 역사에서도 그러했다. 그러면 여기서 우리가 얻을 수 있는 교훈은 무엇인가? 그것은 누구든지 이 말씀을 지키고 좇는 사람들이 바로 이 말씀의 축복을 얻을 수 있다는 것이다. 그리고 그러한 사람들에 의해서 하나님의 교회의 간증은 맥을 이어왔다는 것이다. 신약의 교회는 육신적으로 계승된 것이 아니라 영적으로 이러한 원칙에 따라 사는 사람들에 의해 하나님의 간증이 이어져 왔다.

또한 그 간증을 잃어버리게 되는 이유는 다름 아닌 하나님의 말씀을 소홀히 하고 하나님을 사랑하는 마음을 잃어버리기 때문이다. 당시 이스라엘이 온 마음으로 하나님을 사랑하고 그분의 말씀을 지킬 때 이스라엘 나라는 세워지고 부강하게 되었다. 오늘날 교회도 똑같다. 우리가 건강하고 합당한 교회의 위치에 서려면 그 무엇보다 주님을 사랑하고 그분의 말씀을 지켜야 한다. 그럴 때 이 시대에 강한 간증을 지닐 수 있게 된다. 우리는 이 6장 말씀을 통해서 이러한 교훈을 받고 마지막 시대에 빛을 발하는 교회가 될 수 있기를 바란다. 디모데 전서 3장에서는 교회가 하나님의 집이라고 했고 진리의 기둥과 터라고 했다. 진리가 지켜지지 않는 교회는 기둥과 터가 없는 집과 같다. 기둥과 터가 없으면 집 곧 교회는 있으나 마나이다. 계시록 2장과 3장에서는 교회가 촛대로 나타나 있는데 촛대가 기름이 없고 빛을 발하지 못하면 있으나 마나이다. '우리가 바로 교회다' 하고 자랑할 것이 없다. 교회는 기름이 충분해서 빛을 발할 수 있을 때 비로소 그 의미를 지니게 된다. 우리 중심에 주님을 사랑하는 것이 없고 그분을 경외하는 것이 없고 그분의 진리의 말씀을 온전히 지키는 것이 없다면 아무런 의미가 없다. 참으로 주님께서 우리를 불쌍히 여기셔서 이 시대에 우리로 하나님의 백성의 위치를 찾고 그 위치에 설 수 있게 하시기를 바란다. 우리는 살아 계신 하나님을 경외하고 사랑하고 존경하며 그분의 음성을 듣고 순종하는 우리가 되기를 간절히 바란다.

신명기 7장

신명기 7장은 이스라엘 백성이 가나안 땅에 들어가서 어떻게 행할 것인지, 또 어떻게 분별되어 우상을 섬기지 아니하며 어떻게 승리할 것인지 등의 실제적인 문제를 다루고 있다. 6장이 제 1계명을 중점적으로 다루었다면 7장은 우상을 숭배하지 말라는 제 2계명을 중점적으로 다루고 있다. 즉 6장과 7장은 가나안에 들어가서 십계명의 제 1계명과 2계명을 어떻게 적용해야 하는가에 대한 말씀으로 보면 이해하기가 쉬울 것이다. 즉 자상한 아버지처럼 그 계명을 그 땅에서 어떻게 지켜야 하는가를 말씀하시는 것이다. 7장 1-11절의 가나안 족속을 진멸해야 하는 이유는 이스라엘이 우상숭배에 물들지 않게 하기 위함이다. 12-16절은 하나님의 계명을 지킴으로 받는 축복을 다루고 있으며 17-26절은 반드시 가나안을 정복하리라는 약속과 더불어 가나안 우상들을 훼파하라는 명령이다.

1절, 네 하나님 여호와께서 너를 인도하사 네가 가서 얻을 땅으로 들이시고 네 앞에서 여러 민족 헷 족속과 기르가스 족속과 아모리 족속과 가나안 족속과 브리스 족속과 히위 족속과 여부스 족속 곧 너보다 많고 힘이 있는 일곱 족속을 쫓아내실 때에

첫번째로 이스라엘 백성들은 그들이 가나안 땅으로 들어가는 일을 누가 주도하는지를 알아야 한다. "여호와께서 너를 인도하사 네가 가서 얻을 땅으로 들이시고". 이스라엘 백성을 가나안 땅으로 인도하시는 분은 하나님이시다. 하나님께서 이스라엘 백성을 그 땅으로 인도해 들이시는 것이다. 오늘 이 시대의 교회에 이것을 적용하면, 왕국에 들어가는 일에 있어서 그 일을 주도적으로 행하시는 분은 하나님이시라는 말이다. 우리는 자신의 힘으로 왕국에 들어가는 것이 아니라는 것을 알아야 한다. 가나안에 들어가는 데 있어서 모든 행로에서 싸워 대적을 물리치는 일 등은 다 여호와 하나님께서 이끄시는 것이다. 히브리서 2장 10절은 "만물이 인하고 만물이 말미암은 자에게는 많은 아들을 이끌어 영광에 들어가게 하시는 일에 저희 구원의 주를 고난으로 말미암아 온전케 하심이 합당하도다"라고 말씀한다. 많은 아들을 영광으로 이끄는 일은 구원의 주이신 예수께서 하신다. 우리는 이 말씀을 생각할 때 안식이 가득하다. 왜냐하면 결국 우리를 왕국에 이르게 하시는 분은 주님이시기 때문이다. 그분이 우리를 인도하여 왕국에 이르게 하신다는 것을 생각할 때 기쁨과 감사가 넘친다.

그런데 가나안의 족속들은 이스라엘 백성보다 많고 힘이 있다고 했다. 그들은 수효가 적지 않고 또 이스라엘 백성보다 강하다. 그러므로 이스라엘 백성은 결코 자신들의 힘으로는 일곱 족속과 싸워 이길 수 없다. 이 또한 우리의 혈과 육의 힘으로는 영적 전쟁에서 대적과 싸워 이길 수 없다는 것을 보여준다.

여기서 우리는 가나안 일곱 족속의 이름의 뜻을 한 번 살펴보겠다. 첫째는 헷 족속인데, 헷이란 '공포'를 뜻한다. 두 번째 기르가스는 '혁명'을 뜻한다. 다음 아모리는 '매우 쓰다'는 뜻이다. 그리고 가나안은 '상업'을, 브리스는 '촌락'을, 히위는 '악함'을, 여부스는 '발 아래 밟음'을 뜻한다. 이렇게 일곱 족속은 공포스럽고 뭔가 뒤집고 쓰디 쓰고 악하고 상업적이며 다른 이들을 짓밟는 특징을 지니고 있다. 또 이들은 이스라엘 백성보다 수효가 많고 강하다.

2절, 네 하나님 여호와께서 그들을 네게 붙여 너로 치게 하시리니 그때에 너는 그들을 진멸할 것이라 그들과 무슨 언약도 말 것이요 그들을 불쌍히 여기지도 말 것이며

가나안을 기업으로 얻을 사람들에게 하나님은 강하고 수효도 많은 족속들을 붙여서 싸워 이기게 하신다. 이스라엘 백성들은 그 땅에 들어가서 이러한 대적들을 만나면 진멸하게 되어 있었다. '진멸' 이란 히브리어로 '카람' 인데, 희생 제물이라는 뜻도 있다. 희생 제물을 여호와께 드릴 때에는 완전히 불태워서 재가 되도록 드려야 했다. 여호수아에서 여리고 전투시 아간이 바로 이런 제물을 자신이 취해서 범죄한 적이 있다. 그러나 가나안 땅 일곱 족속을 칠 때에는 이 말씀대로 하나도 남김없이 진멸해야 했던 것이다. 또 하나님께서는 그들과 언약하지 말고 그들을 불쌍히 여기지도 말라고 하셨다.

3-4절, 또 그들과 혼인하지 말지니 네 딸을 그 아들에게 주지 말 것이요 그 딸로 네 며느리를 삼지 말 것은 4 그가 네 아들을 유혹하여 그로 여호와를 떠나고 다른 신들을 섬기게 하므로 여호와께서 너희에게 진노하사 갑자기 너희를 멸하실 것임이니라

이것은 다 이스라엘이 가나안 일곱 족속을 어떻게 대할 것인지를 말씀하는 것이다. 하나님께서는 이스라엘 백성들에게 그 땅에 들어가면 일곱 족속을 다 진멸하고 그들과 어떤 언약도 세우지 말며 그들을 불쌍히 여기지도 말라고 하신다. 더욱이 그들과 섞여서는 안 되며 분별되어야 한다고 하신다. 예를 들어, 가나안은 상업을 의미하고 히위는 악함을 의미하는데, 사실 이런 것들은 왕국의 대적이 된다. 믿는이들이 왕국에 들어가는 것을 좌절시키는 요소들인 것이다. 여러분은 돈만 벌려 하는 상업인들이 왕국의 대적이 된다는 것을 생각해본 적이 있는가? 주 예수님이 왕국(천국)은 침노하는 자의 것이라고 하셨는데 여기의 상업 역시 뭔가를 빼앗아 취하는 것이다. 한 부류는 이 땅의 부요와 유익을 얻고자 하고 다른 하나는 하늘에 속한 기업을 얻고자 한다.

여기 왕국을 얻으려는 사람이 있는데, 그 옆에 사업을 하는 사람이 있다 하자. 그는 이재(理財)에 밝고 장사를 잘하여 돈을 잘 벌어들인다. 그런데 또 주님을 사랑한다고 하면서 자기도 하나님의 왕국을 위해 싸울 거라고 말한다. 이런 사람을 주의 깊게 살펴보면 그는 이 땅의 유익을 얻으려는 사업가이지 주님의 나라를 위한 사람은 아니다. 그는 사실상 기업으로 얻은 땅에서 조금도 남기지 말고 진멸해야 할 가나안 족속이요 히위 족속이지 이스라엘 선민은 아니다. 그런데도 그가 아주 불쌍한 모습을 하고 왕국에 참여할 성도들에게 간청을 하면 성도들은 그의 말을 듣게 되고 또 언약도 하게 된다. 그러나 '우리 함께 주님을 위해서 사업을 해보자' 하고 언약을 했다가는 망하게 될 것이다. 주님의 말씀은 '너희는 그들을 진멸하라'이다. 물론 그런 사람들을 실제로 진멸하고 불로 태워 없애라는 뜻은 아니다. 다만 우리 마음속에서 그러한 사람들과 어떤 연결이나 섞임을 갖지 말라는 것이다. 그러한 사람들로 더불어 뭔가 약속하고 계약을 체결하는 것은 하나님의 말씀을 위반하는 것이다. 하나님께서는 가나안 땅에 있는 일곱 대적을 다 멸하라고 하신다. 결코 그들과는 언약을 해서는 안 된다고 하신다.

여호수아 9장을 잠시 살펴보자. 여기서 이스라엘 백성들은 기브온 거민들을 만나게 된다. 이때는 이미 여리고 성과 아이 성을 정복한 후의 일이다. 그때에 헷 사람과 아모리 사람과 가나안, 브리스, 히위 사람과 여부스 사람의 모든 왕이 이 일을 듣고 일심으로 여호수아와 이스라엘로 더불어 싸우려고 했다. 그러자 기브온 사람들은 여호수아가 여리고와 아이를 멸망시킨 일을 듣고서 묘안을 냈다. 그들은 해어진 전대와 기운 가죽 포도주 부대를 나귀에 싣고 그 발에는 낡은 신을 신고 낡은 옷을 입고 다 마르고 곰팡이 난 떡을 예비하여 길갈 진으로 와서 여호수아에게 이르러 자기들은 원방에서 왔는데 언약을 맺자고 했다. 그러면서 여호수아에게 '우리는 당신의 종이라' 고 했다. 그때 여호수아와 족장들과 장로들이 그 말을 듣고 그들과 곧 화친하고 언약을 맺고 그들에게 맹세했다. 물론 이들이 자기들도 가나안 사람들이라고 했더라면 여호수아나 족장들이 그들의 말을 듣지 않았을 것이다. 그러나 문제는 여호수아나 족장들이 더 주의 깊게 이들을 살피고 하나님께 묻지 않았다는 것이다. 이렇게 중대한 일에 있어서 이스라엘 백성들은 함부로 누구와도 언약을 맺어서는 안 되었다. 그러나 그들은 대충 보고 판단함으로 기브온 사람들의 속임수에 걸려든 것이다.

오늘날 우리도 마찬가지이다. 어떤 사람들이 명백하게 자신들의 정체를 밝히고 다가온다면 우리는 그들을 받지 않고 거절할 것이다. 그들과 언약하지 않을 것이다. 그러나 기브온 사람들은 '우리는 당신들의 종이 될 것이다. 당신들이 무엇을 하면 우리도 그것을 위할 것이다' 라는 자세로 다가왔고 또 이스라엘이 멸해야 할 대상이 아닌 것처럼 속이기 위해 여러 가지를 꾸미고 왔다. 전대, 옷, 가죽 부대, 신발 등을 낡아 해어진 것처럼 꾸미고 또 곰팡이 난 떡도 예비했다. 그래서 여호수아와 족장들은 서너 가지를 조사해보아도 확실히 이 사람들은 가나안에 사는 사람들은 아니라고 판단하여 그들과 언약을 맺은 것이다. 하지만 여호수아는 매우 주의 깊게 행해야 했다. 그리고 하나님께 물었어야 했다. 그러나 그들은 그렇게 하지 않고 눈에 보이는 대로 판단하고 결정해버렸다. 그 결과 이스라엘 사람들은 기브온 사람들에게 속임 당한 것이다.

오늘날 어떤 사람들은 그들이 마치 우리와 협력하여 주님의 길을 가려는 사람인양 하지만 우리는 그것을 쉽게 믿어서는 안 된다. 반드시 하나님께 물으면서 시간을 두고 관찰해 보아야 한다. 만일 여호수아와 족장들이 좀 더 시간을 두고서 주님께 기도하며 기브온 족속에 대해 알아보려고 했더라면 결코 이렇게 실수하지 않았을 것이다. 그러나 그들은 성급했으며 그 결과 기브온 사람들과 언약하게 되었고 섞여 살게 되었다.

이 말씀에서 하나님은 그분의 백성들이 영적 전쟁을 할 때에 결여되어서는 안 될 필수적인 한 가지를 가르치시는데, 그것이 바로 '분별'이다. 분별되지 않으면 결단코 영적 전쟁에서 이길 수 없다. 고린도 후서 6장을 잠시 보겠다. 14절부터 17절까지이다. "너희는 믿지 않는 자와 멍에를 같이 하지 말라 의와 불법이 어찌 함께하며 빛과 어두움이 어찌 사귀며 그리스도와 벨리알이 어찌 조화되며 믿는 자와 믿지 않는 자가 어찌 상관하며 하나님의 성전과 우상이 어찌 일치가 되리요…그러므로 주께서 말씀하시기를 너희는 저희 중에서 나와서 따로 있고 부정한 것을 만지지 말라". 그러므로 주님의 길을 따라가는 성도들은 반드시 하나님께서 대적으로 여기시는 사람이나 일에서 분별되어야 한다. 결코 섞이지 말아야 한다.

앞에서 말했듯이 어떤 사람이 사업하여 돈을 많이 버는데 또 하나님을 사랑한다며 섬기겠다고 할 때, 기도하면서 그를 자세히 살펴보면 그의 중심은 사업이나 물질에 맞춰져 있지 주님께 맞춰져 있지 않은 것을 발견하게 된다. 왕국에 방해가 되는 사람들은 그러한 사람들이다. 그들과 언약하게 되면 결국 그들의 우상 숭배를 좇아갈 위험이 있다. "그가 네 아들을 유혹하여 그로 여호와를 떠나고 다른 신들을 섬기게 하므로 여호와께서 너희에게 진노하사 갑자기 너희를 멸하실 것임이니라"(4절). 그렇기 때문에 순수하게 이 길을 가고자 하는 사람들은 함부로 가나안 일곱 족속으로 예표된 대적들과 연합해서는 안 된다. 그러한 대적과 연합할 때에 그들은 아마도 순수하고 깨끗한 성도들을 이끌어 세상적인 향락을 맛보게 할 것이다. 한 번, 두 번 그런 것을 즐기다 보면 '아, 주님도 사랑하고 세상도 누리니까 더 좋구나' 하면서 점점 그런 곳으로 빠져들게 된다.

그렇게 다른 신들을 섬기게 될 때에 여호와께서는 이스라엘에게 진노하시어 갑자기 그들을 멸하실 것이라고 했다. 하나님은 진노하는 하나님이시고 질투하는 하나님이시고 소멸하는 불이시다. 하나님의 말씀을 어기고 우상 숭배에 연루되고 다른 신들을 섬기게 될 때 하나님은 갑자기, 돌발적으로 그들을 멸하실 것이다. 이러한 슬픈 일을 당하지 않으려면 반드시 하나님의 말씀을 지켜야 한다. 무슨 일에서든지 하나님만 바라고 하나님만 의지하며 인내와 겸손과 믿음으로 모든 것을 하나님께 의탁해야 한다.

5절, 오직 너희가 그들에게 행할 것은 이러하니 그들의 단을 헐며 주상을 깨뜨리며 아세라 목상을 찍으며 조각한 우상들을 불사를 것이니라

가나안 땅 족속들의 단을 헐고 주상을 깨뜨리며 아세라 목상을 찍으며 조각한 우상들을 불사르라고 했다. 주상이란 고정된 기둥을 우상 삼는 것이다. 그리고 아세라 목상은 여신이다. 아마 다소 부드러운 신(神)일 것이다. 또 조각한 우상은 거기에 뭔가 인간의 공교한 기술이 들어가고 사람들의 찬탄을 자아낼 만한 것이 있을 것이다. 영어로는 'graven images' (조각한 형상)이다. 가나안 땅의 족속들은 장사도 잘하고 돈도 많이 벌고 재미도 있고 매혹적으로 다가오기 때문에 그들을 가까이하다 보면 그들이 섬기는 우상에 빠져들게 된다. 이러한 것들을 불사르지 않고 남겨두면 결국 이스라엘은 가나안 땅에서 축복을 받지 못하게 된다. 하나님은 택한 백성들이라고 하더라도 스스로를 신뢰하지 말아야 한다고 가르치시고 있다.

6절, 너는 여호와 네 하나님의 성민이라 네 하나님 여호와께서 지상 만민 중에서 너를 자기 기업의 백성으로 택하셨나니

여기서는 이스라엘 백성들이 가나안 땅에 들어가서 왜 그 땅의 족속들을 다 진멸해야 하며 그들과 혼인하지 말아야 하며 그들의 모든 우상들을 불살라 버려야 하는지를 말해준다. 그것은 이스라엘이 여호와 하나님의 성민이기 때문이다. 그들은 하나님께서 특별히 선택하신 백성이기 때문에 분별되지 않으면 안 되는 것이다. 오늘날 우리도 동일하다. 왜 우리는 이 땅의 모든 대적들에게서 분별되어야 하는가? 우리가 하나님의 성민이기 때문이다. 그리고 그분의 기업으로 택하심을 입었기 때문이다.

7절, 여호와께서 너희를 기뻐하시고 너희를 택하심은 너희가 다른 민족보다 수효가 많은 연고가 아니라 너희는 모든 민족 중에 가장 적으니라

여기에서는 하나님께서 이스라엘 백성들을 기뻐하시고 택하신 이유를 말하고 있는데, 그 이유가 매우 특별하다. 그것은 그들 민족이 다른 민족들보다 수효가 많기 때문이 아니라 그들이 모든 민족 중에서 가장 적은 민족이기 때문이라는 것이다. 바꾸어 말하면 하나님께서 선택하신 사람들의 숫자는 매우 적다는 것이다. 청함을 받은 사람은 많지만 택함을 입은 사람은 적다. 그것은 이스라엘 백성들이 하나님의 택하심을 받음에 있어서 자랑할 것이 없게 하려는 것이다. 그들은 많고 강하기 때문이 아니라 수효가 적기 때문에 택하심을 받았다. 하나님은 큰 사람을 좋아하시는 것이 아니라 작은 사람을 좋아하신다. 바울은 왜 그렇게 크게 쓰임을 받을 수 있었는가? 그가 작은 사람이었기 때문이다. 하나님은 없는 사람, 약한 사람, 작은 사람을 사용하기를 기뻐하신다. 오늘날도 많은 교회들이 큰 교회, 큰 지도자를 좋아하지만 하나님이 기뻐하시는 원칙은 그 반대임을 기억하기 바란다. 다윗이 하나님의 기뻐하심을 받은 것도 그가 목동이었고 이새의 아들 중 말째였기 때문이다. 하나님은 작은 자를 들어서 크게 사용하기를 기뻐하신다. 나라도 마찬가지이다. 이스라엘이 작듯이 한국이 작다. 나는 하나님이 이 나라를 마지막 시대에 크게 사용하시리라고 믿는다. 이는 이 나라가 작은 나라이기 때문이다. 사람들에게 무시당하던 작은 나라이지만 이미 이 나라를 통해 수많은 선교사가 나가고 있다. 하나님은 이 나라를 사용하시어 큰 역사를 이루실 것이다.

8절, 여호와께서 다만 너희를 사랑하심을 인하여, 또는 너희 열조에게 하신 맹세를 지키려 하심을 인하여 자기의 권능의 손으로 너희를 인도하여 내시되 너희를 그 종 되었던 집에서 애굽 왕 바로의 손에서 속량하셨나니

하나님께서 그들을 선택하신 것은 그들이 매우 작은 민족이기 때문이며 그들을 애굽 왕 바로의 손에서 속량해 내신 것은 다만 그들을 사랑하시기 때문이다. 또 열조인 아브라함과 이삭과 야곱에게 하신 맹세를 지키시기 위해서이다. 그러므로 하나님께서 우리를 구속하신 이유는 첫째로 우리를 사랑하시기 때문이며, 둘째는 그분의 약속을 지키시기 위해서이다. 이것은 두 가지를 나타내는데, 첫째로 우리 하나님은 우리를 사랑하시는 하나님이라는 것과 둘째로 그분은 약속하신 것을 신실하게 지키시는 하나님이라는 것이다.

하나님께서 지금까지 이스라엘 백성들에게 하신 말씀의 핵심은 그분이 이스라엘 백성을 사랑하여 택하시고 속량하셨기 때문에 가나안 땅에 들어가서 그들과 섞이지 말고 우상을 섬기지 말라는 것이다. 즉 그들의 신실성을 요구하시는 것이다. 오늘 우리 또한 그리스도의 피로 속량된 사람들이다. 하나님께서 그리스도의 피라는 비싼 대가를 지불해서 우리를 사신 것이다. 그러므로 우리는 그분의 것이다. 우리가 죄와 세상으로부터 분별되어야 할 필요가 여기에 있는 것이다. 우리는 그분의 하신 말씀을 반드시 지켜야 할 위치에 있는 것이다.

9절, 그런즉 너는 알라 오직 네 하나님 여호와는 하나님이시요 신실하신 하나님이시라 그를 사랑하고 그 계명을 지키는 자에게는 천대까지 그 언약을 이행하시며 인애를 베푸시되

우리는 우리 하나님 여호와는 하나님이시요 신실하신 하나님이심을 알아야 한다. 여기서 하나님은 그분의 신실하심을 강조하신다. 그것은 그분의 백성이 하나님을 믿고 신뢰할 수 있도록 도와주시기 위함이요, 또 그 백성 역시 하나님께 신실하게 되기를 원하시기 때문이다. 하나님이 먼저 우리를 사랑하셨다. 하나님께서 원하시는 것은 우리 또한 하나님을 사랑하고 그 계명을 지키는 것이다. 물론 이스라엘 백성들은 하나님의 계명을 지키지 못하고 실패했다. 그러나 지금 우리는 하나님의 은혜로 하나님의 말씀을 지킬 수 있게 되었다. 하나님은 그분을 사랑하고 기꺼이 그 계명을 지키려 하는 자들을 참으로 사랑하신다. 그러한 사람들에게는 천대까지 그 언약을 이행하시겠다고 말씀하셨다. 하나님은 언약의 하나님이시다. 약속하시고 그것을 이행하기를 기뻐하신다. 그분은 이스라엘과 언약을 세우셨을 뿐 아니라 이제 신약의 믿는이들인 우리에게 새 언약으로 약속하시고 그것을 이행하시는 하나님이시다. 참으로 놀랍고 존귀하신 하나님이 우리와 같이 미천한 죄인들에게 언약을 하시고 그것을 그대로 지키겠다고 약속하신다. 이것은 우리에게 얼마나 보배로운 음성인지! 그분은 우리에게 그분을 사랑하고 그 계명을 지키는 자에게는 천대까지 그 언약을 이행하시고 인애를 베푸신다고 약속하셨다.

나는 오늘 여러분에게 이렇게 묻겠다. 여러분은 하나님의 말씀을 지키는 그리스도인인가, 아니면 그냥 듣고 이해하기만 하는 그리스도인인가? 만일 여러분이 진정으로 하나님의 말씀을 지키는 그리스도인이라면 하나님은 반드시 여러분을 사랑하시고 또 그분의 언약을 이행하실 것이다. 요한복음 14장에서 주님은 분명히 이렇게 말씀하셨다. "나의 계명을 가지고 지키는 자라야 나를 사랑하는 자니 나를 사랑하는 자는 내 아버지께 사랑을 받을 것이요 나도 그를 사랑하여 그에게 나를 나타내리라…예수께서 대답하여 가라사대 사람이 나를 사랑하면 내 말을 지키리니 내 아버지께서 저를 사랑하실 것이요 우리가 저에게 와서 거처를 저와 함께 하리라"(21, 23절). 신약에서도 그분의 말씀을 지키는 자를 아버지께서 사랑하신다는 것이다. 이것은 얼마나 놀라운 말씀인지 모른다. 구약이나 신약이나 같은 흐름이 흐른다. 이는 하나님과 사람의 관계가 사랑이라는 것이다. 하나님은 왜 이스라엘을 애굽에서 속량해 내셨는가? 사랑하셨기 때문이라고 하신다. 하나님은 왜 독생자를 보내시면서까지 우리를 구원하셨는가? 사랑하심으로 말미암는다(요 3:16, 요일 4:9). 그분은 다만 사랑하심을 인하여 우리를 구원하셨고 우리에게 요구하시는 것도 간단하다. 그분을 사랑하라는 것이다.

10절, 그를 미워하는 자에게는 당장에 보응하여 멸하시나니 여호와는 자기를 미워하는 자에게 지체하지 아니하시고 당장에 그에게 보응하시느니라

하나님은 그를 미워하는 자를 보응하여 멸하신다고 하셨다. 여러분은 하나님과 사람의 관계에서 중요시 되고 있는 것이 사랑과 미움이라는 것에 대하여 인상을 받기 바란다. 이는 우리를 매우 감동케 한다. 그분은 구속받은 우리가 그분을 사랑하기를 원하신다. 결국 계명을 지키는 것도 하나님을 사랑하는 문제인 것이다. 그러나 사람들이 그 반대로 하나님을 미워하는 상태에 이를 수 있다. 여기서 '당장'이라는 말은 원문에서 '그들의 얼굴을 향하여'(to their faces)라는 뜻이다. 하나님은 그를 미워하는 자들, 즉 악행하는 자들의 얼굴을 향하여 보응하신다. 이 말씀은 베드로 전서에도 있다. "주의 눈은 의인을 향하시고 그의 귀는 저의 간구에 기울이시되 주의 낯은 악행하는 자들을 향하시느니라"

(벧전 3:12). 따라서 하나님을 미워하는 것은 심각한 일이다. 물론 공개적으로 하나님을 미워한다고 말하는 사람은 없다. 또 스스로 그렇게 생각하는 사람도 없을 것이다. 그러나 만일 여러분이 돈을 사랑하는 그리스도인이라면 여러분은 하나님을 미워하는 사람이다. 아마 어떤 사람은 중심에서는 돈을 사랑하지만 입으로는 하나님을 사랑한다고 말할 것이다. 그런 사람이 사람들 눈에는 더 열심이 있는 그리스도인처럼 보일 수도 있다. 그러나 그가 실상은 돈을 사랑하는 사람이라면 그는 하나님을 미워하는 사람이다. 아마 여러분은 이런 말을 듣고 놀랄지도 모르겠다. 그러나 이것은 내 말이 아니라 주님의 말씀이다.

주님은 마태복음 6장에서 사람이 하나님과 재물을 겸하여 섬기지 못한다고 하시면서 혹 이를 미워하거나 저를 사랑하며 혹 이를 중히 여기거나 저를 경히 여긴다고 하셨다. 만일 사람이 재물을 사랑하면 하나님을 미워하게 된다는 말이다. 누가복음 12장에는 주님이 이 말씀을 하실 때의 배경이 나온다. 어떤 사람이 예수님께 와서 그의 형이 아버지의 유산을 다 차지하려고 하니까 형을 명하여 그것을 좀 적절하게 배분하게 하라고 주님께 요청하자 주님이 다음과 같은 비유와 함께 그러한 말씀을 주셨다. "한 부자가 그 밭에 소출이 풍성하매 심중에 생각하여 가로되 내가 곡식 쌓아 둘 곳이 없으니 어찌할꼬 하고 또 가로되 내가 이렇게 하리라 내 곡간을 헐고 더 크게 짓고 내 모든 곡식과 물건을 거기 쌓아 두리라 또 내가 내 영혼에게 이르되 영혼아 여러 해 쓸 물건을 많이 쌓아 두었으니 평안히 쉬고 먹고 마시고 즐거워하자 하리라 하되 하나님은 이르시되 어리석은 자여 오늘 밤에 네 영혼을 도로 찾으리니 그러면 네 예비한 것이 뉘 것이 되겠느냐 하셨으니 자기를 위하여 재물을 쌓아 두고 하나님께 대하여 부요치 못한 자가 이와 같으니라"(눅 12:16-21). 이 말씀을 하신 후에 주님은 마태복음 6장에 있는 산상수훈과 유사한 재물에 대한 말씀을 주셨다. 이러한 말씀에 따르면 재물을 사랑하는 사람, 재물을 중심 삼는 사람의 특징은 결국 그들의 삶을 지배하는 것이 재물이라는 것을 알 수 있다. 그러한 사람은 사실 하나님을 미워하는 사람이다. 재물을 사랑하는 마음을 가지면 당신은 하나님을 미워하는 사람이 되어 버린다. 이렇게 재물과 하나님은 겸하여 사랑할 수도 없고 섬길 수도 없다는 것을 알고 진정으로 하나님만을 사랑하는 사람은 그 마음속에서 재물의 지위가 점점 감소되고 결국 사라지게 된다. 삭개오의 마음속에 주님이 들어오자 재물이 나가게 되었다(눅 19:1-9). 이와 같이 주님과 재물은 대립관계가 있다.

고린도 후서 8장과 9장을 읽어보면 하나님께서는 즐거이 드리는 자, 즐거이 재물을 내보내는 자를 사랑하신다. 그러나 인색하고 재물을 사랑하여 하나님을 미워하는 자는 "당장에 보응하여 멸하시나니 여호와는 자기를 미워하는 자에게 지체하지 아니하시고 당장에 그에게 보응하시느니라"는 이 말씀을 기억하기 바란다. 하나님의 태도는 그분을 미워하는 사람을 지체하지 않고 멸하시는 것이다. 그러니 재물을 사랑하는 것은 큰 문제가 아닐 수 없다.

11절, 그런즉 너는 오늘날 내가 네게 명하는 명령과 규례와 법도를 지켜 행할지니라

그러므로 하나님의 종 모세는 이 모든 명령과 규례와 법도를 지켜 행하라고 권한다. 그렇지만 만일 여러분이 하나님을 사랑하지 않는다면 그분의 규례와 법도를 지켜 행할 수 없다. 그분의 명령을 지키는 자들은 결국 그분을 사랑하는 자들인 것이다. 하나님은 신실하시기 때문에 그분의 자녀들도 하나님과 같이 신실하기를 원하신다. 그리고 그분의 말씀을 지키기를 원하신다. 그럴 때 하나님은 실제적으로 우리를 그분의 자녀로 받아들이시고 인정하시며 그분의 자녀들로 인하여 자랑스러워하신다. 마태복음 5장 마지막 부분을 보겠다. "나는 너희에게 이르노니 악한 자를 대적지 말라 누구든지 네 오른편 빰을 치거든 왼편도 돌려 대며 또 너를 송사하여 속옷을 가지고자 하는 자에게 겉옷까지도 가지게 하며 또 누구든지 너로 억지로 오 리를 가게 하거든 그 사람과 십 리를 동행하고 네게 구하는 자에게 주며 네게 꾸고자 하는 자에게 거절하지 말라"(39-42절). 이렇게 말씀하신 다음 "또 너희가 너희 형제에게만 문안하면 남보다 더하는 것이 무엇이냐 이방인들도 이같이 아니하느냐 그러므로 하늘에 계신 너희 아버지의 온전하심과 같이 너희도 온전하라"(47-48절)고 하셨다. "화평케 하는 자는 복이 있나니 저희가 하나님의 아들이라 일컬음을 받을 것임이요"(마 5:9), "이같이 한즉 하늘에 계신 너희 아버지의 아들이 되리니"(마 5:45)라고 하셨다. 여기서 '이같이 한즉'이라는 말은 매우 중요하다. 이것은 뭔가를 듣고 알고 이해했다는 것이 아니고 뭔가를 행했다는 것이다. 이같이 행한 사람들은 하나님의 아들이 된다고 했다.

어떤 사람들은 이 말씀에 이러한 의문을 가질지 모른다. '우리가 주님을 믿고 거듭날 때 하나님의 아들이 되는데 또 이렇게 하나님의 말씀을 지켜야 하나님의 아들이 되는가?' 물론 신분상으로는 우리가 주님을 믿었을 때 하나님의 아들이 되지만 이러한 말씀에 따라 살지 않으면 하나님의 아들의 신분을 나타내지 못하는 것이다. 하나님께서는 이름뿐인 자녀들을 소유하기를 원치 않으시고 실제로 성품에서 그분을 닮은 자녀들을 얻기 원하신다.

고린도 후서 6장에도 "너희는 저희 중에서 나와서 따로 있고 부정한 것을 만지지 말라 내가 너희를 영접하여 너희에게 아버지가 되고 너희는 내게 자녀가 되리라"(17-18절)는 말씀이 있다. 주 예수님을 믿을 때 우리는 하나님의 자녀가 되지만 실질적으로 그분의 자녀로서 행세하고 그분의 자녀로서 유익을 얻는 상태가 되려면 반드시 주님의 말씀을 지키고 모든 부정한 것에서 우리 자신을 분별해야 한다. 또 히브리서 11장에도 이러한 말씀이 있다. "땅에서는 외국인과 나그네로라 증거하였으니 이같이 말하는 자들은 본향 찾는 것을 나타냄이라"(13b-

14절). 아브라함, 이삭, 야곱은 이 땅에서 주님을 위해 외국인과 나그네로서 살았다. 그런데 이어지는 16절에서는 "저희가 이제는 더 나은 본향을 사모하니 곧 하늘에 있는 것이라 그러므로 하나님이 저희 하나님이라 일컬음받으심을 부끄러워 아니하시고"라고 말한다. 하나님은 그분이 구속하신 모든 사람들의 하나님이시지만 특별히 그분을 위해서 그분의 말씀을 지키고 이 땅에서 그분의 나라를 사모하며 나그네와 외국인처럼 사는 사람들의 하나님으로 일컬음받기를 기뻐하신다는 것이다.

우리에게 자녀들이 있지만 다만 우리가 낳았기 때문에 자녀인 것으로는 부족하다. 그들이 정말 아비의 뜻을 받들고 아비의 신분과 성품에 맞게 살 때 아비는 기쁨으로 그들을 자녀라고 말할 수 있는 것이다. 아들이나 딸이 아버지의 뜻에 따라 잘할 때 아버지가 '과연 내 아들이야, 내 딸이야' 라고 하는 것은 원래는 아들이나 딸이 아니었다는 말이 아니라 참 아들과 딸로 행하였기 때문에 그렇게 말하는 것이다. 이와 같이 하나님은 이스라엘 백성을 애굽에서 속량해내셨지만 이제 그들이 가나안 땅에 들어가서 실제로 하나님의 성품에 합하는 백성이 되기를 원하신다. 그러기 위해서는 하나님께서 주신 명령과 규례와 법도를 다 지켜 행하는 길밖에 없다.

우리 하나님은 사랑의 하나님이실 뿐 아니라 공의의 하나님이시라는 것을 반드시 알아야 한다. 하나님은 그분을 사랑하는 자는 축복하시고 그에게 그분의 언약을 지키시지만, 죄는 철저히 징계하시고 심판하신다. 우리는 반드시 이것을 알아야 한다. 십자가는 무엇인가? 십자가는 그분의 귀하신 아들이 인류의 죄로 인하여 심판받으신 자리이다. 그것은 하나님께서 우리를 얼마나 사랑하시는가를 나타내는 자리일 뿐 아니라 하나님이 사람의 죄를 얼마나 미워하시는가를 나타내는 자리이기도 하다. 하나님은 사랑의 하나님이시자 공의의 하나님으로서 결코 죄를 간과하는 분이 아니시다.

12절, 너희가 이 모든 법도를 듣고 지켜 행하면 네 하나님 여호와께서 네 열조에게 맹세하신 언약을 지켜 네게 인애를 베푸실 것이라

첫째는 잘 들어야 하고(listen), 둘째는 지키며(keep), 셋째는 행하는(do) 것이다. 이 세 단어를 주의하기 바란다. 그럴 때 복을 받는다. "네 하나님 여호와께서 네 열조에게 맹세하신 언약을 지켜 네게 인애를 베푸실 것이라". 다시 말하지만 우리 하나님은 언약의 하나님이시다. 그분은 우리에게 약속하셨기 때문에 그 약속을 반드시 지키신다. 여러분이 만일 정말로 하나님의 말씀을 잘 지키는 믿는이라면 반드시 하나님의 사랑을 받고 축복을 받는다.

13절, 곧 너를 사랑하시고 복을 주사 너로 번성케 하시되 네게 주리라고 네 열조에게 맹세하신 땅에서 네 소생에게 은혜를 베푸시며 네 토지소산과 곡식과 포도주와 기름을 풍성케 하시고 네 소와 양을 번식케 하시리니

이것을 구약에 국한된 말씀이라고만 생각해서는 안 된다. 하나님은 한 번 세우신 언약은 구약 때에든 신약 때에든 그대로 다 지키신다. 하나님은 결코 그분의 언약을 무효로 돌리지 않으신다. 그렇지 않다면 그분을 신실한 하나님이라고 할 수 없다. 그러나 그분은 참으로 신실한 하나님이시다. 여러분이 참으로 하나님의 말씀을 지키는 믿는이들이 된다면 하나님은 여러분을 사랑하실 것이다. 여러분이 하나님의 사랑을 받고 싶다면 여러분은 하나님의 말씀을 잘 듣고 지키고 행하는 믿는이가 되기 바란다. 물론 구약의 이스라엘 백성들은 그렇게 하지 못했다. 옛 언약은 육체가 연약함으로 흠이 있기 때문이다. 그러나 신약의 믿는이들인 우리는 우리 자신을 의지해서가 아니라 은혜와 실제가 되신 주님으로 인하여, 생명의 영이 되시고 생명의 율이 되시어 우리 안에 사시는 그리스도로 인하여 그분의 모든 말씀을 지킬 수 있게 되었다. 로마서 8장에 의하면 우리는 생명의 성령의 법에 의하여 율법의 모든 요구를 이룰 수 있게 되었다. 우리가 만일 그리스도의 능력을 의지해서 이 시대에 하나님의 말씀을 지키는 그리스도인이 된다면 하나님의 모든 언약이 우리에게 다 이루어진다. 하나님은 반드시 우리를 사랑하시고 복을 주시고 번성케 하실 것이다.

14절, 네가 복을 받음이 만민보다 우승하여 너희 중의 남녀와 너희 짐승의 암수에 생육하지 못함이 없을 것이며

오늘날 우리의 복음 전파가 약하고 인수의 확장도 부족하다할지라도 우리가 한 가지 아는 것은 만일 우리가 진실하게 하나님의 말씀을 지키는 믿는이가 된다면 하나님께서 우리의 일을 축복하실 것이라는 사실이다.

15절, 여호와께서 또 모든 질병을 네게서 멀리하사 너희가 아는 바 그 애굽의 악질이 네게 임하지 않게 하시고 너를 미워하는 모든 자에게 임하게 하실 것이라

만일 우리가 참으로 주님의 말씀을 지키고 주님을 사랑하는 자들이 된다면 애굽의 모든 악질이 우리에게 임하지 않을 것이다. 하나님은 하나님을 대적하는 자들, 즉 재물밖에 모르고 세상 쾌락에 빠져 있는 애굽 사람들에게는 악질을 허락하셨다. 악질이란 오늘날의 사스(SARS)나 에이즈(AIDS)와 같은 질병이다. 그러나 하나님의 말씀을 사랑하고 지키는 자들에게는 그러한 질병이 임하지 않게 하실 것이라고 말씀하신다. 출애굽기 15장 26절에 하나님은 그분 자신이 치료하는 여호와(여호와 로페카)라고 말씀하셨다. 우리가 참으로 그분의 계명에 귀를 기울이고 그 규례들을 지키면 애굽 사람에게 내린 질병의 하나도 내리지 아니하리라고 하셨다. 주 예수님은 채찍에 맞으심으로 우리의 질병을 치료하셨고 우리의 연약을 담당하셨다. 우리는 오늘 믿음으로 이러한 축복을 누릴 수 있다. 그렇지만 이는 하나님의 말씀을 잘 듣고 지키고 행하는 것에 달려있다(12절). 신약으로 말하면 믿음으로 행하는 일이다. 주님의 말씀대로 믿고 행할 때 주님이 이루신 모든 축복이 우리의 것이 된다.

16절, 네 하나님 여호와께서 네게 붙이신 모든 민족을 네 눈이 긍휼히 보지 말고 진멸하고 그 신을 섬기지 말라 그것이 네게 올무가 되리라

하나님께서 우리더러 진멸하라고 하신 대적을 우리는 긍휼히 보아서는 안 되며 반드시 진멸해야 한다. 하나님께서 진멸하시고자 하는 대적을 우리가 긍휼히 여긴다면 우리는 하나님과 일치되지 않은 것이다. 사울 왕은 이 일에 있어서 실패하여 왕위를 잃게 되고 하나님의 버림을 받았다. 그는 아말렉을 진멸하라는 명을 받고도 나쁜 것은 다 죽이고 자기 눈에 좋은 것은 남겨두었다. 하나님께서 진멸하라고 우리에게 붙이신 대적은 우리도 진멸해야 한다. 그리고 그 신을 섬기지 말아야 한다. 그렇지 않으면 그것이 우리에게 올무가 될 것이다.

17-19절, 네가 혹시 심중에 이르기를 이 민족들이 나보다 많으니 내가 어찌 그를 쫓아낼 수 있으리요 하리라마는 18 그들을 두려워 말고 네 하나님 여호와께서 바로와 온 애굽에 행하신 것을 잘 기억하되 19 네 하나님 여호와께서 너를 인도하여 내실 때에 네가 목도한 큰 시험과 이적과 기사와 강한 손과 편 팔을 기억하라 그와 같이 네 하나님 여호와께서 네가 두려워하는 모든 민족에게 행하실 것이요

이스라엘 백성이 본 가장 큰 기적은 그들이 애굽에서 나온 것이다.

신약으로 말하면 세상에서 구출된 것이다. 여러분이 세상에서 구출되어 하나님을 섬기는 사람들 가운데 있다는 것은 결코 작은 일이 아니다. 세상의 세력은 작지 않다. 여러분 한 사람 한 사람을 거기서 구출하는 것은 세상에게 엄청난 손실을 끼치는 것이다. 그런데 하나님께서는 여러분을 그러한 세상에서, 세상 조직에서 건져내신 것이다. 우리 눈에 보이지는 않지만 그때에 큰 전쟁이 있었다. 하나님께서는 모든 대적을 파하시고 여러분을 얻으신 것이다. 이보다 큰 일이 없다. 그뿐인가? 여러분은 또한 종교 조직에 묶여 있었다. 그러한 거짓되고 위선적인 조직에서 나온 것도 작은 일이 아니다. 그 또한 기적이다. 여러분은 그렇게 많은 일들을 이미 목도한 것이다.

그러므로 가나안 땅에서 맞닥뜨리게 될 대적들을 두려워하지 말라고 했다. 왜냐하면 이미 이스라엘을 위해 기적을 베푸시고 강한 손과 편 팔로 그들을 애굽에서 이끌어내신 그 하나님께서 그들이 두려워하는 모든 민족에게 똑같이 행하실 것이기 때문이다. 하나님이 우리를 애굽에서 이끌어내시는 큰일을 하셨다는 것은 다음에 하실 큰일도 다 이루어주시고 도와주실 것을 보장하는 것이다. 이는 우리의 생활 가운데 실제적으로 적용되는 말씀이다. 하나님이 자기 아들을 아끼지 아니하고 우리에게 내어주셨다는 것은 다른 모든 좋은 것들도 은사로 주실 수 있다는 것을 증명하고도 남는 것이다(롬 8:32).

성도들은 어려움이 임할 때 하나님이 더 이상 자신을 사랑하지 않는다고 생각하여 두려워한다. 그러나 하나님의 사랑을 확신할 수 있는 길이 있다. 바로 하나님이 하신 일을 기억하는 일이다. 이스라엘 백성들 같으면 애굽에서 그들을 이끌어내신 것을 기억하는 것이다. 그들을 위해 기적을 베푸시고 강한 손과 편 팔로 애굽에서 이끌어내신 하나님이 여전히 이스라엘 백성들을 사랑하고 계시기 때문에 어떤 일이 있어도 그들을 여전히 사랑하신다는 것을 확신할 수 있다.

20절, 네 하나님 여호와께서 또 왕벌을 그들 중에 보내어 그들의 남은 자와 너를 피하여 숨은 자를 멸하시리니

하나님께서 모든 것을 행하시므로 우리의 할 일은 다만 그분의 말씀을 지키고 그분을 바라보며 의지하는 것이다. 그러면 그분이 우리를 위해 싸우시고 이기신다. 그래도 남아 있는 대적이 있고 피해서 숨은 자들이 있다면 왕벌을 보내서 그들을 멸하시겠다고 했다. 이는 어떤 방법으로든 대적을 다 멸하시겠다는 말씀이다.

21절, 너는 그들을 두려워 말라 너희 하나님 여호와 곧 크고 두려운 하나님이 너희 중에 계심이니라

우리 하나님은 크시고 능력 있으시고 우리의 지력으로는 상상할 수 없는 분이시다. 그러므로 우리는 하나님의 긍휼을 얻어 그분이 더욱 더 하실 수 있다는 것에 대하여 믿음을 얻도록 구해야 한다. 우리의 지식과 믿음은 그분의 하시는 역사를 제한하기도 하고 넓혀주기도 한다. 성경에 기록된 주님의 말씀은 우리에게 주신 유산과 같은 말씀이요 우리가 얼마든지 믿음으로 찾아 사용할 수 있는 것이다. 두려움은 우리에게 믿음이 없다는 표시이다.

우리는 하나님의 능하심을 믿고 그분이 우리를 사랑하시고 함께하심을 믿고 두려움을 내어쫓을 필요가 있다. 그분은 어떤 대적도 - 그것이 질병이든 사망이든 어려움이든 핍박이든 - 물리치실 수 있다. 문제는 우리가 그러한 환경을 만날 때 하나님이 내게 더 이상 계시지 않은 것처럼 느끼기 때문에 두려워한다는 것이다. "크고 두려우신 하나님이 너희 중에 계심이라"는 말씀은 얼마나 격려가 되는지! 하나님이 우리 중에 여전히 계시다면 어떤 걱정이 있는가? 어려움과 어두움 속에 있는 것 같아도 하나님은 여전히 우리와 함께 계시는 것이다. 우리의 눈이 하나님만을 바라본다면 어떤 근심인들 가질 필요가 있겠는가? 그러한 하나님을 우리가 아버지로 모시고 있다면 어떤 대적인들 두려워할 필요가 있겠는가?

22절, 네 하나님 여호와께서 이 민족들을 네 앞에서 점점 쫓아내시리니 너는 그들을 급히 멸하지 말라 두렵건대 들짐승이 번성하여 너를 해할까 하노라

하나님께서는 그 민족들을 이스라엘 앞에서 쫓아낼 때에 한 번에 다 쫓아내지는 않으신다고 말씀하셨는데, 그것은 이스라엘 백성을 고려하신 것이다. 가나안 일곱 족속은 완전히 없어졌는데 아직 그들이 그 땅을 감당치 못하여 들짐승이 그 땅에 번성하게 되면 그들을 해할 수 있기 때문이다.

사실 믿는이들인 우리의 역사를 생각해보면 아직 육체 속에 남아 있는 대적들이 있고 자아와 천연적인 생명이 있다. 그것들을 한 번에 다 쫓아내면 그 속에 귀신이 들어와 기거하면서 우리를 해하게 되므로 천연적인 생명을 점차 제하면서 변화되게 하시겠다는 말씀으로 해석할 수 있다. 믿는 자들 속의 부패는 점차적으로 추방되는 것이다. 즉 성도들의 성화의 역사는 점진적인 것이니 오늘날 자신의 성화에 대하여 즉시 모든 원수가 우리 안에서 제해지지 않음을 실망할 것이 아니라 현재 최선으로 이루어지고 있다고 확신하며 전진해야 하는 것이다.

23절, 네 하나님 여호와께서 그들을 네게 붙이시고 그들을 크게 요란케 하여 필경은 진멸하시고

하나님께서는 점점 쫓아내신다는 원칙을 갖고 계시며 그 다음은 그들을 네게 붙이시겠다고 하신다. 그러므로 영적 전쟁은 우리가 쫓아가서 싸우는 것이 아니고 때가 될 때 하나님께서 하나씩 대적을 붙여주셔서 싸우게 하시는 것이다. 그럴 때 주님을 힘입어 싸워 이기면 된다. 또 그들을 크게 요란케 한다는 것은 우리가 가서 싸우는 것이 아니라 그들 가운데 자중지란이 일어나서 멸망하게 된다는 것이다. 우리가 혈기를 쓰고 힘을 들여서 이기는 것은 참 승리가 아니다. 참 승리는 자연스러운 것이다. 하나님께서 하시기 때문이다. 정상적인 믿는이들의 승리의 생활은 분투함으로 얻는 것이 아니라 자연스러운 가운데 얻어지는 것이다. 이는 우리의 힘이 아니라 믿음으로 이루어지는 것이기 때문이다.

24절, 그들의 왕들을 네 손에 붙이시리니 너는 그 이름을 천하에서 제하여 버리라 너를 당할 자가 없이 네가 필경은 그들을 진멸하리라

우리 속에 많은 대적들이 있는데, 그 대적들의 우두머리를 결국 우리가 완전히 진멸하게 된다는 것이다.

25절, 너는 그들의 조각한 신상들을 불사르고 그것에 입힌 은이나 금을 탐내지 말며 취하지 말라 두렵건대 네가 그것으로 인하여 올무에 들까 하노니 이는 네 하나님 여호와의 가증히 여기시는 것임이니라

그들의 숫자가 많고 강한 것은 두려워할 것이 없지만 여기서 한 가지 두려워해야 할 것은 바로 올무에 걸리는 것이다. 그러므로 사탄에 관하여 그 능력은 그리 두려워할 것이 없지만 그 속임수는 두려워해야 한다. 앞에서 보았듯이 여호수아는 가나안에 들어가서 기브온 족속에게 속았다. 여호수아는 여리고의 높고 강한 성벽은 파할 수 있었고 아이도 물리칠 수 있었다. 크고 작은 사탄의 능력은 물리칠 수 있었다. 그러나 기브온은 어떤가? 이것은 하나의 속임수요 올무이다. 속임수란 위장하고 오는 것이다. 그러므로 여기서 '두렵건대' 라는 말을 쓴 것이다.

그들의 조각한 신상들을 불사르고 그것에 입힌 은이나 금을 탐내지 말고 취하지 말라고 했다. 조각한 우상들을 불사르려고 보니까 금이 붙어 있고 은이 붙어 있다. 이것은 귀한 것이기 때문에 떼어서 취하든지 주님을 위해 사용해야겠다는 생각을 가질 수 있다. 그러다가 올무에 걸려드는 것이다. 우상과 함께 모든 귀하게 보이는 것을 내어버려야 한다. 오늘날도 많은 그리스도인들이 우상은 싫어하면서도 거기에 붙어 있는 금 부스러기 때문에 할 수 없이 우상을 따라 다니는 경우가 있다. 그들은 이미 그것이 우상이요 하나님이 싫어하시는 것을 알고 있다. 그렇지만 거기에 금이 붙어 있기에 그들은 그것을 따라가서 그 금만 떼어내고 우상을 곧 버리겠다고 한다. 그러나 그 우상은 금 조각을 가지고 사람들을 끌어당기는 것이다. 거기에 올무가 있다는 것을 기억해야 한다.

26절, 너는 가증한 것을 네 집에 들이지 말라 너도 그와 같이 진멸당할 것이 될까 하노라 너는 그것을 극히 꺼리며 심히 미워하라 그것은 진멸당할 것임이니라

그러한 가증한 것을 집에 들이지 말고 교회에도 들이지 말고 주님의 사역에도 들이지 말아야 한다. "너도 그와 같이 진멸당할 것이 될까 하노라". 그러한 것들은 진멸당할 것들이다. 금이라도 우상에게 붙어 있는 것은 아깝게 생각하지 말고 불태워 버려야 한다. 결국 7장의 우상숭배를 금하게 하는 비결은 하나님을 사랑하는 것이며, 하나님을 사랑하는 것에서 떠나게 하는 가장 큰 문제는 물질을 사랑하는 것이다.

"너는 그것을 극히 꺼리며 심히 미워하라 그것은 진멸당할 것임이니라". 하나님의 말씀은 아주 분명하다. 그런데 우리는 그러한 것들에 붙어 있는 금과 은 때문에 그것들을 긍휼히 여기게 되고 하나님과 일치되지 않은 태도를 취하는 것이다. 그러나 주님은 그 붙어 있는 금과 은까지도 다 진멸해야 할 대상이라고 하신다. 하나님은 원수의 능력은 아무리 크고 두려워보여도 두려워하지 말라고 하시면서도 은과 금은 극히 꺼리며 심히 미워하라고 하신다. 그것에 대한 하나님의 정하심은 진멸이기 때문이다. 하나님은 그분의 백성들이 금은이나 재물을 탐하다가 이방인들의 우상에 사로잡히게 될 것을 우려하셨다. 하나님의 백성들에게는 환난과 두려운 일들을 인한 시험보다도 재물을 탐하는 것과 안정된 삶, 그 결과인 교만과 안일이 더 무서운 적이라는 것은 예나 지금이나 동일한 경고가 되고 있다. 결론적으로 7장의 요약은 오로지 하나님의 자녀들은 하나님만을 사랑하고 다른 어떤 것도 사랑해서는 안 된다는 말씀이다.

신명기 8장

8장은 계속해서 계명을 전달하는 설교이지만 그 방법에 있어서 앞장들과 차이가 있다. 7장까지는 훈계와 경고를 해왔다면 8장은 과거 역사를 실례로 들어 교훈을 순종하도록 강화하고 있다. 이는 특히 광야에서 40년 동안 행한 역사들을 상기시켜 줌으로써이다(1-6절). 그런 다음 가나안 땅의 아름다움을 강조하면서 이스라엘이 그에 대하여 감사하는 마음으로 순종할 것을 권한다(7-10절). 그리고 11절부터 20절까지는 그 땅에 들어가서 풍요롭게 될 때에 하나님의 은혜를 결코 잊지 말라고 권하는 내용이다.

1절, 내가 오늘날 명하는 모든 명령을 너희는 지켜 행하라 그리하면 너희가 살고 번성하고 여호와께서 너희의 열조에게 맹세하신 땅에 들어가서 그것을 얻으리라

이 말씀은 이곳저곳에서 반복하여 주신 말씀이다. 하나님의 종 모세는 거듭거듭 이스라엘 백성들에게 하나님께서 그들에게 주신 계명을 지키고 행하도록 권면하고 있다. 그래야만이 그들이 살고 번성하며 여호와께서 그 열조에게 맹세하신 땅에 들어가서 그 기업의 땅을 얻을 수 있다고 말씀하신다. 여기서 '지켜 행하라' 는 말은 영문 성경에서 '주의

해서 행하라' (be careful to do)는 뜻이 있다. 조심스럽게 행하라는 뜻이다. 하나님의 자녀들은 반드시 조심스럽게 하나님의 명령을 행해야 한다. 신약 성경에도 '주의하라' (삼가라)는 말이 많이 나온다. 에베소서 5장 15절에서도 "그런즉 너희가 어떻게 행할 것을 자세히 주의하여" (therefore be careful how you walk)라고 말한다. 사도는 에베소 성도들에게 어떻게 행할 것을 자세히 주의하라고 가르친 것이다. 그러므로 주님을 따르고자 하는 사람들은 한 가지도 함부로 행해서는 안 되고 또 대충 거칠게 행해서도 안 된다. 반드시 자세히 주의하여 행하기를 배워야 한다. 자세히 주의하지 않으면 하나님의 뜻을 분별할 수 없고 또 하나님의 뜻을 정확하게 파악하기도 어렵다. 그렇기 때문에 하나님의 뜻을 이행하려는 사람들은 먼저 범사에 주의하기를 배워야 한다. 그렇게 하나님의 모든 명령을 지켜 행할 때 생존할 수 있고 번성할 수 있다.

또 '모든 명령'이란 영어로 'all the commandments'로서 한두 가지 계명을 지키는 것이 아니라 우리의 생활 전반에 걸쳐서 주신 하나님의 말씀을 지키는 것을 말한다. 그러므로 우리는 하나님의 말씀을 보편적으로 지키기를 배워야 한다. 보편적이라 함은 치우치지 않은 것을 뜻하고 한두 가지의 말씀을 편협하게 지키지 않는 것을 뜻한다. 하나님의 말씀에 순종하고자 하는 사람들은 하나님의 모든 말씀을 지키려는 태도를 가져야 한다. 오늘날 하나님을 사랑하고 하나님의 뜻대로 살려고 하는 사람들이 많다. 그러나 모든 말씀을 다 순종해야 할 말씀으로 여기고 순종하는 사람들은 그렇게 많지 않다. 그러므로 우리는 이 짧은 말씀에서 적어도 두 가지 중점을 볼 수 있는데, 하나는 말씀을 주의하며 행해야 한다는 것이고 또 하나는 보편적으로 지켜야 한다는 것이다. 그럴 때 우리가 살 수 있다. 우리가 살고 죽지 않으려면 하나님의 모든 말씀을 지키는 사람이 되어야 하고 말씀을 주의하고 두려워하는 사람이 되어야 한다. 그럴 때 "여호와께서 너희의 열조에게 맹세하신 땅에 들어가서 그것을 얻게 되리라"는 약속을 받을 수 있다. 하나님의 약속하신 기업을 얻는 비결은 우리가 하나님의 말씀과 관계를 맺는 것이다. 이것은 얼마나 중요한지 아무리 강조해도 지나치지 않다.

2절, 네 하나님 여호와께서 이 사십 년 동안에 너로 광야의 길을 걷게 하신 것을 기억하라 이는 너를 낮추시며 너를 시험하사 네 마음이 어떠한지 그 명령을 지키는지 아니 지키는지 알려 하심이라

또한 우리가 이 길을 잘 가려면 하나님께서 과거에 인도해 오신 발자취를 기억해야 한다. 여기서 모세는 이스라엘 백성에게 사십 년 동안에 그들로 광야의 길을 걷게 하신 하나님의 역사를 기억하라고 했다. 우리 믿는이들은 지난 날 하나님께서 우리를 인도하시는 과정에서 보살피신 일들을 기억할 필요가 있다. 반면 자기의 지위나 업적과 같은 것은 기억하지 않는 것이 좋다. 사도 바울이 빌립보서 3장에서 뒤에 있는 것은 잊어버리겠다고 한 것은 유대교에 있을 때 어둠 속에서 행하고 취한 것들을 잊어버리겠다고 한 것이다. 전에 그는 그러한 것들을 매우 유익하고 좋은 것으로 여겼다. 그러나 지금에 와서 볼 때 그것들은 다 배설물이고 그리스도를 얻는 데에 해가 되는 것이다. 그렇기 때문에 사도 바울은 그런 과거의 것들을 붙잡는 것이 앞으로 나아가는 데 방해가 된다고 말한 것이다. 그러한 것들은 붙잡을 필요가 없다. 그러나 여기서 모세가 하나님께서 이스라엘 백성들을 사십 년 동안 광야에서 인도하신 일들을 기억하라고 한 것은 과거에 하나님께서 어떻게 어려움 속에서도 그들을 보살펴주셨는지를 생각함으로써 장래에 하나님을 신뢰하며 그분의 명령을 좇을 수 있도록 하기 위함이다.

디모데 후서 3장을 보면 사도 바울이 과거에 하나님께서 자기를 어떻게 도우시고 위험에서 건지셨는가를 회상하는 부분들이 있다. "핍박과 고난과 또한 안디옥과 이고니온과 루스드라에서 당한 일과 어떠한 핍박 받은 것을 네가 과연 보고 알았거니와 주께서 이 모든 것 가운데서 나를 건지셨느니라". 사도 바울은 여기에서 과거 자기가 유대교에 있을 때에 좋았던 것을 회상하지 않고 그가 다메섹 도상에서 빛을 본 뒤에 고난 가운데 하나님을 섬기는 과정에서 어떻게 신실하신 하나님이 자기를 지켜주시고 구출해 주시고 돌봐주셨는가를 기억했다. 또 4장 16절에서는 "내가 처음 변명할 때에 나와 함께한 자가 하나도 없고 다 나를 버렸으나 저희에게 허물을 돌리지 않기를 원하노라"고 했다. 사도 바울이 또 한 가지 기억한 것은 그와 동역하다가 그를 떠난 사람들이다. 또 디모데 후서 1장 16절에서는 바울이 오네시보로를 언급하는데, 그가 과거에 어떻게 자기를 섬겼는지를 언급했다. 로마에 있을 때에 오네시보로는 부지런히 바울을 찾아 만났다고 하였다.

고린도 후서 1장 8-10절을 보겠다. "형제들아 우리가 아시아에서 당한 환난을 너희가 알지 못하기를 원치 아니하노니 힘에 지나도록 심한 고생을 받아 살 소망까지 끊어지고 우리 마음에 사형 선고를 받은 줄 알았으니 이는 우리로 자기를 의뢰하지 말고 오직 죽은 자를 다시 살리시는 하나님만 의뢰하게 하심이라 그가 이같이 큰 사망에서 우리를 건지셨고 또 건지시리라 또한 이후에라도 건지시기를 그를 의지하여 바라노라". 여기서 사도 바울은 자신이 아시아에서 당한 환난을 고린도 성도들이 알기 원했다. 그것은 그가 당시에 힘에 지나도록 심한 고생을 하고 살 소망까지 끊어져 마음에 사형 선고를 받았지만 그런 상황에서 하나님이 자신을 건져주셨다는 것이다. 그리고 이후에라도 하나님께서 그런 큰 사망 가운데서 건져주실 것을 바란다고 말하고 있다. 이와 같이 믿는이들은 주님이 우리를 극한 어려움 가운데에서 구출해 주시고 돌보아주시고 사랑으로 인도해 주신 일들에 대해서는 반드시 기억할 줄 알아야 한다.

여기 신명기 8장 2절 말씀에서는 또한 하나님께서 이스라엘 백성들을 사십 년 동안 광야의 길을 걷게 하신 이유를 말하고 있다. 그것은 그들의 마음이 어떠한지, 그 명령을 지키는지 아니 지키는지를 알고 싶어서라는 것이다. 사람은 어떤 환경이 닥치지 않으면 그가 어떠한 사람인지, 또 그가 어떤 마음을 갖고 있는지 알지 못한다. 평소에는 주님을 사랑한다 하고 다 바친다 하고 또 주님께 순종할 것처럼 말하지만 어려운 상황이 닥칠 때 그의 참된 상태를 알게 된다. 그때 정말로 자신의 뜻을 내려놓고 주님의 뜻에 순종하는가는 또 다른 문제이다. 실제로 환경이 닥칠 때 전혀 예상하지 못한 반응이 나오는 예는 허다하다. 하나님께서 이스라엘 백성들을 광야에 사십 년 동안 있게 하신 이유는 그들의 마음이 어떠한지, 그들이 참으로 하나님의 말씀을 지키는지 아니 지키는지를 알고 싶어서였다는 것이다. 간단히 말해서 40년은 하나님께서 이스라엘 백성들을 시험하신 기간이다. 시험을 통해서 믿는이들은 자신의 참된 상태를 알고 자신이 과연 주님의 명령을 지키는 사람인지 아닌지를 알게 된다. 그렇지 않으면 그들의 영성은 참된 것이 아니다.

3절, 너를 낮추시며 너로 주리게 하시며 또 너도 알지 못하며 네 열조도 알지 못하던 만나를 네게 먹이신 것은 사람이 떡으로만 사는 것이 아니요 여호와의 입에서 나오는 모든 말씀으로 사는 줄을 너로 알게 하려 하심이니라

여기서 하나님이 그들을 낮추셨다고 했다. 사람이 교만하면 자신을 알지 못하기 때문이다. 자신을 알지 못하는 사람만이 교만하다. 그러나 많은 환경을 거쳐서 자신이 드러날 때 그는 자신이 지금까지 잘 믿어왔으며 말씀을 잘 지켰다는 생각이 허황된 것임을 발견한다. 40년간의 광야의 시험이 그들의 참된 상태를 드러낸 것이다. 그때서야 그들은 낮아지고 겸손해진 것이다. 하나님께서는 사십 년 동안 이스라엘 백성들로 광야의 많은 지점들을 통과하게 하시면서, 또 여러 상황들을 만나게 하시면서 그들의 어떠함이 다 드러나게 하셨다. 그들은 철저하게 실패했고 심판을 받았다. 그런 과정에서 그들은 하나님 앞에 낮아질 수 있었다.

사실 우리는 모두 광야에 있다. 이 광야 같은 인생 속에서 그야말로 많은 역경들과 예기치 않은 환경들을 겪게 된다. 그러면 하나님께서는 왜 이렇게 많은 환경들을 허락하시는가? 그것은 다름 아니라 여러분을 낮추시기 위한 것이다. 또 그러한 환경들을 거치는 과정에서 여러분의 마음이 어떠한지를 알고 싶어서이다. 하나님께서는 환경들을 주시고서 여러분을 주시해 보신다. 과연 여러분의 마음이 어디에 있으며 그 가운데서 하나님의 말씀을 지키는지 아니 지키는지를 매우 관심하신다. 여러분에게 아직도 많은 환경과 시험이 기다리고 있다. 그 이유가 무엇인가? 주로 여러분을 낮추기 위함인줄 아는가? 많은 다른 해석이 있을 수 있지만 이것은 정확한 해석이다. 여러분이 당한 어려움은 여러분을 낮추기 위함이라는 한 가지를 잊지 말라! 그러면서 여러분 스스로를 알게 될 것이다. 여러분 마음이 그렇게 순수하고 깨끗하지 않고 하나님을 믿는 믿음이 단순하지 않다는 것을 알게 된다. 이는 더욱 우리 자신에 대하여 믿지 못하게 하는 효과를 가져오게 되며 결국 낮아지게 되는 것이다.

신명기를 통해 우리가 계속 보는 것은 하나님께서 이스라엘 백성들과 말씀으로 관계를 맺기 원하신다는 것이다. 다시 말하면 하나님은 그분의 말씀을 지키는 백성을 얻기 원하시는 것이다. 물론 구약의 언약은 돌비에 새겨져 있고 밖에 있기 때문에 이스라엘 백성들은 그것을 지키지 못하고 실패했다. 그러나 하나님께서는 그날 후에 새로운 언약을 주셨는데, 그 언약은 더 이상 겉에 새겨져 있지 않고 사람의 심비에 새겨져 있으므로 생명의 법을 통해 그 법을 이룰 수 있게 되었다. 이와 같이 구약에서나 신약에서나 그분의 말씀을 지키는 백성을 얻고자 하시는 하나님의 갈망은 동일하다.

"너로 주리게 하시며 또 너도 알지 못하며 네 열조도 알지 못하던 만나를 네게 먹이신 것은 사람이 떡으로만 사는 것이 아니요 여호와의 입에서 나오는 모든 말씀으로 사는 줄을 너로 알게 하려 하심이니라". 하나님께서는 이스라엘 백성을 낮추시기 위해 우선 주리게 하셨다. 사람의 환경 중에서 가장 어려운 것이 배고픈 것이다. 여러분은 이런 말씀을 들으면 먹고 사는 것이 뭐 그리 어려운 일이냐고 할 것이다. 요즘 젊은 사람들에게 우리 어렸을 때에 굶고 고생한 이야기를 해주면 이해하지 못한다. 밥도 먹기 어려운 시절이 있었다고 하면 그러면 라면을 먹으면 되지 않느냐고 한다. 사실 하나님이 우리를 낮추시기 위해 역사하시는 방법 중 한 가지가 가난이다. 우리가 세계 여러 나라를 다녀보는데 부유한 나라의 공통적인 특징은 교만하다는 것이고 가난한 나라 사람들은 겸비하다는 것이다.

하나님께서 이스라엘 백성들을 광야로 인도하신 것은 일단 먹을 것이 없는 곳으로 인도하신 것이다. 하나님께서는 이스라엘 백성들을 애굽에서 홍해를 건너 광야로 인도하신 뒤에 즉시 풍성한 땅으로 인도해 들이지 않으셨다. 물론 그것은 가데스 바네아에서 그들이 불신하고 하나님을 거역함으로 인한 것이다. 그때 하나님은 그들을 광야로 내몰아 사십 년 동안 광야에서 방황하게 하셨다. 여기 신명기 8장에서는 그 일을 하나님께서 주도하신 것처럼 말하고 있다. 민수기에서는 그들이 40년 동안 광야로 들어가 방황하게 된 것은 그들이 거역했기 때문이며, 그때 거역했던 모든 사람은 다 광야에서 쓰러져 죽었다고 말한다. 그런데 신명기 8장에 와서는 그들이 거역했기 때문만이 아니고 그들이 광야에 들어갈 필요가 있었다고 말한다. 그것은 그들의 육체가 광야를 통과해야만 처리될 수 있었고 교만한 것이 제해질 수 있었기 때문이다.

결국 이스라엘 백성들이 하나님께 순종하지 않고 거역한 것은 교만했기 때문이다. 거역하는 사람들은 거역만을 처리하려고 해서는 치료되지 않는다. 거역의 근원인 교만을 치료해야 한다. 그러므로 그들이 광야로 내몰릴 때 하나님께서도 함께 가셔서 광야 40년 동안 그들과 동행하신 것이다. 하나님께서는 구름기둥과 불기둥으로 동행하셨으며 한 가지 한 가지 어려운 과정을 거칠 때마다 거기 계셔서 때로는 반석에서 물이 나게 하시고 때로는 메추라기를 주기도 하셨다. 결국 하나님께서 이스라엘 백성을 광야로 인도하신 것은 그 광야생활이 그들에게 필요했기 때문이다. 그 과정을 통해서 이스라엘의 모든 육체가 하나하나 처리되어 그들의 모든 교만이 꺾이고 마음이 낮아지게 된 것이다.

2절의 '시험' 은 적극적인 말로서 증명해 보인다는 뜻이다. 그들이 참으로 하나님의 말씀을 지키는지를 증명하는 것이다. 광야 건조한 땅에 있을 때에 하나님께서는 그들을 주리게 하시고 '너도 알지 못하고 네 열조도 알지 못하던 만나를 네게 먹이셨다' 고 하셨다. 광야에 있을 때 만나가 내려오자 이스라엘 백성들은 '이것이 무엇이냐?' 고 했다. '만나' 라는 말의 의미가 '이것이 무엇이냐?' (what is this?)이다. 전에 먹어본 적도 없고 본 적도 없는 어떤 것이 하늘에서 내려왔기 때문에 그들은 서로 물어본 것이다. '이것이 무엇이냐?' 그것이 바로 '만나' 이다. 그러면 이스라엘 백성들은 왜 이 만나를 먹어야 했는가? "사람이 떡으로만 사는 것이 아니요 여호와의 입에서 나오는 모든 말씀으로 사는 줄을 너로 알게 하려 하심이니라". 이 만나를 우리에게 주셔서 먹게 하시는 하나님의 섭리는 우리가 떡으로만 사는 것이 아니라 하나님의 입에서 나오는 모든 말씀으로 사는 것을 알도록 그렇게 하신 것이다.

왜 하나님께서는 누구도 알지 못하는 음식을 주어서 먹게 하셨는가? 그것은 그럴 때만이 하나님의 입에서 나오는 말씀으로 살 수 있게 되기 때문이다. 하나님은 우리에게 그것을 가르치고자 하신다. 나는 과거에 이런 생각을 한 적이 있다. '왜 하나님께서는 주님을 따르는 나의 인생 행로를 앞서간 성도들과 동일하게 인도하지 않으실까?' 그들이 겪었던 어려움, 걸어간 노정, 환난, 오해, 비방 등을 우리는 읽고 들어서 알고 있으며 만일 그러한 노정을 동일하게 우리에게도 허락하신다면 그 본을 따라 훌륭하게 통과할 수 있을 텐데 어찌된 일인지 나에게는 앞서간 수많은 선진들과 전혀 다른 길을 허락하시는 듯하다. '이것이 무엇이냐?' 하는 환경을 나에게 주시는 것이다. 앞서간 선진들의 영적 체험을 빌려다가 쓸 수 없는 환경에 처하게 하시는 이것이 바로 '만나' 이다. 참으로 하나님은 위대하시다.

구약부터 신약까지 셀 수 없이 많은 성도들이 있었는데 어떻게 그들 각자에게 주시는 환경이 그렇게 다양하고 다른지! 한 사람 한 사람 한 자녀 한 자녀에게 품으신 하나님의 뜻이 너무 깊고 기이해서 측량할 수 없다. 그래서 그런 환경을 당하는 사람은 누구나 다 '이것이 무엇이냐?' 라고 외치게 되는데 바로 그것이 만나이다. 우리는 오늘 광야에서 매일 무엇을 먹고 있는가? 만나이다. 그러면 하나님께서는 왜 이러한 만나를 주시는가? 사람의 입에서 입으로 전수된 지식으로 살지 않고 여호와의 입으로 나오는 말씀으로 살게 하려는 것이다.

이와 같이 하나님께서 그분의 백성들에게 전에 보지도 못한 음식을 주시는 것은 사람이 떡으로만 사는 것이 아니요 하나님의 입으로 나오는 말씀으로 사는 것을 알게 하려는 것이다. 이 말씀을 우리는 신약 복음서에서 볼 수 있는데, 주 예수님이 광야에서 40일 동안 굶주리신 후 마귀가 첫 번째로 와서 시험한 것이 바로 돌들을 명하여 떡덩이가 되게 하라 한 것이다. 그때 주 예수님은 이 말씀을 인용하셨다. "사람이 떡으로만 살 것이 아니요 하나님의 입으로 나오는 모든 말씀으로 살 것이라". 참으로 큰 비밀이 여기에 들어 있다. 우리 주 예수님은 살아 계신 하나님의 입으로 나오는 말씀에 의해 사신 분이다. 그분은 필요를 따라 행하신 분이 아니라 하나님의 말씀에 따라 행하신 분이다. 그분은 한 순간도 자기 임의로 행하지 않으셨다. 다만 살아 계신 하나님께서 말씀하신 그것을 행하셨다. 사십 일간 굶주리신 주님은 배가 고프셨을 것이다. 그러나 마귀가 '이 돌들을 명하여 떡덩이가 되게 하라' 할 때에 그분은 그 말이 하나님의 입에서 나오지 않았다는 것을 알았다. 주님은 다만 하나님의 입으로 나온 말씀을 먹음으로 사시고 그 말씀을 순종하심으로 사셨기 때문에 임의로 굶주린 배를 채우려 하지 않으셨던 것이다. 오늘 우리도 똑같다. 하나님의 말씀을 순종하는 사람이 사는(living) 사람이다. 모든 것을 임의로 하지 않고 하나님의 말씀대로 행하는 사람이 사는 것이다. 여기서 이스라엘 백성들을 40년 동안 광야에서 생활하게 하시고 굶주리게 하시며 전에 먹어보지 못한 만나를 주신 것은 하나님의 입으로 나오는 말씀으로 사는 것을 배우게 하려는 것이다. 결과적으로 이스라엘 백성들이 사십 년간 광야에 삶으로 그들은 하나님의 말씀만이 가장 귀한 것임을 알게 된 것이다.

우리의 영적 행로도 같다. 정상적인 믿는이라면 그의 신앙 여정은 결코 쉽지 않다. 그것은 원칙상 광야생활과 같기 때문이다. 그러면 하나님은 우리를 왜 그렇게 쉽지 않은 광야생활을 거치게 하셨는가? 그 결과 우리는 무엇을 얻었는가? 하나님의 오묘하신 경륜을 찬미한다! 결국 우리가 많은 세월을 거쳐서 또 고난을 거쳐서 알게 된 것이 있다. 그것은 곧 하나님의 입으로 나오는 말씀만이 가장 귀하다는 것이다. 과거에 우리는 하나님의 입으로 나온 것이 아닌 사람의 생각에서 나온 현란하고 탁월한 말에 많이 빠져있었다. 우리는 그러한 것도 하나님의 일에 관계된 것이기 때문에 매우 좋은 것으로 여겼다. 그러나 많은 환경을 거쳐서 우리가 깊이 체험하게 된 것은 그분의 말씀만이 가장 가치 있고 귀하다는 것이다. 간단히 말해서 우리는 많은 환경과 고난을 통과해서 하나님의 말씀으로 돌아온 것이다.

마귀는 많은 말로 우리를 속인다. 여러분은 결코 마귀가 하나님과 관계없는 말로 사람을 속인다고 생각하지 말아야 한다. 마귀가 주님을 시험한 여러 말들이 구약 성경에 근거한 성경 구절들이었다. 그러나 주 예수님은 그것들이 하나님의 입으로 나오는 말씀이 아니라는 것을 즉시 아셨다. 만일 많은 시험과 고난의 환경이 없었다면 우리는 결코 진정한 하나님의 말씀을 구분할 수 없었을 것이다. 여기에 하나님의 깊은 사랑의 경륜이 있다. 우리는 광야의 시험과 고난을 통과하지 않으면 참된 하나님의 말씀을 분별하여 그 말씀만을 의지하여 살 수 없다. 주님이 우리를 많은 환경을 통과케 하시어 우리로 그분의 참된 말씀을 믿고 의지하며 그 말씀으로 살게 하심을 감사하고 찬양한다.

이 구절에서 "여호와의 입에서 나오는 모든 말씀"이란 성경 전체를 가리킨다. 즉 하나님의 입을 통해 나온 말씀이라면 단 한 구절도 무시할 수 있다거나 없어도 되는 부분이 없다. 모든 성경은 하나님의 호흡(영감)으로 되었기 때문이다. 우리는 하나님의 말씀을 부분적으로 좋아하는 것이 아니라 모든 말씀을 다 원하고 사모한다. "여호와의 입에서 나오는" 말씀은 매우 친밀하고 직접적인 말씀이다. 오늘날 우리가 그분의 말씀을 듣고 사모한다는 것은 그분의 입으로 나오는 그분의 숨결과 공급을 사모한다는 말이다. 이 구절은 우리의 육체가 음식이 없이는 못 살듯이 우리의 영혼도 말씀 없이는 살 수 없다는 말씀이다. 그리스도인의 감추어진 생명은 말씀에 의해 공급을 받고 실제적인 모든 생활이 말씀에 의해 인도를 받게 된다. 그리스도인은 모든 개인생활이나 직장생활, 사업경영, 사람들과의 관계 제반 생활 가운데 하나님의 인도와 상담을 얻기 위하여 말씀을 의탁해야 한다. 성경의 말씀은 그것을 의지하고 추구하는 자에게 결코 실망을 주지 않는다. 성경은 의심과 어두움을 쫓아내며 모든 사람들에게 하나님의 마음과 성품을 알게 한다.

슬퍼하고 괴로워하는 자들이여, 말씀으로 나아가라! 갈 길을 몰라 헤매는 자들이여, 말씀으로 나아가라! 주님이 말씀을 통한 위로와 안식을 주시며 밝은 빛을 비춰주실 것이다. 하나님은 사람이 떡으로만 사는 것이 아니라 하나님의 입으로 나오는 모든 말씀으로 산다는 것을 확증하실 것이다.

4절, 이 사십 년 동안에 네 의복이 해어지지 아니하였고 네 발이 부르지 아니하였느니라

모세는 또한 이스라엘 백성들에게 40년 동안에 너희의 의복이 해어지지 않았고 발이 부르트지 않았다는 것을 상기시켜 주었다. 물론 광야 생활 가운데 풍성한 것은 없었을 것이다. 여기서 주리게 하셨다고 했기 때문에 그 생활은 결코 넉넉하지 않았을 것이다. 그들은 분명 광야에서 고난과 역경의 나날을 지내야 했다. 그럼에도 불구하고 자비로우신 하나님께서는 그들을 항상 돌보셨으며 괜찮은 의복과 신발로 입히고 신겨주셨다. 신발이 낡아지면 새 신발로 갈아 신겨주시고 옷도 허름해지면 새 옷으로 갈아 입혀주셨던 것이다. 하나님께서는 그렇게 40년 동안 그들을 돌봐주셨다. 어찌하든 하나님의 목적은 그들이 하나님의 입으로 나오는 모든 말씀을 의지해서 살 수 있게 하려는 것이었다. 모든 공급의 근원이 하늘에 있다는 것을 알려주려는 것이었다. 그 건조한 광야에서 도대체 어디서 옷이 생기고 신발이 생기겠는가? 그런 곳에서 그들이 옷이 해어지지 않고 발이 부릍지 않았다면 그것은 틀림없이 하나님께서 돌봐주신 것이다. 그것을 가르치려고 하나님은 40년 동안 그들을 아무것도 없는 황량한 광야에다 두신 것이다.

그들이 계속 애굽에 있었다면 그곳은 자원과 물자가 풍부해서 하나님을 바라지 않고도 살 수 있다. 그러면 이스라엘은 하나님의 입으로 나오는 말씀을 의뢰하지 않는다. 그러나 그들이 황량한 광야로 내몰렸을 때 그들은 하나님께 배울 수 있었고 하나님의 입으로 나오는 말씀을 힘입어 살 수 있었다. 하지만 이것을 지난 세대는 체험하였지만 지금 그들의 자손인 신세대는 잘 알지 못한다. 그러므로 모세가 그 사실을 일깨워주지 않으면 배후에 있는 하나님의 돌보시는 손길을 이스라엘이 잊어버리고 생각하지 않기 때문에 다시금 이런 말로 상기시켜 주시는 것이다. 하나님은 그분의 자녀들이 말씀에 의지하여 살 뿐 아니라 그분의 돌보심으로 산다는 것을 체험하기를 원하신다.

5절, 너는 사람이 그 아들을 징계함 같이 네 하나님 여호와께서 너를 징

계하시는 줄 마음에 생각하고

이제 징계이다. 하나님의 사랑은 그분의 백성들에게 먹을 것과 입을 것을 주시고 신을 것을 주셔서 보살피신다. 그러나 또 한 면으로는 징계도 주신다. 어떤 사람들은 입을 것을 주시고 먹을 것을 주시면 하나님의 사랑을 느끼지만 징계를 주시면 사랑이 아니라고 말할 것이다. 그러나 여기서 모세는 네 하나님 여호와께서 그 아들을 징계함 같이 너를 징계하시는 줄 마음에 생각하라고 했다.

이 말씀은 히브리서 12장에도 나온다. 어떤 사람이든지 사랑하는 아들을 징계하지 상관없는 사람은 징계하지 않는다. 사도는 징계가 없으면 사생아라고 하였다. 그렇기 때문에 하나님께서 광야 40년 동안 이스라엘 백성을 먹이고 입혀주실 뿐 아니라 징계도 하신 것은 그들을 사랑하시기 때문이다. 이것은 오늘날 우리에게도 동일하다. 광야 생활에서 정말로 우리의 육체가 처리되고 자아 생명이 처리되어 하늘의 풍성한 기업을 얻고 누릴 수 있도록 징계 아래 우리를 두신 것이다. 자녀들은 부모가 돌보아주심을 늘 체험하지만 때때로 징계도 한다는 것을 잘 알 것이다. 육신의 아버지가 그렇게 하심과 같이 영의 아버지이신 하나님도 동일하시다.

6절, 네 하나님 여호와의 명령을 지켜 그 도를 행하며 그를 경외할지니라

하나님께서 40년 동안 이스라엘 백성을 광야에 두시고 먹이시고 입히시면서도 징계하신 목적은 하나님의 명령을 지키고 그 도를 행하며 그분을 경외하게 하기 위해서이다. 여기서 도를 행한다는 말은 그분의 길 안에서 행한다(to walk in His ways)는 말이다. 하나님은 왜 우리를 징계하시는가? 그렇지 않으면 육체가 강성하여 자신의 길로 행하지 하나님의 길로 행하지 않기 때문이다. 그러므로 하나님께서는 때로 손을 들어 사랑하는 자를 채찍질하신다. 그럴 때 비로소 여호와의 명령을 지키고 그분의 길로 행하며 그분을 경외하게 된다. 그래서 함부로 행하지 않게 되는 것이다. 영문 성경에는 6절 시작에 'therefore' (그러므로)라는 단어가 있다. 즉 "그러므로 네 하나님 여호와의 명령을 지켜…"라고 한 것이다. 맥킨토시는 이 'therefore' 라는 단어가 과거에 대한 회상과 미래에 대한 전망의 의미를 갖고 있다고 말했다. 즉 과거 40년간의 광야생활을 회상하면서 '그러므로' 이고 7절부터 말하는 언약의 땅 가나안의 풍성을 바라보면서 '그러므로' 이다. 즉 모세가 8장에서 과거 40년의 광야생활을 회상하고 또 가나안 땅의 풍성을 전망적으로 제시한 것은 곧 이스라엘로 하여금 여호와의 명령을 지키고 그분의 길로 행하고 하나님을 두려워하게 하기 위해서라는 의미이다.

7절, 네 하나님 여호와께서 너로 아름다운 땅에 이르게 하시나니 그곳은 골짜기에든지 산지에든지 시내와 분천과 샘이 흐르고

하나님은 이스라엘이 장차 들어갈 가나안 땅이 아름답고 부요한 땅이라는 것을 알려주심으로서 그들이 그분의 말씀에 순종하는 삶을 살도록 격려하신다. 이 아름다운 땅은 하나님께서 약속하신 가나안 땅이다. 아름다운 땅은 곧 좋은 땅(good land)이다. 7-10절은 그 땅의 아름다움과 풍성함을 그리고 있다. 이는 하나님이 그분의 성도들에게 주시는 기업의 땅에 대한 스케치이다. 이 얼마나 풍성하고 놀라운 유업인가? 이 구절에서는 이스라엘이 곧 들어가려고 하는 그 좋은 땅에 대한 비젼을 제시하고 있는 것이다. 이스라엘 백성들은 이 구절을 읽으면서 그 땅에 대한 동경과 사모함을 가졌을 것이다. 그 땅은 어떤 면에도 부족함이 없는 땅이요 부요한 땅이다. 또한 굶주림과 목마름이 없으며 사람에게 필요한 모든 것이 빠짐없이 나는 땅인 것이다. 더 이상 어떤 것을 얻으려 할 필요도 없고 구할 것도 없이 다 있는 땅이다. 이것은 무엇을 의미하는가? 나는 이것이 만물의 회복의 때(행 3:21)라고 믿는다. 그러나 어디 그뿐이겠는가? 신약의 계시에 의하면 신약의 교회의 시대는 만물을 회복하는 시대의 미리 맛봄이요, 그 영적인 성취이다. 사도행전의 많은 구절들이 복음으로 인한 교회의 시작을 만유 회복의 약속의 성취로 보았다(행 2:16-21, 3:21-26, 15:15-18). 따라서 오늘날의 교회는 영적으로 신명기 8장 7-10절의 말씀을 누릴 수 있어야 정상인 것이다. 그렇지 못하다면 아직 표준에 이르지 못한 교회생활이요 어린 아이의 형국을 벗어나지 못한 것이라고 고백해야 한다.

지난 40년 동안 이스라엘 백성들은 참으로 많은 시험을 거쳤고 심판을 받았으며 그로 인해 육체가 처리되었다. 오늘날 표현으로 하자면 주관적인 십자가를 체험하고 죽음과 부활을 거쳐서 생명을 체험하는 단계로 들어간 것이다. 그럴 때에 이른 곳이 아름다운 땅이다. 우리가 광야 40년을 잘 거칠 때 우리의 육체와 자아가 처리된다. 이렇게 죽음을 거쳐 부활 안에서 단체적으로 형성된 무리가 바로 교회이다. 신약의 교회는 바로 그러한 무리이다. 정상적인 교회는 좋은 땅이지 육체들의 회합(會合)이 아니다. 육체들의 회합은 광야에서 심판받아야 한다. 거기서 심판을 거쳐 육체를 처리하고 요단을 건너서 이른 곳이 곧 좋은 땅 가나안이다. 그곳은 부활의 영역이다. 자신을 십자가로 처리하지 않은 사람들은 아직 이 기업을 누리는 상태에 이르지 못한 것이다. 이렇게 온전히 자신을 십자가로 못 박고 처리한 사람들은 이 복된 누림을 단체적으로 누리게 됨을 기억하기 바란다.

그곳에서는 먼저 골짜기에든지 산지에든지 시내와 분천과 샘이 흐른다. 골짜기의 체험은 아주 깊은 것이고 산지의 체험은 높은 것이다. 그러므로 체험적으로 가나안의 경지에 있는 사람들은 깊은 골짜기를 거쳐도 흐름이 있고 산지의 체험을 해도 흐름이 있다. 그러면 육신적인 사람은 어떤가? 골짜기를 거칠 때에는 불만이 가득하고 조금만 높아지면 교만과 자랑으로 가득하다. 이리 가도 물이 없고 저리 가도 물이 없다. 고라와 다단과 아비람은 조금 높아지니까 거역하고 말았다. 또 그들은 낮은 곳에 있을 때에는 물이 없다고 원망하면서 다시 애굽으로 돌아가야 한다고 했다. 그것은 다 육체이다. 그러나 이 모든 육체를 처리한 사람들은 골짜기에 있든지 산지에 있든지 시내가 흐른다. 나는 이것이 바울의 체험이라고 말하겠다. 사도 바울은 갖가지 어려움을 겪었다. 그러나 그가 그 어려움 속에서 메마름을 체험했는가? 아니다. 그는 감옥에 갇혀서 죽을지도 모를 환경을 지나고 있었지만 기쁨을 잃지 않았다(빌 4:1,4). 고린도 교회의 갖가지 문제를 대하면서도 그의 속에는 육에 속한 분노나 혼란이 없었으며 하늘에 속한 사랑과 교훈으로 가득하였다. 고린도 후서 4장 말씀에는 그가 어떤 어려운 환경을 만나더라도 그것은 질그릇 속에 있는 보배가 나타날 기회가 주어지는 것이라고 말하였다. 예수의 생명은 그러한 갖가지 환경 가운데서 빛을 발하는 생명인 것이다.

분천은 영어로 'fountains' 로서 근원이고 샘은 'springs' 으로서 근원에서 솟구쳐 나오는 물이다. 그리고 시내는 'brooks of water' 로서 흐르는 물이다. 성령의 흐름은 마치 시내와 같다. 분천(fountains)은 근원이므로 하나님 아버지를 나타내고 거기서 솟구쳐 나오는 샘(springs)은 아들을 나타낸다. 근원이신 아버지가 계시고 솟아나는 샘이신 아들이 계시며 흐르는 시내이신 성령이 계신다. 성삼위 하나님의 흐름이 여기 있다. 산에 가도 있고 골짜기에 가도 있다. 이런 상태에 이르려면 광야를 잘 통과해야 한다. 거기에서 우리 육체가 다 심판받고 우리 존재가 낮아져야 한다. 그럴 때에 이러한 경지에 이르게 된다. 하나님은 우리가 주님의 길을 신실하게 순종해 나갈 때 이러한 영적인 부요에 이르게 됨을 알려주심으로서 그 길을 걸어가도록 격려하신다. 당신은 그렇게 육체가 처리되어 서로 서로 건축된 '단체적인 사람' 을 맛본 적이 있는가? 이것이 교회의 진정한 모습이다.

8절, 밀과 보리의 소산지요 포도와 무화과와 석류와 감람들의 나무와 꿀의 소산지라

밀과 보리는 주된 식물(食物)이다. 이것은 우리가 항상 먹을 수 있는 음식이다. 포도와 무화과는 일종의 음료라고 할 수 있다. 보리와 밀은 우리의 주식이지만 그것만 먹는다고 되는 것이 아니다. 마실 음료도 필요하다. 그래서 포도, 무화과, 석류 등의 과일이 있는 것이다. 석류는 얼마나 풍성한 생명을 보여주는지! 이는 우리를 신선하게 해 주는 풍성한 생명을 의미한다. 감람은 기름이다. 성령의 기름, 등불을 켜서 어둠을 비출 수 있는 것은 감람기름이다. 그 다음은 꿀이다. 이는 달콤한 누림이다. 광야에는 달콤한 것이 없었다. 메마르고 거친 것뿐이었다. 그러나 가나안 땅에서는 다르다. 이와 같이 요단을 건넌 정상적인 믿는 이들의 교제는 달콤하다. 한 시간 두 시간 함께 있어도 달콤하다. 거기에는 굶주림이 없고 모든 것이 풍성하다.

9절, 너의 먹는 식물의 결핍함이 없고 네게 아무 부족함이 없는 땅이며 그 땅의 돌은 철이요 산에서는 동을 캘 것이라

식물의 결핍이 없으며 또 철이 나고 동이 난다. 그러한 경지에 이른 성도들은 영적 전쟁을 할 수 있다. 광야에서 맴도는 성도들은 아직 원망과 거역이 가득하기 때문에 전쟁할 수 없다. 하나님의 군사로서 싸울 수 없는 것이다. 그러나 그 땅에 이른 사람들의 상태는 모든 면에서 부족한 것이 없다. 철도 있고 동도 있다. 이것들은 다 무기들을 만들 수 있는 재료들이다. 그것으로 대적을 쳐서 이길 수 있다. 또한 이 철과 동은 성전의 건축 재료도 된다.

10절, 네가 먹어서 배불리고 네 하나님 여호와께서 옥토로 네게 주셨음

을 인하여 그를 찬송하리라

'여호와께서 주셨다'는 말은 매우 중요하다. 한 성도가 개인적으로 이러한 상태에 이를 수도 있고 단체적으로 이런 상태에 이를 수도 있다. 그러나 이러한 상태에 이르는 것은 자기의 노력으로 말미암은 것이 아니라 '여호와께서 너로 아름다운 땅에 이르게 하신' 것이다(God is bringing you into a good land). 만일 여러분이 진정으로 육체와 자아를 심판하고 죽음을 거쳐 생명의 자유에 이르렀다면 그것은 여러분이 노력해서 얻은 것이 아니다. 하나님께서 그 모든 과정을 역사하시고 인도하심으로 그러한 경지로 들어가게 하신 것이다. 그럼으로써 결국 우리로 그분의 찬송이 되게 하려는 것이다(엡 1:12).

하나님은 찬송받기에 합당하신 분이다. 그분에게는 부와 능력과 지혜가 있으시다. 그러한 부와 능력과 지혜와 그분의 모든 것이 역사되어 나타난 작품이 가나안에 있는 것이다. 그곳에 이른 것은 하나님의 모든 역사의 결실이다. 그렇기 때문에 그들은 입을 벌려 하나님을 찬송할 수밖에 없다. 하나님은 이스라엘 백성들을 찬송으로 만드사 그분의 기업을 삼으신다. 이것이 에베소서 1장에 있는 말씀이다.

11절, 내가 오늘날 네게 명하는 여호와의 명령과 법도와 규례를 지키지 아니하고 네 하나님 여호와를 잊어버리게 되지 않도록 삼갈지어다

'오늘날 네게 명하는 명령과 법도와 규례를 지키지 않는' 것이 바로 불순종이다. 이러한 불순종하는 죄를 짓지 않도록, 그리고 '네 하나님 여호와를 잊어버리게 되지 않도록' 삼가라고 한다. 하나님은 그들이 가나안 땅에 들어가서 풍요로워지자 그분을 잊어버리게 되는 위험을 지적하신다. 성도들에게는 잘 잊어버리는 특징이 있다. 마귀가 하는 일 중에는 속이는 일도 있고 잊어버리게 하는 일도 있다. 주님의 사도들은 주로 무슨 일을 하는 사람들인가? 기억나게 하는 것이다. 베드로 후서 1장 12절, "이러므로 너희가 이것을 알고 이미 있는 진리에 섰으나 내가 항상 너희로 생각하게 하려 하노라". 14-15절, "이는 우리 주 예수 그리스도께서 내게 지시하신 것같이 나도 이 장막을 벗어날 것이 임박한 줄을 앎이라 내가 힘써 너희로 하여금 나의 떠난 후에라도 필요할 때는 이런 것을 생각나게 하려 하노라". 이렇게 베드로는 성도들이 잊어버리지 않도록 생각나게 하고 있다. 바울 사도도 마찬가지이다. 성도들이 이미 알고 있는 것을 다시금 상기시키는 일을 한 것이다. 어떤 성도들은 무엇을 말하면 다 안다고 한다. 아는 것은 좋은 것이지만 문제는 쉽게 잊어버리는 것이다. 그러므로 "네 하나님 여호와를 잊어버리게 되지 않도록 삼갈지어다"라고 한 것이다.

12절, 네가 먹어서 배불리고 아름다운 집을 짓고 거하게 되며

이스라엘 백성들이 여호와를 왜 잊어버리게 되는가 하면 배불리 먹고 아름다운 집을 짓고 거기 거하기 때문이다. 광야에서는 굶주렸고 정처가 없었다. 그저 이곳저곳 옮겨 다니며 텐트를 치고 거했다. "아버지, 우리 내일은 어디서 자게 되지요? 우리도 좀 편안하게 살면 안되나요" 하는 말이 이 텐트 저 텐트에서 있었을 것이다. 또 그때는 "주여, 우리에게 일용한 양식을 주시옵소서" 라고 간절하게 기도했을 텐데 이제 편안한 집에서 배부르게 먹다 보니까 하나님을 잊어버린 것이다.

13-15절, 또 네 우양이 번성하며 네 은금이 증식되며 네 소유가 다 풍부하게 될 때에 14 두렵건대 네 마음이 교만하여 네 하나님 여호와를 잊어버릴까 하노라 여호와는 너를 애굽 땅 종 되었던 집에서 이끌어 내시고 15 너를 인도하여 그 광대하고 위험한 광야 곧 불뱀과 전갈이 있고 물이 없는 간조한 땅을 지나게 하셨으며 또 너를 위하여 물을 굳은 반석에서 내셨으며

하나님께서는 계속해서 이스라엘 백성들이 잊어버릴까봐 염려하신다. 하나님께서는 그들이 광야에 있을 때에도 염려하시고 이제 요단을 건너 가나안에 들어간 후의 일도 염려하신다. 오늘날 많은 주님의 종들이 사역을 시작하여 아주 어려운 시절에는 밤낮으로 간절히 기도하고 부르짖는데 이제 우양이 번성하고 은금이 증식되고 소유가 풍부하게 되면 자동적으로 교만하게 된다. 그리고서 살아 계신 하나님, 그러한 것들을 주신 하나님을 잊어버리게 된다. "네 소유가 다 풍부하게 될 때에 네 마음이 교만하여 네 하나님 여호와를 잊어버릴까 하노라 여호와는 너를 애굽 땅 종 되었던 집에서 이끌어 내시고 너를 인도하여 그 광대하고 위험한 광야 곧 불뱀과 전갈이 있고 물이 없는 간조한 땅을 지나게 하셨으며 또 너를 위하여 물을 굳은 반석에서 내셨으며". 여기서 굳은 반석이란 부싯돌 반석이라는 뜻이다. 부싯돌 반석에서는 물이 나올 가능성이 전혀 없다. 그런데 그런 부싯돌 반석에서 하나님은 물이 나게 하신 것이다.

사실 우리가 주님의 공급을 받는 곳은 바로 이같은 광야에서이다. 그러므로 우리는 소유가 풍부하게 되었을 때에 애굽 땅 종 되었던 집에서 우리를 이끌어 내신 하나님을 잊어버려서는 안 된다. 즉 우리가 심히 악한 죄인이었고 죽을 수밖에 없는 사람이었는데 하나님께서 우리를 구원하신 사실을 잊지 말라는 것이다. 우리는 신약의 사도 바울이 참으로 귀한 종이라는 것을 알 수 있다. 그는 그렇게 위대한 사역을 하고 열매를 많이 맺었어도 끝까지 '나는 죄인 중에 괴수이다. 나는 자격이 없는 자이다. 나는 포행자고 핍박자였다' 하면서 자신이 어떠한 사람인가를 잊지 않았다. 그는 그를 구원하시고 인도하시어 풍성한 생명을 공급할 수 있는 사람으로 만들어 주신 하나님을 잊지 않은 것이다.

또 그들은 불뱀과 전갈이 있는 위험한 광야를 지나는 동안 하나님께서 그들을 지켜주신 것도 잊어서는 안 되었다. 오늘날 이 땅에는 유감스럽게도 영적 사망을 맛보는 사람들이 너무나 많다. 원망하고 거역하다가 불뱀에 물리고 전갈에 쏘여 죽는 것이다. 그러한 상황에서 우리가 지키심을 입었다면 그것은 하나님의 긍휼이다. 우리는 다만 하나님의 긍휼과 자비로운 손길을 인하여 감사드려야 할 것이다.

16절, 네 열조도 알지 못하던 만나를 광야에서 네게 먹이셨나니 이는 다 너를 낮추시며 너를 시험하사 마침내 네게 복을 주려 하심이었느니라

여러분을 낮추시는 것은 하나님의 은혜와 긍휼의 손길이다. 광야에서 많은 환경을 통과하게 하시고 심판받고 처리되게 하신 하나님의 의도는 마침내 이스라엘에게 복을 주시려는 것이다. 복을 주시려고 그러한 어려움 가운데로 인도하신 것이다. 하나님의 이 심중을 누가 알겠는가? 아마 여러분은 그러한 환경을 만나면 '아, 하나님, 나는 당장 죽을 것 같습니다' 할 것이다. 그런데 그 과정을 거치지 않으면 복을 받지 못한다. 그들은 그런 과정을 거친 후에 비로소 가나안에 이르게 되는 것이다.

17절, 또 두렵건대 네가 마음에 이르기를 내 능과 내 손의 힘으로 내가 이 재물을 얻었다 할까 하노라

그러한 과정을 거쳐 영적인 축복을 얻고 진리의 지식도 많아지고 많은 열매도 있고 할 때 '내가 얼마나 많은 세월 동안 남모르게 고난을 당하면서 이런 영적 체험을 쌓은 줄 아느냐?' 하지 말라는 것이다. 이 구절의 재물은 부(wealth)를 뜻하는데, 이것은 다 하나님께서 주시는 것이다. 고린도 전서 4장에서 사도 바울은 "네게 있는 것 중에 받지 아니한 것이 무엇이뇨 네가 받았은즉 어찌하여 받지 아니한 것같이 자랑하느뇨"(7절)라고 했다. 또 하박국 1장 15-16절에는 어떤 사람들이 고기를 많이 잡고서 기뻐하고 즐거워하면서 그 그물에다 제사를 했다는 말씀이 있다. 고기가 많이 잡히다 보니 그 그물이 너무 고마운 것이다. 이 그물은 일종의 영적인 은사라고 할 수 있다. 어떤 사역자가 한 번 말씀을 전하면 많은 사람들이 구원을 받고 교회가 부흥된다. 그러다 보니 자신의 은사를 높이고 그 은사에 경배하는 것이다. 그런 일이 있을 수 있다. 그러므로 내 능과 내 손의 힘으로 내가 이 부를 얻었다고 말하지 말라고 하셨다.

18절, 네 하나님 여호와를 기억하라 그가 네게 재물 얻을 능을 주셨음이라 이같이 하심은 네 열조에게 맹세하신 언약을 오늘과 같이 이루려 하심이니라

그러한 부를 얻을 수 있는 능력은 원래 네가 가진 것이 아니고 여호와께서 네게 주신 것이라는 말이다. 또한 그러한 능력을 주셔서 부를 얻게 하신 것은 하나님께서 그 열조에게 맹세하신 언약을 이루시려는 것이다. 가령 어떤 사역자에게 말씀 전하는 은사를 주신 것은 모든 사람이 구원을 얻으며 진리를 온전히 아는 데 이르기를 원하시기 때문이라는 것이다. 이 땅에 참으로 신실하고 그리스도의 형상을 본받은 한 무리가 일어났다면 그것은 어떤 사람에게 능력이 있어서가 아니라 하나님께서 그러한 무리를 원하시고 또 언약을 하셨기 때문이라는 말이다.

19절, 네가 만일 네 하나님 여호와를 잊어버리고 다른 신들을 좇아 그들을 섬기며 그들에게 절하면 내가 너희에게 증거하노니 너희가 정녕히 멸망할 것이라

살아 계신 하나님을 잊어버리고 다른 신을 섬기면 안 된다. 다른 신이란 무엇이겠는가? 지식, 지위, 부, 명성 등도 다 다른 신이다. 여러분은 아마 성경 지식은 '다른 신'이 아닐 것이라고 생각할 것이다. 그러나 그것조차도 다른 신이 될 수 있다. 에덴 동산에는 생명나무가 있고 선악을 알게 하는 나무가 있었는데, 선악을 알게 하는 나무가 곧 지식의 나무이다. 지식이란 아는 것으로 족하게 여기는 것이다. 그러나 생명나무는 오직 살아 계신 하나님만 의존하는 것이다.

사람이 은금이 많아지고 우양이 많아지면 대가를 지불해서 주님 따르기를 원치 않고 지식으로만 소위 신앙생활을 하려고 한다. 그렇게 될 때 다른 신을 좇게 된다. 그 동안에 주님을 따른 결과로 얻게 된 지위, 명성만을 붙잡게 되는 것이다. 성경은 그럴 때 망한다고 했다.

11절에도 하나님은 이스라엘이 그분 자신을 잊어버리지 않게 되기를 원하셨다. 12-14절은 그들이 아름다운 집을 짓고 우양이 증식되고 번성하며 소유가 풍부하게 될 때 마음이 교만하여져서 하나님 여호와를 잊어버릴까 염려하셨다. 또한 18절과 19절에도 하나님은 이스라엘이 하나님을 기억지 않고 잊어버릴까 염려하신다. 이처럼 7장과 8장은 주로 다른 신과 우상에게로 사람들의 마음이 향하는 것에 대한 주의를 주고 계시다.

20절, 여호와께서 너희의 앞에서 멸망시키신 민족들같이 너희도 멸망하리니 이는 너희가 너희 하나님 여호와의 소리를 청종치 아니함이니라

그들의 마음이 살아 계신 하나님에게서 떠났기 때문에 그들은 이미 가지고 있는 지식으로 만족했다. 주님이 주신 열매로 만족했다. 그리고 그들은 더 이상 주님을 원하지 않는다. 그럴 때 하나님께서는 "너희의 앞에서 멸망시키신 민족들같이 너희도 멸망할 것이라"고 하셨다. 하나님께서는 그분이 사랑하시고 선택하시고 기대를 갖고 역사해오신 그분의 백성이라 하더라도 하나님을 청종치 않고 이방 열국의 길을 가면 그들을 멸망시키듯이 그분의 백성도 멸망시키실 것이라고 했다. 왜냐하면 그들의 행사가 이방인과 똑같기 때문이다.

누가복음 12장에서 주님은 이렇게 말씀하셨다. 45-46절, "만일 그 종이 마음에 생각하기를 주인이 더디 오리라 하여 노비를 때리며 먹고 마시고 취하게 되면 생각지 않은 날 알지 못하는 시간에 이 종의 주인이 이르러 엄히 때리고 신실치 아니한 자의 받는 율에 처하리니". 여기서 신실치 않은 자가 영어로는 'unbeliever' (불신자)이다. 즉 불신자들이 참여하는 장소에 그들을 참여시키겠다는 것이다. 또 마태복음 7장에서는 어떤 사람들이 선지자 노릇하고 능력을 행하고 귀신도 쫓아내고 주의 이름으로 많은 일을 했을지라도 주님은 '내가 너희를 도무지 알지 못한다' 하리라고 했다.

그러므로 오늘 우리는 모든 일에서 철저하게 하나님의 음성을 청종해야 한다. 우리의 삶과 섬김이 하나님의 말씀에 따른 것이어야 한다. 그렇기 때문에 자세히 주의하면서 말씀을 읽어야 한다. 말씀 가운데서 주님의 뜻을 발견하면서 그 뜻에 순종하는 삶을 살아야 한다. 말씀이 우리 온 삶을 지배하게 해야 한다. 그럴 때 복을 받는다.

신명기 9장

우리는 신명기 8장에서 하나님께서 이스라엘 백성들을 음식도 없고 마실 물도 없는 건조한 광야로 인도하신 것은 그들에게 하나님만이 공급의 근원이시고 사람은 마땅히 하나님 한 분을 의지해야만 힘을 얻고 살 수 있다는 것을 가르치시려는 것임을 보았다.

오늘날 우리 믿는이들도 똑같다. 하나님께서는 주님을 믿은 사람들을 곧바로 환경이 좋아지도록 인도하시는 것이 아니라 오히려 직업을 잃게도 하시고 또 많은 재물을 잃어버리게도 하시는 등 많은 어려움들을 당하게 하신다. 그럴 때 믿는이들은 이상하게 여기면서 '주님을 믿었으면 더 축복을 받고 더 잘되어야 되는데 왜 이렇게 경제적으로나 모든 면에서 길이 캄캄하고 어렵게 될까?' 라고 한다. 그들은 이로 인해 혼란스러워하기도 하고 어떤 사람들은 믿음이 약해지기도 한다. 그러나 성경에 의하면 하나님께서는 택한 백성들을 애굽에서 인도하여 내어 도리어 아무것도 없는 건조한 땅으로 이끄셨고 그곳에서 40년 동안 부족함 없이 그들을 입히시고 먹이시고 마시게 하셨다. 그것은 다름 아니라 하나님의 백성들이 땅에 있는 것들을 신뢰하지 않고 오직 하늘에 계신 하나님만 바라보고 그분으로부터 공급을 얻으며 그분의 말씀에 의해서 살 수 있는 사람들이 되게 하려는 것이다. 그러므로 하나님의 백성들은 하늘을 의지하고 하늘을 바라보며, 이 땅에서 살지만 이 땅을 의지하지 않는다. 사람을 의지하지 않고 돈을 의지하지 않는다. 쌓아놓은 재산을 의지하지도 않는다. 오직 하나님의 입으로 나오는 모든 말씀을 의지하여 산다. 또한 하나님은 그들의 마음을 낮추시고 그들의 마음이 진정 어디에 있는지를 알기 원하셨다. 이상이 8장의 중점이다. 또한 8장에서는 이스라엘 백성들이 얻게 될 그 땅에 대한 비전도 보게 하셨다.

9장에 올 때 모세는 이스라엘이 그 땅에 들어가 자만하게 될지 모르는 위험성에 대하여 예방주사를 놓고 있다. 그들이 지금까지 받은 큰 은혜는 자신들의 의와는 아무 상관이 없다는 것을 알려주고 있다. 1-5절은 이스라엘의 가나안 정복은 스스로의 공로에 의한 것이 아니라 하나님께서 열조와 맺은 언약으로 인한 것이고, 따라서 언약을 신실하게 지키시는 하나님으로 말미암은 것이라는 말이다. 6-21절은 금송아지 사건을 통해 이스라엘이 내세울 공로가 전혀 없으며 항상 거역적이며 거스린 사람들임을 알려준다. 22-24절은 여러 다른 곳에서도 이스라엘은 항상 패역했던 백성들이었음을 말해주고 있다. 25-29절에서 또한 하나님께서 그들을 지금까지 멸하지 않고 살려두신 것이 모세의 중재와 하나님의 언약을 지키시는 신실하심에 의한 것임을 말씀하신다. 이러한 말씀은 우리를 낮추시는 말씀이고 다만 모든 것이 하나님의 긍휼하심과 은혜임을 알게 한다. 어떤 사람이 말씀을 지킬 수 있는가? 자신에게는 아무것도 없고 그분의 은혜뿐임을 아는 사람들이다. 하나님이 우리를 위해 많은 것을 다 하신다 해서 우리에게 뭔가 좋은 점이 있어서라고 생각하는 사람은 오산을 하게 되는 것이다. 하나님은 우리가 늘 거역적이기만 한 자들임을 잊지 않기를 원하신다. 이스라엘 백성들의 역사는 바로 우리의 역사이다. 그들이 목이 곧은 자들이면 바로 우리가 그러하다는 말이다.

1절, 이스라엘아 들으라 네가 오늘 요단을 건너 너보다 강대한 나라들

로 들어가서 그것을 얻으리니 그 성읍들은 크고 성벽은 하늘에 닿았으며

이제 이스라엘 백성들은 모압 평지에서 요단 강을 건너 가나안 땅에 들어가려는 시점에 있다. 그때 모세는 요단을 건너서 그들이 정복할 땅이 그들보다 강대한 나라이며 그 성읍들은 크고 성벽은 하늘에 닿았다고 하였다.

2절, 그 백성은 네가 아는바 장대한 아낙 자손이라 그에게 대한 말을 네가 들었나니 이르기를 누가 아낙 자손을 능히 당하리요 하거니와

이 말씀은 민수기에서 불신앙의 보고를 한 열 명의 정탐꾼의 말을 인용한 것이다. 여기에서 하나님의 사람 모세는 '그들의 말처럼 아낙 자손은 너희보다 강대한 나라이며 그 성읍들은 크고 성벽은 하늘에 닿았으며 네가 아는 대로 그 자손들은 기골이 장대하다' 라고 말하는 것 같다. '아낙' 이라는 말 자체가 목이 길다는 뜻이다. 키가 큰 사람치고 목이 길지 않은 사람이 없다. 거인은 다 목이 길다. 그래서 "누가 아낙 자손을 능히 당하리요 하거니와" 라고 했던 것이다.

3절, 오늘날 너는 알라 네 하나님 여호와께서 맹렬한 불과 같이 네 앞에 나아가신즉 여호와께서 그들을 파하사 네 앞에 엎드러지게 하시리니 여호와께서 네게 말씀하신 것같이 너는 그들을 쫓아내며 속히 멸할 것이라

민수기에서 우리는 아낙 자손들을 대단한 존재로 묘사한 열 명의 정탐꾼의 보고를 소극적이고 불신앙적인 것이라고 배웠다. 그런데 하나님의 종 모세는 아닌 게 아니라 그 땅에는 강대한 민족이 살고 있고 그 성벽은 크고 하늘에 닿았다고 말한다(1절). 이것은 모순되는 것 같지만 실상은 모순되는 것이 아니다. 그 사실을 서술하는 데 있어서 어떤 사람들은 겁을 먹고 그 땅으로 들어가지 않으려고 불신의 말을 하지만 여기 모세는 그것이 사실이지만 그들을 이기고 정복할 수 있다는 믿음을 가지고 말하기 때문이다. 우리 믿는이들은 한편으로 우리 앞에 놓여 있는 많은 난관들이나 대적의 역사 혹은 우리가 넘어야 할 산이나 극복해야 할 일들을 결코 경시해서는 안 된다. 아낙 자손이 이스라엘보다 강한 것도 사실이고 그 성이 높아서 하늘까지 닿았다고 표현한 것도 틀린 것이 아니다. 이렇게 우리가 마주 대하고 있는 어려움들을 사실 그대로 인식하고 말하는 것 자체가 나쁜 것은 아니다. 어쩌면 우리는 당한 일들을 사실대로 알아야 할 것이다.

누가복음 14장을 잠시 보겠다. "무릇 내게 오는 자가 자기 부모와 처자와 형제와 자매와 및 자기 목숨까지 미워하지 아니하면 능히 나의 제자가 되지 못하고 누구든지 자기 십자가를 지고 나를 좇지 않는 자도 능히 나의 제자가 되지 못하리라"(26-27절). 우리가 주님을 따르는 길은 결코 쉬운 것이 아니다. 자기 목숨까지 미워하는 길이다. 자기 십자가를 지고 자기를 부인하면서 가야 하는 길이다. 이어서 주님은 28절과 29절에서 "너희 중에 누가 망대를 세우고자 할진대 자기의 가진 것이 준공하기까지에 족할는지 먼저 앉아 그 비용을 예산하지 아니하겠느냐 그렇게 아니하여 그 기초만 쌓고 능히 이루지 못하면 보는 자가 다 비웃어 가로되 이 사람이 역사를 시작하고 능히 이루지 못하였다 하리라"고 하신다.

어떤 사람이 망대를 건축하고자 할 때 그 비용이 얼마나 들 것인지를 먼저 앉아 계산해 보지 않고 시작하면 짓다가 비용이 점점 많이 들어갈 때 중도에서 포기할 수 있다는 것이다. 그런 사람은 앞에 놓인 어려움을 경시함으로 낭패를 당하는 것이다. 우리가 만일 망대를 건축하고자 한다면 그 일이 얼마만큼 어려운 일인지, 어떤 대가가 지불되어야 하는 일인지를 분명히 알고서 시작해야 한다. 그럴 때 실패하지 않고 그 일을 완성할 수 있다.

지금 이스라엘 백성들 앞에는 요단을 건너서 가나안 땅에 들어가는 일이 남아 있고 또 거기 가서 가나안 일곱 족속과 싸워 그 땅을 차지해야 할 일이 남아 있다. 누가복음 14장에는 또 한 가지 비유가 있는데, 그것은 아군의 일만 병력을 가지고 상대편의 이만 병력을 과연 쳐부술 수 있느냐를 먼저 생각해 보라는 것이다. 만일 이길 승산이 없거든 싸우지 말고 차라리 화친을 청하는 것이 낫다. 그러므로 여기서 모세가 가나안의 상황을 있는 그대로 이스라엘 백성에게 말해준 것은 열 정탐꾼이 보고한 것과는 본질적으로 다르다. 우리는 사도행전 20장에서 사도 바울이 예루살렘에 들어갔을 때의 일을 생각해볼 수 있다. 바울은 예루살렘에 들어갈 때 거기서 당할 어려움이 어떠한 것인지를 알았다. '일단 가면 주님이 다 지켜주실 것이다. 어려우면 얼마나 어렵겠느냐' 하지 않았다. 그는 어쩌면 죽을 수도 있다고 생각하고서 들어간 것이다. 이와 같이 이스라엘 백성들도 가나안에 들어가서 싸울 적에 이런 말씀이 없으면 그 마음에 각오와 다짐이 없게 되는 것이다.

"오늘날 너는 알라 네 하나님 여호와께서 맹렬한 불과 같이 네 앞에 나아가신즉 여호와께서 그들을 파하사 네 앞에 엎드러지게 하시리니 여호와께서 네게 말씀하신 것같이 너는 그들을 쫓아내며 속히 멸할 것이라". 그 싸움을 누가 하는가? 하나님께서 하신다. 이것은 이스라엘 백성들에게 믿음을 주는 장면이다. 이것이 이방인들과 다른 점이다. 이방인들은 자신들의 힘만 의지하지만 우리는 아무리 어려워도 하나님을 의지한다. 하나님께서 이스라엘 백성들 앞에 맹렬한 불과 같이 나아가셔서 대적들을 파하시고 그들 앞에 엎드러지게 하실 것이니 대적들을 쫓아내며 속히 멸하라고 했다. 하나님께서 대적을 파하시고 엎드러지게 하시기 때문에 이스라엘 백성들은 그들을 쫓아낼 수 있고 멸할 수 있다.

그러므로 그리스도인들은 반드시 자신의 힘과 자신의 능력으로 전쟁을 하는 것이 아님을 보아야 한다. 하나님께서 먼저 가셔서 그들 앞에 놓여 있는 많은 어려움들과 난관들을 해결해 주신 다음에 정복하고 이기고 취하라고 말씀하신다. 또한 이것은 이스라엘 백성들에게 믿음을 주시는 말씀이다. 여호와께서 반드시 네 앞에서 불과 같이 나아가서 그들을 파하고 멸하실 것이니 너는 가서 그들을 쫓아내라는 것이다. 그들이 아무리 크고 강해도 하나님께서 싸우시면 문제가 되지 않는다. 오늘 우리 그리스도인들은 반드시 이 한 가지를 알아야 한다. 우리의 싸움은 우리가 싸우는 것이 아니라 하나님께서 싸우시는 것이며 우리는 다만 가서 취하는 것이다. 이러한 믿음이 없이는 아무것도 할 수 없다. 믿음은 모든 것의 열쇠이다.

4절, 네 하나님 여호와께서 그들을 네 앞에서 쫓아내신 후에 네가 심중에 이르기를 나의 의로움을 인하여 여호와께서 나를 이 땅으로 인도하여 들여서 그것을 얻게 하셨다 하지 말라 실상은 이 민족들이 악함을 인하여 여호와께서 그들을 네 앞에서 쫓아내심이니라

이것은 가나안에서 대적을 쫓아낸 후의 이야기이다. 위의 네 구절 말씀에서 모세는 가나안 땅에 들어가서 전쟁을 하기 전에 그들의 대적의 상황을 말해주고 또 그들에게 믿음을 주어 들어가서 싸워 이기도록 격려한다. 그리고 더 나아가 싸워서 이긴 후에 있을 문제들을 말해준다. 하나님께서 역사하셔서 가나안 땅 일곱 족속을 다 멸망시키고 그 땅을 기업으로 얻은 후에도 여전히 이스라엘 백성들은 주의할 것이 있다. 그것은 바로 이긴 후에 그들 속에 슬그머니 들어온 자만심이다. 그들은 자신들이 그래도 하나님 앞에 올바른 것이 있기 때문에 이 싸움에서 이겼다고 생각하는 자만심을 갖게 되는 것이다. 그렇기 때문에 하나님의 종은 여기에서 이스라엘 백성들이 다시는 사단에게 속지 않도록, 그리고 자신을 신뢰하고 자기의 의를 지랑하지 않도록 주의하는 말씀을 주고 있다.

"나의 의로움을 인하여 여호와께서 나를 이 땅으로 인도하여 들여서 그것을 얻게 하셨다". 사람들은 이렇게 되기가 매우 쉽다. 하나님께서 그분의 종들을 크게 사용하시어 많은 역사를 하게 하시고 또 많은 사람을 구원받게 하시며 하나님께 인도하게 하실 때 빠지게 될 위험이 무엇인가? 그것은 바로 '내가 하나님 앞에서 뭔가 옳은 것이 있고 남보다 좀 더 충성되게 행한 것이 있기 때문에 하나님께서 나를 통해 이러한 역사를 이루신 거야' 라고 생각하는 것이다. 모세는 이스라엘 백성에게 바로 이 점을 경고하고 있다.

"실상은 이 민족들이 악함을 인하여 여호와께서 그들을 네 앞에서 쫓아내심이니라". 가나안 땅의 일곱 족속이 악하기 때문에 그들을 내쫓고자 하신 것이다. 하나님께서는 그 땅에 그렇게 악한 민족들이 거주하는 것을 원치 않으셨다. 창세기 15장 16절에서 하나님은 "네 자손은 사 대 만에 이 땅으로 돌아오리니 이는 아모리 족속의 죄악이 아직 관영치 아니함이니라"고 하셨다. 이 아모리 족속은 곧 가나안 족속의 하나이다. 이 아모리 족속의 죄악이 아직 관영치 아니하였다는 것은 그 족속의 죄악이 관영할 때 하나님께서 그들을 심판하실 것이라는 의미를 함축하고 있다.

하나님께서는 사람을 창조하실 때 그분의 형상과 모양대로 지으시고 이 땅에 있는 모든 것들을 정복하고 다스리라고 하시면서 그 중에 특히 땅에 기는 것들을 언급하셨다. 땅에 기는 것들은 사탄을 대표하는데, 하나님께서는 그분의 대적자 사탄을 직접 처리하지 않으시고 또 다른 피조물인 사람을 창조하셔서 그로 하여금 역시 피조물인 사탄을 처리하게 하고자 하신 것이다. 그럼으로써 하나님께서는 그 땅을 그분의 것으로 회복하기 원하셨다. 여기에 사람을 창조하신 목적이 있다. 사람이 사탄을 패배시킬 수 있는 것은 하나님께서 그렇게 하기를 원하시기 때문이다. 이와 같이 이스라엘 백성이 가나안에 들어가서 일곱 족속을 패배시키고 승리를 얻은 것은 그들이 의로워서가 아니라 그 족속이 악하므로 여호와께서 그들을 멸하고자 하셨기 때문이다. 결국 이스라엘은 가나안 부족들을 쫓아낸 후에 그것이 그들로 말미암은 것이 아니라는 것을 알고 겸손히 하나님의 은혜를 바라야 했다. 하나님은 어찌하든지 이스라엘이 받은 축복이 자신들로 인한 것이 아님을 알게 하기 원하신다. 영적인 길에서 자신을 신뢰하는 것보다 위험한 것이 없다. 그러한 상태는 그 자체가 실패를 예고하는 것이다.

5절, 네가 가서 그 땅을 얻음은 너의 의로움을 인함도 아니며 네 마음이 정직함을 인함도 아니요 이 민족들의 악함을 인하여 네 하나님 여호와께서 그들을 네 앞에서 쫓아내심이라 여호와께서 이같이 하심은 네 열조 아브라함과 이삭과 야곱에게 하신 맹세를 이루려 하심이니라

하나님께서는 여기서 거듭 이스라엘 백성들이 그 대적들을 쫓아낸 뒤에 자기 의(義)에 빠질까봐 염려하신다. 사실 이들을 쫓아내신 분은 하나님이시다. 그들 스스로는 쫓아낼 길이 없다. 왜냐하면 그 족속들은 그들보다 강대하고 그 성은 높기 때문이다. 그러나 이러한 큰 역사를 경험할 때 그들은 '아, 우리가 의롭고 정직하기 때문에 하나님께서 우리를 통해서 이러한 역사를 이루셨구나' 하고 자만에 빠질 수 있다. 그래서 거듭 이러한 말씀으로 일깨우고 있는 것이다.

"여호와께서 이같이 하심은 네 열조 아브라함과 이삭과 야곱에게 하신 맹세를 이루려 하심이니라". 또 한 가지 이유는 하나님께서 아브라함과 이삭과 야곱에게 하신 맹세를 이루려 하심이다. 하나님은 언약을 지키시는 하나님이시다. 전능하시고 존귀하신 하나님이 피조물인 사람과 약속하기를 기뻐하시며 또한 그 약속을 능히 이루신다. 그러므로 하나님께서는 사람이 그분의 약속을 믿고 신뢰하기를 원하신다. 성경의 구약은 옛 언약이고 신약은 새로운 언약이다. 모두가 다 약속이다. 하나님께서는 과거에도 약속하셨고 지금도 약속하시며 그 약속을 스스로 지키신다. 그렇게 하심으로 그분의 신실하심을 우리에게 나타내시고 증명하시어 우리로 그분을 믿게 하신다.

하나님께서는 아브라함과 이삭과 야곱에게 가나안 지경을 기업으로 주시겠다고 재삼재사 약속하셨다. 그리고 이제 그의 후손들인 이스라엘 백성으로 대적들을 쳐서 이기게 하시고 그 땅을 기업으로 얻게 하고자 하신다. 그러므로 그것은 그들의 의로움 때문이 아니라 조상들에게 하신 약속을 지키기 위해서이다. 그것은 오늘날 우리에게도 적용할 수 있다. 우리는 장래 주님의 나라를 기업으로 얻고 또 상을 얻을 것이다. 그런데 그 모든 것은 우리가 의롭기 때문이 아니라 하나님께서 예수 그리스도를 통하여 세우신 새 언약을 인해서이다. 그것은 그분의 피로 세운 언약이다. 하나님께서는 그 언약을 믿고 신뢰하는 우리에게 그 언약을 지키심으로 그분의 신실하심을 나타내실 것이다. 우리가 그분을 언약을 지키시는 하나님으로 믿는 것은 우리에게 매우 용기와 힘을 주고 또한 우리로 스스로를 자랑치 않게 하고 겸손한 마음을 갖게 하며 하나님을 더욱 경외하게 한다.

6절, 그러므로 네가 알 것은 네 하나님 여호와께서 네게 이 아름다운 땅을 기업으로 주신 것이 네 의로움을 인함이 아니니라 너는 목이 곧은 백성이니라

주님은 직선적으로 이스라엘 백성들에게 말씀하신다. "네 의로움을 인함이 아니니라 너는 목이 곧은 백성이니라". 우리는 타고난 교만을 갖고 있는 사람들이다. 그러므로 낮추지 않으면 안 된다. 낮출 필요가 없는 사람은 하나도 없다. 우리가 하나님으로부터 아무리 많은 은혜를 얻고 계시를 얻고 열매를 얻었다 할지라도 언제나 우리는 우리의 본질을 알 필요가 있다. 그것은 우리가 목이 곧은 백성이고 교만한 자라는 것이다. 이것이 우리를 믿음의 길에서 안전하게 지켜줄 것이다.

7-8절, 너는 광야에서 네 하나님 여호와를 격노케 하던 일을 잊지 말고 기억하라 네가 애굽 땅에서 나오던 날부터 이곳에 이르기까지 늘 여호와를 거역하였으되 8 호렙 산에서 너희가 여호와를 격노케 하였으므로 여호와께서 진노하사 너희를 멸하려 하셨느니라

사람들은 다 쉽게 잊어버린다. 우리가 과거에 얼마나 하나님을 거역하고 불순종하고 악을 행하던 사람이었는가를 잊어버리고 하나님께서 잠시 우리를 사용해서 큰 일을 행하시면 '아, 내가 정직하고 경건하게 행했더니 하나님께서 나를 쓰시는구나!' 하면서 과거 자기의 모든 악함을 다 잊어버린다. 우리의 지난날의 패역을 잊어버리는 것은 그 자체가 우리의 영성을 매우 위험하게 한다. 그러므로 하나님께서는 거듭거듭 이스라엘 백성들에게 '그 족속들을 쫓아낸 뒤에 너희는 반드시 한 가지를 알아야 하는데 그것이 너의 의로움을 인한 것이 아니라는 것이다. 너는 목이 곧은 백성이고 애굽에서 나온 이래 지금까지 40년 동안 줄곧 나를 거역했다. 너는 이것을 잊지 말고 기억하라' 고 하시는 것이다. 우리에게도 40년의 세월이 필요했던 것은 우리의 교만과 거역이 다 드러나야 했기 때문이다. 그 드러나게 한 사실과 우리의 본성에 대하여 잘 알 필요가 있다. 그리스도인 생활 초기에 우리는 우리가 그렇게 좋지 않다는 사실을 잘 알지 못했다. 그러나 광야를 통과하면서 다 드러나고 말았다. 우리 자신이 얼마나 거역적이며 불신으로 가득한 존재인가를 알게 된 것이다. 그러므로 우리는 마음을 낮추고 하나님의 긍휼과 은혜를 구하지 않을 수 없게 된 것이다. 이러한 태도는 앞으로도 계속되어야 한다.

호렙 산에서 모세는 하나님으로부터 돌판에 새겨진 율법을 받았다. 그런데 40일간 산에 머물다가 십계명을 받아 가지고 내려왔을 때 그들은 우상을 만들어 섬기고 있었다. 그때 여호와 하나님께서는 심히 노하사 모세에게 "내가 저들을 다 멸하리라"고 하셨다. 그러므로 이스라엘 백성들은 그들이 남달리 선해서 가나안을 차지할 수 있었던 것이 아니라는 사실을 알았어야 했다. 오히려 그들은 매우 거역적인 사람들이었다. 모세는 이 사실을 그들에게 일깨워주고 있다.

이것은 오늘날 우리에게도 동일하다. 그러므로 우리 또한 이 말씀을 받아야 한다. 사도 바울은 하나님께 귀히 쓰임을 받은 종이었지만 늘 마음속에 '나는 교회를 핍박한 자요 포행자요 죄인 중의 괴수' 라는 의식을 지니고 있었다. 그러므로 우리는 하나님께 조금 쓰임받았다고 해서 '나는 특별한 사람이다. 내가 의롭고 정직하기 때문에 하나님께서 나를 통해 이렇게 큰 역사를 이루셨고 지금도 이루고 계시는 것이다' 라고 해서는 안 된다. 바울은 나의 나 된 것은 순전히 하나님의 은혜라고 고백했다(고전 15장). 우리에게는 선한 것이 없다(롬 7장). 우리가 쓰임받았다면 그것은 다만 그분의 언약을 친히 지키시려는 하나님의 신실하심일 뿐이다. 오히려 우리는 목이 곧은 자요 불순종하는 자요 거역하는 자이다. 오늘 우리가 주님의 긍휼을 얻어 이 길을 걸어가다 보면 자신을 멸망이나 심판이나 하나님의 진노와는 아무 관계가 없는 사람으로 여기면서 자신이 얼마나 악한 존재였는가를 잊어버릴 수가 있다. 그러므로 이 사실을 다시금 일깨워줄 필요가 있는 것이다.

9-10절, 그때에 내가 돌판들 곧 여호와께서 너희와 세우신 언약의 돌판들을 받으려고 산에 올라가서 사십 주야를 산에 거하며 떡도 먹지 아니하고 물도 마시지 아니하였더니 10 여호와께서 두 돌판을 내게 주셨나니 그 판의 글은 하나님이 친수로 기록하신 것이요 너희 총회 날에 여호와께서 산상 불 가운데서 너희에게 이르신 모든 말씀이니라

이것은 출애굽기에 나온 내용으로서 모세가 호렙 산에서 여호와 하나님으로부터 언약의 돌판들을 받았을 때의 이야기이다. 이것은 하나님께서 친수(親手)로 기록하신 것이며 이스라엘 총회 날에 여호와께서 산상 불 가운데에서 이스라엘 백성에게 이르신 모든 말씀이다.

11-12절, 사십 주야가 지난 후에 여호와께서 내게 돌판 곧 언약의 두 돌판을 주시고 12 내게 이르시되 일어나 여기서 속히 내려가라 네가 애굽에서 인도하여 낸 네 백성이 스스로 부패하여 내가 그들에게 명한 도를 속히 떠나 자기를 위하여 우상을 부어 만들었느니라

흠정역이나 NIV에는 (네가 애굽에서 인도하여낸) '네 백성'이라고 되어 있다. 'my people'이 아니고 'your people'이다. 이스라엘 백성들은 하나님을 속히 떠났다. 하나님을 떠나는 사람들, 진리를 떠나는 사람들은 대개가 속히 떠난다. 그러한 태도는 하나님과 너무 다르다. 하나님께서는 에스겔서에서 그분의 성전을 떠날 때 그렇게 쉽게 떠나지 않으셨다. 그들은 심히 패역하여 성전 안에다 더럽고 가증한 것들을 가져다 놓고 온갖 죄악된 일을 자행했다. 하나님께서는 선지자 에스겔로 하여금 그 모든 소행을 다 보게 하셨다. 그때까지도 여호와 하나님께서는 성전에 거하셨던 것이다. 그러나 이제 더 이상은 성전에 거하실 수 없어서 그분의 영광을 거기서 거두기로 결심하셨다. 그리고 떠나신 것이다. 그것이 에스겔 10장과 11장의 내용이다. 그 광경은 참으로 눈물겹다. 그분은 누가 혹시 붙잡지 않을까, 돌이키고 회개하면서 떠나지 마시라고 구하지 않을까 하는 것처럼 동편 문에 머뭇거리며 한참을 서 계신다. 그러나 아무도 그분을 관심하지 않는다. 그런데도 저만큼 가시다 또 산에 머물러 성전을 바라보시며 아쉬워하신다. 그분은 그렇게 아주 천천히 떠나셨다.

그런데 주님의 택하신 백성의 태도는 어떤가? 갈라디아서에서 사도 바울은 갈라디아 성도들이 거짓 교사들의 가르침을 받고 사도를 통해 받은 복음 진리에서 속히 떠났다고 했다. 사도는 그들이 그처럼 속히 복음 진리에서 떠나는 것을 참으로 이상히 여긴다고 했다. 여기서 이스라엘 백성들도 모세가 산에 올라가기 전에는 말씀을 주시면 다 지키겠다고 했는데 얼마 안 되어 그들은 금송아지를 만들어 숭배함으로 살아계신 하나님을 떠났다.

13절, 여호와께서 또 내게 일러 가라사대 내가 이 백성을 보았노라 보라 이는 목이 곧은 백성이니라

여호와 하나님께서는 '내가 이 백성을 보았다' (I have seen this people)고 하셨다. 하나님께서는 그렇게 하나님을 떠나 거역하는 백성들을 보고 계신다. 요한 계시록 2, 3장에서도 우리는 주님이 일곱 교회들의 상황을 다 알고 계신 것을 알 수 있다.

14절, 나를 막지 말라 내가 그들을 멸하여 그 이름을 천하에서 도말하고 너로 그들보다 강대한 나라가 되게 하리라 하시기로

'나를 막지 말라' 가 영어로는 'let me alone' (나를 상관하지 말라)이다. 내가 하고 싶은 대로 할 것이니 내 일에 상관하지 말라는 뜻이다. 이스라엘 백성이 워낙 말을 안 듣고 가망성이 보이지 않자 하나님은 모세에게 이렇게 말씀하셨다. "내가 그들을 멸하여 그 이름을 천하에서 도말하고 너로 그들보다 강대한 나라가 되게 하리라".

15-17절, 내가 돌이켜 산에서 내려오는데 산에는 불이 붙었고 언약의 두 돌판은 내 손에 있었느니라 16 내가 본즉 너희가 너희 하나님 여호와께 범죄하여 자기를 위하여 송아지를 부어 만들어서 급속히 여호와의 명하신 도를 떠났기로 17 내가 그 두 돌판을 내 두 손에서 들어 던져 너희의 목전에서 깨뜨렸었노라

여기에 급속히 떠났다는 말이 또 있다. 모세가 그들에게 십계명을 주려고 두 돌판을 들고 산에서 내려갔는데 그 순간에 그들은 금송아지를 만들어서 섬기고 있었던 것이다. 그것을 본 모세는 그 두 돌판을 깨뜨려버렸다. 사실 십계명이 새겨진 두 돌판은 이스라엘 백성과 하나님 사이의 계약서이다. 하나님께서는 지금 그들과 계약을 맺고자 하시는 것이다. 달리 말하면 약혼식을 하시려는 것이다. 그런데 약혼식을 하기 전에 이 여자가 부정한 짓을 저지르고 있는 것이다. 그러자 신랑이 가지고 간 언약의 패물을 다 집어 던져버린 것이다. 이미 계약을 위반한 이스라엘 백성에게 그것이 새겨진 두 돌판은 무슨 소용이 있겠는가? 그래서 그 두 돌판을 깨뜨려버린 것이다.

18절, 그리고 내가 전과 같이 사십 주야를 여호와 앞에 엎드려서 떡도 먹지 아니하고 물도 마시지 아니하였으니 이는 너희가 여호와의 목전에 악을 행하여 그를 격노케 하여 크게 죄를 얻었음이라

우리는 여기에서 한두 가지를 보게 되는데, 그 하나는 이스라엘이 금송아지를 만들어 섬긴 사건이 우리 하나님의 마음을 얼마나 실망시켜 드렸는가 하는 것이다. 금송아지를 만들어 숭배한 사건은 하나님 보시기에 심히 악했고 그분을 격노케 했다. 오죽하면 하나님께서 그들을 전멸시키겠다고 하셨겠는가? 또 한 가지는 그 일로 인해 모세가 다시 금식했다는 것이다. 우리는 모세가 호렙 산에서 두 번째로 40일간 금식한 것을 발견하게 된다.

그가 또다시 금식하게 된 것은 이스라엘 백성 때문이다. 이스라엘 백성들이 산 아래서 금송아지 우상을 숭배하고 있었기 때문에 하나님께서는 모세가 돌판을 가지고 내려오기 전에 이미 그들을 다 멸하고 모세로 하여금 큰 민족을 이루게 하겠다고 하셨는데, 그 말씀을 듣고 모세가 돌판을 가지고 산 아래로 내려오자 그들은 정말로 금송아지를 만들어 놓고 그 앞에서 춤추고 놀고 있었다. 그때 모세는 그 두 돌판을 던져 깨뜨려버리고 다시 산에 올라가서 40일을 떡도 먹지 않고 물도 마시지 않고 기도했다. 그들을 멸하지 마시기를 간구한 것이다. 여러분은 아마 이 사건에 대해서 하나님께서 백성들을 다 멸하겠다고 하시니까 모세가 거기서 몇 마디로 그렇게 하지 마시기를 간청한 정도로 생각할지 모른다. 그러나 모세는 그 일이 그렇게 간단한 일이 아니라는 것을 알았다. 어떤 일은 하나님 앞에 매우 두려운 일이 있고 따라서 심각하고 진지하게 처리해야 한다. 그 일 때문에 그는 다시 40일간을 금식하고 기도하면서 하나님께 부르짖었다.

19절, 여호와께서 심히 분노하사 너희를 멸하려 하셨으므로 내가 두려워하였었노라 그러나 여호와께서 그때에도 내 말을 들으셨고

모세는 이때 심히 두려워했다. 그러나 이스라엘 백성들은 우상을 숭배하고 노래하고 뛰어 놀면서도 두려운 줄을 몰랐다. 그들은 모세가 돌판을 깨뜨리는 것을 보았지만 이렇게까지 하나님께서 격노하시고 그들을 다 멸하려 하셨다는 사실은 몰랐던 것이다. 그래서 모세는 지금 그 일을 상기시켜 주고 있다. "내가 두려워하였었노라". 모세는 하나님을 아는 사람이다. 하나님을 아는 사람이 있는 것과 없는 것은 얼마나 차이가 있는지! 하나님은 얼마나 두려운 분이신지! 그러나 여호와께서는 그때에도 모세의 말을 들으셨다. 이와 같이 이 땅에 중보의 기도를 드릴 수 있는 존재가 있다는 것이 얼마나 중요한지 모르겠다. 한 사람의 중보 기도가 수백만의 사람을 구할 수 있었다.

20절, 여호와께서 또 아론에게 진노하사 그를 멸하려 하셨으므로 내가 그때에도 아론을 위하여 기도하고

아론은 당시에 인도자였다. 모세는 산에 올라가면서 백성의 모든 일을 아론에게 맡겼는데 이 백성들이 아론을 붙들고 금송아지를 만들자고 한 것이다. 그리고서 아론에게 금팔찌, 금귀고리 등을 다 가져다 주었다. 아론은 그것을 불에 넣었다가 부어서 금송아지를 만든 것이다. 모세가 아론에게 이것이 어찌된 일이냐고 추궁하자 아론은 우물우물하면서 책임을 회피하는 듯한 말을 했다. 금을 가져다 불 속에 넣었더니 금송아지가 나오더라는 것이다. 그러나 그 일의 책임은 주로 아론에게 있었다. 그렇기 때문에 하나님께서는 아론에게도 진노하셨고 그를 멸하려 하셨으며, 그때에 모세는 아론을 위해서도 중보 기도를 했다.

21절, 너희의 죄 곧 너희의 만든 송아지를 취하여 불살라 찧고 티끌같이 가늘게 갈아 그 가루를 산에서 흘러내리는 시내에 뿌렸었느니라

왜 모세는 그 금송아지를 가루로 만들었겠는가? 그것은 하나님의 진노가 그만큼 크시다는 것을 보여주려는 것이라 여겨진다. 가루로 만들어 흩어버리고 싶을 정도로 하나님을 진노케 한 사건이 바로 금송아지를 만든 사건이었다. 하나님의 진노하시는 모습, 심판하시는 광경이 마치 금송아지를 불살라서 찧고 티끌같이 가늘게 갈아서 그 가루를 뿌리는 것과 같음을 보여주는 것이다. 또한 이것은 장차 이스라엘 백성들이 광야에서 가루처럼 흩뿌려지는 광경을 연상시킨다.

이스라엘 백성들은 모세를 거역하고 모세의 인도 직분을 시기하며 오해했다. 그러나 하나님께서 이 백성들을 다 멸하고 모세를 통해서 한 나라를 이루겠다고 하실 때에 모세는 그 제안을 받아들이지 않고 하나님께 이들을 살려 달라고 기도했다. 모세는 이스라엘 백성들이 자신을 어떻게 거역하더라도 이 백성들을 그렇게 사랑했다. 하나님이 이스라엘에게 이러한 그들의 역사를 회상케 하는 것은 그들이 얼마나 목이 곧고 하나님을 격노케한 자들인가를 알게 하기 위함이었다. 그들이 생존하여 가나안에 들어가 족속들을 내 쫓고 기업을 얻은 것은 순전히 중보의 기도와 하나님의 신실하심에 있다는 것이다.

22절, 너희가 다베라와 맛사와 기브롯 핫다아와에서도 여호와를 격노케 하였느니라

22부터 25절은 금송아지 사건만이 아니라 많은 곳에서 범죄하고 여호와를 격노케 했음을 말한다. 다베라, 맛사, 기브롯 핫다아와에서 일어난 일에 대해서는 다만 그들이 여호와를 격노케 했다고 말했다. 민수기 11장 1절부터 3절에서는 '다베라' 라는 뜻이 '불붙음' 이라고 말한다. 거기서 그들이 원망하는 말을 함으로 진 끝에 불이 붙었다. 또 '맛사' 의 뜻은 '다툼' 이다. 이스라엘 백성들이 마실 물이 없다고 원망하고 모세와 다투었기 때문에 붙여진 이름이다. '기브롯 핫다아와' 는 백성들이 고기를 먹지 못해서 정력이 약해졌다고 원망했던 곳이다. 그때 하나님께서는 메추라기를 내려서 한 달 동안 입에서 냄새가 나도록 실컷 고기를 먹게 하셨는데 아직 고기가 잇 사이에 있을 때에 그들을 심판하셨다. 그래서 그 장소 이름이 '기브롯 핫다아와', 즉 '탐욕의 무덤' 인 것이다. 이렇게 이스라엘 백성들은 호렙에서부터 한 지점 한 지점 옮기며 통과할 때마다 하나님을 격노케 했다. 결국 우리 인생의 많은 역사가 하나님을 실망시켜드린 것 밖에 없다는 말씀이다.

23절, 여호와께서 너희를 가데스 바네아에서 떠나게 하실 때에 이르시기를 너희는 올라가서 내가 너희에게 준 땅을 얻으라 하시되 너희가 너희 하나님 여호와의 명령을 거역하여 믿지 아니하고 그 말씀을 듣지 아니하였나니

가데스 바네아는 열두 정탐꾼을 보낸 곳이다. 이것은 민수기 14장에 있는 내용을 말한 것이다. 가데스 바네아에서 열두 정탐꾼을 보내어 그 땅을 탐지하게 했을 때에 열 명이 여호와의 말씀을 불신하여 소극적인 보고를 하였다. 이 사건은 그들이 하나님을 격노케 하는데 있어서 절정을 이룬 사건이다.

24절, 내가 너희를 알던 날부터 오므로 너희가 항상 여호와를 거역하였느니라

모세가 이스라엘 백성을 알아오던 날부터 그들이 늘 여호와를 거역하였다는 것이다. 이스라엘 백성의 특징이 거역이다. 처음부터 끝까지 거역이다. 모세가 아는 한 이스라엘 백성은 거역적인 백성이다. 하나님의 이러한 말씀은 오늘 우리에게도 동일한 것이며 우리의 지난날의 모든 것이 죄요 허물이며 거역이요 불신임을 알게 하는 것이며 우리로 진심으로 회개케 한다. 이렇게 우리 자신을 철저히 아는 것이 앞으로의 영적 삶에 유익한 것이다.

25절, 그때에 여호와께서 너희를 멸하겠다 하셨으므로 내가 여전히 사십 주야를 여호와 앞에 엎드리고

모세는 40주야를 여호와 앞에 엎드려 간구했다. 여기에는 그때 그들에 대한 하나님의 진노가 쉽사리 가라앉지 않으셨다는 뜻이 내포되어 있다.

26절, 여호와께 간구하여 가로되 주 여호와여 주께서 큰 위엄으로 속하시고 강한 손으로 애굽에서 인도하여 내신 주의 백성 곧 주의 기업을 멸하지 마옵소서

모세는 참으로 이스라엘 백성들을 관심하고 사랑하는 지도자였다. 그들이 아무리 거역적이어도 모세는 그들을 주의 백성이요 주의 기업이라고 했다. "여호와여 강한 손으로 애굽에서 인도하여 낸 주의 백성 곧 주의 기업을 멸하지 마옵소서." 하나님은 12절에서 "네가 애굽에서 인도하여 낸 내 백성"이라고 하였지만 모세는 "여호와여 강한 손으로 애굽에서 인도하여 낸 주의 백성 곧 주의 기업"이라고 한다. 이는 매우 아름다운 언사가 아닐 수 없다. 모세는 이 문제를 놓고 40일 동안 간절히 하나님께 기도했다. 그러나 이스라엘 백성들은 모세가 자신들을 위해서 이렇게 간절히 기도한 것을 몰랐을 것이다.

27절, 주의 종 아브라함과 이삭과 야곱을 생각하사 이 백성의 강퍅과 악과 죄를 보지 마옵소서

아브라함과 이삭과 야곱을 생각해서라도 이 백성의 강퍅함과 악과 죄를 보지 말아 달라고 중재한 것이다. 화목 제물되시며 부활하신 주 예수는 늘 우리를 위해 이렇게 중보기도 하시고 계신다.

28절, 주께서 우리를 인도하여 내신 그 땅 백성이 말하기를 여호와께서 그들에게 허락하신 땅으로 그들을 인도하여 들일 능력도 없고 그들을 미워도 하사 광야에서 죽이려고 인도하여 내셨다 할까 두려워하나이다

모세는 하나님의 기업, 하나님의 백성들이 어찌 되었든 잘 되기를 바라고 있으며 여호와의 이름이 조금이라도 손상되지 않기를 바라고 있다. 그러면 모세 자신에 대해서는 어떤가? 그는 자신에 대해서는 아무런 생각이 없다. 이런 사람이 진실한 하나님의 종이다. 자신의 존귀, 자신의 지위, 자신의 장래에 대해서는 아무 말이 없다. 아무 생각이 없다. 차라리 자기의 이름을 생명책에서 지울지언정 저 백성들은 구원해 달라고 했다. 이런 사람이 바로 하나님의 사람 모세이다. 자신에 대해서는 아무 생각도 없고 아무 고려도 없으며 오직 그의 관심과 고려와 사랑은 하나님의 백성에게만 있다. 그리고 하나님의 이름에만 있다. 모세는 참으로 하나님의 충성된 종이다. 모세의 그 간절한 기도가 하나님의 마음을 움직였을 것이다.

29절, 그들은 주의 큰 능력과 펴신 팔로 인도하여 내신 주의 백성 곧 주의 기업이로소이다 하였었노라

그들이 여호와께서 그분의 큰 능력과 펴신 팔로 인도하여 내신 백성이라고 말하는 것은 또 다시 12절의 '네가 애굽에서 인도하여 낸 내 백성' 이라는 말과 대조적이다. 여호와 하나님께서 모세에게 '그 백성은 네가 애굽에서 인도하여 낸 네 백성' 이라고 하신 것은 그분이 이스라엘 백성에 대해 매우 실망하셨음을 나타낸다. 그러나 모세는 여기서 하나님께 '아닙니다. 그들은 하나님께서 큰 능력과 펴신 팔로 인도해 낸 주의 백성이요 주의 기업입니다' 라고 말한 것이다. '기업' 은 히브리어로 '라할' 인데, 그 뜻은 '재산' 이다. 애굽에서 종 노릇 하던 사람들을 그분의 능력으로 구속해내어서 그분의 재산으로 삼으신 것이다. 모세는 결국 이스라엘에게 그들이 살아난 것은 모세의 간절한 중보 기도의 결과였다고 말하는 것이다. 그들은 스스로의 의로 가나안을 정복했다거나 부요한 땅을 기업으로 얻은 것이 아니라는 것을 알아야 했다. 이러한 겸손의 태도는 우리를 끝까지 이 길에서 지켜줄 것이다.

신명기 10장

9장에서는 그들이 패역한 자들임에도 하나님이 언약을 지키셨으니 자신의 의로 가나안을 정복했다고 자만에 빠져서 하나님을 떠나지 말 것을 경고했다. 10장에는 그들이 그러한 반역에도 불구하고 하나님이 큰 자비를 베풀었으니 순종해야 하지 않겠느냐는 말씀이다. 그렇게 큰 자비를 베푼 내용은 첫째로 언약의 돌판을 다시 주신 점이다. 첫 번째로 언약판을 깨버린 것은 하나님이 진노하신 것이며 언약을 파기하신 것이다. 그러나 하나님은 자비로 다시 언약을 주시고 관계를 회복하셨다(1-5절). 둘째는 체제를 정비하여 가나안을 향한 진군명령을 새로이 주신다(6-11절). 12-22절은 많은 이유를 들어 그들이 하나님의 뜻을 분별하여 순종해야 함을 역설한다. 하나님이 사람에게 이런 저런 많은 말로 그분을 순종하도록 도와주신다는 이 한 가지 사실이 감명 깊다.

1절, 그때에 여호와께서 내게 이르시기를 너는 처음과 같은 두 돌판을 다듬어 가지고 산에 올라 내게로 나아오고 또 나무궤 하나를 만들라

여기 '그때에' 라는 말은 신명기 10장이 9장과 연결되어 있음을 보여준다. 9장 후반부에서 이스라엘 백성들은 하나님의 율법을 받기도 전에 산 아래서 금송아지를 만들어 섬겼다. 그때에 하나님은 심히 노하셨고 이스라엘 백성들을 다 멸하겠다고 하셨으며 모세는 사십 주야를 금식하면서 하나님께 그들을 버리지 마시라고 간구했다. 바로 그때에 여호와께서 모세에게 처음과 같은 두 돌판을 다듬어 가지고 다시 산에 올라오라고 지시하셨다.

"또 나무궤 하나를 만들라". 두 가지를 말씀하셨는데, 하나는 돌판 두 개를 다듬어 가지고 그분께 나아오라는 것이고 또 하나는 그 돌판을 넣을 나무궤를 만들라는 것이다.

2-3절, 네가 깨뜨린 처음 판에 쓴 말을 내가 그 판에 쓰리니 너는 그것을 그 궤에 넣으라 하시기로 3 내가 싯딤나무로 궤를 만들고 처음 것과 같은 돌판 둘을 다듬어 손에 들고 산에 오르매

이 '싯딤나무'는 조각목, 즉 아카시아이다. 성경에서 조각목은 사람의 인성(人性)을 나타낸다. 모세가 두 돌판을 넣기 위해 만든 궤는 조각목으로 만들어졌고 그 위에 금을 덧입혔을 것이다. 그것이 바로 언약궤이다.

4절, 여호와께서 그 총회 날에 산 위 불 가운데서 너희에게 이르신 십계명을 처음과 같이 그 판에 쓰시고 그것을 내게 주시기로

이것이 모세가 두 번째로 하나님에게서 십계명을 받는 장면이다. 첫 번째 것은 모세가 깨뜨려버렸으며 하나님께서도 '네가 깨뜨린 것'이라고 말씀하셨다(2절). 이는 하나님께서 모세가 행한 일을 승인하신 것이며 이 일에서 모세가 하나님과 하나였다는 것을 알 수 있다. 당시 이스라엘 백성들은 하나님의 법을 받을 수 있는 상태에 있지 못했다. 그러한 상태에 있는 이스라엘 백성들은 하나님의 법을 받을 자격을 박탈당한 것이다. 그렇기 때문에 모세는 그 돌판들을 깨뜨려버린 것이다.

그러나 한 번 돌판이 깨뜨려졌다고 해서 하나님께서 다시는 그들에게 율법을 주시지 않은 것이 아니다. 모세가 다시 산에 올라가 사십 일을 금식하며 하나님께 중보 기도를 드렸을 때 하나님은 그 기도를 들으셨고 돌판 둘을 다시 만들어 오라고 하셨다. 이것이 하나님의 긍휼이다.

우리는 9장에서 이스라엘의 패괴함을 보고, 따라서 그분의 율법을 주셨다가 회수하신 것을 보며, 10장에서 다시 주시는 하나님의 긍휼을 대한다. 사단은 한 번 하나님을 거역함으로 심판을 받았으며 더 이상 회개할 기회가 없었다. 그러나 이스라엘 백성들에 대해서는 그들이 비록 하나님을 떠나서 금송아지를 섬겼지만 모세의 기도를 통해 하나님은 다시 한 번 그들에게 긍휼을 보이셨다. 지금 모세는 곧 요단을 건너서 가나안에 들어갈 세대에게 이 일을 알려 주고 있는 것이다. 이것이 큰 긍휼이 아니냐고 말해주는 것이다. 이스라엘은 하나님의 긍휼을 얻은 민족이다. 돌판을 가지고 내려오기도 전에 죄를 범한 이스라엘, 언약을 깨버린 그들을 저버리지 않고 하나님은 다시 기회를 주신 것이다. 모세는 이 모든 역사를 이스라엘에게 알려줌으로써 하나님과 이스라엘 백성의 관계가 어떻게 성립되어야 하는지를 인식시켜주고 있다. 모세가 두 번째 돌판을 들고 산에 올라갔을 때 하나님께서는 처음과 동일하게 그 판에 십계명을 기록하여 주셨다.

5절, 내가 돌이켜 산에서 내려와서 여호와께서 내게 명하신 대로 그 판을 내가 만든 궤에 넣었더니 지금까지 있느니라

"지금까지 있느니라". 이 말은 현재 이스라엘 백성 가운데 있는 언약궤와 그 안에 있는 돌판이 하나님의 선민 이스라엘 백성 가운데 있기까지 어떤 과정을 거쳤는가를 가리킨다. 거기에는 이스라엘 백성의 커다란 실패가 있었고 사십 일간의 모세의 간절한 중보 기도가 있었으며 하나님의 용서와 자비와 긍휼이 있었다. 그리고 다시 한 번 돌판에 그분의 말씀을 기록하신 것이 있다.

그들은 현재 그들에게 있는 돌판이 하나님께서 긍휼과 자비와 용서를 나타내심으로 두 번째로 기록해주신 것임을 알아야 했다. 이는 그들에게 율법의 말씀에 대한 태도를 다시 한 번 생각하게 하는 것이다. 이것을 예표적으로 구약과 신약으로 적용할 수 있는데, 첫 번째 것이 밖에 새겨진 율법을 가리킨다면 두 번째 것은 온전하게 하나님의 법을 이룰 수 있게 하는 생명의 법이라고 할 수 있다. "볼지어다 날이 이르리니 내가 이스라엘 집과 유다 집으로 새 언약을 세우리라…내 법을 저희 생각에 두고 저희 마음에 이것을 기록하리라"(히 8:8,10). 이 생명의 법이 다시 우리 속에 기록되어 '지금까지 우리 속에 있느니라' 고 해석할 수 있다. 첫 번째 법은 연약하여 흠이 있음으로 실패하였지만 두 번째 법은 성공한다. 이는 온전한 것이요 더 좋은 것이요 그분이 중보자가 되셨기 때문이다.

6-9절, **(이스라엘 자손이 브에롯 브네야아간에서 발행하여 모세라에 이르러서는 아론이 거기서 죽고 거기 장사되었고 그 아들 엘르아살이 그를 이어 제사장의 직임을 행하였으며 7 또 거기서 발행하여 굿고다에 이르고 굿고다에서 발행하여 욧바다에 이른즉 그 땅에는 시내가 많았었으며 8 그 때에 여호와께서 레위 지파를 구별하여 여호와의 언약궤를 메이며 여호와 앞에 서서 그를 섬기며 또 여호와의 이름으로 축복하게 하셨고 그 일은 오늘날까지 이르느니라 9 그러므로 레위는 그 형제 중에 분깃이 없으며 기업이 없고 네 하나님 여호와께서 그에게 말씀하심같이 여호와가 그의 기업이시니라)**

이 말씀에서 모세는 일차적으로 그 안에 돌비가 있는 언약궤에 대해 말하며 그런 다음 아론에 대해 밀한다. 제사장 직분을 말하는 것이다. 그리고 레위에 대해 말했다. 왜 이런 내용을 괄호에 넣었는지는 이해하기가 어렵다. 여기 나온 '브에롯 브네야아간'은 지명인데 '야아간의 아들들의 우물'이라는 뜻이다. '모세라'라는 지명은 '징벌'이라는 뜻이다. 이 모세라에서 아론이 죽었다. 이곳은 호르 산에 인접해 있을 것이다.

민수기 33장에 이스라엘 백성들의 여정이 있다. 31절, "모세롯에서 발행하여 브네야아간에 진쳤고". 그런데 신명기 10장에서는 "브네야아간에서 발행하여 모세라에 이르러서는"이라고 말한다. 모세라와 모세롯은 같은 지명이다. 말하자면 같은 사실을 기록한 두 군데 성경이 서로 거꾸로 되어 있다. 그러면 어떤 기록이 옳을까? 한 곳에서는 서울에서 대전으로 갔다고 말하고 또 한 곳에서는 대전에서 서울로 갔다고 말하는 것과 같다. 그러나 우리는 이것을 모순이라고 생각할 필요가 없다. 이스라엘 백성들은 사십 년 동안이나 헤매었기 때문에 여기서 저리로 갔다가 다시 저기서 이리로 오고 했을 것이다. 대전에서 서울로 갔다가 다시 서울에서 대전으로 갔던 것이다. 이 짧은 구절만 대조해 보아도 그들이 많은 시간 헛되게 왔다갔다 하며 방황한 것을 알 수 있다.

그런데 여기서 강조점은 모세라에 이르러서 아론이 죽고 장사되었다는 것이다. 아론은 왜 여기서 죽고 가나안 땅에 들어가지 못하게 되었는가는 민수기 20장에서 이미 보았다. 므리바 물에서 아론과 모세가 백성 앞에서 하나님의 거룩함을 나타내지 아니한 고로 약속의 땅에 들어갈 수 없게 된 것이다. "모세와 아론이 총회를 그 반석 앞에 모으고 모세가 그들에게 이르되 패역한 너희여 들으라 우리가 너희를 위하여 이 반석에서 물을 내랴 하고…여호와께서 모세와 아론에게 이르시되 너희가 나를 믿지 아니하고 이스라엘 자손의 목전에 나의 거룩함을 나타내지 아니한 고로 너희는 이 총회를 내가 그들에게 준 땅으로 인도하여 들이지 못하리라 하시니라"(민 20:10,12). 그리고 24절에서는 "아론은 그 열조에게로 돌아가고 내가 이스라엘 자손에게 준 땅에는 들어가지 못하리니 이는 너희가 므리바 물에서 내 말을 거역한 연고니라"

고 말씀하신다. 그리고 "너는 아론과 그 아들 엘리아살을 데리고 호르 산에 올라 아론의 옷을 벗겨 그 아들 엘르아살에게 입히라 아론은 거기서 죽어 그 열조에게 돌아가리라"(25-26절)고 하셨다. 그때 그들은 여호와의 명대로 호르 산에 올라갔고 거기서 아론은 죽었으며 모세는 그의 옷을 벗겨 그 아들 엘르아살에게 입혀 주었다.

다시 신명기 10장을 보겠다. "이스라엘 자손이 브에롯 브네야아간에서 발행하여 모세라에 이르러서는 아론이 거기서 죽고 거기 장사되었고 그 아들 엘르아살이 그를 이어 제사장의 직임을 행하였으며 또 거기서 발행하여 굿고다에 이르고 굿고다에서 발행하여 욧바다에 이른즉 그 땅에는 시내가 많았었으며"(6-7절). '굿고다' 란 '갈라진 틈' 이라는 뜻이고 '욧바다' 란 '상쾌하다' 는 뜻이다. 광야에는 물이 귀하다. 그런데 아론이 죽은 뒤에 엘르아살이 이어 제사장이 되고 한두 군데 장소를 이동했을 때에 그곳에서는 시내가 많이 흘러 그들을 상쾌하게 해주었다.

"그때에 여호와께서 레위 지파를 구별하여 여호와의 언약궤를 메이며". 이것은 마치 아론이 죽은 뒤에 레위 지파를 세운 것 같지만 사실은 신명기를 기록한 모세가 이스라엘 백성들에게 교훈을 주기 위한 목적으로 사건을 나열한 것이다. 이것은 마치 신약 마태복음이 사건의 시간의 순서대로 기록되지 않고 교훈 중심으로 기록된 것과 같다.

"여호와 앞에 서서 그를 섬기며 또 여호와의 이름으로 축복하게 하셨고 그 일은 오늘날까지 이르느니라". 언약궤를 메고 여호와 앞에 서서 섬기며 여호와의 이름으로 축복하는 일을 하는 사람들이 바로 레위 지파였다. "그러므로 레위는 그 형제 중에 분깃이 없으며 기업이 없고 네 하나님 여호와께서 그에게 말씀하심같이 여호와가 그의 기업이시니라".

그러면 이 기록에서 우리가 배워야 할 것이 무엇인가? 이 말씀이 왜 여기에 기록되었는지를 잘 모르면 우리는 이 말씀을 하나님의 깊은 뜻으로 받을 수가 없다. 그러므로 나는 여기서 이렇게 말해보겠다. 하나님은 이스라엘 백성과 특별한 관계를 갖기 원하신다. 그리고 이스라엘 백성을 열국 가운데서 구별해내어 특별한 나라로 만들고 싶어하신다. 그러면 특별한 관계를 맺기 위해서 이스라엘 백성들은 그들 가운데 무엇을 가져야 하는가? 바로 언약궤이다. 언약궤를 통해서 하나님은 이스라엘 백성과 관계를 맺는 것이다. 그러면 언약궤 속에는 무엇이 들어 있는가? 십계명이다. 신약으로 말하면 그리스도이며 또한 생명의 법이다. 하나님께서는 오늘 이 시대에도 그리스도로 말미암아, 생명의 법으로 말미암아 이 땅에 있는 그분의 백성들과 관계를 맺고자 하신다.

또한 이스라엘 백성들은 하나님의 말씀을 법으로 소유한 사람들일 뿐 아니라 반드시 제사장으로서 하나님을 섬기는 사람들이어야 한다. 원래 하나님께서는 이스라엘 백성 전체가 다 제사장이 되기를 원하셨다(출 19장). 그런데 그들이 하나님의 법에 순종치 아니하고 금송아지를 만들어 섬기는 바람에 그들은 제사장으로서 섬길 수 없게 되었으며 오직 레위 지파만이 그 일을 담당하게 되었다. 그럼에도 불구하고 온 이스라엘 백성은 그들의 섬김을 통해 하나님을 섬기는 제사장 나라가 되는 것이다.

"레위는 그 형제 중에 분깃이 없으며 기업이 없고". 여기의 분깃은 히브리어로 '헬레크'(חלק)이다. "네 하나님 여호와께서 그에게 말씀하심같이 여호와가 그의 기업이시니라". 하나님께서 이제 가나안 땅으로 들어가려 하는 백성 전체에게 이 말씀을 하시는 목적은 이스라엘 백성은 다른 민족과 달라서 언약궤를 가지고 있는 민족이고 제사장으로서 하나님을 섬기는 민족이며 언약궤를 메고 여호와를 섬기며 여호와만을 분깃과 기업으로 삼는 나라임을 알려주려는 것이다. 여기서 한 가지 더 생각해 볼 것은 하나님의 법도를 따르는 것의 엄중함이다. 아론과 레위 지파는 여기서 대비를 이루는데, 아론은 결국 금송아지를 만드는 일에 앞장을 섰고 또 므리바에서 실수를 했다. 그러나 레위 지파는 금송아지

숭배 사건 후에 모세가 누가 여호와의 편에 설 것이냐고 했을 때에 다 칼을 차고 나와서 자기 동족을 살육했다. 이것은 누구든지 하나님 편에 설 때에 여호와를 섬기고 언약궤를 메고 여호와의 이름으로 백성들을 축복하는 지파가 될 수 있음을 보여준다.

또한 그들이 이 일을 통해 배울 수 있는 것은 비록 그들이 금송아지를 만들어 타락하고 하나님을 격노케 하였지만, 하나님은 아론이 죽었음에도(여기서는 아론이 그 일로 말미암아 죽게 된 것같이 기록되었음) 아들 엘르아살을 구별하여 그들에게 제사장을 세워주시고 레위도 세우셔서 헌신하고 섬기게 하였음을 말해준다. 그 모든 체제를 갖추어 주신 것은 여전히 그 땅을 들어가 얻도록 하시는 하나님의 뜻을 나타내신 것이다. 모든 것이 다시 한 번 베푸신 하나님의 긍휼을 나타낸다. 즉 이스라엘은 목이 곧고 순종치 않는 가운데 있었지만 하나님은 한 번 두 번 기회를 더 주시고, 돌판은 다시 한 번 더 새겨서 나무 궤 안에 넣게 하시고, 아론이 죽었을 때 아론의 아들로 후계자가 되어 섬기게 하시며 레위로 수종들게 하셨다는 것이다.

이는 이스라엘로 하여금 하나님의 긍휼과 신실하심을 알아 그분의 계명을 잘 지킬 것을 당부하는 말씀과 연결된 것임을 보아야 한다. 이 이야기는 마치 부모가 지난 밤 말 안 듣는 아들에 대하여 얼마나 속을 썩였는지 매우 강하게 이야기를 하고 나서(들을 때 거의 가망이 없게 들렸다), 이른 아침에는 다시 아들의 책가방이며 숙제물이며 도시락을 싸서 다시 학교에 보내는 것과 같다. 모세가 지금 하고 있는 말의 요점은 하나님이 그렇게 긍휼이 여기시는 데는 자기의 중보기도가 있었다고 말하고 있다. 이는 10절과 11절에 잘 기록이 되어 있다.

10-11절, 내가 처음과 같이 사십 주야를 산에 유하였고 그때에도 여호와께서 내 말을 들으사 너를 참아 멸하지 아니하시고 11 여호와께서 내게 이르시되 일어나서 백성 앞서 진행하라 내가 그들에게 주리라고 그 열조

에게 맹세한 땅에 그들이 들어가서 그것을 얻으리라 하셨느니라

모세는 이스라엘 백성들에게 그가 사십 주야를 산에 머물렀고 그때에 여호와께서 그의 말을 듣고 그들을 멸하지 않으셨다는 것을 거듭 말하고 있다. 모세가 이 말을 하고 또 하는 것은 이스라엘 백성들이 하나님의 말씀에 순종하면서 이 노정을 끝까지 잘 마치려면 그들이 과거에 얼마나 하나님께 불순종하고 거역적이었으며 하나님을 진노하시게 함으로 멸망당할 상태에 있었는지를 알아야 한다는 것이다. 이것이 그들을 낮추고 간절하게 하기 때문이다. 하나님의 길을 잘 가는 사람은 자기 자신을 아는 사람이다. 자신이 과거에 어떤 사람이었는지를 아는 사람, 즉 하나님의 진노와 멸망의 심판 아래 놓여져 있어서 결국 영원히 파멸할 수밖에 없는 사람이었다는 것을 아는 사람만이 이 길을 잘 갈 수 있다.

그리고 모세는 이렇게 말한다. "내 말을 들으사 너를 참아 멸하지 아니하시고". 중보자의 기도의 힘은 참으로 큰 것이다. 모세는 또한 그리스도의 예표이다. 우리가 이렇게 멸망당하지 않고 하나님 앞에 나아갈 수 있는 것은 하나님의 귀하신 아들 그리스도의 중보기도 덕분이다. 그렇지 않으면 우리는 멸망이다. 우리는 열 번 죽어 마땅한 죄인이기 때문이다. 그러나 충성되신 그리스도께서 우리 대신 심판을 받으셨고 지금도 우리를 위해 기도하고 계시기 때문에 오늘 우리에게 이러한 축복과 은혜가 임한 것이다.

"여호와께서 내게 이르시되 일어나서 백성 앞서 진행하라". 결국 여호와께서 모세의 기도를 들으신 것이다. '그래 네 말대로 내가 이들을 멸하지 않겠다' 고 하신 것이다. 이러한 이야기를 들을 때 그들은 당연히 하나님의 긍휼과 은혜에 감사를 드리며 용기와 힘을 얻고 나아가게 될 것이다. 그들은 하나님이 그 큰 진노의 상황에서 모세의 중재의 기도를 들으시고 자신들과의 관계가 회복되었음을 알았어야 했다. 이 신명기라는 책은 모세가 그들을 인도하는 과정에 있었던 많은 일들, 그가 하나님과 교제하고 기도하고 응답받았던 많은 일들을 말해줌으로써 그들의 상태를 알게 하며 또 주님의 마음을 알게 하여 그들로 그 땅에 들어가서 멸망당하지 않고 축복을 얻게 하려는 것이다.

"일어나서 백성 앞서 진행하라". '진행하다'는 히브리어로 '마사'(עסמ)인데, 이것은 '말뚝을 뽑다'라는 뜻이다. 그리스도인들이 이 노정에서 잘 진행하려면 말뚝을 뽑는 것이 무엇인지 알아야 한다. 한 군데에 말뚝을 박아 놓고서 '나는 절대 말뚝을 뽑을 수 없어. 계속 여기 머물 거야' 하는 사람들은 가나안을 향해 진행하는 사람들이 아니다. 말뚝을 박고 진을 치고 있다가 구름이 떠오르고 나팔이 울리면 다 말뚝을 뽑고 가야 한다.

여기 6절부터 9절까지 괄호 안에 있는 말씀은 특히 섬기는 자들의 행렬이 어디에서 발행하여 어디에 이르고 또 어디에서 발행하여 어디에 이르렀는지를 말한다. 그렇게 계속 진행하다보니 풍성한 흐름이 있는 상쾌한 지점에도 이르게 되는 것이다. 그러나 한 곳에 말뚝을 박고 앉아 있는 사람들에게는 그러한 일이 발생하지 않는다. 그러므로 하나님의 백성들, 곧 하나님께서 이 시대에 그분의 약속의 땅으로 들어가도록 인도하시는 백성들의 특징은 움직이는 것이다. 한 군데에 정착하지 않고 그 땅을 향해 지속적으로 말뚝을 뽑아 떠나곤 하는 사람들이 바로 순례자들이다. 그들이 이 땅에서 약속의 땅을 향해 가는 나그네들이다. 그러므로 여호와께서는 모세에게 일어나서 백성 앞서 진행하라고 하셨다. 모세는 그리스도의 예표이다. 그리스도께서는 우리 앞서 가셨고 우리는 그분을 따라간다. 오늘날에도 충성된 주님의 종들은 스스로 먼저 말뚝을 뽑고 앞서서 진행한다. 그럴 때 성도들은 그들을 따라서 가는 것이다.

12절, 이스라엘아 네 하나님 여호와께서 네게 요구하시는 것이 무엇이

냐 곧 네 하나님 여호와를 경외하여 그 모든 도를 행하고 그를 사랑하며 마음을 다하고 성품을 다하여 네 하나님 여호와를 섬기고

12절에 와서는 이스라엘 백성 전체에게 말하고 있다. 하나님께서는 아론 가족만 관심하시는 것이 아니다. 레위 지파만 관심하시는 것이 아니다. 하나님께서 궁극적으로 얻고자 하시는 것은 이스라엘 백성 전체이다. 하나님께서는 그분의 백성이 그분을 경외함으로 그 모든 도를 행하고 그분을 사랑하며 마음을 다하고 성품을 다하여 여호와를 섬기기를 원하신다. 12절부터 22절은 모든 것이 하나님의 은혜로 말미암았으니 이스라엘은 마땅히 하나님의 뜻을 분별하여 그분의 말씀을 순종해야 한다는 내용이다.

13절, 내가 오늘날 네 행복을 위하여 네게 명하는 여호와의 명령과 규례를 지킬 것이 아니냐

하나님께서 이 명령을 지키라고 하시는 것은 그들의 행복과 그들의 유익을 위해서이다. 사실 우리는 우리에게 유익하든 유익하지 않든, 행복하든 행복하지 않든 하나님을 섬겨야 한다. 그 모든 법도를 지켜야 한다. 그러나 또 한편으로 우리가 그 모든 말씀을 지키면 우리는 반드시 유익하고 행복하게 된다.

14절, 하늘과 모든 하늘의 하늘과 땅과 그 위의 만물은 본래 네 하나님 여호와께 속한 것이로되

이스라엘 백성들이 하나님의 명령과 규례를 지켜야 하는 것은 하늘과 모든 하늘의 하늘과 땅과 그 위의 만물이 다 하나님의 것이기 때문이다.

15절, 여호와께서 오직 네 열조를 기뻐하시고 그들을 사랑하사 그 후손 너희를 만민 중에서 택하셨음이 오늘날과 같으니라

여호와께서 그들의 열조를 기뻐하시고 그들을 사랑하셨다는 것은 원문에서 그들을 친밀히 대하시고 사랑하셨다는 뜻이다. 하나님께서 그 열조를 기뻐하시고 사랑하심으로 이스라엘을 만민 중에서 택하셨다고 했다. 따라서 하나님께서는 이스라엘 백성들을 사랑하시되 일반적인 사랑이 아니라 하나님의 마음속에 그들밖에 없는 것처럼 사랑하신다. 천지를 창조하시고 아무 부족함이 없으시며 모든 열국이 다 그분의 것인 그러한 하나님의 마음에 이스라엘이 들러붙어 있어서 그처럼 아끼고 사랑하시는 것이다. 그러므로 그들은 마땅히 그분의 명령과 규례를 지켜야 한다. 하나님께서는 이스라엘 백성이 마음을 다하고 힘을 다해서 하나님을 사랑하고 섬기며 그 법도를 지키는 사람들이 되기를 원하신다.

16절, 그러므로 너희는 마음에 할례를 행하고 다시는 목을 곧게 하지 말라

하나님께서는 외모로 하는 할례를 원치 않으시고 마음에 할례를 행하기를 원하신다. 이미 구약에서도 하나님께서는 사람의 중심을 보셨던 것이다. 이스라엘이 광야에서 40년 동안 반복하여 행한 것은 하나님께 불순종하고 거역한 것이다. 그것은 그들이 목이 곧기 때문이다. 그렇기 때문에 '너희 마음에 할례를 행하라' 고 하신 것이다.

할례(circumcise)란 잘라낸다는 뜻이다. 우리 육체를 잘라내는 것이다. 할례를 우리 육신에 행하여 모양만 내는 것은 소용이 없고 실제로 우리 안에 있는 죄와 육체와 자아와 세상을 잘라내야 한다. 하나님께서는 이스라엘 백성들이 마음에 할례를 행하기를 원하셨다. 오늘 우리가 하나님의 백성이 되기를 원한다면 우리는 항상 마음에 할례를 행하는 삶을 살아야 한다. 여러분은 매일 참된 할례를 받고 있는가? 여러분에게서 떨어져 나가야 마땅한 것들을 할례를 통해서 제했는가? 어떤 사람은 일 년이 가도 한 가지도 제해지는 것이 없는데, 그것은 마음의 할례를 행하지 않았기 때문이다. 그러나 정말 사모함으로 부지런히 하나님께 나아가는 사람은 일 주일에 한 번 이상 마음에 할례를 행한다. 처음에는 바깥 행위들이 떨어져 나가지만 시간이 흐르면 속에 있는 것들이 제해진다. 더욱 주님께 깊이 나아가다 보면 어떤 것들은 너무 깊이 있어서 구별하기 어려운 것들까지 하나하나 제해지게 된다. 이렇게 계속 십자가로 제하여 나가는 사람들이 참 할례당이다(빌 3:3).

17절, 너희의 하나님 여호와는 신의 신이시며 주의 주시요 크고 능하시며 두려우신 하나님이시라 사람을 외모로 보지 아니하시며 뇌물을 받지 아니하시고

모세는 이스라엘 백성들에게 하나님이 참으로 존경할만하고 사랑할만하고 섬길만한 분이시라는 것을 이런저런 말로 소개하고 있다. 오늘날 사람들은 명예나 권세나 재물과 같은 이 세상의 매력적이고 크게 보이는 것들을 소개하면 그것에 엎드리고 따라간다. 그러나 모세는 여기서 하나님을 "신의 신이시고 주의 주이시며 크고 능하시며 두려우신 하나님이시라"고 말한다. 하나님은 재물이나 명예나 지위나 권세보다 훨씬 더 크신 분이시고 마땅히 두려워해야 하는 분이라는 것이다. 그리고 하나님은 사람을 외모로 보지 않으시고 뇌물을 받지 않으신다고 했다. 하나님께서는 누가 옆에서 뇌물을 준다고 해서 편들어주는 분이 아니시다.

18절, 고아와 과부를 위하여 신원하시며 나그네를 사랑하사 그에게 식

물과 의복을 주시나니

우리 하나님의 성품을 말해주고 있다. 하나님은 그렇게 크고 두려우신 분이지만 한 면으로 고아와 과부를 위해 신원하시고 나그네를 사랑하시는 분이시다. 이 세상에서 보살펴줄 사람이 아무도 없는 그러한 사람들의 하나님이시라는 것이다. 만일 그렇다면 우리가 하나님의 보살피심을 중점적으로 더욱더 많이 받으려면 고아와 같이 되고 과부와 같이 되는 것이 좋은 것이다. 쉬운 말로 하면 외롭게 되는 것이 좋은 것이다. 보살펴주는 사람이 많으면 하나님께서는 '너는 이미 보살펴줄 사람이 많구나' 하시면서 보살펴주지 않으실 것이다. 가난하고 외롭게 되며 하나님 외에 도와주실 분이 없는 처지에 처하는 것이 실은 가장 하나님을 가까이 할 수 있고 은혜를 얻을 수 있는 길이다.

만일 성도들이 진정으로 진리를 따르고자 한다면 다 외롭게 될 것이다. 고아와 과부와 같이 될 것이다. 그럴 때 하나님께서는 그러한 사람들과 함께 가고자 하시며 그들을 보살펴주신다. 또 나그네가 되는 것도 참으로 경건하게 살고자 할 때 그렇게 되는 것이다. "또 땅에서는 외국인과 나그네로라 증거하였으니"(히 11:13b). 하나님께서는 그런 사람들에게 식물과 의복을 친히 주신다. 누구의 보살핌도 미치지 못하는 형편에 처한 고아와 과부와 나그네들을 사랑하시고 친히 돌보시는 것이다.

19절, 너희는 나그네를 사랑하라 전에 너희도 애굽 땅에서 나그네 되었었음이니라

하나님께서는 이스라엘 백성들이 바로 이렇게 하나님의 돌보심을 많이 받을 수 있는 사람들이 되기를 원하신다. 그리고 같은 처지에 있는 나그네 된 사람들을 사랑하기를 바라신다. 하나님의 자녀들이라면 반드시 고아와 과부와 외로운 사람들과 나그네들을 사랑하고 돌보아야 한다. 사도 야고보는 그것이 참된 경건이라고 했다. 하나님은 그분의 택한 백성들이 애굽에서 나그네 된 430년을 돌보셨다. 이제 그분은 이스라엘이 나그네를 돌보아야 한다고 말씀하신다.

여기의 나그네는 외국인이라는 뜻도 있다. 이스라엘 백성 가운데 원래 히브리인이 아닌 다른 나라 사람이 들어와서 사는 경우에 그런 사람들은 외롭다. 하나님께서는 그런 사람들을 사랑하라고 하셨다. 전에 이스라엘 백성도 애굽에 있을 때 외국인으로서, 나그네로서 많은 서러움을 당한 적이 있다. 하나님께서는 '너희도 이 땅에서 나그네 되어 서러움을 당한 적이 있지 않느냐? 그때를 생각해서 너희 중에 나그네 된 사람들이 있다면 그들을 사랑해라' 고 하신다. 이것이 바로 하나님께서 그분의 백성에게 원하시는 바이다.

그런데 이스라엘이 이 말씀을 지켰는가? 지키지 않았다. 결국 그들은 자기들만 가장 뛰어난 민족이라고 자만하면서 다른 나라 사람들은 개로 취급하고 멸시하고 짓밟았다. 그들은 나그네를 사랑하지 않았다. 이방인들을 사랑하지 않았다. 그저 자기들만 위했다. 오늘 여러분이 하나님의 백성의 특징을 지니려면 이렇게 외로운 사람들, 특히 외로운 하나님의 자녀들을 사랑해야 한다. 자기들과 다르다면서 다른 사람들을 멸시하고 핍박하고 압제한다면 그것은 하나님이 기뻐하시는 일이 아니다. 교회는 하나님을 닮아야한다.

20절, 네 하나님 여호와를 경외하여 그를 섬기며 그에게 친근히 하고 그 이름으로 맹세하라

결론적인 말씀이다. 이스라엘 백성들은 마땅히 여호와를 경외하고 두려워하고 그분을 섬기며 그분을 친근히 해야 한다. 즉 그분께 꼭 붙어있어야 한다. "그 이름으로 맹세하라"는 것은 여호와의 이름으로 모든 일을 행하라는 말이다. 하나님은 얼마나 사람과 함께하기를 원하시는지! 그분은 사람의 마음을 얻기를 원하시고 있다. 이는 우리에 대한 가장 큰 우대요 긍휼을 베푸심이다. 우리는 그분을 경외하고 섬기며 친근히 해야 마땅하다.

21-22절, 그는 네 찬송이시요 네 하나님이시라 네가 목도한바 이같이 크고 두려운 일을 너를 위하여 행하셨느니라 22 애굽에 내려간 네 열조가 겨우 칠십 인이었으나 이제는 네 하나님 여호와께서 너를 하늘의 별같이 많게 하셨느니라

"그는 네 찬송이시요 네 하나님이시라". 하나님은 이스라엘 백성들의 찬송이시다. 하나님께서는 그만큼 이스라엘 백성 가운데서 아름다운 분이시고 놀라운 일을 행하시는 분이기 때문이다. 우리가 오늘날 '나의 하나님, 우리의 하나님' 이라고 하는 것은 보통 말이 아니다. 그것은 하나님께서 우리 가운데 역사하신 결과 얻으신 이름이다.

"네가 목도하는바 이같이 크고 두려운 일을 너를 위하여 행하셨느니라". 이스라엘 백성들은 하나님께서 행하신바 수많은 크고 두려운 일들을 보았다. 그 한 가지가 이스라엘이 요셉 당시 애굽에 내려갔을 때에는 그 인수가 70명이었는데 430년 후 거기서 나올 때에는 거의 200만 명이 된 것이다(22절). 남자 장정만 60만 명이었으니 이스라엘 전체는 200만 명은 족히 되는 것이다. 이렇게 크신 일을 행하신 여호와 하나님을 여러분은 마땅히 경외하고 섬기며 친근히 하고 오직 그 이름으로 맹세해야 할 것이다.

신명기 11장

신명기 1장부터 11장까지가 한 부분이고 12장부터는 또 다른 부분이라고 할 수 있다. 11장까지의 말씀은 주로 이스라엘 백성들이 가나안 땅에 들어가서는 하나님의 말씀에 순종해야 한다는 것을 거듭 강조하시는 것이다. 그 다음 12장부터는 이스라엘 백성들이 가나안 땅에 들어가서 행해야 할 규례와 법도를 말한다. 모세는 11장에서 그분이 하신 위대한 몇 가지 일들을 말하면서 말씀을 준행해야 한다는 것을 강조하고 결론짓고 있다(1-7절). 그들이 그 땅에 들어가서(그 땅이 좋은 땅임을 다시 한 번 강조하며 하나님이 주의하시는 땅이라고 강조하심) 명령을 잘 지키면 축복을 받지만 그렇지 않으면 저주가 있을 것임을 경고한다(8-25절). 그러니 축복이든지 저주든지 택하라고 엄숙히 경고하면서 서론의 결말을 내린다(26-32절).

1절, 그런즉 네 하나님 여호와를 사랑하여 그 직임과 법도와 규례와 명령을 항상 지키라

하나님께서 우리에게 강조하시는 것은 결국 하나님을 사랑함으로 그 말씀을 지켜야 한다는 것이다. 하나님을 사랑함이 없이는 그분의 말씀을 깊이 이해하지도 못하고 결국은 지킬 수가 없다. 가령 부모님의 말씀을 순종하는 것도 마찬가지이다. 세상 유혹과 죄의 힘이 강력한데 어떻게 부모님의 말씀을 따라서 그 모든 것들을 떨쳐버릴 수가 있겠는가? 다만 문자를 이해한다고 되는 것이 아니다. 부모님을 사랑하는 것이 있어야 한다. 나는 과거에 어떤 청소년이 다른 친구들과 어울려 죄를 짓지 못하고 집에 돌아온 것이 부모님이 자기를 사랑하는 것을 알고 차마 그럴 수 없었기 때문이었다는 말을 들었다. 그 사랑이 그를 범죄로부터 격리시킨 것이다. 하나님을 사랑함이 없이 그분의 명령과 규례를 지킬 수 없다. 우리는 7장부터 계속적으로 같은 것을 강조하는 것을 볼 수 있다. 그것은 하나님을 사랑하라는 것이다. 사실 율법의 요약은 무엇인가? "목숨을 다하고 뜻을 다하고 힘을 다하여 주 너의 하나님을 사랑하라"는 말씀이다.

2-6절, 너희의 자녀는 알지도 못하고 보지도 못하였으나 너희가 오늘날 기억할 것은 너희 하나님 여호와의 징계와 그 위엄과 그 강한 손과 펴신 팔과 3 애굽에서 그 왕 바로와 그 전국에 행하신 이적과 기사와 4 또 여호와께서 애굽 군대와 그 말과 그 병거에 행하신 일 곧 그들이 너희를 따를 때에 홍해 물로 그들을 덮어 멸하사 오늘까지 이른 것과 5 또 너희가 이곳에 이르기까지 광야에서 너희에게 행하신 일과 6 르우벤 자손 엘리압의 아들 다단과 아비람에게 하신 일 곧 온 이스라엘의 한가운데서 땅으로 입을 열어서 그들과 그 가족과 그 장막과 그를 따르는 모든 생물을 삼키게 하신 일이라

2절부터 6절까지는 이스라엘 백성들이 그 하나님 여호와를 사랑하고 그 명령과 법도를 항상 지켜야 하는 이유에 대해서 말하고 있다. 그들은 친히 목격한 하나님의 징계와 그분의 위엄, 그분의 강한 손과 그분이 하신 많은 일들을 기억해야 했다. 사람들은 과거 하나님의 은혜를 받았고 또 그분의 크신 역사를 보았으면서도 쉽게 잊어버린다. 그러므로 모세는 다시금 애굽에서 바로에게 행하신 열 가지 재앙, 홍해를 건널 때 애굽 군대와 말들을 다 물속에 잠기게 하신 일, 광야 사십 년 동안 그들을 위해 행하신 각종 이적, 즉 만나를 내리시고 반석에서 물을 내심 등, 또한 고라와 르우벤 자손의 엘리압의 아들 다단과 아비람 일당이 거역하다가 결국은 온 이스라엘 한가운데서 땅이 입을 열어서 그들과 그 가족과 그 장막과 그를 따르는 모든 생물을 삼키게 하신 일 등을 언급하면서 그들을 일깨운다. 이러한 살아 계신 하나님의 징계와 위엄과 그 강한 손과 펴신 팔을 기억하고 그들은 하나님의 말씀에 순종해야 했다.

오늘날 우리가 그리스도의 말씀을 지키기 위해서는 주님이 우리를 위해 하신 일들을 기억해야 한다. 주님의 고난당하심과 십자가에서 죽으심 등을 기억할 때 우리는 주님을 사랑할 수 있고 또 주님의 말씀을 지킬 수 있다. 사람이 주님의 그러한 역사를 쉽게 잊어버리기 때문에 주님은 매주일 주의 만찬에 참여함으로 다시 한 번 주님의 죽으심과 그분의 고난을 기억하기 원하신다. 그럴 때 다시금 주님의 말씀을 지키고자 하는 마음이 일깨워진다. 그뿐 아니라 우리가 지금까지 살아오는 동안 우리는 수없이 많은 주님의 돌보심과 지키심을 얻었다. 주님이 돌보시고 보호해주지 않으셨다면 우리는 지금 이렇게 살아 있을 수도 없을 것이다. 우리로서는 도저히 통과할 수 없는 환경을 통과하게 하신 일들이라든가 우리의 필요를 공급하신 일들이 수없이 많은데 사람은 그런 것들을 쉽게 잊어버린다. 그러므로 우리가 하나님의 말씀을 항상 지키고 순종하려면 주님이 우리를 위해서 하신 역사들을 잊어서는 안 되며 그분을 사랑함으로 그분의 규례와 명령을 지켜야 한다.

7절, 너희가 여호와의 행하신 이 모든 큰 일을 목도하였느니라

모세가 지금 하고 있는 말은 거기 듣는 사람들이 다 친히 목도한 것들이다.

8절, 그러므로 너희는 내가 오늘날 너희에게 명하는 모든 명령을 지키라 그리하면 너희가 강성할 것이요 너희가 건너가서 얻을 땅에 들어가서 그것을 얻을 것이며

모세가 이스라엘 백성들에게 반복해서 하는 말은 그들에게 명하신 모든 명령을 지킬 때 그들이 강성해지게 된다는 것이다. 우리가 어떻게 영적으로 강해지는가? 다른 비결이 없고 오직 하나님의 명령을 지키는 것이다. 우리는 과거에 우리 속사람을 강건하게 해달라고 많이 기도했다. 그런데 이 말씀에 의하면 우리 속사람이 강건하게 되는 비결은 하나님의 말씀을 지키는 것이다. 그리고 우리가 하나님의 유업을 얻는 비결도 오늘 이 땅에서 주님의 말씀을 지키는 것이다. 말씀을 머릿속으로 기억하거나 이해하기만 하는 것으로는 부족하다. 반드시 지키고 실생활에 믿음으로 적용할 때 생명이 되고 힘이 된다.

신약 골로새서 1장을 보겠다. 10-12절, "주께 합당히 행하여 범사에 기쁘시게 하고 모든 선한 일에 열매를 맺게 하시며 하나님을 아는 것에 자라게 하시고 그 영광의 힘을 좇아 모든 능력으로 능하게 하시며 기쁨으로 모든 견딤과 오래 참음에 이르게 하시고 우리로 하여금 빛 가운데서 성도의 기업의 부분을 얻기에 합당하게 하신 아버지께 감사하게 하시기를 원하노라". 우리가 하나님을 기쁘시게 하는 길은 모든 일에 주께 합당히 행하는 것이고 또 모든 선한 일에 열매를 맺는 것이다. 그럴 때 우리는 성도의 기업의 부분을 얻기에 합당하게 된다. 이렇게 볼 때 구약부터 신약까지 동일하게 하시는 말씀은 우리가 하나님의 하신 말씀을 그대로 순종하는 삶을 살 때만이 우리의 속사람도 강건해지고 주님이 우리에게 주시고자 하시는 유업도 얻을 수 있다는 것이다.

9절, 또 여호와께서 너희의 열조에게 맹세하사 그와 그 후손에게 주리라고 하신 땅 곧 젖과 꿀이 흐르는 땅에서 너희의 날이 장구하리라

우리의 날이 장구하는 비결, 영적으로 말해서 부흥의 상황이 오래도록 유지되는 비결 또한 하나님의 명령을 지키는 것이다.

10-12절, 네가 들어가 얻으려 하는 땅은 네가 나온 애굽 땅과 같지 아니하니 거기서는 너희가 파종한 후에 발로 물 대기를 채소밭에 댐과 같이 하였거니와 11 너희가 건너가서 얻을 땅은 산과 골짜기가 있어서 하늘에서 내리는 비를 흡수하는 땅이요 12 네 하나님 여호와께서 권고하시는 땅이라 세초부터 세말까지 네 하나님 여호와의 눈이 항상 그 위에 있느니라

이스라엘 백성들이 가나안에 들어가서 얻을 땅의 특징을 말해주고 있다. 그곳은 애굽 땅과 같지 않은데, 애굽 땅은 파종한 후에 발로 물을 대었다. 그런데 그들이 건너가서 얻게 될 땅은 산과 골짜기가 있어서 하늘에서 내리는 비를 흡수하는 땅이라고 했다. 애굽 땅은 평평하고 강이 있어서 물이 항상 풍족하지만 사람의 노력으로 경작해야 한다. 그러나 가나안 땅은 사람의 힘으로 물을 댈 필요가 없고 다만 하늘에서 내리는 비를 흡수하는 땅이다. 거기서는 사람이 곡식을 가꾸기 위해 물을 댈 필요가 없이 그냥 하늘에서 내려주시는 비를 받아 경작하면 된다. 이것은 오늘날로 말해서 인간의 종교와 하나님의 교회의 차이라고 할 수 있다. 인간의 종교는 발로 물을 대는 밭과 같다. 그러나 하나님의 교회는 사람이 발로 물을 대는 것이 아니라 하늘에서 비가 내리는 것이다. 사람은 아무 노력도 할 필요가 없이 다만 하늘에서 내리는 비를 흡수하여 경작하면 된다. 그것은 그 땅에 산과 골짜기가 있기 때문이다.

교회에는 항상 이 두 가지가 있어야 한다. 산은 높은 곳이고 골짜기는 낮은 곳이다. 비가 내리면 높은 데서 낮은 데로 흘러내리기 때문에 물을 저장할 수가 있다. 자연적으로 물을 저장하게 되는 것이다. 이와 같이 하나님께서 인도하시는 백성들에게는 올라가는 것, 즉 높은 체험이 있고 또 내려가는 것, 즉 낮은 체험이 있다. 사람이 항상 올라가는 것 같지만 실상은 그렇지 않다. 한때는 상당히 높은 영적 상태에 있었지만 어느새 골짜기로 떨어져 있는 것을 볼 수 있다. 상당히 영적으로 성숙한 사람이라 할지라도 항상 산 정상에 있는 것은 아니다. 때로 어떤 환경이 임하면 바닥으로 떨어지는 것을 느낀다. 사도 바울은 고린도후서 12장에서 육신의 가시로 인해 기도했다. 그것을 아주 고통스럽게 여겼기 때문이다. 나는 그때 그가 결코 산 정상의 느낌을 갖지 않았을 거라고 생각한다.

또 사도행전 27장에서 배가 파선했을 때 2주간을 굶으면서 구원의 여망을 다 잃어버렸을 때에도 그가 산 정상에 있었으리라고 생각지 않는다. 아시아에서 무슨 환난을 당했는지는 잘 모르지만 고린도 후서 1장에서 그는 아시아에 있을 당시 살 소망이 다 끊어졌다고 했다. 그러나 그가 데살로니가 교회로부터 온 편지를 받았을 때 너무 기뻐하면서 이제는 살 것 같다고 했고 고린도 교회에게서 편지를 받았을 때에도 그들이 회개했다는 소식을 접하고 매우 기뻐했다. 그리고 멀리 떨어져 있던 동역자들을 다시 만났을 때에도 심히 기뻐했다. 그럴 때 그는 뭔가 산 정상에 있었다.

이와 같이 하나님께서 항상 기억하시고 돌보시는 사람들에게는 정상의 체험이 있는가 하면 골짜기의 체험도 있으며, 그러한 상황에서 하나님은 하늘에서 비를 내리신다. 그럴 때 그들은 그 비를 흡수해서 풍족한 은혜를 담게 되고 그것으로 경작하게 된다. 오직 위에서 내려오는 것만 가지고 경작하는 것이다. 우리는 역으로 이렇게 말할 수 있다. 오직 하나님만을 의뢰하는 사람들이 산과 골짜기를 체험할 수 있다는 것이다. 이 땅에서 하나님을 의지하지 않고 사람들을 의지하는 사람들은 산과 골짜기가 없이 평평하다.

12절에서는 "네 하나님 여호와께서 권고하시는 땅이라 세초부터 세말까지 네 하나님 여호와의 눈이 항상 그 위에 있느니라"고 말한다. 하나님의 관심은 그 땅에 있다. 산과 골짜기가 있으며 하늘에서 내리는 비를 흡수하는 땅을 주시하고 계신다. 그것이 바로 신약에는 교회이다. '세초부터 세말까지', 즉 시작부터 이 세상 끝까지 여호와의 눈은 항상 그들 위에 있다. 하나님은 오늘날 우주 만물 많은 곳을 바라보시지만 관심하시는 곳이 따로 있다. 그곳이 약속의 땅이다. 오늘날로 말하면 하나님의 교회이다. 교회는 하나님의 눈이 머무시는 곳이고(계 2, 3장 참조) 주님의 축복의 범위이다.

13-14절, 내가 오늘날 너희에게 명하는 나의 명령을 너희가 만일 청종하고 너희의 하나님 여호와를 사랑하여 마음을 다하고 성품을 다하여 섬기면 14 여호와께서 너희 땅에 이른 비, 늦은 비를 적당한 때에 내리시리니 너희가 곡식과 포도주와 기름을 얻을 것이요

오늘 그리스도인인 우리가 가나안 땅(오늘날의 교회의 실제)에 있는지 아니면 아직 광야나 애굽에 있는지를 점검해 보려면 우리가 실제로 하늘 은혜만 바라보며 사는 사람들인가 아니면 발로 물을 대면서 사는 사람들인가를 보면 된다. 이것은 명목상으로 교회에 다니고 있는가 없는가의 문제가 아니다. 그 실제를 갖고 있는가 없는가로 분별해야 한다. 사람의 노력으로 언제 어디서나 원하면 물을 댈 수 있는 사람들은 아직 가나안 땅의 경지에 있지 않은 것이다. 가나안 땅의 영역에 있는 사람들은 결코 인간의 노력으로 물을 댈 수 없다. 오직 하나님께만 의존되어 있는 사람들, 하나님께서 비를 주시면 얻고 주지 않으시면 얻을 수 없는 사람들이 바로 가나안 땅에 들어온 사람들이다. 신약의 교회는 바로 이러한 무리이다. 참으로 가나안의 상태에 있는 교회라면 하나님이 주시지 않으면 물을 한 방울도 얻을 수 없을 것이다. 바로 그러한 자들 위에 하나님의 눈은 세초부터 세말까지 항상 머물러 있다. 또 그러한 자들이 여호와를 사랑하고 마음을 다하고 성품을 다하여 그분을 섬긴다면 여호와께서 그 땅에 이른 비와 늦은 비를 적당한 때에 내리시겠다고 하셨다.

이와 같이 가나안 땅은 약속의 땅이고 믿음의 땅이다. 믿음으로 하나님만 의지하는 사람들, 마음을 다해서 하나님을 사랑하고 섬기는 사람들이 있다면 하나님께서는 어김없이 그들에게 때를 따라 이른 비와 늦은 비를 주셔서 그들로 하여금 곡식과 포도주와 기름을 얻게 하실 것이다. 오늘날 많은 사람들이 왜 하나님만을 의지하여 살지 못하는가? 그렇게 하면 너무 위태롭다고 여기기 때문이다. 즉 하나님을 믿지 못하기 때문이다. 그러한 땅의 사람들은 자연히 사람의 의견과 활동이 많고 사람들의 능력을 의존하며 땅에 있는 자원들을 바라본다. 그러한 범위는 본질상 애굽 땅 같지 약속의 땅 같지 않다. 그러한 땅을 하나님께서는 주의하시지 않는다.

15절, 또 육축을 위하여 들에 풀이 나게 하시리니 네가 먹고 배부를 것이라

하나님께서는 사람을 위해서만이 아니라 육축을 위해서도 들에 풀이 나게 하신다. 그래서 결국 사람으로 잡아먹고 배부를 수 있게 하신다는 것이다.

16-17절, 너희는 스스로 삼가라 두렵건대 마음에 미혹하여 돌이켜 다른 신들을 섬기며 그것에게 절하므로 17 여호와께서 너희에게 진노하사 하늘을 닫아 비를 내리지 아니하여 땅으로 소산을 내지 않게 하시므로 너희가 여호와의 주신 아름다운 땅에서 속히 멸망할까 하노라

15절까지는 하나님께 청종하고 마음을 다해서 하나님을 사랑하고 섬기면 어떠한 축복을 얻게 되는지를 말하고, 이제 여기서는 그들이 마음에 미혹하여 돌이켜 다른 신들을 섬기면 하나님께서 진노하심으로 그들이 그 땅에서 속히 멸망할 것이라고 말한다. "너희는 스스로 삼가라" 하신 것은 속임당할 수 있기 때문에 조심하라는 것이다. 어떤 사람들은 속임당한 것이 무슨 죄냐고 할지 모르지만 여기서 하나님은 미혹을 당한 사람들에게 진노하신다고 말씀하신다. 그러므로 속임당하지 않기 위해 스스로 조심해야 한다.

그리스도인들은 속임수가 있다는 것을 알아야 한다. 그저 무엇이든지 당연한 것으로 여기고 믿다가는 속임을 당하게 된다. 그저 많은 사람이 따르고 똑똑한 사람이 많이 있으니 맞겠지 하며 대충 믿으면 안 된다. 대충 따라가서도 안 된다. 하나님께서 조심하라고 하셨기 때문에 조심해야 한다. 어떤 사람들은 그들이 보기에 아주 훌륭한 하나님의 종이고 또 사람들도 다 인정을 하니까 무조건 믿었다. 그런데 나중에 속았다는 것을 알았다. 하나님께서는 이렇게 속은 것을 결코 괜찮다고 하시지 않는다. 이미 스스로 조심하여 미혹되지 말라고 하셨기 때문이다. 신약 요한 서신에서도 "영을 다 믿지 말고 그 영이 하나님께 속했는지를 분별하라"고 했다. 갈라디아서 3장을 보면 성도들이 '하나님 아닌 것들을 섬긴다' 고 했다. 하나님 아닌 것이란 갈라디아서에서는 율법을 말한다. 율법은 원래 하나님께서 모세를 통해 주신 것이지만 그것이 하나님 자신은 아니다. 이에 대해 바울은 '너희가 하나님 아닌 것에 종노릇 한다' 고 했다. 이와 같이 성도들은 얼마든지 미혹될 소지가 있다. 그러므로 사람의 믿음을 하나님의 말씀에 따라 그분 자신에게로 향하게 하지 않는 모든 것들은 조심해야 한다. 혹이라도 미혹당하여 다른 신들을 섬기고 그것에 절하게 되면 하나님은 진노하셔서 하늘을 닫고 비를 내리지 않으실 것이다. 만일 우리에게 이른 비도 없고 늦은 비도 없다면 스스로 미혹되지 않았는지를 점검해보아야 할 것이다. 하나님의 말씀은 틀림이 없기 때문에 약속의 땅, 믿음의 땅의 위치에 있다면 반드시 약속을 지키실 것이기 때문이다.

18-20절, 이러므로 너희는 나의 이 말을 너희 마음과 뜻에 두고 또 그것으로 너희 손목에 매어 기호를 삼고 너희 미간에 붙여 표를 삼으며 19 또 그것을 너희의 자녀에게 가르치며 집에 앉았을 때에든지, 길에 행할 때에든지, 누웠을 때에든지, 일어날 때에든지 이 말씀을 강론하고 20 또 네 집 문설주와 바깥문에 기록하라

결국 우리가 말씀을 지킬 수 있는 비결, 즉 미혹되지 않고 늘 하나님께 붙어 있고 그분의 말씀을 청종하고 하나님을 사랑하고 섬길 수 있는 비결은 무엇이냐면 말씀을 우리 마음과 뜻에 두는 것이다. 그리스도의 말씀이 우리 마음에 풍성히 거하게 하는 것이다(골 3:16 참조). 모든 일 가운데 그리스도의 말씀이 있어야 한다. 또한 그 말씀을 자녀에게 가르치고 집에 앉았을 때든지 길에 행할 때든지 누웠을 때든지 일어날 때든지 이 말씀을 강론하라고 했다. 그리고 문설주와 바깥문에 이것을 기록하라고 했다.

이스라엘 사람들은 이 '쉐마', 하나님의 말씀을 항상 가까이 해야 한다는 것을 지금도 철저히 지키고 있다. 유대인의 교육은 오늘날 세계적으로 유명한데 그 교육 방법이 바로 이 하나님의 말씀을 항상 가르치는 것이다. 그렇기 때문에 유대인 가운데서 그처럼 많은 인재가 배출되는 것이다. "이러므로 너희는 나의 이 말을 너희 마음과 뜻에 두고 또 그것으로 너희 손목에 매어 기호를 삼고 너희 미간에 붙여 표를 삼으며 그것을 너희의 자녀에게 가르치며 집에 앉았을 때에든지 길에 행할 때에든지 누웠을 때에든지 일어날 때에든지 이 말씀을 강론하라"고 했다. 그리고 "네 집 문설주와 바깥문에 기록하라"고 했다. 그리스도인들은 들어가든지 나오든지 집안에서든지 밖에서든지 항상 말씀과 함께 행해야 한다. 4장부터 11장의 강조점은 한결같이 하나님의 말씀을 지키는 것이다.

21절, 그리하면 여호와께서 너희 열조에게 주리라고 맹세하신 땅에서 너희의 날과 너희 자녀의 날이 많아서 하늘이 땅을 덮는 날의 장구함 같으리라

범사에 하나님의 말씀을 가까이하고 우리의 마음과 뜻 속에 말씀이 있게 하며 무엇을 하든지 말씀을 간직하고 또 자녀들에게 가르치며 말씀을 중심 삼는 삶을 살 때 하나님의 축복이 있을 것이다. 우리 가운데 주님의 은혜가 있어서 함께 모일 때에든지 혹은 집에 있든지 늘 말씀을 가까이 하고 말씀에 따라서 행하는 분위기가 많아지기 바란다. 그럴 때 우리의 날과 우리 자녀의 날이 많아서 '하늘이 땅을 덮는 날의 장구함' 같을 것이다.

22절, 너희가 만일 내가 너희에게 명하는 이 모든 명령을 잘 지켜 행하여 너희 하나님 여호와를 사랑하고 그 모든 도를 행하여 그에게 부종하면

결국 하나님께서 원하시는 것은 그분의 명령을 잘 지켜 행하고 하나님을 사랑하는 것이다. 여기 '그에게 부종하면' 이란 하나님께 굳게 붙어 있는 것을 말한다. 신명기는 11장까지 한 단락인데 그 주제는 순종이다. 축복은 순종과 연결되어 있고 저주는 불순종과 연결되어 있다.

23절, 여호와께서 그 모든 나라 백성을 너희 앞에서 다 쫓아내실 것이라 너희가 너희보다 강대한 나라들을 얻을 것인즉

"너희가 너희보다 강대한 나라들을 얻을 것인즉". 대적들을 쫓아내고 영적 전쟁에서 승리하는 비결도 말씀에 순종하는 것이다. 요한복음 15장 4절, "내 안에 거하라 나도 너희 안에 거하리라 가지가 포도나무에 붙어 있지 아니하면 절로 과실을 맺을 수 없음같이 너희도 내 안에 있지 아니하면 그러하리라". 우리가 주님 안에 거하면 주님도 우리 안에 거하시며 그럴 때 우리는 과실을 많이 맺게 된다. 우리가 과실을 많이 맺을 때 아버지께서 영광을 받으시며 우리는 그분의 제자가 된다. 그런데 우리가 주님 안에 거하여 열매를 맺을 수 있는 비결은 10절에 있다. "내가 아버지의 계명을 지켜 그의 사랑 안에 거하는 것같이 너희도 내 계명을 지키면 내 사랑 안에 거하리라". 이로 보건대 우리가 주님 안에 거하는 비결 또한 주님의 계명을 지키는 것이며 주님의 계명을 지키는 사람이 결국 열매를 맺게 된다. 그리고 이 구절의 영적 전쟁에서 승리하는 비결도 그분의 말씀을 지키는 것이다.

24절, 너희의 발바닥으로 밟는 곳은 다 너희 소유가 되리니 너희의 경계는 곧 광야에서부터 레바논까지와 유브라데 하수라 하는 하수에서 서해까지라

이것이 아브라함에게 약속하신바 이스라엘 백성에게 주신 최대의 영토이다. 여호수아 당시에 땅을 분배해주실 때의 영역과 같다. 그러나 사사 시대를 거쳐 다윗 때까지는 실제로 이만큼 영토를 얻지 못했다. 신약에서도 하나님께서 믿는이들에게 약속하신바 그리스도의 풍성의 분량은 그 깊이와 높이와 너비와 길이가 측량할 수 없지만 믿는이들이 하나님의 원하시는 표준에 이르기 위해서는 하나님의 말씀에 순종해야 한다. 그렇지 않으면 은혜로 부여하신 풍성을 누리는 데 제한이 있게 된다.

25절, 너희 하나님 여호와께서 너희에게 말씀하신대로 너희 밟는 모든

땅 사람들로 너희를 두려워하고 무서워하게 하시리니 너희를 능히 당할 사람이 없으리라

하나님의 말씀을 순종하는 사람들에게 주시는 축복의 연속이다. 그것은 대적들조차도 그들을 무서워하고 능히 그들을 당할 사람이 없으리라는 것이다. 우리가 아직 이러한 상태에 이르지 못했다면 우리가 아직 완전히 주님의 말씀에 순종하지 못하고 있다는 것을 알아야 할 것이다.

26-28절, **내가 오늘날 복과 저주를 너희 앞에 두나니 27 너희가 만일 내가 오늘날 너희에게 명하는 너희 하나님 여호와의 명령을 들으면 복이 될 것이요 28 너희가 만일 내가 오늘날 너희에게 명하는 도에서 돌이켜 떠나 너희 하나님 여호와의 명령을 듣지 아니하고 본래 알지 못하던 다른 신들을 좇으면 저주를 받으리라**

모세는 지금 이 말씀을 이스라엘 백성들에게 주면서 여호와의 명령을 들으면 복이 되고 돌이켜 떠나서 여호와 하나님을 섬기지 않고 다른 신들을 섬기면 저주를 받을 것이라고 말한다. 둘 중에 하나일 뿐 중간은 없다. 그러나 율법을 지킴으로 축복을 받을 수 있는 사람은 누구란 말인가? 율법은 타락한 인간의 연약함으로 말미암아 지킬 수 없는 것이요 따라서 율법 아래 있는 사람들은 다 저주 아래 있는 것이다. 그러나 하나님을 찬양하리니 그리스도께서 율법 아래 나신 것은 율법 아래 있는 자들을 속량하시고 율법의 저주에서 우리를 해방하신 것이다. 우리는 아브라함의 믿음을 본받으므로 축복의 반열에 속하게 된 것임을 인하여 하나님께 감사하고 찬미한다.

29절, **네 하나님 여호와께서 네가 가서 얻을 땅으로 너를 인도하여 들**

이실 때에 너는 그리심 산에서 축복을 선포하고 에발 산에서 저주를 선포하라

축복과 저주 두 가지밖에 없다. 신명기 27장에는 구체적으로 축복과 저주를 선포하는 내용이 있다. 그리고 여호수아 8장 33절에서는 여호수아가 이 두 산에서 축복과 저주를 선포하는 것을 실행했다. 27장 이후로 에발 산의 저주는 목소리가 크게 외쳐지지만 그리심 산의 축복은 잠잠하다. 축복에 관하여는 생략내지는 침묵인 것이다. 갈라디아서 3장 10절은 "무릇 율법 아래 있는 자들은 저주 아래 있느니라"고 하였다. 축복은 오직 아브라함의 믿음의 노선에 있는 자들임을 인하여 하나님께 감사하고 찬미한다. 그러한 축복이 오늘 우리에게 임하였다. 오늘 신약의 성도들인 우리는 예수 그리스도의 복음 안에서 그리심 산의 축복의 메아리 소리를 음악처럼 듣고 있다.

30절, 이 두 산은 요단 강 저편 곧 해 지는 편으로 가는 길 뒤 길갈 맞은편 모레 상수리나무 곁의 아라바에 거하는 가나안 족속의 땅에 있지 아니하냐

모세는 미리 두 산이 위치한 그 땅의 약도를 말해주고 있다. 두 산을 정해서 하나는 축복의 산이 되게 하고 하나는 저주의 산이 되게 했다. 그래서 이스라엘 백성들이 말씀을 들을 뿐 아니라 산을 볼 때마다 축복과 저주가 생각나게 하신 것이다.

31절, 너희가 요단을 건너 너희 하나님 여호와께서 너희에게 주시는 땅에 들어가서 얻으려 하나니 반드시 그것을 얻어 거기 거할지라

하나님께서는 이스라엘 백성이 반드시 그 기업의 땅에 들어가서 그것을 얻어 거기 거하기를 원하셨다.

32절, 내가 오늘날 너희 앞에 베푸는 모든 규례와 법도를 너희는 지켜 행할지니라

11장에서 하나님께서는 모세를 통해 하나님의 말씀을 순종할 때에는 어떤 축복이 있으며 순종하지 않고 돌이켜 다른 신들을 섬기면 어떤 저주가 있는지를 말씀해주고 있다. 모세는 여기까지 말한 뒤에 그들로 하여금 축복과 저주를 선택하라고 하신다. 이는 모두 하나님의 명령을 시킬 것을 요청하시는 부르심으로 이해하면 된다. 신명기 27장을 잠시 보겠다. "모세가 당일에 백성에게 명하여 가로되 너희가 요단을 건넌 후에 시므온과 레위와 유다와 잇사갈과 요셉과 베냐민은 백성을 축복하기 위하여 그리심 산에 서고 르우벤과 갓과 아셀과 스불론과 단과 납달리는 저주하기 위하여 에발 산에 서고 레위 사람은 큰 소리로 이스라엘 모든 사람에게 말하여 이르기를 장색의 손으로 조각하였거나 부어 만든 우상은 여호와께 가증하니 그것을 만들어 은밀히 세우는 자는 저주를 받을 것이라 할 것이요 모든 백성은 응답하여 아멘할지니라"(12-15절). 이어서 구체적으로 저주의 항목들을 열거한다. "그 부모를 경홀히 여기는 자는 저주를 받을 것이라 할 것이요 모든 백성은 아멘 할지니라…". 말씀을 지키는 자는 축복이요 지키지 않는 자는 저주라는 말씀이다.

신명기 12장

이미 말한 바와 같이 4장 44절부터 11장까지는 계명의 말씀을 재설명하는 것 중에 주로 10계명에 해당하는 부분이고 12장부터는 그 땅에 들어가서 지켜야 할 여러 가지 규례들에 대한 것이다. 가장 먼저 그 땅에 들어가서 해야 할 일은 가나안 땅의 우상들을 제거하는 것이고(1-3절), 다음은 이스라엘의 중앙 성소에 관한 것이다(4-14절). 12장에서 가장 중요한 것은 이스라엘의 모든 헌물들을 중앙 성소, 즉 하나님의 이름을 두시려고 택하신 곳에서 드려야 한다는 것이다.

1절, 네 열조의 하나님 여호와께서 네게 주셔서 얻게 하신 땅에서 너희가 평생에 지켜 행할 규례와 법도는 이러하니라

이미 말한 바와 같이 12장부터는 또 다른 단락이다. 이스라엘 백성들이 약속의 땅 가나안에 들어가서 어떻게 행해야 할 것인지를 하나하나 말씀해주시는 부분이다.

2절, 너희가 쫓아낼 민족들이 그 신들을 섬기는 곳은 높은 산이든지 작은 산이든지 푸른 나무 아래든지 무론하고 그 모든 곳을 너희가 마땅히 파멸하며

그 땅에 들어가서 생활할 때 맨 먼저 해야 할 것은 다른 신들, 즉 우상들을 파멸하는 것이다.

3절, 그 단을 헐며 주상을 깨뜨리며 아세라 상을 불사르고 또 그 조각한 신상들을 찍어서 그 이름을 그곳에서 멸하라

원래 가나안 땅에 살던 민족들이 섬기는 높은 산과 작은 산과 푸른 나무 아래 있는 모든 곳을 파멸하고 그 단들을 헐고 주상을 깨뜨리고 아세라 상을 불사르며 또 조각한 신상들을 찍어서 그 이름을 그곳에서 멸하라고 했다. 이것은 그들이 그 땅에서 다른 신들을 섬기지 않고 오직 여호와 하나님을 중심 삼으며 그 이름으로만 모일 수 있도록 하기 위해서, 즉 여호와 하나님을 중심으로 이스라엘의 합일(合一)을 유지하게 하기 위해서이다. 이와 같이 하나님께서 이스라엘 백성들이 그 땅에 들어가서 생활할 때에 가장 우선으로 삼기 원하시는 것은 바로 경배의 중심지이다. 다른 신들을 섬기기 위한 다른 경배의 중심지들이 있을 때 그들 가운데 많은 혼란과 분열이 있게 되기 때문이다.

4절, 너희 하나님 여호와에게는 너희가 그처럼 행하지 말고

오늘날 육체로 인해 생겨난 종파들 가운데에는 높은 산도 있고 작은 산도 있으며 푸른 나무도 있다. 하나님의 백성들은 다 균등하게 하나님 앞에서 섬겨야 하는데 그 중에서 어떤 교리나 어떤 사람이나 어떤 실행이 높여질 때 하나님의 백성의 통일성이 해체되고 분열의 상황이 야기된다. 사실 이런 것들은 인간의 야심 있는 육체의 또 다른 표현이라고 할 수 있다.

오늘날 기독교 안에도 높은 산과 같은 종파적인 무리가 있는가 하면 언덕과 같은 종파적인 무리도 있다. 그리고 푸른 나무와 같은 무리도 있다. 이렇게 말해보겠다. 어떤 단체가 자신들만이 살아 있고 활력 있고 뛰어난 영성을 가지고 있다고 자랑하면서 사람들을 끌어 모은다면 그들은 푸른 나무와 같은 종파일 것이다. 물론 생명력 있는 것은 좋은 것이다. 그런데 그것을 다른 사람들에게 과시함으로 끌어 모으려 하는 것은 분열적인 것이다. 모세는 자기 얼굴에 광채가 나는 것을 알지 못했다. 모름지기 이기는 자들이란 자신이 이기는 자임을 알지 못하는 사람이다.

우리 인생은 다 부패했기 때문에 참으로 죄 가운데서 회개하고 자신의 연약함과 부족함을 인하여 탄식하는 것이 마땅하다. 그런데 자신은 부족함이 없고 뛰어난 그리스도인이고 다른 사람들은 다 죽어 있다고 자만하면서 사람들에게 선전한다면 그것이 바로 푸른 나무 아래서 우상을 섬기는 것이다. 즉 그들은 오직 주 예수의 이름으로만 사람들을 모이게 하기에는 부족하다고 느끼는 것 같다. 이는 분열의 상황으로 말미암은 것이다. 저마다 자신들의 장기나 장점을 내세워서 사람들을 모으는 것이다. 그들은 이것이 주의 이름을 배반하는 것이 아니라고 하겠지만 진지하게 하나님 앞에서 실상을 파헤칠 때 그것은 유일한 이름인 주 예수의 이름이 아닌 다른 이름으로 모이는 것이다.

어떤 사람들은 자신들의 교회의 이런 면 저런 면을 자랑하여 사람을 모으는데 이 또한 높은 산이다. 높은 산이 아니면 푸른 나무일 것이다. 그것은 분명 그리스도의 이름으로 사람을 모으는 것이 아니다. 어떤 곳은 교회의 헌금을 명료하게 집행하는 것으로 광고 선전을 하여 사람을 모으기도 하고, 어떤 곳은 특이한 영성을 선전하여 사람을 모으기도 한다. 이는 다 주님의 유일한 이름으로 사람들을 모이게 하는 것이 아니라는 여러 가지 예들이다. 또 높은 산이 있는데, 그것은 자신들만이 가장 높은 경지에 이르렀고 다른 사람들은 다 빈곤하고 낮다고 여기는 것이다. '우리는 최고의 영성을 가지고 있다. 우리는 최고의 진리를 가지고 있다' 하는 것이다.

또 어떤 사람들은 그만큼 높지는 않지만 여전히 뭔가가 있다. 감히 '우리가 최고다'라고는 못하지만 나름대로 좋은 것을 가지고 다른 사람들보다 낫다고 여길 때 그것을 언덕이라고 할 수 있다. 하나님께서는 이러한 것들을 다 파멸하라고 하셨다. 그리고 조각한 신상들, 자신들의 솜씨로 만든 것들, 하나님을 대치하는 어떤 형상들을 다 없애라고 하셨다. 이런 것들이 있을 때 하나님을 중심으로 모이는 그 유일한 경배의 중심지에서 이탈하여 나름대로 종파적인 무리를 형성하게 되는 것이다. 이것이 바로 고린도 전서 1장에 있는 상황이다. "나는 바울에게, 나는 아볼로에게, 나는 게바에게, 나는 그리스도에게"라고 말하는 것이다. 그런 분열적인 모습을 하나님은 원치 않으신다. 그러므로 "너희 하나님 여호와에게는 너희가 그처럼 행하지 말고"라고 하셨다.

5절, 오직 너희 하나님 여호와께서 자기 이름을 두시려고 너희 모든 지파 중에서 택하신 곳인 그 거하실 곳으로 찾아 나아가서

예배 장소의 문제

이스라엘은 가나안 땅에 들어가서 예배의 대상만이 아니라 예배의 장소의 문제까지도 하나님의 정하심에 따라야 했다. 그들이 광야에서는 그들 나름대로, 소견대로 하였지만 요단을 건너 가나안에 들어가서는 그들의 마음대로 장소를 정하여 예배를 드리지 못하게 되어 있었다. 그분은 예배에 관하여 그 때와 장소에 대하여 그분이 정한 곳에서 드리도록 정하셨다. 그곳을 하나님은 '여호와께서 택하신 곳'이라고 말씀하셨다. 오늘날도 우리는 이에 대하여 반드시 유념하면서 예배를 드려야 한다. 독자들은 한 번이라도 기도해보거나 생각해보았는가? '하나님이여, 나는 당신의 자녀로서 예배를 드려야 할진대 이처럼 수많은 소위 교회들 가운데 어디서 예배를 드려야 합니까?' 이에 대하여 자기의 좋아하는 대로, 혹은 소견대로 결정하는 것은 성경의 말씀을 따르는 것이 아니다. 하나님에 대하여 냉담하고 관심이 별로 없으며 깊은 상고가 없는 사람은 대충 결정하겠지만 주님을 깊이 알고, 따르고자 하는 자들, 충성된 자들은 과연 그 택하신 곳이 오늘은 어디일까, 어떻게 적용할까에 대하여 깊은 묵상이 있을 줄 안다. 오늘날 교회의 분열이 심화된 시점에서 우리는 이에 대하여 상당한 진리의 연구와 고려가 없으면 안 된다.

오직 주의 이름으로 모임

그러면 이스라엘 백성들은 어디에서 어떻게 경배를 해야 하는가? 그것에 관한 한 하나님께서 자기 이름을 두시려고 택하신 곳이 있다. 하나님께서는 이스라엘 백성들이 나름대로 좋은 곳을 찾아서 경배하게 하지 않으시고 그분이 자기 이름을 두시려고 선택하신 곳으로 가서 경배하게 하셨다. 그래야만 이스라엘 백성들이 신앙에 있어서 통일성을 유지할 수 있기 때문이다. 그러면 신약 시대에 그리스도인들은 어떻게 해야 하나를 유지할 수 있는가? 그것은 마태복음 18장에 있는 것처럼 오직 주님의 이름으로만 모이는 것이다. 주님이 친히 말씀하시기를 "두세 사람이 내 이름으로 모인 곳에는 나도 그들 중에 있느니라"고 하셨다. 이것은 너무나 중요한 문제이다. 오직 주의 이름으로만 모인다는 것은 실제로 주님의 이름의 권위 아래 순종하는 것이고 사람의 의견과 사람에 속한 모든 것을 제하고 오직 주님을 중심으로 모이는 것이다. 이 말씀에 의하면 하나님께서 정하신 곳에만 그분이 거하신다는 뜻이 된다. 하나님은 예배를 받으시기 위해 아무데나 계시지 않고 그분이 정하신 곳에 계시겠다는 말씀이다. 그분은 오직 그분의 이름으로 모이는 곳에만 "나도 그들 중에 있느니라"고 하신다.

오늘날 이곳저곳에 주의 이름으로만 모인다고 하는 단체들이 있다.

물론 정말로 그렇다면 그것은 매우 좋은 것이고 믿는이들을 하나 되게 할 수 있다. 그러나 우리가 주의할 것은 그들이 과연 주님의 인격 아래 다 굴복하는가 하는 것이다. 거기에 시기와 분쟁이 있고 사람의 야심과 독선 등이 있을 때 그것은 실제로 주님의 이름으로 모이는 것이 아니다. 그것 또한 푸른 나무 아래 모이는 것이다. 입으로 주의 이름으로 모인다고 말하면 되는 것이 아니다. 고린도 전서 1장을 보면 어떤 사람들이 각각 이르기를, '나는 바울에게, 나는 게바에게, 나는 아볼로에게' 속했다고 했는데, 어떤 사람들은 '나는 그리스도에게' 속했다고 했다. 그리스도에게 속하는 것은 옳지만 그렇게 말하는 것에는 뭔가 분열적인 요소가 있다. 즉 다른 사람들과 구분되는 방식으로 자신들은 그리스도에게 속했다고 말하는 것이다.

이것에 대해 한 마디 한다면 진정으로 자신들이 그리스도 이름으로 모이고 그리스도에게 속했다고 한다면 그리스도의 이름만을 가진 다른 그리스도인들과 하나 될 수 있어야 한다. 특히 자신이 거주하고 있는 지역에서 다른 그리스도인들과 하나 되어야 하는 것이다. 그리고 더 나아가 하나 되기를 사모해야 한다. 물과 물은 자연스럽게 하나가 된다. 그리스도인들이 서로 하나가 되기 어렵다는 것은 최소한 둘 중 하나에 문제가 있는 것이며 둘 다에 문제가 있을 수도 있다. 인간의 육체 속에 있는 야심이나 의도가 들어 있기 때문에 하나가 안 되는 것이지 오직 주님의 이름밖에 없다면 당연히 하나가 될 것이다.

참되게 주님의 이름으로 모여야 한다

그러므로 우리는 자신들이 참되게 주의 이름으로 모이는가를 점검해 볼 필요가 있다. 우리 모두가 십자가 앞에 나아가서 점검해 보는 것이다. 그렇게 모일 수 있다면 참으로 좋을 것이다. 오직 주 예수 그리스도의 이름으로만 모이고 머리이신 한 분 주님만을 붙잡고 있는 사람들이라면 그 어느 누구와도 하나 될 수 있다. 주 예수 그리스도의 이름 외에 다른 이름이 제해지고 오직 그분의 이름만 있다면 거기에 참 하나가 존재한다. 주님의 이름으로 모인다는 것은 다만 그분의 이름 아래 모이는 것만이 아니라 그분의 권위 아래 순종하는 것을 의미한다. 그러기 위해서는 육체가 심판될 필요가 있고 개인의 이해관계나 야심이 제해질 필요가 있다. 그럴 때만이 참 경배의 중심지에서 하나님의 백성들이 하나 될 것이다. 말로만 하나님의 이름을 두신 곳에서 모이는 것이 옳다 하고 실상은 자기 멋대로 모인다면 거기에는 참된 순종이 없는 것이다. 오늘 이 시대는 진리가 보편적으로 열려 있기 때문에 말하는 것만 가지고는 어느 단체의 참된 상황을 알 수 없다. 그 실제를 보아야 한다.

그 영적 실제를 확인하기 위해 우리는 그 모임에 있는 사람들이 정말 그리스도의 몸의 하나의 위치에 서 있는가를 보아야 한다. 신약 성경에서도 그리스도의 몸의 통일성 문제를 강조하여 말하고 있다. 에베소서 4장 4절에서는 "몸이 하나이요 성령이 하나이니"라고 말한다. 주님도 한 분이요 하나님도 한 분이요 몸도 하나이다. 일곱 하나를 말했다. 성경에 입각할 때 몸은 둘이 아니요 하나이다. 오직 한 몸, 한 떡이 있을 뿐이다. 온 땅에 거듭난 성도는 많지만 몸은 하나이다. "떡이 하나이요 많은 우리가 한 몸이니". 우리는 지구상에서 많은 교회의 분열상을 보고 있지만 결코 성경에서 교회가 나뉘어져 있는 상태를 정당화하는 것을 읽지 못한다.

오늘 많은 성도들이 부지불식간에 분열의 위치에서 떡을 떼고 있다. 이는 어떤 외적인 문제이기 이전에 영적인 문제이다. 어떤 무리가 그리스도의 이름으로 모인다고 할 때 그들이 과연 그리스도 외에 다른 중심이 없는가를 보아야 한다. 진정 그리스도만이 중심인가? 다른 중심이 또 없는가? 이것에 대하여는 실제적이고 진지한 점검이 이루어져야 한다. 그리고 그들이 가지고 있는 영이 진정 하나의 영인지도 확인해야 한다. 만일 어떤 무리가 진정으로 하나의 위치에 있다면 그들은 다른 곳에 있는 그리스도인을 대하여 분열적인 느낌이 없을 것이다. 오직 그들을 한 몸의 지체로 여겨 사랑할 것이다. 그러나 자기 교회나 자기의 파가 아니라 하여 다른 교회나 교파 사람으로 여기고 나누는 느낌을 갖고 대한다면 벌써 거기에 분열이 존재하는 것이다. 교회는 오직 하나라는 것을 알면 된다. 그가 진정 거듭난 형제라면 유대인이든 헬라인이든 중국인이든 미국인이든 한국인이든 다 이 한 몸의 지체이다.

분열은 육체의 산물로서 정죄된 것임을 보아야 한다

어떤 사람이 자신을 특별한 교회의 구성원임을 고집하여 다른 무리의 사람들을 배타적으로 대한다면 그의 인식 속에 하나님의 교회는 이미 하나가 아니다. 그 자신의 교회가 있고 또 다른 교회가 있는 것이다. 즉 '네 교회', '내 교회'가 있는 것이다. 성경에는 네 교회, 내 교회가 없고 오직 하나님의 유일한 교회만 있다. 우리가 이 땅의 모든 성도들을 하나로 통일할 수는 없지만 진리의 지식을 받은 우리부터 몸의 하나의 말씀을 지켜야 한다. 다른 사람은 혹 몸의 인식이 없고 하나를 모르므로 함부로 행하더라도 진리를 아는 우리는 이 몸의 하나를 지키는 방식으로 행해야 한다. 간음과 음란이 죄요 육체인 것처럼 분열적이 되는 것도 죄요 육체인 것이다. 갈라디아서 5장 19절 이하에서는 분열적인 것도 육체의 일로서 정죄되고 있다. 그러므로 우리는 우리 속에 분열의 영이 존재하지는 않는지 점검하지 않을 수 없다.

이것은 영적으로 분별될 수 있다. 몸은 영적이고 비밀한 것이기에 밖으로 표명하는 말이나 슬로건으로 확인할 수 있는 것이 아니다. 통일성 문제나 하나님의 집의 위치에 관한 것도 그러하다. 다 영적으로라야 분별이 가능하다(고전 2:14). 우리가 몸의 하나의 문제를 주의해야 함은 이 몸의 통일성 문제도 성경에 기록되어 있고 우리가 신중하게 지켜야 할 말씀이기 때문이다.

그들이 만일 참되게 하나를 지키는 자들이라면

어떤 무리가 한 지방에서 그러한 인식으로 모임을 갖고 있다면 그들은 몸의 위치에 있는 자들이라고 말할 수 있다. 그 외에 이스라엘의 경배의 중심지인 여호와의 이름을 두신 곳의 특징은 그곳을 중심으로 하여 이스라엘이 하나를 이루었으며 그곳에 성소를 지었다는 것이다. 즉 그곳이 성도들이 모여야 하는 곳이라면 그곳은 모든 성도의 영이 하나의 영일 것이며(모든 그리스도인을 간격 없이 사랑하고 받는) 모두가 외식이 없는 하나를 누릴 것이며 제단과 성소가 있고 언약궤가 있을 것이다. 그러한 곳이기에 우리는 그곳에서 하나님께 제물을 드리고 경배할 수 있다.

어떤 무리가 한 몸을 말하고 하나를 지킨다고 하지만 그들 중에 제단이 없다면 그들이 말하는 하나는 예루살렘의 성전을 중심으로 한 하나가 아니다. 십자가가 없는 하나는 있을 수가 없다. 언약궤가 없는 하나도 의미가 없다. 그러므로 어떤 무리가 진정으로 한 몸의 실제를 갖고 있는지를 분별한다는 것은 간단한 일이 아니다. 그리스도와 교회는 큰 비밀이고 주님이 이 땅에 계실 때 육신의 사람들이 그분을 알 수 없었던 것처럼 교회 또한 영적인 사람들의 눈으로만 그 실제를 분별할 수 있다. 오늘은 영(spirit)과 실제(truth)의 시대이기 때문이다(요 4:20-24).

교회의 하나는 십자가와 부활과 승천의 결과임

근본적으로 교회의 하나와 통일성(unity)의 문제는 그리스도의 십자가와 부활의 생명과 성령의 옮겨부으심에 그 근거가 있다. 육체가 있는 곳에 분열이 있다. 분열은 외적인 요인으로 인하여 발생하는 것 같지만 사실은 육체로 인하여 생기는 것이다. 이미 말한 바 있지만 갈라디아서

5장 19절 이하의 말씀은 당을 짓는 것이나 원수 맺는 것이나 종파(hairesis, 헬)는 모두 인간의 육체 안에 있는 것이다. 그러므로 육체를 처리하지 않는 한 분열은 근본적으로 해결될 수 없다. 이것은 고린도 전서 1장에서 대단히 강력하게 강조되고 있다. 고린도 교회에 네 종류의 분열의 양상이 있을 때 사도는 그들에게 그리스도의 십자가의 도를 강력하게 제시했다. 십자가만이 인간의 육체를 처리할 수 있으며 따라서 육체 속에 있는 분열을 끝낼 수 있기 때문이다. 오늘날 십자가의 도에 관하여 기본적인 인식조차 없는 사람들이 교회의 연합을 추구한들 무슨 소용이 있겠는가?

성도들의 하나는 십자가만이 아니라 그리스도의 부활 생명으로 말미암는다. 예수 그리스도께서 지상에 계실 때 열 두 제자들은 그분의 부활 이전에는 결코 하나 될 수 없었다. 그들은 언제나 서로 누가 크냐고 다투었고 그들 간에는 시기와 분쟁이 있었다. 그러나 주님의 부활의 날에 그들은 그리스도의 생명을 얻었으며 제자들은 그 생명을 통하여 서로 하나 될 수 있는 길을 얻었다(요 10:10-16). 주님은 부활 이후 그들을 하나로 모으셔서 전심전력하여 오순절을 준비할 수 있게 하셨다. 사도행전 1장의 제자들의 상황은 주님의 생전에는 있을 수 없는 일이었다.

그러나 그리스도의 승천 후 오순절 성령의 강림은 교회를 더욱 강하게 하나로 묶는 사건이었다. 이는 마치 벽돌들을 시멘트로 연결하여 벽을 세웠지만 그것만으로는 결합력이 부족한 것과 같다. 오순절 성령은 마치 안팎을 시멘트로 발라서 하나하나의 벽돌들이 다시는 흩어지지 못하도록 완전하게 결합한 것과 같다. 이것이 고린도 전서 12장 13절의 의미이다. "우리가 유대인이나 헬라인이나 종이나 자유자나 다 한 성령으로 세례를 받아 한 몸이 되었고 또 다 한 성령을 마시게 하셨느니라". 그렇게 해서 14절의 한 몸 안에 있는 여러 지체들을 말할 수 있는 근거를 확립한 것이다.

간단히 말해서 교회의 하나와 통일성의 문제는 예수 그리스도의 사역과 긴밀히 관련되어 있다. 그리스도와의 깊은 연합이 없이는 교회의 하나를 이룰 수 없다. 성도들이 그리스도의 이름 안으로 모인다는 의미는 결코 단순한 게 아니다. 진실로 그분의 권위와 그분이 이루신 사역과 그분의 임재 안에 모이는 것을 의미한다. 그럴 때에야 교회는 하나 될 수 있다. 나는 이것이 신약에서 그리스도인들이 함께 예배할 주님의 택하신 곳이라고 믿는다.

교회의 하나와 통일성은 육체를 심판한 결과임

1800년대 영국의 다비(J.N. Darby) 때로부터 많은 영적인 분들이 참다운 그리스도인의 하나는 육체를 심판한 후에 얻어질 수 있는 것임을 말했다. 오늘 우리는 이러한 진리의 선포를 받아들여야 한다. 오늘 하나님의 백성 가운데 참다운 하나가 없는 것은 그리스도의 십자가를 마음 속 깊이 받아들이지 않고 그분의 생명과 성령 충만 가운데 살지 않기 때문이다. 어떤 외적인 교리나(그것이 매우 근본적이고 성경적이라 할지라도) 사람들의 강한 주장이나 전통으로는 교회의 하나를 이룰 수 없다. 모든 그리스도인들이 자신의 의견과 교리와 주장과 고집과 나름대로의 전통과 관습과 관념들을 버리고 모든 육체를 십자가에 못박고 단순히 그리스도의 이름 아래 모인다면 오늘날과 같은 분열의 상태를 극복할 수 있을 것이다. 모든 그리스도인들이 다 이렇게 할 수 없을지라도 참되게 하나님의 백성들의 하나 됨을 추구하는 자들의 순종과 충성으로부터 하나님은 그분의 백성의 하나 된 간증을 얻으실 수 있을 것이다. 오늘날 하나님의 교회가 극도로 분열되었다 하더라도 우리는 결코 이 상황을 정당화할 수 없다.

에베소서 4장이나 고린도 전서 10장과 12장과 로마서 12장의 교회의 통일성에 관한 말씀은 시대가 바뀌었다 해서 소홀히 하거나 지키지 않아도 되는 말씀이 아니다. "평안의 매는 줄로 성령의 하나 되게 하신 것을 힘써 지키라 몸이 하나이요 성령이 하나이니"(엡 4:3-4). 우리는 신명기 12장에서 하나님께서 이스라엘 백성들이 하나님이 지정하신 장소에서 제물을 드림으로써 이스라엘의 종교적 통일성을 갈망하신 것을 볼 수 있다. 오늘 우리는 신약 성경에서도 교회의 통일성에 관한 문제가 하나님의 경륜 가운데 중요한 문제임을 볼 수 있기 바란다. 오늘날 하나님의 교회가 수천 갈래로 나뉘어진 것은 하나님의 경륜에 엄청난 손실을 가져다준다는 것을 반드시 기억해야 한다.

다른 가르침의 문제와 생계의 문제

신약 성경에서 교회의 분열과 혼란이 있을 때마다 다른 가르침의 문제와 생계의 문제가 연루되어 언급된다. 그것은 곧 헛된 가르침을 가르치는 자들이 자기의 배를 위해 그렇게 한다는 것이다. 왜 목회자들은 한 곳에서 자기의 교회를 따로 세워야 하는가? 많은 경우 그것은 자기의 직업과 관련이 되는 것이다. 이것이 어찌 분열의 요인이 아니라고 말할 수 있는가! 가령 외국의 한인들이 100여 명 거주하는데 교회가 세 개나 된다고 하자! 왜 셋이 꼭 있어야 하는가? 나도 어느 곳에 이런 상황이 있었다는 책을 읽은 적이 있다. 그것은 목사님이 셋이기 때문이라는 것이다. 목사님이 셋이면 교회가 셋이어야 한다는 법이 어디에 있는가? 성경적으로 교회는 하나이다(고전 12:12, 엡 4:4).

오늘날 그리스도인들이 주님의 말씀을 여러 가지로 지켜야 한다고 하지만 교회의 하나의 문제를 심도있게 생각하고 지키고자 하는 자들은 얼마나 되는가! 어떤 사람이 하나의 진리를 지키기 위해 자기의 길과 목적과 생계 문제를 다 내려놓고 다른 그리스도인들과 합하는 것을 보았는가? 아마도 오늘날 우리 주위에서 보기가 힘들 것이다. 빌립보서 3장 18-19절은 "내가 여러 번 너희에게 말하였거니와 이제도 눈물을 흘리며 말하노니 여러 사람들이 그리스도 십자가의 원수로 행하느니라 저희의 마침은 멸망이요 저희의 신은 배요 그 영광은 저희의 부끄러움에 있고 땅의 일을 생각하는 자라"고 말한다. 왜 그리스도인이나 사역자들이 자기의 배를 위하여 일하는가? 그리스도의 십자가를 지지 않기 때문이다. 그들은 자신의 배를 하나님으로 삼고 땅의 일을 생각하면서 사는 것이다. 따라서 육신적인 욕망과 의도를 버리지 못하고 참 하나의 교회를 이루지 못하는 것이다.

구약의 성전 터

신명기 12장에서 하나님의 백성이 경배드리도록 택하신 장소는 결국 예루살렘 성전이 세워진 바로 그곳이다. 그곳이 바로 아브라함이 이삭을 드린 모리아 산이요 아리우나의 타작마당이었다(대하 3:1). 그곳은 아브라함이 가장 사랑하는 아들을 드린 곳이요 다윗이 자신의 남아 있던 자아를 철저히 심판받은 곳이다. 즉 모든 육체가 다 십자가로 제해진 곳이다. 하나님의 자녀들이 적어도 하나님을 섬기는 터에 대하여 하나님이 정하신 곳이 있다는 것만을 분명히 아는 것만으로도 큰 도움이 된다. 오늘 우리가 교회의 참된 하나의 위치를 찾아 나서는 것은 결국 십자가의 길과 성령의 길을 참되게 걸어간 결과요 하나님의 말씀을 온전히 순종한 결과이다. 이러한 결과 우리는 하나님의 백성의 참된 하나의 위치에 이르게 된다. 이는 너무나 비밀스럽다.

영적인 세계에서 위치의 문제는 중요하다. 우리가 어디에 위치하느냐에 따라서 영적인 시야와 감각이 매우 달라지게 된다. 다윗이 사울을 피하여 블레셋에 들어간 적이 있었다. 당시 다윗은 사울을 피하여 그곳에 도망갔지만 사실 그는 그곳에 가서는 안 되었다. 그가 그곳에 감으로써 그의 목숨은 지켜졌을지 몰라도 그의 서 있는 위치는 잘못된 것이었다. 그는 이스라엘의 왕이 될 사람으로서 블레셋 왕에게 그들의 편에서 있는 것처럼 행세해서는 안 되었다. 다윗은 그곳에서 어쩔 수 없이 블레셋 왕에게 거짓말도 해야 했고 미친 척도 해야 했다. 이 모든 것은 있어서는 안 될 위치에 있기 때문에 발생한 상황들이다.

아브라함이 그랄이나 애굽에 내려간 것도 마찬가지이다. 그도 합당치 않은 위치에 있을 때 그 입에서 거짓말과 위선적인 말들을 쏟아내었던 것이다. 이런 일들은 믿는이들이 하나님께서 정하신 위치에 있지 않을 때 정당하지 않은 사고와 행동이 나온다는 것을 보여준다. 오늘날 많은 믿는이들이 정당한 교회의 위치에 있지 않으므로 불필요한 미움과 다툼 안에 있게 되며 영적인 치유와 은혜를 얻지 못한다는 것을 알지 못한다. 그러면서도 그들은 자신들의 영성 자체만을 문제를 삼을 뿐 그들이 서 있는 위치에 문제가 있다는 것은 생각지 못한다.

형제들이 연합해 동거함이 어찌 그리 선하고 아름다운고

믿는이가 정당한 교회의 위치에 있어야 하는 것은 바로 이러한 이유때문이다. 신자는 개인적으로나 단체적으로 얼마나 선행과 영성을 추구하는가, 얼마나 주님을 사랑하는가의 문제 외에 그들이 서 있는 위치의 문제가 있다. 만일 그들이 서 있는 위치가 분열이나 분파의 위치라면 그들이 많은 선행과 영성을 추구한다 하더라도 부지불식간에 분열적인 영의 영향을 받아 육신적인 것이 들어오게 되고 신령하고 영적인 하늘에 속한 맛을 상실하게 된다. 이러므로 성도들이 정당한 교회의 위치에 서는 것은 매우 중요하다.

시편 133편은 "형제가 연합하여 동거함이 어찌 그리 선하고 아름다운고 머리에 있는 보배로운 기름이 수염 곧 아론의 수염에 흘러서 그 옷깃까지 내림 같고 헐몬의 이슬이 시온의 산들에 내림 같도다 거기서 여호와께서 복을 명하셨나니 곧 영생이로다"라고 한다. 이 말씀에 의하면 형제들이 연합하여 동거하는 것(dwell together in unity)이 매우 중요하다. 그들이 하나님 눈에 아름답게 보이는 것은 형제들이 하나 되어 있기 때문이고 그 하나 됨을 근거로 하나님은 머리로부터 기름부음의 축복, 이슬이 산들에 내리는 축복을 받는 것이다. 또한 그 연합하여 하나 된 것에 근거하여 하나님은 영생의 복을 명하신다.

한 시대 한 시대가 가면서 이 교회의 하나의 중요성을 알고 그 위치를 찾아 나서는 성도들이 많아졌다. 그러나 대부분 이 하나를 외적인 교리를 통하여 얻으려 하거나 인간적인 화해와 타협을 통해서 얻으려 하는 것을 본다. 또 어떤이들은 성경적인 교회의 외적인 모형을 본받아서 얻으려 한다. 물론 교회가 성경의 원래의 모양으로 돌아가려는 의도가 선하고 본받을 만하며 또 그들이 주장하는 바와 같이 모임 가운데서 성경적이지 않은 것들을 제하는 것은 매우 필요한 것이지만 거기에 더하여 내적이고 영적인 실제의 하나를 얻지 않으면 그조차도 역시 아무 소용이 없다.

다시 말하지만 참된 하나는 십자가로 육체를 심판함으로써 얻어진다. 우리가 오늘 교회의 정당한 위치를 찾아가는 발걸음은 다른 말로 하면 십자가와 성령의 길을 걸어가는 것이다. 우리 안에 있는 육체를 하나하나 처리해 나갈 때 어느 날 우리는 자신들이 하나의 영 가운데 이끌려 있다는 것을 보게 될 것이다. 그러한 곳에 있는 성도들은 어느 곳에 있는 성도들이든지 다른 교회 사람들로 여기지 않을 것이며 누구든지 진정한 거듭난 성도라면 한 집에 있는 사람들로 여기고 하나님의 집에 있는 자들의 영과 느낌을 갖게 될 것이다. 물론 그러한 은혜를 입은 자들은 어디에 있는 성도들이든 무엇을 하는 성도들이든 아무 간격 없이 사랑하며 일 년에 한 번 만나든지 수년에 한 번 만나든지 언제나 같은 영으로 차별 없이 사랑하게 될 것이다. 참으로 거짓 없이 모든 성도를 사랑하고 받을 것이다. 그들에게는 자신의 단체의 범위나 울타리가 없고 오직 그리스도 안에 있는 모든 성도가 그 교회(the church) 안에 있다는 인식만이 굳게 자리 잡고 있을 것이다.

영과 실제 안에

신약의 경배의 장소에 대하여 주님은 요한복음 4장에서 사마리아 여인에게 "이 산에서도 말고 예루살렘에서도 말고 너희가 아버지께 예배할 때가 이르리라"고 하시며 아버지께 참으로 예배하는 자들은 신령과 진정으로 예배할 때가 온다고 하셨다(21-24절). 신약은 경배의 중심지가 장소의 개념에서 영(spirit)과 진리(truth)로 바뀌었다. 또한 주님은 바리새인들에게 하나님의 나라는 볼 수 있게 임하는 것이 아니라고 하셨고 또 "여기 있다 저기 있다고도 못하리니 하나님의 나라는 너희 안에 있느니라"고 하셨다. 그러므로 오늘날 우리는 교회의 위치가 물질적으로 볼 수 있는 영역 안에서 발견될 수 있는 것이 아니라는 것을 알 수 있다. 요한복음 4장에 의하면 경배의 중심지는 '영과 진리'로만 그 위치를 확인할 수 있는 것이다. '진리'란 '실제'(reality)이다. '영'이란 의문과 율법에 대조되는 말이다. 이는 로마서 2장 29절 말씀에서도 증명될 수 있다. "신령(spirit)에 있고 의문(letter)에 있지 아니한 것이라".

교회의 참된 실제를 어떤 성경 문자를 외적으로 지킨다고 해서 가질 수 있는 것이 아니라는 말이다. 교회는 영적인 실체이므로 다만 교회의 외적인 정형이나 조건을 성경적으로 또는 교리적으로 충족하였다 하여 그러한 무리를 지칭하여 과연 이것이 교회다 저것이 교회다 할 수 없고, 이곳에 있다 저곳에 있다 할 수도 없다는 말이다. 그렇게 외적인 어떤 조건을 붙여서 교회의 참됨을 확정할 수 있는 것이라면 그것은 이미 영적인 실체가 아니다. 교회는 이와 같이 영적으로만이 실제화할 수 있다. 또한 진리란 모든 그림자의 실제이다. 진리란 모든 그림자에 대하여 참된 것을 의미하기 때문이다. 교회란 모든 그림자의 실제이다. 교회 안에서 하나님의 모든 예표적이고 그림자에 속한 모든 것이 실제화된다. 어느 단체가 하나님이 정하신 경배의 위치를 갖고 있다면 주님의 축복 가운데 모든 예표와 그림자들이 실제화될 것이다. 누가복음 17장 말씀에 따라 우리는 하나님의 나라는 이 시대에 여기에 혹은 저기에 있다고 단정할 수 있는 것이 아님을 본다. 그때 당시 하나님의 나라는 바리새인들 중에 계셨다. 그것은 그리스도께서 당시 그들 가운데 계셨기 때문이다. 오늘날 그리스도께서 계신 곳이 하나님의 나라이다. 그리스도가 모든 것의 실제이신 분이고 교회는 그분을 생명과 내용으로 소유하기에 그런 실제를 갖는 것이다. 그분의 임재를 영과 실제로 충만히 가진 곳이 교회와 하나님의 나라가 존재하는 곳이다. 그리스도는 하나님의 모든 충만하심이 육체로 거하신 분이었고(골 2:9) 교회는 그리스도의 충만이다(엡 1:23).

양떼의 발자취

아가서 1장에서 우리는 믿는이를 상징하는 술람미 여인이 자신의 포도원을 지키지 못하고 주님의 친히 먹이시는 양떼를 찾지 못해 방황하며 피곤해 하는 것을 본다. 그때 주님을 상징하는 왕은 여인에게 "네가 알지 못하겠거든 양떼의 발자취를 따르라"고 말해주셨다. 이는 주님이 친히 먹이시는 양떼는 양떼의 발자취를 보면 찾을 수 있다는 것이다. 7절은 주님의 동무 양떼와 주님이 친히 먹이시는 양떼가 대비되어 있다. 그녀는 먼저 동무 양떼 곁에서 얼굴을 가리운 자처럼 하고 있었는데 이제 참된 주님의 양무리를 찾고 있는 것이다. 어떻게 알 수 있는가? 양떼의 발자취를 따르라는 것이다. 그것은 어떤 사람이나 전통이나 형식을 따르라는 것은 분명 아니다. 신약에서 양떼의 발자취는 영적으로라야 분별이 가능하다. 영과 실제 안에서 우리는 양떼의 발자취를 따르는 것이다.

오늘 우리는 성경의 초대 그리스도인들부터 시작하여 역대의 참된 성도들의 전기와 기록들을 가지고 있다. 그런 모든 말씀들과 자료들을 통해서 지난 세기에 앞선 발자취가 어떠했는가를 아는 것은 어렵지 않다. 다시 말하지만 그러한 믿는이들을 따르는 것은 결코 전통이나 조직의 명맥을 이어가는 것으로 따르는 것이 아니요 결심이나 의리로서 따르는 것이 아니다. 모든 것은 영과 실제의 문제이다. 지나간 시대의 양떼의 발자취를 따르는 것에 관하여는 그 조직과 전통을 이어받는 문제가 아니라 그들이 초기에 가진 영과 생명, 그리고 그 실제를 갖고 있느냐 없느냐 하는 것이다. 이것은 속일 수 없는 일이다. 밖의 것으로 발걸음을 확인할 것이 아니라 과거 선진들이 가졌던 내적인 헌신과 충성과 그들의 주님께 대한 순종과 그들이 수호하는 진리와 생명이 같은가를 보아야 한다. 이것이 바로 영의 문제라는 것이다. 오늘은 이와 같이 영과 진리로 예배하는 시대요 하나님은 이렇게 예배하는 자들을 찾으신다.

마담 귀용은 16세기의 사람이요 천주교 안에 있던 자매였지만 오늘 우리는 그녀의 전기로부터 진실한 성도의 발자취를 본다. 존 번연은 천로역정을 썼다. 그는 청교도로서 많은 핍박을 받았다. 또 챨스 피니와 무디, 데이비드 브레이너드, 윌리암 캐리, 허드슨 테일러와 같은 귀한 주님의 종들이 일어나 그리스도를 증거했다. 이 나라에도 귀한 순교자들의 본받을 만한 신앙이 있다. 우리는 그들을 서적이나 기록으로 대하지만 진실로 그들이 한 분 그리스도를 따른 양떼의 발자취임을 인식할 수 있다. 그들은 서로 다른 영역에서 여러 다른 방식으로 그리스도를 따랐지만 우리는 오늘날 그들에게서 한 주님을 따른 양떼의 발자취의 향기를 감지하게 된다. 우리의 발걸음은 그러한 발걸음을 따라야 한다는 것이다. 설령 그들이 말하는 교리의 내용에 다소 상이하고 부족한 부분이 있다 하더라도 큰 줄기 안에서의 대체적인 영과 실제는 같은 것이어야 한다. 그들이 지킨 말씀의 표준과 대강이 같은 것이다(딤후 1:13, 흠정역 참조).

보편과 특수와 실행

여기서 진리를 실행하는 문제를 하나 더 점검하기로 한다. 비유로서 적합할지 모르지만 민주주의와 공산주의를 비교함으로서 우리가 진리를 실천하는 것에 대한 예로 들겠다. 이론 상으로 볼 때 공산주의 이론이 더욱 성경에 가깝고 논리적으로 우선한다는 것은 많은 사람들이 다 알 것이라고 믿는다. 그런데 그들이 선언하고 추구한 대로 공산주의의 이념이 실행되었는가? 역사는 그렇지 못했다는 것을 증명했다. 그들은 인민을 위해 공통적인 분배를 실행하고자 했으며 자본주의의 착취계급(지배계급)과 피지배계급을 없애야 한다고 부르짖었다. 그러나 그러한 이상적인 구호와 이론이 왜 통하지 않았는가? 그것은 의외로 간단하다. 그것은 그들이 옳은 이론을 실행할 수 있는 역량이 사람에게 없다는 것을 간과했기 때문이다. 이는 꼭 율법의 무용성과 같다. 율법은 다 좋은 것이고 옳은 것이지만 율법을 지키려는 이스라엘이 결국 실패하고 이방인만도 못한 지경에 떨어진 것도 다 같은 원리이다.

18세기 때부터 교회의 원형을 비젼으로 제시하고 그렇게 해보려고 했던 운동이 있어왔다. 그런데 그들이 그 비젼대로 원하는 것을 얻었는가? 유감스럽게도 결과는 그렇지 못했다는 것을 증명했다. 그들은 성경에 기록된 대로 형제자매라고 부르고, 교회 이름도 지역의 이름 외에 붙이지 않았으며 많은 면을 성경에서 하는 대로 하고자 힘썼다. 매우 좋아보였다. 그렇게 그들은 성경에서 말하는 그대로 실행하고자 했지만 그렇게 되었는가? 그렇지 못했다면 그 이유는 무엇인가? 우리는 그 이유를 공산주의와 같은 원리로 설명할 수 있다. 이들의 이론은 맞지만 그렇게 옳은 것을 표방하고 실행할 때 사람의 육체 속에 있는 교만성과 배타성이 역사하기 시작하는 것이다. 그러므로 그러한 옳은 성경적인 이론들이 율법으로 작용하게 되고 결국은 원하는 것을 얻지 못하게 되는 것이다.

보편이란 왜 안전한 것인가? 그것은 많은 사람들의 견제와 교제와 비판 속에서 자동적으로 많은 것들이 바로잡힐 수 있기 때문이다. 민주주의가 축복된 결과를 가져온 것은 그 이론이 뛰어나고 옳아서가 아니라 그 가는 길(실행성)에 타락한 인간의 문제점을 자동 검증하고 제어하며 조절할 수 있는 기능이 존재하기 때문이라고 보아야 할 것이다. 오늘 우리가 성경 진리를 순종해 나가는데 있어서도 이러한 지혜가 필요할 줄로 믿는다. 많은 그리스도인들과 분리해서 자신들만이 독특하게 성경적인 교회관을 실행한다고 할 적에 부지불식간에 교만과 독선이 들어오게 되어 원래 지향했던 것을 얻지 못하게 되고 사탄의 올무에 떨어지게 됨을 주의해야 한다. 그러므로 주장하는 바의 옳음이나 성경적임만을 주장하고 실행의 지혜를 간과해서는 안 된다. 그렇다고 해서 성경에 있는 모형이나 본의 모습도 간과되어서는 안 된다. 그것을 찾아 나서는 충성된 발걸음이 필요한 것이다.

한 몸의 위치

적어도 우리가 말할 수 있는 '여호와의 택하신 곳' 은 신약의 성도들에게 '한 몸' 의 위치라고 말할 수 있다. 우리는 오직 주 예수의 이름으로 모여야 할 뿐 아니라 한 몸의 위치에 서서 모여야 한다. 우리는 그리스도의 이름으로 모임에 있어서 그 이름 안에서 '오직 하나' 를 선포하는 마음으로 모여야 한다. 그 하나는 주 예수께서 죽고 부활하시므로 이루신 하나이어야 한다. 우리가 떼는 떡은 '한 떡' 이기 때문이다. 신약의 성도들인 우리는 분열의 위치에서 결코 떡을 떼어서는 안된다.

우주 가운데 그리스도의 몸은 오직 하나인 것이요 둘이 아니며 그리스도의 몸은 결코 나뉘어질 수 없다(고전 1:12-13).

6절, 너희 번제와 너희 희생과 너희의 십일조와 너희 손의 거제와 너희 서원제와 낙헌 예물과 너희 우양의 처음 낳은 것들을 너희는 그리로 가져다가 드리고

'그리로' 는 어디를 가리키는가? 주님이 택하신 곳이다. 그리고 번제와 희생, 십일조와 거제와 서원제와 낙헌 예물, 우양의 처음 낳은 것들을 드리는 것은 완전한 헌신을 의미한다. 우리는 하나님께서 정하신 경배의 중심지에서 이러한 온전한 헌신을 해야 한다. 그곳이 곧 교회의 정당한 위치이며 하나님의 집이다. 오직 주님의 이름으로만 모일 때 우리는 거기서 우리 자신을 온전히 헌신할 수 있다. 그러한 주님의 집을 어떻게 알 수 있는가? 하나님에 속한 모든 것(특히 교회에 관한 것)이 영적인 것이요 비밀한 것이니 영적으로만 분변할 수 있다(고전 2:13).

만일 어떤 사람들이 성경 교리나 전통이나 기타 다른 이유들을 대면서 어떠어떠하기 때문에 자신들이 가장 정통적인 교회라고 주장한다면 그것은 아마도 아닐 것이다. 성령에 속한 일은 그렇게 이론적으로 쉽게 분별할 수 있는 것이 아닐 것이다. 어느 곳이 진정 하나님의 집의 위치를 지니고 있다면 그러한 곳은 실제로 그러한 영과 실제가 있는 곳이고 하나님의 자녀들은 그곳에서 하나님께 즐거이 번제와 희생을 드릴 수 있는 축복이 있다. 그러한 곳은 또한 십자가와 부활과 성령의 내주하심과 충만하심이 가득한 곳이며 진정으로 성도들이 하나된 곳이며 하나의 영을 갖고 있는 곳일 것이다.

7절, 거기 곧 너희 하나님 여호와 앞에서 먹고 너희 하나님 여호와께서 너희 손으로 수고한 일에 복 주심을 인하여 너희와 너희 가족이 즐거워할 지니라

하나님의 집은 이렇게 제물을 드리는 곳이고 또 그 제물을 함께 먹고 누리는 곳이며 하나님께서 우리 손으로 수고한 일에 복을 주시는 곳이다. 그리고 그로 인해 온 가족이 즐거워하는 곳이다. 하나님의 집 안에서 우리는 즐거워해야 한다. 이것이 교회 위치에 있는 사람들의 상황이다.

8절, 우리가 오늘날 여기서는 각기 소견대로 하였거니와 너희가 거기서는 하지 말지니라

'여기' 란 광야이다. 광야에 있는 사람들은 아직 육체와 자아가 처리되지 않은 사람들이다. 그렇기 때문에 자기 소견대로 행하는 것이다. 광야에서는 하나님께서 그들의 그러한 소행을 참으셨다. 그러나 그 땅에 들어가 얼마 안 되어 사사 시대에 그들은 각자의 소견대로 행하고 말았다. 오늘날도 교회 문제에 관한 한 소견대로 해서는 안된다는 것을 기억하기 바란다. 이 말씀이 어찌 오늘날 복음 시대를 위한 말씀이 아니겠는가?

9절, 너희가 너희 하나님 여호와의 주시는 안식과 기업에 아직은 이르지 못하였거니와

요단을 건넌다는 것은 영적으로 말하면 육체를 십자가에 못 박고 부활 생명 안에 들어가는 것이다. 즉 안식 안에 들어가는 것이다(히 4장 참조). 이럴 때 더 이상 육신적인 생각으로 방황하거나 자기 소견대로 행하지 않게 된다. 하나님의 교회는 결코 육체 안에 있는 사람들로는 건축될 수 없다. 자신들의 야심과 시기와 분쟁이 남아 있는 한 교회는 건축될 수 없는 것이다. 우리는 민수기에서 이스라엘 백성들이 광야에서 얼마나 육체 안에서 행했는지를 보았다. 그들에게는 탐욕과 불순종과 거역이 가득했다. 그러한 상태로는 하나님의 백성이라는 표시를 지닐 수 없다. 그들이 안식 안에 들어가 기업을 얻을 때, 신약으로 말하면 영 안에서 성령을 따라 행할 때(롬 8장 참조) 그들은 하나님의 백성, 하나님의 집으로 세워질 수 있는 것이다.

10절, 너희가 요단을 건너 너희 하나님 여호와께서 너희에게 기업으로 주시는 땅에 거하게 될 때 또는 여호와께서 너희로 너희 사방의 모든 대적을 이기게 하시고 너희에게 안식을 주사 너희로 평안히 거하게 하실 때에

"모든 대적을 이기고". 이것이 가나안에 들어갔을 때의 이스라엘 백성의 상태이다. 영적 전쟁에서 승리하는 사람들이 아니면 교회를 건축할 수 없다. 참된 교회의 영적인 상태는 안식이어야 한다. 이는 그리스도의 십자가의 죽음과 부활과 승천으로 말미암은 것이다.

11절, 너희는 너희 하나님 여호와께서 자기 이름을 두시려고 한 곳을 택하실 그곳으로 나의 명하는 것을 모두 가지고 갈지니 곧 너희 번제와 너희 희생과 너희 십일조와 너희 손의 거제와 너희가 여호와께 서원하는 모든 아름다운 서원물을 가져가고

"여호와께서 자기 이름을 두시려고 한 곳을 택하실 그곳"은 바로 예루살렘이다. 반복적인 말씀이다. 모든 대적을 이기고 기업을 얻었을 때 하나님의 전은 건축될 수 있다. '아름다운 서원물' 이란 아주 '정선된' 서원물을 말한다. 이는 '가장 좋은' 서원물을 뜻한다. 우리가 하나님께 드리는 것은 과부의 두렙돈이나 마리아의 향유 옥합처럼 가장 좋은 것이어야 마땅하다. 왜냐하면 그분이 가장 귀한 분이기 때문이다. 우리는 하나님의 집인 교회 안에서 우리의 가장 가치 있는 모든 것, 온 인생과 온 존재를 드릴 수 있는 것이다. 당신이 만일 하나님이 정하신 곳으로 나아가서 예배하는 사람이 아니라면 다른 곳에서는 당신의 드림은 허락되지 않는다. 이것은 매우 심각한 일이므로 주의하지 않을 수 없다.

12절, 너희와 너희 자녀와 노비와 함께 너희 하나님 여호와 앞에서 즐거워할 것이요 네 성중에 거하는 레위인과도 그리할지니 레위인은 너희 중에 분깃이나 기업이 없음이니라

교회생활은 함께 누려야 한다. 자녀가 있으면 자녀를 데려와야 하고 노비가 있으면 노비를 데려와야 한다. 그래서 함께 여호와 앞에서 즐거워해야 한다. 자기만 와서 즐거워해서는 안 된다는 말이다. 교회생활은 함께 하는 것이지 단독주의나 개인주의는 옳지 않다. 몸(body)이라는 말 자체가 단체적임을 뜻하기 때문이다. 예배를 위하여는 친구와 친척 이웃의 사랑하는 사람들을 다 데려와야 한다. 하나님께 예배하는 자들은 반드시 레위인을 기억하라고 하셨다. 즉 전적으로 하나님을 섬기는 사람들을 기억하라는 것이다.

13-14절, 너는 삼가서 네게 보이는 아무 곳에서든지 번제를 드리지 말고 14 오직 너희의 한 지파 중에 여호와의 택하실 그곳에서 너는 번제를 드리고 또 내가 네게 명하는 모든 것을 거기서 행할지니라

이 장에는 우리가 번제를 드릴 곳이 여호와의 택하신 곳이라는 말씀이 다섯 번이나 나온다. 즉 우리가 경배를 드리고 특별한 제물을 드릴 곳은 여호와의 택하신 곳이라는 말이다. 우리가 경배를 드리고 제물을 드리는 곳에 대하여 하나님은 우리에게 택하라고 하시지 않고 그분이 택하겠다고 하신다. 우리는 그저 그분이 택하신 곳에 가야 한다. 이것은 우리의 선택에 달려있지 않다.

15절, 그러나 네 하나님 여호와께서 네게 주신 복을 따라 각 성에서 네 마음에 즐기는 대로 생축을 잡아 그 고기를 먹을 수 있나니 곧 정한 자나 부정한 자를 무론하고 노루나 사슴을 먹음같이 먹으려니와

이것은 일반적으로 하나님의 축복을 누리는 것이다. 오늘날로 말하면 가정에서든 몇몇이 모여서든 누구를 막론하고 다함께 주님을 누리는 것이다.

16절, 오직 그 피는 먹지 말고 물같이 땅에 쏟을 것이며

피는 생명이고 귀한 것이다. 하나님의 자녀들은 생명을 존중해야 한다. 하나님께 예배하는 사람들은 생명을 귀히 여기는 사람들이다. 어린 아이들도 귀히 여긴다. 하나님께 대한 경배는 반드시 이렇게 생명을 귀히 여기는 가운데 이루어져야 하는 것이다. 이것이 피를 먹지 말라는 것의 첫 번째 의미라고 생각된다. 우리는 성도들이 아무리 어리더라도 귀히 여겨야 한다. 오네시모는 원래 노예였는데 죄를 짓고 도망하다 감옥에 갇혀 있는 중 바울을 만나 구원을 받았다. 사도 바울은 그를 얼마나 귀히 여겼는지! "종에서 뛰어나 곧 사랑받는 형제요", "저는 내 심복이라". 심복이란 영어로 'heart', 즉 심장이라는 뜻이다. 바울은 이처럼 형제 하나를 심장처럼 귀히 여겼다.

피를 먹지 말라는 것의 두 번째 의미는 성도들은 예수 그리스도의 보혈로 구속함을 받았고 그 피를 상징하는 포도주를 잔으로 마시기 때문에 그 유일한 그리스도의 피를 다른 생명체의 피와 구별할 수 있기 위해 다른 피를 마시지 않는다는 것이다. 이것이 하나님께 경배함에 있어서 우리가 주의해야 할 사항들이다. 어떤 교회의 집회에서는 예수의 피를 존중하지 않고 오히려 소위 신기한 교리나 지식들이 높여지는 것을 보는데 이는 안 될 말이다. 주의 이름으로 모이는 집회에서는 예수의 피가 항상 귀하게 받들어져야 한다.

17-19절, 너는 곡식과 포도주와 기름의 십일조와 네 우양의 처음 낳은 것과 너의 서원을 갚는 예물과 너의 낙헌 예물과 네 손의 거제물은 너의 각 성에서 먹지 말고 18 오직 네 하나님 여호와께서 택하실 곳에서 네 하나님 여호와 앞에서 너는 네 자녀와 노비와 성중에 거하는 레위인과 함께 그것을 먹고 또 네 손으로 수고한 모든 일을 인하여 네 하나님 여호와 앞에서 즐거워하되 19 너는 삼가서 네 땅에 거하는 동안에 레위인을 저버리지 말지니라

경배할 때 또 한 가지 기억해야 할 것은 주님을 섬기는 레위인들과 함께 누리는 것이다. 다른 소득이 없고 오직 주님을 섬김으로 생활하는 레위인들을 저버려서는 안 된다. 그들을 저버리고 예배하는 것은 하나님께서 기뻐하시지 않는다. 성도들 가운데 전적으로 하나님을 섬기는 사람들을 소홀히 하거나 저버리지 말라고 하신다. 이는 하나님이 기뻐하시는 예배를 위해서 중요한 한 가지 일이다. 노비도 관심해야 했다. 하나님은 이런 것들을 주의하라고 하셨다.

20-21절, 네 하나님 여호와께서 네게 허락하신 대로 네 지경을 넓히신 후에 네 마음에 고기를 먹고자 하여 이르기를 내가 고기를 먹으리라 하면 네가 무릇 마음에 좋아하는 대로 고기를 먹을 수 있으리니 21 만일 네 하나님 여호와께서 자기 이름을 두시려고 택하신 곳이 네게서 멀거든 내가 네게 명한 대로 너는 여호와의 주신 우양을 잡아 너의 각 성에서 네가 무릇 마음에 좋아하는 것을 먹되

너무 멀리 떨어져 있어서 하나님께서 택하신 곳에 가서 경배를 드릴 수 없을 때에는 자기의 성에서 고기를 먹을 수 있다고 하셨다. 이것은 신약에서 어디서나 말씀을 읽고 기도하고 찬송함으로 예배할 수 있다는 뜻이 되겠다.

22-25절, 정한 자나 부정한 자를 무론하고 노루나 사슴을 먹음같이 먹을 수 있거니와 23 오직 크게 삼가서 그 피는 먹지 말라 피는 그 생명인즉 네가 그 생명을 고기와 아울러 먹지 못하리니 24 너는 그것을 먹지 말고 물같이 땅에 쏟으라 25 너는 피를 먹지 말라 네가 이같이 여호와께서 의롭게 여기시는 일을 행하면 너와 네 후손이 복을 누리리라

여기서 피를 먹지 말라는 말씀을 다시 한 번 강조하고 있다. 피를 먹는 것은 그 생명을 취하는 것이 되기 때문이다. 다시 말하지만 하나님께 경배하는 사람들은 영혼을 귀히 여겨야 한다. 사람을 귀히 여겨야 한다. 결코 사람을 자신의 일이나 사역의 도구로 생각해서는 안 된다.

또한 우리는 그리스도께서 그 귀한 피를 흘려 우리를 구속하시고 그분의 생명을 우리에게 주신 것을 알고 진정으로 감사하는 가운데 경배를 드려야 한다. 이것이 의로운 일이라고 했다. "네가 이같이 여호와께서 의롭게 여기시는 일을 행하면 너와 네 후손이 복을 누리리라".

26절, 오직 네 성물과 서원물을 여호와께서 택하신 곳으로 가지고 가라

성물은 히브리어로 '코데시'(קדש)인데 거룩하게 분별한 물건이라는 말이다. 하나님을 위해 거룩하게 분별된 물건과 서원물을 가지고 그분의 택하신 곳으로 가야 한다.

27-28절, 네가 번제를 드릴 때에는 그 고기와 피를 네 하나님 여호와의 단에 드릴 것이요 다른 제 희생을 드릴 때에는 그 피를 네 하나님 여호와의 단 위에 붓고 그 고기는 먹을지니라 28 내가 네게 명하는 이 모든 말을

너는 듣고 지키라 네 하나님 여호와의 목전에 선과 의를 행하면 너와 네 후손에게 영영히 복이 있으리라

이러한 말씀에 따라 행하는 것이 여호와의 목전에 선이고 의이며 결국 복을 얻는 비결이다.

29-30절, 네 하나님 여호와께서 네가 들어가서 쫓아낼 그 민족들을 네 앞에서 멸절하시고 너로 그 땅을 얻어 거기 거하게 하실 때에 30 너는 스스로 삼가서 네 앞에서 멸망한 그들의 자취를 밟아 올무에 들지 말라 또 그들의 신을 탐구하여 이르기를 이 민족들은 그 신들을 어떻게 위하였는고 나도 그와 같이 하겠다 하지 말라

말하자면 다른 이방 종교들을 너무 탐구하지 말라는 것이다. 많은 경우 호기심을 가지고 이단 종교들을 알아보려 하다가 이단에 빠지게 된다. 그리고 일단 빠지면 헤어나기가 어렵다. 하나님께서는 미리 이런 위험성에 대해 경고하고 계신다. "너는 스스로 삼가서 네 앞에서 멸망한 그들의 자취를 밟아 올무에 들지 말라". 사람은 참 이상하다. 어떤 사람들이 그렇게 해서 망한 것을 뻔히 보면서도 그들이 섬기는 신을 한 번 연구해 보아야겠다는 것이다. 이것은 자신을 신뢰하는 한 가지 현상으로서 교만한 것이다. 그러다가 빠지게 된다. 하나님께서는 이것을 우려하여 말씀하신 것이다.

31절, 네 하나님 여호와께는 네가 그와 같이 행하지 못할 것이라 그들은 여호와의 꺼리시며 가증히 여기시는 일을 그 신들에게 행하여 심지어 그 자녀를 불살라 그 신들에게 드렸느니라

"심지어 그 자녀를 불살라 그 신들에게 드렸느니라". 이런 일을 믿을 수 있겠는가? 그러므로 하나님께서는 그들의 신을 탐구하지 말라고 하셨다. 하나님은 그러한 일을 꺼리신다. 하나님의 백성들이 종교적으로 잘못 빠지면 자녀에게나 남편에게나 가족에게 가장 심한 잘못도 저지를 수 있다는 것은 현실로도 추적이 가능한 일들이다. '꺼린다'는 말은 히브리어로 '사네'(שׂנא)인데 철저히 증오한다는 뜻이다. 그리고 '가증히 여긴다'는 말은 '토에바'(תועבה)인데, 구역질이 날 정도로 혐오스러워한다는 뜻이다. 이것은 사람들이 나름대로 열심히 종교 행위를 하지만 하나님과는 전혀 상관이 없고 오히려 그분의 노여움을 사게 되는 것과 같다.

32절, 내가 너희에게 명하는 이 모든 말을 너희는 지켜 행하고 그것에 가감하지 말지니라

그러한 행위를 합리화시키는 많은 말들이 필요 없고 단순히 하나님께서 말씀하신 것을 지키라는 것이다. 그러면 축복이 있다. 12장은 주로 이스라엘 백성들의 통일성을 다루고 있는데, 어떻게 그들이 하나를 유지할 수 있느냐는 것이다. 통일성을 갖기 위해 가장 중요한 바는 하나님의 말씀을 지켜 행하고 가감하지 않는 것이다. 여기에 자기의 소견이 들어가서는 안되는 것이다. 하나님은 이스라엘에게 종교적인 예배를 위하여 자기 소견대로 여기가 옳다 혹은 저기가 옳다 해서 모이지 말라고 하신다. 다만 하나님께서 그분의 이름을 두시려고 택하신 곳에서 예배를 드려야 한다.

그러면 하나님께서 택하신 곳이 어디인가? 구약에서는 예루살렘이다. 그런데 요한복음 4장에서 주 예수님은 사마리아 여인에게 "이 산에서도 말고 예루살렘에서도 말라" 하시면서 "너희가 아버지께 예배할 때가 이르리라…하나님은 영이시니 예배하는 자가 신령과 진정으로 예배할지니라"고 하셨다. 즉 우리가 예배를 드리는 장소는 영 안이어야 하고 또 진리여야 한다. 오늘날 어떤이들이 주의 이름으로 모이고 교회의 위치에 서 있다면 그들은 영과 진리를 가지고 있어야 한다.

다시 한 번 말하지만 물과 물은 나뉘어질 수 없다. 물과 물은 합하면 그냥 하나가 된다. 참으로 한 무리의 사람들이 영 안에서 생활하고 영 안에서 모인다면 또 다른 그러한 무리와 금방 하나가 된다. 만일 하나 될 수 없다면 거기에 물이 아닌 다른 요소가 있기 때문이다. 그것은 바로 육체이다. 육체와 혈기가 있고 인간의 야심과 의도가 있기 때문에 하나가 안 되는 것이다. 거기에 십자가가 없는 것이다.

지금은 21세기이다. 모든 진리에 관한 지식이 넘쳐나고 있다. 그러므로 말하는 것만 들어서는 분별할 수 없다. 우리는 말이 아닌 그들의 행위를 보아야 한다. 어떤 그리스도인 무리가 정말로 주 안에서 모이고 영 안에서 모인다면 그러한 사람들은 한 주님을 머리 삼아 모일 것이다. 그것이 바로 교회의 위치이다. 하나님의 집의 위치이다. 전에 아메리카 대륙으로 이주한 청교도들은 어느 곳에 가든지 먼저 예배당부터 지었다고 한다. 오늘날 우리도 이 땅에서 가장 먼저 생각해야 할 것이 교회생활이다. 이것이 안정되지 않으면 그 나머지도 안정되지 않는다. 그러므로 이스라엘 백성이 그 땅에 들어갈 때 하나님께서 첫 번째로 주의하게 하신 것이 바로 경배의 중심지인 것이다. 이 경배의 중심이 확립되지 않으면 하나님의 백성들이 혼란되는 것은 자명한 사실이다. 우리가 나름대로 경배를 드릴 수 있는 것이 아니라 하나님께서 정하시고 그분의 이름을 두시려고 택하신 곳이 있다는 것을 잊어서는 안 된다. 하나님이 택하신 곳을 올바르게 찾아서 예물을 드리는 것은 매우 축복된 일이다. 이런 하나님이 정하신 축복된 장소에서 우리는 하나님께 참되게 예물을 드릴 수 있고 하나님의 축복을 얻을 수 있다.

신명기 13장

13장은 가나안 땅에 들어간 후 이스라엘의 신앙의 순수성을 보존하며 신앙의 변질을 막기 위해서 예상되는 미혹 요인들을 지적하여 경고하고 있다. 첫째는 거짓 선지자의 위험이다(1-5절). 다음은 우상숭배자들에 대한 정죄이다(6-11절). 마지막으로는 우상숭배의 성읍을 멸하라는 명령이다(12-18절).

1-3절, 너희 중에 선지자나 꿈꾸는 자가 일어나서 이적과 기사를 네게 보이고 2 네게 말하기를 네가 본래 알지 못하던 다른 신들을 우리가 좇아 섬기자 하며 이적과 기사가 그 말대로 이룰지라도 3 너는 그 선지자나 꿈꾸는 자의 말을 청종하지 말라 이는 너희 하나님 여호와께서 너희가 마음을 다하고 성품을 다하여 너희 하나님 여호와를 사랑하는 여부를 알려 하사 너희를 시험하심이니라

우리는 신명기 13장에서 거짓 선지자의 문제를 보게 된다. 12장에서는 이스라엘 백성들의 신앙의 통일성을 말하는데, 그들은 아무 곳에서나 하나님께 경배드릴 수 없고 오직 하나님께서 그분의 이름을 두시려고 택하신 곳에서 경배를 드려야 했다. 이렇게 함으로써 이스라엘 백성들은 통일성을 유지할 수 있게 되었던 것이다.

이제 두 번째로 주의할 것이 있는데, 그것은 하나님의 백성들 가운데 참되게 하나님의 말씀을 가르치는 자도 있지만 거짓 선지자들도 있었기 때문이다. 그러므로 하나님의 종 모세는 이스라엘 백성들에게 그들 가운데 선지자나 꿈꾸는 자가 일어나서 이적과 기사를 보일지라도 그들의 말을 청종하지 말라고 했다. 기적과 같은 놀라운 일, 보통 사람으로서는 행할 수 없는 일을 하면서 그들이 본래 알지 못하던 다른 신들을 섬기자고 유인할 때 그러한 미혹하는 자의 말을 듣지 말라는 것이다. 하나님은 그 땅에 들어간 이스라엘이 거짓 교훈과 이적이나 기사로 인하여 진리에서 탈선하는 것을 우려하셨다.

인간의 연약한 마음은 진리의 말씀보다도 죽은 자가 살아났다든지, 대단한 기적이 일어났을 때 그것을 중시하고 두려워하며 큰 영향을 받는다. 데살로니가 후서 2장 9-12절은 "악한 자의 임함은 사단의 역사를 따라 모든 능력과 표적과 거짓 기적과 불의의 모든 속임으로 멸망하는 자들에게 임하리니 이는 저희가 진리의 사랑을 받지 아니하여 구원함을 얻지 못함이니라 이러므로 하나님이 유혹을 저의 가운데 역사하게 하사 거짓 것을 믿게 하심은 진리를 믿지 않고 불의를 좋아하는 모든 자로 심판을 받게 하려 하심이니라"라고 말한다. 우리가 생각할 때 거짓 선지자는 기적이나 능력을 베푸는 것이 없을 것 같지만 그렇지 않다. 계시록 13장 13-14절에 나오는 거짓 선지자도 큰 기사를 행하는 것에 대하여 기록하고 있다. 사람들 앞에서 불이 하늘에서 내려오게 하여 사람들을 미혹하고 있다고 말한다. 성도들이 신앙생활을 잘하고 끝까지 잘 가려면 하나님의 말씀을 제일로 여기고 전진해야 한다.

이적과 기사가 역사하게 하고 꿈꾸는 자들의 그럴듯한 말들을 퍼지게 하는 것은 하나님의 일종의 시험이라고 하신다. 과연 우리가 마음을 다하고 성품을 다하여 하나님 여호와를 사랑하는지의 여부를 알려하신다는 것이다. 이적과 기사를 통해서 자신의 믿음의 증거와 증명으로 삼으려 하는 믿음은 하나님을 진정으로 사랑하는 마음이 아니라는 말씀이다. 결국 하나님은 우리가 그분의 진리의 말씀만을 신뢰하고 믿는 것을 그분에 대한 진정한 믿음이요 마음을 다한 사랑이라고 말씀하신다.

빌라델비아 교회는 적은 능력을 가졌지만 하나님의 말씀을 지키는 교회였으므로 칭찬을 받았다. 마음속에 하나님의 진리를 깊이 간직하고 전진함이 놀랍고 기이한 이적으로 뒷받침하고 있는 신앙의 모든 과오에서 보호받을 수 있는 비결이다. '큰 이적과 기사' 로부터 보호받을 수 있는 길은 '진리의 사랑' 인 것이다(살후 2:10). 성도들이여, 말씀으로 돌아서자! 진리만을 사랑하는 것으로 여러분의 마음을 정리하라! 여러분이 만일 이적이나 기사에 여러분의 신앙의 보루를 둔다면 커다란 시험에서 결코 일어서지 못할 것이다. 반대로 어린 신자일지라도 다만 진리를 알고 믿으며 그 신앙의 기반을 진리의 말씀에 둔다면 불법한 자의 속이는 시험으로부터 자기를 능히 지킬 수 있다. 진정한 신앙의 안전은 진리를 사랑하는 것에 마음을 고정하는 데 있다.

먼저 성도들은 헛된 꿈을 신뢰하지 않기를 배워야 한다. 물론 성경에는 하나님께서 꿈으로 뭔가를 알게 하신 경우가 있지만 일반적인 것이 아니다. 하나님은 그보다 진리의 말씀과 성령의 음성을 의뢰하게 하신다. 신약에도 환상과 꿈이 있는 경우가 있고 하나님이 제자들을 그렇게 인도하신 적이 있지만 그것은 매우 특이한 경우였다.

베드로가 환상 가운데 보자기가 내려오는 것을 본 것이나 바울이 마케도냐 사람 하나가 도와달라고 하는 것을 보았다든지 하는 경우이다. 그러나 당시 사도들이 그 외의 경우는 그런 환상을 의지하여 계속 일하지 않았다. 어떤 사람이 늘 꿈만 의지하여 모든 일을 인도받으려 한다면 위험한 데 떨어지고 결국은 크게 속임을 당하게 될 것이다. 우리는 하나님께서 기록된 말씀으로 주신 언약서(성경)와 우리에게 보혜사로 보내주신 성령님을 의지해야 한다.

3절 하반절에서는 "이는 너희 하나님 여호와께서 너희가 마음을 다하고 성품을 다하여 너희 하나님 여호와를 사랑하는 여부를 알려 하사 너희를 시험하심이니라"고 했다. 이 말씀은 이해하기가 쉽지 않다. 이것은 마치 하나님께서 거짓 선지자나 꿈꾸는 사람들로 표적과 기사를 행하도록 허락하신다는 것 같다. 만일 하나님께서 허락지 않으신다면 그들의 거짓된 가르침에 표적과 기사가 수반되지 않을 수도 있기 때문이다. 그렇다면 왜 거짓 선지자들이 이적을 행하는 것을 하나님께서 허락하셨을까? 여러분은 그렇기 때문에 사람들이 미혹되는 것이 아니냐고 따질지도 모른다. 그럴 때 주님의 말씀은 "너희가 과연 마음을 다하고 성품을 다하여 너희 하나님 여호와를 사랑하는 여부를 알려 하사 너희를 시험하심이니라"는 것이다. 이것은 데살로니가 후서 2장에 있는 말씀과 일맥상통한다. 다시 말하면 그들이 정말로 주님을 사랑하는지를 알고 싶어서 그러한 거짓 선지자들의 활동을 허락하신다는 것이다.

사실 오늘날에도 많은 거짓 선지자들이 있다. 마지막 때가 가까울수록 거짓 선지자들이 더 많이 일어나게 된다. 그것은 우리 주 예수님께서 예언하신 바와 같다. "그때에 사람이 너희에게 말하되 보라 그리스도가 여기 있다 혹 저기 있다 하여도 믿지 말라"(마 24:23). 이것이 마지막 시대의 광경이다. 주님이 다시 오실 무렵 이런 거짓 그리스도들이 여기저기서 출현하게 된다. 24절에서는 "거짓 그리스도들과 거짓 선지자들이 일어나 큰 표적과 기사를 보이어 할 수만 있으면 택하신 자들도 미혹하게 하리라"고 말씀하신다. 이것은 사단이 마지막 때 택하신 자들까지도 주님의 왕국 안으로 들어가지 못하게 하려고 발악을 하기 때문이다. 그래서 마지막 때가 가까울수록 거짓 선지자들의 속임수는 더 성해지는 것이다.

데살로니가 후서 2장 9-10절, "악한 자의 임함은 사단의 역사를 따라 모든 능력과 표적과 거짓 기적과 불의의 모든 속임으로 멸망하는 자들에게 임하리니 이는 저희가 진리의 사랑을 받지 아니하여 구원함을 얻지 못함이니라". 사단 마귀는 거짓 선지자들을 일으켜서 멸망하는 자들에게 거짓 기적과 불의의 모든 속임이 임하게 한다. 그리하여 진리를 믿지 않고 불의를 좋아하는 자로 심판을 받게 하신다. 이것이 바로 마지막 때에 일어날 일이다. 그러한 미혹하는 일이 하나님의 백성 가운데서 역사할 때 비로소 참되게 마음을 다하고 성품을 다하여 하나님을 사랑하는 사람들이 누구인지 알게 되는 것이다. 하나님께서는 이러한 시험을 통하여 누가 과연 그분을 진정으로 사랑하는지를 알고 싶어하신다. 이러한 때에 "네가 본래 알지 못하던 다른 신들을 우리가 좇아 섬기자" 하는 것은 미혹하는 것이다.

사실 우리는 새로운 것에 대한 동경 때문에 미혹당하는 경우가 종종 있다. 우리가 믿는 주 예수 그리스도는 오래된 분이시다. 그런데 그러한 고대부터 보편적이며 일관되게 주님을 사랑하는 것 외에 뭔가 믿음의 길에 있어서 특이하고 신속하게 이루어지는 새로운 세계가 있는 것처럼 사람들을 미혹하는 것이다. 그럴 때 사람들은 귀가 솔깃하여 '그게 무엇인가?' 하다가 덫에 걸리게 된다. 거짓 선지자들은 대개 계속 새로운 것을 발명해낸다. 그러나 우리는 원래부터 계신 주님, 처음부터 우리에게 말씀해오신 주님, 우리를 위해 십자가에 높이 달리시고 우리 죄를 위해 피 흘리신 주님을 사랑함으로 항상 새로워져야 한다.

4절, 너희는 너희 하나님 여호와를 순종하며 그를 경외하며 그 명령을 지키며 그 목소리를 청종하며 그를 섬기며 그에게 부종하고

그분에게 부종하라는 것은 그분에게 꼭 붙어 있으라는 것이다. 주님의 명령만 지키고 그분의 목소리만 들으라고 하신다. 중요한 것은 역사나 표적이나 기사가 아니라 말씀이다. 그분의 명령이요 그 목소리이다. 이는 그분의 입으로 나온 모든 말씀을 의미한다. 이는 얼마나 귀한 말씀인지! 우리는 얼마나 밖의 것들로 우리의 믿음의 증거를 확인하려고 하는지! 양은 그 목자의 음성을 안다고 했다. 그 수많은 거짓 선지자들의 미혹에서 우리를 지킬 수 있는 비결은 곧 단순하게 주님을 사랑하고 진리를 사랑하는 것이다. 그것이 그러한 모든 미혹에서 자신을 지키는 길이다. 결코 지식이 뛰어나고 총명하다고 해서 그런 미혹에서 벗어날 수 있는 게 아니다. 나는 오늘날 어떤 이단적인 단체들 가운데 유수한 대학교의 학생들과 교수들이 매우 많다는 것을 안다. 그러면 어떤 사람들이 거짓에 미혹당하지 않는가? 머리가 좋고 뛰어난 사람들이 아니다. 어린아이일지라도 혹은 나이 드신 할머니일지라도 주님을 단순하고 진실하게 사랑하는 사람은 그런 미혹에 빠지지 않는다.

오늘날 우리는 이 땅에서 하나님이 이미 하신 말씀을 기초로 하지 않은 신비스러운 신앙을 많이 보게 된다. 꿈이나 환상을 의지하는 신앙도 매우 위험하고 이적이나 기사를 의지하는 것도 위험하며 하나님으로부터 소위 직접적인 음성을 듣는다고 하는 사람들도 매우 위험하다. 하나님은 우리에게 성령을 통하여 말씀하시지만 소위 신비주의적인 교사들의 가르침처럼 직접적인 하나님의 음성을 듣는 것과 같지 않다.

나는 어떤 성도가 주일 예배 시에 일어나서 설교자에게 내가 오늘 아침 당신이 설교하지 말라는 하나님의 계시를 받았다고 말함으로서 주일 예배를 어지럽게 했다는 말을 들은 적이 있다. 소위 '하나님이 나에게 이렇게 이렇게 말씀하셨다, 당신에게 돈을 빌리라고 말씀하셨다. 그러니 당신은 나에게 돈을 빌려 주어야 한다' 라는 등의 엉뚱한 음성을 들었다는 경우를 볼 수 있다. 이런 신앙들은 다 건강하지 않다. 이런 실행들은 많은 경우 마귀에게 속임당하기가 쉽다. 주님이 성령으로 우리의 영 안에서 말씀하시는 것은 사실이지만 그분은 기름부음을 통하여 말씀하신다. 그분의 말씀은 그분의 이미 하신 말씀에 기초한다. 우리 안의 성령님의 운행하심과 말씀하심을 통하여 우리는 주님을 더욱 알게 된다. 우리 안에서 가르치시고 인도하시는 주님은 이미 하신 말씀을 벗어나지 않으신다. 그러므로 우리가 성령을 따라 행할 때 주님의 말씀을 더욱 깨닫게 되고 그리스도의 인격을 더욱 알게 되는 것이다.

5절, 그 선지자나 꿈꾸는 자는 죽이라 이는 그가 너희로 너희를 애굽 땅에서 인도하여 내시며 종 되었던 집에서 속량하여 취하신 너희 하나님 여호와를 배반케 하려 하며 너희 하나님 여호와께서 네게 행하라 명하신 도에서 너를 꾀어내려고 말하였음이라 너는 이같이 하여 너희 중에서 악을 제할지니라

여기에 또 거짓 선지자와 꿈꾸는 자가 나온다. 우리는 다시 한 번 기록된 말씀의 중요성을 일깨워야 한다. 꿈은 우리로 하나님의 기록된 말씀을 벗어나 허황되고 엉뚱한 데로 이끌 수 있는 위험성이 있다. 거짓 선지자나 꿈꾸는 자를 죽이라는 이 말씀을 오늘 신약에서 그대로 실행할 수는 없을 것이다. 그렇지만 그만큼 하나님께서 그분의 선민 가운데서 거짓 선지자나 미혹하는 자들의 일을 멸하기 원하신다는 것을 알아야 한다. 그러한 자들은 죽여 없애야 할 정도로 하나님의 백성들을 해롭게 하는 자들이라는 것이다. 여러분은 이러한 거짓된 가르침이 있을 때 그것들을 철저하게 여러분 마음속에서 제해야 한다. 거짓된 가르침에 대해서 철저하게 가위표를 긋지 않으면 주님의 길을 곧바로 가기가 어렵다. 주님의 말씀은 단호하다. 이는 하나님의 이미 하신 말씀의 중요성을 일깨우는 말씀이다. "그 선지자나 꿈꾸는 자는 죽이라".

거짓 가르침은 결국 우리를 구속하신 그리스도를 배반케 하고 그분에게서 점점 마음이 멀어지게 한다. "뱀이 그 간계로 이와를 미혹케 한 것같이 너희 마음이 그리스도를 향하는 진실함과 깨끗함에서 떠나 부패할까 두려워하노라"(고후 11:3). 이것이 바로 거짓 선지자가 하는 일이다. 그럴듯한 가르침을 들었는데 듣고 나니 마음이 주님으로부터 멀어지는 것이다. 주님을 순수하게 사랑하는 데에서, 주님의 보혈과 십자가의 사랑에서 멀어지는 것이다.

"여호와께서 행하라 명하신 도에서 너를 꾀어내려고". 즉 거짓 선지자들은 하나님께서 성경에서 우리에게 명하신 많은 법도를 따르지 않게 하려고 그러한 거짓된 가르침으로 사람을 미혹한다는 것이다. 만일 여러분이 어떤 가르침을 지속적으로 받은 결과 주님의 법도에서 멀어진다면 그것은 거짓된 가르침이다. 그러면 참 선지자의 역할은 무엇인가? 주님의 백성으로 하여금 주님 자신께로 마음을 향하게 하고 주님을 사랑하게 하고 주님의 법도를 사랑하게 하는 것이다. 5절 말씀의 중점은 그 선지자나 꿈꾸는 자는 죽이라는 것이다. 그러한 사람들을 우리 마음에서 철저히 부정하고 제해 버려야 한다. "너희 중에서 악을 제할지니라". 그러한 악은 뿌리째 잘려야 한다. 우리 마음속에 조금이라도 여지를 두어서는 안 된다.

6-8절, 네 동복 형제나 네 자녀나 네 품의 아내나 너와 생명을 함께하는 친구가 가만히 너를 꾀어 이르기를 너와 네 열조가 알지 못하던 다른 신들 7 곧 네 사방에 둘러 있는 민족 혹 네게서 가깝든지 네게서 멀든지 땅 이 끝에서 저 끝까지 있는 민족의 신들을 우리가 가서 섬기자 할지라도 8 너는 그를 좇지 말며 듣지 말며 긍휼히 보지 말며 애석히 여기지 말며 덮어 숨기지 말고

6절부터의 말씀은 하나님께서는 이스라엘 백성들이 절대로 다른 신들에게 미혹되지 않기를 원하시는데, 사단이 미혹할 때 주로 사용하는 것이 사람의 인정(人情)이라는 것을 암시한다. 사단은 가장 가까운 사람들을 이용해서 미혹한다. 그러므로 주님은 우리에게 아무리 가까운 사람의 말이라도 듣지 말라고 하신다. "네 동복 형제나 네 자녀나 네 품의 아내나 너와 생명을 함께하는 친구." 이들은 얼마나 가까운 사람들인가? 혈육으로 가까운 사람들이 우리의 믿음을 바꾸게 할 수 있다. 쉽게 그들의 말에 넘어간다는 말이다. 나는 기적이나 능력의 일이 특히 가족에게 일어나는 것이 가장 큰 시험이라고 본다. 자신의 가족 중 하나가 교회생활 하는 중 큰 사고나 질병을 당했는데 하나님께 기도해도 낫지 않을 때 믿음이 흔들리는 경우가 많다. 이는 친구의 경우도 마찬가지이다. 이는 사람이 근본적으로 천연적인 애정에 약하기 때문이다. 사람은 이적과 기사에 약하고 친족과 친구에 약하다. 이런 것을 통하여 사탄적인 미혹이 역사하는 것이다.

왜 제사장 엘리가 망했는가? 자기의 두 아들 홉니와 비느하스를 감싸다가 그렇게 된 것이다. 아나니아와 삽비라는 왜 망했는가? 그 둘이 너무 깊이 상의를 한 것이다. 다른 사람들은 땅을 팔아서 다 쉽게 바치는데 아나니아와 삽비라는 근심이 되었다. 그래서 둘이 상의를 한 것이다. '다 바치면 어떻게 살아나가지? 여보, 조금 떼어 놓읍시다.' 성령께서는 둘이 함께 꾀했다고 말씀하신다. 아담과 하와도 마찬가지이다. 하와가 자신이 선악과를 따 먹을 뿐 아니라 함께한 남편 아담에게도 먹어보라고 주어서 같이 먹고 같이 망했다. 그러므로 신명기의 이러한 말씀들은 이와 같은 일들에 대해 경고하는 것이다. 참으로 이 길을 가기가 어렵다. '여보, 우리도 돈 좀 벌어야 하지 않겠어요? 이래 가지고 우리 식구가 장래 어떻게 살겠어요?' 이 길을 믿음으로 힘을 다해 가다가도 가족이 이렇게 말하면 이길 장사가 없는 것 같다. 그래서 듣고 또 듣고 하다가 길을 바꾸는 방향으로 마음이 점점 굳어지게 되는 것이다.

'너와 생명을 함께하는 친구'란 어쩌면 믿음의 길에서 가장 가까운 형제들을 말할 수도 있다. 서로 물질도 나누고 아껴주는 믿음의 형제가 어떤 거역의 영을 집어 넣어줄 때 '어차피 나는 앞으로 이 친구하고 잘 지내야 해' 하면서 그냥 넘어가버리는 것이다.

또 여기에 '가만히 너를 꾀어'라는 말이 있는데, 이것이 대적이 사용하는 방법이다. 사탄은 항상 가만히 꾀는 방식으로 역사한다. 이 세상에서도 부정을 저지르는 사람들은 늘 이런 식으로 일한다. 집에다 뭔가 뇌물성의 물건을 가만히 놓고 간다든지 그 집 부인에게 뭔가를 은밀히 전달한다. 그렇게 해서 그 사람의 마음을 움직이려는 것이다. 갈라디아서에도 '가만히 들어온 거짓 형제'라는 표현이 있다(2:4 참조). 이런 식의 일을 우리는 주의 깊게 살펴야 한다.

그러므로 8절에서는 "너는 그를 좇지 말며 듣지 말며 긍휼히 보지 말며 애석히 여기지 말며 덮어 숨기지 말라"고 했다. 덮어 숨기고 드러내지 않으려 하는 자체가 그런 자를 동정한다는 표시이다. 또 그러한 미혹하는 사람들은 종종 동정심을 자아낼 만한 일들을 많이 이야기한다. 그러나 주님은 그런 자들에게 일말의 동정도 베풀지 말라고 하신다. 신앙에 있어서는 이렇게 절대적이어야 한다.

9절, 너는 용서 없이 그를 죽이되 죽일 때에 먼저 그에게 손을 대고 후에 뭇 백성이 손을 대라

왜 그에게 먼저 손을 대라고 했을까? 접촉한 그 사람부터 마음에서 단호하게 그 일을 끝내야 하기 때문이다. 자기 아내든지 동생이든지 친구든지 먼저 손을 대라고 했다.

10-11절, 그는 애굽 땅 종 되었던 집에서 너를 인도하여 내신 네 하나님 여호와에게서 너를 꾀어 떠나게 하려 한 자니 너는 돌로 쳐 죽이라 11 그리하면 온 이스라엘이 듣고 두려워하여 이 같은 악을 다시는 너희 중에서 행하지 못하리라

우리를 피로 구속한 구속주에게서 떠나게 하려 한 자는 긍휼히 여기지 말고 돌로 쳐 죽이라는 것이다. 하나님은 하나님의 백성들 가운데서 이런 악이 철저히 제해지기를 원하신다.

12-13절, 네 하나님 여호와께서 네게 주어 거하게 하시는 한 성읍에 대하여 네게 소문이 들리기를 13 너희 중 어떤 잡류가 일어나서 그 성읍 거민을 유혹하여 이르기를 너희가 알지 못하던 다른 신들을 우리가 가서 섬

기자 한다 하거든

여기 '잡류'는 흠정역에서 '벨리알의 아들들'(베네 벨리야알-the children of Belial)로 번역되어 있다. 벨리알이란 원래 '무익한 자들', '경건치 않은 자들'이라는 뜻이다. 또 어떤 번역본은 '가치 없는 인간들'이라고 번역했다. 그러한 잡류가 하나님께서 주어 거하게 하신 그 성읍에서 일어나서 "그 성읍 거민을 유혹하여 이르기를 너희가 알지 못하던 다른 신들을 우리가 가서 섬기자 한다 하거든". 주님이 가장 민감하게 여기시는 부분이 다른 신들을 섬기는 것이다. 결국 거짓 선지자, 미혹하는 자, 잡류가 하는 일은 한 가지, 즉 이스라엘을 애굽 땅에서 인도해 내신 여호와 하나님, 십자가의 피로 죄와 멸망에서 우리를 구속하신 예수 그리스도에게서 우리 마음을 떠나게 하는 것이다. 이것이 이단적인 사람들의 일이다. 장래 이러한 이단적인 신앙을 가진 자들과 그것을 전파하는 자들의 심판을 생각해보라(벧후 2:4-10). 이는 가장 위험한 일이다.

14절, 너는 자세히 묻고 살펴보아서 이런 가증한 일이 참 사실로 너희 중에 있으면

무관심하지 말고 자세히 살펴보아서 정말 그런 사실이 그들 중에 있는지를 알아보라는 것이다. 이것은 주님 앞에서 엄중한 문제인데, 그들을 구속하신 하나님에게서 멀어지게 하기 때문이다. 이 말씀 중에 "너희 중에"라는 말은 역시 12장에 이어서 하나님께서 이스라엘의 통일성을 중시하신다는 말씀이다. 이 12장과 13장은 이스라엘이 신앙 안에서 절대적인 하나를 지켜야 함을 말씀하시는데 12장은 경배의 장소 문제를 통해서이고(이를 여로보암 때에 어기므로 분열이 일어났다), 13장은 거짓 선지자의 문제를 통해서이다. 오늘날도 기독교의 수많은 분열은 각각 다른 교리로 인한 것이다. 거짓 선지자의 거짓 가르침은 결국 이스라엘을 분열시키는 요인이 된다. 참 진리를 붙잡는 것은 미혹에서 벗어나게 할 뿐 아니라 많은 분열에서도 구원한다.

15절, 너는 마땅히 그 성읍 거민을 칼날로 죽이고 그 성읍과 그 중에 거하는 모든 것과 그 생축을 칼날로 진멸하고

그들 가운데 이미 이런 일이 퍼졌으면 다 진멸하라고 하신다. 하나님께서는 그분의 백성의 신앙이 지켜지기를 원하신다. 가장 중요한 것이 여호와 하나님을 중심 삼은 신앙이다. 만일 그 가운데 우상이 들어와서 적은 누룩이 온 덩이에 퍼지면 다 부패하게 되어 쓸모없게 된다.

16절, 또 그 속에서 빼앗아 얻은 물건을 다 거리에 모아 놓고 그 성읍과 그 탈취물 전부를 불살라 네 하나님 여호와께 드릴지니 그 성읍은 영영히 무더기가 되어 다시는 건축됨이 없을 것이니라

거짓된 가르침, 미혹하는 말, 우상 숭배 등은 공개적으로 드러내어 일소함으로 하나님의 백성 가운데서 완전히 제해야 한다. 하나님께서는 그러한 일에 연루된 성읍은 영영히 무더기가 되어 다시는 건축됨이 없을 것이라고 하신다.

17절, 너는 이 진멸할 물건을 조금도 네 손에 대지 말라 그리하면 여호와께서 그 진노를 그치시고 너를 긍휼히 여기시고 자비를 더하사 너의 열조에게 맹세하심같이 네 수효를 번성케 하실 것이라

그 진멸할 물건들에 조금도 손대지 말라고 하신다. "그리하면 여호와께서 진노를 그치시고 너를 긍휼히 여기시고 자비를 더하사". 이 말씀을 깊이 유념하기 바란다.

18절, 네가 만일 네 하나님 여호와의 말씀을 듣고 오늘날 내가 네게 명하는 그 모든 명령을 지켜 네 하나님 여호와의 목전에 정직을 행하면 이같이 되리라

13장은 하나님의 백성들이 가나안에 들어갔을 때 거짓 선지자, 꿈꾸는 자들을 조심하라고 말한다. 그들이 예언과 기적을 행한다는 구실로 하나님의 백성을 미혹하지 못하게 해야 한다. 또한 친구나 가까운 사람이나 인정이나 친절의 구실로나 다수(성읍의 잡류 사람들)의 여론이나 유혹으로도 거짓 선지자들의 미혹에 말려들지 말라는 것이다. 가장 중요한 것은 하나님의 말씀이다. 모든 것은 하나님의 말씀으로 대조하며 철저히 점검해야 한다(살전 5:21, 요일 4:1-6). 하나님께서 말씀이 부족해서 매번 꿈으로 계시하시겠는가? 기적도 마찬가지이다. 꿈이나 환상이나 기적 이야기를 너무 많이 하는 사람은 위험한 사람이라는 것을 알아야 한다.

하나님의 백성 가운데에는 진리의 말씀만 남고 거짓된 가르침과 미혹하는 역사는 완전히 제거되어야 한다. 어디까지나 하나님의 말씀에 기초한 신앙이 안전한 것이다. 또 미혹하는 자들의 특징을 말했는데, 그것은 우리를 피로 사신 주님을 부인하고 배반하게 하며 그분의 말씀에서 떠나게 하는 것이다(벧후 2:1). 주 예수님은 산상수훈에서 거짓 선지자의 위험성을 말씀하신 바가 있으며 열매로 그들을 알리라고 말씀하셨다. 그들은 양의 옷을 입고 나아오기 때문에 밖의 말만 듣고는 구분하기 어렵기 때문이다(마 7:15-20). 거짓 선지자들이 하나님의 백성들에게 끼치는 피해는 심각한 것이다(벧후 2:1-3). 우리는 이런 일들에 대해 동정하지 말고 철저하게 심판하고 멸하는 태도를 가져야 할 것이다. 12-18절에 지시한 교훈에 따라 행동할 책임을 지지 않겠다는 것은 하나님의 진리와 이스라엘의 통일성을 포기하는 것이나 마찬가지이다.

신명기 14장

12,13장은 주로 하나님의 백성들이 가나안에 들어가서 종교적인 통일성 문제와 순수한 신앙을 지키는 문제를 논하였고 14장은 이스라엘이 하나님의 자녀로서 생활면에서 거룩하고 성별된 삶을 살 것을 명하고 있다. 그들은 여호와의 성민이기 때문이다(2절). 1-2절은 죽은 자를 위한 자해금지를 말하고 3-21절은 정결한 음식 규례이며 22-29절은 매년 십일조와 매 삼년마다 레위인과 가난한 사람들의 생계를 위한 십일조 문제를 다룬다.

1절, 너희는 너희 하나님 여호와의 자녀니 죽은 자를 위하여 자기 몸을 베지 말며 눈썹 사이 이마 위의 털을 밀지 말라

14장의 말씀은 하나님 여호와의 자녀로서 그들이 다른 열방 민족 사람들과 어떤 부분에서 달라야 하는지를 말하고 있다. 그들의 삶 가운데서 발생하는 사람들과의 관계, 그들의 덕성 등을 다루고 있다.

그런데 첫 번째로 죽은 자를 위해 자기 몸을 베지 말고 눈썹 사이 이마 위의 털을 밀지 말라고 하신다. 여호와의 자녀들인 이스라엘 백성은 죽은 자들이 있을 경우에 다른 이방인들과 달라야 했다. 당시 이방인들은 죽은 자를 위해 자기 몸에 상처를 내거나 슬픔의 표시로 이마 위의 털을 밀기도 했던 것 같다. 그런데 하나님께서 이스라엘 백성은 이러한 행동을 하지 않도록 금하셨다. 이것은 하나님의 자녀들은 가까운 사람이 죽었을 때의 감정의 표현이 이방인들과 달라야 한다는 것을 말하는 것 같다.

신약 데살로니가 전서 4장을 보면 그 성도들은 믿음에서 비교적 어렸기 때문에 가까운 친족이 죽었을 때 너무 슬퍼했다. 사도 바울은 이들에게 '자는 자들에 관하여는 소망 없는 다른 이와 같이 슬퍼하지 말라' 고 말한다. 믿음이 없는 이방인들은 이생의 소망밖에 없기 때문에 사람이 죽으면 아주 많이 슬퍼하지만 하나님의 자녀들은 그런 때에 이방인과 같이 슬픔, 낙심, 절망의 표현을 해서는 안 된다. 하나님의 자녀들은 그러한 일에 대한 합당한 인식을 가진 사람들이기 때문에 서로 위로하고 소망을 가지는 것이 마땅하다.

2절, 너는 너의 하나님 여호와의 성민이라 여호와께서 지상 만민 중에서 너를 택하여 자기의 기업의 백성을 삼으셨느니라

왜 그렇게 달라야 하느냐면 이스라엘은 여호와의 성민(a holy people)이고 지상 만민 중에서 그들을 택하여 자기의 기업의 백성을 삼으셨기 때문이다. 오늘 신약의 믿는이들은 참 이스라엘로서 그러한 분별된 삶을 살아야 한다. 에베소서 1장에서는 하나님 아버지의 창세 전의 선택을 말하는데, 오늘 우리가 믿는이들 간에 사랑하고 교제하고 한 몸을 이룰 수 있는 것은 함께 하나님의 선택을 받았기 때문이다. 여러분과 내가 함께할 수 있는 것도 함께 하나님의 선택을 받았기 때문이다.

오늘날 이 땅의 모든 그리스도인들이 하나님의 선택하심 안에서 서로 교제할 수 있다면, 또 그 선택받은 사실에 근거하여 서로 사랑할 수 있다면 얼마나 좋겠는가? 그러나 많은 그리스도인들이 하나님의 선택하심을 받았음에도 불구하고 그 안에서 다시 자신들의 인간적인 선호에 따라 스스로 구별한다. 그렇기 때문에 그들 간의 사랑이 그리스도의 한 몸(롬 12:5)안에서의 보편적인 사랑이 되지 못하고 종파적이고 분열적인 교제와 사랑이 되는 것이다. 다시 말하지만 그리스도인들은 하나님께 선택받은 사람들이고 하나님의 선택을 받았다는 것은 너무나 중요한 일이기 때문에 여러분과 나는 다만 하나님께 선택받은 것을 근거로 하여 서로 사랑하고 그리스도의 몸 안에서의 교제를 가질 수 있다.

요한복음 15장에서 주 예수님은, "너희가 나를 택한 것이 아니요 내가 너희를 택하여 세웠나니"(16절)라고 하셨다. 우리가 주님을 선택한 것이 아니라 주님이 우리를 선택하셨다. 우리가 선택을 받았다는 사실은 너무나 감사하고 기쁜 일이다. 우리는 선택받은 사람들로서 마땅한 느낌과 표현이 있어야 한다.

3절, 너는 가증한 물건은 무엇이든지 먹지 말라

3절부터는 먹는 문제이다. 하나님의 선택하심을 받은 백성, 여호와의 자녀들은 이방인과 달리 아무 것이나 먹어서는 안 된다.

4-7절, 너희의 먹을 만한 짐승은 이러하니 곧 소와 양과 염소와 5 사슴과 노루와 불그스럼한 사슴과 산 염소와 볼기 흰 노루와 뿔 긴 사슴과 산양들 6 무릇 짐승 중에 굽이 갈라져 쪽발도 되고 새김질도 하는 것은 너희가 먹을 것이니라 7 다만 새김질을 하거나 굽이 갈라진 짐승 중에도 너희가 먹지 못할 것은 이것이니 곧 약대와 토끼와 사반 그것들은 새김질은 하나 굽이 갈라지지 아니하였으니 너희에게 부정하고

이 말씀은 우리가 레위기를 공부할 때 자세히 배웠다(레위기 강해

11장 참조). 여기서는 그 말씀을 반복하는 것 같다. 그러나 레위기 11장에서 하신 말씀은 모세와 아론 등 주로 제사장들에게 하신 말씀이다. 레위기라는 책 자체가 사실 제사장들을 위한 것이다. 그러나 신명기의 말씀은 모든 이스라엘 백성들을 위한 것이다. 그래서 레위기와 신명기의 말씀이 상당히 중복되어 있는 것 같지만 레위기는 주로 하나님을 섬기는 제사장들을 위한 것이고 이 신명기는 모든 이스라엘 백성들이 가나안 땅에 들어가서 행해야 할 바를 말해주고 있다. 하나님을 섬기는 사람들뿐 아니라 모든 선택함을 받은 백성들도 동일하게 행해야 한다는 것이다.

어떤 신학자들은 이런 음식에 관한 규례는 문자 그대로 하나님께서 이스라엘 백성들에게 보다 깨끗하고 건강한 식품들을 먹으라고 하신 것이지 그런 식으로 영해(靈解)를 하는 것은 지나친 것이라고 한다. 그러나 신약에 와서 사도행전 10장을 볼 때 베드로는 보자기의 이상을 통해 그 안에 많은 부정한 짐승들이 담겨 있는 것을 보았고 하나님께서는 베드로에게 그것들을 잡아먹으라고 하셨다. 베드로는 유대인의 관념이 있기 때문에 부정한 것이나 속된 것이 자기 입에 들어간 적이 없다고 하면서 주님의 말씀을 받지 못했다. 그때 주님은 "내가 깨끗케 한 것을 네가 속되다 하지 말라"고 하셨다. 결국 그 부정한 짐승들은 이방인들을 의미했다. 그러므로 이러한 해석을 다만 영해라고 치부할 수는 없는 것이다.

정결한 짐승은 음식을 먹은 뒤에 계속 되새김질을 하는데 돼지와 같은 부정한 짐승은 그냥 꿀꺽 삼키고 만다. 우리가 말씀을 받을 때 돼지처럼 되새김질 하지 않고 그냥 꿀꺽꿀꺽 삼킨다면 그 말씀이 우리를 정결케 하지 못한다. 우리를 변화시키지 못한다. 그러나 그 말씀을 계속 묵상하고 기도하고 상고하며 순종할 때 그것은 우리를 건강하게 한다. 또 쪽발인 짐승이 정결한 짐승인데, 쪽발이란 분별된 삶을 말하며 믿는 이들은 이와 같이 말씀을 듣되 들은 뒤에 계속 묵상하고 기도함으로 삶 가운데 분별이 있어야 한다. 여기서 정결한 짐승들을 먹을 수 있다는 것은 그러한 그리스도인들과 교제하는 것이 필요함을 말하며 부정한 것들을 먹지 말라는 것은 그러한 분별이 없는 사람들(부정한 사람들)은 접촉하지 말라는 것을 뜻한다.

신약에서도 이러한 사상을 발견할 수 있는데, 고린도 전서 15장 33절은 "악한 동무들은 선한 행실을 더럽히나니"라고 말한다. 디모데 후서 2장을 볼 때 금과 은의 그릇과 나무와 질그릇이 함께 있을 때 반드시 그 영향을 받게 됨을 알 수 있다. 그러므로 주님의 말씀은 우리가 그런 모든 것에서 깨끗케 되어 분별될 때만이 귀히 쓰는 그릇이 될 수 있다는 것이다.

8절, 돼지는 굽은 갈라졌으나 새김질을 못하므로 너희에게 부정하니 너희는 이런 것의 고기를 먹지 말 것이며

양면을 다 보아야 한다. 조급한 사람은 한 면만 보고 판단한다. 무엇이든지 한 면만 보고 판단하는 사람들은 실수한다. 어떤 사람은 매우 자상하고 겸손해 보인다. 그러나 다른 면에서 매우 욕심이 많고 자신을 신뢰한다. 우리는 사람을 한 면만 보고 판단해서는 안된다. 굽은 갈라져 있지만 새김질을 하지 못하는 짐승 역시 부정하므로 먹지 말라고 했다.

9절, 물에 있는 어족 중에 이런 것은 너희가 먹을 것이니 무릇 지느러미와 비늘 있는 것은 너희가 먹을 것이요

물고기의 지느러미는 방향을 설정하여 나아가게 하는 역할을 한다. 이 세상에는 강물처럼 흘러가는 유행이나 풍습이 있는데, 그럴 때 우리 하나님의 자녀들은 살아 있는 물고기처럼 그 흐름을 거슬러 올라가야 한다. 거룩하고 정결한 믿는이는 세상 탁류에 휩쓸려 떠내려가는 사람이 아니라 스스로 방향을 정하여 나아갈 수 있는 사람이다. 그러나 세상의 조류에 저항하지 못하고 떠내려가는 사람은 마치 지느러미가 없는 고기와 같다. 그리고 비늘은 물의 압력에서 고기를 지탱해주고 보호해주는데, 비늘을 폈다 접었다 하면서 물의 저항을 조절하는 것이다. 우리가 그리스도인 생활을 할 때 이 세상에는 어떤 압력이 작용하고 있는 것을 느낀다. 그런 압력은 우리로 하여금 진리를 순종치 못하게 하고 하나님의 계명을 지키지 못하게 한다. 만일 어떤 그리스도인이 압력을 견디지 못하고 이런저런 식으로 타협하며 산다면 그는 부정한 그리스도인이다. 심지어 그리스도인 세계에서도 진리를 따르고자 할 때 조직과 대세의 압력을 가해서 진리를 따르지 못하게 하는 일은 얼마든지 있을 수 있다.

앞서 말한 쪽발 가진 짐승이나 되새김질 하는 짐승은 하나님의 자녀들이 하나님의 말씀을 먹고 소화함으로써 분별된 삶을 사는 방면을 말한다. 그러나 여기서 물고기 지느러미나 비늘은 또 다른 방면을 말해준다. 거대한 세상의 흐름과 압력 가운데서 그리스도인들이 과연 어떠한 삶을 살아야 하는지를 보여주는 것이다.

10절, 무릇 지느러미와 비늘이 없는 것은 너희가 먹지 말지니 이는 너희에게 부정하니라

먹지 말라는 것은 사도행전에서 주님이 말씀하신 것에 따라 이 세상 조류에 떠내려가는 사람들, 분별이 없는 사람들을 접하지 말라는 것으로 해석할 수 있다.

11-18절, 무릇 정한 새는 너희가 먹으려니와 12 이런 것은 먹지 못할지니 곧 독수리와 솔개와 어응과 13 매와 새매와 매의 종류와 14 까마귀 종

류와 15 타조와 다호마스와 갈매기와 새매 종류와 16 올빼미와 부엉이와 따오기와 17 당아와 올응과 노자와 18 학과 황새 종류와 대승과 박쥐며

18절까지에 나열된 새의 종류는 대개 어둠 속에서 활동하는 새들, 혹은 사체를 먹는 새들이다. 정결한 새들은 주로 곡물을 먹는 새들이다. 이것은 어떤 사람들이 부정한지 혹은 정결한지를 알려면 그들의 성향이 어떠한지를 보아야 한다는 것 같다. 어두침침한 곳으로 다니려 하고 정면에서 보다는 될 수 있는 대로 뒤에 가서 말하려 하는 사람은 여기의 부정한 새들 같다. 굴 속에서나 활동하고 어두울 때나 활동하는 새들은 부정하고 음침한 사람들을 상징한다.

19절, 또 무릇 날기도 하고 기어다니기도 하는 것은 너희에게 부정하니 너희는 먹지 말 것이나

무릇 날기도 하고 기어다니기도 하는 것은 부정하다고 했다. 어느 때는 아주 영적이고 초월하는 그리스도인처럼 말하는데 어떤 상황이 오면 완전히 땅바닥에서 기고 있는 그런 사람은 부정하다는 것이다. 어떤 때 말하는 것을 들어보면 아주 주님을 사랑하고 온전히 헌신하고 열심이 가득하고 충성이 가득한 것처럼 보이는데 얼마 안 가서 어떤 상황이 벌어지면 완전히 땅에 붙어 있는 사람으로 드러나는 것을 본다. 이는 양면적인 그리스도인이다.

20절, 무릇 정한 새는 너희가 먹을지니라

우리가 먹을 수 있는 것이 무엇인지 보았다. 정한 새이다.

21절, 너희는 너희 하나님 여호와의 성민이라 무릇 스스로 죽은 것은 먹

지 말 것이니 그것을 성중에 우거하는 객에게 주어 먹게 하거나 이방인에게 팔아도 가하니라 너는 염소 새끼를 그 어미의 젖에 삶지 말지니라

21절에서 하나님은 이스라엘 백성에게 매우 중요한 말씀을 하셨다. 그것은 '스스로 죽은 것은 먹지 말라'는 것이다. 문자 그대로 이것을 순종하는 것은 어렵지 않다. 자기 스스로 죽은 것만 먹지 않으면 된다. 그런데 오늘날 신약 시대에 이것을 어떻게 적용하느냐가 문제이다. 이에 대해 많은 성경 학자들이 '스스로 죽으면 피가 분리되지 않기 때문이다'라고 해석한다. 그러나 또 한 면으로 나는 하나님께서 스스로 죽은 것은 먹지 말라고 하신 것이 다만 피가 그 안에 섞여 있기 때문만은 아니라고 생각한다. 물론 그 해석이 틀리다고 생각지는 않는다. 그래서 또 한 면의 해석이라고 말하는 것이다. 나는 이렇게 말해보겠다.

그리스도인은 반드시 스스로 살아야 한다. 스스로 살 수 있는 그리스도인이 정결한 그리스도인이다. 스스로 살 수 있는 짐승이 정결한 짐승이라는 말이다. 혼자 두면 죽는 그리스도인이 있다. 한동안 혼자 두면 그냥 죽는 것이다. 그것이 스스로 죽은 것이라고 할 수 있다. 그러나 어떤 그리스도인은 혼자 내버려두어도 살아 있다. 여러분은 어떤 종류의 그리스도인인가? 참으로 주님을 사랑하는 이기는 영을 가진 사람들은 절대로 자기 존재 속에 사망을 받아들이지 않는다. 어떻게 해서라도 살아 있다. 주님은 '구하라 그러면 얻을 것이요 찾으라 그러면 찾을 것이라'고 하셨다. 생명을 찾는데 주시지 않겠는가? 그런데 어떤 사람들은 '아, 내 속에 사망이 임하는구나. 점점 생명이 고갈되는구나. 어둠이 임하는구나' 하면서도 그대로 침식되어 버린다. 그런 사람은 스스로 죽은 사람이다. 그러면 정결한 사람은 어떤가? 스스로 분발해서 영적 생명의 불을 꺼뜨리지 않는다. 그런 사람들이 정결하며 우리가 접촉할 만한 사람들이다.

그런데 스스로 죽은 것은 성중에 우거하는 객에게는 줄 수 있고 또 이방인에게는 팔아도 괜찮다고 했다. 그런 종류의 사람들은 이방인들과 다를 바가 없다는 말씀이라고 여겨진다.

"너는 염소 새끼를 그 어미의 젖에 삶지 말지니라"는 말씀은 이전에도 두어 번 언급된 바 있다. 이 말씀은 왜 하셨을까? 염소 새끼는 원래 어미의 젖을 먹고 자라야 하는데 그 젖으로 삶아지면 안 된다는 것이다. 여기에도 두 가지 해석이 가능하다. 아무리 좋은 가르침도 지나쳐서는 안 된다는 것이다. 알맞을 때에는 어미젖이 공급이 되고 자라게 하면 영양분이 되어 새끼에게 도움이 되지만 지나치면 그 젖으로 삶아 죽게 한다. 너무 지나친 애정이 새끼를 죽인 것이다. 말씀과 가르침이 중요하지만 어느 정도 준 다음에는 스스로 단단한 음식을 먹고 자라게 해야 한다. 그런데 그 가르침의 젖으로 아예 푹 삶아버리면 죽게 되는 것이다.

두 번째 해석은 이스라엘 백성들이 가져야 할 인간성(humanity)이다. 새끼를 그 어미의 젖으로 삶는 것은 잔인한 것이다. 우리는 어미의 젖에 새끼를 넣고 삶는 것에서 잔인한 느낌을 받는다. 하나님의 백성들은 서로의 관계에 있어서 원래 인간이 갖고 있는 자연스런 본성을 거스르면 안 된다. 오늘날 사람들이 소위 신앙생활을 한다고 하면서 이것을 무시하고 무너뜨리는 경우가 허다한데 그러한 것은 올바른 것이 아니다. 자기 부모를 무시하고 순종치 않는 이 모든 것은 인간의 자연스런 본성에서 어긋나는 행위이다. 이것을 통해 하나님께서는 그분의 백성이 서로 관계를 맺는 데 있어서 인간 본연의 도리를 지킬 것을 말씀하시는 듯하다.

신약에서 사도 바울은 젊은 동역자 디모데에게 말하기를, 늙은 남자를 대할 때에는 아비에게 하듯 하고 늙은 여자를 대할 때에는 어미에게 하듯 하라고 했다. 또 자기 집안에 늙은 과부가 있으면 교회로 짐지게 하지 말고 스스로 과부를 돌봐야 한다고 했다. 만일 이렇게 하지 않는다면 그는 불신자보다 악하다고 했다. 그것은 본성을 어기는 행위이기 때문이다. 또한 고린도 전서 11장 14절은 "만일 남자가 긴 머리가 있으면 자기에게 욕되는 것을 본성이 너희에게 가르치지 아니하느냐"고 했다. 여기서의 문제는 본성(nature)의 문제이다. 사람 속에는 창조주께서 심어주신 본성이라는 것이 있으며 그 본성이란 하나의 순리와도 같고 하나의 자연의 이치라고 해도 좋다. 염소가 미물일지라도 그 새끼를 어미의 젖으로 삶는 것은 순리나 자연의 이치에 입각해도 어긋나는 행위이다. 하나님의 성령께서는 때로 자연의 이치나 본성을 초월하여 인도하시기도 하지만 그것을 결코 무시하지 않으신다.

22절, 너는 마땅히 매년에 토지소산의 십일조를 드릴 것이며

그 다음 22절부터는 토지를 사용하고 소산을 거뒀을 때 마땅히 십일조를 드려야 한다고 하신다. 하나님의 백성들은 이 땅에서 생활할 때 이방인과 달라야 한다. 이방인들은 그 땅을 자기 땅으로 여기기 때문에 모든 소산물을 자기 것이라고 생각한다. 그러나 하나님의 백성들은 이 온 땅이 하나님의 소유이고 그 모든 소산물은 하나님의 축복하심으로 거둔 것이기 때문에 반드시 하나님께 감사의 표시를 해야 하는 것이다. 이것이 하나님의 백성들의 특징이다.

23절, 네 하나님 여호와 곧 여호와께서 그 이름을 두시려고 택하신 곳에서 네 곡식과 포도주와 기름의 십일조를 먹으며 또 네 우양의 처음 난 것을 먹고 네 하나님 여호와 경외하기를 항상 배울 것이니라

이제 십일조를 드릴 뿐 아니라 그것을 먹는 문제를 말씀하신다. 신약에서 볼 때 이것은 다 그리스도인의 예배를 말하는 것이다. 예배의 특징은 우리가 하나님께 돌려드리는 헌신이 있고 또 주님께 드린 것을 우리가 먹는 것이다. 우리는 예배를 드리기 위해 올 때 빈손으로 왔다가 빈 손으로 돌아가서는 안 된다. 뭔가 하나님께 드리는 것이 있어야 하고 영적 양식을 먹고 누린 것이 있어야 한다.

여기서 신명기 12장의 말씀이 반복되는데, 그것은 소산물의 십일조를 어디로 가져가서 어디서 먹어야 하느냐는 것이다. 그곳은 여호와께서 그 이름을 두시려고 택하신 곳이다. 우리는 이스라엘 백성들이 아무데서나 십일조를 드리고 먹고 마시도록 허락되지 않았다는 것을 유념해야 한다. 하나님의 정하신 곳이 있는데 곧 예루살렘이다. 그들은 예루살렘 성전에 올라가서 경배를 드리고 먹고 마셔야 했다. 이스라엘은 그 땅에 들어가서 하나님께 축복을 받은 대로 그것을 감사로 돌려드리는 사람들이 되어야 했으며 또한 자기 임의로 모이지 않고 반드시 택하신 곳에 모여야 했다. 하나님께서는 그분의 백성들이 자기 임의로 모이는 것을 허락지 않으시고 반드시 정하신 곳에서 모여 예배하도록 말씀하셨다.

신약에 와서 주 예수님은 사마리아 여인에게 '지금은 이 산도 아니고 저 산도 아니다, 예배하는 자가 신령과 진정으로 예배할지니라' (요 4장 참조)고 하셨다. 또 마태복음 18장 20절에서는 "두세 사람이 내 이름으로 모인 곳에는 나도 그들 중에 있느니라"고 하셨다. 그러므로 신약 시대에는 물질적으로 정한 장소는 없다. 그렇지만 반드시 한 가지 기억할 것은 성도들은 모일 때 영 안에서, 주님의 이름 안에서 모여야 한다는 것이다.

다시 말하지만 22절부터의 말씀은 십일조를 드리는 것과 관련되는데, 여기서 중요한 것은 모이는 곳이 정해져 있다는 것이다. 하나님의 백성은 아무 데서나 임의로 모여서는 안 된다는 것을 알아야 한다. 하나님께서는 그분의 이름을 두실 곳을 지정하셨고 그분의 백성은 그분이 지정하신 곳에서만 모일 수 있었다. 그리고 신약에서는 하나님께서 정하신 곳이 어떤 물질적 장소는 아니지만 신령과 진정으로, 주님의 이름으로 모여야 함을 말씀하신다.

오늘날 이 땅에 많은 분열이 있는데, 그것은 잘못된 경배의 중심지 때문이다. 무엇을 근거로 해서 모였느냐가 그 모임의 중심이 된다. 우리 믿는이들은 오직 예수 그리스도의 이름을 중심으로 모여야 한다. 예수 그리스도만이 우리의 기초가 되어야 한다. 또한 성령의 능력으로만 모여야 하고 성경 말씀만을 권위 삼아 모여야 한다.

오늘날 많은 그리스도인들이 예수의 이름으로 모인다고 말한다. 그러나 전에도 말한 바 있듯이 주님의 이름으로 모인다고 말해서 되는 것이 아니라 그 실제가 있어야 한다. 사도 바울은 고린도 성도들에게 '내가 너희에게 나아가서 너희의 말을 들어보는 것이 아니라 능력을 보겠다' 라고 했다. 말이 중요한 것이 아니라 실제로 어떻게 행하느냐가 중요하다. 주의 이름으로 모인다면 거기에는 주님의 이름의 권세가 있을 뿐 다른 이름이 없어야 한다. 다른 중심, 다른 기초, 다른 권위가 없어야 하며 주님 자신의 권위만 통용되어야 한다. 그럴 때만이 우리는 그 모임이 주의 이름으로 모인다고 말할 수 있다. 그렇게 주님의 이름으로만 모이는 모임이 바로 주님이 정하신 곳이다.

오늘 여러분은 주님이 정하신 곳에서 모이고 있는가? 주님이 정하신 곳에서 모이는 것이 쉽다고 말하지 말라. 그러나 만일 진실로 주님이 정하신 곳에서 모인다면 그곳이 바로 하나님의 전이다. 하나님은 거기에 임재하신다. 이것은 너무나 엄중한 일이다. 시편 26편 8절에서 다윗은 "여호와여 내가 주의 계신 집과 주의 영광이 거하는 곳을 사랑하며"라고 노래했다. 주님의 집은 주님이 계신 곳이고 그분의 영광이 거하는 곳이다. 시편에는 이외에도 주님의 집을 사모하고 찬미하며 감사하는 말씀이 아주 많다. 그곳에서 우리는 하나님께 드려진 가장 귀한 것을 먹고 마실 수 있다.

다시 말하지만 오늘 그리스도인들이 주님이 정하신 곳에서 모이기를 배우는 것은 너무나 중요하다. 그러나 신약에서는 물질적으로 이곳이다 저곳이다 말할 수 있는 것이 아니다. 왜냐하면 신약은 영과 실제의 문제이기 때문이다. 그런 실제가 있으면 있는 것이고 없으면 없는 것이다. 이것은 얼마나 엄숙한 문제인가? 오늘 우리 그리스도인들은 곳곳에서 모여 예배하고 있다. 그 중심과 기초와 권위가 그리스도라면 그 모임은 하나님의 처소일 것이다. 그럴 때 그 가운데는 분명 하나님의 임재하심이 있을 것이다.

24-25절, 그러나 네 하나님 여호와께서 그 이름을 두시려고 택하신 곳이 네게서 너무 멀고 행로가 어려워서 그 풍부히 주신 것을 가지고 갈 수 없거든 25 그것을 돈으로 바꾸어 그 돈을 싸서 가지고 네 하나님 여호와의 택하신 곳으로 가서

24절과 25절을 읽을 때 여러분은 어떤 생각을 갖게 되는가? "네 하나님 여호와께서 그 이름을 두시려고 택하신 곳이 네게서 너무 멀고 행로가 어려워서…갈 수 없거든". 이럴 때 우리 같으면 '너무 멀고 오기가 어려우니까 아무 데서나 모여라' 할 텐데 하나님은 그렇게 하지 않으셨다. 모이는 장소만큼은 아무리 멀고 길이 어려워도 임의로 하도록 내버려두지 않으셨다. 다만 짐승을 끌고 오기가 너무 힘드니까 팔아서 현금으로 바꾸어 근방에 와서 사가지고 드리라는 것이다. 어쨌든 우리가 이 땅에서 예배하기 위해 모이고 교회로 세워지는 이것은 사람의 임의로 할 수 있는 것이 아니라는 것을 알 수 있다.

우리는 경배의 중심지에 대하여 다시 한 번 확고하게 말하고자 한다. 당시 이스라엘은 문자적으로 경배의 중심지가 정해졌으므로 그곳을 찾거나 알기가 어렵지 않았다. 그러나 오늘날은 영적인 시대이므로 모든 것에 대하여 영적으로 분별하는 수밖에 없다(요 4:24, 고전 2:13). 당시에 이 점에 있어서 불순종하는 것이 있었듯이 오늘날도 성도들이 이 문제를 소홀히 할 때 불순종이 있게 됨을 기억하기 바란다. 쉽게 말해서 당신이 만일 어디서 예배할 것인가에 대하여 개인적인 선호와 편향을 따라 행한다면 당신은 분명 말씀을 어기는 것이 된다. 당신이 만일 하나님께 경배하는 장소에 대하여 기도하면서 찾아나아 갔다면(신 12:5) 당신은 축복을 얻은 것이다. 하나님은 이 문제에 대하여 임의로 결정하는 것을 원하시지 않음을 볼 수 있다. 당신은 당신의 집을 선택하여 살게 되었는가? 우리는 누가복음 15장에서 탕자의 경우를 생각해볼 필요가 있다. 탕자는 자기 생각에 좋은 집에 마음대로 찾아간 것이 아니다. 가족들과 아버지께서 기다리는 원래의 아버지의 집으로 돌아간 것이다.

26절, 무릇 네 마음에 좋아하는 것을 그 돈으로 사되 우양이나 포도주나 독주 등 무릇 네 마음에 원하는 것을 구하고 거기 네 하나님 여호와의 앞에서 너와 네 권속이 함께 먹고 즐거워할 것이며

이제 택하신 곳에 와서는 네 원하는 대로 하라고 하셨다. 주님의 인도를 따라 찬양이든 기도든 간증이든 원함을 따라서 하면 된다.

27절, 네 성읍에 거하는 레위인은 너의 중에 분깃이나 기업이 없는 자니 또한 저버리지 말지니라

이제 하나님을 섬기는 자들에 대한 배려이다. 그들은 이 땅에서 어떤 분깃이 없고 기업이 없기 때문에 이스라엘 백성들은 하나님의 처소에 와서 경배하고 십일조를 드리고 함께 먹고 마실 때 반드시 하나님을 섬기는 사람들을 기억해야 했다. 그들은 이 땅에 다른 분깃이나 기업이 없고 하나님만 섬기는 사람들이기 때문이다. 하나님의 백성들은 이와 같이 하나님께 십일조를 드릴 줄 알아야 한다. 하나님께서 주신 것이기 때문에 반드시 하나님께 감사의 십일조를 드려야 하는 것이다. 그리고 하나님을 섬기기 위해서 이 땅에 어떤 기업도 없고 분깃도 없는 그런 레위인들을 저버리지 말아야 한다.

28-29절, 매 삼년 끝에 그 해 소산의 십분 일을 다 내어 네 성읍에 저축하여 29 너의 중에 분깃이나 기업이 없는 레위인과 네 성중에 우거하는 객과 및 고아와 과부들로 와서 먹어 배부르게 하라 그리하면 네 하나님 여호와께서 너의 손으로 하는 범사에 네게 복을 주시리라

22절에서는 매년에 토지 소산의 십일조를 드리라고 했다. 이것은 토지 소산의 십일조이다. 민수기 18장 24절에서는 "이스라엘 자손이 여호와께 거제로 드리는 십일조를 레위인에게 기업으로 준 고로 내가 그들에 대하여 말하기를 이스라엘 자손 중에 기업이 없을 것이라 하였노라"고 말한다. 이스라엘 백성들은 여호와께 거제로 드리는 십일조를 레위인에게 주어야 했다. 그리고 여기 28절에서는 "매 삼년 끝에 그 해 소산의 십분의 일을 다 내어 네 성읍에 저축하여 너희 중에 분깃이나 기업이 없는 레위인과…와서 먹어 배부르게 하라".

이렇게 볼 때 이스라엘 백성들은 이런 식으로 저런 식으로 십일조를 많이 내야 했다. 하나님의 백성들은 모든 소출의 십분의 일을 드리는 사람들이다. 그것으로 레위인을 공급하고 고아와 과부와 객들을 배부르게 먹이는 것이다. 이것이 하나님의 백성의 성품이요 특징이다. 이렇게 할 때 하나님께서는 이스라엘 백성들의 손으로 하는 범사에 복을 주실 것이다.

신명기 15장

하나님께서는 이스라엘 백성이 가나안 땅에 들어가서 행해야 할 바를 계속 말씀하고 계신다. 겉으로는 15장의 내용이 14장의 후반에 있는 구제의 십일조에 이어 보다 적극적이고 구체적인 구제 대책을 말하고 있는 듯 하다. 1-11절은 매 7년마다 돌아오는 안식년에 반드시 이웃의 채무에 대하여 독촉을 면제해 주라는 것이다. 12-18절은 가난으로 인해 동족의 종이 된 자들은 7년이 될 때 해방시켜 주어야 한다는 규례이다. 19-23절은 가축 중 처음 난 것들을 성별하여 하나님께 드리는 일에 관한 것이다.

하나님은 이러한 일들을 지키는 가운데 이스라엘이 하나님의 속성을 본받는 백성이 되기를 원하신다는 것을 알 수 있다. 그것은 곧 이스라엘 백성들이 가나안 땅에 들어가서 '하나님의 말씀을 지키는 백성'이 되기를 원하실 뿐 아니라 '하나님을 표현하는 백성'이 되기를 원하시기 때문이다. 즉 그들이 하나님 나라의 사람들, 하나님의 사람들, 하늘의 사람들로서 하나님의 특성과 본성을 지닌 백성이 되기를 원하시기 때문이다. 열국 백성의 눈에 그들은 이 땅의 다른 어떤 민족과 달리 오직 하늘에 계신 하나님과 동행하며 그분의 성품을 나타내는 사람들로 보여지기를 바라신 것이다. 그래서 모든 사람들이 그들을 통해 하나님께 영광을 돌릴 수 있게 하시려는 것이다. 15장에서 말씀하시는 것도 결국 이 말씀대로 행하면 이 땅에서 하나님의 속성을 나타내는 사람들이 된다는 것이다. 그것이 이 장에 있는 하나님의 말씀의 본질이라고 할 수 있겠다.

1절, 매 칠년 끝에 면제하라

이것은 면제년에 대한 것이다. 이스라엘 백성들은 해야 할 것이 많았다. 안식일을 지켜야 하고 매달 초하루를 지켜야 하고 삼 년마다 십일조를 드려야 하고 칠 년마다 면제년을 지켜야 했다. 면제년이란 이스라엘 백성들이 좋은 땅에 들어가서 살다가 어떤 이유로 빚을 지게 되었을 때 7년째가 되면 그 채주는 채무자의 빚을 다 면제해주어야 한다는 것이다.

우리 하나님은 용서의 하나님이시다. 하나님은 구약의 이스라엘을 들어서 그분의 용서를 받는 훈련을 하게 하셨다. 하나님은 얼마나 긍휼과 자비의 하나님이신지! 그분은 사람들이 율법 아래서 용서받는 것을 잊어버릴까 염려하신 것 같다. 우리가 받은 구원은 죄를 사함 받은 구원임을 인하여 하나님께 감사하고 찬미한다. 그분은 용서해주실 뿐 아니라 우리도 용서하는 자들이 되기를 원하신다.

2절, 면제의 규례는 이러하니라 무릇 그 이웃에게 꾸어준 채주는 그것을 면제하고 그 이웃에게나 그 형제에게 독촉하지 말지니 이 해는 여호와의 면제년이라 칭함이니라

칠 년째에는 모든 빚을 다 면제해주기 때문에 빚을 진 사람들은 7년째가 되기를 기다릴 것이다. 칠년째에는 이스라엘 백성 가운데 빚쟁이가 없어지고 다 새롭게 시작한다. 어떤 학자는 이것을 칠년째에만 면제해주고 팔년째에는 다시 돈을 달라고 할 수 있는 것이라고 해석하지만 나는 절대로 그렇게 생각지 않는다. 칠년째가 될 때 완전히 다 면제해 주라는 말씀이다.

이것은 두 가지 면에서 볼 수 있는데, 한 면으로는 복음이다. 우리는 누가복음 4장에서 주 예수님이 이사야의 글을 읽으시면서 자신에 대해 하신 말씀을 볼 수 있다. 18-19절, "주의 성령이 내게 임하셨으니 이는 가난한 자에게 복음을 전하게 하시려고 내게 기름을 부으시고 나를 보내사 포로 된 자에게 자유를, 눈먼 자에게 다시 보게 함을 전파하며 눌린 자를 자유케 하고 주의 은혜의 해를 전파하게 하려 하심이라 하였더라". 물론 이 은혜의 해는 가장 큰 해방을 누리는 희년이다. 일곱 번째 안식년과 그 다음 해인 오십년째는 모든 종들과 눌린 자들을 완전히 다 해방시켜주는 희년이다.

주님이 이 땅에 오신 것은 이 면제년과 희년처럼 사람들을 모든 죄 빚에서 놓아주기 위해서이다. 이 면제년의 실제가 바로 주 예수님이시다. 주 예수님이 이 땅에 오셨을 때 그분을 믿은 사람들은 그들이 지었던 모든 죄 빚을 다 탕감받게 된다. 그래서 면제년은 첫째로 복음을 의미하는 것이다. 빚을 진 사람들은 육 년 동안 그로 인해 얼마나 고통을 받겠는가? 그러나 제 칠년이 될 때 빚을 많이 졌던 적게 졌던 완전히 다 면제받게 된다. 이러한 법도가 이스라엘 백성들에게 있었다. 따라서 이것이 복음으로, 은혜로 적용되어야 된다.

그러나 이 성경은 다 복음으로만 해석할 수는 없다. 당시 이스라엘 백성들은 반드시 이것을 실행해야 했다. 매칠년에는 빚쟁이들에게 관대하게 은혜를 베풀어야 했던 것이다. 복음에는 양면이 있는데, 하나는 우리가 은혜를 입는 것이고 또 하나는 우리가 그 은혜를 베푸는 삶을 사는 것이다. 이것은 두 가지처럼 보이지만 하나이다. 우리가 그러한 은혜를 입었으면, 그렇게 죄 빚을 탕감받았으면 다른 사람들에게도 동일하게 베풀어주어야 한다. 그러므로 주님은 우리에게 이렇게 기도하라고 가르치셨다. "우리가 우리에게 죄 지은 자들을 사하여준 것같이 우리 죄도 사하여 주옵시고".

3절, 이방인에게는 네가 독촉하려니와 네 형제에게 꾸인 것은 네 손에서 면제하라

이방인이란 선민이 아닌 다른 민족의 사람들을 가리킨다. 그들에게는 빚 독촉을 할 수 있으나 "네 형제에게 꾸인 것은 네 손에서 면제하라"고 했다. 같은 동족 형제에게 꾸어준 것은 면제해주라는 말씀이다. 이것은 무엇을 의미하는가? 택한 백성의 이방인에 대한 차별의식이라는 말인가? 그렇지 않다. 이는 이방인 불신자들에게는 영원히 면제(용서)가 없다는 말씀이다.

4-5절, 네가 만일 네 하나님 여호와의 말씀만 듣고 내가 오늘날 네게 명하는 그 명령을 다 지켜 행하면 네 하나님 여호와께서 네게 유업으로 주신 땅에서 네가 정녕 복을 받으리니 너희 중에 가난한 자가 없으리라

흠정역에는 "너희 가운데는 가난한 자가 없게 되리니"라는 말씀이 먼저 나온다. 하나님의 뜻은 이스라엘 백성들 가운데 가난한 자가 없게 되는 것이다. 이것이 신약 고린도 후서 8장과 9장에서도 사도 바울에 의해 언급되었다. 이것은 광야에서 만나를 거두는 원칙이기도 하다. 이스라엘 백성들이 만나를 거둘 때 많이 거둔 자도 남지 않고 부족한 자도 모자라지 않았다. 이는 백성들의 소유를 평균케 하려는 하나님의 손길이다. 하나님께서는 그분의 백성들 가운데 어떤 사람은 너무 부유하고 어떤 사람은 너무 가난하기를 원치 않으신다. 다 평균케 되기를 원하신다. 그러므로 이 부분의 말씀에서 하나님은 '너희 가운데 가난한 자가 없도록' 그리하라고 하신 것이다. 그렇게 할 때 하나님께서 복을 주실 것이다. "주 너의 하나님께서 네게 유업으로 주어 차지하게 하시는 땅에서 주께서 너희를 크게 복 주실 것임이라"(흠정역 참조).

6절, 네 하나님 여호와께서 네게 허락하신 대로 네게 복을 주시리니 네가 여러 나라에 꾸어 줄지라도 너는 꾸지 아니하겠고 네가 여러 나라를 치리할지라도 너는 치리함을 받지 아니하리라

다른 나라에게서 꾸지 않고 다른 나라의 치리함을 받지 않을 수 있는 비결은 하나님의 말씀을 지키는 것이다. 특히 그들 가운데 가난한 사람들이 없게 하라는 말씀이다. 결국 빚을 진 사람들은 가난한 사람들이다. 돈이 있고 부유하다면 남에게 빚을 질 이유가 없다. 그러나 먹고 살기가 어렵다 보니까 사람들에게 돈을 꾸게 된 것이다. 그들의 빚을 면제해줌으로 그들의 가난이 해결되어 백성 가운데 가난한 자가 없게 되면 결국 이스라엘 나라 전체가 복을 받아 여러 나라에게서 꾸는 일이 없고 여러 나라의 지배를 받지 않으며 오히려 여러 나라를 지배하게 될 것이라고 말씀하신다.

이것은 오늘 신약으로 말하면 한 사람 한 사람이 그리스도 안에서 주의 말씀을 지킴으로 가난한 자들을 돌아보고 은혜를 베풀면 온 교회가 복을 받고 온 교회가 나누어 주는 사람들이 될지언정 다른 사람들에게서 꾸는 일이 없을 것이라는 의미이다. 이러한 복은 곧 가난한 자들을 동정하고 긍휼히 여기는 데에서 온다.

7-8절, 네 하나님 여호와께서 네게 주신 땅 어느 성읍에서든지 가난한 형제가 너와 함께 거하거든 그 가난한 형제에게 네 마음을 강퍅히 하지 말며 네 손을 움켜쥐지 말고 8 반드시 네 손을 그에게 펴서 그 요구하는 대로 쓸 것을 넉넉히 꾸어주라

신명기 15장 전반부에서 하시는 말씀은 결국 하나님의 백성이 하나님의 성품을 닮기를 원하시는 것이다. 하나님은 후덕하신 분이다. 하나님이 후덕하신 분이라는 것을 말하는 성경 구절이 있는데, 야고보서 1장 5절이다. "너희 중에 누구든지 지혜가 부족하거든 모든 사람에게 후히 주시고 꾸짖지 아니하시는 하나님께 구하라 그리하면 주시리라". 하나님은 후히 주시는 분이다. 하나님은 결코 인색하지 않으시다. 하나님을 닮으려면 후덕한 사람이 되어야 한다.

가령 어떤 사람이 나에게서 많은 돈을 꾸어갔다 하자. 그것은 나에게는 돈이 좀 있다는 이야기이고 그에게는 없다는 이야기이다. 그런데 그는 그 빚을 갚을 길이 없다. 그렇게 칠 년이 지난 후에 나는 그가 빚을 갚을 수 없다는 것을 알고 어느 날 만나서 이렇게 말해준다. "됐습니다. 당신이 나에게 진 빚이 얼마인데 오늘로 다 면제해 주겠습니다. 이제부터 당신은 돈을 벌어서 당신 가정을 꾸려 나가십시오." 그렇게 한다면 나는 후덕한 사람이다. 그러나 '어떻게 해서든지 그 사람에게서 빚을 받고야 말겠다' 라고 한다면 후덕함이 없는 것이다. 그러므로 하나님의 성품을 닮으려면 먼저 후히 주시는 하나님의 후덕함을 닮아야 한다. 그러려면 첫 번째가 빚을 진 사람의 빚을 면제해 주는 것이다.

두 번째는 가난한 사람에게 마음을 강퍅하게 하지 말고 손을 움켜쥐지 말며 반드시 손을 그에게 펴서 그 요구하는 대로 그 쓸 것을 넉넉히 꾸어주는 것이다. 이것이 하나님의 성품이다. 하나님은 결코 사람들이 달라고 할 때 손을 움켜쥐다가 마지못해 조금 주는 그러한 분이 아니다. 그분은 참으로 후히 주시는 분이다. 그러한 하나님을 닮은 백성이 되려면 가난한 사람들이 근근히 살아가면서 때로 먹을 것이 없어서 꾸어달라고 할 때 '안돼, 나도 지금 겨우 살아가고 있단 말이야' 하며 강퍅하게 대해서는 안 된다. 하나님께서는 "요구하는 대로 쓸 것을 넉넉히 꾸어주라"고 하신다. 이것은 마태복음 5장에 있는 산상수훈의 말씀과도 일치한다. 당신이 하나님을 닮으려면 후덕해야 할지라! 손을 움켜쥐지 말며 반드시 손을 펴야 한다.

9절, 삼가 너는 마음에 악념을 품지 말라 곧 이르기를 제 칠년 면제년이 가까웠다 하고 네 궁핍한 형제에게 악한 눈을 들고 아무것도 주지 아니하면 그가 너를 여호와께 호소하리니 네가 죄를 얻을 것이라

여기의 '악념' 은 히브리어로 '벨리알' 인데, 무익하고 쓸데없는 생각, 경건치 않은 생각, 악한 생각이라는 뜻이다. 그러한 마음을 품지 말라는 것이다. "곧 이르기를 제 칠년 면제년이 가까웠다 하고 네 궁핍한 형제에게 악한 눈을 들고 아무것도 주지 아니하면 그가 너를 여호와께 호소하리니 네가 죄를 얻을 것이라". 가령 내년이 면제년이라고 할 때 올해 꾸어가도 내년에 면제가 되니까 갚지 않을 생각으로 꾸어갈 수도 있다. 그럴 때 돈을 꾸어 달라고 요청받은 사람은 생각해본다. '내년이 면제년이니까 지금 네가 나에게 와서 꾸어 달라고 하는데 그렇게 해서 일 년만 넘기면 된다는 속셈이지. 어림도 없다.' 그리고서 꾸어주지 않는 것이다.

세상적으로 보면 그런 사람의 생각은 아주 이재에 밝고 지혜 있는 것 같지만 여기서 하나님은 그것을 악심이라고 하시고 무익한 생각이라고 하신다. 그리고 돈을 꾸러 온 그 형제를 바라보는 그러한 눈을 악한 눈이라고 하신다. 즉 속으로 계산하는 눈이다. 우리는 약삭빠른 계산으로 사람들을 대하는 것이 하나님을 닮은 것이 아님을 안다. 하나님은 후하신 분이다. 어찌하든지 돈을 주지 않으려고 피하려는 기색이 역력한 눈에 대하여 하나님은 악한 눈이라고 하신다. 그럴 때 돈을 꾸러온 그 형제는 도움을 얻지 못하고 탄식하면서 여호와께 호소하게 되며 그 죄는 꾸어주지 않은 사람에게 돌아간다. 이 부분에서 이스라엘 백성들이 배워야 할 것은 하나님의 후하심과 가난한 자를 동정하시는 마음이다.

10절, 너는 반드시 그에게 구제할 것이요, 구제할 때에는 아끼는 마음을 품지 말 것이니라 이로 인하여 네 하나님 여호와께서 네 범사와 네 손

으로 하는 바에 네게 복을 주시리라

그때에 그에게 돈을 주는 것은 구제하는 것이다. "구제할 때에는 아끼는 마음을 품지 말 것이니라". 마음의 문제이다. 꾸어주더라도 하나님의 명령이기 때문에, 즉 꾸어주지 않으면 득죄하니까 할 수 없이 주어서는 안 된다는 것이다. 하나님께서는 꾸어주는 마음도 보신다. 아끼는 마음을 품지 말고 관대한 마음으로 구제하라고 하신다.

"이로 인하여 네 하나님 여호와께서 네 범사와 네 손으로 하는 바에 네게 복을 주시리라". 이렇게 후하게 구제하고 형제들의 필요를 돌볼 때 하나님께서는 그에게 하는 일마다 복을 주겠다고 하셨다. 여기까지 말할 때 우리가 한 가지 기억해야 할 것은 그리스도인이 복을 받는 비결은 주는 것이라는 사실이다. 사도행전 20장에서 사도 바울은 에베소 장로들에게 "주는 것이 받는 것보다 복이 있다"고 하신 주님의 말씀을 기억하라고 했다. 그것이 바로 복을 받는 비결이다.

우리의 천부께서는 우리를 위해 그분의 아들을 아낌없이 주셨고 하늘에 속한 모든 신령한 복을 주셨으며 생명과 경건에 속한 모든 것을 주셨다. 그러한 하나님의 자녀인 우리가 가난한 사람을 보고도 손을 움켜쥐고 아까워 떨면서 백 개 중 하나를 꺼내어 줄까말까 망설이다가 그것마저도 주지 않는다면 하나님의 성품과는 너무나 거리가 먼 것이다.

11절, 땅에는 언제든지 가난한 자가 그치지 아니하겠으므로 내가 네게 명하여 이르노니 너는 반드시 네 경내 네 형제의 곤란한 자와 궁핍한 자에게 네 손을 펼지니라

이 땅에는 언제든지 가난한 자들이 그치지 않는다고 했다. 신약 복음서에서 마리아라는 여인이 옥합을 깨뜨려 예수님의 머리에 붓자 제자들이 "이 비싼 향유를 팔아서 가난한 자들에게 나누어 주는 것이 더 좋지 않느냐"고 했을 때 주 예수님도 말씀하시기를 "가난한 자들은 항상 너희 중에 있거니와"라고 하셨다. 그러므로 누구도 '나는 주변에 가난한 사람이 없어서 돌볼 일이 없다'라고 말할 수 없다. 가난한 자는 이 땅에서 그치지 않기 때문이다. 필요로 하는 사람들이 항상 주위에 있게 마련이다. 그것은 하나님의 백성들이 하나님의 후덕하심을 본받아 실행할 수 있도록 기회를 주는 것이기도 하다.

"반드시 네 경내 네 형제의 곤란한 자와 궁핍한 자에게 네 손을 펼지니라". 하나님의 백성 가운데에는 곤란한 사람과 궁핍한 사람들이 있다는 말이다. 그런데 하나님의 백성들에게 왜 그런 사람이 보이지 않는가? 그것은 관심이 없기 때문이다. 과연 누가 물질적으로 어려움을 당하고 있는지를 깊이 관심하는 사람에게 그런 곤란한 사람과 궁핍한 사람이 보이는 것이다. 그러나 줄 마음이 없고 가난한 자들을 관심하지 않는 사람 눈에는 그런 사람들이 보이지 않는다. 이 구절에서 더욱 강도를 더하여 "반드시 네 경내 네 형제의 곤란한 자와 궁핍한 자에게 네 손을 펼지니라"고 말씀하시는 것은 그런 사람들을 관심하고 찾아보라는 뜻으로 여겨진다.

12-14절, 네 동족 히브리 남자나 히브리 여자가 네게 팔렸다 하자 만일 육년을 너를 섬겼거든 제 칠년에 너는 그를 놓아 자유하게 할 것이요 13 그를 놓아 자유하게 할 때에는 공수로 가게 하지 말고 14 네 양 무리 중에서와 타작마당에서와 포도주 틀에서 그에게 후히 줄지니 곧 네 하나님 여호와께서 네게 복을 주신 대로 그에게 줄지니라

히브리 사람으로서 종이 된 자들의 문제이다. 육 년 동안 종살이를 한 종들을 제 칠년에는 놓아주는 것이다. 원래 히브리인들은 종이 되면 안 되는데 살다 보니까 어렵게 되어 이들 가운데에도 종이 되는 경우가 있었다. 그런데 히브리인들은 그 사람이 6년 동안 섬겼을 때 7년째에는 반드시 자유케 놓아 주라고 했다. 다시 말하지만 이것은 복음이다. 7년째에 꾸어간 돈을 면제해 주는 것도 복음이고 종 노릇 하던 사람을 자유케 해주는 것도 복음이다. 이 부분의 말씀들은 다 복음의 말씀들이다. 면제해주는 것이 복음이요 종 노릇에서 자유케 되는 것이 복음이다. 하나님은 용서받는 훈련도 하시고 자유케 되는 훈련도 하게 하신다. 이는 다 신약의 복음을 받은 우리를 위한 그림자이니 얼마나 감사한가!

우리는 죄의 빚 때문에 빚쟁이가 되었는데, 예수 그리스도께서 오신 것이 면제년이요 그분이 바로 복음이다. 우리의 죄 빚을 다 탕감해주셨다. 또 우리는 죄의 종이었는데, 그분이 우리를 자유케 해주셨다. 이것이 복음이다. 그러나 신명기 15장의 말씀은 주로 도덕적인 측면, 하나님의 성품의 측면에 해당된다. 이것은 출애굽기의 강조점과 다소 맥락이 다르다. 신명기의 말씀은 이스라엘 백성이 가나안 땅에 들어가서 살 때 그들의 성품이 하늘에 계신 하나님을 닮아야 하는 데에 강조점이 있다. 이스라엘 백성이 히브리 종을 부리다가 칠년째가 될 때에 자유케 해주는 것은 관대함의 표시이다. 그것도 그냥 공수로 가게 하는 것이 아니라 '양 무리 중에서와 타작마당에서와 포도주 틀에서 그에게 후히 주는 것' 이다.

이 말씀은 또한 오늘 그리스도인 상전들에게 하시는 말씀이다. 어찌 되었든 그리스도인들도 다른 사람들을 종으로 부릴 수 있는데, 그럴 때에 그들의 삯을 후하게 주어야 한다는 것이다. 그리고 그들이 자유케 되고자 하거든 놓아주어야 한다. 이것이 바로 그리스도인의 성품이다. 이 장에서는 후히 주라는 말씀이 반복되는데, 이것이 이 장의 주된 강조점이라고 할 수 있다. 하나님의 자녀들은 사람들의 수고에 대해 보상할 때 후하게 주지 않으면 안 된다.

15절, 너는 애굽 땅에서 종 되었던 것과 네 하나님 여호와께서 너를 속

하셨음을 기억하라 그를 인하여 내가 오늘날 이같이 네게 명하노라

왜 종들을 이렇게 놓아주며 또 후하게 삯을 주어서 보내야 하느냐면 이스라엘 백성들이 원래 애굽 땅에서 종이었기 때문이다. 그때 하나님께서 그들을 속하여 자유케 하신 것이다. 그들이 그러한 은혜를 얻었기 때문에 다른 사람들도 그렇게 대하는 것이 마땅하다는 것이다. 우리는 원래 죄의 종이요 율법의 노예로서 비참한 상태에 놓여 있었는데 하나님께서 예수 그리스도의 십자가의 구속 역사를 통해 우리를 자유케 해 주셨다. 그러한 은혜를 입은 우리가 다른 사람의 목을 잡고서 놓아 주지 않는다면 그것은 은혜를 입은 자의 행동이라고 할 수 없다. 우리 또한 우리에게 빚 진 자를 사해주고 놓아주는 것이 마땅하다. 주님은 우리가 주님으로부터 일만 달란트 탕감받은 자로 여기셨다. 그리고 사람들이 우리에게 아무리 죄를 지어도 100데나리온에 불과하다고 하신다. 백 데나리온은 일만 달란트의 육십만분지 일에 해당하는 작은 액수이다. 우리는 그렇게 큰 죄를 탕감받았음에도 우리에게 조금 빚진 자를 용서하지 않는다. 주님은 우리가 용서 받은 것에 근거하여 우리에게 죄 지은 자를 용서하고 놓아주기 원하신다(마 6:12, 18:21-35).

하나님께서 사람을 대하실 때 가장 중요시하시는 것은 자유일 것이다. 사람이 '나는 선악과를 먹겠다' 할 때 하나님은 가슴이 아프셨겠지만 그것을 빼앗으시면서 '먹지 마라. 먹으면 너는 죽는다' 하지 않으시고 그냥 두셨다. 디모데 후서에서 바울은 다만 "데마는 세상을 사랑하여…갔고"라고 기록했다. 어쩌면 하나님께서는 그에게 생명과 은혜를 공급하는 일보다도 그의 자유를 더 중시하시는 것 같다. 그러므로 하나님의 성품을 닮은 종들은 절대로 사람을 압제하지 않는다. 성도들의 목을 붙잡고서 옴짝달싹 못하게 하는 사람은 결코 하나님을 닮은 종이 아니다. 하나님을 닮은 종이라면 성도들이 자유하고자 할 때 언제든지 자유를 줄 수 있는 사람이다. 우리는 이것을 배워야 한다.

16절, 종이 만일 너와 네 집을 사랑하므로 너와 동거하기를 좋게 여겨 네게 향하여 내가 주인을 떠나지 아니하겠노라 하거든

종이 주인을 떠나지 않을 수 있는 조건은 사랑이다 "너와 네 집을 사랑하므로 너와 동거하기를 좋게 여겨". 그가 사랑으로 인하여 주인을 떠나지 않겠다고 하면 같이 있을 수 있다는 것이다. 나는 성도들이 함께 거하는 울타리는 사랑의 울타리 외에는 없었으면 좋겠다. 좀 쉽게 말해 보겠다. 여러분은 왜 우리와 함께 있는가? 서로 사랑하기 때문이 아닌가? 그 이유 외에는 없었으면 좋겠다. 사랑하기 때문에 끝까지 함께하는 것이다. 신약의 교회가 서로 하나 되는 끈은 무엇인가? 사랑이다. 사랑은 주님의 가장 큰 계명이며 율법의 완성이다. 이런 사랑을 깨는 것은 온 율법을 송두리째 깨는 것과 동등하다. 성도들을 사랑하는 것이 온 율법을 이루는 길이요 말씀을 지키는 길이며 교회가 하나되는 길이다. 가장 가련한 가정은 사랑이 없는데도 자식 때문에, 사람들의 이목 때문에 어쩔 수 없이 함께 사는 가정이다. 사랑이 없는 가정, 사랑이 없는 교회는 가련한 것이다.

17절, 송곳을 취하여 그의 귀를 문에 대고 뚫으라 그리하면 그가 영영히 네 종이 되리라 네 여종에게도 일례로 할지니라

이 말씀은 출애굽기에도 있다(21:5-6). 여기서는 하나님의 백성들이 지녀야 할 도덕성에 강조점이 있는 반면 출애굽기에서는 하나님께 헌신하는 것을 예표한다. 똑같은 말씀이라고 해서 다만 반복이 아니다. 출애굽기에서는 이것이 하나님의 은혜에 대한 보답으로서 자신이 자유케 되었지만 이제 후로 영원히 떠나지 않고 주님을 섬기겠다는 것이고, 신명기에서는 그리스도인에게 있어야 할 성품을 말하는 것이다.

18절, 그가 육년 동안에 품꾼의 삯의 배나 받을 만큼 너를 섬겼은즉 너는 그를 놓아 자유하게 하기를 어렵게 여기지 말라 그리하면 네 하나님 여호와께서 너의 범사에 네게 복을 주시리라

관대한 마음으로 자유케 해주라는 말씀이다. 종들을 후하게 대할 때 그의 하나님 여호와께서 그의 범사에 복을 주시겠다고 했다.

19절, 너의 우양의 처음 난 수컷은 구별하여 네 하나님 여호와께 드릴 것이니 네 소의 첫 새끼는 부리지 말고 네 양의 첫 새끼의 털은 깎지 말고

마지막으로 세 번째 항목이다. 첫 번째는 면제년에 빚을 면제해 주는 것이고, 두 번째는 칠년째에 히브리 종을 자유케 해주는 것이며 세 번째는 처음 난 것을 하나님께 드리는 것이다. 이는 애굽 땅에 내린 마지막 재앙에서 애굽의 처음 난 것은 다 죽었는데 이스라엘의 처음 난 것은 어린 양의 피로 구속함을 얻어 죽지 않고 살았기 때문에 이스라엘의 처음 난 것은 다 하나님의 것이라는 말이다. 그것을 구별해서 하나님께 드리는 것이다. 오늘 우리가 바로 우양의 처음 난 수컷이라고 할 수 있다. 왜냐하면 우리는 어린 양이신 그리스도의 피로 구속된 자들이기 때문이다. 그러므로 우리는 마땅히 자신을 주님께 드려야 한다.

"네 소의 첫 새끼는 부리지 말고 네 양의 첫 새끼의 털은 깎지 말고". 또 한 방면에서 부림을 당하지 않고 털이 깎이지 않은 우양의 처음 난 것은 그리스도이시다. 부리지 않았다는 것은 죄가 없다는 것이고 털을 깎지 않았다는 것은 세상의 다른 용도로 사용되지 않았다는 것이다. 온 인류 가운데서 오직 그리스도만이 이렇게 하나님께 드려질 수 있는 흠 없는 제물이시다.

20절, 너와 네 가족이 매년에 여호와의 택하신 곳 네 하나님 여호와 앞

에서 먹을지니라

이 택하신 곳은 바로 당시의 예루살렘이었고, 지금 신약에서는 성령 안에서 주의 이름으로 모이는 곳이다. 그곳에서 가족이 함께 이 제물을 먹으라고 하셨다. 사실 그리스도인은 함께 모일 때마다 제물이신 그리스도를 먹는다고 할 수 있다.

21절, 그러나 그 짐승이 흠이 있어서 절거나 눈이 멀었거나 무슨 흠이 있든지 네 하나님 여호와께 잡아 드리지 못할지니

흠이 있거나 절거나 눈이 먼 것은 하나님께 드릴 수 없다는 말은 오직 그리스도만 제물로 드릴 수 있다는 것이다. 그리스도인 모임에서는 오직 그리스도만을 제물로 드리며 예배할 수 있다. 이 세상에서 그 누가 흠이 없는가? 가장 뛰어난 주님의 종들, 바울, 베드로, 루터, 다 흠이 있다. 우리 인간은 다 흠이 있는 존재이다. 절든지 눈이 멀든지 다 무슨 흠이 있다. 그러므로 그리스도인 모임 가운데서 여호와께 드려 열납될 수 있는 제물은 그리스도뿐이다.

22절, 네 성 중에서 먹되 부정한 자나 정한 자가 다 같이 먹기를 노루와 사슴을 먹음같이 할 것이요

흠이 있는 짐승은 제물로는 드릴 수 없지만 일반적으로 다른 짐승의 고기처럼 먹을 수는 있다. 정한 자나 부정한 자나 함께 먹는 것이다.

23절, 오직 피는 먹지 말고 물같이 땅에 쏟을지니라

다시 말하지만 유일한 그리스도의 피를 지키기 위해 다른 피는 제해야 함을 의미한다. 우리 하나님의 백성은 오직 그리스도의 피와 살에 참여할 뿐이다. 그때까지 어떤 피도 먹어서는 안 된다. 이 구절을 역으로 해석하면 그리스도인 모임에서 우리는 그리스도의 보혈을 적용할 수 있다는 것이다. 다른 피를 다 제하면 남는 것은 그리스도의 보혈이다. 그리스도인 모임에는 반드시 그리스도의 보혈이 있어야 한다. 보혈의 씻음 아래 있는 모임이 올바른 그리스도인 모임이다.

하나님께서 왜 가인의 예물을 열납하지 않으셨겠는가? 인간이 타락했음에도 불구하고 가인은 마치 아무 일도 없었던 것처럼 하나님께 나아갔기 때문이다. 그러나 아벨의 제사는 하나님께 열납되었는데, 그것은 아벨이 자신이 타락한 존재라는 것을 알았고 따라서 하나님께 곧바로 나아갈 수가 없어서 죽음을 의미하는 양의 피를 가지고 나아갔기 때문이다. 참으로 그리스도의 보혈이 없는 예배는 두려운 것이다. 우리가 은혜받은 죄인의 위치에서 보혈의 효능에 감사드리며 낮은 마음으로 하나님 앞에 나아갈 때 하나님은 우리를 기뻐 받으신다. 하나님의 백성들의 바람직하고 아름다운 집회의 모습은 그들 가운데 그리스도의 보혈의 공로와 가치가 높여지는 것이다.

신명기 16장

12장부터 15장까지 이스라엘이 가나안 땅에서 지켜야 할 참된 신앙과 그에 부합되는 행위에 대하여 교훈한 모세는 이제 16장에서 그들이 중앙 성소에 1년 3차 올라가서 지켜야 할 절기에 관하여 설명한다. 1-8절은 유월절, 9-12절은 칠칠절, 13-17절은 초막절이다. 18-22절은 부가적으로 재판에 있어서의 공의 문제, 우상 숭배에 대한 재삼 재사의 경고이다.

하나님의 백성들은 절기를 지키는 특징이 있다. 주님은 우리를 구원하시어 다만 명령을 지키게 하신 것이 아니라 절기를 지키는 가운데 그리스도를 누리라는 명령을 주신다. 믿는이의 거룩한 삶, 성령 충만한 삶 등은 모두가 절기를 지키는 생활의 실제이다. 이 모든 것은 신약의 믿는 이들의 삶에 적용되는 것이다.

1절, 아빕월을 지켜 네 하나님 여호와의 유월절 예식을 행하라 이는 아빕월에 네 하나님 여호와께서 밤에 너를 애굽에서 인도하여 내셨음이라

이 장은 주로 세 가지 절기를 지키는 문제를 말하고 있다. 맨 먼저 절기의 문제가 제기된 것은 출애굽기 23장 14-17절, 34장 18-24절에 있다. 또한 레위기 23장에는 일곱 절기가 나오는데, 첫째는 유월절이고, 둘째는 무교절이며(이 두 절기는 연결되어 있다) 다음은 초실절, 오순절, 나팔절, 속죄일, 초막절이다. 그리고 그 절기들을 지키는 규례를 자세히 말하고 있다. 그러나 이 장에는 그 중 세 절기만 언급되어 있다. 우리가 기억해야 할 것은 레위기는 하나님을 섬기는 레위인들을 위한 책인 반면 신명기는 이스라엘 백성 전체를 위한 책으로서 모압 평지에서 모세가 마지막 유언과 같이 말한 내용이라는 것이다. 간단히 말해서 유월절은 구속을 말하는 것이며 이는 과거에 속하고 오순절은 성령으로서 현재의 생활을 말하며 초막절은 영광의 상속자들의 시대를 말하는 것으로 장래의 소망이다.

첫 번째 이스라엘 백성들이 그 땅에 들어가서 지켜야 할 절기는 아빕월에 있는 유월절이었다. '아빕'은 '초록색'이라는 뜻이다. 출애굽기 12장에서 이스라엘 백성들이 홍해를 건너기 전 유월절을 지킬 때 하나님께서는 모세더러 유월절을 지킨 그 달을 그 해의 첫 달이 되게 하라고 하셨다. 이 달은 태양력으로는 삼사월에 해당하지만 하나님께서 그 달을 정월이 되게 하신 것이다.

2절, 여호와께서 그 이름을 두시려고 택하신 곳에서 우양으로 네 하나님 여호와께 유월절 제사를 드리되

여호와 하나님이 그 이름을 두시려고 택하신 곳에서 우양을 드리라고 하셨다. 신명기에서는 이스라엘 백성들이 제사를 드릴 장소를 거듭 강조하고 있다. 그곳은 반드시 여호와 하나님께서 그 이름을 두시려고 택하신 곳이어야 한다. 이는 12장에서 언급한 바가 있지만 하나님의 백성들의 통일성에 관한 것이다. 요한복음 4장에 의하면 오늘날 예배드리기 위한 특정한 장소는 없지만 신명기의 말씀의 정신은 지켜져야 한다. 이는 자기의 고집이나 선호로 모임 장소를 택할 수 없다는 것이다. 교회는 가족이나 집처럼 우리가 자신들의 선호로서 선택할 수 있는 것이 아니다. 우리는 하나님의 자녀로서 태어난 어린 자녀인데 아버지 집인 교회에 대하여 영적으로 맺어진 가족처럼 여겨야 한다. 이러한 정신이 없다면 참된 제사를 드릴 수 없다.

3절, 유교병을 그것과 아울러 먹지 말고 칠 일 동안은 무교병 곧 고난의 떡을 그것과 아울러 먹으라 이는 네가 애굽 땅에서 급속히 나왔음이니 이같이 행하여 너의 평생에 항상 네가 애굽 땅에서 나온 날을 기억할 것이니라

유월절은 우리의 구속을 위한 예수 그리스도의 십자가의 고난을 예표하는 것으로서 우리는 그로 인해 구원받았다. 우리 믿는이들은 예수 그리스도께서 어떻게 십자가에서 고난당하심으로 우리를 구원하셨는가를 결코 잊어서는 안 된다. 하나님께서는 우리가 애굽에서 나온 그 날을 언제나 잊지 않기를 원하시는 것 같다. 그것은 곧 예수 그리스도께서 우리 죄를 위하여 어떻게 고난받고 죽으셨는지를 잊어서는 안 된다는 것이다. 또한 구속받은 뒤에 우리 그리스도인은 누룩 없는 삶, 죄 없는 삶을 살아야 한다. 누룩이 우리 삶 가운데서 보이지 않게 해야 한다.

여기서 무교병을 고난의 떡이라고 했는데, 두 가지를 생각해볼 수 있다. 첫째, 떡은 그리스도의 생명을 뜻한다(요 6:35). 그분이 우리에게 그분의 생명을 주시기까지 겪으신 고난을 뜻한다고 할 수 있겠다. 그러므로 그분이 겪으신 고난과 우리가 죄 없는 삶을 사는 것은 연결되어 있다. 고린도 전서 5장에서는 우리가 누룩 없는 순전한 떡을 먹어야 한다고 말하면서 그리스도께서 유월절 어린 양으로서 희생이 되셨다고 말하고 있다. 우리를 위해 그리스도께서 십자가에서 고난당하신 것을 생각할 때 어찌 우리가 죄를 지을 수 있겠는가?

둘째로, 우리가 죄 없는 삶을 사는 것은 우리의 고난과 관련이 있다.

첫 번째 고난은 그리스도의 고난이며 두 번째 고난은 우리의 고난이다. 다시 말하면 그리스도의 고난으로 말미암아 우리가 죄 없는 삶을 살게 되며 또 우리가 고난을 받을 때 죄가 그치게 된다(벧전 4:1, "그리스도께서 이미 육체의 고난을 받으셨으니 너희도 같은 마음으로 갑옷을 삼으라 이는 육체의 고난을 받은 자가 죄를 그쳤음이라"). 여기서 베드로는 그리스도의 고난과 우리의 고난을 연결시켰다. 그래서 이후로 다시는 사람의 정욕을 좇지 않고 오직 하나님의 뜻을 좇아 육체의 남은 때를 살게 된다고 했다.

또 한 군데 보겠다. "저희는 잠시 자기의 뜻대로 우리를 징계하였거니와 오직 하나님은 우리의 유익을 위하여 그의 거룩하심에 참예케 하시느니라 무릇 징계가 당시에는 즐거워 보이지 않고 슬퍼 보이나 후에 그로 말미암아 연달한 자에게는 의의 평강한 열매를 맺나니"(히 12:10-11). 의의 평강한 열매, 거룩하심에 참예함, 이 모든 것은 징계로 말미암아 온다고 했다. 나는 여기서 여러분의 체험을 점검하기를 요청한다. 여러분은 지금까지 많은 죄를 버리고 여러 방면에서 거룩함에 참여하게 되었을 것이다. 그런데 여러분이 이 지점에 이르도록 도와준 것이 무엇인가? 고난이다. 하나님께서 여러분이 고난을 겪으면서 무교병의 삶을 살 수 있도록 인도해 주신 것이다. 이렇게 설명할 때 무교병을 고난의 떡이라고 함에 대하여 이해할 줄로 믿는다. 즉 유월절은 십자가(어린 양의 죽음과 피흘림)와 관련되며 십자가의 삶은 고난의 연속인 것이다.

4절, 그 칠 일 동안에는 네 사경 내에 누룩이 보이지 않게 할 것이요 또 네가 첫날 해질 때에 제사 드린 고기를 밤을 지내어 아침까지 두지 말 것이며

그 칠 일이란 완전한 날 수를 말한다. 즉 그리스도인의 온 일생을 뜻한다고 할 수 있다. 우리 그리스도인 생애에서 우리의 모든 지경 우리의 가정, 일하는 곳, 거처하는 곳, 사람들과의 관계 가운데 죄악된 요소들이 제해져야 한다.

"또 네가 첫날 해질 때에 제사 드린 고기를 밤을 지내어 아침까지 두지 말 것이며". 왜 그래야 했는지 생각해볼 때, 아침이 지나면 고기의 신선도가 떨어질 수 있겠고 또 주님 자신을 의미하는 이 고기를 조금도 남김없이 온전히 받아들여야 한다는 의미도 있을 것이다. 또는 온전히 그 생명을 의지해야 한다는 의미로도 해석할 수 있다.

5-7절, 유월절 제사를 네 하나님 여호와께서 네게 주신 각 성에서 드리지 말고 6 오직 네 하나님 여호와께서 그 이름을 두시려고 택하신 곳에서 네가 애굽에서 나오던 시각 곧 초저녁 해 질 때에 드리고 7 네 하나님 여호와께서 택하신 곳에서 그 고기를 구워 먹고 아침에 네 장막으로 돌아갈 것이니라

여기서 하나님은 다시금 반복하여 말씀하신다. 그들이 사는 각 성에서 드리지 말고 여호와께서 그 이름을 두시려고 택하신 곳에서 드리며 그들이 애굽에서 나오던 시각 곧 초저녁 해질 때에 드리라고 하신다. 이 말씀은 신명기 12장의 말씀에 대한 적용으로도 볼 수 있다. 하나님의 택하신 장소에서 유월절 제사를 드려야 함은 하나님의 백성의 통일성을 염두에 두신 말씀이다. "우리가 축복하는바 축복의 잔은 그리스도의 피에 참예함이 아니며 우리가 떼는 떡은 그리스도의 몸에 참예함이 아니냐 떡이 하나요 많은 우리가 한 몸이니 이는 우리가 다 한 떡에 참예함이라"(고전 10:16-17). 신약의 성도들은 주님의 유월절(만찬)을 기념할 때 한 몸을 기억해야 한다. "떡이 하나요 많은 우리가 한 몸"이므로 "우리가 다 한 떡에 참예하는 것"이기 때문이다.

오늘날 교회가 분열된 것을 자연스럽게 여기는 것은 옳지 않은 것이다. 성경에는 교회가 둘이나 셋이라고 말한 적이 없다. 우주 가운데 교회는 하나이다(고전 12:12, 엡 4:4). 누가 이 하나를 나눌 수 있으랴! 부부에 대하여도 "이러한즉 이제 둘이 아니요 한 몸이니 그러므로 하나님이 짝지어 주신 것(하나 되게 하신 것)을 사람이 나누지 못할지니라"(마 19:6). 그리스도의 몸의 하나되게 하신 것은 그리스도의 십자가와 부활의 역사이다(엡 2:13-18). 이렇게 주님이 하나로 만든 것을 사람이 나눌 때 큰 죄가 아니겠는가? 사랑하는 성도들이여! 주의 구원을 얻은 우리는 한 피 받아 한 몸을 이룬 것이지 수많은 분열적인 무리로 구원된 것이 아니다. 오늘날 성도들은 주의 몸이 하나라는 것에 대하여 느낌이 얼마나 적은가! 이는 주님께 얼마나 슬픔을 드리는 일인가? 그런데 진정한 유월절을 지킴이 있겠는가? 하나님은 유월절은 하나님의 택하신 곳에서 지키라고 하셨다.

오늘도 당신은 어디서 유월절을 지키고 있단 말인가? 분열적인 당파 속에서? 산당에서? 푸른 나무 아래서? 높은 산과 작은 산에서? 아니면 하나님이 택하신 곳에서 드리는가? 과연 하나님이 택하신 곳은 어디란 말인가? 오늘날에는 물질적인 장소의 문제가 아님은 분명하다(요 4:21-24). 주님은 사마리아 여인에게 예배할 곳에 대하여 이 산에서도 말고 예루살렘에서도 말라고 하셨다. 그럼 오늘날 택하신 장소는 어디란 말인가? 나는 그것이 그리스도의 한 몸의 영과 진리라고 믿는다. 우리는 오늘 한 몸 한 영의 진리를 갖고 만찬을 대해야 할 것이다. 이것 역시 입술의 말과 표현만이 아니라 진실한 영과 생명으로 그렇게 해야 한다. 오! 하나님이여, 이 시대에 더욱 많은 자녀들로 이 하나의 영을 갖고 주의 만찬을 대하도록 축복해주소서!

신명기 16장에 의하면 하나님의 백성들의 통일성 문제는 비단 유월절에만 적용되는 것이 아니다. 오순절과 초막절에도 적용된다(신 16:16). 십자가도 우리를 한 몸으로 이끌며 성령도 우리를 하나 되도록 인도하며 장래 초막절인 왕국 안에서 우리는 모두 진정한 하나를 누리게 된다. 참된 성도들이라면 하나에 대한 깊은 인식과 누림이 있어야 한다. 어찌 장래 왕국에 가서야 비로소 하나를 누릴 수 있으랴! 오늘 교회 시대에도 우리는 십자가와 성령의 역사를 통하여 하나를 이룰 수 있어야 할 것이다. 적어도 주님의 만찬을 받아먹는 성도들은 교회가 온 우주 가운데 하나임을 깊이 인식하는 것이 필요하며 이에 대하여 깊은 사모함과 간구가 있어야 할 줄로 믿는다.

이것은 우리가 구원받은 것이 예수 그리스도께서 십자가에 못 박히신 바로 그 일로 인한 것임을 기억해야 한다는 뜻이다. 오늘 우리가 죄 사함을 받고 구원을 얻은 것은 예수님이 십자가에서 우리를 위해 흘리신 피에 근거한 것이다. 오랜 시간이 지나도 우리는 여전히 주님의 죽으심의 자리로 돌아가야 한다. 오늘 우리가 기념하고 감사하고 찬미하는 십자가는 고대의 그 십자가, 갈보리 산 위에 서 있는 십자가이다.

8절, 너는 육 일 동안은 무교병을 먹고 제 칠일에 네 하나님 여호와 앞에 성회로 모이고 아무 노동도 하지 말지니라

유월절 때 아무 노동도 하지 말라는 것은 그리스도의 구속에 관한 한 인간의 공로를 위한 여지는 조금도 없다는 뜻이다. 오순절이 성령과 관련된다면 유월절은 십자가와 관련된다. 십자가로 인하여 성도들의 삶은 노동이 없는 안식의 삶이어야 한다. 진정한 안식을 모른다면 유월절을 제대로 지키는 것이 아니다. 유월절은 사람의 노력이나 힘이 들어가는 것이 아니라 다만 함께 모여서 하나님께 감사드리고 찬양할 뿐이다. 이것이 첫 번째 절기인 유월절이다.

9-10절, 칠주를 계수할지니 곡식에 낫을 대는 첫날부터 칠 주를 계수하여 10 네 하나님 여호와 앞에 칠칠절을 지키되 네 하나님 여호와께서 네게 복을 주신 대로 네 힘을 헤아려 자원하는 예물을 드리고

두 번째 절기는 칠칠절 곧 오순절이다. 칠칠절은 곡식에 낫을 대는 첫날부터 칠 주를 계수한 날로서 오십일째 되는 날이다. 그날 '네 힘에 맞도록 자원하는 예물을 드리라' 고 하셨다. 유월절에는 우리의 노동이 필요치 않지만 오순절 때에는 우리의 힘이 필요하다. 우리의 힘을 헤아려 자원하는 예물을 드리라고 했다. 그러면 이 오순절은 신약에서 무엇을 상징하는가? 성령 강림이다. 오순절날 마가의 다락방에 모인 사람들에게 성령이 부어지지 않았는가? 그리고 이 성령 강림을 예표하는 오순절에 자원하는 예물을 드리라고 하셨다.

11절, 너와 네 자녀와 노비와 네 성중에 거하는 레위인과 및 너희 중에 있는 객과 고아와 과부가 함께 네 하나님 여호와께서 그 이름을 두시려고 택하신 곳에서 네 하나님 여호와 앞에서 즐거워할지니라

오순절 때에는 힘대로 자원하는 예물을 드리는 것이 있고 또 즐거워하는 것도 있다. 유월절이든 오순절이든 다 신약의 교회 안에서 성취되어야 할 것들이다. 하나님의 교회에는 그리스도의 구속을 위한 고난을 기억하고 그 은혜에 늘 감사하는 분위기가 있어야 하며 또한 그 안에 성령이 충만해야 한다. 성령이 충만할 때 힘을 다해 예물을 드리게 된다. 사도 바울은 어떻게 해서 자신을 온전히 드리는 삶을 살 수 있었는가? 성령으로 충만했기 때문이다. 성령의 능력이 그로 하여금 자신을 위해 살지 않고 하나님을 위해 살게 했다.

또한 성령으로 충만할 때 자녀들과 객과 가난한 사람들과 과부와 고아와 레위인으로 더불어 즐거워할 수 있다. 교회 안에는 상처받은 사람, 슬픈 사람, 어려운 사람, 외로운 사람들이 있다. 이 모든 사람을 위로하고 함께 축복을 얻고 즐거움을 누릴 수 있는 것은 성령으로 말미암은 것이다. 성령이 없으면 기쁨과 즐거움도 사라진다. 그런데 실제적으로 말해서 성령이 많아지려면 기도를 많이 해야 한다. 기도와 성령은 연결되어 있다. 기도할 때 성령이 운행하심으로 믿는이들 속에 기쁨과 은혜가 있게 된다.

12절, 너는 애굽에서 종 되었던 것을 기억하고 이 규례를 지켜 행할지니라

우리는 전에 우리가 어떠한 상태에 있었는지를 기억하고 오늘 얻은 자유와 은혜로 인해 하나님께 감사함으로 이 규례를 지키는 것이 마땅하다.

13절, 너희 타작마당과 포도주 틀의 소출을 수장한 후에 칠 일 동안 초막절을 지킬 것이요

세 번째 절기인 초막절은 무엇을 상징하는가? 그리스도의 재림과 천년왕국이다. 타작마당은 알곡을 거두기 위한 것이고 포도주 틀은 모든 악한 세력을 멸하는 것이다. 이 모든 역사는 주님이 재림하시기 전에 일어난다. 계시록 14장 15절을 보자. "큰 음성으로 외쳐 가로되 네 낫을 휘둘러 거두라 거둘 때가 이르러 땅에 곡식이 다 익었음이로다 하니". 이것이 추수이다. 타작마당이라고도 할 수 있다. 이제 알곡을 거두는 것이다. "네 이한 낫을 휘둘러 땅의 포도송이를 거두라 그 포도가 익었느니라 하더라 천사가 낫을 땅에 휘둘러 땅의 포도를 거두어 하나님의 진노의 큰 포도주 틀에 던지매"(18-19절). 이 포도주 틀을 밟는 것이 곧 적그리스도와 그의 악한 군대를 심판하는 것이다. 그러므로 초막절은 타작마당과 포도주 틀 이후에 온다.

초막절은 원래 이스라엘 백성들이 가나안 땅에 들어가 살면서 과거 사십 년간의 광야의 삶을 기념하기 위해 일 주일 동안 집을 떠나 초막을 만들어 거기 거하는 절기였다. 그것은 광야의 삶을 회상하고 기념하기 위한 것이었다. 우리가 앞으로 천년왕국에서 그리스도와 함께 살 때 바로 이러한 기념하는 삶을 살 것이다. 오늘 광야 같은 우리의 인생에서 주님을 따르고 섬기고 체험한 바를 거기서 회상하고 즐거워하는 것이다. 그러므로 이 땅에서 주님과 동행하며 교제하는 이 삶은 너무나 중요하다. 여기서 주님과 별 교제 없이 마음대로 살면 그날 주님 앞에서 회상할 것도, 기념할 것도 없을 것이다. 그렇기 때문에 우리는 이 땅에서 매일매일 주님과 추억할 만한 일을 만들며 살아야 할 것이다.

14절, 절기를 지킬 때에는 너와 네 자녀와 노비와 네 성중에 거하는 레위인과 객과 고아와 과부가 함께 연락하되

왕국 시대에는 자녀, 노비, 레위인, 객, 고아, 과부 모두 다 함께 풍성한 잔치를 누릴 것이다. '연락하다'는 영어로 'rejoice', 즉 잔치를 즐긴다는 말이다.

15절, 네 하나님 여호와께서 택하신 곳에서 너는 칠 일 동안 네 하나님 여호와 앞에서 절기를 지키고 네 하나님 여호와께서 네 모든 물산과 네 손을 댄 모든 일에 복 주실 것을 인하여 너는 온전히 즐거워할지니라

그날 우리는 주님의 나라에서 이 시대에 우리가 맺은 열매, 소산물들로 인해 즐거워할 것이다. 그러므로 우리 그리스도인들은 오늘 이 시대에 성령으로 말미암아 수고한 열매로 인해 기쁨과 풍성을 누릴 뿐 아니라 그날에 더욱 온전히 즐거워할 수 있다.

16-17절, 너희 중 모든 남자는 일 년 삼 차 곧 무교절과 칠칠절과 초막절에 네 하나님 여호와의 택하신 곳에서 여호와께 보이되 공수로 여호와께 보이지 말고 17 각 사람이 네 하나님 여호와의 주신 복을 따라 그 힘대

로 물건을 드릴지니라

그래서 이스라엘 백성들은 일 년에 삼 차씩 이 절기를 지키기 위해 반드시 예루살렘으로 가야 했다. 이것은 오늘날 신약의 교회에 반드시 적용되어야 할 항목들이다. 첫째, 하나님의 교회에는 유월절의 성분이 있어야 하고, 둘째, 오순절의 성분, 즉 성령의 충만, 성령의 능력, 성령의 역사가 있어야 하며, 셋째, 왕국의 성분이 있어야 한다. 장래에 있을 뿐 아니라 오늘 이 시대에 교회 안에서 왕국의 실제를 미리 누려야 한다. 내세의 왕국의 어떠함을 오늘 교회에서 미리 맛보는 것이다.

이는 또한 그리스도인의 집회로 적용할 수 있다. 집회에 오는 자들은 다 공수로 오지 말고 "네 하나님 여호와의 주신 복을 따라 그 힘대로 물건을 드릴지니라"가 있어야 한다. 어떤 이는 찬송시를 준비하여, 어떤 이는 감사의 기도를 준비하여, 또 다른 이는 가르치는 말씀을 준비하여, 또 다른 이는 주님께 드릴 연보를 준비하여 나와야 한다. 예배에 참여하러 오는 이들은 "공수로 여호와께 보이지 말고"의 말씀을 기억해야 한다.

18-20절, 네 하나님 여호와께서 네게 주시는 각 성에서 네 지파를 따라 재판장과 유사를 둘 것이요 그들은 공의로 백성을 재판할 것이니라 19 너는 굽게 판단하지 말며 사람을 외모로 보지 말며 또 뇌물을 받지 말라 뇌물은 지혜자의 눈을 어둡게 하고 의인의 말을 굽게 하느니라 20 너는 마땅히 공의만 좇으라 그리하면 네가 살겠고 네 하나님 여호와께서 네게 주시는 땅을 얻으리라

이 부분의 말씀은 16장에 포함되지 말아야 한다고 하는 성경 학자들이 있다. 왜냐하면 세 절기들을 이야기하다가 갑자기 이스라엘 백성 가운데 재판장이나 유사를 두는 문제, 또 재판하는 문제를 말하는 것은 그리 연관성이 없는 것처럼 보이기 때문이다. 그러나 나는 이렇게 말해 보겠다. 사실 이 말씀조차도 오늘 신약의 교회 안에서 체험되고 적용되어야 할 문제이다. 정상적인 교회라면 거기에 유월절이 있고 오순절이 있고 왕국의 실제와 소망이 있어야 한다. 왕국을 바라보며 이 땅에서 의를 행하는 삶을 살아야 하는 것이다. 그러한 삶을 살려면 교회 안에서 가장 중요한 것이 합당한 인도 직분이 세워지는 것이다. 하나님의 교회에는 반드시 질서가 있어야 한다. 그리고 모든 질서는 하나님께서 세우시는 것이다.

그러한 질서가 세워짐에 있어서 가장 중요한 항목이 공의이다. 사실상 교회가 왕국의 특성을 지닌다고 할 때 가장 중요한 것이 의이다. 행복한 교회생활, 사랑이 넘치고 소망이 넘치는 교회생활을 하려면 거기에 반드시 의가 있어야 한다. 그 의로 백성이 재판되어야 한다. 그렇게 모든 상황에서 의로 재판할 수 있는 권위가 세워진 교회는 축복된 교회이다. 하나님의 백성들 간에 문제가 생기는 것은 피하기 어렵다. 오해도 생기고 잘못된 일도 생기고 다툼도 생길 수 있다. 그럼에도 축복된 교회, 합당한 권위가 통하는 교회는 그런 일들이 있을 때에 그 판단이 매우 올바르게 된다. 그래서 모든 상황이 의롭고 공평하게 된다. 거기에는 억울한 사람도 없고 속앓이를 하는 사람도 없는 것이다.

그러나 질서가 없고 바른 판단력이 없는 유사들이 세워지게 되면 사람들을 답답하게 만든다. 그런 상황에서 하나님의 백성은 한숨을 쉬게 되고 실망하게 된다. 그렇기 때문에 세 절기가 골고루 지켜지는 교회의 결과는 이러한 의로운 상황이라고 여겨진다. 19절을 보면 재판장이나 유사들이 사람을 외모로 판단하지 않고 뇌물을 받음으로 눈이 어두워지지 않도록 권면하고 계시는 것을 본다. 그러기 위해서는 다시 돌아가서 유월절과 오순절과 초막절의 실제가 교회 안에 충만해야 한다. 사실 교회의 집회를 제대로 참석하는 사람들 가운데는 문제가 적다. 문제가 많은 사람들은 집회를 자주 빠지거나 일 주일에 한두 번 나올까 말까

한 사람들 가운데 발생한다. 우리는 도마가 집회에 빠졌을 때 주님이 나타나셨고 다른 제자들의 말을 믿지 않고 의문을 제기한 것을 알 수 있다. 많은 문제들이 다른 사람들과 함께 집회를 누리지 못하므로 생겨나는 것이다. 바르고 공정한 판단을 해주는 사역자와 함께 있는 자들은 복이 있다. 그러나 한국의 교회들의 상황은 매우 어려운 현실이 많이 있다. 성도들이 사역자의 판단을 쉽게 믿지 않는다. 이것은 참으로 탄식스러운 상황이다.

"너는 마땅히 공의만 좇으라 그리하면 네가 살겠고 네 하나님 여호와께서 네게 주시는 땅을 얻으리라"(20절). 하나님께서는 첫째 이스라엘 백성이 절기를 잘 지키는 백성이 되기를 바라시며 따라서 거기에 공의가 세워지고 하나님의 백성들 가운데 공정한 재판이 이뤄지기를 원하신다. 어떤 성경 번역본은 '마땅히 공의만 좇으라'를 '공의 그리고 오직 공의니라'고 했다. 하나님께서는 그 땅에서 그분의 백성들이 온전히 공의로 생활하기를 원하시는 것이다. 새 하늘과 새 땅에는 불의가 없으며 오직 의만 거한다(벧후 3:13 참조). 왕국의 특징은 그리스도께서 의로 다스리시는 것이다. 그날이 올 것이다.

21-22절, 네 하나님 여호와를 위하여 쌓은 단 곁에 아무 나무로든지 아세라 상을 세우지 말며 22 자기를 위하여 주상을 세우지 말라 네 하나님 여호와께서 미워하시느니라

흠정역에서는 "너는 주 네 하나님을 위하여 쌓은 제단 곁에 어떤 나무로도 작은 숲을 심지 말라"고 했다. 이것 또한 교회에 적용되어야 할 부분이다. 교회에는 하나님을 위한 제단이 있다. 하나님을 섬기기 위해, 경배하기 위해 모이는 것이 교회이다. 그들의 경배와 섬김은 다 참되고 순수해야 한다. 그런데 하나님을 위한 제단 곁에 다른 아름다운 것들, 그럴듯한 것들을 둠으로 예배의 중심을 흐리게 하는 것이다. 주님 외에 다른 것들을 주목하게 하는 것이다. 나는 이 말씀이 그 모든 절기들이 순수하게 보존되도록 주신 말씀이라 생각된다. 그리스도인의 모든 활동은 참되어야 하고 있는 그대로 사람들에게 보여져야 한다. 외식은 필요치 않다. 하나님께서는 외식하는 것을 기뻐하시지 않는다.

"너를 위하여 어떤 형상을 세우지 말지니 주 하나님께서 미워하시느니라"(22절, 흠정역). 주상을 세우는 것은 자신들을 위한 것이라고 하신다. 자신들의 명성을 위해서, 성공을 위해서 어떤 형상을 세우는 것을 하나님께서는 미워하신다. 교회의 모든 봉사와 사역(절기들과 유사들의 공의로운 재판들 곧 교회의 의로운 치리)의 결과 어떤 사람의 환상이 남게 해서는 안 된다. 사람은 없어지고 오직 그리스도만이 교회에 남아있게 해야 한다. 결국 마지막 절은 하나님께서는 그분께 드려지는 제사, 그분을 위한 절기가 순수하게 보존되기를 원하신다는 의미이다.

신명기 17장

17장은 하나님께 드리는 제물들의 순결성과 완전성을 말한다. 1절은 제물의 순결성과 완전성, 2-7절은 가나안 땅에서 생겨날 지도 모르는 우상숭배자들에 대한 처벌규례이다. 8-13절은 지방 재판정에서 중앙 성소에 이르는 재판 절차, 14-20절은 장차 이스라엘에 왕이 세워질 경우를 말씀하고 계신다.

1절, 무릇 흠이나 악질 있는 우양은 네 하나님 여호와께 드리지 말지니 이는 네 하나님 여호와께 가증한 것이 됨이니라

이 구절은 이스라엘 백성들이 하나님께 드리는 예물이 온전하고 순전해야 함을 말한다. 우양 가운데 흠이 있거나 악질이 있는 것은 여호와께 드릴 수 없다. 하나님께 제물로 드려지는 소나 양은 반드시 완전해야 한다. 이것은 첫째로 하나님께서 받으시는 제물이 오직 그리스도 한 분임을 암시한다. 온 우주 가운데 유일하게 흠이 없는 제물은 그리스도밖에 없기 때문이다. 그리스도 외에는 다 흠이 있다. 그러므로 우리가 여기서 한 가지 기억할 것은 하나님이 받으시는 분은 오직 그분의 아들 예수 그리스도라는 것이다. 우리는 모일 때마다 하나님 아버지께 오직 아들인 그리스도 예수를 제물로 드려야 한다. 번제이신 그리스도,

소제이신 그리스도, 화목제이신 그리스도, 속건제와 속죄제이신 그리스도를 드리는 것이다. 그럴 때 하나님은 그분의 아들 그리스도를 제물로 기쁘게 열납하신다.

둘째는 하나님께 제물을 드리는 사람들의 자세이다. 우리가 섬기는 대상, 우리가 제물을 드리는 대상은 하나님이시다. 전능하시고 위대하시며 우리를 창조하시고 구속하신 하나님이시기 때문에 우리는 결코 뭔가 부족하고 흠 있는 것을 드릴 수 없다. 말라기 시대에 이스라엘 백성은 극도로 타락해서 감히 온전치 않은 제물을 하나님께 드렸다. 그럴 때 하나님께서는 그들의 제물을 열납하지 않으셨다. 말라기 1장을 보겠다. "너희가 더러운 떡을 나의 단에 드리고도"(7절). 그들은 더러운 떡을 드렸다. 14절, "떼 가운데 수컷이 있거늘 그 서원하는 일에 흠 있는 것으로 사기하여 내게 드리는 자는 저주를 받으리니 나는 큰 임금이요 내 이름은 열방 중에서 두려워하는 것이 됨이니라 만군의 여호와의 말이니라". 당시 어떤 사람들이 흠이 있는 것으로 사기하여 하나님께 제물을 드렸다는 것이다. 하나님의 백성들은 하나님께 예배할 때 마땅히 가장 귀한 것을 드려야 한다. 우리가 섬기는 대상이 그러한 예물을 받기에 합당한 분이시기 때문이다. 우리는 기도를 하든 찬양을 하든 가르침을 받든 마음을 다해야 한다. 물질을 드리는 것도 그렇다. 가장 귀한 것은 자신이 사용하고 그보다 차한 것을 하나님께 드리는 것은 흠이 있는 것이나 악질 있는 것을 드리는 것이다. 하나님은 그렇게 드리는 사람을 가증하게 여기신다.

오늘날 성도들이 자신의 사치를 위해서와 쾌락을 위해서는 돈을 아끼지 않고 쓰면서 주님께 드리는 것에는 얼마나 인색한지! 나는 오래전에 주님을 뜨겁게 사랑한다고 자부하는 사업가인 형제를 데리고 유럽으로 선교 여행을 떠난 적이 있다. 그 형제는 입 버릇처럼 자기의 모든 사업은 주님의 것이지 자기의 것이 아니라고 공언했다. 그러나 막상 선교지에 가서 현지 선교사나 성도들의 어려운 형편을 보았을 때에는 아무런 동정이 없다가 프랑스 빠리에 도착하자 명품의 안경이나 물품에는 돈을 아깝지 않게 지출했다. 이렇게 사람들이 주님께 드리는 것에 인색하고 말라기 말씀처럼 흠이 있는 것을 제물로 드리는 시대가 말세인 것이다.

2-7절, 네 하나님 여호와께서 네게 주시는 어느 성중에서든지 너의 가운데 혹시 어떤 남자나 여자가 네 하나님 여호와의 목전에 악을 행하여 그 언약을 어기고 3 가서 다른 신들을 섬겨 그것에게 절하며 내가 명하지 아니한 일월성신에게 절한다 하자 4 혹이 그 일을 네게 고하므로 네가 듣거든 자세히 사실하여 볼지니 만일 그 일과 말이 확실하여 이스라엘 중에 이런 가증한 일을 행함이 있으면 5 너는 그 악을 행한 남자나 여자를 네 성문으로 끌어내고 돌로 그 남자나 여자를 쳐 죽이되 6 죽일 자를 두 사람이나 세 사람의 증거로 죽일 것이요 한 사람의 증거로는 죽이지 말 것이며 7 이런 자를 죽임에는 증인이 먼저 그에게 손을 댄 후에 뭇 백성이 손을 댈지니라 너는 이와 같이 하여 너희 중에 악을 제할지니라

이제 두 번째 이야기는 이스라엘 백성들이 가나안 땅에 들어가서 거할 때에 어떤 남자나 여자가 하나님의 언약을 어기고 다른 신들을 섬기는 경우이다. 그럴 때에 하나님께서는 이스라엘 백성들이 그런 것을 보고 그냥 지나쳐서는 안 된다고 하신다. 그런 말을 듣거든 자세히 조사하여 그것이 사실이면 그 남자나 여자를 성문으로 끌어내서 돌로 쳐 죽이라고 하신다. 하나님께서는 그분의 선민이 하나님 외에 다른 신을 섬기는 것을 이토록 미워하시고 싫어하신다는 것을 알 수 있다.

"그 언약을 어기고". 여기서 언약이란 하나님께서 이스라엘 백성들과 시내 산에서 맺은 언약, 곧 십계명이다. 그것은 마치 한 남자와 여자가 결혼하기 전에 약혼을 하는 것과 같다. '이제부터는 절대로 다른 남자를 사랑해서는 안 되고 나만을 사랑해야 합니다' 라고 결혼을 약속하는 것이다. 약혼식 때에는 언약의 반지를 주고받으며 때가 될 때 결혼을 한다. 마찬가지로 이스라엘 백성은 하나님과 언약을 한 민족으로서 언약의 징표로 십계명을 받은 것이다. 따라서 본문 말씀은 첫 번째 계명(나 외에 다른 신을 네게 두지 말라)과 두 번째 계명(우상을 만들어 섬기지 말라)을 다 포함한다고 할 수 있다. 남자에게 있어서 정혼한 여자가 하는 일 중 가장 민감하고 용납할 수 없는 것이 다른 남자와 사귀는 것이다. 마찬가지로 하나님께서도 이스라엘 백성 가운데 다른 신을 만들어 섬기고 절하는 행위가 있을 때 가장 싫어하시며, 그것을 결코 방관하지 말고 그것을 들은 사람은 철저하게 조사해서 그것이 사실이면 그들을 끌어내어 돌로 쳐 죽이라고 하셨다.

그런데 죽일 때에는 반드시 두세 사람의 증거를 확보해야 했다. 아무리 그 증인이 정직하고 신망이 높은 사람이라 하더라도 한 사람의 증언만으로는 사람을 죽일 수 없었다. 한 사람의 말만 듣고 판단할 때 잘못된 판결이 나오기가 쉽기 때문이다. 최소한 두세 명의 증인을 확보해야 하며 만일 그러한 증인들을 확보하지 못했을 때에는 확보될 때까지 기다려야 한다. 그런 후에야 판결을 집행할 수 있다. 사도 바울도 같은 것을 말했다. "두 세 증인의 입으로 말마다 확정하리라"(고후 13:1).

8-11절, 네 성중에서 송사로 다투는 일이 있으되 서로 피를 흘렸거나 다투었거나 구타하였거나 하여 네가 판결하기 어려운 일이 생기거든 너는 일어나 네 하나님 여호와의 택하실 곳으로 올라가서 9 레위 사람 제사장과 당시 재판장에게로 나아가서 물으라 그리하면 그들이 어떻게 판결할 것을 네게 가르치리니 10 여호와께서 택하신 곳에서 그들이 네게 보이는 판결의 뜻대로 네가 행하되 무릇 그들이 네게 가르치는 대로 삼가 행할 것이니 11 곧 그들이 네게 가르치는 법률의 뜻대로, 그들이 네게 고하는 판결대로 행할 것이요 그들이 네게 보이는 판결을 어기어서 좌로나 우로나 치우치지 말 것이니라

이제 세 번째는 성중에서 어떤 사람들이 서로 송사하여 다투는 경우이다. 이렇게 판결하기 어려운 일이 생길 때 하나님께서 정하신 곳으로 올라가서 제사장과 재판장에게 나아가 물으라고 했다. 이런 다툼이 있을 때에는 대개 서로 잘했다고 우긴다. 자신이 잘못했다고 하는 사람들이 없다. 그렇기 때문에 여호와의 정하신 곳으로 올라가서 물으라는 것이다. 이것은 신약으로 말하면 교회이다. 고린도 전서 6장을 보면 믿는 형제들 간에 송사하는 일이 있었는데, 사도 바울은 그들이 세상 법정에 가서 서로 송사하는 것을 꾸짖었다. 그는 '성도들 가운데의 일을 어찌 불의한 자들에게 가서 송사하느냐 너희 가운데 그런 일을 해결할 만한 지혜 있는 사람이 하나도 없다는 말이냐' 하면서 성도들 가운데 다투는 일이 있을 때에는 반드시 교회 중에서 그 일을 판단하라고 했다.

그리스도를 기초로 하여 세워진 교회, 주의 이름으로 모이는 교회 안에는 반드시 섬기는 사람들이 있다. 여기의 레위인 제사장과 재판장 같은 사람이다. 그들은 어쨌든 일반 세상 사람들보다는 공정한 판결을 내려줄 수 있을 것이다. 사도 바울은 고린도 교회에 세상 사건(case of law court)이 있을 때 교회 중 그런 일을 처리할 사람이 하나도 없느냐고 책망했다. 반드시 있어야 한다는 말이다. 믿는이들의 문제를 세상 사람들에게 맡기는 것이 수치라는 말이다. 바울은 우리 신자들이 장래 천사들도 심판할 것이라고 했다. 하나님의 백성들을 판결하는 책임을 짊어진 사람들은 아무 일도 한쪽으로 치우친 상태에서 판결하지 말아야 한다(doing nothing in a spirit of partiality, 딤전 5:21).

또한 이스라엘 백성들은 제사장(율법의 해석과 가르침)들과 재판장(주로 판결을 맡음)들의 판결을 받아들이지 않고 좌로나 우로나 치우쳐서는 안 되었다. 즉 중앙에서의 판결에 대하여 백성들은 그대로 행해야 한다는 가르침이다. 하나님의 진리에 대한 백성들의 순종의 태도를 가르치는 것이다. 성도들 간의 어려움과 다툼이 있을 때 정당한 교회의 인도자들의 영적인 가르침과 권면은 성도들이 치우치지 않고 순종해야 할 규범이 된다.

그러나 오늘날 한국 교회의 성도들의 상황은 어떠한가? 중앙에서의 판결에 따라 성도들이 그대로 행하는가? 나는 유감스럽게도 그런 광경을 별로 보지 못했다. 물론 경우에 따라서는 판단을 잘못하는 교회의 인도자들도 있다. 그러나 참되고 올바른 지도를 받는 성도들의 경우도 정작 문제가 생겨서 사역자들로부터 판단을 받게 될 때 듣은 즉시 회개하고 눈물을 흘리며 순종하는 사람을 보기란 정말 어렵다. 이러한 원인이 어디에 있을까? 이 문제는 너무 심각하기에 몇 가지 원인을 고려해 보겠다.

1. 교회의 분열

오늘날 성도들이 말을 듣지 않는 원인 중의 하나는 교회의 분열에 큰 책임이 있다고 할 것이다. 성도들은 한 교회에서 문제가 생겨서 책망을 받고 그릇된 판단을 받았다 싶을 때 교회를 떠날 마음을 쉽게 갖는다. 주위에 그들을 환영하는 교회들이 얼마든지 있다고 여기기 때문이다. 이것이 가장 큰 원인이라고 본다. 성도들은 이러한 교회의 분열로 인한 자유를 만끽하고 있다고 볼지 모르나 영혼은 병들어 가고 있음을 알지 못한다. 고린도 전서에서 죄를 범한 사람을 책망하고 내쫓으라고 하는 바울의 말을 들어보라! 그때 범죄한 사람을 내어 쫓으면 갈 곳은 세상뿐이다. 소위 다른 교회가 없다. 오늘날도 진실한 성도라면 문제가 생겨 판단을 받을 때는 더욱 더 다른 곳으로 갈 수 없는 듯이 순종하면서 교회생활을 해야 유익이 있다.

2. 사역자의 연약함

두 번째는 성도들을 잃어버릴 것을 두려워하여 할 말을 제대로 못하는 사역자들에게도 책임은 있다. 잘못한 성도에 대하여 물론 온유해야 하지만 그 잘못된 것을 분명히 말해줄 수 있어야 한다. 경우에 따라서는 선악을 제대로 판단하지 못하는 사역자들에게도 문제가 없다고는 말할 수 없다. 하지만 성도들 편에서는 설사 사역자나 권위자로부터 잘못된 판결을 받았다고 해도, 자신이 잘못되었다는 판결을 받을 때 그것을 감심으로 받아들이며 순복할 수 있다면 더 큰 은혜를 얻을 수 있을 것이다.

3. 부유와 마음의 높음

성도들이 대체로 겸손치 않은 이유는 부요함과도 관계가 있다. 경제사정이 좋고 물질이 부요할수록 사람들의 마음이 교만하고 높다. 예로부터 오늘날까지 타락한 인간 중에는 마음이 겸손한 사람보다는 교만한 사람이 많다. 많은 경우 자신의 잘못을 쉽게 인정하고 회개하는 것을 보지 못한다. 성도들은 물질적인 부요함이 자신의 마음을 교만하게 하여 쉽게 순종할 수 없는 사람이 되게 한다는 것을 알지 못한다. 많은 경우 성도들 가운데는 교회생활을 남을 위해 하는 것 인양, 그 자체를 무기로 삼는 것을 보는데 이는 큰 유감이다.

4. 영성적 갈급함의 결여

3번째와 연결이 있는 이야기지만 물질주의와 먹고사는 것에 매달려 배를 신으로 여기고 사는 사람들이 많기에 영적으로 잘못된 것에 대한 심각성을 모른다는 말이다. 많은 사람들이 하늘에 속한 소망보다는 이 땅에서 가족과 함께 잘먹고 잘 사는 것을 최고로 여기고 교회생활과 믿음은 그것을 위한 것 내지는 그것 다음으로 여기니 영적인 진단과 책망을 잘 들을 리 없다. 이것은 가장 큰 말세의 징조가 아닌가 한다. 진실한 성도들이여! 깨어야 한다.

5. 더욱 신뢰함으로

그러므로 이런 시대에 사역하는 사역자들은 어쩌면 초대 교회 시대보다 더 어렵다고 볼 수도 있다. 성도들이 말을 잘 듣지 않는 시대이기 때문이다. 그러므로 사역자들은 더욱 기도와 눈물로 사역할 필요가 있다. 당시 바울이 눈물을 흘리며 기도하면서 사역했다면 책망이 통하지 않는 이 시대의 사역자들은 온전히 주님을 신뢰함으로 기도하고 금식하며 눈물로 성도들의 변화와 성장과 순종을 위하여 간구할 필요가 있다. 나는 50년간 사역을 하신 나이 많이 드신 한 사역자와 교제를 하면서 깊은 인상을 받은 적이 있다. 그분은 말하기를 자신이 50년간 사역하면서 잘못한 것을 지적하였을 때 잘못을 인정하고 회개하는 사람을 한 사람도 보지 못했다는 것이다. 이 얼마나 참담한 말인가! 그러므로 자신은 오직 눈물로 성도들의 변화와 순종을 위해 기도했다고 말했다. 나는 이것이 오늘날의 현실이라고 생각한다.

12-13절, 사람이 만일 천자히 하고 네 하나님 여호와 앞에 서서 섬기는 제사장이나 재판장을 듣지 아니하거든 그 사람을 죽여 이스라엘 중에서 악을 제하여 버리라 13 그리하면 온 백성이 듣고 두려워하여 다시는 천자히 행치 아니하리라

이것 또한 아주 엄중한 하나님의 심판을 초래한다. 어떤 다툼의 사건이 생겼을 때 그들은 반드시 하나님의 정하신 곳으로 가서 제사장이나 재판장에게 그들의 일을 고하고 그들이 법률대로, 즉 하나님 말씀대로 판결해줄 때 거기에 순종하고 따라야 했다. 그러지 않고 좌로나 우로나 치우치며 천자히 행할 때, 즉 자기 뜻대로 임의로 행할 때 그 사람을 죽여서 이스라엘 중에서 악을 제하라고 했다. '천자히 행하다'의 히브리어는 교만의 의미를 함축하고 있다. 왜 재판장과 제사장의 판결을 따르지 않고 자기 뜻대로 하는가? 고집이 있고 교만하기 때문이다. 그래서 재판장이 하는 말을 멸시하는 것이다. 그런 사람은 죽여서 이스라엘 백성 중에서 악을 제하라고 했다. 그러면 온 백성이 듣고 두려워하여 다시는 천자히 고집대로 행하지 않을 것이라는 말씀이다. 오늘날은 이스라엘 백성들이 세력이 강해져서 재판장의 존재 자체도 인정하지 않는 경우를 많이 본다. 많은 경우 사람들은 자신의 판단과 생각이 최종적이라고 믿는 것 같다. 사역자나 인도자도 자기의 옳음을 지지해주거나 인정해주지 않으면 돌아설 준비가 언제든지 되어 있는 것이다. 한국의 성도들은 참으로 이 문제에 있어서 큰 반성을 해야 한다.

우리는 17장에서 지금까지 세 가지를 보았는데, 첫째는 이스라엘 백성들이 가나안 땅에 들어가서 온전한 제물을 드려야 하는 것이고, 두 번째는 다른 신을 섬기는 사람들이 있을 때에 그들을 철저히 처리해야 하는 것이며, 셋째는 어떤 송사 사건이 생겼을 때, 다툼과 분쟁이 생겼을 때 서로 해결하기가 어려우면 레위 사람 제사장이나 재판장에게 가서 자신들의 문제를 말하고 그들이 말씀에 따라 판결해줄 때 아멘하고 순종해야 한다는 것이다. 순종하지 않고 자기 고집대로 좌로나 우로나 치우치면 하나님께서 그를 심판하신다.

그렇다면 이 세 가지 문제를 오늘의 교회에 대입해보겠다. 첫 번째는 그리스도인의 예배, 기도, 헌신 등에서 우리의 가장 귀한 것을 정성을 다해 하나님께 드리는 것이다. 두 번째는 교회 안에서 성도들은 다 한 분 주님만을 사랑하고 섬기며 따라야지 다른 것을 섬기거나 중심삼아서는 안 된다. 우리는 그러한 행위를 예의주시하여 살펴보아야 한다. 그것을 예사로 넘겨서는 안 된다. 사도 바울은 왜 그렇게 핍박을 받고 고난을 당했는가? 그는 언제나 성도들을 그리스도께 중매하는 사역을 했다. 그런데 어떤 사람들이 와서 성도들의 마음을 돌이켜 다른 것을 좇게 만든 것이다. 그것이 율법일 수도 있고 천사숭배일 수도 있다. 이런 일들이 있을 때 바울은 그것을 방관하지 않았다. 언제든지 그는 이 순전한 믿음을 위해 싸웠다. 그리하여 하나님의 백성들 가운데서 오직 살아 계신 하나님만이 중심 되시고 섬김을 얻으시도록 했던 것이다.

세 번째는 다툼과 분쟁이 있을 때에 그것을 해결하는 방법이다. 하나님의 교회 안에는 하나님께서 세우신 인도자들이 있기 마련이다. 그들에게 사건을 가져가서 판결을 받아야 한다. 그리고 그 판결에 순종해야 한다. 성도들은 지혜이신 그리스도를 모시고 있는 사람들이기 때문에 어느 누구보다도 잘 판결할 수 있어야 한다. 영과 혼과 관절과 골수를 찔러 쪼개는 말씀의 빛을 가진 사람들이 다투고 구타하는 일을 해결하지 못한다면 말이 되지 않는다. 그렇게 어두워서야 어찌 교회가 등대로서 역할을 할 수 있겠는가?

마태복음 18장에서도 어떤 형제가 죄를 범했을 때 한 사람이 가서 권면하고, 안 들으면 두세 사람이 가서 권면하며, 그래도 안 들으면 교회에게 말하며, 교회의 말도 듣지 않거든 이방인과 세리와 같이 여기라고 하셨다. 이렇게 하나님은 어떤 죄를 판단하는 문제를 교회에게 맡기시는 것을 볼 수 있다. 교회는 이 땅에서 그러한 일을 할 수 있는 기관이다. 그리고 이 세 번째 문제에서 하나님께서 강조하시는 것은 하나님의 행정, 질서이다. 교회의 권위의 문제이다. 재판관들이 어떤 것을 판결했는데 그것을 어기고 듣지 않는 것이 아주 좋지 않다. 가령 두 자동차가 접촉사고를 냈을 때 교통 경찰이 합당하게 판결을 내렸는데도 서로 멱살을 잡고 싸운다면 그것이 바로 여기서 말하는 천자히 행하는 것이다. 교통 경찰이 A씨는 40%, B씨는 60%의 책임이 있다고 판결을 내리면 '예' 하고 그렇게 해결하면 되는데, 좌우로 치우쳐서 서로 책임을 전가하려고 해서는 안 된다는 말이다. 교회 안에서 영적인 성도들, 앞선 인도자들이 합당하고 지혜롭게 말씀에 입각해서 판결을 내릴 때 '아멘' 하며 그것에 순종하는 것이 마땅한 바이다.

타락한 교회는 하나님께 온전한 제물을 드림이 약해지고 점점 차한 것, 흠 있는 것을 드리며 자신의 쾌락과 삶이 중심이 되어 버린다. 다툼이 있을 때도 절대 승복하지 않고 자신의 옳음을 주장한다. 이는 말세의 고통하는 시대의 특징이다(딤후 3:1-5).

14-15절, 네가 네 하나님 여호와께서 네게 주시는 땅에 이르러서 그 땅을 얻어 거할 때에 만일 우리도 우리 주위의 열국같이 우리 위에 왕을 세우리라는 뜻이 나거든 15 반드시 네 하나님 여호와의 택하신 자를 네 위에 왕으로 세울 것이며 네 위에 왕을 세우려면 네 형제 중에서 한 사람으로 할 것이요 네 형제 아닌 타국인을 네 위에 세우지 말 것이며

이제 네 번째 이야기는 이스라엘 백성 가운데 왕이 세워지는 문제이다. 이것은 사무엘 때에 성취되었다. 하나님은 사실 그분 자신이 이스라엘 백성 가운데서 왕이 되기 원하셨다. 그래서 그들은 이방인들처럼 왕을 따로 세울 필요가 없었다. 그럼에도 하나님께서는 이스라엘 백성이 어느 날 이방인들처럼 자신들도 왕을 세우고 싶은 마음이 들 것을 아시고 그럴 때 어떻게 할 것인가를 미리 말씀해주고 계시는 것이다. 이와 같이 모세 오경은 뒤의 많은 성경의 기초가 되는 말씀을 담고 있기에 그만큼 중요한 위치를 갖고 있다. 왕을 세우는 문제가 사사 시대를 지나 사무엘 시대에 일어난 일이지만 이미 하나님은 모세를 통해 이스라엘을 가르치신다. 왕을 세울 때는 반드시 하나님이 택하신 자를 세우되 형제 가운데서 세우고 타국인을 세워서는 안 된다는 것이다.

16-17절, 왕 된 자는 말을 많이 두지 말 것이요 말을 많이 얻으려고 그 백성을 애굽으로 돌아가게 말 것이니 이는 여호와께서 너희에게 이르시기를 너희가 이후에는 그 길로 다시 돌아가지 말 것이라 하셨음이며 17 아내를 많이 두어서 그 마음이 미혹되게 말 것이며 은금을 자기를 위하여 많이 쌓지 말 것이니라

그러면 왕이 된 사람은 어떠해야 하는가? 주로 세 가지 경계할 사항을 말씀하고 계신다. 첫째는 말을 많이 두지 말아야 한다. 말은 당시에 자신의 명성과 세력을 의미하는 것이었다. 말이 많다는 것은 그 왕의 세력이 크다는 것을 뜻했다. 둘째로 아내를 많이 둔다는 것은 방탕에 빠지는 것을 의미하며, 셋째로 은금이 많다는 것은 부귀를 의미한다. 신약에서도 하나님의 백성의 인도자들은 반드시 이 세 가지를 경계해야 한다. 지난 세기에 주님이 크게 사용하신 사역자 한 분이 젊은 사역자들에게 강조한 것이 이 세 가지이다. 그는 늘 사역자가 이 세 가지 중의 한 가지에서 실패하면 완전히 실패한다고 말했다. 그 세 가지는 지위, 이성, 돈이다. 이것은 하나님을 섬기는 자들에게도 언제나 큰 유혹이다.

18-19절, 그가 왕위에 오르거든 레위 사람 제사장 앞에 보관한 이 율법서를 등사하여 19 평생에 자기 옆에 두고 읽어서 그 하나님 여호와 경외하기를 배우며 이 율법의 모든 말과 이 규례를 지켜 행할 것이라

인도자가 잘못되는 경우는 대개 말씀을 가까이 하지 않아서이다. 말씀을 가까이 하지 않는 인도자는 위험한 인도자이다. 하나님의 말씀이 그를 인도하지 않는데 그를 따라가는 사람들이 어디로 가겠는가? 가장 앞서 인도하는 사람이 하나님을 경외하여 말씀을 준행할 때 다른 모든 사람들도 그렇게 할 것이다. 하나님의 백성들의 많은 죄, 실패, 잘못된 일들, 악행들은 말씀을 멀리하기 때문에 생기는 것이다. 말씀을 지키지 않는 인도자를 둔 그리스도인 단체는 불행하다. 그 가운데 악행이 없어질 가능성이 없다. 그러나 인도자 된 사람이 항상 여호와를 경외하고 하나님의 말씀을 가까이 한다면 그는 말씀에 따라 그들 가운데 있는 여러 가지 일들을 바로잡으려 하고 악을 제하려 할 것이다. 결국 하나님 백성들이 순전하게 보존되는 길은 하나님의 말씀으로 돌아가는 것이다. 하나님의 말씀의 권위를 있는 그대로 인정하는 것이다.

20절, 그리하면 그의 마음이 그 형제 위에 교만하지 아니하고 이 명령

에서 떠나 좌로나 우로나 치우치지 아니하리니 이스라엘 중에서 그와 그의 자손의 왕위에 있는 날이 장구하리라

하나님의 말씀을 지키면 그가 왕이라 하더라도 형제들 위에 높아져서 교만하게 되지 않는다는 것이다. 영어로는 "His heart may not be lifted up above his brothers"이다. 그가 비록 왕이지만 그 마음이 형제들 위에 높아지지 않는다는 말이다. 하나님께서는 왕이라 하더라도 이스라엘 백성 가운데서 그 형제들과 같이 되기를 원하시지 형제들 위에 높아져서 군림하는 사람이 되기를 원치 않으신다.

오늘 신약의 교회 가운데서도 하나님의 백성 가운데 마음이 높아진 사람이 있다면 하나님의 말씀을 가까이 하지 않은 데 그 원인이 있다. 말씀을 가까이 하지 않기 때문에 자신을 형제들 위에 높이는 것이다. 가장 귀한 것(말씀)을 구하지 않을 때 자연히 헛된 영광을 구하게 된다. 신약의 교회에도 인도자가 있을 수 있다. 그러나 하나님이 원하시는 인도자는 결코 형제들 위에 군림하는 사람이 아니다. 하나님의 교회는 이방인의 조직과 같아서는 안 된다. 인도자든 형제들이든 다만 하나님을 경외함으로 그 명령을 지켜야 하고 형제들 위에 자신을 높이려 해서는 안 된다. 모두가 다 겸손으로 서로 허리를 동여야 한다(벧전 5:5). 그러나 사역자는 자신의 권위(격)를 떨어뜨려 사람들에게 업신여김을 당해서는 안된다. 실패와 교만, 죄와 비리는 모두가 말씀을 소홀히 하는 곳에 임한다. 우리 시대의 비참한 상태를 회복하는 비결은 우리가 무시하고 소홀히 해왔던 하나님의 말씀의 권위 아래로 돌아가는 길이다.

신명기 18장

16장 후반부부터 17장까지 사회적 정치적 지도자들에 대한 규례를 말하고 나서 18장에서는 종교적인 지도자들에 대한 규례를 말하고 있다. 1-8절은 제사장들과 레위인에 대하여이다. 9-14절은 이방인의 가증한 풍습을 제거하는 문제이다. 15-18절은 그 땅에서 예언을 하는 자들이 일으켜 질 것이라는 말씀과 유일한 선지자이신 그리스도를 앙망하게 하고 그를 바라보도록 예언하고 있다. 19-22절은 예언을 멸시하는 자에 대한 진노와 거짓 예언에 대한 진노, 선지자의 진위를 가리는 시험 규칙들이 나타나 있다. 신약의 주님의 교회에 있을 선지자의 은사도 마찬가지로 중요하다(살전 5:20).

1절, 레위 사람 제사장과 레위의 온 지파는 이스라엘 중에 분깃도 없고 기업도 없을지니 그들은 여호와의 화제물과 그 기업을 먹을 것이라

18장은 레위 사람 제사장들에 관한 것이다. 하나님의 백성들 가운데 섬기는 사람들에 관한 것이다. 레위 사람들 중에는 제사장도 있고 다만 성막에서 섬기는 레위인들도 있었는데, 그들은 제사장이든 섬기는 사람이든 이스라엘 가운데서 분깃이 없고 기업이 없었다. 그들의 기업은 오직 여호와 하나님이셨다(2절). 그리고 그들은 이스라엘 백성이 하나님께 드리는 화제물을 먹게 되어 있었다.

2절, 그들이 그 형제 중에 기업이 없을 것은 그들에게 대하여 말씀하심 같이 여호와께서 그들의 기업이 되심이니라

이 말씀은 민수기 18장에도 있고 신명기 10장에도 있다. 레위 사람들에게는 여호와께서 그들의 기업이 되시기에 그들은 이스라엘 백성 가운데서 달리 기업을 소유할 수 없다는 말씀이다.

3절, 제사장이 백성에게서 받을 응식은 이러하니 곧 그 드리는 제물의 우양을 물론하고 그 앞 넓적다리와 두 볼과 위라 이것을 제사장에게 줄 것이요

응식이란 몫이라는 뜻이다. 제사장들은 제물의 소나 양을 물론하고 그 앞 넓적다리와 두 볼과 위를 취하게 되어 있었다. '앞 넓적다리' 를 어떤 번역본은 어깨 부분(shoulder)이라고 말한다. 물론 이 세 부분은 다 의미하는 바가 있을 것이다. 앞 넓적다리 혹은 어깨는 소나 양에게 있어서 가장 힘을 쓰는 부분이다. 또 몸 전체를 지탱하는 부분도 된다. 그리고 볼은 건강도를 측정할 수 있는 부위이며 위는 소화기관이다. 이 세 부분은 다 연결되어 있다. 소화력(위)이 좋아야 볼이 아름다운 색깔을 띨 수 있다. 또 그래야 힘을 쓸 수 있다. 영적으로 말해서 이 세 부분은 제물 중에서 가장 중요하고 또 좋은 부분이며 또 강건함을 위해서 가장 유용하고도 요긴한 부분이다. 이러한 부분이 제사장의 몫이 되는 것이다.

4절, 또 너의 처음 된 곡식과 포도주와 기름과 너의 처음 깎은 양털을 네가 그에게 줄 것이니

이 구절에서는 주로 소산물 중 첫물을 제사장에게 주라고 말한다. 처음 익은 곡식, 포도주, 기름, 처음 깎은 양털 등이다.

5절, 이는 네 하나님 여호와께서 네 모든 지파 중에서 그를 택하여 내시고 그와 그의 자손으로 영영히 여호와의 이름으로 서서 섬기게 하셨음이라

이 구절은 이스라엘 백성들이 레위 사람 제사장들에게 주어야 하는 이유를 말하고 있다. 그것은 열두 지파 중에서 레위 지파만큼은 하나님께서 택하여 내셔서 영원토록 여호와의 이름으로 서서 섬길 수 있게 하셨기 때문이다. 여기서 다만 섬긴다고 하지 않고 '서서' 섬긴다고 했는데, 이것은 섬기는 사람들의 자세가 서 있는 것임을 보여준다.

그러면 이것을 신약에 어떻게 적용하는가? 신약에도 전적으로 하나님을 섬기는 사람들이 있는데, 그들에 대한 일반 성도들의 태도는 어떠해야 하는가? 이것이 신명기 18장에서 모세가 가르치는 바이다. 교회는 반드시 이러한 가르침으로 교육받아야 한다. 신약 성경에 나오는 바울, 베드로, 바나바와 같은 사람들은 다 그렇게 전적으로 하나님의 일을 하는 사람들로서 구약으로 말하면 레위 사람 제사장들이었다. 이들에 대해 교회는 이스라엘 백성이 그러했듯이 그 몫을 줄 줄 알아야 한다.

한 면으로 신약에서는 모든 믿는이가 다 제사장이다. 그렇기 때문에 그들이 이 땅에서 어떠한 소유도 갖지 않고 하나님만을 그들의 기업으로 삼을 수 있다면 좋은 것이다. 그러한 삶을 사는 것이 신약의 표준적인 삶이라고 할 수 있다. 이것은 우리 주 예수님이 복음서에서 여러 번 말씀하신 바가 있다. 하나님의 자녀들인 우리는 먹을 것과 입을 것을 위해 염려하지 않고 공중의 새나 들의 백합화와 같이 믿음으로 천부를 의지해 사는 것이 마땅하다.

그러나 또 한 면으로, 신약 성경을 읽어보면 어떤 직업을 가질 겨를이 없어서 전적으로 분별되어 주의 일을 하는 사역자들이 있었다. 그렇게 전적으로 하나님을 섬기는 종들을 성도들은 어떠한 예로 대해야 했는가? 이것에 대해 성경 몇 구절을 찾아보겠다. 우선 주님의 말씀부터 보자. 마태복음 10장 10절, "여행을 위하여 주머니나 두 벌 옷이나 신이나 지팡이를 가지지 말라 이는 일꾼이 저 먹을 것 받는 것이 마땅함이니라". 전적으로 주님의 일을 위해서 보내심받은 사람들은 어느 곳에 가든 그곳 사람들의 접대를 받는 것이 마땅하다고 하셨다.

고린도 전서 9장 11절, "우리가 너희에게 신령한 것을 뿌렸은즉 너희 육신의 것을 거두기로 과하다 하겠느냐". 하나님들의 종들은 신령한 것을 위하여 수고하는 사람들로서 신령한 것을 뿌리고 성도들에게서 육신의 것을 거두는 것은 과한 것이 아니라는 말이다. 13절, "성전의 일을 하는 이들은 성전에서 나는 것을 먹으며 제단을 모시는 이들은 제단과 함께 나누는 것을 너희가 알지 못하느냐". 성전의 일을 하는 사람들은 성전에서 나는 것을 먹으며 제단을 모시는 사람들은 그 제단과 함께 나누게 되어 있다는 것이다. 14절, "이와 같이 주께서도 복음 전하는 자들이 복음으로 말미암아 살리라 명하셨느니라". 이것은 신약이다. 13절이 구약의 섬기는 자들을 위하여 말한 것이라면 14절은 신약에서 전적으로 복음을 전파하는 자들을 위해 말한 것이다. 사도 바울은 또한 모세의 율법에서 말하는바 곡식을 밟아 떠는 소의 입에 망을 씌우지 말라고 기록된 것을 인용한다. 이것은 하나님께서 소들을 위해 염려하신 것이 아니라 전적으로 주님을 섬기는 우리를 위하여 기록하신 것이라고 하면서 밭을 가는 자는 소망을 가지고 갈며 곡식을 떠는 자도 함께 얻을 소망을 가지고 떠는 것이라고 말했다. 그러므로 구약만이 아니라 신약에서도 전적으로 하나님을 섬기는 사람들은 이와 같이 성도들로부터 물질적인 공급을 받을 수 있다.

갈라디아서 6장 6절, "가르침을 받는 자는 말씀을 가르치는 자와 모든 좋은 것을 함께 하라". 이 말씀처럼 신약에도 하나님의 백성 가운데 가르침을 받는 자가 있고 가르치는 자가 있다. 성도들 모두가 다 가르치는 교사가 될 수는 없는 것이다. 그런데 가르치는 사람들은 말씀을 가르치기 위해 육신의 일을 할 수 없을 때가 있다. 더 좋은 가르침을 주기 위해서 그들은 시간을 전적으로 말씀과 기도에 할애해야 할지도 모른다. 그렇기 때문에 말씀을 가르침받는 사람들은 모든 좋은 것을 그들과 함께 하는 것이 마땅하다. 모든 좋은 것을 함께 하라는 사도의 가르침은 물질적인 공급을 포함하는 말씀이다.

디모데 전서 5장 17절, "잘 다스리는 장로들은 배나 존경할 자로 알되 말씀과 가르침에 수고하는 이들을 더할 것이니라". 여기서 존경한다는 것은 마음으로만 존경하는 것이 아니라 물질적인 공급까지 포함하는 것이다. 이와 같이 성경에는 말씀에 수고하는 사람들에 대해 성도들이 마땅한 존경을 표하는 것이 있다. 18절, "성경에 일렀으되 곡식을 밟아 떠는 소의 입에 망을 씌우지 말라 하였고 또 일꾼이 그 삯을 받는 것이 마땅하다 하였느니라". 이것은 17절의 배로 존경하라는 말씀과 연결된 내용이다. 이로써 잘 가르치는 장로들에 대하여 성도들이 공급하는 것은 마땅하다는 것을 알 수 있다.

이렇게 볼 때 구약의 내용과 신약의 내용은 과히 다르지 않다. 구약이든 신약이든 하나님의 백성들 가운데서 하나님을 전적으로 섬기는 사람들에 대하여는 마땅한 공급이 있어야 하는 것을 가르치고 있다. 그런데 구약 성경 이곳저곳을 볼 때 어떤 때에는 이스라엘 백성들이 레위인들을 잘 대우했지만 어떤 때에는 레위인들을 소홀히 했다. 히스기야 왕 때 이스라엘 백성들은 레위인들을 잘 대우해서 매우 칭찬을 받았다. 그렇지만 느헤미야 시대에는 한 때 이스라엘 백성들이 레위인들을 잘 공급하지 못했다. 물론 느헤미야는 그것을 바로 잡았다.

하나님의 백성의 상태가 정상일 때에는 전적으로 하나님을 섬기는 자들에 대한 태도가 매우 합당하다. 그러나 그들이 타락하여 비정상일 때 하나님을 섬기는 레위인들에 대한 태도 또한 성실하지 않다. 교회가 타락하게 되면 하나님을 섬기는 자들에 대한 감사함과 사랑함이 감소되고 소멸된다. 이것은 교회의 하락의 모양의 하나이다.

우리는 신약에서 고린도 교회의 예를 통해 이것을 볼 수 있다. 바울 사도는 고린도 교회에게서 어떠한 연보도 받지 않겠다고 했다. 이로 인해 보고 어떤 성도들은 사역자들이 교회에게서 연보를 받지 않는 것이 바람직하다고 생각할지 모른다. 하지만 이에 대해 성도들은 합당한 관점을 가져야 한다. 사도 바울이 그 당시에 고린도 교회에게 결단코 그들에게서 연보를 받지 않고 조금도 폐를 끼치지 않겠다고 할 때 그것은 고린도 교회에게 큰 자랑거리가 될 수 없다. 그것은 그들의 축복이 아니다. 교회는 그런 말을 들을 때 하나님 앞에서 부끄러워해야 하고 또 너무나 잘못되었다는 느낌을 가져야 한다. 교회의 상태가 어떠하기에 사도가 그들에게서 물질을 받지 않겠다고 하겠는가?

사도 바울이 모든 교회에게 그렇게 한 것이 아니다. 빌립보 교회에 대해서는 그들이 주는 연보를 받은 후에 너무나 기뻐하고 감사드리는 것을 본다. '너희가 나를 생각하던 것이 다시 싹이 났다' 고 하면서 "이것은 향기로운 제물이요"라고 했다. 그것은 교회가 하나님의 종에게 물질을 드린 것이 잘한 일임을 뜻한다. 그것은 하나님께서 칭찬하시는 바이다. 사도는 "하나님께서 영광 가운데 그 풍성한대로 너희의 쓸 것을 채우시리라"고 기도한다. 그러므로 이 말씀은 분명 신약의 교회를 위한 것이기도 하다.

또 한편으로 우리가 사도 바울에게서 배워야 할 것은 그가 에베소에 갔을 때, 데살로니가에 머물렀을 때, 또 고린도에 있었을 때 그는 교회의 상태가 어렵고 물질적으로 궁핍하고 힘든 것을 알았기 때문에 자신의 필요를 그들에게 짐 지우지 않기 위해 자기 손으로 밤낮 일했다는 것이다. 이것이 사도 바울의 자세이다. 사도는 교회의 상태가 어렵다고 보았을 때 스스로 일을 하며 필요를 채웠다. 그것은 장막을 짓는 일이었고 그 일은 그의 사도직을 약화시키지 않았다. 교회의 상태가 좋고 건강하여 연보를 받을 수 있을 때 그는 감사함으로 받았으나 그렇지 못할 때 그는 자신이 스스로 자비량으로 섬겼다. 이는 또한 사역자로서 매우 합당하고 아름다운 본이다. 사역자들은 어찌하든지 교회를 위해 진리로 사랑으로 공헌하고 그들을 하나님 앞에 세우는 것이다. 따라서 모든 진리는 균형 있게 보는 것이 좋다.

사도가 물질적인 필요 때문에 교회에게 짐을 지우는 것은 그리 아름다운 것이 아니다. 우리는 성경에서 주님의 종들이 교회에게 물질적으로 부담을 주는 것을 볼 수 없다. 사도 바울이 고린도 교회에게, 마게도냐 교회들에게 연보에 대해서 말했지만 그것은 자신의 필요를 위한 것이 아니라 예루살렘의 가난한 성도들을 위한 것이었다. 바울은 복음을 위해 이곳저곳 다니면서 그곳 성도들의 물질적인 상황이 어려운 것을 보면 친히 밤낮으로 일했다. 그들에게 폐를 끼치지 않기 위해 자기 손으로 일하여 자기의 필요뿐 아니라 동역자들의 필요까지도 채웠던 것이다. 그는 교회들에게서 물질적인 공급을 받을 권리가 있었고 또 주님도 이것을 말씀하셨지만 '내가 이러한 권리를 다 쓰지 않는 것은 아무쪼록 복음에 장애가 없도록 하기 위해서' 라고 말한다. 그리고 이것이 그의 상이라고 말한다. 그러므로 사역자는 바울 같은 자세를 갖는 것이 아름답고, 교회는 빌립보 교회같이 주님의 종에게 기꺼이 드리는 것이 아름답다. 그것이 하나님이 원하시는 신약의 교회의 모습이라고 믿는다.

6-8절, 이스라엘의 온 땅 어느 성읍에든지 거하는 레위인이 간절한 소원이 있어 그 거한 곳을 떠나 여호와의 택하신 곳에 이르면 7 여호와 앞에 선 그 형제 모든 레위인과 일반으로 그 하나님 여호와의 이름으로 섬길 수 있나니 8 그 사람의 응식은 그들과 같을 것이요 그 상속 산업을 판 돈은 이외에 그에게 속할 것이니라

레위인은 열두 지파 속에 흩어져 살게 되어 있는데, 레위인 가운데는 특별히 예루살렘 성전에서 섬기는 사람들이 있었다. 말하자면 백성 가운데 흩어져 섬기는 사람도 있고 중앙 성소에 들어와 섬기는 사람도 있었던 것이다. 그런데 그렇게 각지에 흩어져서 섬기는 레위인 중에 어떤 사람이 간절한 소원이 있어서 그 거한 곳을 떠나 여호와의 택하신 곳, 예루살렘에 이르러 거기서 섬길 갈망을 가졌다고 할 때 그를 막지 말라는 것이다. 그는 중앙 성소에서 섬기는 레위인들과 일반으로 여호와의 이름으로 섬길 수 있으며 그가 받아먹는 음식은 그들과 같아야 한다. 그리고 그가 거하던 곳을 떠나 예루살렘에 왔으므로 자기의 원래 산업은 팔게 되는데 그 돈은 그가 갖게 두라는 것이다.

이러한 말씀까지 세세하게 일러주신 것을 보면 하나님은 이스라엘 백성 가운데서 그분을 섬기는 사람들에게 일어날 수 있는 여러 가지 상황을 다 고려하시고 보살피신다는 것을 알 수 있다. 이 유사한 일은 오늘 이 시대에도 일어날 수 있다. 신약에서 디모데는 원래 루스드라에서 주님을 섬기다가 사도 바울의 사역에 합류했다. 마찬가지로 한 형제가 어떤 교회에서 충성을 다해 섬기다가 사역자들 일행에 합류하여 함께 주님의 사역을 담당하고자 할 때 그를 막을 수 없다. 그리고 기존 섬기던 사역자들과 동일한 대우를 해주어야 한다. 또 그가 원래 갖고 있던 소유를 빼앗지 말고 다 갖게 해야 한다. 나는 이러한 일에 실제로 경험이 있다. 당시에는 이러한 말씀이 성경에 있는지 모르고 그렇게 행했지만 그래야 할 것 같다는 생각이 있었다. 우리가 섬기는 하나님은 얼마나 섬세한 분이신지 모른다. 이러한 하나님의 말씀을 추호라도 어길 때 많은 이단적인 실행이 들어오고 부패가 들어오는 것을 본다.

9-14절, 네 하나님 여호와께서 네게 주시는 땅에 들어가거든 너는 그 민족들의 가증한 행위를 본받지 말 것이니 10 그 아들이나 딸을 불 가운데로 지나게 하는 자나 복술자나 길흉을 말하는 자나 요술하는 자나 무당이

나 11 진언자나 신접자나 박수나 초혼자를 너의 중에 용납하지 말라 12 무
릇 이런 일을 행하는 자는 여호와께서 가증히 여기시나니 이런 가증한 일
로 인하여 네 하나님 여호와께서 그들을 네 앞에서 쫓아내시느니라 13 너
는 네 하나님 여호와 앞에 완전하라 14 네가 쫓아낼 이 민족들은 길흉을
말하는 자나 복술자의 말을 듣거니와 네게는 네 하나님 여호와께서 이런
일을 용납지 아니하시느니라

9절부터 14절까지의 말씀은 이스라엘 백성들이 가나안 땅에 들어갔을 때 그 민족들의 우상숭배라든가 귀신적인 행동들을 본받지 말라는 것이다. 당시 가나안 사람들은 우상을 숭배하는 행습으로 아들이나 딸을 불 가운데 지나가게 한다든지 복술자나 길흉을 말하는 자의 말을 들었던 것 같다. 우리나라로 말하면 점을 치러 가는 것이다. 또 진언자나 신접자는 귀신 들린 사람으로서 박수나 무당 같은 사람이다. 또 초혼자란 죽은 자를 불러올리는 일을 하는 사람이다. 사무엘서를 보면 사울이 사무엘을 불러올리라고 한 적이 있다(삼상 28장 참조). 어쨌든 여기서 하나님은 그 땅에 사는 민족의 우상을 받아들이지 말라고 하신다. 오늘날 우리도 하나님의 말씀에 따른 신앙을 갖기 위해서는 원래 우리 민족 가운데 자리잡고 있던 종교적인 행습을 버려야 한다. 어떤 민족이든 그 나름의 종교적인 습관, 심리를 갖고 있는데, 하나님의 백성, 하나님의 교회가 되기 위해서는 그 모든 토속적인 종교의 영향에서 벗어나야만 하는 것이다. 우리 민족에게는 뼛속 깊이 샤머니즘과 유불선 사상이 배어 있다. 주로 권선징악적 기복 신앙이다. 그것이 아주 묘하게 그리스도인 신앙에 접목된 것을 보는데, 그것은 성경에 있는 진리에 따른 신앙이 아니며 도리어 하나님께서 가증하게 여기시는 것이다.

얼마 전에 한 자매에게서 전화를 받았다. 그는 2년 전에 주님을 믿고 구원을 받았는데 그 전에는 주로 절에 다녔다고 했다. 절에 가서 그는 기력이 다해서 다시는 일어날 수 없을 정도로 절을 많이 했는데, 그것은 복을 얻고자 한 것이었다. 그런데 2년 전에 예수를 믿고 교회를 다니면서도 계속 듣는 말이 '누구누구는 기도해서 응답을 받았는데 32평 아파트에서 50평 아파트로 옮겨가게 되었다더라' 는 식의 것이었다. 그래서 그는 '불교에서 절에 다니며 복을 구하는 것과 예수를 믿고 복을 얻기 위해 기도하는 것이 무엇이 다른가?' 하는 회의가 생기더라는 것이다. 그러한 신앙은 가나안 족속의 종교 행습을 완전히 버리지 않은 데에서 비롯된 것이다. 하나님께서는 바로 이런 이유로 가나안 족속들을 쫓아내라고 하신 것이다. 이스라엘 백성을 그 땅에 인도하여 들여서 하나님의 백성을 만들려고 했는데 오히려 그들의 영향을 받아서 그들에게 동화된다면 하나님께서 기뻐하시겠는가?

그러므로 13절에서는 "너는 네 하나님 여호와 앞에 완전하라"고 한다. 하나님은 그분의 백성이 완전하기를 원하신다. 혹자는 이렇게 말할지 모른다. '이 세상 사람들에게 다 문화라는 것이 있다. 종교도 일종의 문화이다. 그렇기 때문에 예수를 믿어도 한국 사람은 어쩔 수 없이 한국 문화의 영향을 받는 것이다. 교회가 발전하려면 그 나라의 문화를 무시할 수 없다.' 그에 대한 답변이 13절에 있다. "너는 네 하나님 여호와 앞에 완전하라". '완전하다' 는 것은 흠이 없다는 것이다. 그 나라의 종교적인 문화(특히 가증하고 미신적인 우상 숭배 행태들)로 말미암은 미신적인 해가 참 신앙에 영향을 주어 섞여지는 것은 완전한 것이 아니다. 우리는 하나님을 섬기는 일에 있어서 조금도 하나님께 책망 들을 만한 것이 없어야 한다는 말이다.

15-16절, 네 하나님 여호와께서 너의 중 네 형제 중에서 나와 같은 선지자 하나를 너를 위하여 일으키시리니 너희는 그를 들을지니라 16 이것이 곧 네가 총회의 날에 호렙 산에서 너의 하나님 여호와께 구한 것이라 곧 네가 말하기를 나로 다시는 나의 하나님 여호와의 음성을 듣지 않게 하시고 다시는 이 큰 불을 보지 않게 하소서 두렵건대 내가 죽을까 하나

이다 하매

이것은 출애굽기 20장에 있는 말씀이다. 십계명을 받을 당시 그 광경이 너무나 두려웠기 때문에 이스라엘 백성들이 모세에게 이렇게 말한 것이다. "나로 다시는 나의 하나님 여호와의 음성을 듣지 않게 하시고 다시는 이 큰 불을 보지 않게 하소서 두렵건대 내가 죽을까 하나이다".

17절, 여호와께서 내게 이르시되 그들의 말이 옳도다

이스라엘 백성들은 너무 두려워서 "다시는 여호와의 음성을 듣지 않게 하시고 다시는 이 큰 불을 보지 않게 하소서"라고 청원을 한 것인데, 이러한 기도가 당시 하나님의 뜻에 맞았던 것이다. 그때 하나님께서는 그분 심중에 있는 말씀을 하실 기회를 얻으신 것이다.

18-19절, 내가 그들의 형제 중에 너와 같은 선지자 하나를 그들을 위하여 일으키고 내 말을 그 입에 두리니 내가 그에게 명하는 것을 그가 무리에게 다 고하리라 19 무릇 그가 내 이름으로 고하는 내 말을 듣지 아니하는 자는 내게 벌을 받을 것이요

이스라엘 백성들은 가나안 땅에 들어가서 그 형제 중에 일어난 한 선지자의 말을 들어야 하는데, 그가 바로 예수 그리스도이시다. 그들은 많은 우상들, 가증한 것들을 좇지 말고 오직 한 분 예수 그리스도의 말을 들어야 하는 것이다.

사도행전 3장 22절부터 26절까지 읽어보겠다. "모세가 말하되 주 하나님이 너희를 위하여 너희 형제 가운데서 나 같은 선지자 하나를 세울 것이니 너희가 무엇이든지 그 모든 말씀을 들을 것이라 누구든지 그 선지자의 말을 듣지 아니하는 자는 백성 중에서 멸망받으리라 하였고 또한 사무엘 때부터 옴으로 말한 모든 선지자도 이때를 가리켜 말하였느니라 너희는 선지자들의 자손이요 또 하나님이 너희 조상으로 더불어 세우신 언약의 자손이라 아브라함에게 이르시기를 땅 위의 모든 족속이 너의 씨를 인하여 복을 받으리라 하셨으니 하나님이 그 종을 세워 복 주시려고 너희에게 먼저 보내서 너희로 하여금 돌이켜 각각 그 악함을 버리게 하셨느니라". 이 말씀은 신명기의 말씀을 더욱 분명하게 해설하고 있다.

20절, 내가 고하라고 명하지 아니한 말을 어떤 선지자가 만일 방자히 내 이름으로 고하든지 다른 신들의 이름으로 말하면 그 선지자는 죽임을 당하리라 하셨느니라

하나님의 선지자들에게는 원칙이 있다. 첫째는 하나님께서 일으키셔야 한다. "너와 같은 선지자 하나를 그들을 위하여 일으키고". 두 번째는 하나님께서 뭔가 그 선지자의 입에 할 말을 두시는 것이다 "내 말을 그 입에 두리니". 하나님께서 그에게 위임하신 말씀이 없으면 그는 참 선지자가 아니라는 것이다. 그리고 세 번째는 하나님께서 명하신 것을 다 고하는 자이다. "내가 그에게 명하는 것을 그가 무리에게 다 고하리라".

그럼 누가 거짓 선지자인가? '내가 고하라고 명하지 아니한 말을 어떤 선지자가 만일 방자히 내 이름으로 고하든지 다른 신들의 이름으로 말하면' 그 선지자는 죽임을 당하리라고 하셨다. 하나님께서 하라고 하신 말씀을 하지 않고 다른 말을 하는 자는 방자히 말하는 자이다. 그러한 자는 죽임을 당하게 된다. 그리고 다른 신의 이름으로 말하는 자 역시 죽임을 당하게 된다.

어떤 사람은 주님의 이름으로 말한다고 하면서 주님께서 고하라고 명하시지 아니한 말을 한다는 것이다. 여러분은 어떤 설교자의 말을 들을 때 그 말이 하나님께서 고하라고 하신 말씀인지 아닌지를 구별할 수 있는가? 주 예수님은 '내 양은 내 음성을 안다' 라고 말씀 하셨다. 적어도 성도들은 알아야 한다는 것이다. 아무리 그럴 듯하고 멋있고 지식적이고 뛰어나 보여도 자기 뜻대로 자기 속에 있는 것을 말하는 것이라면 분별할 줄 알아야 한다. 이것을 모르면 참 선지자를 구분할 수 없다.

21-22절, 네가 혹시 심중에 이르기를 그 말이 여호와의 이르신 말씀인지 우리가 어떻게 알리요 하리라 22 만일 선지자가 있어서 여호와의 이름으로 말한 일에 증험도 없고 성취함도 없으면 이는 여호와의 말씀하신 것이 아니요 그 선지자가 방자히 한 말이니 너는 그를 두려워 말지니라

"여호와의 이름으로 말한 일에 증험도 없고 성취함도 없으면 이는 여호와의 말씀하신 것이 아니요 그 선지자가 방자히 한 말이니 너는 그를 두려워 말지니라". 가령 어떤 선지자가 매우 뛰어나 보이는 가르침을 계속 전하고 가르친다고 하자. 그런데 10년 전이나 10년 후나 성도들의 상태가 똑같다. 아무런 성장과 변화가 없다. 이것은 무엇을 의미하는가? 여호와의 이름으로 말한 일에 증험도 없고 성취함도 없는 것이다. 진정한 사역자는 하나님이 보내셔서 일하게 하는 자인데, 그의 위임과 그 결과를 보면 된다. 그 결과가 신약의 사역에 맞으면 그는 진정한 사역자로 인정할 수 있다. 신약의 사역은 영적인 변화와 성장이 가장 중요한 요점이며 그리스도의 몸인 교회를 이룰 수 있어야 한다. 이것은 결코 작은 일이 아니다.

그러므로 선지자 노릇 하는 것을 조심해야 한다. 가장 안전한 것은 성경대로 가르치는 것이다. 주 예수님만을 선지자 삼는 것이다. 스스로 선지자 되려고 해서는 안 된다. 다만 주님이 예언하신 것, 주님이 강조하신 것, 주님이 원하시는 것, 주님이 경고하시는 것을 따라서 주님과 하나 되어 말하면 된다. 주님의 진리에서 벗어나지 않고 진리의 노선에 따라 그 안에 지켜지는 것이 가장 안전하다. 거기에 자신의 능력이나 지혜가 아닌 성령의 능력과 지혜를 힘입어 가르치는 것은 필수적이다.

신명기 19장

우리는 모세 오경을 보면서 거기에 하나의 지배하는 원칙이 있는 것을 보는데, 그것이 십계명이다. 십계명이 모세의 모든 사역의 중심이다. 이 신명기도 십계명으로 말한다면 18장까지는 하나님께 대한 것이고 나머지 부분은 사람에 대한 것이다. 그러므로 신명기 19장은 분기점이 되는 장으로서 이 장부터는 사람을 향한 계명들에 대한 자세한 부가적인 율법을 말하고 있다. 마치 헌법에 그것을 보완하는 법률이 있고 각종 법령이 있고 거기에 따른 부칙이 있는 것과 같다. 1-13절은 살인하지 말라는 것에 관한 것이고 14절은 도적질 하지 않는 문제, 15-21절은 거짓증거하지 말라는 9계명과 관련된 것이다. 즉 이 장을 보면서 우리는 교회는 양면, 하나님을 경외하는 문제(수직적, vertical)와 이웃을 사랑하는 문제(수평적, horizontal)를 균형적으로 주의해야 하는 것을 볼 수 있다.

1-2절, 네 하나님 여호와께서 이 열국을 멸절하시고 네 하나님 여호와께서 그 땅을 네게 주시므로 네가 필경 그것을 얻고 그들의 각 성읍과 각 가옥에 거할 때에 2 네 하나님께서 네게 기업으로 주신 땅 가운데서 세 성읍을 너를 위하여 구별하고

여기서 열국은 가나안 일곱 족속을 가리킨다. 이스라엘 백성들은 이제 요단을 건너 가나안에 들어가면 그 땅에 살고 있는 족속들을 멸해야 한다. 우리가 여호수아서를 읽어보면 첫 번째로 여리고 성을 함락시키고 멸하는 것을 볼 수 있다. 그리고 한 성 한 성 얻어 가면서 거기 거하게 된다. 그런데 2절에서는 무언가 특별히 할 일을 말씀하고 계신다. "네 하나님 여호와께서 네게 기업으로 주신 땅 가운데서 세 성읍을 너를 위하여 구별하고". 이것은 다름 아닌 도피성에 관한 말씀이다.

신명기는 영어로 'Deuteronomy' 인데, 이는 '다시 말씀하심' 이라는 뜻이다. 과거에 하나님께서 이미 말씀하신 것을 이제 모압 평지에서 요단을 건너 가나안에 들어가기 직전에 새로이 일어난 세대에게 모세가 다시 한 번 설명하고 있는 것이다. 이 도피성 제도에 관해서도 이미 말씀하신 바가 있다. 이스라엘 백성들은 요단을 건너기 전에 이미 시혼 왕과 바산 왕을 쳐서 그 두 나라를 멸했고 두 지파 반이 요단 동편의 그 땅을 할당받았다. 그리고 그곳의 세 성읍을 구별해서 각각 도피성을 세우도록 했다. 이에 대한 말씀은 민수기 35장에 기록되어 있다. 이제 여기서는 요단 서편의 땅에 나머지 세 성읍을 구별하여 세우는 것을 말씀하고 있다.

3절, 네 하나님 여호와께서 네게 유업으로 주시는 땅의 전체를 삼구로 분하여 그 도로를 닦고 무릇 살인자를 그 성읍으로 도피케 하라

이것은 살인자를 보호하기 위한 조치이다. 그런데 모든 살인자가 다 도피성에서 보호받을 수 있는 것은 아니다.

4-5절, 살인자가 그리로 도피하여 살 만한 경위는 이러하니 곧 누구든지 본래 혐원이 없이 부지중에 그 이웃을 죽인 일, 5 가령 사람이 그 이웃과 함께 벌목하러 삼림에 들어가서 손에 도끼를 들고 벌목하려고 찍을 때

에 도끼가 자루에서 빠져 그 이웃을 맞춰 그로 죽게함 같은 것이라 이런 사람은 그 성읍 중 하나로 도피하여 생명을 보존할 것이니라

즉 의도가 없이 사람을 죽이게 된 경우이다. 오늘날의 법적 용어로 '과실치사' 라고 할 수 있다. 5절에서 예를 들었는데, 벌목하러 이웃과 함께 삼림에 들어가서 도끼질을 하다가 도끼날이 자루에서 빠져 이웃을 맞춰 죽게 한 경우이다. 이 사람은 단지 함께 벌목하려고 삼림에 들어간 것이지 그 이웃을 죽이려고 데려간 것이 아니다. 그럴 때 이 살인자가 원래 사람을 죽이려 했던 것이 아니었던 만큼 하나님께서는 그런 사람을 구제할 길을 마련해 놓으셨다. 그가 생명을 보존할 수 있도록 도피성을 만들게 하신 것이다.

또한 도피성을 세울 때에는 땅 전체를 삼구로 분하여 가장 북쪽에는 게데스에, 중간은 세겜에, 가장 아래에는 헤브론에 세우게 했는데 살인자가 도피성까지 빨리 도망갈 수 있도록 도로를 닦으라고 하셨다. 살인자를 보호하시려는 하나님의 배려는 우리가 생각하는 것 이상으로 세심하신다. 민수기 35장의 내용과 이 부분의 내용을 합해서 보면 하나님께서는 그릇 살인한 자가 어떻게 하든지 살 수 있도록 최대한 편의를 베풀어주시는 것을 알 수 있다. 성읍의 가장 중앙에다 도피성을 두어서 어떤 사람에게나 공평하게 하신 일이라든가 도로를 깔아서 그 도피자가 빨리 도피할 수 있게 하신 것 등이다.

6-7절, 그 사람이 그에게 본래 혐원이 없으니 죽이기에 합당치 아니하나 두렵건대 보수자의 마음이 뜨거워서 살인자를 따르는데 그 가는 길이 멀면 그를 따라 미쳐서 죽일까 하노라 7 그러므로 내가 네게 명하기를 세 성읍을 너를 위하여 구별하라 하노라

그가 의도적으로 사람을 죽인 것이 아니므로 죽이기에 합당치 않은

데 도피성까지 가는 길이 너무 멀면 복수하려는 사람들이 그 살인자를 쫓아가서 잡아 죽일 수 있기 때문에 쉽게 피할 수 있는 거리에 도피성을 두라는 것이다. 하나님께서는 어떤 이스라엘 백성이든지 이러한 위급한 상황이 닥치면 얼른 피해서 목숨을 구할 수 있기를 바라셨다. 그러므로 이 도피성은 민수기에서 말했듯이 신약으로 말하면 복음이다, 예수 그리스도 자신이 도피성이시다. 그 살인자는 당대 대제사장이 죽을 때까지 그곳에 있다가 그 후에 자유케 된다고 했는데, 이 대제사장은 바로 예수 그리스도를 예표한다. 우리 같은 죄인이 어떻게 해서 보수자의 손에서 구출받고 목숨을 보존할 수 있는가? 그리스도께 피하면 된다. 이것이 복음이 아닌가? 모세는 율법을 보완 설명하여 반포하면서 이미 복음의 빛을 넌즈시 비추고 있다.

여기서 도로를 닦으라고 했는데, 지금 모세가 주는 율법은 복음을 받을 수 있도록 도로를 닦는 것이다. 이스라엘 백성에게 율법을 주신 것은 장차 오실 그리스도를 복음으로 영접할 수 있도록 길을 열어주는 것이다. 율법을 통해서 자신의 죄악됨과 자신의 육체가 철저하게 부패한 것을 깨닫고 그리스도께 가게 하려는 것이다. 또한 선지자들을 보내신 것도 길을 닦는 것이요 주 예수님이 오시기 전에 침례자 요한이 와서 광야에서 외친 것도 그분을 영접할 수 있도록 앞서 길을 닦는 것이다. 이 모두가 죄인들이 복음이신 예수 그리스도께 나아오도록 하나님께서 도로를 닦아주신 것이다. 오늘 하나님께서는 천지사방에 그분의 종들을 보내서 복음의 소리를 들을 수 있게 하신다. 어떤 죄인이라도 혹 듣지 못하여 사함을 얻지 못할까 염려하시는 하나님의 배려인 것이다. 이것이 여기서 도피성을 골고루 배치하게 하시는 하나님의 마음이다.

8-10절, 네 하나님 여호와께서 네 열조에게 맹세하신 대로 네 지경을 넓혀 네 열조에게 주리라고 말씀하신 땅을 다 네게 주실 때 9 또 네가 나의 오늘날 네게 명하는 이 모든 명령을 지켜 행하여 네 하나님 여호와를

사랑하고 항상 그 길로 행할 때에는 이 셋 외에 세 성읍을 더하여 10 네 하나님 여호와께서 네게 기업으로 주시는 땅에서 무죄한 피를 흘림이 없게 하라 이같이 하면 그 피가 네게로 돌아가지 아니하리라

하나님께서는 이렇게 혐원이 없이 사람을 죽였을 경우 비록 살인자일지라도 그를 죽여서는 안 될 사람으로 보신다. 만일 그러한 사람이 죽임을 당한다면 무죄한 피를 흘린 것으로 보신다는 것이다. 그러므로 만일 그들이 하나님의 명령에 따라 도피성을 만들지 않음으로 그러한 살인자가 보수자의 손에 죽게 되면 그 피가 그들에게로 돌아갈 것이라고 하셨다.

11절, 그러나 만일 사람이 그 이웃을 미워하여 엎드려 그를 기다리다가 일어나 쳐서 그 생명을 상하여 죽게 하고 이 한 성읍으로 도피하거든

이것은 어떤 경우인가? 이웃을 미워해서 의도적으로 엎드려 기다리다가 그를 쳐서 그 생명을 상하여 죽게 하고서 이 도피성으로 피신한 경우이다.

12-13절, 그 본 성읍 장로들이 사람을 보내어 그를 거기서 잡아다가 보수자의 손에 넘겨 죽이게 할 것이라 13 네 눈이 그를 긍휼히 보지 말고 무죄한 피 흘린 죄를 이스라엘에서 제하라 그리하면 네게 복이 있으리라

여기 두 종류의 살인자가 있다. 하나는 혐원이 없이 사람을 죽인 살인자이다. 예를 들어, 벌목하러 이웃과 같이 삼림에 들어갔는데 도끼질을 하다가 도끼가 자루에서 빠져 하필이면 그 이웃을 맞춰 죽게 한 경우이다. 그럴 때 그 사람은 도피성으로 피하여 보수자의 손으로부터 보호를 받을 수 있다. 신약에서 우리 구원받은 사람들은 다 전자에 해당한다. 우리는 알지 못하고 죄를 지은 사람들이다. 그러므로 우리는 주 예수님께 가서 자복하고 회개하여 용서받을 수 있다. 사도 바울은 디모데 전서 1장에서 이렇게 말했다. "내가 전에는 훼방자요 핍박자요 포행자이었으나 도리어 긍휼을 입은 것은 내가 믿지 아니할 때에 알지 못하고 행하였음이라"(13절). 그는 유대교에 있을 때 그리스도인들을 심히 핍박했고, 심지어 그리스도인을 죽이는 데에 가편 투표를 했다. 말하자면 그도 살인하는 데에 가담한 것이다. 또 예수 믿는 사람들을 끌어다가 죽이는 데에 내어주었다. 사람을 죽이는 것보다 더 큰 죄가 어디 있는가? 바울은 그러한 죄를 범한 사람이었다. 그런데 하나님께서는 그러한 죄를 범한 바울을 용서하시고 구원하셨다. 그뿐 아니라 그분의 종으로 택하셨다. 참으로 긍휼을 베푸신 것이다. "내가 믿지 아니할 때 알지 못하고 행하였음이라". 즉 알지 못하고 죄를 범했기 때문에 그는 도피성으로 피할 수 있었던 것이다.

오늘날에도 예수 믿는 사람을 핍박하는 사람들이 많다. 그렇지만 그러한 사람들 가운데서 구원받은 사람들도 많다. 오늘 여러분들 중에도 배우자가 먼저 예수를 믿었을 때 핍박한 사람들이 있을 것이다. 그러나 그가 모르고 그렇게 했기 때문에 하나님께서 그를 구원해주시는 것이다. 우리 주 예수님은 십자가에서 운명하실 때 아버지께 이렇게 기도하셨다. "아버지여, 저희를 사하여 주옵소서. 자기의 하는 것을 알지 못함이니다"(눅 23:34). 그들은 주님이 십자가에 매달려 계시는 동안 참으로 말할 수 없는 죄악을 저질렀다. 그러나 주님은 그들에 대해 그들이 알지 못하고 그런 죄를 짓고 있다고 말씀하신다. 신약의 구원받은 사람들은 다 이렇게 알지 못하고 죄를 지은 사람들이다. 그들이 무슨 일을 하는지 알지 못하고 죄를 지은 것이다. 그렇기 때문에 그들은 다 구원받을 수 있었다.

그러나 여기에 또 다른 유형의 살인자가 있는데, 그는 이웃을 미워해서 엎드려 기다리다가 고의로 그를 죽인 사람이다. 그런 사람은 보수자에게 넘겨 죽이게 하라고 했다. 살인에도 이렇게 두 가지가 있다. 신약의 말씀을 읽어보면 믿는이들 가운데에도 두 가지 양상이 있다, 히브리서 10장 26-27절을 보자. "우리가 진리를 아는 지식을 받은 후 짐짓 죄를 범한즉 다시 속죄하는 제사가 없고 오직 무서운 마음으로 심판을 기다리는 것과 대적하는 자를 소멸할 맹렬한 불만 있으리라". 어떤 사람들은 죄를 범한 뒤에 다시 속죄할 수 없고 무서운 마음으로 심판을 기다려야 하며 그들을 소멸할 맹렬한 불만이 그들을 기다리고 있다. 그러면 이들은 어떤 사람들인가? 하나님의 진리를 깨닫지 못한 사람들이 아니다. 무엇이 옳은 것인지도 아는 사람들이다. 하나님의 은혜도 체험했다. 그런데 그들은 짐짓 죄를 범했다. 의도적으로, 고의적으로 죄를 범한 것이다. 여기서 그런 사람을 대적하는 자라고 했다. 보라! 그들은 진리를 알면서도 고의적으로 그리스도를 대적한 것이다. 이러한 경우는 용서받을 수 없다.

성경에는 용서받지 못하는 죄가 있다. 바로 성령을 훼방하는 죄이다. 사도 바울은 자신이 핍박자이고 포행자이지만 그가 긍휼을 입은 것은 믿지 않았을 때에 알지 못하고 행했기 때문이라고 했다. 그러나 만일 그가 알고 난 뒤에 그리스도인들을 핍박하고 다녔다면 여러분은 그가 그 죄를 용서받을 수 있었을 것이라고 생각하는가? 나는 이 문제가 아주 엄중하다고 생각한다. 그래서 "네 눈이 그를 긍휼히 보지 말라"(13절)고 한 것이다. 이러한 자들, 즉 고의로 잔인하게 죄를 지은 자들에게는 하나님의 긍휼이 없다.

14절, 네 하나님 여호와께서 네게 주어 얻게 하시는 땅 곧 네 기업 된 소유의 땅에서 선인의 정한 네 이웃의 경계표를 이동하지 말지니라

이 말씀은 도적질하지 말라는 여덟 번째 계명에 관계된 것이다. 이제 이스라엘 백성들은 가나안 땅에 들어가서 각 지파를 따라 또는 가족대로 그 땅을 할당받을 것이고 그것이 그들의 유업이 될 것이다. 그리고 그 땅에는 어디까지가 어느 지파의 땅인지를 구분해주는 경계표가 있게 될 것이다. 그런데 어떤 사람들은 욕심이 생겨서 그 경계표를 옮겨 자신들의 땅을 넓히고 싶어할지도 모른다. 그럴 때 이 부분의 말씀에서 모세가 가르치고 있는 것은 선인이 정한 네 이웃의 경계표를 이동하지 말라는 것이다. 그렇게 하는 것은 일종의 도둑질이다.

우리는 이 말씀을 오늘 신약 시대에 이렇게 적용해볼 수 있다.

첫째는 진리에 대한 경계표이다. 오늘날 성경 학자들은 그리스도의 말씀과 사도들의 가르침을 넘어서 특이한 교리와 이론의 체계를 만들어 사람들을 현혹시키는 것을 본다. 성경의 주님의 가르침이 진리에 대한 하나님의 경계표일진대 사역자들은 조심해서 말씀의 범위 밖으로 넘어가지 말아야 한다(요이 9, anyone who goes too far and does not abide in the teaching of Christ). 어떤 이들은 거룩한 하나님의 말씀이 부족한듯하여 거기에 시사와 교양을 더해야 하는 것으로 여기며 또 어떤 이들은 철학과 과학을 추가하여 나아간다. 이 모든 것이 진리의 경계표를 옮기는 문제이다.

둘째는 사역에 대한 범위 문제이다. 성경 몇 군데를 읽어 보겠다. 로마서 15장 20절, "또 내가 그리스도의 이름을 부르는 곳에는 복음을 전하지 않기로 힘썼노니 이는 남의 터 위에 건축하지 아니하려 함이라". 이것이 깨끗한 복음 전파자의 양심이다. 고린도후서 10장 13절, "그러나 우리는 분량밖의 자랑을 하지 않고 오직 하나님이 우리에게 분량으로 나눠 주신 그 분량의 한계를 따라 하노니 곧 너희에게까지 이른 것이라". 이 말씀을 보면 하나님께서는 복음 전파자들에게 분량에 따라 한계를 정해주신 것을 알 수 있다. 14-15절, "우리가 너희에게 미치지 못할 자로서 스스로 지나쳐 나아간 것이 아니요 그리스도의 복음으로 너희에게까지 이른 것이라 우리는 남의 수고를 가지고 분량밖에 자랑하는 것이 아니라 오직 너희 믿음이 더할수록 우리의 한계를 따라 너희 가운데서 더욱 위대하여지기를 바라노라". 사도 바울은 남이 수고한 열매를 가지고 자기가 수고한 열매라고 자랑하지 않았다는 것이다. 16절, "이는 남의 한계 안에 예비한 것으로 자랑하지 아니하고 너희 지경을 넘어 복음을 전하려 함이라". 바울 사도는 복음을 전하는 일에서 매우 순수하다. 그는 자기가 힘써 전해서 그 열매로 자기가 위대해지기를 바랐다. 결코 다른 사람의 열매를 자기의 자랑거리로 삼지 않았다.

그러므로 주님의 일을 하는 사람들은 반드시 그 소유의 땅에서 경계표 안에 머무는 것을 배워야 한다. 이것은 또 한 면에서 더 깊이 적용한다면 하나님이 세우신 교회의 경계라고 말할 수 있다. 성경에는 분명히 교회의 경계가 있다. 이것은 사도들로 말미암아 세워진 것이다. 사도들이 전파한 진리의 말씀에 따라 교회가 세워지며 그러한 교회의 한계를 우리는 여기의 경계표라고 말할 수 있다. 그러나 어떤 사람들은 사도들로 말미암아 신약 성경에 제시된 그리스도의 몸의 경계표를 자기 마음대로 좁히기도 하고 넓히기도 한다. 그것은 매우 위험한 일이다. 우리는 성경에서 하나님께서 정해주신 그 경계를 지키기를 배워야 한다. 만일 교회라고 하면서 그 안에 믿지 않는 자들까지 포함한다면 그것은 경계표를 옮긴 것이다, 또 어떤 사람들이 교회라고 하면서 특정한 교리로 인해 진정한 믿는이들을 배제한다면 그것 또한 경계표를 옮긴 것이다, 이 모든 것들이 다 하나님의 명령을 지키지 않는 것이다. 우리는 결코 그러한 경계표를 우리 임의로 변경할 수 없다.

15-21절, 사람이 아무 악이든지 무릇 범한 죄는 한 증인으로만 정할 것
이 아니요 두 증인의 입으로나 세 증인의 입으로 그 사건을 확정할 것이며
16 만일 위증하는 자가 있어 아무 사람이 악을 행하였다 말함이 있으면 17
그 논쟁하는 양방이 같이 하나님 앞에 나아가 당시 제사장과 재판장 앞에
설 것이요 18 재판장은 자세히 사실하여 그 증인이 위증인이라 그 형제를

거짓으로 무함한 것이 판명되거든 19 그가 그 형제에게 행하려고 꾀한 대로 그에게 행하여 너희 중에서 악을 제하라 20 그리하면 그 남은 자들이 듣고 두려워하여 이후부터는 이런 악을 너희 중에서 다시 행하지 아니하리라 21 네 눈이 긍휼히 보지 말라 생명은 생명으로, 눈은 눈으로, 이는 이로, 손은 손으로, 발은 발로니라

이제 15절부터 마지막 절까지는 아홉 번째 계명에 관계된 것이다. 어떤 죄를 단정할 때에는 결코 한 증인의 말만 듣고 판단하지 말고 두 증인이나 세 증인의 입으로 그 사건을 확정하라고 말했다.

"만일 위증하는 자가 있어 아무 사람이 악을 행하였다 말함이 있으면 그 논쟁하는 양방이 같이 하나님 앞에 나아가 당시 제사장과 재판장 앞에 설 것이요"(16절). 여기 위증죄가 있다. 그럴 때 논쟁하는 양방이 같이 하나님 앞에 나아가라고 했다. 우리는 모세의 율법 가운데서 한 가지 중요한 것을 볼 수 있는데, 그것은 곧 어떤 죄악이든지 회중 가운데서 함부로 판단해서는 안 된다는 것이다. 반드시 두세 증인에 의해 확정되어야 하며, 위증하는 사람이 무고히 악하게 말하는 경우에는 양방이 하나님 앞에 나아가 당시 제사장과 재판장 앞에 서서 판단을 받아야 했다. 이것이 이스라엘 백성 가운데서 악을 판단하는 방법이었다. 만일 오늘날 하나님의 자녀들이 참으로 이렇게 행한다면 교회 안에서 많은 어려움들이 제해지고 하나님의 진리가 견고하게 세워지지 않겠는가! 천주교에서 루터가 나올 당시 이 원칙이 지켜졌더라면 그들은 양방이 하나님 앞에 나아가 진리에 따라 판단을 받았을 것이고 상황은 완전히 달라졌을 것이다. 그러나 천주교 사람들은 일방적으로 루터를 나쁘게 말했고 루터는 그들에 의해 배도자로 몰렸다. 그 이후로도 유사한 일들이 많이 일어났다. 많은 순교자들이 이 원칙을 적용받지 못하고 죽었다.

"재판장은 자세히 사실하여 그 증인이 위증인이라 그 형제를 거짓으로 모함한 것이 판명되거든 그가 그 형제에게 행하려고 꾀한 대로 그에게 행하여 너희 중에서 악을 제하라"(18-19절). 그런데 위증했을 경우에 하나님께서는 위증자가 상대방에게 행하려고 꾀한 대로 그에게 행하여 그들 가운데 악을 제하라고 하신다. 가령 그를 죽이려고 했으면 위증자가 죽어야 하고 눈을 뽑으려고 했으면 위증자의 눈을 뽑아야 한다. 그가 행하려고 꾀한 그대로 그에게 행해서 남은 자들이 듣고 두려워하여 이후부터는 그런 악을 그들 중에서 다시는 행하지 않게 하라는 것이다. 우리는 여기서 하나님께서 거짓 증인을 얼마나 미워하시는가를 알 수 있다. 더 나아가서 우리가 기억할 것은 우리가 율법 아래 있지 않고 은혜 아래 있지만 거짓 증인은 여전히 하나님의 미움의 대상이 된다는 것을 기억해야 한다(맥킨토시).

"네 눈이 긍휼히 보지 말라 생명은 생명으로, 눈은 눈으로, 이는 이로, 손은 손으로 , 발은 발로니라"(21절). 하나님의 백성 가운데서 형제를 무고히 악하다고 판단하는 죄가 얼마나 심각한 것인지를 알아야겠다. 이 모든 말씀들은 신약의 교회 안에서 성도들의 상호관계성 안에서 존중되어야 할 일들로 적용할 수 있다.

신명기 20장

이스라엘 백성들은 애굽에서 홍해를 건너 광야로 나올 때 '항오를 지어' 나왔으며 이십 세 이상의 남자들은 '군대대로' 계수되었다. 말하자면 그들은 하나님의 군대로서 싸우기 위해 나온 것이다. 이 신명기 20장은 전쟁에 관한 말씀이다. 19장은 주로 이스라엘 백성들의 상호성 문제, 수평적으로 서로 사랑하는 문제를 말했다. 그러나 20장은 전쟁에 관한 것이다.

오늘날 교회도 이 양면을 주의해야 한다. 한면으로는 교회는 내적으로 성도들 간에 매우 사랑하는 것이 중요하다. 다음은 대적에 대해 용감히 싸우는 것이 필요하다. 교회가 내적으로 서로 사랑한다 하더라도 대적에 대하여 아무런 대책이 없고 싸워 이길 수 있는 역량이 없다면 부족한 것이다.

1절, 네가 나가 대적과 싸우려 할 때에 말과 병거와 민중이 너보다 많음을 볼지라도 그들을 두려워 말라 애굽 땅에서 너를 인도하여 내신 네 하나님 여호와께서 너와 함께 하시느니라

하나님의 백성에게는 대적이 있는데, 대적이 있으면 자연히 거기에 싸움이 있게 된다. "대적과 싸우려 할 때에 말과 병거와 민중이 너보다 많음을 볼지라도 그들을 두려워 말라" 사실 하나님께서 이스라엘을 선택하신 것은 그들이 많음을 인함이 아니라 적음을 인함이라고 하셨다. 하나님의 백성은 항상 그 수가 적다. 그리고 대적은 많고 강하다. 다윗과 골리앗의 경우에도 그랬고 이스라엘 백성이 가나안에 들어가서 여러 족속들과 치렀던 많은 전쟁들을 보더라도 항상 대적들의 규모가 더 컸다.

오늘 신약에서도 우리 그리스도인들은 항상 전쟁 가운데 있는데, 그리스도인들은 모든 면으로 늘 약세이다. 겉으로 볼 때 아무 힘이 없다. 초기부터 오늘날까지 그리스도인들은 끊임없이 환난과 핍박 아래 있었는데, 항상 그리스도인의 숫자는 적고 힘이 약했으며 세상 세력은 거대했다.

그런데 하나님은 이스라엘 백성들에게 "말과 병거와 민중이 너보다 많음을 볼지라도 그들을 두려워 말라 애굽 땅에서 너를 인도하여 내신 네 하나님 여호와께서 너와 함께 하시느니라"고 하신다. 하나님께서 이스라엘 백성을 애굽 땅에서 인도해내실 때 바로와 그의 병사들이 끝까지 추격하고 따라오자 하나님께서는 그분의 능력으로 그들을 다 홍해에 장사 지내셨다. 그들은 그렇게 해서 광야로 인도되었으며 이제 곧 요단을 건너 가나안에 들어가서도 싸워야 한다. 앞으로 있게 될 싸움에서 언제나 대적이 그들보다 많고 또 말과 병거가 많을지라도 하나님은 그들을 두려워하지 말라고 하신다. 왜냐하면 '네 하나님이 너와 함께 하시기' 때문이다.

2-3절, 너희가 싸울 곳에 가까이 가거든 제사장은 백성에게 나아가서 고하여 3 그들에게 이르기를 이스라엘아 들으라 너희가 오늘날 너희의 대적과 싸우려고 나아왔으니 마음에 겁내지 말며 두려워 말며 떨지 말며 그들로 인하여 놀라지 말라

하나님께서는 이스라엘 백성들이 전쟁에 임할 때 어떻게 싸워서 승리를 쟁취할 것인가를 가르치고 계신다. 하나님께서는 이스라엘 백성이 가나안 땅을 기업으로 얻을 뿐 아니라 그곳의 대적을 다 격파하고 승리를 거두기 원하신다. 그런데 대적과 싸울 때에 하나님의 백성들이 가장 유념해야 할 한 가지는 사기가 있어야 한다는 것이다. 그러므로 여기서 먼저 "두려워 말며 떨지 말며 그들로 인하여 놀라지 말라"고 하시는 것이다. 우리는 신약에서 주님이 대적자들을 접한 광경들을 보는데 그분은 겉으로는 싸운 적이 없으시다. 주님은 베드로에게 말씀하셨다. "네 검을 도로 꽂으라 검으로 가지는 자는 검으로 망하리라"(마 26:52). 또 "검을 집에 도로 꽂으라 아버지께서 주신 잔을 내가 마시지 아니하겠느냐"(요 18:11)고 하셨다. 사도는 이 땅에서의 우리의 싸움은 혈과 육이 아니라고 말한다(엡 6:12). "내 사랑하는 자들아 너희가 친히 원수를 갚지 말고 진노하심에 맡기라 기록되었으되 원수 갚는 것이 내게 있으니 내가 갚으리라고 주께서 말씀하시니라 네 원수가 주리거든 먹이고 목마르거든 마시우라 그리함으로 네가 숯불을 그 머리에 쌓아 놓으리라 악에게 지지 말고 선으로 악을 이기라"(롬 12:19-21).

오늘 신약에서도 주님은 우리를 싸우도록 인도하신다. 주님이 우리를 구원하신 것은 죄 사함만 주시려는 것이 아니다. 물론 우리는 죄 사함을 받았기 때문에 심판과 멸망에 처하지 않는다. 그러나 더 나아가 주님이 우리를 구원하신 것은 우리로 그리스도와 함께 사단을 대적하여 싸울 수 있게 하려는 것이다. 그러기 위해서 주님은 우리를 그리스도와 함께 십자가에 못 박혀 죽게 하셨다. 사단은 무덤까지만 따라올 수 있을 뿐 그 이상은 따라올 수 없다. 사단이 공격하고 정복할 수 있는 것은 혈과 육뿐이다. 우리가 혈과 육을 십자가에 못 박는다면 사단은 우리를 공격할 근거가 없게 된다. 이러한 십자가의 역사로 인해 그리스도의 구원은 우리를 전사(戰士)로 만들었으며 우리로 두려워하지 않고 놀라지 않고 떨지 않고 싸울 수 있게 한다.

두 번째로는 우리가 그리스도와 함께 부활하여 새로운 피조물이 되었기 때문이다. 고린도 후서 5장 17절을 보겠다. "그런즉 누구든지 그리스도 안에 있으면 새로운 피조물이라 이전 것은 지나갔으니 보라 새 것이 되었도다". 우리 그리스도인은 옛 것이 아니라 새 것이다. 우리는 그리스도와 함께 부활했고 또 그리스도와 함께 승천했다. 오늘 우리의 위치는 보좌이다. 그리스도의 죽음과 부활과 승천의 모든 역사는 다 우리를 위한 것이고 또 우리를 포함한 것이다. 신약 성경은 이 사실을 계시하고 있다. 에베소서 2장 6절, "또 함께 일으키사 그리스도 예수 안에서 함께 하늘에 앉히시니". 로마서 8장 30절, "미리 정하신 그들을 또한 부르시고 부르신 그들을 또한 의롭다 하시고 의롭다 하신 그들을 또한 영화롭게 하셨느니라". 여러분이 영화롭게 되지 않았다면 그리스도와 함께 보좌에 앉을 수 없다. 요한복음 20장에 의하면 부활하신 주님은 이미 하늘을 다녀오셨다. 그리고서 제자들에게 숨을 내쉬시며 "너희에게 평강이 있을지어다"라고 하셨다. 그런 다음 "아버지께서 나를 보내신 것같이 나도 너희를 보내노라"고 하셨다. 우리는 하나님의 아들 예수 그리스도께서 하늘에 계시다가 보내심받은 것처럼 우리도 하늘에 올라갔다가 보내심받아 여기 있는 것이다. 우리가 원래 있어야 할 곳은 하늘이다.

에베소서는 교회에 관해 말하는 책인데, 그 결론이 되는 6장은 전쟁에 관해 말하고 있다. 여기서 교회는 그리스도의 전사로서 하늘에 있는 악의 영들에 대항하여 싸우도록 부르심받은 자들이다. 그러기 위해서 하나님은 먼저 우리를 이 전쟁에서 이길 수 있는 위치에 두셨는데 그곳이 바로 보좌이다. 전쟁에서 가장 중요한 것은 위치이다. 대적의 동향을 다 위에서 내려다볼 수 있어야 이길 수 있기 때문이다. 우리가 믿음으로 이런 위치를 취하는 것은 영적 전쟁을 위해서 매우 중요하다. 우리가 진정으로 주님과 하늘에 함께 앉아 있다는 것을 믿었다면 대적을 인하여 놀라거나 두려워하거나 약해질 필요가 없다. 하늘에는 두려움이 없으니 말이다. 주님은 전쟁에서 싸워 이길 수 있는 위치에 우리를 두셨다. 그리고 두려워하지 말고 싸워 이기라고 말씀하신 것이다. 믿음에 굳게 서야 싸움에 이길 수 있다. 겁을 먹거나 마음이 약해져서는 싸울 수가 없다는 말이다.

4절, 너희 하나님 여호와는 너희와 함께 행하시며 너희를 위하여 너희 대적을 치고 너희를 구원하시는 자니라 할 것이며

이 말씀은 하나님께서 그들과 함께 행하시며 그들의 대적을 치시고 그들을 구원하신다는 것을 일깨워 주는 것이다. 결국 전쟁은 누가 하는가? 여호와 하나님이 하신다. 제사장은 백성에게 나아가서 이런 사실들을 알려주어야 했다. 그러므로 하나님의 백성이 전쟁할 때에는 언제든지 앞장서서 전쟁의 나팔을 부는 사람이 있는 것이다. 신약 고린도전서 14장 8절을 보겠다. "만일 나팔이 분명치 못한 소리를 내면 누가 전쟁을 예비하리요". 여기서 나팔을 부는 사람은 예언의 은사를 가진 사람을 가리킨다. 하나님의 말씀을 대언하는 사람들이다. 만일 그들이 분명치 않은 소리를 내면 어떻게 전쟁을 예비하겠는가? 이와 같이 구약이든 신약이든 하나님의 백성 가운데에는 언제나 하나님의 자녀들을 격려하고 부축해서 싸우도록 돕는 자들이 있어 왔다. 우리는 이 시대에도 그런 은사들을 더욱 일으켜주시도록 기도해야 한다.

5절, 유사들은 백성에게 고하여 이르기를 새집을 건축하고 낙성식을 행치 못한 자가 있느냐 그는 집으로 돌아갈지니 전사하면 타인이 낙성식을 행할까 하노라

이제 관원들은 전쟁에 나갈 군인들을 실제적으로 점검하고 편성할 채비를 하고 있다. 이때 어떤 사람들이 전쟁에 참가할 수 없는지를 말해준다. 첫째는 새 집을 건축하고 낙성식을 행치 못한 자이다. 그런 사람들은 집으로 돌아가라고 했다. 우리는 여호수아서에서 기드온 전쟁시에 싸우려고 왔던 사람 가운데 많은 사람을 돌려보낸 일을 볼 수 있다. 이는 전체적으로 전쟁의 사기를 약화시킬 우려가 있기 때문이다.

전투에 나아가는 사람들에게 필수적인 것은 육과 세상에 속한 모든 것에서 분별되어 나오는 것이다. 육체와 세상에서 철저하게 분별될수록 좋은 것이다. 군사로 다니는 자들은 자기 생활에 얽매이지 않는 자들이다. 그런 자들이 아니면 전쟁을 할 수 없다. 성도들은 하나님께 유용한 사람들이 되어야 한다. 좋은 그리스도인이 되는 것으로 만족하지 말라! 전쟁을 해서 하늘의 땅을 조금이라도 더 차지하도록 싸워야 한다. 지금 하늘에는 정사와 권세와 세상 주관자들과 악의 영들이 주관하고 있다. 우리의 전투는 매일 매일의 일상생활과 상황들에서 거룩한 생명을 살아내며 마귀의 궤계를 대적하는 것이요 이렇게 우리는 조금씩 우리의 기업을 얻어내는 것이다. 그럴 때 이것이 우리의 유업이 되는 것이다. 우리는 디도서를 통해서 나이든 사람이나 젊은 사람이나 종들이 어떻게 행해야 하는가를 배웠다. 우리의 영적인 전쟁은 이러한 일상생활을 초월한 어떤 것이 아니다. 그러한 생활 속에서 마귀를 대적하고 하나님의 뜻을 행하는 것이요 그분의 진리를 살아내는 것이다. 이것이 영적 전쟁이 아니라고 말하지 말라! 다만 우리가 전쟁을 하기 위해서는 세상적이고 천연적이며 육에 속한 모든 일로부터 철저하게 분리되는 마음으로 하나님만을 전폭적으로 신뢰해야 한다.

6-7절, 포도원을 만들고 그 과실을 먹지 못한 자가 있느냐 그는 집으로 돌아갈지니 전사하면 타인이 그 과실을 먹을까 하노라 7 여자와 약혼하고 그를 취하지 못한 자가 있느냐 그는 집으로 돌아갈지니 전사하면 타인이 그를 취할까 하노라 하고

둘째는 포도원을 만들고 그 과실을 먹지 못한 자이고, 셋째는 약혼을 하고 여자를 취하지 못한 자이다. 우리 하나님께서는 이렇게 새 집을 짓거나 포도원을 만들거나 여자와 약혼하고서 그것을 누릴 겨를도 없이 전쟁에 나가는 사람을 아주 동정하신다. 주님은 매정하게 그런 사람에게 헌신을 강요하지 않으신다.

8절, 유사들은 오히려 또 백성에게 고하여 이르기를 두려워서 마음에 겁내는 자가 있느냐 그는 집으로 돌아갈지니 그 형제들의 마음도 그의 마음과 같이 떨어질까 하노라 하여

다른 이유는 없는데 겁이 많은 사람도 집으로 돌아가라고 말한다. 죽을까봐 겁을 내는 사람이다. 여기서 우리 신약의 믿는이들은 영적인 원칙을 배울 수 있다.

첫째로 영적 전쟁에 참여하는 사람들은 이 세상에 얽매이는 일이 없어야 한다. 이것은 디모데 후서 2장에서 사도 바울이 디모데에게 말한 것이다. "군사로 다니는 자는 자기 생활에 얽매이는 자가 하나도 없나니 이는 군사로 모집한 자를 기쁘게 하려 함이라"(4절).

어떤 사람이 새 집을 지어놓고 그 집에서 살아보지도 못하고 전쟁에 참여했다 하자. 그럴 때 그 사람은 새 집에 대한 생각으로 가득해서 전적으로 전쟁에 임할 수 없다. 지금까지 너무나 힘들여서 집을 지어 놓았는데 들어가서 살아보지도 못하고 전쟁에 나가 죽으면 어떻게 하나 하는 두려움이 앞서는 것이다. 집이란 이 세상에 안주하려는 사람들이 관심하는 것이다. 이 땅에서 안주하고 싶은 사람은 영적 전쟁에 참여할 수 없다. 신약에서 이기는 자들이란 결국 전쟁을 해서 승리한 사람들이다.

둘째로 포도원을 만들었다는 것은 요즘 말로 하면 사업을 벌였다는 것이다. 사람들이 사업을 하는 이유는 돈을 벌어서 인생을 좀 더 윤택하게 살려는 것이다. 어떤 사람들이 영적 전쟁에 참여할 수 없는가? 이 땅에서 자신의 성공과 번영을 위해서 사업하는 사람이다. 그런 사람들의 마음은 자연히 자기의 포도원인 사업에 가 있게 된다. 두 마음을 품은 사람은 싸울 수 없다. 영적 전쟁에 참여하는 사람들은 전심으로 하나님만을 위해 싸우는 사람들이다.

그리고 셋째는 여자와 약혼한 사람이다. 이것은 이 세상의 얽매임 가운데서 아주 끊기 어려운 것이다. 사랑하는 육신의 가족들, 아내, 부모, 자녀 등이다. 주님은 '나보다 자기 부모나 처자를 더 사랑하는 자는 내게 합당치 않다' 고 하셨다. 중국 공산당 치하에서 순교한 믿음의 선진들이 신앙 때문에 감옥에 갇혀 있을 때 공산당 사람들은 주로 자녀들이나 그 아내를 통해 그들을 회유하려 했다. 그들 목전에서 자녀의 머리털을 뽑아 피가 나게 하고 너무 피를 흘려 자식이 목이 마르다고 신음하는 상황에서도 그들은 결코 굽히지 않음으로 결국 순교했던 것이다.

오늘 주님을 위해서 절대적으로 나아가려고 할 때 아내가 그런 남편의 옷자락을 붙들면서 '여보, 가지 마세요. 우리 식구 그냥 이렇게 살아요' 라고 애원하면 못 나가는 사람들이 있다. 여기서 말하는 여자와 약혼한 사람이 바로 그런 사람이다. 그런 사람은 전쟁에 참여할 수 없다. 나사렛 예수를 따르는 사람들은 주님을 위해 자기의 처자나 부모와의 천연적인 관계를 끊을 수 있는 사람들이다. 그런 사람들만이 주를 위해 싸울 수 있다.

그 다음에는 두려워하는 사람들이다. 이들은 자기 목숨을 잃을까봐 두려워하는 것이다. 결국 어떤 사람이 이 전쟁에 나가 싸울 수 있는가? 죽기까지 자기의 생명을 돌아보지 않는 사람이다(계 12장 참조). 겁을 내는 사람, 두려워하는 사람이 싸우는 무리 가운데 있게 되면 그러한 두려움과 약함은 전염이 되어 다른 사람들의 사기까지 저하시키게 된다. 그렇기 때문에 그런 사람들은 집으로 가야 한다.

여기서 유사들이 하는 말은 실제로 싸울 수 있는 사람들을 군대로 편성하기 위한 것이다. 그래서 보낼 사람은 보내고 남길 사람은 남긴다. 이것을 잘한 사람이 기드온이었다. 삼만여 명이 모였을 때 이렇게 저렇게 해서 돌려보내고 최종적으로 남은 수가 300명이었다. 이러한 사람들이 전쟁에 나가 싸울 수 있다. 이 네 가지를 다 통과한 사람들이다.

9-15절, 백성에게 이르기를 필한 후에 군대의 장관들을 세워 무리를 거느리게 할지니라 10 네가 어떤 성읍으로 나아가서 치려 할 때에 그 성에 먼저 평화를 선언하라 11 그 성읍이 만일 평화하기로 회답하고 너를 향하여 성문을 열거든 그 온 거민으로 네게 공을 바치고 너를 섬기게 할 것이요 12 만일 너와 평화하기를 싫어하고 너를 대적하여 싸우려 하거든 너는 그 성읍을 에워쌀 것이며 13 네 하나님 여호와께서 그 성읍을 네 손에 붙이시거든 너는 칼날로 그 속의 남자를 다 쳐 죽이고 14 오직 여자들과 유아들과 육축과 무릇 그 성중에서 네가 탈취한 모든 것은 네 것이니 취하라 네가 대적에게서 탈취한 것은 네 하나님 여호와께서 네게 주신 것인즉 너는 그것을 누릴지니라 15 네가 네게서 멀리 떠난 성읍들 곧 이 민족들에게 속하지 아니한 성읍들에게는 이같이 행하려니와

하나님께서 약속하신 땅 곧 가나안 땅의 거민이 아닌 멀리 있는 민족들에게는 가서 먼저 싸우려 하지 말고 평화를 선언하라고 하신다. 그래서 그들이 순순히 굴복하거든 그들로 하여금 조공을 바치게 하고 그들을 종으로 삼되, 그들이 평화하기를 싫어하고 싸우고자 하거든 그들 중 남자는 다 쳐서 죽이고 여자들과 유아들과 육축들은 그들의 기업으로 삼아 누리라고 하신다.

16-18절, 오직 네 하나님 여호와께서 네게 기업으로 주시는 이 민족들의 성읍에서는 호흡 있는 자를 하나도 살리지 말지니 17 곧 헷 족속과 아모리 족속과 가나안 족속과 브리스 족속과 히위 족속과 여부스 족속을 네

가 진멸하되 네 하나님 여호와께서 네게 명하신 대로 하라 18 이는 그들이 그 신들에게 행하는 모든 가증한 일로 너희에게 가르쳐 본받게 하여 너희로 너희의 하나님 여호와께 범죄케 할까 함이니라

그러므로 가나안 일곱 족속은 여자든 유아든 호흡이 있는 자는 다 진멸해야 했다. "그들이 그 신들에게 행하는 모든 가증한 일로 너희에게 가르쳐 본받게 하여 너희로 너희의 하나님 여호와께 범죄케 할까 함이니라". 이것이 그 이유이다.

19-20절, **너희가 어느 성읍을 오래 동안 에워싸고 쳐서 취하려 할 때에도 도끼를 둘러 그곳의 나무를 작벌하지 말라 이는 너희의 먹을 것이 될 것임이니 찍지 말라 밭의 수목이 사람이냐 너희가 어찌 그것을 에워싸겠느냐 20 오직 과목이 아닌 줄로 아는 수목은 작벌하여 너희와 싸우는 그 성읍을 치는 기구를 만들어 그 성읍을 함락시킬 때까지 쓸지니라**

'밭의 수목이 사람이냐' 를 흠정역에서는 '들의 나무들은 사람의 생명이니' 라고 번역했다. 사람이 그 과목을 먹고 살기 때문이다. 여기서 우리는 두 가지를 생각해 볼 수 있다. 첫째는 사람이 싸우다 보면 거칠어져서 도끼를 휘둘러 닥치는 대로 다 죽이게 되는데, 하나님은 전투를 하는 이스라엘 백성들이 과격해지지 않기를 바라시는 듯하다. 전투를 하는 중에도 보호할 것은 보호해야 하는 것이다. 둘째는 사람의 생계를 유지하기 위한 것들은 찍어버리지 말아야 한다는 것이다. 우리가 모든 것을 다 버리고 처리하는 것은 옳지만 여전히 우리의 삶을 위해 필요한 것들이 있다. 사람은 쉽게 극단적이 되어 물불을 가리지 않는데, 하나님께서는 우리에게 필요한 것은 여전히 보호하고 사용하기를 바라신다. 하나님은 얼마나 섬세하고 지혜로운 분이신지 모른다.

에베소서 6장 10절부터 18절까지를 읽어보겠다. "종말로 너희가 주

안에서와 그 힘의 능력으로 강건하여지고 마귀의 궤계를 능히 대적하기 위하여 하나님의 전신갑주를 입으라 우리의 씨름은 혈과 육에 대한 것이 아니요 정사와 권세와 이 어두움의 세상 주관자들과 하늘에 있는 악의 영들에게 대함이라 그러므로 하나님의 전신갑주를 취하라 이는 악한 날에 너희가 능히 대적하고 모든 일을 행한 후에 서기 위함이라 그런즉 서서 진리로 너희 허리띠를 띠고 의의 흉배를 붙이고 평안의 복음의 예비한 것으로 신을 신고 모든 것 위에 믿음의 방패를 가지고 이로써 능히 악한 자의 모든 화전을 소멸하고 구원의 투구와 성령의 검 곧 하나님의 말씀을 가지라 모든 기도와 간구로 하되 무시로 성령 안에서 기도하고 이를 위하여 깨어 구하기를 항상 힘쓰며 여러 성도를 위하여 구하고".

우리는 신약의 영적 전사들로서 이 부분의 말씀을 반드시 잘 기억해야 한다. 우리는 주님의 능력으로 강건하여지고 마귀의 궤계를 능히 대적하기 위하여 하나님의 전신갑주를 입을 필요가 있다. 또한 우리의 씨름은 혈과 육에 대한 것이 아니고 정사와 권세와 어둠의 세상 주관자들과 하늘에 있는 악의 영들에 대한 것이므로 우리는 우리의 혈육으로는 싸울 수 없다는 것을 알고 하나님의 전신갑주를 입어야 한다. 그럴 때 악한 날에 능히 마귀를 대적하고 모든 일을 행한 후에 설 수 있다. 그러기 위해서는 진리를 허리띠로 가져야 하고 의의 흉배를 붙여야 한다. 사단은 우리에게 '너는 약하다. 너는 패배할 것이다. 너는 가다가 넘어질 것이다' 라고 말할 것이다. 그럴 때 우리는 어떻게 대답해야 하는가? '나는 약하지만 내 안의 하나님의 능력은 강하다. 하나님의 능력은 약한 데서 온전해진다' 라고 말해야 한다. 내가 약한 것이 사실이지만 내가 약할 그때에 하나님의 능력이 내게서 온전케 된다는 진리를 취하는 것이다. 이럴 때 진리에 서지 못한 사람은 사단의 공격에 맞서지 못하고 쓰러지게 된다.

유다서 24절을 보자. "능히 너희를 보호하사 거침이 없게 하시고 너희로 그 영광 앞에 흠이 없이 즐거움으로 서게 하실 자". '거침이 없게 하시고'를 직역하면 '걸려 넘어지는 데에서 지켜주시고'이다. 사탄이 우리에게 '넌 걸려 넘어질 거야. 넌 쓰러질 거야'라고 하면 우리는 진리의 말씀 곧 하나님의 언약의 말씀을 취해야 한다 "능히 너희를 보호하사 걸려 넘어지는 데에서 지켜주시고 너희로 그 영광 앞에 흠이 없이 즐거움으로 서게 하실 자". 또 사탄이 '너 이번에는 어쩌다가 시험을 통과했지만 다음에 하나님이 더 큰 시험을 주시면 감당하기 어려울 걸' 하며 다가올 때 우리는 고린도 전서 10장 13절 말씀을 견고히 붙잡고 서야 한다. "사람이 감당할 시험밖에는 너희에게 당한 것이 없나니". 하나님의 신실하신 언약의 말씀은 사람이 감당할 시험밖에는 당한 것이 없다고 하신다. 또 하나님은 사람이 감당치 못할 시험 당함을 허락지 아니하시고 시험 당할 즈음에 피할 길을 내사 우리로 능히 감당하게 하신다고 하신다. 이것이 진리이다. 그러므로 영적 전쟁을 하는 사람들은 진리를 가지고 있어야 한다. 진리가 없으면 사단이 거짓말로 공격할 때 쓰러지게 된다.

또 우리는 모든 죄를 버려야 하며 혹 죄가 있다면 반드시 자백해서 정결함을 얻어야 한다. 그리고 우리 생활 가운데서 모든 좋지 않은 습관을 다 버려야 한다. 오직 의의 흉배를 붙이고 평안의 복음의 예비한 것으로 신을 신고 모든 것 위에 믿음의 방패를 가질 때 그로써 악한 자의 모든 화전을 소멸할 수 있는 것이다. 또 구원의 소망의 투구를 써야 하며 하나님의 말씀을 검으로 취하되 모든 기도와 간구로써 취해야 한다. 성령 안에서 항상 깨어 기도하고 여러 성도를 위해 구하며 특히 하나님의 종을 위해서는 그들이 입을 열어 복음의 비밀을 잘 전할 수 있기를 기도해야 한다.

깨어있는 것은 항상 필요한 것이다. 이는 대적 마귀가 간교하기 때문이다. 대적을 완전히 함락하여 이기는 일은 그렇게 간단하지 않다. 자신의 능력이나 지혜, 은사나 습관 등을 의지하다가는 패하기가 십상이다. 그러므로 항상 자신을 신뢰할 것이 아니라 기도로 하나님의 전신갑주를 입고 깨어 기도하며 근신하는 가운데 싸움에 임해야 한다. 작은 일과 큰 일 모두 이렇게 해야 한다. 이러한 자세를 갖추는 것이 바로 영적 전쟁에 참여하는 길이다.

무엇보다 감사한 일은 하나님께서 우리를 구원하시어 우리로 그분의 대적을 패배시키기 위한 전사들로 삼으셨다는 것이다. 성도들이 자라고 또 자라면 자연히 영적 전쟁에 참여하게 된다. 그리고 승리를 사모하게 된다. 에베소서 6장의 전신갑주는 영적 전쟁에 참여하는 성도들을 위한 필수 요건이다. 전쟁에 나가 싸워보지 않은 믿는이는 그렇게 절실하게 갑주의 필요성을 알지 못한다. 그러나 나아가 싸워본 사람, 또한 유감스럽지만 패배도 경험해본 사람은 갑주의 필요성을 절감하게 되고 간절히 기도하며 깨어있게 되며 하늘에 속한 능력으로 강건케 될 필요를 강하게 느끼게 된다. 우리는 얼마나 간절히 더 많은 성도들이 이 거룩한 영적 전투에 참여하기를 원하는지!

신명기 21장

신명기 21장을 자세히 살펴보면 다섯 가지의 요점이 발견된다. 하나님께서는 이스라엘 백성들이 가나안으로 들어간 후에 그 땅에서 일어날 일들에 대해 자세한 가르침을 주고 계신다. 우리는 첫 번째로 피살된 시체가 들에 있을 때 어떻게 할 것인지 말씀하시는 것을 본다. 그런 일이 있을 때에 이방 나라들은 그 나름의 방법을 사용해서 범인을 잡으려 하거나 그래도 안 되면 미결된 사건으로 남겨두는 식으로 그 일을 처리하려고 할 것이다. 그러나 하나님의 택하신 백성은 그런 일을 처리하는 방식이 매우 독특하다. 두번째 부분은 포로로 잡은 여인에 대하여 여자의 존귀를 보호해 주는 것, 총애를 받지 못하는 자라도 장자라면 권한을 부여해 주어야 한다는 것(15-17절), 반역하는 아들에게 제재와 벌을 가하라는 것(18-21절), 죄를 범한 사람을 나무에 단다 하더라도 밤새 달아두지 말고 장사하여 땅을 더럽히지 말라고 했던 내용이다(22-23절). 이는 하나님이 그 땅에 들어간 이스라엘 중에서 자의적이 아니라도 죄의 오염으로부터 보호되어야 하고 하나님의 백성들의 성결과 본성을 거스르는 어떤 요소도 단호히 끊어버려야 함을 가르치는 것이다.

1절, 네 하나님 여호와께서 네게 주어 얻게 하시는 땅에서 혹시 피살한 시

체가 들에 엎드러진 것을 발견하고 그 쳐 죽인 자가 누구인지 알지 못하거든

"혹시 피살한 시체가 들에 엎드러진 것을 발견하고 그 쳐 죽인 자가 누구인지 알지 못하거든". 그 땅에 들어갔을 때 이러한 살인 사건이 이스라엘 중에 있는데 누가 죽였는지 모르는 경우, 이스라엘 백성들이 이 일을 어떻게 처리할 것인가 하는 것이 21장의 첫 번째 말씀이다. 하나님은 그분의 백성들과 함께 하시기 위해 그 땅에 어떠한 죄의 모양도 남겨 미결로 두기를 원치 않으시고 처리하기 원하신다.

2-3절, 너의 장로들과 재판장들이 나가서 그 피살한 곳에서 사면에 있는 각 성읍의 원근을 잴 것이요 3 그 피살한 곳에서 제일 가까운 성읍 곧 그 성읍의 장로들이 아직 부리우지 아니하고 멍에를 메지 아니한 암송아지를 취하고

그 피살된 시체가 있는 곳에서 가장 가까운 성읍의 장로들이 와서 그 범죄를 인해 제물을 준비하되 "아직 부리우지 아니하고 멍에를 메지 아니한 암송아지"를 취하라고 했다. 이 암송아지는 신약으로 말하면 그리스도의 예표이다. 아직 한 번도 부리우지 않고 멍에를 메지 않은 분은 그리스도이시다. 그분은 사람들의 이득을 위해서 부리우거나 죄의 멍에를 메어본 적이 없는 분이시다. 누가 사람을 죽였는지는 알 수 없으나 피살된 시체가 있으므로 거기에 죄가 있는 것은 사실이고 하나님 앞에서 그 죄를 처리함으로 하나님은 그분의 택하신 백성들로 하여금 죄악을 속하여 주신 그리스도의 보혈의 용서를 적용하는 연습을 하게 하신다.

4절, 성읍의 장로들이 물이 항상 흐르고 갈지도 심지도 못하는 골짜기로 그 송아지를 끌고 가서 그 골짜기에서 그 송아지의 목을 꺾을 것이요

성읍의 장로들이 '물이 항상 흐르는' 곳으로 그 송아지를 끌고 가야 했는데, 이 '물'은 성경에서 주로 성령을 가리킨다. 히브리서에서 우리는 구속 역사를 위한 그리스도의 죽으심에 성령이 함께했다는 것을 알 수 있다. 또 '항상'이란 히브리어로 '영원히'라는 뜻이다. 영원히 흐르는 물은 영원한 생수이신 성령을 가리킨다. 히브리서 9장 14절, "하물며 영원하신 성령으로 말미암아 흠 없는 자기를 하나님께 드린 그리스도의 피가 어찌 너희 양심으로 죽은 행실에서 깨끗하게 하고 살아 계신 하나님을 섬기게 못하겠느뇨". 이와 같이 예수 그리스도의 구속하는 죽음은 영원한 성령으로 말미암아 이루어진 것이다. 따라서 여기 신명기 21장에서 장로들이 그 피살 사건 때문에 드려야 하는 제물은 신약에서 보여진 그리스도의 제물 되심의 완전한 예표인 것을 알 수 있다. 이 부분에서 우리는 대속의 주님에 대한 복음의 은은한 그림자를 볼 수 있다.

그런데 이 암송아지를 죽일 때 목을 꺾어서 죽이라고 했다. 목을 꺾어서 죽이는 것은 짐승에게 있어서 가장 잔인한 죽음이다. 그리고 그 죽임당한 곳은 사람들이 갈지도 심지도 못하는 골짜기였다. 말하자면 사람의 손이 가지 않는 아주 황량하고 척박한 곳이다. 가시와 엉겅퀴가 있는 곳이다. 사실 우리 주 예수님이 십자가에 못 박히신 골고다라는 곳이 바로 사람들의 부축과 도움과 공급이 전혀 없는 그런 곳이었다. 그러한 곳에 이 암송아지를 끌고 와서 그 송아지의 목을 꺾어 죽이라는 것이다. 이것이 그리스도의 죽음을 예표하는 것이 아니겠는가?

이 내용을 통해 우리는 하나님께서 이스라엘 백성과 그분의 관계를 매우 주의하신 것을 알 수 있다. 누가 범죄했는지 모르지만 (하나님은 아신다), 거기에 죄든지 있다. 그런데 하나님께서는 이스라엘 백성과 그분 사이에 어떤 죄라도 방치된 채 있기를 원치 않으신다. 그분은 이스라엘 백성과의 관계에서 어떤 막힘도 없기를 원하신다. 그런데 여기에 아주 애매한 죄의 문제가 개입될 때 하나님께서는 그것을 위해서도 그들이 제물을 드려야 한다고 말씀하신다. 이와 같이 예수 그리스도께서는 우리가 아는 죄만이 아니라 우리가 알지 못하는 죄를 위해서도 죽으셨다. 우리 기억에 있는 죄만이 아니라 우리 기억에 없는 죄를 위해서도, 사람들이 아는 죄만이 아니라 사람들이 알지 못하는 죄를 위해서도 죽으신 것이다. 그분은 황량하고 척박한 곳에서 목을 꺾이우듯이 가장 참혹하게 죽임을 당하셨다. 이것이 하나님의 의(義)이다. 이럴 때 비로소 하나님은 그 의를 인해서 그분의 백성에 대하여 평강을 가지실 수 있다. 대속의 죽음이란 의의 요구에 대한 충족이다. 우리는 예수 그리스도께서 십자가에서 인류의 죄를 대속하실 때 사람들이 아는 죄만을 위해 돌아가신 것이 아니라 알지 못하는 죄를 위해서도 돌아가셨다는 것을 알 필요가 있다. 하나님은 죄가 해결된 위치에만 은혜를 주실 수 있다. 따라서 어떤 죄든지 그것이 아는 것이든 모르는 것이든 죄라면 해결되어야 한다. 죄가 있을 때 피 흘림만이 그 죄를 사할 수 있으며 그렇게 해서 의의 요구가 만족되는 것이다. 그 의를 근거로 하나님은 이스라엘 백성과 왕래하실 수 있다. 이 부분의 말씀에서 우리는 하나님께서 그분의 백성들과 철저히 죄(모르는 죄일지라도)를 처리한 입장 위에서만 관계하실 수 있음을 알 수 있다.

5절, 레위 자손 제사장들도 그리로 올지니 그들은 네 하나님 여호와께서 택하사 자기를 섬기게 하시며 또 여호와의 이름으로 축복하게 하신 자라 모든 소송과 모든 투쟁이 그들의 말대로 판결될 것이니라

먼저는 장로들과 재판장이 가서 제물을 드려 그 문제를 해결하고, 이렇게 해서 하나님의 의의 요구가 이루어질 때 레위 자손 제사장들도 그곳에 오게 된다. 이들은 은혜를 예표한다. 의의 요구가 이루어질 때 은혜가 올 수 있는 것이다. "제사장들도 그리로 올지니 그들은 네 하나님 여호와께서 택하사 자기를 섬기게 하시며 또 여호와의 이름으로 축복하게 하신 자라 모든 소송과 모든 투쟁이 그들의 말대로 판결될 것이니라". 말하자면 제사장들은 하나님께서 백성들을 축복하시는 통로이다. 그리고 그들을 통해 하나님께서는 이스라엘 백성들의 소송과 분쟁들을 해결하신다. 그렇기 때문에 이러한 사건이 있을 때 레위 자손 제사장들은 반드시 와야 하는 것이다.

사실 신약에서는 모든 그리스도인이 다 제사장이다. 그럼에도 불구하고 신약에서도 여전히 하나님께서 많은 사람들을 축복하시기 위한 통로가 되는 어떤 사람이 있음을 본다. 로마서에서 사도 바울은 자신에 대해 "내가 너희에게 나갈 때에 그리스도의 충만한 축복을 가지고 갈 줄을 아노라"(15:29)고 말했다. 사도가 가는 것이 그들에게 축복이 된다는 것이다. 모든 사람이 축복이 되겠지만 특별히 사도들은 성도에게 축복이 된다. 그러므로 우리는 이렇게 기도하기 바란다. '하나님, 나도 이 나라의 많은 사람들에게, 그리스도인들에게, 교회에게 축복이 되는 존재가 되게 하소서. 저도 축복의 통로가 되고 싶습니다.' 아브라함은 바로 그런 사람이었다. "땅의 모든 족속이 너를 인하여 복을 얻을 것이니라"(창 12:3b). 우리 또한 그러한 사람이 되기를 바란다. 우리가 있는 것, 우리 존재 자체가 축복이 되는 그러한 사람이 되는 것이다. 그러려면 먼저 우리가 주님께 온전히 헌신되어야 한다. 그리고 이렇게 기도하기 바란다. '하나님, 나는 많은 사람에게 축복의 통로가 되기를 원합니다. 그러기 위해서 나는 자신을 온전히 헌신하오니 저를 통해서 많은 사람을 축복하소서.' 그렇게 기도할 때 하나님께서는 마치 떡을 축사하시고 떼셔서 많은 사람을 공급하신 것처럼 여러분을 다루시어 많은 사람에게 축복이 되게 하실 것이다.

또 제사장은 백성의 소송과 분쟁을 해결할 수 있는 사람이다. 모든 믿는이들이 제사장이므로 다 이런 일을 할 수 있어야 하지만 미성숙과 충성의 부족으로 인하여 그러한 권을 다 사용하지 못한다. 그러므로 소수의 충성된 사람들, 성숙한 사람들이 일어나서 그러한 제사장의 일을 하는 것이다. 우리가 고린도 전서 6장을 보면 고린도 성도들 가운데 어떤 분쟁이 있었는데 그때 그들은 그 소송 사건을 가지고 세상 법정으로 갔다. 사도 바울은 이에 대해 그들을 꾸짖고 권면했다. "너희가 세상사건(교회 가운데의 분쟁)이 있을 때에 교회 중에서 경히 여김을 받는 사람들(이방인들)에게 그것을 맡겨서 처리하게 하느냐 내가 너희를 부끄럽게 하려하여 이 말을 하노니 너희 가운데 그 형제간 일을 (그 분쟁에 대한) 판단할 만한 지혜 있는 자가 이같이 하나도 없느냐". 사도 바울은 교회 가운데 어떤 어려움이 생겼을 때 참으로 지혜 있는 사람, 분량이 있는 사람이 일어나서 그런 일을 해결 할 수 있기를 원했다. 그렇다면 오늘날 신약에도 하나님은 교회 가운데 지혜로운 사람들이 일어나서 어떤 어려움과 분쟁이 있을 때 하나님에 속한 지혜를 사용해서 해결할 수 있기를 원하시는 것을 알 수 있다. 우리는 마땅히 이러한 자들이 될 수 있기를 소망해야 한다.

6-9절, 그 피살된 곳에서 제일 가까운 성읍의 모든 장로들은 그 골짜기에서 목을 꺾은 암송아지 위에 손을 씻으며 7 말하기를 우리의 손이 이 피를 흘리지 아니하였고 우리의 눈이 이것을 보지도 못하였나이다 8 여호와여 주께서 속량하신 주의 백성 이스라엘을 사하시고 무죄한 피를 주의 백성 이스라엘 중에 머물러 두지 마옵소서 하면 그 피 흘린 죄가 사함을 받으리니 9 너는 이와 같이 여호와의 보시기에 정직한 일을 행하여 무죄자의 피 흘린 죄를 너희 중에서 제할지니라

하나님께서는 이스라엘 백성이 그 땅에 들어갔을 때 누가 죽였는지 알지 못하지만 들에 피살된 시체가 있다고 할 적에 그 죄의 문제를 하나님 앞에서 처리하기 원하신다. 그 처리하는 방법은 앞에서 말한 것과 같다. 우리가 이것을 신약에 적용할 때, 만일 교회 가운데 우리가 알지 못하는 어떤 죄가 있다고 할 적에 우리는 그러한 죄를 하나님 앞에서 함께 책임지기를 배워야 한다. 많은 그리스도인들이 자기만 관심한다. 나만 죄를 짓지 않았으면 문제가 없고 언제든지 하나님께 나아가 기도할 수 있다고 생각한다. 그러나 하나님께서는 이 말씀을 통해서 '그렇지 않다. 나는 너희 개개인과의 문제를 처리하기 원할 뿐 아니라 너희 단체와의 문제도 처리하기 원한다. 나는 너희 지경에서 발생한 어떤 죄든지 너희가 그것을 처리하기 바란다' 라고 하시는 것 같다. 이것이 그리스도의 몸에 대한 기본적인 관념이다. 사람의 생각은 개별적이지만 하나님은 '몸' 의 관점에서 우리를 보신다는 말이다.

신약 고린도 전서 5장을 보면 거기에 어떤 범죄가 있었다. 아주 악한 사건이다. 어떤 사람이 계모와 음행을 범한 것이다. 그때 사도 바울은 그 일에 대해 '너희가 어찌 그러한 자를 물리치지 않았느냐? 너희 가운데 그런 일이 있으면서도 어찌 교만할 수 있었단 말이냐?' 하면서 그들을 꾸짖었다. 우리는 고린도 후서에서 그 일에 대해 고린도 교회 전체가 회개한 것을 알 수 있다. "보라 하나님의 뜻대로 하게 한 이 근심이 너희로 얼마나 간절하게 하며 얼마나 변명하게 하며 얼마나 분하게 하며 얼마나 두렵게 하며 얼마나 사모하게 하며 얼마나 열심 있게 하며 얼마나 벌하게 하였는가"(7:11). 그 죄는 어떤 한 형제라는 사람이 저지른 것이었지만 그 일에 대해서 하나님은 고린도 교회 전체에게 물으셨다.

그러므로 우리는 여기에서 하나님께는 교회를 전체적으로 보시는 개념이 있다는 이 한 가지 중요한 원칙을 배워야 한다. 나 하나만 죄가 없다고 해서 되는 것이 아니다. 교회 중에서 우리가 알지 못하는 어떤 죄가 발견될 때에 우리는 반드시 그 죄를 처리해야 한다. 과거에 나는 어떤 하나님의 종이 한 성도가 잘못된 것을 보고 그 일로 하나님 앞에서 깊이 회개했다는 이야기를 들었다. 그는 한 성도가 잘못된 것을 미리 알지 못하고 지금까지 방치해 둔 것을 용서해달라고 간구했다는 것이다. 나는 당시에 그 말을 듣고서 '어떻게 다른 사람의 일을 자기 일처럼 관심할 수 있을까?' 했지만, 지금에 와서는 참으로 그가 하나님을 알고 교회를 아는 사람이었다는 것을 깨닫는다. 하나님께서는 교회를 이렇게 전체적으로 대하신다. 그들 가운데 있는 어떤 죄로 인해 그분과 간격이 생기는 것을 원치 않으신다.

10절, 네가 나가서 대적과 싸움함을 당하여 네 하나님 여호와께서 그들을 네 손에 붙이시므로 네가 그들을 사로잡은 후에

20장에서 우리는 이스라엘 백성들이 나가서 어떤 민족(가나안 족속이 아닌)에게 먼저 평화를 청했음에도 그들이 평화하기를 싫어하고 이스라엘을 대적하거든 그 성읍을 에워싸고 남자는 다 쳐서 죽이되 여자와 유아들과 육축들은 그들의 것으로 취하라는 말을 들었다.

11-13절, 네가 만일 그 포로 중의 아리따운 여자를 보고 연련하여 아내를 삼고자 하거든 12 그를 네 집으로 데려갈 것이요 그는 그 머리를 밀고 손톱을 베고 13 또 포로의 의복을 벗고 네 집에 거하며 그 부모를 위하여 일 개월 동안 애곡한 후에 네가 그에게로 들어가서 그 남편이 되고 그는 네 아내가 될 것이요

이것은 어떤 사람이 포로로 잡은 여자들 중에서 한 여자를 아내로 삼고 싶을 때 어떻게 할 것인가를 말해주고 있다. 이럴 때 하나님의 백성이 아닌 이방인들은 자기 마음대로 여인을 취할 것이다. 그러나 하나님의 백성은 이럴 때 아내를 취하는 방법도 매우 특별하다. 모든 것이 다르다. 그러한 여인을 아내로 삼을 때에는 집으로 데려가 머리를 밀고 손톱을 다 베고 또 그녀는 포로의 의복을 벗고 그 집에 거하며 그 부모를 위해서 일 개월 동안 애곡을 해야 한다. 그런 다음에 그는 그 여인에게 들어가서 남편이 될 수 있다.

그러면 하나님께서는 왜 이렇게 하라고 명하셨을까? 일단 문자 그대로 설명한다면 이것은 하나님께서 이스라엘 남자들이 인간의 욕정을 따라 여인을 취하거나 포로 중의 여인을 자기 아내로 삼는 행위를 저지하시려는 것이다. 아마 여인의 머리를 다 민 모습을 한 달간 보고 있노라면 여인의 매력이 반감이 될 것이다. 또 손톱도 마찬가지이다. 그 모든 것이 여인의 아름다움을 나타내는 부분들이기 때문이다. 그런 다음 포로시의 의복도 벗으라고 했는데, 아마 당시 이방 여인의 의복은 퍽 매혹적이었을 것이다. 그리고 한 달 동안 부모를 위해서 슬퍼하고 애곡하라고 했다. 이렇게 할 때 남성의 정욕적인 눈과 의지는 다 끝나게 될 것이다.

여기서 하나님께서는 한편 이스라엘의 남자들의 정욕과 태도를 철저히 다루고 계신다. 또 한편으로 그 여인 편에서 본다면 그녀 역시 인간의 성정을 가진 사람이다. 그녀에게도 자기 부모를 떠난 아픔이 있고 타국에 와서 타국 남자에게 시집가는 애절함이 있을 것이다. 이 모든 정황을 감안해서 적어도 한 달은 정리하는 기간을 주라는 것이다. 이는 하나님의 백성들의 표준에 관한 말씀이다. 하나님은 사람이 사람의 자연스런 심성을 무시하는 것을 원치 않으심을 알 수 있다. 한 달 동안 그 부모를 위해 애곡하라는 것이 그것이다. 이방인들은 자기 정욕대로, 자기 기질대로 거칠게 행할지라도 하나님의 백성은 어떤 일이든지 인정과 자비를 가지고 행해야 하며 인간다운 도덕성이 있으며 절제가 있어야 한다. 어쨌든 이 모든 합당한 절차를 밟아서 그 여인을 아내로 삼는다면 그것은 진정으로 그녀를 자기 아내로 삼고자 하는 의지가 있고 깊은 뜻이 있어서 하는 행동이라고 인정할 수 있을 것이다.

14절, 그 후에 네가 그를 기뻐하지 아니하거든 그 마음대로 가게 하고 결코 돈을 받고 팔지 말지라 네가 그를 욕보였은즉 종으로 여기지 말지니라

그런 절차를 밟아서 아내로 삼았다면 쉽게 마음이 변하지 않을 것이다. 그럴지라도 그 후에 혹 마음이 변했다면 그 마음대로 가게 하고 결코 돈을 받고 팔거나 종으로 삼지 말라고 하신다. 이 말씀은 포로된 그 여인을 배려하신 것이다. 인간으로서 합당한 도덕성으로 대하라는 말씀이다.

여기서 우리는 이러한 말씀을 하시는 하나님에 대해 생각해 볼 필요가 있다. 하나님은 그분의 백성인 우리에게 남편이 되시고 우리는 그분의 아내이다. 우리는 마치 포로 가운데 있는 그 여인과 같다. 그럴 때 하나님은 남편으로서 이보다 훨씬 우리를 깊이 배려해주시지 않겠는가? 우리 주님은 결코 억지로 우리를 끌어다가 아내를 삼는 그러한 분이 아니다. 세상으로 일지라도 떠나가고 싶어 하면 가게 두시고 인간의 자유의지를 존중해주시며 절대 원치 않는 것을 함부로 하게 하거나 팔거나 하시지 않으신다. 우리는 성경의 말씀들, 이스라엘에게 주신 계명들을 통해서 하나님이 과연 어떤 분이신가를 알 수 있다. 그분은 그분의 말씀을 통해서 그분 자신을 나타내시고 있다. 얼마나 감사한지 모른다. 하나님의 법령 속에는 하나님의 자비와 인자하심이 나타나있다.

15-17절, 어떤 사람이 두 아내를 두었는데 하나는 사랑을 받고 하나는 미움을 받다가 그 사랑을 받는 자와 미움을 받는 자가 둘 다 아들을 낳았다 하자 그 미움을 받는 자의 소생이 장자여든 16 자기의 소유를 그 아들들에게 기업으로 나누는 날에 그 사랑을 받는 자의 아들로 장자를 삼아 참 장자 곧 미움을 받는 자의 아들보다 앞세우지 말고 17 반드시 그 미움을 받는 자의 아들을 장자로 인정하여 자기의 소유에서 그에게는 두 몫을 줄 것이니 그는 자기의 기력의 시작이라 장자의 권리가 그에게 있음이니라

이 말씀은 이스라엘 백성의 가장들에게 하시는 것이다. 두 아내를 두는 것이 합당하다는 것이 아니라 가령 '두 아내를 두었다고 할 때' 사람이 둘 중에서 하나는 사랑하고 다른 하나는 미워할 수 있다는 것을 하나님은 아신다. 두 아내가 있을 때 둘 다 똑같이 사랑하면 좋을 텐데 대개 거기에 차등이 있게 된다. 야곱을 보더라도 그렇다. 그는 라헬은 많이 사랑했지만 레아는 그렇지 않았다. 두 아내를 다르게 대한 것이다. 그런데 별로 사랑하지 않는 아내의 아들이 장자이고 많이 사랑하는 아내의 아들이 차자일 경우 이스라엘의 가장은 사랑하는 아내의 아들을 미워하는 아내의 장자보다 앞세우지 말라고 하셨다. 우리 조선 시대의 역사를 보면 이러한 일이 종종 있었다. 사랑하는 후궁에게서 난 아들을 세자로 책봉하려 하다가 피 비린내 나는 싸움이 일어나곤 했다. 그런 기질이 남자 속에 있다.

그런데 하나님은 미움 받는 자의 아들이 장자이면 그의 장자권을 인정하고 그에게 소유의 두 몫을 주라고 하셨다. 왜냐하면 그가 그의 기력의 시작이기 때문이다. 이것은 의의 문제이다. 결코 자기의 사적인 감정이 개입되어 원칙에서 어긋난 행동을 해서는 안 된다. 오늘날 하나님의 교회 가운데서도 이런 일은 있을 수 있다. 하나님을 섬기는 사람들은 반드시 의의 표준에 따라 섬겨야 하고 원칙에 따라 섬겨야 한다. 하나님을 섬기는 일에서 사사로운 감정이 개입되는 것은 합당치 않은 것이다.

18-21절, 사람에게 완악하고 패역한 아들이 있어 그 아비의 말이나 그 어미의 말을 순종치 아니하고 부모가 징책하여도 듣지 아니하거든 19 그
부모가 그를 잡아가지고 성문에 이르러 그 성읍 장로들에게 나아가서 20
그 성읍 장로들에게 말하기를 우리의 이 자식은 완악하고 패역하여 우리 말을 순종치 아니하고 방탕하며 술에 잠긴 자라 하거든 21 그 성읍의 모든
사람들이 그를 돌로 쳐 죽일지니 이같이 네가 너의 중에 악을 제하라 그리하면 온 이스라엘이 듣고 두려워하리라

"그 아비의 말이나 그 어미의 말을 순종치 아니하고 부모가 징책하여도 듣지 아니하거든". 이 네 번째 이야기는 어떤 악한 아들에 관한 것이다. 이는 부모의 속을 심히 썩이는 패역한 아들이다. 하나님의 백성들 가운데서는 반드시 자식이 부모를 공경해야 하며 혹 말을 듣지 않는 자식이 있을 때 그를 그냥 두어서는 안 된다. 하나님께서는 하나님의 백성 가운데 거역하는 자식들이 있기를 원치 않으신다. 만일 그러한 자식이 있다면 부모는 장로들에게 끌고 가서 이렇게 말해야 한다. "우리의 이 자식은 완악하고 패역하여 우리말을 순종치 아니하고 방탕하며 술에 잠긴 자라". 그러면 성읍의 모든 사람이 그를 돌로 쳐 죽여서 그들 중에 악을 제하라고 했다. 이러므로 사람의 가장 큰 죄는 자식이 부모에게 불순종하는 것이다. 그것이 가장 인륜을 어기는 죄이다.

여기서 한 가지 생각해볼 것이 있다. 과연 어떤 부모가 자기 자식이 패역하고 말을 안 듣는다고 해서 장로들에게 말하여 자식을 쳐 죽이게 하는 일을 선뜻 할 수 있겠는가? 아무리 말을 안 듣고 매일같이 술을 마시고 행패를 부려도 부모가 자식을 죽게 할 수 있겠는가? 그러므로 여기서 우리가 알아야 할 것은 그런 죄는 하나님 보시기에 죽어 마땅한 죄라는 것이다. 부모에게 불순종하고 거역하는 아들은 패역한 아들이요 돌로 쳐 죽여야 마땅하다는 것이다. 이것은 하나님의 말씀이다. 그만큼 부모를 거역하는 죄가 악하다는 말씀이다.

누가복음 15장을 읽어볼 때 사실 우리는 다 탕자요 패역한 아들이다. 여기 하나님의 대적이 아닌 사람이 하나도 없다. 하나님 앞에서 우리는 다 패역한 아들이다. 다 돌에 맞아 죽어야 할 사람들이다. 그런데 용서와 긍휼을 얻은 것이다. 우리는 공의를 알고 은혜를 알아야 한다. 이것(율법이 정한 우리의 죄악들)을 모르면 예수님께서 우리를 위해 십자가에서 받으신 그 큰 고통(돌에 맞아 죽어 마땅한 우리의 죄를 대속하였다)을 모르고 그냥 용서해 주신 것으로 여기게 된다. 그러므로 신약이 복음의 빛으로서 아침 해같이 비추는 것이라면 이 구약은 신약의 복음의 빛을 위한 어두운 배경이 되는 것이다.

22-23절, 사람이 만일 죽을 죄를 범하므로 네가 그를 죽여 나무 위에 달거든 23 그 시체를 나무 위에 밤새도록 두지 말고 당일에 장사하여 네 하나님 여호와께서 네게 기업으로 주시는 땅을 더럽히지 말라 나무에 달린 자는 하나님께 저주를 받았음이니라

이것은 다섯 번째 이야기이다. 어떤 사람이 흉악한 죄를 범하므로 죽여서 나무 위에 달거든 그 시체를 밤새도록 나무 위에 두지 말고 당일에 장사를 해서 하나님께서 네게 기업으로 주신 땅을 더럽히지 말라고 하신다. 왜냐하면 나무에 달린 자는 하나님께 저주를 받았기 때문이다. 죄를 짓고 죽임당하여 나무 위에 달리는 것은 가장 큰 저주라는 것이다. 이는 한 면으로 시체를 방치하지 않고 깨끗케 함으로서 그 거룩한 땅을 죄와 저주로부터 오염되는 것을 막기 위한 것이다. 하나님은 그분의 백성들의 범위가 거룩한 지경이 되기를 원하신다는 것이다.

다른 한 면으로 이 이야기는 신약의 복음의 빛을 비추기 위한 배경이 된다. 우리는 다 죄인들로서 죽임을 당하고 저주를 받아야 할 사람들이다. 우리는 다 나무에 달려야 할 죄인들이다. 그런데 갈라디아서를 보면 우리 주님이 나무에 달리시어 우리 대신 저주를 받으셨다고 말한다(갈 3:13 참조). 그것은 우리에게 축복을 돌리시기 위함이다. 우리는 다 죽을 수밖에 없고 저주를 받아 마땅한 죄인들이다. 여기서 구약의 말씀대로 하면 나무에 달리지 않을 사람이 하나도 없다. 그러나 예수 그리스도께서 나무에 달려 돌아가심으로 우리가 받아야 할 저주를 대신 담당하시고 우리에게 축복을 주신 것이다. 이와 같이 구약은 신약의 복음의 빛이 임하도록 예비하는 배경이 되어 준다. 이렇게 많은 과정을 거쳐서 우리에게 베푸신 하나님의 구원과 은총을 인하여 감사드린다.

신명기 22장

22장은 하나님의 백성의 본성과 성품에 관한 규례이다. 즉 그 땅에 들어간 이스라엘은 길을 잃고 헤매는 우양에 대하여도 보호해주어서 이웃에 대하여 좋은 우애와 사랑을 지닐 것을 가르친다(1-4절). 자연을 보호해야 하는 문제와 사회생활에 있어서도 도덕적, 영적 순결을 잃지 말아야 함을 가르친다(5-30절). 즉 의복에 있어서 남녀의 구별, 새의 보호, 처녀성 문제, 부부의 성적 도덕성 문제, 약혼한 경우나 약혼하지 않은 경우의 순결 문제 등을 다룬다. 근친상간의 엄금 등 전체적으로 하나님의 백성들의 도덕적, 성적 문제를 순결하도록 하는 문제를 다룬다. 이로서 우리가 알 수 있는 것은 하나님은 그분의 백성들과 관련된 제반 생활을 주의하시며 성별된 삶을 살아야 한다는 것을 알 수 있다.

1-4절, 네 형제의 우양의 길 잃은 것을 보거든 못본체 하지 말고 너는 반드시 끌어다가 네 형제에게 돌릴 것이요 2 네 형제가 네게서 멀거나 네가 혹 그를 알지 못하거든 그 짐승을 네 집으로 끌고 와서 네 형제가 찾기까지 네게 두었다가 그에게 돌릴지니 3 나귀라도 그리하고 무릇 형제의 잃은 아무 것이든지 네가 얻거든 다 그리하고 못본체 하지 말 것이며 4 네 형제의 나귀나 소가 길에 넘어진 것을 보거든 못본체 하지 말고 너는 반드

시 형제를 도와서 그것을 일으킬지니라

이 부분의 말씀은 어떤 형제의 소나 양이 길을 잃은 것을 볼 때 그것을 못본체 하지 말고 반드시 그것을 끌어다가 형제에게 돌려주며 그 형제의 집이 멀다든지 그가 어디 사는지, 누구인지를 모른다면 집으로 끌고 와서 그 형제가 찾을 때까지 집에 두었다가 그가 찾으러 오면 돌려주라는 말씀이다.

여기 네 구절에서 '못본체 하지 말라'는 말씀이 세 번 나온다. 말하자면 우리 그리스도인은 선을 행하되 수동적이거나 마지못해 하는 식으로 해서는 안 된다는 것이다. 우리는 능동적으로, 적극적으로 선을 행해야 한다. 어떤 일을 분명히 내가 도와야 하는데 나서지 않는 것이 바로 못본체 하는 것이다.

오늘날 믿는이들 가운데 자신만 하나님 앞에서 잘 행하면 된다고 생각하면서 다른 사람들이야 어떻게 되든 상관하지 않는다는 태도를 갖고 있는 사람들이 있다. 그런데 이 부분의 말씀에 따르면 그리스도인들이 그렇게 태만하고 미온적으로 선을 행하는 것을 하나님은 그리 기뻐하시지 않는다. 다른 사람들에게 어떤 도움이 필요한데 못본체 하는 것은 하나님의 자녀로서 합당한 태도가 아니라는 말씀이다. 당신이 도울 수 있는 위치에 있는데 그냥 보고 지나가는 것은 무정한 것이요 따라서 그것은 죄이다.

이것은 비단 나귀나 소와 같은 짐승의 문제만이 아니라 주님의 일에 무관심한 것에도 적용할 수 있다. 가령 에스더가 당시 하만의 모략으로 유대인들이 몰살당할 상황에서 자신이 할 수 있는 일을 무관심하게 못본체 했다 하자. 그 결과는 어떠하겠는가? 많은 유대인이 살륙을 당했을 것이다. 그리고 에스더는 그로 인한 죄를 피할 수 없었을 것이다. 교회는 때로 복음을 위한 집회를 하고 선교를 위해 헌금도 하고 하나님의 역사를 위해 움직일 때가 있다. 예배당을 이전하기 위해 연보를 하기도

한다. 그럴 때 물질도 있고 능력도 있는 할 만한 성도가 그러한 일들을 못본체 한다 하자. 나는 유감스럽게도 이런 일들을 많이 보았다. 오히려 가난하고 없는 사람들은 자신을 드려서 뭔가를 주님께 드리고 분에 넘치는 헌금을 하곤 했다. 많은 때 선교를 위해서도 동일한 것을 체험했다. 이렇게 할 만한 위치와 능력을 갖고 있는 사람들이 주님이 긴급한 필요들을 보고도 못본체 하는 것은 죄인가? 아닌가? 말할 필요 없이 그것은 하나님의 속성을 위반하는 죄인 것이다. 하나님을 닮은 자들은 자신이 하지 않으면 안 될 어떤 상황에서 자신의 이익과 자아의 보존을 위하여 모르는 체하는 사람들이 아니다.

이를 또한 영성적인 일에도 적용할 수 있다. 건강하고 길을 잘 걸어가는 성도는 다른 어떤 형제가 믿음에서 잘못된 길에 있을 때 방관해서는 안 된다는 것으로 생각해볼 수 있다. 마치 우양이 길을 잃은 것처럼 어떤 형제나 자매가 믿음의 길에서 탈선하여 잘못 가는 것이다. 그럴 때 '할 수 없지. 다 자기 복이 그것밖에 안 되니까 그렇겠지. 나하고는 관계없는 일이야' 하면서 못본체 하는 것은 하나님의 자녀로서 올바른 태도가 아닐 것이다.

신약 디모데 후서 2장 24-26절을 읽어보겠다. "마땅히 주의 종은 다투지 아니하고 모든 사람을 대하여 온유하며 가르치기를 잘하며 참으며 거역하는 자를 온유함으로 징계할지니 하나님이 저희에게 회개함을 주사 진리를 알게 하실까 하며 저희로 깨어 마귀의 올무에서 벗어나 하나님께 사로잡힌 바 되어 그 뜻을 좇게 하실까 함이라". 주님의 종들은 다투지 않고 사람들에 대해서 가르치기를 잘 해야 하며 거역하는 사람들이 있다면 온유함으로 징계를 해서 그가 회개하고 진리를 알도록 도와줄 수 있어야 한다.

유다서 22-23절에서는 "어떤 의심하는 자들을 긍휼히 여기라 또 어떤 자를 불에서 끌어내어 구원하라 또 어떤 자를 그 육체로 더럽힌 옷이라도 싫어하여 두려움으로 긍휼히 여기라"고 했다. 어떤 형제가 잘못된 가르침을 받아 불 속에 있는 것처럼 심판을 받을 상태에 놓여 있다고 할 적에 성도들은 그러한 사람을 불에서 끌어내어 구원을 해야 한다. 또 갈라디아서 6장 1절에서는 "형제들아 사람이 무슨 범죄한 일이 드러나거든 신령한 너희는 온유한 심령으로 그러한 자를 바로잡고"라고 했다. 신령한 너희는 못본체 하지 말고 온유한 영으로 그러한 자를 바로잡으며, 또 너도 돌아보아서 시험받을까 조심하라는 것이다. 그리고 2절에서는 짐을 서로 지라고 했다. 형제의 나귀나 소가 넘어진 것을 보면 못본체 하지 말고 반드시 그것을 일으키라는 것이다. 마찬가지로 믿음의 길에서 어떤 형제나 자매가 넘어졌다면 우리는 그들을 못본체 하지 말고 할 수 있는 대로 그들을 부축해서 바로 길을 갈 수 있도록 도와주어야 할 것이다.

5절, 여자는 남자의 의복을 입지 말 것이요 남자는 여자의 의복을 입지 말 것이라 이같이 하는 자는 네 하나님 여호와께 가증한 자니라

하나님께서는 각각 남자와 여자를 창조하셨다. 남자는 남자이고 여자는 여자이다. 하나님께서는 결코 혼돈된 방식으로 아무렇게나 창조하신 것이 아니다. 남자는 하나님의 영광이고 여자는 남자의 영광이다(고전 11:7 참조). 여자는 남자의 권위 아래 있고 남자를 돕는 배필로 지어졌다. 그래서 남자에게는 남자의 특성이 있고, 여자에게는 여자의 특성이 있다. 남자는 남자다운 것이 아름답고 여자는 여자다운 것이 아름답다. 우리는 구약 성경을 보면서 하나님이 매우 자상하시다는 것을 알 수 있다. 하나님께서는 이스라엘 백성이 가나안 땅에 들어가서 어떻게 생활할 것인지를 아주 작은 일까지 하나하나 섬세하게 관심하셨다. 오늘도 그분은 여전히 우리의 일거수일투족을 관심하고 계신다.

6-7절, 노중에서 나무에나 땅에 있는 새의 보금자리에서 새 새끼나 알

이 있고 어미새가 그 새끼나 알을 품은 것을 만나거든 그 어미새와 새끼를 아울러 취하지 말고 7 어미는 반드시 놓아 줄 것이요 새끼는 취하여도 가하니 그리하면 네가 복을 누리고 장수하리라

복을 누리고 장수하는 길은 아주 작은 일에서도 발견된다. 우리가 부모님을 공경하는 것은 아주 큰일이며 인간의 덕성 중에서 중요한 항목이다. 그런데 여기 새에 관한 것은 아주 작은 일이다. 우리는 큰일을 잘할 때에만 장수하고 복을 받는 것이 아니라 작은 일을 잘할 때에도 마찬가지로 장수하고 복을 누리게 된다.

우리가 여기서 생각할 수 있는 것은 하나님께서는 사람이 작은 일을 처리하는 것조차도 매우 주의 깊게 보신다는 것이다. 여기서 어미새와 새 새끼나 알을 함께 취하는 것은 잔인한 것이며 자비가 없는 행동이다. 하나님께서는 그분의 자녀들이 아주 작은 일을 처리할 때에도 거기서 사랑과 자비를 나타내기를 바라신다. 하나님은 그런 사람에게 복 주시고 장수하게 하시는 것이다. 주 안에서 항상 큰일을 한다 하여 작은 형제나 자매의 일을 소홀히 여겨 매정하게 함부로 처리하여 상처를 주는 것은 축복을 잃어버리는 행위들이다.

8절, 네가 새 집을 건축할 때에 지붕에 난간을 만들어 사람으로 떨어지지 않게 하라 그 피 흐른 죄가 네 집에 돌아갈까 하노라

고대에 유대인들의 집은 지붕이 편평했기 때문에 집을 지을 때 난간을 만들어놓지 않으면 실족하여 떨어질 수가 있었다. 그러면 그 피가 집을 지은 네게로 돌아갈 것이라고 하신다. 이것은 무엇을 의미하겠는가? 하나님의 자녀들은 자신을 위해서 집을 지을지라도 자신의 유익만 고려할 것이 아니라 항상 다른 사람의 유익과 안전을 고려해야 한다는 것이다. 혹 나의 일로 다른 사람에게 피해가 돌아가지 않을까 고려해야 한다는 말씀이다. 하나님의 자녀인 우리는 자신의 유익만 생각할 것이 아니라 늘 먼저 다른 사람의 유익을 생각해야 한다. 또한 하나님의 자녀들은 큰 일 작은 일에서 섬세하게 하나님의 인자하심과 긍휼을 나타내는 삶을 살아야 한다.

9절, 네 포도원에 두 종자를 섞어 뿌리지 말라 그리하면 네가 뿌린 씨의 열매와 포도원의 소산이 다 빼앗김이 될까 하노라

하나님의 백성들이 가나안 땅에 들어가 씨를 뿌려 경작할 때 두 종자를 섞어 뿌리지 말라는 말씀이다. 이 말씀을 신약에 대입하면 신약의 가르침은 한 종류라는 의미로 해석할 수 있다. 그것은 곧 은혜의 말씀, 믿음의 말씀이다. 그런데 사도 시대에 이미 많은 사람들이 믿음의 말씀만이 아닌 율법주의와 철학을 가져왔다. 이렇게 다른 가르침을 가져오는 것이 바로 섞어 뿌리는 것이요 말씀을 혼잡케 하는 것이다. 사도 바울은 고린도 후서 2장에서 자신들은 하나님의 말씀을 혼잡케 하지 않고 순전하게 전한다고 했다.

그런데 여기서 두 종자를 섞어 뿌리면 그 소산을 빼앗길 수 있다고 했다. 말하자면 그 결과가 허사로 돌아간다는 것이다. 골로새서 2장 8절, "누가 철학과 헛된 속임수로 너희를 노략할까 주의하라 이것이 사람의 유전과 세상의 초등학문을 좇음이요 그리스도를 좇음이 아니니라". 이러한 사람의 유전과 세상의 초등학문 곧 철학과 같은 것을 전하는 것이 다른 종류의 씨를 뿌리는 것이다. 성경은 계시요 믿음의 말씀으로서 그것을 받을 때 생명을 얻게 된다. 그러나 어떤 가르침은 사람의 지식과 철학에 속한 것이다. 그런 가르침은 헛된 속임수이다. 속임수란 진짜인 줄 알고 받았는데, 그것이 굉장히 좋은 것인 줄 알고 받았는데, 나중에 보니까 다 가짜인 경우이다. 결국 얻은 게 하나도 없는 것이다. 그것이 바로 헛된 속임수이다. 그런 헛된 속임수는 이천 년 전 바울 시대에만 있었던 것이 아니라 오늘날에도 여전히 있다. 믿는이들은 자칫 잘못하면 이러한 가르침을 받을 수 있다. 사도 바울은 그런 가르침을 주는 것을 사람을 노략질하는 것이라고 말했다. 그것은 사람의 명과 가르침을 따르는 것이지 그리스도를 좇는 것이 아니다.

우리 주 예수님도 제자들에게 바리새인과 헤롯의 누룩을 주의하라고 하신 적이 있으신다(마 16:6). 이 누룩은 바로 가르침을 뜻하는 것이다(마 16:12). 주 예수님은 제자들이 가르침을 잘못 받는 것을 아주 심각하게 생각하신다. 그러므로 우리 믿는이들은 아무 가르침이나 여과없이 받아서는 안 된다. 오늘날 성경을 믿음의 말씀으로 가르치지 않고 교양 강좌, 철학 등으로 가르치는 가르침이 얼마나 많은지 모른다. 그러면서 또 믿음, 은혜 등도 이야기한다. 이것이 두 종자를 섞어 뿌리는 것이다. 그럴 때 아무 소득도 없게 된다.

우리는 이 부분의 말씀에서 왜 하나님이 9-11절의 말씀을 주셨는가를 물어야 한다. 신명기 22장부터 25장까지의 말씀은 하나님의 형상을 닮으라는 것이다. 신약에서 건강한 가르침이란 무엇인가를 생각해 볼 때 그 가르침으로 인하여 삶이 변화될 수 있어야 건강한 가르침임을 알 필요가 있다. 건강한 가르침은 그 열매를 보고 알 수 있다. 왜 사람들이 많은 교훈을 받는데도 삶에 아무런 변화가 없을까? 많은 그리스도인들은 누구든지 성경 교사의 가르침은 다 옳고 좋은데 자신들이 그렇게 살지 못하기 때문이라고 생각한다. 매우 겸손하고 그럴 듯한 것 같다.

그러나 이 말씀에서 우리는 혹 그 씨 자체에 문제가 없는가를 보아야 함을 배운다. 자신이나 주위의 사람들이 자라고 변화된 삶을 살지 못하는 이유가 하나님의 순수한 복음과 진리가 아닌 사람의 학설과 지식이 포함된 섞은 것을 먹고 있기 때문은 아닌지 살펴야 할 일이다. 그 결과는 "네가 뿌린 씨의 열매와 포도원의 소산이 다 빼앗김이 될까 하노라"이다. 여러분은 순수하고 깨끗한 말씀의 씨앗을 받아들여야 한다. 오늘날 수많은 사역자들이 하나님의 말씀에다가 세상의 잡다한 교양과 철학과 지식을 섞어서 판다. 사람들은 그러한 말씀을 더 선호한다. 결과는 무엇인가? 어떤 변화도 없으며 22-25장에 기술된 하나님의 자비로우신 성품은 조금도 닮지 않는다.

우리는 신약 성경에서 진정한 건강한 가르침이란 디도서 2장에 의할 때 각 계층의 사람들의 삶이 말씀에 의해 변화될 수 있는 말씀이어야 함을 배운다. 사도 바울은 자신이 전하는 말씀으로 살았고 그에게서 배운 사람들은 그 본을 받아 또한 다른 많은 그리스도인들의 본이 된 것이다(살전 1:6-9). 성도들의 삶의 변화와 성장을 위해서, 하나님을 닮는 삶에 있어서, 혼합하지 않은 순수한 말씀의 씨앗이 중요함은 아무리 강조해도 지나치지 않는다.

여러분들은 섞인 가르침을 분별하기가 쉽다고 생각해서는 안 된다. 그것은 예리한 분별력을 필요로 하는 것이다. 사람들은 하나님의 말씀의 명령을 마음과 양심으로 받아 회개하고 순종하려는 것보다는 지식을 머리속에 담아 두는 것을 더 선호한다. 우리는 성경의 순수하고 거룩한 말씀, 말씀의 순전한 젖을 사모해야 한다. 바울이 귀하게 여기고 오직 알기를 원했던 십자가의 진리와 그리스도만을 전하기를 힘써야 할 일이다. 성경 자체만을 유일한 사역의 자원으로 삼고 성령만을 능력으로 삼는 것이 우리 그리스도인의 삶을 건강하게 하는 지름길이다.

10절, 너는 소와 나귀를 겨리하여 갈지 말며

소와 나귀는 그 본성이 다르다. 나귀는 아주 고집이 세고 자기 멋대로 하는 근성이 있다. 그렇기 때문에 소와 나귀를 겨리하여 밭을 가는 것은 거의 가능하지 않다. 이것은 마치 신앙이 맞지 않은 사람들이 함께하는 것과 같다. 그러한 사람들이 결혼을 하거나 동역을 한다는 것은 어려움을 자초하는 것이다. 하나는 하늘을 향하고 다른 하나는 땅을 향하는데 어찌 같이 멍에를 맬 수 있겠는가? 육체의 사람과 영의 사람이 함께 길을 갈 수 없으며, 천상지향적인 그리스도인은 지상지향적인 그리스도인과 함께 길을 가지 못하는 법이다.

11절, 양털과 베실로 섞어 짠 것을 입지 말지니라

이것은 그 가르침으로 인한 결과, 행실, 열매 등이다. 양털은 자연스럽게 양에서 자라나온 것이다. 그것은 그야말로 성령으로 말미암아 믿음에 의해서 나오는 행실을 가리킨다고 할 수 있다. 그러나 베옷은 사람이 열심히 수고해서 만든 것이다. 이것은 율법의 행위를 가리킨다고 할 수 있다. 사람이 스스로 노력하여 만들어낸 산물이다. 그러한 베실과 양털을 섞어 짠 옷을 입지 말라는 것이다. 그럼에도 이러한 일은 오늘날 믿는이들 가운데서 쉽게 발견된다. 때로는 은혜로 행하지만 때로는 율법의 행위를 강조한다. 그러나 하나님께서는 그러한 일을 금하신다.

12절, 입는 겉옷 네 귀에 술을 만들지니라

겉옷 네 귀에 술을 만드는 것에 관해서는 민수기 15장에서 이미 보았다(38절). 어쨌든 이스라엘 백성은 선택되고 구별된 사람들로서 하나님의 백성, 하늘에 속한 백성이라는 표시가 그 행함에 나타나야 했다.

13-21절, 누구든지 아내를 취하여 그와 동침한 후에 그를 미워하여 14 비방거리를 만들어 그에게 누명을 씌워 가로되 내가 이 여자를 취하였더니 그와 동침할 때에 그의 처녀인 표적을 보지 못하였노라 하면 15 그 처녀의 부모가 처녀의 처녀인 표를 얻어 가지고 그 성읍문 장로들에게로 가

서 16 처녀의 아비가 장로들에게 말하기를 내 딸을 이 사람에게 아내로 주
었더니 그가 미워하여 17 비방거리를 만들어 말하기를 내가 네 딸의 처녀
인 표적을 보지 못하였노라 하나 보라 내 딸의 처녀인 표적이 이것이라 하
고 그 부모가 그 자리옷을 그 성읍 장로들 앞에 펼 것이요 18 그 성읍 장로
들은 그 사람을 잡아 때리고 19 이스라엘 처녀에게 누명 씌움을 인하여 그
에게서 은 일백 세겔을 벌금으로 받아 여자의 아비에게 주고 그 여자로 그
남자의 평생에 버리지 못할 아내가 되게 하려니와 20 그 일이 참되어 그
처녀에게 처녀인 표적이 없거든 21 처녀를 그 아비집 문에서 끌어내고 그
성읍 사람들이 그를 돌로 쳐 죽일지니 이는 그가 그 아비집에서 창기의 행
동을 하여 이스라엘 중에서 악을 행하였음이라 너는 이와 같이 하여 너의
중에서 악을 제할지니라

13절부터 21절까지는 어떤 남자가 자기 아내에게 처녀 때의 순결을 의심하는 경우 그 성읍 장로들에게 가서 재판 받는 규례를 말하고 있다. 만일 의심받던 여인의 처녀성이 확인이 되면 그 남편이 은 100세겔의 벌금을 내고 부부관계를 확고히 하라는 것이며 아내가 순결을 지키지 못했다면 돌로 쳐 죽임이 된다는 것이다. 이 말씀은 부부의 관계를 참되게 성립시키는 것이 성적 순결임을 증명하고 있다. 이것이 하나님의 백성들의 표준이요 의인 것이다. 어느 사회나 국가든지 그 도덕의 수준은 혼전 순결과 관계가 깊다. 이 말씀에서 하나님은 하나님의 백성 가운데 젊은 처녀들에게 결혼을 망치고 자신의 인생을 망치는 간음을 절대 피할 것을 강력히 경고하고 있다. 그런 일이 처음에는 숨기워졌다 하더라도 나중에 알려지면 씻을 수 없는 오욕을 남기고 일생을 망치게 된다. 하나님의 백성 가운데 젊은이들은 마땅히 젊을 때부터 거룩함으로 자신의 그릇을 순결하게 지켜야 한다. 이것은 하나님의 백성의 마땅한 성적 표준을 제시하는 가르침이다.

22-30절, 남자가 유부녀와 통간함을 보거든 그 통간한 남자와 그 여자를 둘 다 죽여 이스라엘 중에 악을 제할지니라 23 처녀인 여자가 남자와 약혼한 후에 어떤 남자가 그를 성읍 중에서 만나 통간하면 24 너희는 그 들을 둘 다 성읍문으로 끌어내고 그들을 돌로 쳐 죽일 것이니 그 처녀는 성읍 중에 있어서도 소리 지르지 아니하였음이요 그 남자는 그 이웃의 아내를 욕보였음이라 너는 이같이 하여 너의 중에 악을 제할지니라 25 만일 남자가 어떤 약혼한 처녀를 들에서 만나서 강간하였거든 그 강간한 남자만 죽일 것이요 26 처녀에게는 아무 것도 행치 말 것은 처녀에게는 죽일 죄가 없음이라 이 일은 사람이 일어나 그 이웃을 쳐 죽인 것과 일반이라 27 남자가 처녀를 들에서 만난 까닭에 그 약혼한 처녀가 소리 질러도 구원할 자가 없었음이니라 28 만일 남자가 어떤 약혼하지 아니한 처녀를 만나 그를 붙들고 통간하는 중 그 두 사람이 발견되거든 29 그 통간한 남자는 그 처녀의 아비에게 은 오십 세겔을 주고 그 처녀로 아내를 삼을 것이라 그가 그 처녀를 욕보였은즉 평생에 그를 버리지 못하리라 30 사람이 아비의 후실을 취하여 아비의 하체를 드러내지 말지니라

23-30절은 결혼한 남자이든 안한 남자이든 결혼한 남의 여자와 통간했을 경우는 둘 다 죽이라고 했다. 자의적으로 간음을 한 경우는 남녀 둘 다 죽임을 당하게 되어 있다. 불가항력으로 당한 경우는 강간에 해당됨으로 그 강간한 남자만 죽이도록 되어 있다. 만일 남자가 약혼하지 않은 처녀를 통간하였다면 그는 그 처녀의 아비에게 은 오십 세겔을 주고 그 처녀를 아내로 삼아야 한다. 이는 혼전 남자들의 성적인 방탕생활을 금하는 내용이다. 그러니 혼전 순결은 남자나 여자 모두에게 해당되는 것이다. 30절은 레위기 18장 8절과 마찬가지로 아비의 아내(후처)와 부정한 관계를 갖지 말 것을 금하고 있다.

이 구절들에서 모세는 이스라엘 백성들의 성적 표준을 다시 한 번 제시하고 하나님의 백성으로서의 거룩한 위치를 가르치고 있다. 앞으로 하나님의 교회가 이 땅에서 가져야 할 간증은 특히 성적으로 깨끗한 것이다. 우리는 자라나는 세대를 이러한 말씀에 근거하여 철저히 가르치기 바란다. 혼전에는 절대로 순결을 지키도록 해야 한다. 이것이 하나님의 원하시는 바이다.

신명기 23장

이 장은 여호와의 총회에 관한 말씀이다. 여호와의 총회는 순결과 거룩, 영예를 지닌 특징을 지녀야 한다. 이스라엘은 하나님의 제사장 나라로서 그분을 대표할 수 있어야 하기 때문이다. 그러기에 하나님의 거룩성에 위배된 모든 흠결을 지닌 사람들을 여호와의 총회로부터 제거하는 작업이 필요한 것이다. 그 외에 도망 온 종들을 합당하게 접대하라는 것(15,16절), 창기나 미동이 있어서는 안 된다는 것(17,18절), 이식을 취하지 말것(19,20절), 서원한 것을 반드시 이행할 것과 남의 포도원에 들어갔을 때의 문제를 다루고 있다. 이는 모두가 하나님의 백성들의 총회의 수준과 그들의 인격의 수준을 말해주는 것이다. 하나님의 백성들은 여러 가지 면에서 격(格)이 있어야 함을 말해준다.

1-6절, 신낭이 상한 자나 신을 베인 자는 여호와의 총회에 들어오지 못
하리라 2 사생자는 여호와의 총회에 들어오지 못하리니 십대까지라도 여
호와의 총회에 들어오지 못하리라 3 암몬 사람과 모압 사람은 여호와의
총회에 들어오지 못하리니 그들에게 속한 자는 십대뿐 아니라 영원히 여
호와의 총회에 들어오지 못하리라 4 그들은 너희가 애굽에서 나올 때에
떡과 물로 너희를 길에서 영접하지 아니하고 메소보다미아의 브돌 사람
브올의 아들 발람에게 뇌물을 주어 너희를 저주케 하려 하였으나 5 네 하

나님 여호와께서 너를 사랑하시므로 발람의 말을 듣지 아니하시고 그 저주를 변하여 복이 되게 하셨나니 6 너의 평생에 그들의 평안과 형통을 영영히 구하지 말지니라

사람이 여호와의 총회에 참여할 수 있음보다 더 큰 특권은 없는 것이다. 23장은 이스라엘 백성(거듭난 자)이라고 해서 다 여호와의 총회에 참여할 수 있는 것이 아님을 알려주시고 있으며 외인(거듭나지 못한 자)은 영원히 참여하지 못한다고 말씀하신다. 그런데 이방인이라도 들어올 수 있는 경우가 있다고 말씀하신다. 이는 에돔과 애굽의 경우인데 이는 이스라엘과 가까이 함께했던 경험이 있는 자들이기 때문이다(이는 유대인과 이방인의 한 몸된 복음 시대의 교회를 예표하고 있다). 이들은 육적인 그리스도인을 예표하는 바, 언젠가 좋아질 가능성이 있음으로 미워하지 말라고 명령하신다. 하나님은 그들이 '너희 형제니라'고 하신다. 여호와의 총회는 신약에서 말씀하고 있는 하늘에 기록한 장자들의 총회로 이해하면 될 것이다(히 12:23). 따라서 여호와의 총회에 참여할 수 있음은 사람으로서 가장 큰 영광을 얻음이다.

여호와의 총회에 들어오지 못하는 사람은 신낭이 상한 자나 신을 베인 자 그리고 사생자와 암몬 사람과 모압 사람이다. 신낭이 상하거나 신을 베인 자는 남자는 남자인데 남자의 구실을 할 수 없는 사람들이다. 신약에서 여호와의 총회는 교회로 볼 수도 있고 또는 하나님의 권익(權益)을 위해 서 있는 이기는 자의 무리라고 할 수도 있다.

그러한 여호와의 총회에 들어올 수 없는 사람은 첫째로 겉으로는 남자인데 남자 구실을 하지 못하는 사람이다. 신약으로 말하자면 겉보기에는 그리스도인인데 전혀 그리스도인의 표시도 없고 능력도 없는 그러한 사람이라고 할 수 있겠다. 그런 사람은 이름뿐인 그리스도인이다. 생명이 없고 생명의 씨앗을 갖고 있지도 않다. 죄 사함을 받았고 거듭났다고 말하는데 또 주님을 섬긴다고도 하는데 한 번도 생명이 느껴지지 않는 사람이 있다. 그런 사람은 실제적으로 여호와의 총회에 들어올 수 없다. 여호와의 총회는 생명의 사람들의 총회이다. 장자들의 총회이다. 그런 총회는 생명의 인식과 체험이 뚜렷해야 들어올 수 있다. 생명을 낳을 수 있는 생명의 확장과 번식력이 분명한 사람들의 총회이다. 그러면 사생자란 무엇인가? 족보가 분명하지 않은 사람이다. 어떻게 태어났는지 알 수 없는 사람이다. 말하자면 주님을 믿는다고 하는데 거듭남이 분명치 않고 헌신이 분명치 않다. 갈라디아서에서 말하듯이 '가만히 들어온' 사람이다. 오랫동안 함께 신앙생활을 하고 봉사도 했는데 뭔가 미심쩍고 부르심이 분명치 않아 보이는 사람이 있다. 그런 사람이 사생자이다.

그 다음은 모압 사람과 암몬 사람이다. 물론 모압 사람과 암몬 사람은 하나님의 부르심을 받은 족속이 아니다. 그들은 롯이 근친상간을 통해 낳은 사람들이다. 하나님께서 갈대아 우르에서 아브라함을 부르셨지 롯을 부르신 것이 아니다. 그는 다만 삼촌을 따라서 나왔을 뿐이다. 그들은 다만 사람을 따라 믿음생활을 하는 사람들이다. 영적인 길을 가는 것이 아니라 사람들과 다만 육적인 관계를 맺고 육의 길을 간다. 결국 이런 사람들은 영적인 사람들과 영의 길을 가는 사람들을 핍박하고 길을 가는 것을 방해한다. 이러한 롯의 후손들이 바로 암몬과 모압이다. 이들은 어떤 사람들인가? 이스라엘 백성들이 애굽에서 나올 때 떡과 물로 그들을 영접지 않았다. 그리고 길을 내주지 않아서 멀리 돌아가게 만들었다. 또 브올의 아들 발람에게 뇌물을 주어 이스라엘을 저주하게 했다. 이들 마음속에는 하나님의 선민에 대한 미움이 가득했다. 이런 사람들은 영원히 여호와의 총회에 들어오지 못한다고 하셨다. 6절에서는 하나님께서 그들에 대해 "너의 평생에 그들의 평안과 형통을 영영히 구하지 말지니라"고 하신다. 말하자면 그들은 이스라엘의 원수이다.

7-8절, 너는 에돔 사람을 미워하지 말라 그는 너의 형제니라 애굽 사람을 미워하지 말라 네가 그의 땅에서 객이 되었었음이니라 8 그들의 삼대 후 자손은 여호와의 총회에 들어올 수 있느니라

민수기 20장을 보면 에돔 사람도 모압, 암몬 사람과 거의 비슷하게 그들을 어렵게 했다. 사실 에돔 사람도 이스라엘의 피곤한 노정에서 그들을 도와주지도 않고 길도 내주지 않고 오히려 그들을 공격하고 괴롭힌 사람들이다. 그런데도 하나님께서는 이스라엘에게 에돔 사람을 미워하지 말라고 하셨다. 그가 형제이기 때문이다. 이 에돔은 원래 이삭을 맏아들로서 야곱의 형제이다. 그러니까 이스라엘과는 형제간인 셈이다. 또 애굽 사람을 미워하지 말라고 하셨는데, 애굽은 이스라엘이 그 땅에서 객이 되어 신세를 많이 진 땅이기 때문이다. 그리고 그들의 삼대 후 자손은 여호와의 총회에 들어올 수 있다고 했다. 애굽이나 에돔 사람이 이스라엘 백성 가운데 거한다면 삼대쯤 지날 때 그들의 습관과 관념이 바뀔 수 있다고 보면 되겠다.

9-14절, 네가 대적을 치러 출진할 때에 모든 악한 일을 스스로 삼갈지니 10 너희 중에 누가 밤에 몽설함으로 부정하거든 진 밖으로 나가고 진 안에 들어오지 아니하다가 11 해 질 때에 목욕하고 해 진 후에 진에 들어올 것이요 12 너의 진 밖에 변소를 베풀고 그리로 나가되 13 너의 기구에 작은 삽을 더하여 밖에 나가서 대변을 통할 때에 그것으로 땅을 팔 것이요 몸을 돌이켜 그 배설물을 덮을지니 14 이는 네 하나님 여호와께서 너를 구원하시고 적군을 네게 붙이시려고 네 진 중에 행하심이라 그러므로 네 진을 거룩히 하라 그리하면 네게서 불합한 것을 보시지 않으므로 너를 떠나지 아니하시리라

10절에서 13절까지는 사람의 몸에서 어떤 배설물이 나왔을 때에 대한 내용이다. 그러한 것들이 자기가 의도한 것이 아닐지라도, 즉 자기가 의도적으로 지은 죄가 아닐지라도 작은 부정이라도 몸에 지니고 있지 말라는 것이다. 이것은 하나님의 백성의 순결성을 지키는 문제와 관계된다. 하나님은 그분의 백성들 가운데 모든 종류의 순결을 요구하신다. '성도들'은 그 말 자체가 '거룩한 자들'이다. 그들이 거룩하지 않다면 하나님은 그들과 함께하려 하지 않으신다. 하나님이 거하시는 성전이 거룩해야 함은 당연한 것이다. 고린도 전서 3장 16-17절은 "너희가 하나님의 성전인 것과 하나님의 성령이 너희 안에 거하시는 것을 알지 못하느뇨 누구든지 하나님의 성전을 더럽히면 하나님이 그 사람을 멸하시리라 하나님의 성전은 거룩하니 너희도 그러하니라"고 한다. 우리가 만일 거룩성을 상실한다면 우리는 하나님을 모실 수 없게 된다.

먼저 우리가 알아야 할 것이 있다. 하나님은 우주 어디나 편재하시지만(무소부재), 특별히 임재하시는 곳이 있다는 것이 성경의 계시이다. 특히 교회가 군사로서 하나님의 대적을 쳐부수어야 할 때 구약 성서에 보면 이스라엘이 합당한 영성의 상태에 놓일 때 하나님은 그들과 함께 하셨다. 하지만 그들의 마음이 하나님에게서 떠날 때 하나님은 그분의 임재를 그들에게서 거두셨다. 그러했기에 제사장 엘리 시대에 그들은 언약궤마저 빼앗기는 형편에 처했다. 교회가 오늘날 이 땅에 존재하는 지고의 목적이 무엇인가? 여러분은 '복음을 전하기 위한 것이다, 선한 일을 하기 위한 것이다, 빛과 소금이 되기 위한 것이다' 등 많은 말을 할 것이다. 그러나 가장 중요한 것이 무엇인가? 그것은 하나님이 사람들과 함께 하시기 위한 것이다. 이것이 지고한 하나님의 목적이다. 그분이 함께 하셔야 복음도 전해지고 대적도 물리쳐지며 그분의 빛도 나타내게 된다. 그분이 함께하시지 않으면(이가봇의 상황), 아무것도 이루어지지 않는다.

이 구절들, 특히 9절부터는 이스라엘이 대적을 치러 나갈 때를 말하고 있다. 그럴 때 가장 중요한 것이 무엇이란 말인가? 그것은 부정을 처리하는 문제이다. 작은 부정이라도 해결하지 않으면 그분의 함께 하심을 잃는다는 말씀이다. 그것은 하나님께서 그분의 백성과 함께 싸우러 나가기 위해 그들의 진이 거룩해야 한다는 것을 가르치는 것이다. 몽설한 것까지 처리해야 함은 그분의 백성에게 요구하시는 하나님의 표준이 매우 높다는 것을 뜻한다. 여기서 몽설(nocturnal emission)이라함은 레위기 15장 18절에 있는 설정(seminal emission)과 같은 말이다.

70인 역(LXX)은 이 몽설을 밤 동안의 유출(nocturnal emission)로 번역을 하였고, 영어 번역본(Living Bible)은 밤 동안의 남성의 정액의 유출(seminal emission)로 번역하였다. 결국 본절은 남자들이 밤에 성적인 꿈을 꾼다든가 기타 다른 사유로 인하여 무의식 가운데 발생하는 정액의 유출을 가리킴을 알 수 있다(호크마 주석). 오늘날 이런 현상은 남성의 생리상 지극히 자연스러운 현상으로 여겨짐에도 구약에서는 부정으로 여겼다. 이는 그 일이 의도가 없었던 생리 현상일지라도 남성들에게 그렇게 정결한 느낌을 주지 못하기 때문이다. 거의 무의식일지라도 거기에는 성적인 부정이 가미될 소지가 있는 것이다. 이는 하나님의 지극히 높으신 거룩함에는 거리가 먼 것이 확실하다. 하나님은 너무나 거룩하시므로 이스라엘 백성 가운데 거하시기 위해서는 그들의 아주 작은 부정조차도 제하고 깨끗케 하기를 원하신다.

주 예수께서 이 땅에 계실 때 그분은 부족한 제자들과 늘 함께하셨다. 그러던 어느 날 그분은 떠나지 않으면 안 되는 상황에 이르렀고 그 때 제자들에게 한 가지 일을 행하셨는데 그것이 바로 발을 씻어주시는 것이었다(요 13장 참조). 주님이 이 땅에 계실 때는 그분이 제자들의 잘못을 고쳐주시면서 늘 함께하셨지만 떠나시면서 제자들과 육신적으로 함께 하시지 못할지라도 늘 성령으로 함께 하실 수 있는 길을 그들에게 가르쳐주셨다. 무엇이 그분과의 관계성에 영향을 주는가? 그것은 큰 죄들이 아니었다. 그들은 이미 주 예수를 믿음으로 사함을 받은 자들이었으며 따라서 온 몸이 깨끗한 자들로 인정되었다(요 13:10). 그러나 주님은 이 세상이 먼지로 가득찬 세상임을 아셨으며 제자들이 여전히 광야의 길을 걸어 가다보면 발에 먼지가 묻게 되고 그 먼지가 깨끗케 되지 않는 한 그들은 주님을 모실 수 없다는 사실을 가르치신 것이다. 그러므로 주님은 주님의 씻어주심을 거절하는 베드로에게 "내가 너를 씻기지 아니하면 네가 나와 상관이 없느니라"고 하신 것이다. 우리가 주님과 늘 상관이 있기 위해서는 작은 먼지들일지라도 말끔히 씻을 필요가 있는 것이다. 주님은 그 발을 씻기는 일을 주님만 하시는 것이 아니라 우리도 서로 씻어주어야 한다고 말씀하셨다(요 13:14). 이는 서로가 주님과 연결되도록 도와주는 섬김인 것이다. 이렇게 씻음을 통해서 우리는 주님과 늘 함께함을 잃지 않을 수 있다.

신약 고린도 전서 3장에서는 "너희가 하나님의 성전인 것과 하나님의 성령이 너희 안에 거하시는 것을 알지 못하느뇨"(16절)라고 했다. 우리는 개인적으로든 단체적으로든 하나님의 성전으로서 하나님을 모시는 사람들이다. 이것은 가장 귀한 일이다. 그런데 여기서 우리에게 시사해주는 것은 하나님은 조금이라도 부정하고 더러운 것들을 지니고 있는 사람들 가운데는 거하지 않으신다는 것이다. 민수기 5장에서도 유출병이나 문둥병이나 주검으로 부정케 된 자들은 진에서 내보내라고 했다. 그런 자들은 진을 더럽히기 때문이다. 하나님께서는 부정한 진 가운데에는 거하실 수 없다. 성도들로서의 가장 큰 특권은 주 하나님이 우리 회중 가운데 거하시며 함께 행하시게 하는 것이다. 하나님은 개인 안에 거하실 뿐 아니라(롬 8장 참조), 회중(교회) 중에 계시며 함께 움직이신다. 물론 성령으로다. "너희가 하나님의 성전인 것과 하나님의 성령이 너희 안에 거하시는 것을 알지 못하느냐"(고전 3:16).

사랑하는 성도 여러분, 우리는 하나님의 백성으로서 그분을 모시기 위해 대충 거룩해서는 안 된다. 작은 일들 가운데서 거룩과 순결과 도덕적인 질서를 지키지 않는다면 우리는 자칫 하나님의 임재를 잃어버리게 되며 하나님이 더 이상 우리와 함께 전진하지 않으시게 된다. 이는 너무나 심각한 한 가지 일이다. 하나님께서 교회 중에 거하시며 적을 물리치기 위해 함께 싸워주시며 행하여 주시는 것보다 더 중요한 것이 있는가? 없다. 따라서 하나님께서 우리에게 요구하시는 거룩의 표준은 높으며 섬세한 부분까지 미친다. 또 하나님은 신약의 성도들인 우리가 그러한 수준에 도달할 수 있기 때문에 말씀하시는 것이다. 따라서 우리는 성령의 임재를 갖기 위해 늘 주의하고 조심하여 생활하지 않으면 안 되며 개인적으로나 단체적으로 성령께 권위를 드리며 성령을 소멸치 않는 생활을 해야 한다(살전 5:19).

하나님은 교회 중에 계신다

하나님이 편재하신 분이지만 그분은 특별히 그분의 사랑의 임재를 교회에 나타내신다. 이사야 27장 3절은 "나 여호와는 포도원지기가 됨이여 때때로 물을 주며 밤낮으로 간수하여 아무든지 상해하지 못하게 하리로다"라고 하신다. 그분은 교회를 그분의 포도원으로 삼으셨고 마치 사람이 자신의 정원이나 포도원을 즐겨 가꾸듯이 항상 보시며 관리하신다. 따라서 사람들이 하나님을 찾으려 한다면 교회 안에서 역사하시는 하나님을 찾아야 할 것이다. 그분은 시편 132편 13-15절에서 "여호와께서 시온을 택하시고 자기 거처를 삼고자 하여 이르시기를 이는 나의 영원히 쉴 곳이라 내가 여기 거할 것은 이를 원하였음이라 내가 이 성의 식료품에 풍족히 복을 주고 양식으로 그 빈민을 만족케 하리로다"라고 하시며 특별히 시온인 교회를 그분의 거처로 삼으신다고 하셨다. 왜 하나님은 이스라엘을 광야로 이끄시고 성막을 짓게 하셨는가? 그분은 그들 가운데 언약궤를 두시고 그분의 임재를 그들 가운데 두기를 원하셨다. 하나님은 아모스 3장 2절에서 "내가 땅의 모든 족속 중에 너희만 알았나니"라고 하신다. 당신이 만일 주님의 돌보심을 받기 원한다면 그분이 항상 존재하시는 교회 안에 자신을 두기 바란다.

에베소서 5장 29-30절은 "누구든지 언제든지 제 육체를 미워하지 않고 오직 양육하여 보호하기를 그리스도께서 교회를 보양함과 같이 하나니 우리는 그 몸의 지체임이니라"고 말한다. 주님은 그분의 몸인 교회를 보양하신다고 말한다. 하나님의 말씀은 어떤 사람이 자기 육체를 미워하겠느냐고 반문하시는 것이다. 당신이 만일 그리스도의 육체의 일부가 된다면 하나님의 돌보심에 관한한 문제가 없다.

부활하신 주 예수님은 제자들(교회)에게 "내가 세상 끝날까지 항상 너희와 함께 있으리라"고 말씀하신다. 가룟인 아닌 유다는 주님께 물었다. "주여 어찌하여 자기를 우리에게는 나타내시고 세상에게는 아니하려 하시나이까"(요 14:22). 주님은 어디에서나 자신을 나타내시는 것이 아니다. 그분은 당신의 사람들에게 그분 자신을 나타내신다. 결론적으로 성경을 통해 알 수 있는 것은 그분의 불꽃같은 눈은 오직 하나님의 교회들에 집중되어 있다는 것이다(계 1-3장 참조). 그러므로 하나님은 그분의 사랑하시는 교회에 거하시기 위해 이렇게 수준 높은 거룩을 요구하시는 것이다. 그분이 항상 거하시고자 하시기 때문이다. 만일 교회가 그분의 수준에 이르지 못할 때 그분은 그분의 임재를 거두기도 하시는데 사무엘상 말씀에는 이를 '이가봇'이라고 했다(삼상 4:21). 하나님은 시기하기까지 사랑하시기에 만일 교회가 거룩을 상실하여 그분의 임재를 거두게 한다면 커다란 징계를 당할 수도 있는 것이다(고전 11:30).

15-16절, 종이 그 주인을 피하여 네게로 도망하거든 너는 그 주인에게로 돌리지 말고 16 그가 너의 성읍 중에서 기뻐하는 곳을 택하는 대로 너와 함께 네 가운데 거하게 하고 그를 압제하지 말지니라

어떤 노예가 주인을 피해 도망갔다고 할 적에 그 주인이 도망간 노예를 붙잡는다면 얼마나 심하게 그를 다루겠는가? 그렇기 때문에 그를 주인에게 돌리지 말라는 것이다. 이것 또한 인정과 자비이다. 그럴 때에는 그 사람이 기뻐하는 곳을 택하는 대로 너와 함께 네 가운데 거하게 하고 그를 압제하지 말라고 했다.

17-18절, 이스라엘 여자 중에 창기가 있지 못할 것이요 이스라엘 남자 중에 미동이 있지 못할지니 18 창기의 번 돈과 개 같은 자의 소득은 아무 서원하는 일로든지 네 하나님 여호와의 전에 가져오지 말라 이 둘은 다 네 하나님 여호와께 가증한 것임이니라

이 모든 것들은 선택된 하나님의 백성의 구별된 표시이다. 하나님의 백성들 가운데는 창기나 미동이 있을 수 없다는 말이다. 하나님의 나라는 사회가 깨끗해야 하고 하나님께 드리는 물질이 깨끗해야 한다는 가르침이다. 오늘날도 신약의 믿는이들은 직장이 바람직하여 소득이 깨끗하고 정당한 것으로 돈을 벌어 주님께 드리고 자신의 생계를 유지하는 것이 필요하다. 오늘 이 땅의 교회의 모습이 이러해야 하며, 이는 또한 장래 의와 거룩으로 충만한 천국을 예상하게 해준다.

19-20절, 네가 형제에게 꾸이거든 이식을 취하지 말지니 곧 돈의 이식, 식물의 이식, 무릇 이식을 낼만한 것의 이식을 취하지 말 것이라 20 타국인에게 네가 꾸이면 이식을 취하여도 가하거니와 너의 형제에게 꾸이거든 이식을 취하지 말라 그리하면 네 하나님 여호와께서 네가 들어가서 얻을 땅에서 네 손으로 하는 범사에 복을 내리시리라

형제에게 돈이나 물건을 꾸어주고 이자를 받으면 하나님께서 그에게 복을 주시지 않는다고 하신다. 하나님은 그분의 백성들에게 복을 내리시기를 원하신다. 그러나 그 조건들은 하나님 아버지를 닮아 사람들에게 관용과 자비를 베푸는 것이다.

21-25절, **네 하나님 여호와께 서원하거든 갚기를 더디 하지 말라 22 네 하나님 여호와께서 반드시 그것을 네게 요구하시리니 더디면 네게 죄라 네가 서원치 아니하였으면 무죄하니라마는 23 네 입에서 낸 것은 그대로 실행하기를 주의하라 무릇 자원한 예물은 네 하나님 여호와께 네가 서원하여 입으로 언약한 대로 행할지니라 24 네 이웃의 포도원에 들어갈 때에 마음대로 그 포도를 배불리 먹어도 가하니라 그러나 그릇에 담지 말 것이요 25 네 이웃의 곡식밭에 들어갈 때에 네가 손으로 그 이삭을 따도 가하니라 그러나 네 이웃의 곡식밭에 낫을 대지 말지니라**

서원한 것은 반드시 갚아야 하며 입으로 낸 것은 그대로 실행하기를 주의하라고 하신다. 그리고 이웃의 포도원에 들어갈 때에 마음대로 그 포도를 배불리 먹어도 가하지만 그릇에 담아오지는 말며 곡식밭에 들어갈 때 손으로 이삭을 따는 것은 가하지만 낫을 가지고 가서 베면 안 된다. 이것은 다 의의 문제이다. 남의 것을 마치 자기 것인 양 임의로 해서는 안 되는 것이다. 이런 것을 정확하게 구분할 수 있어야 한다.

신명기 24장

24장은 이혼에 관한 문제(1-4절), 새로 결혼한 사람에 대한 아내에 대한 책임을 다하는 문제(5절), 담보물에 대한 문제(6, 10-13절), 유괴범 처벌법(7절), 문둥병에 대한 규례(8-9절), 약자와 가난한 자에 대한 규례(14-22절)등을 말한다. 전체적으로 하나님의 백성으로서의 가져야 할 성품의 문제를 다룬다. 겉으로 볼 때 1-4절에서 조건 성립시 이혼을 허락하는 것 같으나 실제적으로 그 원래의 말씀의 정신은 여자의 인격과 인권을 지켜주기 위한 것이다. 새로 결혼한 남편에게 주는 말씀도 잘 읽으면 시집온 아내를 위해 즐겁게 해주라는 것이다. 모두가 이스라엘의 정상적이고 합당한 인간생활을 위한 것이며 악한 죄악을 멀리해야 한다는 것이다. 즉 하나님의 백성들 가운데 있어야 할 인간성과 없어야 할 악들을 말하고 있다.

1절, 사람이 아내를 취하여 데려온 후에 수치되는 일이 그에게 있음을 발견하고 그를 기뻐하지 아니하거든 이혼 증서를 써서 그 손에 주고 그를 자기 집에서 내어보낼 것이요

이것은 신약에서 사두개인들과 바리새인들이 예수님께 와서 문제를 제기한 바 있는 내용이다. 모세는 율법에서 이혼증서를 주어 아내를 내어보낼 수 있다고 했는데 당신은 어떻게 말하겠느냐고 한 것이다. 여기서 말한 수치스러운 일이 무엇인지는 잘 모르겠지만 간음은 아니다. 간음은 자동적으로 이혼 사유가 되기 때문이다. 아마 좋지 않은 습성, 즉 도벽이나 게으름과 같은 것이 아닌지 모르겠다. 그럴 때 그 남편은 이혼증서를 써서 그 손에 주고 그를 자기 집에서 내보내라고 했다.

2-4절, 그 여자는 그 집에서 나가서 다른 사람의 아내가 되려니와 3 그 후부도 그를 미워하여 이혼 증서를 써서 그 손에 주고 그를 자기 집에서 내어보냈거나 혹시 그를 아내로 취한 후부가 죽었다 하자 4 그 여자가 이미 몸을 더럽혔은즉 그를 내어보낸 전부가 그를 다시 아내로 취하지 말지니 이 일은 여호와 앞에 가증한 것이라 네 하나님 여호와께서 네게 기업으로 주시는 땅으로 너는 범죄케 말지니라

그러한 일은 그들에게 기업으로 주신 땅을 더럽히는 행위라고 하셨다. 이 말씀은 여인이 이혼을 당한 후에 개가할 수 있음을 말하며 다만 전 남편은 그녀를 다시 취할 수 없다는 말씀이다. 이는 그녀가 이미 몸을 더럽혔기 때문이요 그러므로 본 남편이 그녀를 다시 취함은 간음하는 것이다(마 5:32). 하나님은 이런 일들을 가증하게 보시며 기업으로 주신 땅을 더럽히는 일로 보신다.

5절, 사람이 새로이 아내를 취하였거든 그를 군대로 내어 보내지 말 것이요 무슨 직무든지 그에게 맡기지 말 것이며 그는 일 년 동안 집에 한가히 거하여 그 취한 아내를 즐겁게 할지니라

이것은 다 하나님께서 사람의 정상적인 성정을 배려하시는 말씀이다. 그분은 인간으로서 지켜야 할 기본적인 도리를 간과하지 않으시는 것이다. 신혼초의 부부의 생활을 세심하게 관심하시며 이는 특히 새로

시집온 아내에 대한 배려이다. 새로 결혼한 부부의 경우 남편을 군대로 끌어가거나 너무 무거운 직무를 맡기면 그 아내가 시집와서 즐거워하지 못한다는 말씀이다. 이로서 우리는 하나님께서 하나님의 백성의 혼전 순결부터 신혼생활까지 모두 관심하신다는 것을 알 수 있다. 진실로 하나님은 창조주시요 자상하신 하늘의 아버지이시다.

6절, 사람이 맷돌의 전부나 그 위짝만이나 전집하지 말지니 이는 그 생명을 전집함이니라

어떤 사람이 돈을 꾸어주면서 물건을 전당잡는다고 할 때 맷돌을 전부나 그 위짝을 전집하지 말라고 했다. 당시 이스라엘 백성들에게는 가정 집기들 중에서 가장 아쉬운 물건이 맷돌이었을 것이다. 그것이 없이는 음식을 하기가 어렵기 때문이다. 가령 오늘 어떤 사람이 택시 운전사에게 돈을 꾸어주고서 택시를 전당잡는다고 하자. 그것이 바로 여기에서 말하는 맷돌의 전부나 위짝을 전당잡는 것이다. 그럴 때 그 사람은 그날부터 먹고 살 길이 없게 된다. 이렇게 하는 사람은 매정한 사람이다. 하나님의 백성은 결코 매정하거나 무자비해서는 안 된다.

7절, 사람이 자기 형제 곧 이스라엘 자손 중 한 사람을 후려다가 그를 부리거나 판 것이 발견되거든 그 후린 자를 죽일지니 이같이 하여 너의 중에 악을 제할지니라

여기의 '후린다'는 말은 유괴한다(kidnapping)는 뜻이다. 이스라엘 사람들 가운데 유괴 사건이 있을 때 유괴한 그 사람을 죽여서 그들 가운데 악을 제하라고 했다.

8절, 너는 문둥병에 대하여 삼가서 레위 사람 제사장들이 너희에게 가

르치는 대로 네가 힘써 다 행하되 곧 내가 그들에게 명한 대로 너희는 주의하여 행하라

문둥병에 대해서는 레위기 13장과 14장을 참고하시기 바란다(〈레위기 강해서〉 참조).

9절, 너희가 애굽에서 나오는 길에서 네 하나님 여호와께서 미리암에게 행하신 일을 기억할 지니라

이것은 하나님께서 문둥병에 관하여는 아주 철저하게 다루신다는 것을 시사한다. 미리암은 당시 권위자 모세를 비방하다가 문둥병에 걸려 칠 일간 진 밖에 있었으며 온 이스라엘 백성은 그로 인해 칠 일간 진행하지 못하고 머물러 있었다.

10-13절, 무릇 네 이웃에게 꾸어줄 때에 네가 그 집에 들어가서 전집물을 취하지 말고 11 너는 밖에 섰고 네게 꾸는 자가 전집물을 가지고 나와서 네게 줄 것이며 12 그가 가난한 자여든 너는 그의 전집물을 가지고 자지 말고 13 해 질 때에 그 전집물을 반드시 그에게 돌릴 것이라 그리하면 그가 그 옷을 입고 자며 너를 위하여 축복하리니 그 일이 네 하나님 여호와 앞에서 네 의로움이 되리라

돈을 꾸어가는 사람일지라도 그를 인격적으로 존중하는 방식으로 대하라는 말씀이다. 그리고 그가 가난한 사람이라면 전집물을 가지고 자지 말고 해 질 때에는 반드시 그에게 돌려주라고 하신다. "그리하면 그가 그 옷을 입고 자며 너를 위하여 축복하리니 그 일이 네 하나님 여호와 앞에서 네 의로움이 되리라". 우리가 반드시 기억해야 할 것은 가난하고 비천한 사람들, 남의 돈을 꾸어서 연명할 수밖에 없는 사람들의 기도를 하나님께서 들으신다는 것이다. 그들이 축복할 때 하나님께서는 그들의 축복하는 말을 듣고 그 일을 의로 여기신다.

14-15절, 곤궁하고 빈한한 품꾼은 너의 형제든지 네 땅 성문 안에 우거하는 객이든지 그를 학대하지 말며 15 그 품삯을 당일에 주고 해진 후까지 끌지 말라 이는 그가 빈궁하므로 마음에 품삯을 사모함이라 두렵건대 그가 너를 여호와께 호소하면 죄가 네게로 돌아갈까 하노라

품꾼을 부리는 주인들은 가난한 품꾼들을 학대하면 안 된다. 그리고 품삯을 해 진 후까지 끌지 말고 당일에 주어야 한다. 왜냐하면 그들은 너무 빈궁해서 품삯을 마음에 사모하기 때문이다. 그들이 만일 빈손으로 슬프게 집에 돌아가 먹을 것도 없어서 하나님께 호소한다면 그 죄가 그 품꾼을 부린 주인에게 돌아간다고 했다. 이것은 참으로 가난한 자들을 생각하시고 보살피시는 하나님의 마음을 보여준다. 하나님의 말씀은 그분의 생명의 설명이기도 하다. 우리는 속에 그리스도의 생명을 얻었으며 그 생명의 율에 따라 사는데 이런 말씀은 밖의 확증이 되며 지표가 되는 말씀들로 읽을 필요가 있다.

16절, 아비는 그 자식들을 인하여 죽임을 당치 않을 것이요 자식들은 그 아비를 인하여 죽임을 당치 않을 것이라 각 사람은 자기 죄에 죽임을 당할 것이니라

아비나 자식이나 다 별개의 인격체이므로 자식이 잘못했다고 해서 아비에게까지 죄를 묻지 않는다는 것이다. 아비든 자식이든 하나님 앞에서 각자 책임을 져야 한다. 과거 우리나라에서는 한 사람이 반역죄를 범하면 삼족을 멸했다. 그러나 하나님의 법도는 다르다. 아비는 자식 때문에 죽임을 당하지 않고 자식은 아비로 인해 죽임을 당하지 않는다.

17절, 너는 객이나 고아의 송사를 억울하게 말며 과부의 옷을 전집하지 말라

우리 하나님은 고아와 과부의 하나님이시다. 우리가 말씀을 읽다 보면 하나님께서는 부유하고 부족함이 없는 사람들보다는 가난한 자, 품꾼, 부림을 당하는 자, 옷을 전당잡히는 자들 편에 서시는 것 같다.

18절, 너는 애굽에서 종이 되었던 일과 네 하나님 여호와께서 너를 거기서 속량하신 것을 기억하라 이러므로 내가 네게 이 일을 행하라 명하노라

이스라엘 사람들도 과거에 그렇게 종 된 적이 있었다. 그때 하나님께서 그들을 속량해서 이렇게 잘 살게 되었기 때문에 그 시절을 생각해서라도 그런 사람들을 잘 보살펴 주고 야박하게 대하거나 압제하지 말라는 말씀이다.

19절, 네가 밭에서 곡식을 벨 때에 그 한 뭇을 밭에 잊어버렸거든 다시 가서 취하지 말고 객과 고아와 과부를 위하여 버려두라 그리하면 네 하나님 여호와께서 네 손으로 하는 범사에 복을 내리시리라

이것 또한 하나님의 후하심을 나타낸다. 따라서 하나님의 자녀는 야박해서는 안 된다. 사실 그리스도인 되기가 그리 쉬운 게 아니다. 어떤 사람은 자기가 정확하고 분명하게 계산할 줄 아는 것을 자랑하고 한 푼도 손해 보지 않은 것을 자랑하지만 하나님께서는 그렇게 하는 것을 별로 좋아하지 않으신다. 곡식을 베다가 한 뭇을 밭에 잊어버렸다면 다시 가서 취하지 말고 객과 고아와 과부를 위하여 그냥 버려두라고 하신다. 하나님의 자녀들은 하나님을 닮아 넉넉한 성품을 가져야 한다는 말씀이다.

20-22절, 네가 네 감람나무를 떤 후에 그 가지를 다시 살피지 말고 그 남은 것은 객과 고아와 과부를 위하여 버려두며 21 네가 네 포도원의 포도를 딴 후에 그 남은 것을 다시 따지 말고 객과 고아와 과부를 위하여 버려두라 22 너는 애굽 땅에서 종 되었던 것을 기억하라 이러므로 내가 네게 이 일을 행하라 명하노라

감람나무를 떤 후에나 포도원의 포도를 딴 후에 그 남은 것을 다시 따지 말라고 하신다. 이것도 고아와 과부들을 배려하심이다. 사실 이스라엘 백성들도 비참하게 살던 때가 있었는데 지금 와서 좀 잘 살게 되었다고 해서 예전 형편을 다 잊어버리고 고아나 과부나 나그네들을 압제하거나 그들을 야박하게 대해서는 안 된다는 것이다. 저들도 전에 나그네였고 고아처럼 살던 시절이 있었으니 그러한 사람들의 심정을 알고 헤아려 주라는 말씀이다. 어쨌든 하나님의 마음은 고아와 과부와 나그네에게 있으며 그들을 보살피고자 하신다.

신명기 25장

25장은 특별히 하나님의 백성들의 공정성 문제를 제시한다. 재판의 공정성 문제와 악인에게 태형을 집행할 때도 도를 넘어서는 안 된다는 것(1-3절), 곡식 떠는 소를 잘 대우하라는 율법(4절), 계대 결혼 제도(5-10절), 정숙하지 못하게 남편의 싸움에 끼어든 여자에 대한 처벌(11-12절), 도량형을 공정하게 가질 것(13-16절), 아말렉의 진멸에 대하여(17-19절) 말한다. 모든 것이 하나님의 백성들의 수준과 격을 말해준다.

1절, 사람과 사람 사이에 시비가 생겨서 재판을 청하거든 재판장은 그들을 재판하여 의인은 의롭다 하고 악인은 정죄할 것이며

하나님의 백성들 가운데 옳고 그름의 시비가 생겨 재판을 청하거든 의인은 의롭다 하고 악인은 정죄하라고 했다. 하나님의 백성들은 의인은 의롭다 하고 악인은 정죄해야지 사건을 흐리멍덩하게 처리하거나 치우치게 판결해서는 안 된다는 것이다.

2-3절, 악인에게 태형이 합당하거든 재판장은 그를 엎드리게 하고 그 죄의 경중대로 여수히 자기 앞에서 때리게 하라 3 사십까지는 때리려니와

그것을 넘기지는 못할지니 만일 그것을 넘겨 과다히 때리면 네가 네 형제로 천히 여김을 받게 할까 하노라

이것은 형벌 조항들이다. 태형에 대하여 40대까지 때릴 수 있다고 했다. 이 법에 따라 바울은 사십에서 하나 감한 매를 세 번이나 맞았다. 여기서 만일 어떤 악인에게 태형이 합당하거든 엎드리게 하고 때리되 감정과 악의를 가지고 사십 대 이상 때리지는 말라고 했다. 그래서 그들은 사십을 넘기지 않기 위해서 아예 하나를 감해서 서른 아홉 대를 때린 것이다. 하나님의 말씀은 악인에게 형벌을 내릴 때조차도 여전히 사랑과 긍휼을 보이신다.

4절, 곡식 떠는 소의 입에 망을 씌우지 말지니라

이에 대해서는 신약 디모데 전서 5장과 고린도 전서 9장에서도 언급하고 있다. 복음 전하는 사람들, 하나님의 일을 하는 사람들은 성도들로부터 물질적인 공급을 받을 수 있다는 뜻이다. 소가 곡식 떠는 일을 하고 있는데 입에 망을 씌워 먹지 못하게 하는 것은 매우 잔인한 것이다. 그러한 처사는 하나님의 성품을 닮은 것이 아니다.

5-6절, 형제가 동거하는데 그 중 하나가 죽고 아들이 없거든 그 죽은 자의 아내는 나가서 타인에게 시집가지 말 것이요 그 남편의 형제가 그에게로 들어가서 그를 취하여 아내를 삼아 그의 남편의 형제 된 의무를 그에게 다 행할 것이요 6 그 여인의 낳은 첫 아들로 그 죽은 형제의 후사를 잇게 하여 그 이름을 이스라엘 중에서 끊어지지 않게 할 것이니라

아들 없이 세상을 뜬 형이나 동생을 위하여 그 형제 중에서 누군가 그 미망인을 취해서 아내를 삼고 후사를 두어야 한다는 법이다. 마태복음 22장에서 사두개인들은 이 말씀에 근거하여 주님께 물었다. 그들은 부활을 부인했기 때문에 그런 우매한 질문을 하여 주 예수님을 올무에 걸리게 하려 한 것이다. 어쨌든 이스라엘 백성에게는 이러한 특별한 실행이 있었다. 그것은 이스라엘 열두 지파에게 각각 나눠준 기업의 땅을 그 지파 안에 보존하기 위한 것이었다. 룻기에서 보아스와 룻은 바로 이러한 원칙 때문에 결합된 경우이다.

7-10절, 그러나 그 사람이 만일 그 형제의 아내 취하기를 즐겨하지 아니하거든 그 형제의 아내는 그 성문 장로들에게로 나아가서 말하기를 내 남편의 형제가 그 형제의 이름을 이스라엘 중에 잇기를 싫어하여 남편의 형제 된 의무를 내게 행치 아니하나이다 할 것이요 8 그 성읍 장로들은 그를 불러다가 이를 것이며 그가 이미 정한 뜻대로 말하기를 내가 그 여자 취하기를 즐겨 아니하노라 하거든 9 그 형제의 아내가 장로들 앞에서 그에게 나아가서 그의 발에서 신을 벗기고 그 얼굴에 침을 뱉으며 이르기를 그 형제의 집 세우기를 즐겨 아니하는 자에게는 이같이 할 것이라 할 것이며 10 이스라엘 중에서 그의 이름을 신 벗기운 자의 집이라 칭할 것이니라

어떤 사람이 자기 형제가 죽었을 때 그 아내를 취하여 그 형제의 대를 잇게 해야 하는데 그렇게 하기가 싫은 것이다. 그럴 때 강요하지 않는다. 대신 그 형제의 아내가 장로들에게 나아가 여기서 말한 대로 신을 벗기고 그 얼굴에 침을 뱉으며 이르기를 그 형제의 집 세우기를 즐겨하지 아니하는 자에게는 이같이 할 것이라 하게 되어 있다. 그리고 그 집은 이스라엘 중에서 신 벗기운 자의 집이라 칭하게 된다. 이는 그것이 뭔가 자신의 도리를 하지 못하는 일에 속하므로 대대로 수치를 당하게 하는 것이다. 이는 하나님의 나라의 법도에서 개인의 결혼을 위한 선호나 자신의 미래의 삶을 위한 선택보다 가문의 대를 잇는 문제나 하나님의 약속의 땅을 귀하게 여기는 것을 말한다.

11-12절, 두 사람이 서로 싸울 때에 한 사람의 아내가 그 남편을 그 치는 자의 손에서 구하려 하여 가까이 가서 손을 벌려 그 사람의 음낭을 잡거든 12 너는 그 여인의 손을 찍어 버릴 것이고 네 눈이 그를 불쌍히 보지 말지니라

이 구절은 하나님의 백성들이 아무리 서로 화가 나서 싸우더라도 하지 말아야 할 일들이 있음을 가르친다. 남자나 여자나 하나님의 백성은 화가 나더라도 어떤 선을 넘지 말아야 한다는 말이다. 온유하고 정숙함을 지키는 것이 필요하다. 싸우는 한 편의 아내가 상대방 남편의 음낭을 잡는다든지 하는 일은 싸운 후에도 사람에게 정숙치 못함과 도를 지나친 느낌을 주는 것이며 서로의 화목과 평화를 회복하기 어렵게 한다. 이는 남편의 보호자격이 되는 강한 아내의 실수를 말한다. 아내들 중에는 자기의 남편에 대한 과잉 보호심리가 있는 경우가 있다. 위와 같은 경우는 대개 남편의 어떤 유약한 면을 커버하기 위한 아내의 보호심리가 작용하는 경우이다. 그럴 때 여인이 지나치게 반응하는 수가 얼마든지 있다는 말이다. 이는 그 땅의 여인들의 수준을 위한 말씀으로 보면 된다. 오늘날도 강한 아내로 말미암아 망하는 남편들이 많다.

13-16절, 너는 주머니에 같지 않은 저울 추 곧 큰 것과 작은 것을 넣지 말 것이며 14 네 집에 같지 않은 되 곧 큰 것과 작은 것을 두지 말 것이요 15 오직 십분 공정한 저울추를 두며 십분 공정한 되를 둘 것이라 그리하면 네 하나님 여호와께서 네게 주시는 땅에서 네 날이 장구하리라 16 무릇 이 같이 하는 자, 무릇 부정당히 행하는 자는 네 하나님 여호와께 가증하니라

이 구절은 도량형에서의 공정성을 가르치는 말씀이다. 하나님의 백성들은 무슨 일을 하든지 누구를 대하든지 다 공평하고 공정해야 한다.

어떤 사람은 예쁘다고 더 많이 주고 어떤 사람은 밉다고 적게 주는 것은 공정하지 않은 것이다. 특히 금전적인 일을 처리하는 것을 보면 그가 공정한 사람인지 아니면 공정성을 잃은 사람인지를 알 수 있다. 정의와 공평은 하나님의 축복을 우리에게 가져다주는 통로이다. 특히 하나님의 일에서 재정 관리를 하는 분들은 정의와 공평이 있어야 하나님의 축복을 지속적으로 얻을 수 있다.

17-18절, 너희가 애굽에서 나오는 길에 아말렉이 네게 행한 일을 기억하라 18 곧 그들이 하나님을 두려워하지 아니하고 너를 길에서 만나 너의 피곤함을 타서 네 뒤에 떨어진 약한 자들을 쳤느니라

아말렉이 하는 짓은 뱀이 하는 짓과 똑같다. 이스라엘 백성이 가장 힘들고 어려울 때 뒤에 떨어진 약한 사람들을 치는 것이다. 우리가 출애굽기에서 아말렉 전투를 보지만 그들이 언제 그렇게 했는가는 읽지 못한다. 다만 이스라엘이 애굽에서 나올 때라고 했다. 그들은 이스라엘이 가장 힘들고 어려울 때 피곤함을 틈타서 뒤에서 떨어진 자를 공격했다. 아주 비겁하고 비열한 족속이다. 친구가 가장 힘들고 어려울 때 도움을 주는 것이 가장 감사한 일이다. 반대로 가장 어려울 때 고통을 안겨다 주는 사람도 있다. 이것은 가장 악한 일이니 삼가야 한다.

19절, 그러므로 네 하나님 여호와께서 네게 주어 기업으로 얻게 하시는 땅에서 네 하나님 여호와께서 너로 사면에 있는 모든 대적을 벗어나게 하시고 네게 안식을 주실 때에 너는 아말렉의 이름을 천하에서 도말할지니라 너는 잊지 말지니라

하나님께서는 아말렉과 같이 비열하고 저속한 죄를 저지르는 것을 철저히 미워하신다. 사람이 가장 약해져 있을 때에는 오히려 도와주어야 할 텐데 그때를 틈타 뒤에 떨어진 약한 자들을 쳐 죽인다는 것은 아주 비열한 행동이다. 그것이 바로 대적 사탄이 하는 일이다. 만일 다른 사람이 망하고 실패하고 약해지는 것을 은근히 좋아한다면 그것은 사탄과 짝하는 일이며 하나님의 심판을 자초하는 일이라는 것을 기억하기 바란다.

신명기 22장부터 25장까지의 말씀은 이스라엘 백성들이 가나안 땅에 들어가서 어떻게 행해야 되는지를 자세하게 말씀해주고 있다. 우리는 이 모든 계명과 규례를 통해서 하나님이 어떠한 분이신지를 알 수 있다. 그분은 공의롭고 공정하고 자비롭고 후덕하시지만 반면 죄악되고 비열한 것들은 철저하게 미워하시며 심판하시는 분이다. 우리는 하나님께서 우리 가운데 거하실 수 있도록 일거수일투족을 주의해야 하며 작은 일 가운데서도 거룩함을 잃지 말아야 한다.

신명기 26장

26장은 여호와께 감사 예물 드리는 것을 기록하고 있다. 하나님의 백성들은 드리고 감사하는 특징을 갖고 있어야 한다. 본 장은 모세의 제 2설교의 마지막 부분이다(4:44-26:19). 하나님의 백성들은 은혜를 모르는 사람이어서는 안 된다. 이스라엘이 여기까지 오게 된 모든 것이 하나님으로 말미암은 것이다. 그리고 그 땅에서 소출물을 얻을 때에 그들은 마땅히 거기서 가장 귀한 것으로 하나님께 감사 예물을 드려야 한다.

그리고 제 3년 십일조 바치는 기도에 대하여(12-15절)와 이스라엘이 율법을 지킴으로서 그분을 자신들의 주로 인정하고 섬겨야 한다는 사실과 그렇게 할때 하나님의 보배로운 백성으로 인정이 된다는 것과 하나님의 말씀을 더욱 철저하게 지키는 쪽으로 인도 받는다는 것과 하나님의 거룩한 백성이 된다는 것을 말하고 있다(16-19절).

1절, 네 하나님 여호와께서 네게 기업으로 주사 얻게 하시는 땅에 네가 들어가서 거기 거할 때에

우리는 구약 성경에서 계속 강조하는 바가 하나님께서 아브라함과 그 자손에게 약속의 땅을 기업으로 주시는 것임을 본다. 이것은 신약에 대한 하나의 커다란 예표이다. 그리고 신명기는 모세가 모압 평지에서 이스라엘 백성이 그 땅에 들어가서 어떻게 행해야 할 것인지를 다시 한 번 말해주는 것이다.

이 신명기는 크게 세 부분으로 나눌 수 있는데, 1장 1절부터 4장 43절까지가 첫 번째 부분으로서 주로 이스라엘 백성의 과거 광야생활을 회상하는 내용이다. 둘째 부분은 4장 44절부터 26장 19절까지이고, 나머지 27장부터 34장까지는 셋째 부분이라고 할 수 있다. 이제 두 번째 부분의 마지막인 26장 전반부를 보겠다.

2-3절, 네 하나님 여호와께서 네게 주시는 땅에서 그 토지 모든 소산의 맏물을 거둔 후에 그것을 취하여 광주리에 담고 네 하나님 여호와께서 그 이름을 두시려고 택하신 곳으로 그것을 가지고 가서 3 당시 제사장에게 나아가서 그에게 이르기를 내가 오늘날 당신의 하나님 여호와께 고하나이다 내가 여호와께서 우리에게 주리라고 우리 열조에게 맹세하신 땅에 이르렀나이다 할 것이요

이스라엘 백성이 그 땅에 들어가서 첫 번째로 할 일은 그 토지 모든 소산의 맏물을 가지고 당시 제사장에게 가서 이렇게 간증을 하는 것이다. "내가 여호와께서 우리에게 주리라고 우리 열조에게 맹세하신 땅에 이르렀나이다". 하나님은 우리를 인도하시는 하나님이시다. 처음 우리가 주님을 따를 때 어디로 갈지 무엇을 할지 알지 못한다. 그러나 어느 시점에 이를 때 우리는 주님이 과연 우리를 어느 지점에 인도하신 것에 대한 감사를 드리게 된다.

4절, 제사장은 네 손에서 그 광주리를 취하여다가 네 하나님 여호와의 단 앞에 놓을 것이며

우리는 이 모든 구약의 예표를 신약에 가져와서 적용해보아야 한다. 그렇지 않으면 이 모든 말씀이 우리에게 실제가 될 수 없다. 그러면 신약에서 이것이 예표하는 바는 무엇일까? 첫째로 이스라엘이 가나안 땅에 들어간 것은 우리가 주님을 믿음으로 그리스도 안에 들어간 것을 예표한다. 그리고 그 땅에 들어가서 그들은 '하나님께서 열조에게 약속하신 그 땅에 이르렀나이다' 하고 간증해야 했는데, 그것은 곧 신약의 믿는이들이 성도들 모임 가운데 와서 '나는 예수 그리스도를 믿고 거듭났으며 이제 나는 그리스도 안에 있다'라고 간증할 필요가 있음을 말한다. 요한 일서 5장 13절에서 사도는 "내가 하나님의 아들을 믿는 너희에게 이것을 쓴 것은 너희로 하여금 너희에게 영생이 있음을 알게 하려 함이라"고 했다. 우리는 스스로 그 생명을 얻은 것을 알 수 있어야 하여 또 그것을 간증할 수 있어야 한다.

우리가 예수 그리스도를 믿고 그 안에 들어간다는 것은 결코 작은 일이 아니다. 구약에서 이스라엘이 들어간 가나안 땅은 참으로 광대하고도 풍요로운 땅이었으며, 이제 우리가 믿고 그 안으로 들어간 그리스도 또한 측량할 수 없이 풍성한 분이시다. 이와 관련하여 몇 구절을 보기로 하겠다. 골로새서 2장에서는 "너희가 그리스도 예수를 주로 받았으니 그 안에서 행하되 그 안에 뿌리를 박으며"(6-7절)라고 말한다. 그리스도는 우리가 그 안에 들어가 행할 수 있고 뿌리를 박을 수 있는 분이시다. 고린도 전서 1장 30절은 "너희는 하나님께로서 나서 그리스도 예수 안에 있고"라고 말하는데, 우리는 주 예수를 믿을 때 아담 안에서 그리스도 예수 안으로 옮겨졌다.

로마서 5장 1-2절, "그러므로 우리가 믿음으로 의롭다 하심을 얻었은즉 우리 주 예수 그리스도로 말미암아 하나님으로 더불어 화평을 누리자 또한 그로 말미암아 우리가 믿음으로 서 있는 이 은혜에 들어감을 얻었으며 하나님의 영광을 바라고 즐거워하느니라". 히브리서 12장 22-24절, "그러나 너희가 이른 곳은 시온 산과 살아계신 하나님의 도성인 하늘의 예루살렘과 천만 천사와 하늘에 기록한 장자들의 총회와 교회와 만민의 심판자이신 하나님과 및 온전케 된 의인의 영들과 새 언약의 중보이신 예수와 및 아벨의 피보다 더 낫게 말하는 뿌린 피니라". 우리는 이러한 위치에 이미 이르렀다. 이것이 신약에서 분명히 우리에게 계시해 주는 바이다. 우리는 장래 이르러야 한다든가 이르기를 원한다는 식으로 말해서는 안 된다. 우리가 이미 이르렀다는 것을 알아야 한다. 이는 우리에 의한 것이 아니라 그리스도의 사역으로 말미암은 것이다. 그분의 죽음과 부활과 승천은 우리를 그리스도 안으로, 그분이 계신 하늘로 인도하신 것이다. 우리는 그분의 죽음과 부활과 승천과 하늘 보좌에 앉힘에 모두 연합된 것이다. 이것은 하늘에 속한 영적 사실이기 때문에 생활로 적용할 수 있다. 그러므로 신명기 26장에서 이스라엘 백성들이 그 땅에 들어가면 맨 먼저 할 일은 그 토지 소산의 맏물을 가지고 나아가서 '우리가 하나님께서 우리 열조에게 약속하신 그 땅에 이르렀나이다' 라고 말하는 것이었다.

그런 다음 우리가 그 땅에 이르렀으면 그 땅을 경작해야 한다. 신약으로 말하면 그 땅이신 그리스도 안에 뿌리를 박고 자라야 한다. 그래야 그 소산의 맏물을 가질 수 있고 그것으로 제사장 앞에 나아가 예배할 수 있는 것이다. 그 땅의 소산물은 그냥 자라는 것이 아니라 경작함으로 얻어지는 것이다. 사실 신약에서 맏물은 첫 열매이신 그리스도를 말한다. 우리 그리스도인 삶을 통해 열매 맺힌 그리스도가 바로 맏물이 되신다. 그러한 그리스도가 있어야 비로소 우리는 제물을 드릴 수 있는 것이다. 다시 말해서 성령으로 말미암아 우리 안에서 새롭게 생겨난 열매들, 곧 성령의 열매들이 있어야 하나님께 예배할 수 있는 것이다. 그러한 열매는 많을수록 좋다.

"제사장은 네 손에서 그 광주리를 취하여다가 네 하나님 여호와의 단 앞에 놓을 것이며". 예배는 이와 같이 우리가 그리스도 안에 들어와서 새롭게 얻은 그리스도의 풍성들을 그분께 다시 돌려드리는 행위이다.

이것이 없으면 예배는 공허하다. 하나님의 백성들이 모이기는 했는데 경작하여 거둔 것이 하나도 없다면 그 예배가 아무리 그럴듯해 보일지라도 그것은 공허한 것이다. 우리가 좋은 예배를 드리려면 반드시 우리에게 그 땅을 경작하여 얻은 새로운 산출품이 많아야 한다.

5-9절, 너는 또 네 하나님 여호와 앞에 아뢰기를 내 조상은 유리하는 아람 사람으로서 소수의 사람을 거느리고 애굽에 내려가서 거기 우거하여 필경은 거기서 크고 강하고 번성한 민족이 되었더니 6 애굽 사람이 우리를 학대하며 우리를 괴롭게 하며 우리에게 중역을 시키므로 7 우리가 우리 조상의 하나님 여호와께 부르짖었더니 여호와께서 우리 음성을 들으시고 우리의 고통과 신고와 압제를 하감하시고 8 여호와께서 강한 손과 편 팔과 큰 위엄과 이적과 기사로 우리를 애굽에서 인도하여 내시고 9 이곳으로 인도하사 이 땅 곧 젖과 꿀이 흐르는 땅을 주셨나이다

이렇게 간증하라는 것이다. 우리는 우리의 과거 모습을 잊어서는 안 된다. 그들의 조상은 유리하는 아람 사람이었다. 물론 아브라함과 이삭과 야곱은 아람 사람이 아니지만 야곱이 밧단 아람에 있었기 때문에 그를 아람 사람이라고 칭하는 것이다. 거기서 그는 외삼촌 라반의 집에서 20년을 지냈다.

소수의 사람을 거느리고 애굽에 내려갔다는 것은 야곱이 당시 70명의 가속과 함께 애굽에 내려간 것을 말한다. 말하자면 그들의 수가 매우 작았다는 뜻이다. 작은 수가 애굽에 내려갔는데 거기서 불과 400년 동안 70명에서 거의 200만 명으로 증가했다. 장정만 60만 명이 넘었다. 그런데 여기서 하나님은 이스라엘 사람들이 가나안에 들어가거든 반드시 그들의 원래의 처지와 신분을 기억하고 하나님 앞에 그것을 고하라고 하셨다.

오늘날 우리가 하나님께 정당한 예배를 드리려면 원래 우리 존재가 어떠했는가를 인식하는 가운데 드려야 한다. 그럴 때 그 예배가 하나님께 열납될 수 있다. 우리는 원래 어떤 사람이었는가? 이 세상에서 소망이 없고 다른 사람들과 본질상 동일한 진노의 자식이었으며 하나님과는 원수였다. 또 우리는 이스라엘이 애굽의 학정 아래서 압제당하고 고역을 했던 것처럼 세상에서 사탄의 압제 아래 종 노릇 하던 사람이었다. 죄인이었고 방탕하던 사람들이었다. 그러한 우리가 그리스도 안으로 들어온 것이다. 디도서 3장 3-4절은 "우리도 전에는 어리석은 자요 순종치 아니한 자요 속은 자요 각색 정욕과 행락에 종노릇한 자요 악독과 투기로 지낸 자요 가증스러운 자요 피차 미워한 자였으나"라고 한다. 우리는 원래 이러한 한계 속에서 소망없이 지내던 자들이었음을 기억할 필요가 있다는 것이다.

그런데 우리 사람은 그러한 우리의 예전 상태를 너무 쉽게 잊어버리고 하나님께 진정한 감사와 예배를 드릴 줄 모르기 때문에 하나님께서 이러한 말씀으로 일깨워주고 계시는 것이다. "애굽 사람이 우리를 학대하며 우리를 괴롭게 하며 우리에게 중역을 시키므로…우리의 고통과 신고와 압제를 하감하시고 여호와께서 강한 손과 편 팔과 큰 위엄과 이적과 기사로 우리를 애굽에서 인도하여 내시고 이곳으로 인도하사 이 땅 곧 젖과 꿀이 흐르는 땅을 주셨나이다". 이렇게 한 가지 한 가지 일을 고하면서 하나님께 토지 소산의 첫열매를 가지고 예배를 드리라고 하신다. 오래되고 경건한 그리스도인이라 하더라도 주님 크신 은혜에 감사하며 더럽고 악한 죄인 되었던 자신을 구원해 주신 구주 예수께 감사하는 위치에서 경배하는 모습은 너무나 아름답다.

10절, 여호와여 이제 내가 주께서 내게 주신 토지 소산의 맏물을 가져왔나이다 하고 너는 그것을 네 하나님 여호와 앞에 두고 네 하나님 여호와 앞에 경배할 것이며

하나님께 경배하는 사람은 반드시 광주리에 담아 가지고 오는 것이 있어야 하는데, 그것이 바로 그 땅에서 경작한 소산물 중 첫 열매이다. 첫 열매란 가장 좋은 것, 귀한 것을 말한다. 그럴 때 하나님께서는 그 예배를 기뻐 받으신다. 만일 성도들이 모일 때 입으로는 찬미하고 경배하지만 그들의 삶 가운데서 경작한 그리스도의 열매가 없이 옛 기질과 습관 그대로 나온다면 하나님께서는 그 예배를 그리 기뻐하지 않으실 것이다. 우리가 하나님께 좋은 예배를 드리는 예배자들이 되려면 우리의 일상생활 가운데서 늘 주님과 함께해야 하며, 그럴 때 우리의 삶에 하나님께 드릴 수 있는 성령의 열매들이 있게 될 것이다. 하나님이 기뻐하시는 것은 모일 때마다 가장 귀한 것을 드리는 것이다. 좋은 집회를 갖기 위해서는 한 주일 동안 경작한 소산이 있어야 한다. 한 주일 동안 그리스도를 체험한 각양의 체험들이 있어야 집회에 은혜가 풍성한 것이다. 집회는 모든 성도들이 영적인 열매를 가져올 뿐 아니라 물질적인 열매도 가져올 필요가 있다. 오늘날 얼마나 많은 성도들이 집회에 올 때에 이렇게 소산을 준비해 가지고 와야 한다는 인식을 갖고 있는가! 이는 얼마나 중요한 인식인지 모른다. 우리는 집회에 공수로 오지 말고 반드시 뭔가 가져오는 것을 배워야 한다.

11절, 네 하나님 여호와께서 너와 네 집에 주신 모든 복을 인하여 너는 레위인과 너의 중에 우거하는 객과 함께 즐거워할지니라

예배자들은 즐거워하는 자들이다. 그리고 가나안 땅에 들어와서 정상적으로 생활하는 사람들은 다 복이 있다. 그 땅에 들어오면 뒤로 넘어지든 앞으로 넘어지든 복이 있다. 반드시 거기에서 얻는 것이 있다는 말이다. 우리는 이 예를 아브라함에게서 볼 수 있다. 아브라함이 가나안 땅에 들어와서 항상 잘 지낸 것은 아니다. 실패할 때도 있었다. 그러나 그가 실패했을 때조차도 하나님께서는 그 실패를 통해 뭔가를 얻게 하셨다. 복이 되게 하신 것이다.

"너는 레위인과 너희 중에 우거하는 객과 함께 즐거워하라". 성도들은 풍성한 축복을 받았을 때 레위인과 객을 기억해야 한다. 자신들만 즐겁다고 누리는 것은 합당치 않다. 풍성한 누림이 가득할수록 성도들은 하나님을 섬기는 종들을 기억해야 하고 불쌍한 신분의 사람들을 기억해야 한다. 또한 그들과 함께 누리며 기뻐해야 한다. 신약 성경을 보면 곳곳에 기뻐하라는 말씀이 있다. 은혜의 자리에 들어왔으므로 환난 중에라도 기뻐할 수 있기 때문이다(롬 5:3). 우리는 어떤 환경에서도 복이 있으므로 기뻐하는 것이 마땅하다.

12절, 제 삼년 곧 십일조를 드리는 해에 네 모든 소산의 십일조 다 내기를 마친 후에 그것을 레위인과 객과 고아와 과부에게 주어서 네 성문 안에서 먹어 배부르게 하라

이 말씀에 관해서는 14장 28-29절을 참조하면 된다. "네 모든 소산의 십일조 다 내기를 마친 후에 그것을 레위인과 객과 고아와 과부에게 주어서 네 성문 안에서 먹어 배부르게 하라". 11절까지 말씀하시는 것은 그 땅에 들어가서 경작하여 거둔 소산물로 하나님께 예배하라는 것이다. 그런데 여기 12절에서 말씀하는 것은 그러한 기쁨의 예배 후에는 반드시 레위인과 객과 고아와 과부를 기억하고 그들을 배부르게 하라는 것이다. 이것이 하나님의 백성들이 배워야 할 하나님의 법도이며 또한 하나님을 섬기는 일이다.

그러므로 하나님께 예배하는 사람들은 다만 하나님을 찬미하면서 자신이 즐거워하는 것으로 끝나서는 안 된다. 반드시 우리 주위에 객이나 고아나 과부나 레위인이 있다는 것을 기억하고 그들을 돌아보아야 한다. 진정한 예배자들이라면 하나님을 찬미하고 즐거워할 때 옆에 누군가가 외로워하고 배고파하고 슬퍼하는 사람들이 있다는 것을 알고 돌봐주어야 할 것이다.

히브리서 13장 15-16절을 보겠다. "이러므로 우리가 예수로 말미암아 항상 찬미의 제사를 하나님께 드리자 이는 그 이름을 증거하는 입술의 열매니라 오직 선을 행함과 서로 나눠 주기를 잊지 말라 이 같은 제사는 하나님이 기뻐하시느니라". 여기 찬미의 제사는 하나님께 예배하는 것이다. 그리고 바로 이어서 선을 행하는 것과 서로 나눠 주기를 잊지 말라는 말씀이 있다. 오늘날 믿는 사람들이 15절은 잘 하는데 16절이 부족한 경우가 많다. 하나님의 말씀은 좋은 찬미의 제사가 있다면 반드시 거기에 구제가 따라야 한다고 하신다. 하나님께 대한 예배와 고아와 과부와 객과 레위인들을 돌보는 것은 함께 간다. 만일 어떤 사람들이 하나님께 대해서는 열렬하게 찬양하지만 가난한 사람들이나 고아나 과부나 레위인들에 대해서는 어떤 긍휼의 마음이 없다고 한다면 그것은 합당한 예배자의 태도가 아니다.

이렇게 말하면 여러분은 나에게 '나는 구제를 하고 싶지만 가진 게 없습니다.' 라고 말할지도 모른다. 그러나 돈은 일차적인 것이 아니다. 왜냐하면 주님도 돈이 없으셨기 때문이다. 사도들도 당시에 "금과 은은 내가 없거니와"라고 말했다. 돈이 있어야 고아나 과부나 객을 돌볼 수 있는 것은 아니다. 먼저 그들을 돌볼 마음, 긍휼의 마음이 있어야 한다. 그리고서 뭔가 자신에게 있는 것을 나누어 주는 것이다.

나는 오늘날 우리 믿는이들이 좋은 예배자가 되기를 원한다. 그러려면 입술로만 아니라 생활 가운데서 경작한 그리스도의 열매가 있어야 한다. 그리고 사람들을 향해서 긍휼과 자비를 베푸는 실제가 있어야 한다. 그것이 진실한 예배자이다. 하나님께서는 가나안 땅에서 이러한 상황을 보기 원하시는 것이다.

13절, 그리 할 때에 네 하나님 여호와 앞에 고하기를 내가 성물을 내 집에서 내어 레위인과 객과 고아와 과부에게 주기를 주께서 내게 명하신 명

령대로 하였사오니 내가 주의 명령을 범치도 아니하였고 잊지도 아니하였나이다

하나님은 예배자들이 레위인과 객과 고아와 과부들을 잘 돌보는지 주의하신다. 주님은 예배자들에게 이러한 일을 명령대로 하였으며 잊지도 않았다고 고백하라고 하신다. 이러한 주님의 명령을 범하거나 잊지 않았다고 하는 것은 자칫하면 범하거나 잊을 수 있기 때문이다.

14절, 내가 애곡하는 날에 이 성물을 먹지 아니하였고 부정한 몸으로 이를 떼어두지 아니하였고 죽은 자를 위하여 이를 쓰지 아니하였고 내 하나님 여호와의 말씀을 청종하여 주께서 내게 명령하신 대로 다 행하였사오니

애곡하는 날에 객과 과부와 고아와 레위인들에게 나누어줄 성물을 먹지 않고 주님의 명령하신 대로 행했다고 했다. 말하자면 어떤 경우에도 그런 자들을 위한 성물은 떼어 두고 먹지 않았다는 말이다. 이 말씀을 신약에 적용하기란 쉽지 않지만 이렇게 말해보겠다. 사람은 자기 자신에게 곤경과 어려움이 닥쳐서 우울해지고 슬프고 고통스러워지면 남을 도울 여유가 없다. 그런 때에는 자기에게 있는 것을 모두 자기를 위해 쓰려고 하지 남에게 주려고 하지 않는다. 그러나 사실은 우리가 어렵고 슬프고 고통스러울 그때에라도 남을 도울 수 있어야 한다. 또한 온전한 마음으로 그렇게 해야 한다.

야고보서 1장 27절, "하나님 아버지 앞에서 정결하고 더러움이 없는 경건은 곧 고아와 과부를 그 환난 중에 돌아보고 또 자기를 지켜 세속에 물들지 아니하는 이것이니라". 하나님 앞에서 참된 경건은 고아와 과부를 그 환난 중에 돌아보고 자신을 지켜 세속에 물들지 않는 것이다. 이는 특히 오늘날 그리스도인들이 참으로 유념해야 할 말씀이다.

15절, 원컨대 주의 거룩한 처소 하늘에서 하감하시고 주의 백성 이스라엘에게 복을 주시며 우리 열조에게 맹세하여 우리에게 주신바 젖과 꿀이 흐르는 땅에 복을 내리소서 할지니라

우리가 그러한 예배자가 될 때 우리는 이렇게 축복을 구할 수 있다는 것이다. 여기서 "하늘에서 하감하옵시고"란 '하늘에서 내려다보시고'라는 뜻인데, 예배자는 근본적으로 하나님 앞에 낮아야 한다. 예배를 드리는 사람들의 자세가 낮아야 하나님께서 우리를 내려다보실 수 있는 것이다. 우리는 언제나 자세를 낮추어 하나님께서 우리를 내려다보시게 하는 것이 필요하다. 하나님께서는 교만한 자를 대적하신다.

16-19절, 오늘날 네 하나님 여호와께서 이 규례와 법도를 행하라고 네게 명하시나니 그런즉 너는 마음을 다하고 성품을 다하여 지켜 행하라 17 네가 오늘날 여호와를 네 하나님으로 인정하고 또 그 도를 행하고 그 규례와 명령과 법도를 지키며 그 소리를 들으리라 확언하였고 18 여호와께서도 네게 말씀하신 대로 오늘날 너를 자기의 보배로운 백성으로 인정하시고 또 그 모든 명령을 지키게 하리라 확언하셨은즉 19 여호와께서 너의 칭찬과 명예와 영광으로 그 지으신 모든 민족 위에 뛰어나게 하시고 그 말씀하신 대로 너로 네 하나님 여호와의 성민이 되게 하시리라

16절은 지금까지 계속 말씀해 오신 이 규례와 법도를 행하라고 강조하시는 것이고 17절은 그들의 하나님을 인정하고 그 도를 지키고 그 음성을 들으라는 것이며 18절은 하나님께서 오늘날 그들을 자기의 보배로운 백성으로 인정하시고 그 모든 명령을 지키게 하시리라고 확언하셨다는 것이다. 그리고 19절에서는 여호와께서 칭찬과 명예와 영광으로 그 지으신 모든 민족 위에 그분의 선민을 뛰어나게 하시고 그분이 말씀하신 대로 그들로 여호와 하나님의 성민이 되게 하시리라고 하신다. 이렇게 26장을 끝으로 하나님의 계명을 강조하여 설명하는 부분의 말씀이 끝난다(4:44-26:19).

신명기 27장

신명기를 공부함에 있어서 1장-4장 43절까지는 이스라엘이 광야에서 겪은 삶을 통해서 그들을 권면하고 가르친 것이고 4장 44절-26장 19절까지는 이스라엘에게 주신 율법을 강조하여 설명한 것으로 보면 된다. 그러나 27장부터는 제 3차 설교라고 할 수도 있는데 여기서는 이미 한 말씀을 잘 새기어 간직하고 지키는 것에 관한 것이다. 즉 지금까지 들은 것을 잊어버리지 않고 기억하고 지킬 수 있기를 돕는 것이다. 첫째는 돌단과 돌비를 쌓는 것이고(1-10절) 다음은 축복과 저주를 선포하는 것이다(11-26절). 이스라엘은 가나안에 들어가면 맨 먼저 해야 할 일이 곧 율법을 새겨서 에발 산에 세우며 또한 다듬지 않는 돌을 쌓아 번제와 화목제를 드리는 것이다. 그런 다음 겸손히 말씀에 귀를 기울이라는 것이다. 그들은 그 땅에 들어가서 율법에 무관심한 백성이 되지 않도록 율법을 새기고 축복과 저주를 선포하며 아멘을 해야 했다.

1절, 모세가 이스라엘 장로들로 더불어 백성에게 명하여 가로되 내가 오늘날 너희에게 명하는 이 명령을 너희는 다 지킬지니라

이것은 3차 설교이다.

2-7절, **너희가 요단을 건너 네 하나님 여호와께서 네게 주시는 땅에 들어가는 날에 큰 돌들을 세우고 석회를 바르라 3 이미 건넌 후에 이 율법의 모든 말씀을 그 위에 기록하라 그리하면 네 하나님 여호와께서 네게 주시는 땅 곧 젖과 꿀이 흐르는 땅에 네가 들어가기를 네 열조의 하나님 여호와께서 네게 말씀하신 대로 하리니 4 너희가 요단을 건너거든 내가 오늘날 너희에게 명하는 이 돌들을 에발 산에 세우고 그 위에 석회를 바를 것이며 5 또 거기서 네 하나님 여호와를 위하여 단 곧 돌단을 쌓되 그것에 철기를 대지 말지니라 6 너는 다듬지 않은 돌로 네 하나님 여호와의 단을 쌓고 그 위에 네 하나님 여호와께 번제를 드릴 것이며 7 또 화목제를 드리고 거기서 먹으며 네 하나님 여호와 앞에서 즐거워하라**

첫째, 이스라엘 백성들이 요단을 건너 그 땅에 들어가는 날 큰 돌들을 세우고 석회를 바르라고 했다. 그것은 그 말씀이 더 분명하게 기록되게 하려는 것이며 그 말씀이 지워지지 않게 하려는 것이다. 그렇지만 결국 구약의 율법은 사라지고 없어지는 것이다. 그러나 신약의 율법은 구약의 율법과는 달리 우리 마음에 새기기 때문에 지워지지 않는다.

그런데 이 돌들을 에발 산에 세우라고 했으며 돌단을 쌓되 거기에 철기를 대지 말라고 했다. 그리고 6절에서는 다듬지 않은 돌로 단을 쌓으라고 했다. 이것은 무엇을 의미할까? 여기의 돌은 하나님의 말씀을 기록하는 것과 관계되는데, 그런 돌은 반드시 다듬지 않은 것이어야 한다. 다듬으면 보기도 좋을 텐데 왜 다듬지 말라고 했을까? 하나님의 말씀은 더해서도 안 되고 빼서도 안 되기 때문이다. 말씀은 있는 그대로가 가장 좋다. 신약에서 사도 바울은 그가 말씀을 전파할 때 사람의 지혜의 아름다운 것으로 하지 않았다고 했다(고전 2:1 참조). 또 그는 "같은 말을 쓰는 것이 내게는 수고로움이 없고 너희에게는 안전하니라"(빌 3:1)고 했다. 고린도 후서 2장에서는 "우리는 수다한 사람과 같이 말씀을 혼잡하게 하지 아니하고 곧 순전함으로 하나님께 받은 것같이 하나님 앞에서와 그리스도 안에서 말하노라"(17절)고 했다. 오늘 우리도 이 사역에서 하나님의 말씀을 혼잡하게 하지 말아야 한다.

'철기를 댄다'는 것은 두 가지로 말할 수 있을 것이다. 첫째는 하나님의 말씀을 함부로 유린하는 것이다. 철기는 강한 것, 즉 정이나 도끼 같은 것이다. 그것으로 돌이나 나무를 쪼개면 금이 쫙쫙 간다. 보기 싫은 것은 쪼아낼 수 있다. '성경에서 이 구절은 필요가 없는 구절이야' 하면서 무시하거나 제해버리는 것은 곧 돌에 철기를 대는 것이다. 철기를 대는 사람들은 자기가 보기에 좋은 대로 돌을 쪼개고 다듬는다. 하나님께서는 하나님의 말씀을 그런 식으로 대하지 말라고 하신다. 말씀의 사역자들은 하나님의 말씀을 잘 다루어야 한다. 이는 디모데 후서 2장 말씀에 "네가 진리의 말씀을 옳게 분변하며"라고 하는 구절이 잘 보여준다. 말씀을 잘 분변한다는 것은 말씀을 잘 자른다는 뜻이다. 목수는 나무를 잘 쪼개야 하는데 이는 사역자의 생명과도 같다.

나는 요즘 창세기 강해서를 쓰고 있는데, 쓰다 보면 별 이야기가 다 나온다. 우리는 소돔이 멸망할 때 아브라함의 기도를 통해서 롯이 구출되는 장면을 보고 그 후에 두 딸과 동굴로 피하여 숨어 있을 때 일어난 끔찍한 근친상간을 본다. 어떤 신신학자들은 이 부분은 잘못 실린 것이니 삭제해야 한다고 말한다. 이런 관점은 자기 눈에 좋은 대로 철기를 대어 다듬으려고 하는 것이다. 성경에는 좋은 일이든 악한 일이든 숨김없이 다 기록되어 있다. 우리는 하나님의 말씀을 있는 그대로 받아들이기를 배워야 한다.

그리고 6절에는 번제를 드리는 것이 있고 7절에는 화목제를 드리는 것이 있다. 여기에는 속죄제와 속건제가 없는데, 이들은 이미 모든 죄악과 모든 허물을 사함받은 자들이다. 그렇기 때문에 이제 하나님께 대한 절대적인 헌신인 번제와 하나님과의 화평인 화목제가 있을 뿐이다. 사실 화목제는 속죄제와 속건제의 결과이므로 모든 것을 포함한다.

"거기서 먹으며 네 하나님 여호와 앞에서 즐거워하라". 하나님의 백성들은 말씀을 즐거워하는 특징을 지녀야 한다. 하나님의 말씀 자체를 먹고 마시면서 즐거워해야 한다. 구약의 성도들은 참으로 하나님의 말씀을 즐거워했다. 시편 119편 111절, "주의 증거로 내가 영원히 기업을 삼았사오니 이는 내 마음의 즐거움이 됨이니이다". 주의 증거란 주님의 말씀이다. 주의 말씀은 성도들의 마음의 즐거움이다. 예레미야 15장 16절, "만군의 하나님 여호와시여 나는 주의 이름으로 일컬음을 받는 자라 내가 주의 말씀을 얻어 먹었사오니 주의 말씀은 내게 기쁨과 내 마음의 즐거움이오나". 주의 말씀은 내게 기쁨이요 내 마음의 즐거움이라고 했다. 시편 1편 2절, "복 있는 자는…오직 여호와의 율법을 즐거워하여 그 율법을 주야로 묵상하는 자로다". 하나님의 백성은 여호와 앞에서 그 말씀을 인하여 즐거워하는 자들이다.

8절, 너는 이 율법의 모든 말씀을 그 돌들 위에 명백히 기록할지니라

하나님께서는 이스라엘 백성들이 그 땅에 들어가서 그 말씀을 잊지 않고 말씀이 그들에게 기록되고 말씀을 통해서 살고 말씀으로 인하여 기뻐하고 즐거워하는 사람이 되기를 원하신다. 여러분은 일상생활 가운데서 어떤 것이 가장 즐거운가? 시편 기자처럼 '주의 말씀이 내 마음에 즐거움이다' 라고 말해야 한다. 참으로 하나님의 말씀은 우리 영혼의 양식이다.

9-14절, 모세가 레위 제사장들로 더불어 온 이스라엘에게 고하여 가로되 이스라엘아 잠잠히 들으라 오늘날 네가 네 하나님 여호와의 백성이 되었으니 10 그런즉 네 하나님 여호와의 말씀을 복종하여 내가 오늘날 네게 명하는 그 명령과 규례를 행할지니라 11 모세가 당일에 백성에게 명하여 가로되 12 너희가 요단을 건넌 후에 시므온과 레위와 유다와 잇사갈과 요셉과 베냐민은 백성을 축복하기 위하여 그리심 산에 서고 13 르우벤과 갓

과 아셀과 스불론과 단과 납달리는 저주하기 위하여 에발 산에 서고 14 레위 사람은 큰 소리로 이스라엘 모든 사람에게 말하여 이르기를

시므온부터 베냐민까지 여섯 지파는 축복하는 지파로서 그리심 산에 서고 르우벤부터 납달리까지 여섯 지파는 저주하기 위해 에발 산에 서라고 했다. 그러나 27장의 열두 가지 항목은 모두가 다 저주이다. 저주로 끝난다. 구약 성경에는 그리심 산의 축복에 관한 한 침묵한다. 이는 복음의 빛이 나타나지 않았기 때문이다.

15절, 장색의 손으로 조각하였거나 부어 만든 우상은 여호와께 가증하니 그것을 만들어 은밀히 세우는 자는 저주를 받을 것이라 할 것이요 모든 백성은 응답하여 아멘 할지니라

15절부터 마지막 절까지는 레위 사람들이 열두 가지의 엄중한 율법을 선포하고 모든 백성은 아멘으로 응답하는 것을 말하고 있다. 그 첫째가 우상을 만들어 세우는 자는 저주를 받는다는 것이다. 제 2계명을 범한 경우이다. 아멘이란 '진실로, 확인하다, 진실로 그러하다' 는 뜻이다.

16절, 그 부모를 경홀히 여기는 자는 저주를 받을 것이라 할 것이요 모든 백성은 아멘 할지니라

부모를 경홀히 여기면 저주를 받는다. 이는 부모를 공경하지 않을뿐더러 경멸하고 모독하는 것을 말한다.

17절, 그 이웃의 지계표를 옮기는 자는 저주를 받을 것이라 할 것이요 모든 백성은 아멘 할지니라

지계표란 땅의 경계를 나타내는 표시로서 재산권에 해당한다. 즉 남의 재산권을 침해하지 말라는 것이다. 제 8계명에 해당되는 죄이다.

18절, 소경으로 길을 잃게 하는 자는 저주를 받을 것이라 할 것이요 모든 백성은 아멘 할지니라

소경을 잘 인도해서 길을 찾아주기는커녕 길을 잃게 하는 것은 무자비한 것이다. 보지 못하는 소경같이 불쌍한 자들을 돌보아 주지 않는 것은 무자비한 것이다. 하나님의 택한 백성으로서 저주받을 행위이다.

19절, 객이나 고아나 과부의 송사를 억울케 하는 자는 저주를 받을 것이라 할 것이요 모든 백성은 아멘 할지니라

하나님의 백성은 불쌍한 사람들을 동정하는 사람이다. 당연히 객이나 고아나 과부의 송사를 억울하게 해서는 안 된다. 오늘 신약의 교회 안에서도 불쌍한 영혼들을 돕고 위로하고 붙들어 주는 것이 마땅하다. 그러한 사람을 멸시하고 상처받게 하여 물러가게 하는 것은 참으로 옳지 않은 일이다.

20-23절, 계모와 구합하는 자는 그 아비의 하체를 드러내었으니 저주를 받을 것이라 할 것이요 모든 백성은 아멘 할지니라 21 무릇 짐승과 교합하는 자는 저주를 받을 것이라 할 것이요 모든 백성은 아멘 할지니라 22 그 자매 곧 그 아비의 딸이나 어미의 딸과 구합하는 자는 저주를 받을 것이라 할 것이요 모든 백성은 아멘 할지니라 23 장모와 구합하는 자는 저주를 받을 것이라 할 것이요 모든 백성은 아멘 할지니라

20-23절은 다 음란과 간음의 문제이다. 특별히 패륜에 관계된 음란

이다. 이런 죄를 짓는 자는 저주를 받는다고 하였다.

24절, 그 이웃을 암살하는 자는 저주를 받을 것이라 할 것이요 모든 백성은 아멘 할지니라

살인의 문제이다. 제 10계명에 대한 것이다.

25절, 무죄자를 죽이려고 뇌물을 받는 자는 저주를 받을 것이라 할 것이요 모든 백성은 아멘 할지니라

무죄한 자를 죽이기 위해 뇌물을 받는 자는 저주를 받는다. 성경에는 뇌물에 관한 경계가 많이 있다. "악인은 사람의 품에서 뇌물을 받고 재판을 굽게 하느니라"(잠 17:23).

26절, 이 율법의 모든 말씀을 실행치 아니하는 자는 저주를 받을 것이라 할 것이요 모든 백성은 아멘 할지니라

축복은 없고 다 저주이다. 그것은 율법 아래 있는 자들은 다 저주 아래 있기 때문이다(갈 3:10). 그러나 은혜 아래 있으면 축복 아래 있게 된다. 물론 율법을 다 지키면 저주를 받지 않지만 문제는 스스로 율법을 지킬 수 있는 사람이 없다는 것이다.

오늘 신약에서 진정한 사역은 성도를 이끌어 믿음으로 은혜의 자리에 들어가게 하는 것이다. 주 예수님은 감람산에서 제자들에게 여덟 가지 복을 말씀하셨다. 주님께 감사드리는 것은 신약에는 저주가 없고 다만 복이 있을 뿐이라는 것이다.

신명기 28장

27장에는 저주만 있고 축복이 없다. 이제 28장에 올 때 축복과 저주가 있는 것 같다. 그렇지만 28장의 내용은 에발 산에 대비되는 그리심 산의 선포와 축복이 아니다. 27장의 내용의 본질과 28장의 내용의 본질은 근본적으로 다르다. 27장의 내용이 개별적인 하나님의 자녀들의 삶에 관한 것이라면 28장은 이스라엘 나라에 관한 것이다. 28장은 1절부터 14절까지는 축복을 말하고 15절부터 68절까지는 저주를 말한다. 축복은 14구절에 불과하고 저주는 54구절이다. 축복보다 저주가 훨씬 많다. 그러나 그 축복에 관한 것도 실상 27장의 연장이 아니다. 본문의 내용은 출애굽기 23장 20-33절과 레위기 26장의 연장선상에서 읽을 수 있다. 다만 본문 15절 이후에 나오는 저주에 관하여는 단순한 저주가 아니라 이스라엘의 장래를 놓고 예언하는 성질이 있다는 것이 다른 점이다.

1절, 네가 네 하나님 여호와의 말씀을 삼가 듣고 내가 오늘날 네게 명하는 그 모든 명령을 지켜 행하면 네 하나님 여호와께서 너를 세계 모든 민족 위에 뛰어나게 하실 것이라

"네 하나님 여호와께서 너를 세계 모든 민족 위에 뛰어나게 하실 것이라”에서 ‘너’는 이스라엘 국가를 말하는 것이지 한 개인을 말하는 것이 아니다. 하나님께서는 이스라엘이 가나안에 들어가서 하나님의 명령을 지켜 행하면 그 민족을 세계 모든 민족 위에 뛰어난 민족이 되게 하실 것이라고 하셨다.

2-3절, 네가 네 하나님 여호와의 말씀을 순종하면 이 모든 복이 네게 임하며 네게 미치리니 3 성읍에서도 복을 받고 들에서도 복을 받을 것이며

축복을 얻는 비결은 하나님의 말씀에 순종하는 것이다. 여기서 우리가 한 가지 기억할 것은 이 28장은 이스라엘 국가에 대한 것이지 신약의 교회에 대한 것이 아니라는 것이다. 따라서 이 말씀을 신약의 교회에 그대로 적용할 수는 없지만 이 말씀의 정신은 배울 수 있다. 여기서 말하는 축복은 이 땅에서의 물질적인 축복인 반면, 하나님께서 신약의 교회인 우리에게 주시고자 하는 축복은 물질적인 축복이 아니라 영적인 축복이다. 에베소서 1장 3절을 보자. “찬송하리로다 하나님 곧 우리 주 예수 그리스도의 아버지께서 그리스도 안에서 하늘에 속한 모든 신령한 복으로 우리에게 복 주시되”. 그러면 어떤 축복이 더 가치 있겠는가? 당연히 보이지 않는 영적인 축복이다. 이 땅에 속한 축복은 잠시 있다 사라지지만 영적인 축복은 영원한 것이다.

그러나 축복을 받는 원칙에 있어서는 둘 다 동일하다. 그것은 하나님의 말씀에 순종하는 것이다. 문제는 순종하는 사람이 되느냐 순종치 않는 사람이 되느냐 하는 것이다. 사도 베드로는 우리가 이전에는 순종치 않는 자들이었다고 말했다. 하지만 지금은 주 예수를 믿고 하나님의 자녀가 된 것은 순종하는 자녀가 된 것이다. 말하자면 하나님의 말씀에 순종하는 위치에 있는 것이다. 우리는 과연 무엇으로 특징지어지는 사람이 되어야 하겠는가? 하나님의 말씀에 순종하는 것이다. 신약에서도 순종하는 사람이 모든 영적인 축복을 얻을 자격이 있다.

여러분은 매일매일 생활 가운데서 하나님을 경외함으로 하나님께서 과연 나에게 어떤 것을 원하시고 또 어떤 것은 원치 않으시는가, 어떤 것을 좋아하시고 어떤 것은 싫어하시는가를 항상 살피고 점검하며 생활하는 사람인가, 아니면 하나님과의 사이에 막힘을 둔 채 자신의 원함대로 행하는 사람인가? 하나님은 결코 사람들에게 만홀히 여김을 받는 분이 아니시다. 우리는 우리의 일과 우리의 모든 행함을 다 하나님 앞에 아뢰고 하나님으로 하여금 점검하시고 살피시게 하여 한 가지 한 가지를 지적하시게 해야 한다.

이러한 사람이라면 그는 틀림없이 순종하는 그리스도인일 것이다. 그렇게 순종하기 위해서는 많은 대가를 지불해야 할 것이고 많은 어려움도 당해야 할 것이다. 그러나 그럴 때 모든 일 가운데서 복을 얻게 된다.

4-6절, 네 몸의 소생과 네 토지의 소산과 네 짐승의 새끼와 우양의 새끼가 복을 받을 것이며 5 네 광주리와 떡 반죽 그릇이 복을 받을 것이며 6 네가 들어와도 복을 받고 나가도 복을 받을 것이니라

이렇게 순종하는 그리스도인이 되면 어디에 있든지 복을 받는다. 다시 말씀드리지만 신약의 믿는이들에게 주시기로 한 축복은 이스라엘에게 약속하신 물질적인 축복보다 귀하다. 그것은 하늘에 속한 것이고 영원한 것이다. 여러분이 순종하는 그리스도인이 될 때 어디 있든지 무슨 일을 당하든지 그러한 축복이 임할 것이다. 사업에서 실패를 해도, 몸에 병이 생겨도, 집안에 무슨 일이 일어나고 섬기는 일에서 실패스런 환경이 생겨도 모든 것이 축복으로 화할 것이다. 자신에게서 세상을 사랑하던 것이 떨어져 나가고 육체에 속한 기질이 제하여지고 하늘에 속한 신령한 것들이 더해지는 것이다.

7절, 네 대적들이 일어나 너를 치려하면 여호와께서 그들을 네 앞에서 패하게 하시리니 그들이 한 길로 너를 치러 들어왔으나 네 앞에서 일곱 길로 도망하리라

이스라엘 백성들이 여호와 하나님을 순종하는 위치에 섰을 때 그들은 언제나 강했다. 다윗 시대를 생각해 보라. 여호사밧 왕이나 히스기야 왕 때를 생각해 보라. 그들이 하나님 앞에 올바로 섰을 때 언제나 하나님께서는 그들을 강하게 하여 대적을 물리치게 하셨다.

8-10절, 여호와께서 명하사 네 창고와 네 손으로 하는 모든 일에 복을 내리시고 네 하나님 여호와께서 네게 주시는 땅에서 네게 복을 주실 것이며 9 네가 네 하나님 여호와의 명령을 지켜 그 길로 행하면 여호와께서 네게 맹세하신 대로 너를 세워 자기의 성민이 되게 하시리니 10 너를 여호와의 이름으로 일컬음을 세계 만민이 보고 너를 두려워하리라

이스라엘이 하나님께 순종하면 세계 만민이 그를 보고 '그 나라는 여호와의 이름으로 일컬음을 받는 나라인데 하나님께 순종하기 때문에 하나님이 축복하셔서 강력한 나라가 되었구나' 하면서 이스라엘을 두려워하게 하시겠다는 말씀이다. 그것이 다윗 시대에 이루어졌다. 그러나 후에 그들이 여호와 하나님께 불순종하자 완전히 저주를 받아 흩어져서 이방 열국의 압제 아래 들어가게 되었다. 그러므로 이스라엘 나라는 일종의 증인과 같다. 하나님이 계시다는 것을 그들을 통해 이방 만민에게 알리는 것이다. 그들이 순종하는 위치에 있을 때 복을 받아 강대국이 되고 순종하지 않을 때 그렇게 처참하게 버림받는 그 광경을 보고서 세상 모든 열국이 '아, 하나님은 계시는구나. 계시지 않다고 말할 수 없구나' 하게 된다.

11-12절, 여호와께서 네게 주리라고 네 열조에게 맹세하신 땅에서 네게 복을 주사 네 몸의 소생과 육축의 새끼와 토지의 소산으로 많게 하시며 12 여호와께서 너를 위하여 하늘의 아름다운 보고를 열으사 네 땅에 때를 따라 비를 내리시고 네 손으로 하는 모든 일에 복을 주시리니 네가 많은 민족에게 꾸어줄지라도 너는 꾸지 아니할 것이요

하나님께서 하늘의 아름다운 보고(寶庫)를 열으사 그들이 하는 일에 축복을 내리시고 경제적으로 그들을 부하게 만들어 주실 것이라는 말씀이다. 이 일은 이스라엘의 역사 가운데 이루어진바 있다.

13절, 여호와께서 너로 머리가 되고 꼬리가 되지 않게 하시며 위에만 있고 아래에 있지 않게 하시리니 오직 너는 내가 오늘날 네게 명하는 네 하나님 여호와의 명령을 듣고 지켜 행하며

이 말씀은 다 이스라엘 나라에 적용되는 말씀이다. 우리가 흔히 자녀들에게 '너는 어디 가든지 머리가 되고 꼬리가 되지 말아라' 하고 가르치는 것은 어떤 면에서 주님의 가르침과 상반된다. 주님은 누구든지 으뜸이 되고자 하는 자는 종이 되어야 한다고 말씀하셨다(마 20:27). 그러나 이스라엘 나라는 하나님께 순종할 때 이방 열국의 지배 아래 있지 않고 강성하게 되어 모든 나라 위에 뛰어난 위치에 있었다.

14절, 내가 오늘날 너희에게 명하는 그 말씀을 떠나 좌로나 우로나 치우치지 아니하고 다른 신을 따라 섬기지 아니하면 이와 같으리라

이스라엘 나라가 하나님의 명하신 말씀에 순종하여 좌로나 우로나 치우치지 않고 다른 신을 섬기지 않을 때 강대하고 으뜸가는 나라가 된다는 말이다.

15절, 네가 만일 네 하나님 여호와의 말씀을 순종하지 아니하여 내가 오늘날 네게 명하는 그 모든 명령과 규례를 지켜 행하지 아니하면 이 모든 저주가 네게 임하고 네게 미칠 것이니

여기서부터는 저주를 말하는데, 이 저주는 매우 심각하다. 오늘 영적인 이스라엘인 교회 또한 마찬가지이다. 신약은 은혜와 긍휼이 있는 시대이기에 그렇지 않을 것이라고 생각하지 말라. 히브리서 12장을 보라. "너희는 삼가 말하신 자를 거역하지 말라 땅에서 경고하신 자를 거역한 저희가 피하지 못하였거든 하물며 하늘로 좇아 경고하신 자를 배반하는 우리일까 보냐…우리 하나님은 소멸하는 불이심이니라"(25, 29절). 그러므로 우리도 이러한 말씀을 두려움으로 받는 것이 마땅하다.

16-19절, 네가 성읍에서도 저주를 받으며 들에서도 저주를 받을 것이요 17 또 네 광주리와 떡 반죽 그릇이 저주를 받을 것이요 18 네 몸의 소생과 네 토지의 소산과 네 우양의 새끼가 저주를 받을 것이며 19 네가 들어와도 저주를 받고 나가도 저주를 받으리라

축복의 말씀과 완전히 반대되는 말씀이다.

20절, 네가 악을 행하여 그를 잊으므로 네 손으로 하는 모든 일에 여호와께서 저주와 공구와 견책을 내리사 망하며 속히 파멸케 하실 것이며

악행을 하다 보면 하나님을 잊어버리게 된다. 그렇게 되면 "네 손으로 하는 모든 일에 여호와께서 저주와 공구와 견책을 내리사 망하여 속히 파멸케 하실 것이며". 공구란 재앙으로 인하여 오는 두려움을 말한다. 악행은 주로 하나님의 율법을 버림으로 행하게 되는 것이다.

21-22절, 여호와께서 네 몸에 염병이 들게 하사 네가 들어가 얻을 땅에서 필경 너를 멸하실 것이며 22 여호와께서 폐병과 열병과 상한과 학질과 한재와 풍재와 썩는 재앙으로 너를 치시리니 이 재앙들이 너를 따라서 너를 진멸케 할 것이라

많은 질병의 이름이 기록되어 있다. 이러한 많은 질병들로 저주를 받게 될 것이라는 말씀이다.

23절, 네 머리 위의 하늘은 놋이 되고 네 아래의 땅은 철이 될 것이며

하늘은 더 이상 은혜로운 비를 내리지 않고 땅도 곡식이 자랄 수 있도록 수분과 영양분을 공급하지 않는 상태가 된다는 것이다. 이것은 저주받은 표시이다. 오늘 우리 그리스도인들도 하나님께 불순종할 때 이러한 상황, 즉 하늘이 닫히고 영적 성장이 그치는 상황에 처할 수 있다는 것을 알아야 한다. 아무 은혜도 없고 서로 물고 뜯는 상황은 저주의 표시이다.

24절, 여호와께서 비 대신에 티끌과 모래를 네 땅에 내리시리니 그것들이 하늘에서 네 위에 내려서 필경 너를 멸하리라

땅에 비를 내리지 않고 티끌과 모래를 내리겠다고 하신다. 그런 속에서는 사람이 살아나갈 수가 없다. 이것 또한 저주의 표시이다.

25절, 여호와께서 너로 네 대적 앞에 패하게 하시리니 네가 한 길로 그들을 치러 나가서는 그들의 앞에서 일곱 길로 도망할 것이며 네가 또 세계 만국 중에 흩음을 당하고

축복의 상황에서는 대적이 한 길로 들어왔다가 일곱 길로 도망한다고 했는데 반대로 저주의 상황에서는 이스라엘 사람들이 한 길로 치러 나갔다가 일곱 길로 도망한다고 했다. 그리고 모든 민족 가운데 높여지는 것이 아니라 도리어 세계 만국 중에 흩어짐을 당하는 것이다.

26절, 네 시체가 공중의 모든 새와 땅 짐승들의 밥이 될 것이나 그것들을 쫓아 줄 자가 없을 것이며

이스라엘 백성들이 저주를 받아서 만국에 흩어질 뿐 아니라 그들의 시체가 새나 짐승들의 밥이 되어도 그것을 쫓아 줄 자가 없다. 모든 세상 사람들의 미움과 저주를 받는 그런 처지에 놓이게 될 것이라는 말이다.

27절, 여호와께서 애굽의 종기와 치질과 괴혈병과 개창으로 너를 치시리니 네가 치료함을 얻지 못할 것이며

종기, 치질, 괴혈병 등은 다 애굽의 병이다. 종기는 애굽의 나병이고 치질은 항문병이나 여성의 자궁병이며 개창은 가려움증으로 인한 것이다. 그런데 이러한 질병들로 이스라엘 사람들을 쳐서 치료함을 받지 못하게 하리라고 하신다.

28절, 여호와께서 또 너를 미침과 눈멂과 경심증으로 치시리니

미침, 눈멂, 경심증 같은 것들은 정신적인 질병인데, 역시 저주의 표시이다. 경심증이란 조그만 일이 발생해도 깜짝깜짝 놀라는 증세이다. 오늘 신약에 사는 우리는 성령의 충만을 얻음으로 이러한 질병과 약함을 극복할 수 있다.

29절, 소경이 어두운 데서 더듬는 것과 같이 네가 백주에도 더듬고 네 길이 형통치 못하여 항상 압제와 노략을 당할 뿐이니 너를 구원할 자가 없을 것이며

길이 보이지 않고 또 길이 형통치 않게 된다. 그리고 항상 압제와 노략을 당하나 구원할 자가 없다. 암담하고 소망이 없는 상황에 처하게 되는 것이다.

30절, 네가 여자와 약혼하였으나 다른 사람이 그와 같이 잘 것이요 집을 건축하였으나 거기 거하지 못할 것이요 포도원을 심었으나 네가 그 과실을 쓰지 못할 것이며

이러한 상황은 전쟁 중에 발생할 수 있다. 특히 전쟁에서 패한 경우이다.

31절, 네 소를 네 목전에서 잡았으나 네가 먹지 못할 것이며 네 나귀를 네 목전에서 빼앗아 감을 당하여도 도로 찾지 못할 것이며 네 양을 대적에게 빼앗길 것이나 너를 도와 줄 자가 없을 것이며

모든 것을 약탈당한다는 말이다. 소, 나귀, 양을 빼앗겨도 되찾아 줄 사람이 없다는 말이다.

32절, 네 자녀를 다른 민족에게 빼앗기고 종일 생각하고 알아봄으로 눈이 쇠하여지나 네 손에 능이 없을 것이며

너무나 슬프고 비참한 이야기이다. 자녀를 빼앗긴 부모가 종일 자녀를 생각하다가 눈이 쇠하여진다는 것이다.

33절, 네 토지 소산과 네 수고로 얻은 것을 네가 알지 못하는 민족이 먹겠고 너는 항상 압제와 학대를 받을 뿐이리니

이러한 일은 다 전쟁에서 패했을 때 닥치는 상황이다. 알지 못하는 민족이 이스라엘을 침공해서 농사 지어 놓은 것을 다 먹어버리고 그들을 압제하고 학대를 한다는 이야기이다.

34절, 이러므로 네 눈에 보이는 일로 인하여 네가 미치리라

그런 상황을 볼 때에 그들은 미치게 된다는 말이다.

35절, 여호와께서 네 무릎과 다리를 쳐서 고치지 못할 심한 종기로 발하게 하여 발바닥으로 정수리까지 이르게 하시리라

온 몸이 상처와 종기로 인해 성한 데가 없다. 하나님께서 이스라엘 백성들에게 이렇게 하시는 이유가 무엇이겠는가? 그들을 사랑하시기 때문이다. 무궁한 사랑으로 인한 것이다.

36절, 여호와께서 너와 네가 세울 네 임금을 너와 네 열조가 알지 못하던 나라로 끌어가시리니 네가 거기서 목석으로 만든 다른 신들을 섬길 것이며

실제로 이스라엘 나라가 패망했을 때 시드기야 왕은 두 눈이 뽑힌 채 바벨론으로 끌려갔으며 거기서 목석으로 만든 다른 신들을 섬기게 되었다.

37절, 여호와께서 너를 끌어가시는 모든 민족 중에서 네가 놀램과 속담

과 비방거리가 될 것이라

이스라엘 백성들이 끌려가서 그 민족 중에서 놀램과 속담과 비방거리가 된다는 것이다. 예레미야 애가를 읽어보면 이스라엘 백성들의 이러한 슬픈 상황을 노래한 것이 기록되어 있다. 하나님께 선택받은 나라, 다윗과 같이 훌륭한 왕을 가진 강대국이었던 나라가 이방 나라에 패망해서 수치를 당하는 광경을 보고 예레미야는 눈이 상하고 창자가 끓어지며 간이 땅에 쏟아질 정도로 비통해했다.

38-45절, 네가 많은 종자를 들에 심을지라도 메뚜기가 먹으므로 거둘 것이 적을 것이며 39 네가 포도원을 심고 다스릴지라도 벌레가 먹으므로 포도를 따지 못하고 포도주를 마시지 못할 것이며 40 네 모든 경내에 감람나무가 있을지라도 그 열매가 떨어지므로 그 기름을 네 몸에 바르지 못할 것이며 41 네가 자녀를 낳을지라도 그들이 포로가 되므로 네게 있지 못할 것이며 42 네 모든 나무와 토지 소산은 메뚜기가 먹을 것이며 43 너의 중에 우거하는 이방인은 점점 높아져서 네 위에 뛰어나고 너는 점점 낮아질 것이며 44 그는 네게 꾸일지라도 너는 그에게 꿔지 못하리니 그는 머리가 되고 너는 꼬리가 될 것이라 45 네가 네 하나님 여호와의 말씀을 순종치 아니하고 네게 명하신 그 명령과 규례를 지키지 아니하므로 이 모든 저주가 네게 임하고 너를 따르고 네게 미쳐서 필경 너를 멸하리니

하나님께서 왜 이러한 저주가 이스라엘에게 임하게 하시는지 다시 한 번 설명하고 계신다. 그것은 바로 하나님께서 그들에게 명하신 명령과 규례를 지키지 않았기 때문이다.

46절, 이 모든 저주가 너와 네 자손에게 영원히 있어서 표적과 감계가 되리라

곡식 종자를 메뚜기가 먹고 포도원의 포도를 벌레가 먹고 또 감람나무 열매가 떨어져서 기름을 얻지 못하는 이 모든 상황은 그들이 여호와의 명령과 규례를 지키지 않았기 때문에 저주가 임한 것임을 알게 하려고 미리 말씀하시는 것이다. 즉 그러한 상황이 표적과 감계가 되게 하시려는 것이다.

47-49절, 네가 모든 것이 풍족하여도 기쁨과 즐거운 마음으로 네 하나님 여호와를 섬기지 아니함을 인하여 48 네가 주리고 목마르고 헐벗고 모든 것이 핍절한 중에서 여호와께서 보내사 너를 치게 하실 대적을 섬기게 될 것이니 그가 철 멍에를 네 목에 메워서 필경 너를 멸할 것이라 49 곧 여호와께서 원방에서, 땅 끝에서 한 민족을 독수리의 날음같이 너를 치러 오게 하시리니 이는 네가 그 언어를 알지 못하는 민족이요

그들이 모든 것이 풍족한 데에도 기쁨과 즐거운 마음으로 하나님을 섬기지 않았기 때문에 먼 나라의 대적을 일으켜서 이스라엘을 치게 하실 것이며 이스라엘은 그들을 섬기게 될 것이라고 하신다. 이 나라는 아마도 바벨론일 것이다.

50-53절, 그 용모가 흉악한 민족이라 노인을 돌아보지 아니하며 유치를 긍휼히 여기지 아니하며 51 네 육축의 새끼와 네 토지의 소산을 먹어서 필경은 너를 멸망시키며 또 곡식이나 포도주나 기름이나 소의 새끼나 양의 새끼를 너를 위하여 남기지 아니하고 필경은 너를 멸절시키리라 52 그들이 전국에서 네 모든 성읍을 에워싸고 네가 의뢰하는바 높고 견고한 성벽을 다 헐며 네 하나님 여호와께서 네게 주시는 땅의 모든 성읍에서 너를 에워싸리니 53 네가 대적에게 에워싸이고 맹렬히 쳐서 곤란케 함을 당하므로 네 하나님 여호와께서 네게 주신 자녀 곧 네 몸의 소생의 고기를 먹을 것이라

구체적으로 그들이 불순종함으로 당할 상황을 미리 예언하고 있는 것이다. 결국 이스라엘은 바벨론에게 한 번 크게 멸망을 당하고 그 다음 로마에 의해서 완전히 멸망을 당한다. 그들이 대적에게 에워싸임을 당해서 곤란하게 됐을 때 그 자녀의 고기를 먹게 될 것이라고 했는데, 이 일이 실제로 일어난 것을 예레미야 애가에서 볼 수 있다(4:10).

54-55절, 너희 중에 유순하고 연약한 남자라도 그 형제와 그 품의 아내와 그 남은 자녀를 질시하여 55 자기의 먹는 그 자녀의 고기를 그 중 누구에게든지 주지 아니하리니 이는 네 대적이 네 모든 성읍을 에워싸고 맹렬히 너를 쳐서 곤란케 하므로 아무것도 그에게 남음이 없는 연고일 것이며

오랫동안 포위당한 상태로 지내다 보니 먹을 것이 바닥이 난 것이다. 너무 굶주리다 보니까 자녀의 고기를 먹게 되었는데 그 누구에게도 주지 않고 혼자만 먹으려고 한다는 말이다. 실제로 이런 일이 발생했다. 열왕기 하 6장을 보겠다. "이후에 아람 왕 벤하닷이 그 온 군대를 모아 올라와서 사마리아를 에워싸니…또 가로되 무슨 일이냐 여인이 대답하되 이 여인이 내게 이르기를 네 아들을 내라 우리가 오늘날 먹고 내일은 내 아들을 먹자 하매 우리가 드디어 내 아들을 삶아 먹었더니 이튿날에 내가 이르되 네 아들을 내라 우리가 먹으리라 하나 저가 그 아들을 숨겼나이다"(24-28절). 여인들이 왕에게 와서 이 일을 가지고 다투니까 왕이 이 말을 듣고 옷을 찢으며 통곡을 했다. 또 예레미야 애가 4장 10절도 마찬가지이다. 이때는 결국 이스라엘이 바벨론에게 완전히 패망해서 모든 것이 다 무너지고 황폐하게 된 상황이다. "처녀 내 백성의 멸망할 때에 자비한 부녀가 손으로 자기 자녀를 삶아 식물을 삼았도다".

56-57절, 또 너희 중에 유순하고 연약한 부녀 곧 유순하고 연약하여 그

발바닥으로 땅을 밟아 보지도 아니하던 자라도 그 품의 남편과 그 자녀를 질시하여 57 그 다리 사이에서 나온 태와 자기의 낳은 어린 자식을 가만히 먹으리니 이는 네 대적이 네 생명을 에워싸고 맹렬히 쳐서 곤란케 하므로 아무것도 얻지 못함이리라

어떻게 이런 일이 있을 수 있을까 하겠지만 지금도 지구상에 이런 일이 일어나는 곳이 있다고 한다. 차라리 자기가 굶는 게 낫지 어떻게 그런 일을 할 수 있는가? 그런데 너무 굶주리다 보면 헛것이 보여서 자식이 자식으로 보이는 게 아니라 짐승으로 보인다는 것이다. 참으로 저주요 비극이 아닐 수 없다.

58-59절, 네가 만일 이 책에 기록한 이 율법의 모든 말씀을 지켜 행하지 아니하고 네 하나님 여호와라 하는 영화롭고 두려운 이름을 경외하지 아니하면 59 여호와께서 너의 재앙과 네 자손의 재앙을 극렬하게 하시리니 그 재앙이 크고 오래고 그 질병이 중하고 오랠 것이라

이런 말씀을 들을 때 하나님의 말씀을 지키지 않을 도리가 없다.

60절, 여호와께서 네가 두려워하던 애굽의 모든 질병을 네게로 가져다가 네 몸에 들어붙게 하실 것이며

베드로 전서 4장 17-18절을 읽어보자. "하나님 집에서 심판을 시작할 때가 되었나니 만일 우리에게 먼저 하면 하나님의 복음을 순종치 아니하는 자들의 그 마지막이 어떠하며 또 의인이 겨우 구원을 얻으면 경건치 아니한 자와 죄인이 어디 서리요". 우리는 하나님께서 먼저 하나님의 집에서부터 심판하신다는 것을 알아야 한다. 고린도 전서 10장에서도 주님의 떡과 잔을 합당하게 대하지 않는 사람들, 우상의 제물을 먹고 귀신의 상에 참여하는 사람들에 대해서 사도는 "우리가 주를 노여워하시게 하겠느냐 우리가 주보다 강한 자냐"고 말했다. 또 히브리서 기자는 "우리 하나님은 소멸하는 불이심이니라"(12:29), "살아 계신 하나님의 손에 빠져 들어가는 것이 무서울진저"(10:31)라고 말했다. 하나님이 두려우신 분임을 모르는 사람들은 망하는 것 외에 다른 길이 없다. 하나님은 그분의 집에서부터 심판하시고 하나님의 사람들부터 심판하시되 엄격하게 심판하신다. 그러니 그 나머지 불신자들에 대한 심판이야 어떠하겠는가?

61절, 또 이 율법책에 기록지 아니한 모든 질병과 모든 재앙을 너의 멸망하기까지 여호와께서 네게 내리실 것이니

우리가 전혀 알지 못하는 그런 종류의 질병과 재앙까지도 내리시겠다는 말씀이다.

62절, 너희가 하늘의 별같이 많았을지라도 네 하나님 여호와의 말씀을 순종치 아니하므로 남는 자가 얼마 되지 못할 것이라

당시에 인구가 상당히 많았다. 가나안 땅에 들어갈 당시 200만 명 정도가 되었다. 그렇지만 하나님의 말씀을 순종치 않을 때 이들이 다 죽고 없어진다고 하셨다. A.D. 70년경 로마에게 패망할 때 200만 명 이상이 죽었다고 기록되어 있다. 그리고 나머지는 전세계로 흩어졌다. 게다가 제 2차 세계 대전 때 독일 히틀러 치하에서 학살당한 유대인 수가 600만 명이 넘는다. 엄청나게 많은 수가 죽었다. 남은 사람이 얼마 안 된다. 하나님의 예언의 말씀이 그대로 이루어진 것이다. 여기 신명기 28장의 내용이 그대로 그들의 역사에서 이루어진 것이다. 그들이 하나님께 순종했을 때에는 하나님께서 그분의 말씀대로 축복하셨다. 주로 다윗 시대와 솔로몬 통치 전반기에 그러했다. 개인적으로도 이러한 원칙에 서 있다면 하나님께서는 그를 축복하신다. 에스더나 다니엘이 그런 경우이다. 다니엘은 비록 바벨론에 사로잡혀 갔지만 그 가운데서도 하나님을 경외하고 순종함으로 축복을 얻었다.

63절, 이왕에 여호와께서 너희에게 선을 행하시고 너희로 번성케 하시기를 기뻐하시던 것 같이 이제는 여호와께서 너희를 망하게 하시며 멸하시기를 기뻐하시리니 너희가 들어가 얻는 땅에서 뽑힐 것이요

심기는 것이 아니라 뽑히게 된다.

64절, 여호와께서 너를 땅 이 끝에서 저 끝까지 만민 중에 흩으시리니 네가 그곳에서 너와 네 열조의 알지 못하던 목석 우상을 섬길 것이라

이 말씀은 완전히 이루어졌다. 유대인들은 세계 각처에 흩어져 있다.

65절, 그 열국 중에서 네가 평안함을 얻지 못하며 네 발바닥을 쉴 곳도 얻지 못하고 오직 여호와께서 거기서 너의 마음으로 떨고 눈으로 쇠하고 정신으로 산란케 하시리니

이스라엘 백성들이 다른 나라에 가서도 평안을 얻지 못하고 쉴 곳을 얻지 못한다는 말씀이다. 지금까지도 그렇다. 이스라엘 백성들은 본토에 돌아왔지만 '아, 이제 내 땅에 돌아왔구나' 하고 평안히 거할 수가 없다. 아랍 족속이 때때로 자살 특공대 등을 보내어 테러를 저지르기 때문이다. "네가 평안함을 얻지 못하며 네 발바닥을 쉴 곳도 얻지 못하고 오직 여호와께서 거기서 마음으로 떨고 눈으로 쇠하고 정신으로 산란케 하시리니". 바로 이런 상황이 그들에게 임했던 것이다.

66절, 네 생명이 의심나는 곳에 달린 것 같아서 주야로 두려워하며 네 생명을 확신할 수 없을 것이라

여러분은 '안네 프랑크의 일기'를 읽어보았는가? 어린 유대인 소녀가 독일 나치를 피해 이리저리 도망다니면서 언제 끌려가 죽을지 모르는 공포스런 상황에서 쓴 일기가 수많은 사람들에게 읽혀졌다. 그것을 읽어보면 그 생명이 항상 의심나는 곳에 달려 있는 것 같은 느낌을 받는다. 생명을 확신할 수 없는 상황이다.

67절, 네 마음의 두려움과 눈의 보는 것으로 인하여 아침에는 이르기를 아하 저녁이 되었으면 좋겠다 할 것이요 저녁에는 이르기를 아하 아침이 되었으면 좋겠다 하리라

보는 것이 두렵고 마음도 두렵기 때문에 아침에는 저녁이 되었으면 좋겠다 하고 저녁에는 아침이 되었으면 좋겠다 하면서 시간을 보내는 것이다. 이런 상황이 유대인들에게 그대로 임했다.

68절, 여호와께서 너를 배에 실으시고 전에 네게 고하여 이르시기를 네가 다시는 그 길을 보지 아니하리라 하시던 그 길로 너를 애굽으로 끌어가실 것이라 거기서 너희가 너희 몸을 대적에게 노비로 팔려 하나 너희를 살 자가 없으리라

A.D. 70년에 로마 군대는 예루살렘을 침공하여 함락시킨 뒤에 수많은 이스라엘 젊은이들을 끌어가 애굽에 노예로 팔았다. 그러나 애굽 사람들이 사려고도 하지 않는다는 것이다. 이 모든 말씀이 역사적으로 이루어졌다. 지금도 유대인들의 역사는 말씀 그대로 이루어지고 있다.

신명기 28장은 이스라엘 백성들이 하나님의 말씀을 순종하면 복을 받고 순종치 않으면 그 결과 이렇게 저주를 받게 된다는 내용이다. 여기서 우리는 택하신 백성들에 대한 하나님의 사랑과 관심을 느낄 수 있다. 택하신 백성들에 대한 그분의 마음은 얼마나 깊으신지!

신명기 29장

학자들은 29장을 요약된 신명기라고 부른다. 이는 본장의 내용 속에 제 1설교인 1장 6절-4장 43절의 내용이 요약되어 있으며(1-8절) 제 2 설교 내용도 한 마디로 압축하여 요약하고 있기 때문이다(9절, "그런즉 너희는 이 언약의 말씀을 지켜 행하라 그리하면 너희의 하는 모든 일이 형통하리라"). 또한 16-29절은 27장 1절-28장 68절에 기록된 축복과 저주를 또한 요약한 것이라고 볼 수 있다.

1절, 호렙에서 이스라엘 자손과 세우신 언약 외에 여호와께서 모세에게 명하사 모압 땅에서 또 그들과 세우신 언약의 말씀이 이러하니라

신명기 29장을 통해 우리는 구약에서 하나님의 언약이 시내 산에서 이스라엘 백성들과 율법으로 세우신 것 외에 또 있다는 것을 알 수 있다. 우리는 구약에서 적어도 세 종류의 언약을 발견할 수 있다. 첫째는 아브라함에게 하신 언약이다. 그것은 아브라함과 이삭과 야곱에 걸쳐서 계속 말씀하신 것인데, 이 언약은 은혜에 속한 것이다. 그것은 신약과 맥을 같이한다. 그 후 이스라엘 백성들이 애굽에서 벗어나 홍해를 건너 광야로 인도되었을 때 하나님께서는 시내 산에서 그들과 언약을 세우시는데, 그 언약은 율법으로 말미암은 것으로서 두 번째 언약이라고 할 수 있다. 그리고 이제 또 하나의 독특한 언약이 있는데, 이것이 바로 신명기 29장의 모압 땅에서 세우신 언약으로서 세 번째이다.

오늘날 많은 그리스도인들이 첫 번째와 두 번째 언약에 대해서는 알지만 세 번째 언약, 즉 모압에서 세우신 언약에 대해서는 잘 알지 못한다. 이제 우리는 바로 이 세 번째 종류의 언약에 대해서 볼 것이다. 이 언약이 만일 호렙 산에서 세우신 언약과 별반 다를 게 없다면 여기서 '호렙에서 이스라엘 자손과 세우신 언약 외에' 라는 말을 하지 않으셨을 것이다. 이 언약은 분명 호렙 산에서의 언약과 다른 점이 있기 때문에 이렇게 말씀하신 것이다.

간단하게 말하자면, 하나님께서 아브라함과 세우신 언약은 은혜로 말미암아 믿음으로 이루어지는 신약의 언약과 맥을 같이 한다. 그러나 하나님께서 이스라엘 백성들을 시내 산으로 이끌어서 율법의 언약을 주신 것은 그들이 스스로 얼마나 부패한 육체를 가지고 있는가를 알게 하기 위해서이다. 그때 그 율법의 말씀을 받은 사람들은 애굽에서 나온 모든 백성들이었다. 그런데 그들은 불순종하고 거역함으로 광야에서 다 죽었고 지금 모압 땅에 서 있는 이스라엘 백성들은 그 다음 세대이다. 이 세대를 놓고 그들과 언약을 세우는 것이다. 이 언약은 주로 가나안 땅에 들어가서 그들이 하나님과 어떤 관계를 맺고 생활할 것인가에 관한 것이다. 출애굽기의 언약이 비교적 율법에 속한 것이고 도덕적인 것이고 사람이 하나님 앞에서 지켜야 할 도리들을 말하는 것이라면 모압 평지에서 세우신 언약은 보다 통치적(統治的)인 것이다. 그래서 우리는 이 신명기라는 책이 다만 출애굽기의 율법을 다시 한 번 강조해서 말하는 책만이 아니라 어느 정도 새로운 부분도 있다는 것을 알아야 한다.

2-3절, 모세가 온 이스라엘을 소집하고 그들에게 이르되 여호와께서 애굽 땅에서 너희 목전에 바로와 그 모든 신하와 그 온 땅에 행하신 모든 일

을 너희가 보았나니 3 곧 그 큰 시험과 이적과 큰 기사를 네가 목도하였느니라

모세가 첫 번째로 그들에게 확인시켜 주는 것은 애굽 땅에서 그들을 이끌어내실 때 바로와 그 모든 신하들에게 행하신 기적들이다.

4절, 그러나 깨닫는 마음과 보는 눈과 듣는 귀는 오늘날까지 여호와께서 너희에게 주지 아니하셨느니라

그들은 하나님께서 애굽 땅에서 그들을 구출해 내실 때에 행하신 큰 이적과 기사를 보았지만 아직도 그 마음속에 하나님에 대한 인식이 그리 많지 않다. 깨닫는 마음과 보는 눈과 듣는 귀는 아직 없다. 모세는 여호와께서 그들에게 그러한 마음과 눈과 귀를 주지 않으신 것이라고 말한다.

5절, 주께서 사십 년 동안 너희를 인도하여 광야를 통행케 하셨거니와 너희 몸의 옷이 낡지 아니하였고 너희 발의 신이 해어지지 아니하였으며

이것은 40년 동안의 광야생활을 간단한 말로 표현한 것이다. 이 말씀은 40년 동안 옷 한 벌로 지냈는데 낡지 않았다거나 계속 신발 한 켤레로 여행했는데 그것이 해어지지 않았다는 뜻이 아닐 것이다. 이것은 하나님께서 어떤 식으로든 계속 보살펴 주셨다는 것으로 보아야 한다.

6절, 너희로 떡도 먹지 못하며 포도주나 독주를 마시지 못하게 하셨음은 주는 너희 하나님 여호와이신 줄을 알게 하려 하심이니라

그들은 광야 40년 동안 떡이나 포도주나 독주를 마시지 못했으며 만나만이 그들의 유일한 양식이었다. 하나님께서 그렇게 하신 목적은 그들의 하나님 여호와께서 존재하시고 그들을 돌보고 계신다는 것을 알게 하시려는 것이었다. 오늘 우리가 광야 같은 세상에서 지금까지 존재하고 살 수 있는 것도 하나님께서 늘 우리를 보살피시고 돌보시기 때문이다.

7-8절, 너희가 이곳에 올 때에 헤스본 왕 시혼과 바산 왕 옥이 우리와 싸우러 나왔으므로 우리가 그들을 치고 8 그 땅을 취하여 르우벤과 갓과 므낫세 반 지파에게 기업으로 주었나니

그들이 애굽에서 모압 땅에 이르기까지 있었던 일을 간략하게 말해주면서 이 모든 것이 하나님께서 함께하셨기 때문에 가능했음을 말해주고 있다.

9절, 그런즉 너희는 이 언약의 말씀을 지켜 행하라 그리하면 너희의 하는 모든 일이 형통하리라

이 구절은 하나의 결론이 되겠다. 애굽에서 모압 땅에 이르기까지 하나님께서 하신 일을 하나하나 말해주는 이유는 결국 이 언약의 말씀을 지켜 행하게 하려는 것이다. 하나님께서 모세를 통해 모압 땅에서 언약하신 말씀의 핵심은 '하나님의 말씀을 지켜 행하라' 는 것이다. 이는 앞에서도 말했지만 모세의 신명기 제 2설교의 내용을 한마디로 요약한 것으로 볼 수 있다. 오늘날 많은 그리스도인들이 신약의 믿는이들은 율법에서 해방되었기 때문에 말씀을 지키라고 하는 것은 무조건 다 율법이라고 생각하는데 그것은 잘못된 생각이다. 물론 우리 육체의 노력으로 율법을 지킬 수 있는 것처럼 말하고 그렇게 사람들에게 가르치는 것은 틀린 것이다. 그럼에도 신약의 믿는이들이 하나님의 말씀을 듣기만

하고 행하지 않으면 큰 문제가 있게 된다. 이에 대하여는 주님의 산상수훈과 야고보서에 강조되어 있다. 우리는 이 진리에 관해 분명해야 한다. 말씀을 듣기만 하고 행하지 않는 그리스도인이 되어서는 안 된다. 우리는 말씀을 들을뿐 아니라 반드시 행하는 그리스도인이 되어야 한다.

이 문제에 관해 신약 성경에서 몇 구절을 찾아보자. 요한복음 15장 10절, "내가 아버지의 계명을 지켜 그의 사랑 안에 거하는 것같이". 우리 주 예수님은 이 땅에 계실 때 친히 아버지의 계명을 지켰다고 말씀하셨다. 그러나 주 예수님은 당시 율법사들처럼 율법을 지키기 위해 애쓰신 것이 아니다. 그분은 성령 안에 행하심으로 자연히 그 아버지의 계명을 지키는 삶을 사셨다. "너희도 내 계명을 지키면 내 사랑 안에 거하리라". 우리는 이 시대에 우리 주 예수님의 계명을 지키는 사람이 되어야 한다. 그럴 때 우리는 그분의 사랑 안에 거하게 된다. 14장에도 "사람이 나를 사랑하면 내 말을 지키리니"(23절)라는 말씀이 있다.

다음으로 사도 바울이 한 말을 보자. 바울 같은 사람은 율법을 철저히 배격한 사람이기 때문에 우리가 하나님의 계명을 지킬 필요가 없고 그에 대해 완전히 자유하다고 말할 것 같은데 그렇지 않다. 고린도 전서 7장 19절, "할례 받는 것도 아무것도 아니요 할례 받지 아니하는 것도 아무 것도 아니로되 오직 하나님의 계명을 지킬 따름이니라". 여기서 하나님의 계명을 지키는 것을 말했다. 신약의 믿는이들이 하나님의 말씀을 지키는 것은 너무도 중요하다. 누가복음 6장에서도 주의 말씀을 듣고 행하지 않는 자는 그 주초를 반석 위에 두지 않은 자와 같다고 했다(46-48절 참조). 오늘날 우리는 반드시 말씀을 듣고 지켜 행함으로 주초를 반석 위에 둔 사람이 되어야 한다.

10-11절, 오늘날 너희 곧 너희 두령과 너희 지파와 너희 장로들과 너희 유사와 이스라엘 모든 남자와 11 너희 유아들과 너희 아내와 및 네 진중에

있는 객과 무릇 너를 위하여 나무를 패는 자로부터 물 긷는 자까지 다 너희 하나님 여호와 앞에 선 것은

여기서 그들은 모압 땅에서 언약을 받기 위해 서 있는데, 모세는 그들을 낱낱이 다 거명하고 있다.

12-13절, **너의 하나님 여호와의 언약에 참예하며 또 너의 하나님 여호와께서 오늘날 네게 향하여 하시는 맹세에 참예하여 13 여호와께서 이왕에 네게 말씀하신 대로 또 네 열조 아브라함과 이삭과 야곱에게 맹세하신 대로 오늘날 너를 세워 자기 백성을 삼으시고 자기는 친히 네 하나님이 되시려 함이니라**

이렇게 언약하신 것은 아브라함과 이삭과 야곱에게 맹세한 대로 오늘날 이스라엘 백성을 세워서 당신의 백성을 삼으시고 하나님은 친히 그들의 하나님이 되시려는 것이다. 여기서 중요한 것은 이 언약 안에서만 그들이 하나님의 백성이 될 수 있고 하나님은 그들의 하나님이 되실 수 있다는 것이다. 그리고 이 언약의 본질은 바로 하나님의 언약의 말씀을 지켜 행하는 것이다. 그러므로 그들이 하나님의 말씀을 듣고 행하지 않으면 하나님은 그들의 하나님이 되실 수 없고 그들은 하나님의 백성이 될 수 없는 것이다. 오늘 우리가 참으로 하나님을 우리의 하나님으로 모시고 싶다면 우리는 하나님의 말씀을 들을 뿐 아니라 그 말씀을 지켜 행하는 자가 되어야 한다.

오늘날 교회는 그리스도의 몸으로서 주님의 말씀을 받을 뿐 아니라 지켜 행할 때 비로소 그 본연의 기능을 하게 된다. 오늘날 내가 염려하는 것은 말씀을 듣고 은혜를 많이 받았다고 하는데 정작 말씀을 지키고 행하는 것은 볼 수 없다는 것이다. 주일마다 와서 듣고 풍성한 은혜를 받았다고 하고서 돌아가면 그뿐이다. 그것은 스스로를 하나님과 관계없이 만드는 것이다. 나는 주님의 긍휼로 수년 동안 이 나라 저 나라를 다니면서 사역을 했다. 그럴 때 한 나라 한 나라에 주님의 교회가 세워지는 것을 보았다. 우리 마음속에 '교회가 세워졌구나' 라고 느껴질 때가 언제인가 하면 그들이 하나님의 말씀을 받고 순종하며 지키는 삶을 살기 시작할 때이다. 그들이 다만 우리를 인간적으로 존경하고 좋아한다고 해서 되는 것이 아니다. 우리가 그들을 보면서 기뻐할 때는 그들이 주님의 말씀을 듣고 두렵고 떨림으로 말씀에 순종하기 시작할 때이다. 나는 이 나라 한국에서도 바로 이러한 상황을 보고 싶다. 다만 훌륭한 목회자나 대단한 단체를 따르는 것이 아니라 주님의 말씀 한 마디라도 두렵고 떨림으로 지키고 순종하는 상황이다. 실제로 계명을 지키는 삶을 한 마디로 말하면 자기를 부인하고 십자가를 지고 주님을 따르는 것이다. 이는 자아를 포기할 때 가능한 것이다. 한 말씀을 순종하기 위해서는 때로 장래를 포기하고 목숨을 거는 것이 필요할 때가 있기 때문이다.

14-15절, 내가 이 언약과 맹세를 너희에게만 세우는 것이 아니라 15 오늘날 우리 하나님 여호와 앞에서 우리와 함께 여기 선 자와 오늘날 우리와 함께 여기 있지 아니한 자에게까지니

'여기 있지 아니한 자' 란 장차 태어날 자손들을 가리킬 것이다.

16-19절, (우리가 애굽 땅에 어떻게 거하였었는지, 너희가 여러 나라를 어떻게 통과하여 왔었는지 너희가 알며 17 너희가 또 그들 중에 있는 가증한 것과 목석과 은금의 우상을 보았느니라) 18 너희 중에 남자나 여자나 가족이나 지파나 오늘날 그 마음이 우리 하나님 여호와를 떠나서 그 모든 민족의 신들에게 가서 섬길까 염려하며 독초와 쑥의 뿌리가 너희 중에 생겨서 19 이 저주의 말을 듣고도 심중에 스스로 위로하여 이르기를 내가 내

마음을 강퍅케 하여 젖은 것과 마른 것을 멸할지라도 평안하리라 할까 염려함이라

그들은 애굽 땅에 거했었고 또 여러 나라를 통과해 여기까지 왔다. 하나님은 여기서 무엇을 염려 하시는가? 그 과정에서 그들이 여러 가증한 것들과 목석과 은금의 우상을 보았다는 것이다. 하나님께서는 이스라엘 백성들이 본 그것을 염려하신다. 즉 그들이 본 것이 문제가 된다는 말이다. 물론 당시에 그들은 그것들을 좋지 않게 여겼을 것이다. 그런데 문제는 마음이 변할 때 그것들에게로 돌아갈 수 있다는 것이다. 병균 중에도 몸속에 잠복해 있다가 약해지면 나타나는 것들이 있다.

이들은 당시에는 하나님의 역사가 강하고 또 은혜가 있어서 그런 가증한 것들이나 여러 우상들로 인해 영향을 받지 않았을 것이다. 그런데 이제 가나안 땅에 들어가서 나라를 형성하고 생활할 때 여러 가지 복잡한 상황이 생기고 어려워지면 그때 보았던 우상들이 생각날 수도 있기에 하나님께서는 바로 이것을 염려하고 계신다. 그런 상황을 "독초와 쑥의 뿌리가 너희 중에 생겨서"라고 말했다. 이런 표현은 히브리서 12장 15절에도 있다. "쓴 뿌리가 나서 괴롭게 하고 많은 사람이 이로 말미암아 더러움을 입을까 두려워하고". 그런데 그러한 자들은 하나님의 저주의 말씀을 듣고도 심중에 스스로 위로한다는 것이다. "내가 내 마음을 강퍅케 하여 젖은 것과 마른 것을 멸할지라도 평안하리라 할까 염려함이라".

하나님은 이스라엘 백성들이 우상을 섬기고 그 마음이 하나님을 떠날 때 그들에게 재앙을 내리고 저주를 내리실 것이다. 그럴 때 그들은 돌이켜 회개를 해야 한다. 그런데 이런 독초의 뿌리, 악한 종류의 사람들이 있으면 그러한 우상과 잡교를 퍼뜨릴 뿐 아니라 하나님을 못 믿게 하고 다른 것으로 사람의 마음을 향하게 한다. 다른 것으로 만족케 하고 다른 것으로 위로를 받게 하고 다른 것을 신뢰하게 한 다음 스스로 위로하여 "젖은 것이나 마른 것을 멸할지라도 평안하리라" 한다는 것이다. '젖은 것과 마른 것' 이란 히브리 사람들의 격언에서 모든 것들을 포함한다는 뜻이 있다. 젖은 것이나 마른 것, 즉 모든 것들이 저주를 받는데도 평안하다 하면서 사람들을 위로하여 회개하지 못하게 한다는 것이다. 이것이 바로 독초와 쑥 뿌리이다. 때로 하나님은 그분의 백성들을 위하여 많은 고난의 상황을 일으키셔서 회개를 기대하시지만, 그들은 회개하지 않을 뿐 아니라 사람들에게 평안하리라고 위로를 한다는 것이다. 이런 일은 조직의 단속을 위해 사용되는 것이다. 즉 자신의 조직과 단체가 하나님의 저주 아래 있는 것처럼 보이는 것을 싫어하는 것이다. 조직의 와해를 염려하는 것이다. 그러므로 사람들에게 상황을 낙관적으로 해석하게 하여 요동치 않게 하려는 노력인 것이다. 이것은 극도로 타락한 상황을 그린 것이다.

20절, 여호와는 이런 자를 사하지 않으실 뿐 아니라 여호와의 분노와 질투의 불로 그의 위에 붓게 하시며 또 이 책에 기록된 모든 저주로 그에게 더하실 것이라 여호와께서 필경은 그의 이름을 천하에서 도말하시되

20절을 간단하게 말하면 이스라엘이 하나님을 떠날 때 하나님께서 저주를 보내시어 그들을 징계하시면 속히 회개해야 한다는 것이고, 그렇지 않고 오히려 사람들을 회개하는 것을 막고 평안한 마음으로 안주하게 하면 하나님이 분노와 질투의 불로 그의 위에 붓는다는 것이다.

그러한 자들은 하나님의 분노와 질투의 불을 받을 각오를 해야 한다. 그리고 율법 책에 기록된 모든 저주로 그에게 더하신다고 했다. 하나님께서 사람들을 벌하고 징계하시는 것은 다 똑같지 않다. 신약 성경에서 주님은 "알고도 그것을 행치 않는 종은 많이 맞을 것이요"라고 하셨다. 그렇다면 조금 덜 맞는 사람도 있다는 것이다. 하나님은 공의의 하나님이시므로 사람에 따라 그 징계에 차이가 있다. 위에서 말한 그러한 사람들에 대해서는 필경 그의 이름을 천하에서 도말하신다고 했다.

21절, 여호와께서 곧 이스라엘 모든 지파 중에서 그를 구별하시고 이 율법책에 기록된 언약의 모든 저주대로 그에게 화를 더하시리라

모압 땅에서 세우신 하나님의 언약은 두렵다. 이것은 하나님의 이스라엘 백성들에 대한 통치에 관계된 것이기 때문이다.

22-23절, 너희 뒤에 일어나는 너희 자손과 원방에서 오는 객이 그 땅의 재앙과 여호와께서 그 땅에 유행시키시는 질병을 보며 23 그 온 땅이 유황이 되며 소금이 되며 또 불에 타서 심지도 못하며 결실함도 없으며 거기 아무 풀도 나지 아니함이 옛적에 여호와께서 진노와 분한으로 훼멸하신 소돔과 고모라와 아드마와 스보임의 무너짐과 같음을 보고 말할 것이요

만일 그들이 하나님의 언약을 지키지 않고 그 저주와 재앙을 받는다면 이들 뒤에 일어나는 자손들과 원방에 오는 객들이 그것을 보리라고 했다.

24-26절, 열방 사람들도 말하기를 여호와께서 어찌하여 이 땅에 이같이 행하셨느뇨 이같이 크고 열렬하게 노하심은 무슨 뜻이뇨 하면 25 그때에 사람이 대답하기를 그 무리가 자기의 조상의 하나님 여호와께서 그 조상을 애굽에서 인도하여 내실 때에 더불어 세우신 언약을 버리고 26 가서 자기들이 알지도 못하고 여호와께서 그들에게 주시지도 아니한 다른 신들을 섬겨 그에게 절한 까닭이라

열국 사람들까지도 이스라엘 백성에게 임한 재앙을 보고 놀라면서 왜 저들이 저렇게 되었느냐 하면 그들이 여호와를 떠나서 다른 신을 섬졌기 때문이라고 대답할 것이다. 다시 말하지만 여기의 언약은 이스라엘에 대한 하나님의 통치와 관계된다.

27-28절, 이러므로 여호와께서 이 땅을 향하여 진노하사 이 책에 기록된 모든 저주대로 재앙을 내리시고 28 여호와께서 또 진노와 분한과 크게 통한하심으로 그들을 이 땅에서 뽑아내사 다른 나라에 던져 보내심이 오늘날과 같다 하리라

이렇게 하나님은 그들이 언약을 지키지 않을 때 그 땅에서 그들을 뽑아낼 것이고 다른 여러 나라에 던져 보낼 것이라고 하셨다. 하나님의 백성이 하나님의 말씀을 지켜 행하지 않을 때 하나님께서 얼마나 그들을 향하여 분노하시는가를 이 구절에서 분명히 볼 수 있다. 이러한 상황은 그들이 가나안에 들어가서 사사 시대와 열왕 시대를 거쳐 막판에 그대로 일어나고 말았다. 히브리서 10장을 보겠다. "주께서 그의 백성을 심판하리라 말씀하신 것을 우리가 아노니 살아 계신 하나님의 손에 빠져 들어가는 것이 무서울진저"(30b-31절).

그러므로 하나님께서는 신약에서도 그분의 사람들을 심판하시는 것을 알 수 있다. 우리 믿는이들은 은혜 시대에 있다고 해서 아무렇게나 생활해도 되는 것이 아니다. 하나님의 손에 빠져 들어가는 것은 무섭다고 했다. 데살로니가 후서 2장 12절에서도 "진리를 믿지 않고 불의를 좋아하는 모든 자로 심판을 받게 하려 하심이니라"고 말한다. 하나님은 믿는이 가운데 진리를 사랑하지 않고 불의를 좋아하는 사람들을 심판하신다.

29절, 오묘한 일은 우리 하나님 여호와께 속하였거니와 나타난 일은 영구히 우리와 우리 자손에게 속하였나니 이는 우리로 이 율법의 모든 말씀을 행하게 하심이니라

여기서 오묘한 일이란 하나님의 섭리, 하나님의 깊으신 뜻이다. 하나님은 깊고도 측량할 수 없는 분이시기 때문에 우리가 알 수 없다. 그러나 나타난 일은 영구히 우리와 우리 자손에게 속하였다고 했다. 하나님께서 이스라엘 백성들에게 주신 말씀과 행하신 일들은 다 그분의 백성들과 그들의 자손들을 위해 나타내신 것이다. 하나님은 그분의 깊으신 뜻은 감추어 두고 계시지만(어떤 학자는 이를 '신약의 계시'라고 생각한다, 골 1:26-27) 당시 이스라엘을 구원하고 만족시키는 데는 그분의 뜻을 모자람이 없을 정도로 나타내셨다. 그러므로 그 나타내신 것에 관한 한 이스라엘 백성들은 핑계할 수 없이 행하지 않으면 안 된다는 말씀이다.

신명기 30장

신명기 30장은 크게 신명기를 구분할 때 세 번째 부분의 결론이다(27-30장). 세 번째 부분은 미래를 좌우하는 선택에 관한 것이며 이스라엘은 순종할 때 축복을 받을 것이며 거역할 때 저주를 받게 되는 것이다. 그들은 이 둘 중에 하나를 선택해야 했다. 29장에서 불순종에 대한 저주를 엄히 경고한 모세는 이 장에서 이스라엘에 대한 위로와 회복시 얻을 수 있는 긍휼을 말하고 있다(1-10절). 즉 회개에 따른 회복의 축복을 말해주고 있다.

만일 29장의 불순종에 따른 저주만 있다면 그들은 절망일 것이다. 그러나 30장에서 하나님은 그들에게 회복의 문을 열어놓으셨다. 하나님은 그들에게 하나님의 말씀이 결코 지키기 어려운 것이 아니라고 말씀하신다(11-14절). 그리고 마지막으로 순종에 따르는 축복과 불순종에 따르는 저주를 일깨워주시면서 저주의 길을 버리고 축복의 길을 가도록 격려하심으로 끝을 맺는다(15-20절). 30장에서 우리는 복음의 은은한 빛을 볼 수 있다. 바울은 로마서 10장에서 본 장을 광범위하게 인용했다.

1절, 내가 네게 진술한 모든 복과 저주가 네게 임하므로 네가 네 하나님 여호와께 쫓겨간 모든 나라 가운데서 이 일이 마음에서 기억이 나거든

역사적으로 이 모든 일들이 이스라엘에게 일어났다. 그들은 이 언약을 어기고 하나님께 저주를 받아 여러 나라로 쫓겨 갔다. 그런데 그들이 쫓겨간 여러 나라 가운데서 '이 일이 마음에서 기억이 나거든', 그것이 바로 회개의 시작이다. 회개란 하나님의 선물이다. 저주의 상황이 발생할 때 금방 그것을 알게 되는 것이 아니고 시간이 지나면서 주님이 속에서 역사하실 때 말씀이 생각날 수 있는 것이다. 그럴 때 우리는 우리의 모든 상황을 깊이 고려해보게 되고 거기서 회개가 나올 수 있다. 확실히 복음은 율법의 노선과 별개의 것이다. 그들은 율법을 통해서 심판과 징계를 당하고 그 어려움 가운데서 자연스럽게 회개의 마음이 생기는 것이다.

2절, 너와 네 자손이 네 하나님 여호와께로 돌아와 내가 오늘날 네게 명한 것을 온전히 따라서 마음을 다하고 성품을 다하여 여호와의 말씀을 순종하면

"돌아와서 네게 명한 것을 온전히 따라서 마음을 다하고 성품을 다하여 여호와의 말씀을 순종하면". 그들이 언약을 어기고 떠남으로 저주를 받고 그런 후에 마음속에서 잘못한 것에 대해 생각이 나고 기억이 날 때 돌아와 말씀에 순종하는 경우이다. 온전히 따른다는 것은 주님의 말씀을 따르되 말씀 전부를 따른다는 뜻이다. 그리고 사람이 주님께 돌아오려면 '마음을 다하고 성품을 다하여', 즉 온 마음으로 돌아와야 한다. 참다운 회개는 완전히 마음을 하나님께 돌이키는 것이다. 하나님의 말씀으로 돌아와서 다시 그 말씀을 지키기 시작하는 것이다.

3절, 네 하나님 여호와께서 마음을 돌이키시고 너를 긍휼히 여기사 네 포로를 돌리시되 네 하나님 여호와께서 너를 흩으신 그 모든 백성 중에서 너를 모으시리니

그럴 때 하나님께서도 마음을 돌이키신다. "너를 긍휼히 여기사 네 포로를 돌리시되 네 하나님 여호와께서 너를 흩으신 그 모든 백성 중에서 너를 모으시리니". 하나님은 회개하는 사람을 기뻐하신다. 누가복음 15장에서 탕자가 아버지 집으로 돌아왔을 때 아버지는 달려가 그를 껴안고 입을 맞추었다. 탕자가 비록 많은 잘못을 저지르고 징계를 받았지만 그 가운데서 아버지를 기억하고 돌아올 때 아버지는 기꺼이 용서하고 맞이한 것이다.

4절, 너의 쫓겨간 자들이 하늘가에 있을지라도 네 하나님 여호와께서 거기서 너를 모으실 것이며 거기서부터 너를 이끄실 것이라

회개하기만 하면 우리가 아무리 멀리 있어도 하나님 아버지는 다시 돌아오게 하시며 이끌어주신다.

5절, 네 하나님 여호와께서 너를 네 열조가 얻은 땅으로 돌아오게 하사 너로 다시 그것을 얻게 하실 것이며 여호와께서 또 네게 선을 행하사 너로 네 열조보다 더 번성케 하실 것이며

회개하면 과거에 잃어버렸던 땅을 다시 차지하도록 이끌어주시며 열조보다 더 번성하게 해 주신다고 했다. 여기서 강조하는 바는 하나님께서 회개하는 영혼을 그렇게 기뻐하신다는 것이다.

6절, 네 하나님 여호와께서 네 마음과 네 자손의 마음에 할례를 베푸사 너로 마음을 다하며 성품을 다하여 네 하나님 여호와를 사랑하게 하사 너로 생명을 얻게 하실 것이며

회개하면 하나님께서 그들 마음에 할례를 베풀어 주시겠다고 했다.

즉 육체의 정욕을 제거해 주시겠다는 것이다. 우리는 스스로 육체를 제하려고 애쓸 것이 아니라 하나님께 돌아오면 된다. "너로 마음을 다하며 성품을 다하여 네 하나님 여호와를 사랑하게 하사". 하나님을 사랑하는 것도 회개할 때 얻는 선물이다. "너로 생명을 얻게 하실 것이며". 이것은 은혜의 축복, 내적인 축복이다. 새 생명을 얻게 하시는 것이다. 이는 모두가 새 언약의 음조(音調)이다.

7절, 네 하나님 여호와께서 네 대적과 너를 미워하고 핍박하던 자에게 이 모든 저주로 임하게 하시리니

이제 반대로 그들을 짓밟았던 열국에게 그 모든 저주가 임하게 하시겠다는 것이다. 이 일 또한 역사적으로 일어난 바 있다. 그 후에 이스라엘을 침공했던 바벨론이나 다른 나라들을 하나님께서 혹독하게 짓밟고 징계하셨다. 마치 '너희들은 내가 내 자녀들 교육상 조금만 혼내라고 했더니 왜 그렇게 심하게 쳤느냐?' 라고 하시는 듯하다.

8절, 너는 돌아와 다시 여호와의 말씀을 순종하고 내가 오늘날 네게 명한 그 모든 명령을 행할 것이라

신명기는 모세가 전한 모든 말의 결론으로서 여호와의 말씀에 순종하고 그 모든 명령을 지켜 행하라는 것이다.

9-10절, 네가 네 하나님 여호와의 말씀을 순종하여 이 율법 책에 기록된 그 명령과 규례를 지키고 네 마음을 다하며 성품을 다하여 여호와 네 하나님께 돌아오면 네 하나님 여호와께서 네 손으로 하는 모든 일과 네 몸의 소생과 네 육축의 새끼와 네 토지 소산을 많게 하시고 네게 복을 주시되 곧 여호와께서 네 열조를 기뻐하신 것과 같이 너를 다시 기뻐하사 네게 복

을 주시리라

신약에도 계명을 지킬 때 이 땅에서 잘되고 장수하리라는 말씀이 있다(엡 6:3). 말하자면 6절의 축복은 내적인 것, 마음에 할례를 베푸시고 여호와를 사랑하게 해주시며 생명을 얻게 하시는 것이고, 여기 10절에 있는 축복은 물질적인 것, 손으로 하는 모든 일과 몸의 소생과 육축의 새끼와 토지 소산을 많게 하시는 것이다. 그리고 하나님께서는 그들의 열조를 기뻐하신 것과 같이 그들을 기뻐하시겠다고 했다.

11절, 내가 오늘날 네게 명한 이 명령은 네게 어려운 것도 아니요 먼 것도 아니라

30장까지는 율법의 명령에 대한 결론이다. 그런데 이 마지막 결론을 주면서 모세는 "내가 오늘날 네게 명한 이 명령은 네게 어려운 것도 아니요 먼 것도 아니라"고 말한다. 하나님의 명령이 어려운 것이 아니라는 것이다. 예를 들어, "형제를 사랑하라", "원수를 사랑하라", "공중의 나는 새를 보라", 이러한 말씀은 결코 어려운 말씀이 아니다. 전부 우리에게 가까이 있는 말씀이다. 이러한 말씀은 하나님의 말씀을 지켜나가려 하는 우리에게 격려를 주시는 말씀이다.

우리는 때로 하나님의 말씀을 지키기가 너무 어렵다고 생각한다. 그러나 주님은 그분의 말씀을 지키기가 어려운 것도 아니고 먼 것도 아니라고 하신다. 과연 말씀을 지키기 원하는가 원하지 않는가가 문제이다. 지키기 원한다면 주님이 지킬 은혜와 능력을 주신다. 또한 모세는 먼 것도 아니라고 했다. 주님의 말씀은 가까이 있다. 원하면 누구든지 가까이 들을 수 있다. 심지어 너무 가까워 우리의 입에 있고 마음에 있다(롬 10:8). 이웃을 사랑하라는 명령이나 복음을 전파하라는 말씀들은 지키기 어려운 것이나 이해하기 어려운 것들이 아니다. 멀리 있는 말씀도 아니다. 말씀은 이미 우리의 가까이 있지만 그런 마음이 없어서 전하지 못하고 사랑하지 않는 것이다. 그러나 그러한 마음이 있다면 주님은 우리에게 사랑하도록, 복음을 전하도록 기회도 주시고 전할 수 있는 역량도 주신다.

12-14절, 하늘에 있는 것이 아니니 네가 이르기를 누가 우리를 위하여 하늘에 올라가서 그 명령을 우리에게로 가지고 와서 우리에게 들려 행하게 할고 할 것이 아니요 13 이것이 바다 밖에 있는 것이 아니니 네가 이르기를 누가 우리를 위하여 바다를 건너가서 그 명령을 우리에게로 가지고 와서 우리에게 들려 행하게 할고 할 것도 아니라 14 오직 그 말씀이 네게 심히 가까워서 네 입에 있으며 네 마음에 있은즉 네가 이를 행할 수 있느니라

로마서 10장에서 사도 바울은 이 말씀이 믿음의 말씀이라고 했다. 주님의 말씀을 준행하는 것은 어렵지 않다. 우리 주님은 '내 멍에는 쉽고 내 짐은 가볍다' 고 친히 말씀하셨다(마 11:30). 또 요한 서신에서도 "그의 계명들은 무거운 것이 아니로다"(요일 5:3)고 말한다. 우리가 하나님의 말씀을 지키고자 한다면 얼마든지 지킬 수 있다는 것이다. 말씀을 지키기가 어렵다고 핑계댈 수 없다. 다만 문제는 순종하고자 하는 마음이다. 이 말씀은 우리 입에 있고 우리 마음에 있다. 그러므로 "네가 이것을 행할 수 있느니라" 고 하신 것이다. 참된 복음의 말씀은 성도들로 하여금 어려운 감을 주지 않는다. 복음은 그 말씀 자체가 쉽고 즐거운 느낌을 주는 것이어야 한다. 그렇지 않으면 무겁고 슬픈 소리이지 복음이 아니다. 진정한 신약의 말씀의 사역자는 성경의 말씀을 전해주어서 그들로 하여금 그 길을 가는 것이 어렵지 않고 할 만하다는 도전을 줄 수 있어야 한다.

사도 바울은 신명기 30장 11-14절의 말씀을 신약의 믿음의 말씀으로 인용하였다. 이는 어거스틴이 말한바, 구약 안에서 신약을 발견할 수 있다는 것을 증명하는 부분이다. 바울은 이 말씀을 믿음으로 말미암는 의(롬 10:6)라고 하면서 인용하였다. "믿음으로 말미암는 의는 이같이 말하되 네 마음에 누가 하늘에 올라가겠느냐 하지 말라 하니". 구약 신명기의 이 말씀이 믿음으로 말미암는 의를 말하는 것이라는 뜻이다. 바울은 신명기의 이 구절이 그리스도에 대하여 말하는 것으로 바라보면서 그분의 믿음의 말씀을 말해 주는 것으로 보았다. 모세는 이 말씀이 '네게 심히 가까와서 네 입에 있고 마음에 있은즉 행할 수 있다'고 하였다. 바울은 이 말이 믿음의 말씀이 아니고 무엇이냐고 말한 것이다.

그러면 우리는 믿음의 말씀의 특징이 무엇인가를 보아야 한다. 그것은 첫째로 멀지 않고 가깝다는 것이다. 주님이 하신 일은 하나님의 말씀을 우리에게 가깝게 가져 오신 일이다. 그분은 말씀이 육신이 되어 우리 가운데 오셨고 부활하시고 승천하신 후 그분의 말씀을 우리 마음 가운데 전달해 주셨다. 모세는 그 명령이 하늘에 있는 것도 아니고 바다밖에 있는 것도 아니라고 했다. 주님은 성육신을 통해서 하늘에 있는 말씀을 이 땅으로 죽음과 부활을 통하여 바다밖에 있는 말씀을 이 땅으로 우리에게 가져 오셨다. 누구든지 하나님의 말씀을 얻기 위하여 하늘이나 바다밖으로 갈 필요가 없다는 말이다. 그리스도께서 말씀이 육신이 되사 우리에게 오셨고 죽음과 부활을 거쳐 성령으로 우리 마음속에 기록하셨다.

모세는 이 말씀이 너희 입에 있고 마음에 있음으로 이를 행할 수 있다고 하였다. 주님께서 이 말씀을 우리의 입과 마음에 이르도록 역사하신 것은 우리로 하여금 행할 수 있도록 한 것이다. 로마서 10장에서 바울은 모세의 이 부분의 말씀을 믿음으로 말미암은 의로 적용하였다. 그는 믿음은 들음에서 난다고 하였고 들음은 그리스도의 말씀으로 말미암는다고 하였는데 그는 신명기의 이 부분의 말씀을 그리스도의 복음의 말씀으로 본 것이다.

우리는 다시 한 번 그리스도께서 말씀을 우리에게 가까이 가져 오시고 우리의 입과 마음에 두신 것이 이 말씀을 행하게 하기 위함이라는 것을 보아야 한다. 그것은 바로 그 말씀이 믿음의 말씀이기 때문이다. 믿음이라는 것은 하나님의 말씀을 실제화하는 것이다. 하나님의 말씀이 있지만 그것을 우리의 믿음으로 화합하지 않으면 우리의 실제가 되지 않는다. 하나님의 말씀이 우리에게 실제가 되기 위해서는 그분의 말씀을 마음으로 믿고 입으로 시인하는 것이 필요하다. 그럴 때 믿음으로 말미암는 의의 생활이 나오는 것이다.

오늘날 많은 설교자들이 믿음의 말씀을 선포하지 않는다. 믿음의 말씀은 곧 그리스도의 말씀이다. 우리가 만일 사람들의 마음 속에 그리스도의 말씀을 새겨주어 말씀을 믿게만 해 줄 수 있다면 그들로 하여금 믿음으로 말미암는 의를 행할 수 있게 한다. 오늘날 전해진 많은 말들이 그리스도의 말씀 자체를 새기는 것이 아니라 그 말씀들을 근거로 하여 사람의 생각과 이해와 감동을 자아내게 하는 인간의 사상들이다. 여러분들은 반드시 이 차이를 분별할 수 있어야 한다. 왜 오늘날 많은 신자들이 많은 가르침을 받고서도 삶에 아무런 변화가 없는가? 그것은 그들이 그리스도의 말씀을 믿음으로 받아들이지 않았기 때문이다. 그리스도의 말씀만이 살아있고 운동력이 있으며 사람을 변화시킨다. 가장 좋은 사역은 사람들로 하여금 말씀 자체를 믿고 순종하게 하는 사역이다. 가장 좋은 설명과 이해도 하나님의 말씀을 믿도록 도와주는 것만 못하다.

어떤 사상을 이해하게 하여 실천하게 하고 행동에 이르도록 감동을 주려 하는 것은 실상 율법의 행위에 속한 것이다. 그것은 믿는이들이 지키기 어려운 것이다. 그리고 말씀이 멀리 있는 것이라고 느끼게 하는 것이다. 모세는 이 말씀이 가까와 우리의 입에 있고 마음에 있다고 하였으며 지키기에 어려운 것도 아니라고 했다. 믿음의 의는 다만 말씀을 듣고 믿을 때 생기는 것이다. 바울은 이러한 말씀의 사역자였다. 다만 그리스도의 말씀을 전해주고 듣는 자들이 단순히 믿음으로 의를 행할 수 있는 것이라면 얼마나 쉽겠는가? 오늘날 성도들이 하나님의 말씀이 멀게 느껴지고 지키기에 어렵게 느껴진다면 그것은 다 믿음으로 말미암은 의의 말씀이 아니다. 사도 바울은 우리가 성령을 받은 것이나 우리 가운데 성령을 주시고 능력을 행하시는 이의 일이 단순하게 듣고 믿음으로 말미암은 것이라고 했다(갈 3:2-5).

영적인 생명이 자라고 경건하게 되는 문제에 있어서 다만 성도들은 자아를 죽음에 넘겨야 한다, 사람들로부터 무리한 대우를 받을 때 참아야 한다는 등의 교훈을 주는 것은 자칫 금욕주의에 빠뜨릴 수 있다. 바울은 골로새서 2장에서 이러한 것은 육체를 좇는 것을 금하는 것에 지혜있는 모양이지만 실상은 유익이 조금도 없다 하였다. 그럼 바울은 무엇을 말했는가? 믿음의 말씀을 말한 것이다. 그는 "너희가 그 안에서 손으로 하지 아니한 할례를 받았으니 곧 육적 몸을 벗는 것이요 그리스도의 할례니라…믿음으로 말미암아 그 안에서 함께 일으키심을 받았느니라"고 하였다.

이미 성도들이 그리스도의 할례를 받으므로 육적 몸을 이미 벗었고 죽었고 장사까지 되었으며 그리스도와 함께 일으키심을 받았는데 무슨 금욕주의를 실행할 필요가 있느냐는 말이다. 죄 짓는 육체를 갖고 살아 있는 사람이 금욕주의를 실행할 수 있는 것이지 이미 죽고 부활한 사람은 그런 자의적인 겸손이나 노력을 할 필요가 없다는 말이다. 바울은 그런 행위적인 교훈을 주는 사역자가 아니라 그리스도께서 이루신 사실과 그분의 성취하신 업적을 근거로 하여 믿음의 말씀을 주는 사람이었다. 사람들이 마음으로 하나님이 말씀하신 진리의 말씀들을 믿도록 도와주기만 하면 그 말씀이 그들의 속에서 역사하는 것이다(살전 2:13).

15-16절, 보라 내가 오늘날 생명과 복과 사망과 화를 네 앞에 두었나니 16 곧 내가 오늘날 너를 명하여 네 하나님 여호와를 사랑하고 그 모든 길로 행하며 그 명령과 규례와 법도를 지키라 하는 것이라 그리하면 네가 생존하며 번성할 것이요 또 네 하나님 여호와께서 네가 가서 얻을 땅에서 네게 복을 주실 것임이니라

하나님은 우리 앞에 두 가지 길을 두셨다. 생명과 복, 사망과 화를 놓고 우리에게 무엇을 선택할 것인지 물으시는 듯하다.

17-19절, 그러나 네가 만일 마음을 돌이켜 듣지 아니하고 유혹을 받아서 다른 신들에게 절하고 그를 섬기면 18 내가 오늘날 너희에게 선언하노니 너희가 반드시 망할 것이라 너희가 요단을 건너가서 얻을 땅에서 너희의 날이 장구치 못할 것이니라 19 내가 오늘날 천지를 불러서 너희에게 증거를 삼노라 내가 생명과 사망과 복과 저주를 네 앞에 두었은즉 너와 네 자손이 살기 위하여 생명을 택하고

생명과 사망, 복과 저주 가운데 무엇을 선택하느냐의 문제이다. 실상은 믿음도 선택의 문제이다. 주님은 많은 때 제자들에게 믿지 못한 것을 책망하였다. 그것은 그들이 믿을 수 있는 것을 믿지 않았음을 의미한다. 다 믿을 수 없는 것이라면 자비로우신 주님이 믿지 않는 것을 책망하실 리 없다. 마땅히 믿을 수 있다는 것이다. 우리가 믿으면 생명에 이르는 것이요 믿지 않는다면 사망에 이르는 것이다.

20절, 네 하나님 여호와를 사랑하고 그 말씀을 순종하며 또 그에게 부종하라 그는 네 생명이시요 네 장수시니 여호와께서 네 열조 아브라함과 이삭과 야곱에게 주리라고 맹세하신 땅에 네가 거하리라

"그에게 부종하라"는 것은 아주 가까이 밀착해서 그분을 따르라는 말이다. 이 구절은 결론이다. 하나님께서는 우리 앞에 두 가지, 생명과 사망, 복과 화를 두시고서 우리가 생명을 택하고 복을 택하기를 권하신다. 생명을 택하는 것은 곧 여호와를 사랑하는 것이고 그 말씀을 믿고 순종하는 것이고 그에게 부종하는 것이다. 그럴 때 그분은 우리에게 생명이 되시고 장수가 되신다. 하나님께서 끝까지 이것을 권하고 계신다. 축복을 받는 쪽을 택하라고 권하시는 것이다. 이것이 바로 신명기의 핵심이다.

여러분은 하나님을 대치하는 모든 것에서 떠나야 한다. 하나님 아닌 것에서 하나님 자신께로 돌이켜야 한다. 이것은 너무나 중요하다. 지식이든 철학이든 어떤 종류의 것이라도 하나님 아닌 것에서는 돌아서야 한다. 어떤 소위 유명한 인물, 대단해 보이는 조직도 결코 살아계신 하나님을 대치할 수 없다 우리 앞에는 오직 하나님만 계셔야 한다. 하나님의 계명만을 지키고 그분의 말씀만을 믿고 그분 한 분만을 사랑해야 한다. 그럴 때 생명과 장수가 우리의 것이 될 것이다.

기도

하나님 아버지, 감사합니다. 신명기의 가장 핵심적이고 결론적인 부분을 우리가 보았습니다. 하나님께서는 우리가 하나님의 말씀을 지키기 원하신다는 것을 알았습니다. 그리고 우리가 축복을 받기 원하신다는 것을 알았습니다. 이 말씀은 어려운 것도 아니요 먼 것도 아니요 우리에게 너무나 가까이 있기 때문에 우리가 참으로 믿음으로 이 말씀을 지킬 수 있다고 하셨습니다.

하나님, 우리로 이 말씀을 지키는 백성들이 되게 하여 주옵소서. 그러므로 이로 인해서 하나님은 우리의 하나님이 되시고 우리는 당신의 백성들이 되기 원합니다. 우리는 하나님과 주관적으로 관계를 맺기 원합니다. 우리를 축복해 주소서. 우리를 버리지 마시고 인도해 주옵소서. 무엇보다도 우리는 회개하는 백성이 되기를 원합니다. 하나님 아닌 것에서 돌이키는 사람들이 되기 원합니다. 오, 주여! 우리에게 회개의 마음을 주셔서 돌이키게 하심으로 하나님의 말씀을 지킬 수 있도록 도와주소서. 하나님께 감사와 찬미를 드리며 예수 그리스도 이름으로 기도했습니다. 아멘.

신명기 31장

전 장에서 모세는 3차에 걸친 긴 설교를 통해 하고자 하는 말을 다 했다. 31장에서부터 34장은 신명기의 부록과 같은 부분이다. 이제 모세는 더 이상 사역을 하지 못할 것을 알기에 조용히 그의 사역을 마무리 하고 있다. 그는 후계자인 여호수아를 격려하고(1-8절) 율법서를 기록하여 제사장과 장로들에게 위탁하며(9-13절) 장차 이스라엘이 배교할 것을 예언하면서 하나님께 순종할 것을 재삼재사 당부하는 간절한 호소를 하고 있다(24-30절).

1-2절, 모세가 가서 온 이스라엘에게 이 말씀을 베푸니라 2 곧 그들에게 이르되 내가 오늘날 일백 이십 세라 내가 더는 출입하기 능치 못하고 여호와께서도 내게 이르시기를 너는 이 요단을 건너지 못하리라 하셨느니라

31장은 모세가 이스라엘 백성에게 마지막으로 권면하고 당부하는 말씀이다. 그리고 32장과 33장에는 모세의 노래가 있다. 이 마지막 권면의 말을 하면서 모세는 먼저 자기의 나이를 밝혔다. 당시 모세는 120세였다. 이제는 그는 더 이상 그들 가운데 출입하기가 어렵고 여호와께서도 그에게 "너는 이 요단을 건너지 못하리라"고 하셨다.

40년 동안 모세는 애굽에서 광야를 거쳐 이곳 모압 평지까지 이스라엘 백성들을 인도했다. 그는 그들을 인도하면서 많은 시련과 역경을 함께 거쳤다. 신약 히브리서도 모세는 하나님의 집에서 충성된 사환으로 수고했다고 기록하고 있다. 그러한 모세가 이제 120세가 되어서 더 이상 백성들을 인도할 기력이 없게 된 것이다. 그는 또한 여호와께서 하신 말씀을 다시 한 번 그들에게 상기시켜 주었다. "너는 요단을 건너지 못하리라". 민수기에서 보았듯이 모세는 므리바 물가에서 하나님의 거룩함을 나타내지 못한 연고로 가나안 땅에 들어갈 수 있는 자격을 상실했다. 이스라엘 백성들에게 마지막 권면의 말을 하면서 모세는 자기가 하나님의 엄위한 행정으로 말미암아 그 땅에 들어갈 수 없게 되었다는 사실을 다시금 상기시켜준다. 그는 결코 자신을 높이지 않고 다만 하나님의 엄위하심, 하나님의 행정의 엄숙함을 선포했다. 이러한 그의 말은 분명 이스라엘 백성들에 대한 권면의 말을 강화시켰을 것이다.

3절, 여호와께서 이미 말씀하신 것과 같이 여호수아가 너를 거느리고 건널 것이요 네 하나님 여호와 그가 네 앞서 건너가사 이 민족들을 네 앞에서 멸하시고 너로 그 땅을 얻게 하실 것이며

하나님께서는 모세의 후계자를 세우셨는데, 그가 바로 여호수아이다. 여호수아는 모세가 세운 것이 아니다. 하나님께서 친히 세우셨다. 하나님의 백성들 가운데서 어떤 인도자가 소임을 다했을 때 하나님께서는 새로운 인도자를 세워서 그 백성을 계속 인도하게 하신다. 이 또한 하나님께서 하시는 일 가운데 한 가지이다. 모세는 더 이상 사역할 수 없게 되었지만 하나님께서는 백성들이 뿔뿔이 흩어져 방황하지 않도록 이미 합당한 인도자를 모세의 수하에서 양성하고 계셨다.

그러나 실상은 여호수아가 그들을 데리고 건너간다기보다 여호와께서 그들 앞서 건너가서 그 민족들을 멸하시고 이스라엘 백성들로 하여금 그 좋은 땅을 얻게 하시는 것이다. 이것은 확실한 약속이기 때문에 이스라엘 백성들은 그 땅을 얻게 되리라는 확신을 가질 수 있다. 가나안 땅에는 대적들이 살고 있었기 때문에 이스라엘 백성들은 어떻게 그 땅을 얻을 것인가에 관해 염려했을 수도 있다. 그러나 하나님께서는 모세를 통해 여호수아를 후계자로 삼으시고 또 여호와께서 친히 그 대적들을 멸하시어 이스라엘 백성들로 하여금 그 땅을 얻게 하실 것이라는 약속을 분명히 하고 계신다.

4절, 여호와께서 이미 멸하신 아모리 왕 시혼과 옥과 및 그 땅에 행하신 것과 같이 그들에게도 행하실 것이라

오늘날 우리 믿는이들의 문제는 과연 최후 승리를 얻을 것인가, 주님이 약속하신 그 상급을 얻을 것인가 하는 것인데, 우선은 하나님께서 그것을 얻게 하시겠다고 하신 약속을 믿는 것이 중요하고, 두 번째는 이스라엘 백성들이 과거 모압 평지에 도착하기 전에 치른 두 번의 전쟁 아모리 왕 시혼과 바산 왕 옥과의 전쟁에서 하나님께서 이기게 하신 것을 기억하는 것이다. 하나님께서는 이 두 전쟁에서 이긴 것을 경험 삼아 그들이 더욱 힘을 얻고 확신을 얻어 가나안 땅의 전쟁에서 이기도록 하셨다.

오늘 우리에게는 앞으로 남아 있는 전쟁에 대한 두려움이 있을 수 있다. 과연 끝까지 전쟁을 치러 이길 수 있을 것인가에 대한 두려움이다. 그럴 때 우리는 이미 그리스도께서 십자가에서 이루시고 성취하신 모든 것과 과거에 하나님께서 우리를 인도해 주시고 우리와 함께 역사하시고 우리를 통해 승리하시고 성취하신 일들, 즉 스스로 할 수 없는 많은 일들을 해주신 과거의 경험들을 생각할 필요가 있다. 그것은 하나님께서 앞으로도 여전히 그와 같은 방식으로 우리를 위해 싸우시고 승리하실 것이라는 보장이 되는 것이다. 바로 이 때문에 하나님께서는 이스라엘 백성들이 요단을 건너 가나안 땅에 들어서 전쟁을 벌이기 전에 두 번의 전쟁에서 이기게 하신 것이다. 이것이 앞으로 있을 전쟁에서 승리를 쟁취할 좋은 기반이 된다.

우리는 앞으로 남아 있는 전쟁에 대해 너무 염려하지 말아야 한다. 지금까지 주님이 우리를 위해서 싸워 이기신 일(십자가에서의 큰 승리)을 생각해보기 바란다. 그러면 남은 전쟁도 주님께서 승리하게 해 주실 것이라는 확신을 가질 수 있다. 십자가에서 주님은 사탄의 머리를 상하게 하셨다. 하나님의 역사를 대적하는 율법의 문제, 사람의 육체의 문제도 십자가에서 해결하셨다. 하나님의 아들은 십자가에서 큰 승리를 얻으셨다. 그리스도의 승리는 오늘 우리의 승리의 기반이다. 그분이 승리하셨기에 우리는 모든 대적과의 싸움에서 이길 수가 있다. 교회는 머리이신 그리스도의 승리를 계속 집행하기 위해 이 땅에 있다.

5절, 여호와께서 그들을 너희 앞에 붙이시리니 너희는 내가 너희에게 명한 모든 명령대로 그들에게 행할 것이라

하나님께서 역사하셔서 이기게 하신다는 말씀이다. 우리는 스스로 전쟁을 하는 것처럼 생각하기 때문에 모든 것을 어렵고 힘들게 여기고 이길 수 없을까봐 두려워하지만 하나님께서는 대적을 이스라엘에게 붙이신다고 했다. 그러므로 이스라엘 백성들은 다만 그분이 명하신 대로 행하면 된다.

6절, 너는 마음을 강하게 하고 담대히 하라 그들을 두려워 말라 그들 앞에서 떨지 말라 이는 네 하나님 여호와 그가 너와 함께 행하실 것임이라 반드시 너를 떠나지 아니하시며 버리지 아니하시리라 하고

남은 전쟁에서 승리하기 위한 비결, 영적 전쟁에서 승리하기 위한 비결은 마음을 강하게 하고 담대하게 하는 것이다. 성도들은 마귀로 틈을 타지 못하게 해야 하는데 그 비결은 무엇인가? 두려워하지 않는 것이다. 대적에게 틈을 주지 않는 것이 우리의 승리이다. 사탄이 일하는 가장 큰 발판은 두려움이다. 즉 여러분이 두려움을 받아들일 때 사탄은 여러분을 공격할 여지를 갖게 되고 두려움을 거절할 때 사탄은 들어올 틈을 발견하지 못한다. 욥이 말하기를 "내가 두려워하는 그것이 내게 임하고 나의 무서워하는 그것이 내 몸에 미쳤구나"(욥 3:25)라고 했다. 욥에게 임한 많은 환경들이 그가 평소에 두려워하던 것임을 알 수 있다. 사탄은 성도들을 공격하기 위해 먼저 성도들의 마음속에 두려움을 갖도록 역사한다. 이것이 사탄이 공격할 틈을 엿보기 위해 하는 짓이다. 그러므로 성도들은 그런 사상을 받아들이지 말아야 한다. 이것이 바로 마귀로 틈을 타지 못하게 하라는 말씀이 의미하는 바이다(엡 4:27).

에베소서 6장에서도 영적 전쟁에 관해 말하면서 "주 안에서와 그 힘의 능력으로 강건하여지고"라고 말한다. 성도들은 남이 강하게 해주리라고 기대해서는 안 된다. 우리 스스로 믿음으로 강하게 되어야 한다. 이는 그리스도께서 이루신 역사를 근거로 하며 성령의 능력을 힘입어서이다. 우리는 이미 성령의 능력을 얻었으며 하늘 보좌에 앉았으니 두려워 할 필요가 없다. 두려워한다는 것은 하나님이 그리스도 안에서 이루신 사실을 보지 못하고 믿지 않기 때문이다. 성령의 능력은 믿는 자에게 역사하는 것이다. 따라서 대적을 향하여 두려워 말고 그 앞에서 떨지 말아야 한다. 왜냐하면 "네 하나님 여호와 그가 너와 함께 행하실 것임이라 반드시 너를 떠나지 아니하시며 버리지 아니하시리라". 이러한 약속의 말씀을 믿어야 할 것이다.

백성들의 인도자로서 여호수아가 가져야 할 것은 여호와가 함께 하신다는 확신이다. 이는 인도자만이 아니라 모든 성도가 가져야 할 확신이기도 하다. "내가 세상 끝날까지 너희와 항상 함께 하리라". 이렇게 주님이 함께 하신다는 확신만 있으면 어떤 난관과 어려움과 혼란도 아무런 문제가 되지 않는다. 여호와께서 우리와 함께 하시기 때문이다. 이런 일에 있어서 지난 날 하나님이 함께하신 것은 앞으로 전진하는 길에 장애를 극복하는데 큰 도움이 된다. 최근에 우리는 큰 예배당을 구입하고 계약금 잔금을 치르고 내부 공사를 하는 등 많은 일을 하였다. 그 모든 일 가운데서 우리와 함께 일하는 모든 사람들은 주님의 살아계신 인도를 섬세하게 체험하였다. 그것은 함께 일하는 어린 형제까지 다 느낄 수 있는 정도였다. 그러므로 우리는 이후로 무슨 어려운 일을 만나도 하나님이 함께하시리라는 충분한 확신을 가질 수 있었다. 이것은 체험적인 것이므로 체험이 없는 사람은 이해하기 어려운 면이 있다. 간단히 말해서 전의 체험이 후의 체험을 강화하는 것이 된다는 말이다.

7절, 모세가 여호수아를 불러 온 이스라엘 목전에서 그에게 이르되 너는 마음을 강하게 하고 담대히 하라 너는 이 백성을 거느리고 여호와께서 그들의 열조에게 주리라고 맹세하신 땅에 들어가서 그들로 그 땅을 얻게 하라

모세는 여호수아를 불러 온 이스라엘 앞에서 그에게 말했다. "너는 마음을 강하게 하고 담대히 하라". 여호수아는 본디 강하고 담대한 형제였을 것이다. 그렇지만 모세는 다시 한 번 강화시키고 있는데, 그것은 그 백성을 거느리고 여호와께서 그들의 열조에게 주리라고 맹세하신 땅에 들어가서 그들로 그 땅을 얻게 하기 위해서이다. 또한 온 이스라엘 앞에서 말함으로 그들로 여호수아를 따르게 하고자 했다.

8절, 여호와 그가 네 앞서 행하시며 너와 함께 하사 너를 떠나지 아니하시며 버리지 아니하시리니 너는 두려워 말라 놀라지 말라

이제 결론의 부분에서 모세는 계속 여호수아를 강화시키고 있다. 지금까지 우리는 신명기에서 숱한 하나님의 계명과 축복과 저주에 대해 들었다. 이러한 말씀을 다 듣고 나면 과연 우리가 그 유업의 땅을 끝까지 지킬 수 있을까 하는 두려움을 가질 수 있다. 그 유업의 풍성함과 영광을 보고 얻고자 하는 사람일수록 두려움이 더 클 수 있다. 과연 얻을 수 있을 것인가? 모세는 그의 체험에 근거하여 여호수아를 격려하고 있다. "그가 네 앞서 행하시며". 모세는 40년 동안 그의 앞에 여호와께서 앞서 행하시는 것을 체험한 사람이다. 많은 과정과 전쟁을 치렀다. 역전의 장군으로서 한 마디 한다면 그렇게 두려워할 일이 없고 놀랄 일이 없다는 것이다. 여호수아는 바로 이러한 격려가 필요한 사람이었다.

9-11절, 모세가 이 율법을 써서 여호와의 언약궤를 메는 레위 자손 제사장들과 이스라엘 모든 장로에게 주고 10 그들에게 명하여 이르기를 매 칠 년 끝 해 곧 정기 면제년의 초막절에 11 온 이스라엘이 네 하나님 여호와 앞 그 택하신 곳에 모일 때에 이 율법을 낭독하여 온 이스라엘로 듣게 할지니

이 율법은 지금까지 모세를 통해 가르치신 모든 말씀들을 의미한다. 이 율법을 글로 써서 언약궤를 메는 레위 자손 제사장들과 이스라엘 모든 장로들에게 주고 매 칠년 끝 해 곧 정기 면제년의 초막절에 온 이스라엘이 하나님의 택하신 곳에 모일 때에 이 율법을 낭독하여 온 이스라엘로 듣게 하라고 했다. 이스라엘 백성들은 칠 년마다 한 번씩 모여서 다만 율법서를 낭독하는 것을 들어야 했다. 오늘날에도 단순하게 하나님의 말씀을 읽고 듣는 모임은 매우 중요하다. 그것이 성도들의 모임 중에 가장 좋고 건전한 모임이라고 할 수 있다. 오늘날 사람들은 순수한 하나님의 말씀을 읽고 듣는 것에는 취미가 없고 그것에 대하여 재미있게 설명을 붙여 즐거움을 더해주어야 잘 듣는다. 또한 음악이나 웅변적인 요소가 가미된 설교를 좋아하지 순수한 성경을 읽자고 하면 몇명이나 모일지 의문이 된다. 하나님의 말씀 자체를 사랑하여 읽기 위해 모이는 모임은 얼마나 필요한지!

12절, 곧 백성의 남녀와 유치와 네 성 안에 우거하는 타국인을 모으고 그들로 듣고 배우고 네 하나님 여호와를 경외하며 이 율법의 모든 말씀을 지켜 행하게 하고

"곧 백성의 남녀와 유치와 네 성 안에 우거하는 타국인을 모으고". 하나님께서는 사람들 하나하나를 다 주의하신다. 그 말씀을 다만 전체에게 선포하라고 하시지 않고 백성의 남녀, 유치(어린아이), 성 안에 우거하는 타국인까지도 그 말씀을 듣고 배우고 지켜 행하게 하라고 하신다. 또 우리는 율법을 낭독할 때에 잘 들어야 여호와를 경외할 수 있고 율법의 모든 말씀을 지켜 행할 수 있다. 이는 마치 하나님이 주일 예배에 누구누구가 와서 말씀을 들으며 배우고 있는가를 관심하시는 것과 같다. 하나님은 그분의 백성들이 그분의 말씀을 잘 듣고 행하는 것을 매우 관심하신다.

13절, 또 너희가 요단을 건너가서 얻을 땅에 거할 동안에 이 말씀을 알지 못하는 그들의 자녀로 듣고 네 하나님 여호와 경외하기를 배우게 할지니라

그 땅에 들어가서 태어날 자녀들에게 이 말씀을 가르쳐 배우게 하라는 것이다. 지금 이 세대는 모세에게서 가르침을 받아 어느 정도 율법을 알고 지킨다. 그렇지만 앞으로 태어날 세대는 율법을 들은 적이 없기 때문에 잘 가르쳐야 한다. "이 말씀을 알지 못하는 그들"이라고 하신다. 이는 하나님이 얼마나 말씀을 중요시하시는가를 일깨우는 말씀이다. 성도들은 봉사나 일보다도 하나님의 말씀과의 관계를 중요시해야 한다. 그러나 유감스럽게도 수많은 사람들이 말씀보다는 일(선교나 봉사 등)에 빠져있다. 하지만 하나님은 그 무엇보다 말씀에 집중하라고 하신다.

나는 오늘날 우리 한국의 중 · 고등학생들, 대학생들에 대해 좀 염려가 있다. 지금 젊은 세대는 우리 세대보다 주님을 덜 사랑하는 것 같다. 세상을 사랑하고 주님에 대해서는 관심이 없는 것 같다. 이러한 세대가 다음 시대를 이어간다고 생각할 때 참으로 안타까운 마음이 든다. 우리는 열심히 그들을 가르쳐서 여호와 경외하기를 배우게 해야 한다. 그렇지 않으면 우리의 앞날은 그리 밝지 않다. 미국을 생각해 볼 때 50년 전만 해도 미국의 그리스도인 상황은 오늘날 같지 않았다. 우리도 다음 세대를 위한 기도가 필요하다.

14절, 여호와께서 모세에게 이르시되 너의 죽을 기한이 가까웠으니 여호수아를 불러서 함께 회막으로 나아오라 내가 그에게 명을 내리리라 모세와 여호수아가 나아가서 회막에 서니

하나님께서는 모세에게 죽을 기한이 가까웠다는 것을 알려주시면서 여호수아와 함께 회막으로 나오라고 말씀하신다.

15절, 여호와께서 구름 기둥 가운데서 장막에 나타나시고 구름 기둥은 장막 문 위에 머물렀더라

하나님의 영광이 당시에는 그렇게 현현하셨다.

16절, 여호와께서 모세에게 이르시되 너는 너의 열조와 함께 자려니와 이 백성은 들어가 거할 그 땅에서 일어나서 이방 신들을 음란히 좇아 나를 버리며 내가 그들과 세운 언약을 어길 것이라

하나님께서는 모세와 여호수아를 불러서 이렇게 심각한 말씀을 하셨다. 사람은 자신이 떠날 것을 한 번 생각해 보아야 한다. 그러면서 또한 다음 세대를 생각해보아야 한다. 우리만 잘 믿고 주님 앞에 가면 안 된다. 다음 세대에 대한 책임을 짊어져야 한다. 그런데 여기서 하나님은 모세와 여호수아에게 이 백성이 그 땅에 들어가면 이방 신들을 음란히 좇아 하나님을 버리고 하나님께서 그들과 세우신 언약을 어길 것이라고 하신다. 이 말씀은 여호수아 이후에 정확히 이루어졌다. 그들은 사사 시대에 각종 우상을 섬기게 되었다. 영원하신 하나님께서는 그들의 미래에 대하여 이미 다 알고 계셨던 것이다.

17절, 그때에 내가 그들에게 진노하여 그들을 버리며 내 얼굴을 숨겨 그들에게 보이지 않게 할 것인즉 그들이 삼킴을 당하여 허다한 재앙과 환난이 그들에게 임할 그때에 그들이 말하기를 이 재앙이 우리에게 임함은 우리 하나님이 우리 중에 계시지 않은 까닭이 아니냐 할 것이라

참으로 암울한 장래를 예언하고 계신다. 이스라엘이 하나님을 버리고 이방 신들을 섬길 것이라고 하신다. 그때 하나님은 또한 진노하심으로 그들을 버리실 것이며 그들에게 얼굴을 숨기실 것이라고 했다. 우리는 이스라엘의 역사서를 읽으면서 사사 시대와 열왕 시대를 통해 이런 말씀들이 그대로 실행되는 것을 보았다. 나는 이 말씀을 읽을 때 너무 두렵다. 우리의 형편을 생각할 때 너무나 두렵다. 사랑하는 성도 여러분, 하나님은 인격이시다. 하나님의 백성이 그분을 떠나 다른 것들을 섬기면 하나님께서도 그들을 버리신다. 우리는 하나님께로 돌이켜야 한다. 다른 것들을 섬기는 것은 작은 일이 아니다. 그럴 때 하나님은 진노하여 하나님의 얼굴을 숨기시겠다고 했다. 우리는 하나님이 우리를 버리지 않고 끝까지 함께하시겠다는 약속의 말씀을 가졌을지라도 우리의 책임을 다 해야 한다. 우리가 하나님을 버리면 그분도 우리를 버리신다. 이스라엘은 그렇게 허다한 재앙과 환난이 임할 때 비로소 이렇게 재앙이 임하는 것은 하나님이 그들 중에 계시지 않기 때문이라는 것을 깨닫는다는 것이다.

18절, 그들이 돌이켜 다른 신을 좇는 모든 악행을 인하여 내가 그때에 반드시 내 얼굴을 숨기리라

하나님의 심판이 무엇인가? 그분의 얼굴을 숨기시는 것이다. 가장 두려운 것이 바로 이것이다. 우리는 하나님께 이렇게 부르짖어야 한다. "하나님, 우리에게 당신의 얼굴을 숨기지 마옵소서. 우리가 당신께 돌이키기를 원하나이다."

19절, 그러므로 이제 너희는 이 노래를 써서 이스라엘 자손에게 가르쳐서 그 입으로 부르게 하여 이 노래로 나를 위하여 이스라엘 자손에게 증거가 되게 하라

마지막으로 하나님은 모세에게 노래를 쓰라고 하셨다. 이 노래가 32장과 33장에 나온다. 노래는 가르침보다 사람들에게 오래 남는다. 그 뜻이 무엇인지 모를지라도 사람들의 입에서 입으로 전승되는 것이 바로 노래이다. 그래서 노래는 한 시대의 증거가 되기도 한다. 하나님께서는 이스라엘 백성들에게 증거가 되게 하시려고 모세더러 노래를 지으라고 하신 것이다. 하나님께서 여러 방법을 동원해서 그분의 백성들을 보전하시려 하는 것을 볼 수 있다.

20절, 내가 그들의 열조에게 맹세한바 젖과 꿀이 흐르는 땅으로 그들을 인도하여 들인 후에 그들이 먹어 배부르고 살찌면 돌이켜 다른 신들을 섬기며 나를 멸시하여 내 언약을 어기리니

참으로 이러한 일이 역사적으로 반복되고 있다. 1920년대 미국의 경제 공황 때 역사를 보면 많은 경건한 그리스도인들이 있었다. 학교나 많은 곳에 매우 경건한 분위기가 있었다. 그리고 세계적으로 많은 선교사를 파송했다. 그런데 그 후 경제가 일어나고 부유해진 후 많은 면에서 하나님을 떠나고 부패해졌다. 이는 매우 유감스러운 일이 아닐 수 없다. 이는 미국만이 아니라 오늘날의 많은 잘 사는 나라들에게 동일한 경계거리가 되고 있다. 하나님께서는 이미 이스라엘 백성들이 그 땅에 들어가서 먹고 배부르고 살찌면 돌이켜 다른 신들을 섬기며 하나님을 멸시하고 하나님의 언약을 어길 것을 아셨다.

21절, 그들이 재앙과 환난을 당할 때에 그들의 자손이 부르기를 잊지 아니한 이 노래가 그들 앞에 증인처럼 되리라 나는 내가 맹세한 땅으로 그들을 인도하여 들이기 전 오늘날에 나는 그들의 상상하는 바를 아노라

이스라엘 백성은 그 땅에서 잘 살게 될 때 하나님을 버릴 것이고 이 노래는 남아서 후손에게 불리울 것인데, 그 내용 속에 하나님을 다시 생각할 수 있는 그런 요소가 포함되어 있다는 말씀이다. 그래서 그 노래가 그들에게 증인처럼 될 것이라고 하셨다.

"나는 내가 맹세한 땅으로 그들을 인도하여 들이기 전 오늘날에 나는 그들의 상상하는 바를 아노라". 하나님께서는 이미 그들이 그 땅에 들어가서 어떻게 될 것인지를 알고 계시며 그에 대한 대비책을 세워 할 수 있는 대로 그들이 돌이킬 수 있도록 지금 말씀해 주고 계시는 것이다. 여기서 모세와 여호수아는 이 말씀을 들으면서 어떤 생각을 했겠는가? 힘을 다해 이 백성을 인도해 놓았는데 이들이 결국 이렇게 될 것이라고 말씀하실 때 '아, 힘이 빠진다' 하지 않았겠는가? 그런데 여기서 모세와 여호수아는 그렇게 하지 않았다. 어쨌든 하나님께서 당대에 그들에게 맡기신 사명을 다 할 뿐이었다. 이스라엘은 그렇게 배반하고 하나님을 떠나고 우상을 섬기고 환난을 당하다가 결국에는 하나님께로 돌아올 것이다. 하나님의 부르심에는 후회가 없다. 그렇기 때문에 여호수아는 낙심할 필요가 없었다.

22절, 모세가 당일에 이 노래를 써서 이스라엘 자손에게 가르쳤더라

나는 이 긴 노래를 하루에 지어서 당일에 가르쳤다는 데 대해 놀라움을 금할 수 없다. 모세는 참으로 역량이 있는 종이다.

23절, 여호와께서 또 눈의 아들 여호수아에게 명하여 가라사대 너는 이스라엘 자손을 인도하여 내가 그들에게 맹세한 땅으로 들어가게 하리니 마음을 강하게 하고 담대히 하라 내가 너와 함께 하리라

이제 모세는 장면에서 사라지고 여호와께서 직접 여호수아에게 말씀하신다. 직접 마음을 강하게 하고 담대히 하라고 하시면서 그분이 함께 하시겠다고 격려하고 계신다. 이러한 격려의 말씀은 여호수아만이 아니라 모든 이스라엘 백성에게도 필요하다.

24-26절, 모세가 이 율법의 말씀을 다 책에 써서 마친 후에 25 여호와의 언약궤를 메는 레위 사람에게 명하여 가로되 26 이 율법책을 가져다가 너희 하나님 여호와의 언약궤 곁에 두어 너희에게 증거가 되게 하라

모세는 이 율법의 말씀을 다 책에 써서 마쳤다. 그리고서 여호와의 언약궤를 메는 레위 사람에게 율법책을 가져다가 여호와 하나님의 언약궤 곁에 두어 그들에게 증거가 되게 하라고 했다. 31장의 '노래', '언약', '율법책' 등은 다 그분의 말씀을 지칭한다. 그러므로 모세는 떠나면서 한 가지 걱정이 장래 이스라엘이 하나님의 말씀을 멀리 할까 하는 점이다.

27절, 내가 너희의 패역함과 목이 곧은 것을 아나니 오늘날 내가 생존하여 너희와 함께 하여도 너희가 여호와를 거역하였거든 하물며 내가 죽은 후의 일이랴

모세가 말하기를 '나는 너희의 패역함과 목이 곧은 것을 안다' 고 했다. 그럼 이스라엘 백성만 패역하고 목이 곧은가? 우리 모두가 마찬가지이다. 우리 모두는 패역하고 목이 곧은 백성이다. 나도 오늘 아침 그런 기도를 드렸다. "하나님, 나는 내가 구원받을 때 세상에서 범한 죄들, 많은 더럽고 악한 죄들을 사하시기 위해서 예수님이 피를 흘려주셨다는 것을 알고 그 은혜에 감사드렸습니다. 그런데 주님의 부르심을 받아 섬기는 동안 내가 지은 죄는 그때 내가 깨달았던 죄보다 훨씬 많고 깊습니다. 하나님께서 그러한 나를 참아주셨다는 것을 생각할 때 참으로 그 긍휼에 감사드릴 뿐입니다." 나는 모든것을 다 할 수 있다고 생각했던 적도 있었고 내가 가장 옳고 바르다고 생각했던 적도 있고 꽤 영적으로 체험이 있는 사람이라고 생각하여 담대하게 말씀을 가르치기도 했다. 그러나 돌이켜 볼 때 너무나 천박하고 가치가 적으며 부끄러운 일이 많았다. 모든 것이 하나님의 긍휼일 뿐 인간의 육체는 한 가지로 반역적이고 목이 곧다.

28절, 너희 지파 모든 장로와 유사들을 내 앞에 모으라 내가 이 말씀을 그들의 귀에 들리고 그들에게 천지로 증거를 삼으리라

모세는 마지막으로 모든 지파의 장로들과 유사들을 모으게 하고 말씀을 그들의 귀에 들리고 천지로 증거를 삼겠다고 했다. 이것은 32장부터의 노래를 가리킬 것이다. 32장은 "하늘이여 귀를 기울이라 내가 말하리라 땅은 내 입의 말을 들을지어다" 하면서 시작한다. 목이 곧은 것이란 결국 하나님의 말씀에 대한 저들의 태도를 일컫는 말이다. 히브리서 3장에서도 마음이 강팍한 것은 결국 하나님의 음성을 들을 때에 받아들이지 못하는 그들의 심리상태를 말하는 것이기 때문이다. 말씀에 대한 사람의 태도로 사람들의 목이 곧음의 여부를 점검할 수 있다.

29절, 내가 알거니와 내가 죽은 후에 너희가 스스로 부패하여 내가 너희에게 명한 길을 떠나서 여호와의 목전에 악을 행하여 너희의 손으로 하는 일로 그를 격노케 하므로 너희가 말세에 재앙을 당하리라 하니라

결국 마지막 말은 재앙이다. 이스라엘 백성이 하나님을 떠나서 부패할 것을 알고 모세는 율법책을 써서 언약궤 옆에 두고 노래를 지어 전승되도록 했다. 끝까지 꼼꼼하고 섬세하게 최선을 다한 것이다. 그런 다음 백성을 여호수아에게 인계한다. 이것이 하나님의 충성된 종의 본이다. 어떤 상황에서도 자기의 맡은바 소임을 다 하고 자기가 할 수 있는 모든 일을 하고서 주님께 가는 그러한 하나님의 종의 본을 여기서 보고 있다.

모세는 그들이 스스로 부패했다고 했다. 사랑하는 성도 여러분, 우리가 부패할 가능성이 없다거나 부패되는 것이 어렵다고 생각하지 말라. 경성하여 깨어있지 않으면 우리도 모르는 사이에 부패한다. 한 가지 한 가지 주님께서 빛을 비추어 보여주실 때 우리는 부패를 처리해야 한다. 결국 모든 부패는 재앙을 불러오기 때문이다. 하나님을 떠나서 저지르는 모든 악행들은 하나님을 격노케 하고 재앙을 불러온다. 여기서 하나님은 부패의 책임이 사람에게 있음을 말씀하고 있다. 너희가 스스로 부패하였다고 말씀하신다. 사람은 부패한 책임을 그 누구에게도 돌릴 수 없다. 스스로 부패하기 때문이다. 역으로 말한다면 우리가 만일 스스로 분발하여 소생하고 부흥되기 원한다면 그것도 가능하다는 말이다. 부패하는 것이 두렵다면 말씀을 멀리 하지 말기 바란다. 나는 여러분이 매일 말씀을 가까이 하는 일생을 살기 바란다.

30절, 모세가 이스라엘 총회에게 이 노래의 말씀을 끝까지 읽어 들리니라

모세가 이 노래의 말씀을 이스라엘 백성에게 끝까지 읽어 들렸다고 했다. 이 노래의 말씀이 32장의 내용이다.

신명기 32장

신명기 32장은 모세의 노래이다. 우리는 출애굽기 15장에서 모세의 노래를 볼 수 있는데, 그것이 모세의 사역의 시작에 지은 노래라면 여기 이 노래는 모세의 사역 마지막에 지은 노래이다. 전자의 노래가 구속의 감격과 기쁨을 노래하는 것이라면 신명기 32장의 노래는 교훈을 위한 것이다. 하나님이 주신 교훈을 계속 되새기며 대대로 교육할 수 있도록 하는 데 의미가 있다. 주제는 장래 이스라엘의 배역과 하나님의 심판이다. 첫째는 하나님의 극진하신 사랑에도 불구하고 이스라엘이 배교할 것임을 예언한 것이며(1-18절), 이에 하나님은 이방 열국들을 들어 이스라엘을 심판하실 것이지만 결국 그 열국도 하나님이 공의의 심판을 받을 것임을 말한다(19-47절). 마지막은 모세의 임종에 대한 것이다(48-52절).

1절, 하늘이여 귀를 기울이라 내가 말하리라 땅은 내 입의 말을 들을지어다

모세는 하늘과 땅을 증인으로 세워 노래를 시작하고 있다. 이런 말씀이 선포될 때 강팍하고 부패한 사람들의 마음은 들을 수 없을지 몰라도 하늘과 땅은 들을 것이라는 말이다. 그리고 이 말씀이 선포된 것을 증거할 것이다. 이사야 1장에서 선지자 이사야도 "하늘이여 들으라 땅이여 귀를 기울일지어다"라고 말한다.

2절, 나의 교훈은 내리는 비요 나의 말은 맺히는 이슬이요 연한 풀 위에 가는 비요 채소 위에 단비로다

사역자인 모세는 그의 가르침이 내리는 비와 같다고 했다. 비가 내려서 땅을 적시는 것처럼 그의 교훈은 사람이 들으면 자연스럽게 적셔지는 말씀이다. 이슬도 마찬가지이다. 식물들은 아침 이슬을 먹고 자란다. 그 식물들이 어떤 노력을 할 필요 없이 다만 이슬이 내릴 때 그 이슬을 흡수하여 자라는 것이다. 또 연한 풀 위에 가는 비라고 했다. 모세의 가르침은 천둥 번개가 치는 가운데 내리는 소나기 같지 않고 부드럽게 내리는 가는 비와 같아서 언제 적시는지 모르게 적셔서 자라게 하는 특성을 가지고 있다. 듣는 자가 자기도 알지 못하는 사이에 이슬과 가는 비가 내려 온 몸이 적셔지게 하는 가르침이야 말로 최상의 가르침이다.

3절, 내가 여호와의 이름을 전파하리니 너희는 위엄을 우리 하나님께 돌릴지어다

이 모세의 노래는 여호와의 이름으로 시작해서 여호와의 이름으로 끝난다. 하나님으로 시작해서 하나님으로 끝나는 것이다. 결국 모세가 가르치고 전파하는 것은 여호와 이름이다. 또 그는 "위엄을 우리 하나님께 돌릴지어다"라고 했다. 우리는 우리 자신을 전파해서는 안되고 오직 그리스도의 주 되심과 우리의 종 됨을 전파하는 것이다(고후 4:5).

4절, 그는 반석이시니 그 공덕이 완전하고 그 모든 길이 공평하며 진실 무망하신 하나님이시니 공의로우시고 정직하시도다

하나님에 대해서 먼저 그분이 반석이시라고 말한다. 그분이 반석이시기 때문에 우리는 그분을 의지할 수 있다. 그분 자신이 반석이실 뿐 아니라 그분의 말씀과 언약 또한 반석이시니 그분의 말씀을 의지하고 신뢰할 수 있다. 또 그분의 공덕이 완전하며 그분의 길이 공의롭고 진실 무망하다. 신실하시고 공평하지 않은 것이 하나도 없으며 정의롭지 않은 것이 하나도 없다. 모세는 이것도 체험을 통하여 깨달은 것이다. 모세는 그의 40년 과정에서 하나님의 행하심을 보며 그분이 얼마나 믿을 만한 반석이시며 완전하시고 공평하신 분인지를 보았다. 다른 사람이 아니라 40년간 그분을 섬기며 체험한 종이 그분을 반석이라고 하니 우리는 그 말을 믿을 수 있다. 참으로 하나님은 그 반석(the Rock)이시며 그 행사는 완전하시므로 성도들은 고요함 속에서 안식할 수 있다. 사람의 손 안에 있는 일은 다 부서지고 깨어지겠지만 하나님의 손 안에 있는 일은 영원히 견고할 수밖에 없다. 왜 그런가? 그분이 반석이기 때문이다.

5절, 그들이 여호와를 향하여 악을 행하니 하나님의 자녀가 아니요 흠이 있는 사곡한 종류로다

이것은 이스라엘 백성에 대해 하는 말이다. "여호와를 향하여 악을 행하니 하나님의 자녀가 아니요 흠이 있는 사곡한 종류로다". 모세는 또한 이스라엘 백성의 40년 광야생활을 통하여 사람이 어떤 존재인가를 철저히 깨달은 것이다. 사람은 그렇게 좋지 않다. "여호와를 향하여 악을 행하니", "흠이 있는 사곡한 종류로다". 5절까지의 말씀에서 하나님은 얼마나 귀하고 놀라우신가 하는 것과 사람은 얼마나 흠이 많고 부패한 존재인가를 말하고 있다. 이 두 가지만 알아도 큰 교훈이 된다. 영적으로 진보하는 그리스도인의 한 가지 비결이 이것이니 곧 그리스도의 거룩하심과 전능하심, 만유이심과 사람의 지극히 연약함과 부패함을 보는 것이다.

6절, 우매무지한 백성아 여호와께 이같이 보답하느냐 그는 너를 얻으신 너의 아버지가 아니시냐 너를 지으시고 세우셨도다

여호와를 향하여 악을 행하는 백성들은 우매무지하다. 우매한 사람은 하나님에 대하여 보답이 없다. 고마움에 대하여 보답할 줄 모르는 인생이 가장 우매하고 몽매한 것이다. 자신이 타락하지 않은 사람인가를 확인하려면 받은 은혜에 대하여 감사하는 사람인가를 생각하면서 점검하기 바란다. 여호와 하나님은 이스라엘을 얻으시고 지으시고 세우신 아버지이시지만 보답이 없다는 것이다. 4절에서는 하나님을 반석이라고 했고 6절에서는 아버지라고 했다.

32장의 모세의 노래를 분석해볼 때 하나님은 지고한 분이시고 타락한 인생은 너무나 형편이 없음을 알 수 있다. 얼마나 타락했으면 이스라엘에 대하여 "하나님의 자녀가 아니요 흠이 있는 사곡한 종류로다" 라고 했겠는가? 하나님이 이렇게 말씀하심은 그분의 백성들로 하여금 낮은 마음을 갖게 하기 위함이다. 하나님이 추구하시고 기뻐하시는 것은 바로 이것이다. "무릇 마음이 가난하고 심령에 통회하며 나의 말을 인하여 떠는 자 그 사람은 내가 권고하려니와"(사 66:2). 이렇게 되지 않고서는 하나님은 그분의 백성들과 함께 나아갈 수 없기 때문이다.

7절, 옛날을 기억하라 역대의 연대를 생각하라 네 아비에게 물으라 그가 네게 설명할 것이요 네 어른들에게 물으라 그들이 네게 이르리로다

하나님은 이 시대의 하나님이실 뿐 아니라 옛적부터 역사하신 하나님이시기 때문에 옛날 일을 기억해보라고 말한다. 아브라함, 이삭, 야곱으로부터 시작해서 애굽에서 바로의 학정 아래 고역하던 일, 하나님의 크신 능력으로 애굽에서 구출하신 일, 광야 40년 동안에 행하신 그 숱한 역사들을 다 기억하고 역대의 연대를 생각하며 아비에게 물어보고 어른들에게 물어보라는 것이다. 이렇게 하는 것은 그들이 앞으로 길을 가는 데 도움이 된다. 오늘날 그리스도인들이 길을 잘 가려면 하나님께서 초대 교회 때부터 행하신 모든 역사들을 기억하고 많은 역대의 사건들을 생각해보아야 한다. 또 앞서간 선진들의 귀한 전기들이나 서적이나 유산들도 우리에게는 큰 도움이 된다.

8절, 지극히 높으신 자가 열국의 기업을 주실 때, 인종을 분정하실 때에 이스라엘 자손의 수효대로 민족들의 경계를 정하셨도다

하나님은 반석이시고 아버지이시며 지극히 높으신 분이다. 하나님보다 더 높은 이가 없다. 가장 높은 지위에 계신 분이 하나님이시다. 일제 시대에 신사 참배를 거부하여 순교한 당시 순교자들은 일본의 권세에 굴복하지 않고 주기도문의 마지막 부분인 "나라와 권세와 영광이 아버지께 영원히 있사옵나이다"라는 고백을 하고 갔다. 나라와 권세와 영광은 이 땅에 있지 않고 아버지께 있다. 그러므로 그들은 이 세상 권세에 굴복하지 않고 기꺼이 죽임을 당한 것이다.

또한 그분은 열국의 기업을 주실 때, 인종을 분정하실 때에 이스라엘 자손의 수효대로 민족들의 경계를 정하셨다. 즉 인류의 중심, 나라의 중심은 이스라엘이라는 뜻이다. 어떻게 해야 이스라엘과의 역학 관계가 합당하게 생성되겠는가를 유념하여 인종들을 분정하신 것이다. 오늘날 참 이스라엘은 교회이다. 당시 이스라엘은 이 땅에 속한 것이었지만 오늘날 교회는 하늘에 속한 이스라엘이다. 온 세계의 모든 인류, 모든 나라와 권세들이 교회를 중심으로 존재하고 있다. 그러므로 교회 성도들은 하나님 보시기에 온 우주가 존재하는 의미이다. 교회가 없으면 온 세상은 의미가 없다.

9절, 여호와의 분깃은 자기 백성이라 야곱은 그 택하신 기업이로다

하나님께서는 이스라엘 백성을 자신의 분깃으로, 기업으로 택하셨다. 신약에서는 교회가 주님의 분깃이다(엡 1장 참조). 기업이란 사람에게 있어서 그의 모든 것이다. 거기에 그의 인생을 다 바치게 된다. 하나님께는 그분의 기업인 교회가 모든 것이며 그분의 모든 관심과 역사가 여기에 있다. 하나님이 그분의 교회를 얼마나 관심하시는지 상상을 초월할 정도라고 알면 된다. 그분은 세상 열국 가운데 오직 이스라엘(교회)만 알았다고 말씀하신다(암 3:2, 내가 땅의 모든 족속 중에 너희만 알았나니 그러므로 내가 너희 모든 죄악을 너희에게 보응하리라 하셨나니).

10절, 여호와께서 그를 황무지에서, 짐승의 부르짖는 광야에서 만나시고 호위하시며 보호하시며 자기 눈동자같이 지키셨도다

광야에서 그를 만나셨다는 것은 광야 40년 동안 그와 함께하신 것을 말한다. 하나님은 우주 만물 가운데 다른 것을 관심하시는 것이 아니라 광야에 순례하는 이스라엘을 주목하시고 관심하셨다. 눈동자처럼 지키신 것이다. 눈동자는 사람이 가장 민감하게 보호하는 기관이다. 거의 무의식적으로 보호하는 것이다. 하나님께서는 그렇게 자기 백성을 보호하셨다.

11절, 마치 독수리가 그 보금자리를 어지럽게 하며 그 새끼 위에 너풀거

리며 그 날개를 펴서 새끼를 받으며 그 날개 위에 그것을 업는 것같이

여기서 독수리가 그 보금자리를 어지럽게 한다는 것은 보금자리를 흔들어서 어지럽힌다는 뜻인데, 그것은 독수리 새끼가 큰 독수리로 자라기 위해서는 안일하게 가만히 있어서는 안 되기 때문이다. 일단 그 보금자리를 어지럽게 한 다음 보호하기 위해 그 새끼 위에 너풀거린다. 하나님은 그분의 택한 백성들 위에 너풀거리시면서 보호하신다. 이는 매우 의미가 깊은 말씀이다. 많은 그리스도인들은 하나님께서 흔들고 어지럽히실 때 '하나님께서 정말 나를 보호하신다면 왜 이렇게 어지럽히실까?' 할 것이다. 하나님의 보호하시는 방법은 일단 어지럽힌 다음 그 위에 너풀거리시는 것이다. 그리고 날개를 펴서 새끼를 받아 날개 위에 업는 것이다. 이 모든 표현이 하나님의 이스라엘을 보호하시는 방법을 나타낸다.

12절, 여호와께서 홀로 그들을 인도하셨고 함께한 다른 신이 없었도다

다른 신이 그들을 보호하고 인도한 것이 아니라 홀로 여호와께서 그들을 인도하셨다.

13-14절, 여호와께서 그로 땅의 높은 곳을 타고 다니게 하시며 밭의 소산을 먹게 하시며 반석에서 꿀을, 굳은 반석에서 기름을 빨게 하시며 14 소의 젖기름과 양의 젖과 어린 양의 기름과 바산 소산의 수양과 염소와 지극히 아름다운 밀을 먹이시며 또 포도즙의 붉은 술을 마시우셨도다

가나안 땅에 들어간 후의 그들의 상황이다. 그들이 가나안 땅에 들어가서는 아주 풍요롭게 살게 된다는 것이다. 가나안 땅은 지대가 높다. 그래서 땅의 높은 곳을 타고 다닌다고 했다. 또 밭의 소산을 먹고 반석에서 나온 꿀과 젖과 기름과 밀과 포도즙을 먹고 마실 것이라고 했다.

15절, 그러한데 여수룬이 살찌매 발로 찼도다 네가 살찌고 부대하고 윤택하매 자기를 지으신 하나님을 버리며 자기를 구원하신 반석을 경홀히 여겼도다

여수룬이란 이스라엘의 애칭으로서 '하나님의 사랑하시는 자' 라는 뜻이 있다. 어떤 학자들은 이 '여수룬' 이 '아솨르' 라는 히브리어에서 나온 것이므로 '의로운 자, 옳은 자' 라는 뜻이 있다고 해석한다. 어쨌든 여수룬은 이스라엘의 애칭이다.

"그러한데 여수룬이 살찌매 발로 찼도다 네가 살찌고 부대하고 윤택하매 자기를 지으신 하나님을 버리며 자기를 구원하신 반석을 경홀히 여겼도다". 가나안 땅에 들어가서 이스라엘 백성들이 잘 먹고 잘 살게 되자 자기를 지으시고 구원하신 하나님을 버리고 경홀히 여기게 되었다. 문제는 배부르게 되는 것이다. 우리가 여러 나라의 선교지에 나가 볼 때 배고픈 성도들은 그래도 하나님을 향해 간절한 것이 있는데 배부른 나라 사람들은 대개 하나님을 버리는 것을 보게 된다. 세상의 부요함은 참으로 하나님의 말씀을 멀리하게 만든다.

16절, 그들이 다른 신으로 그의 질투를 일으키며 가증한 것으로 그의 진노를 격발하였도다

그들이 하나님 아닌 다른 신을 섬겨 여호와 하나님의 질투를 일으킨 것이다. 하나님은 질투하는 하나님이시다. 그분 외에 다른 것들을 섬길 때 하나님은 질투하신다. 잘 사는 나라일수록 위험에 노출되어 있음을 아는가? 하나님의 질투를 일으키고 있음을 아는가? 하나님의 진노를 격발하고 있음을 아는가?

17절, 그들은 하나님께 제사하지 아니하고 마귀에게 하였으니 곧 그들의 알지 못하던 신, 근래에 일어난 새 신, 너희 열조의 두려워하지 않던 것들이로다

사도행전 17장을 보면 아덴 사람들은 바울을 데리고 아레오바고에 가면서 '뭔가 좀 새로운 것을 말해보라. 우리는 새로운 것들을 듣기 좋아한다' 고 했다. 그들은 어떤 새로운 학설, 새로운 종교에 관해 듣고 싶어했다. 결국 위험은 이것이다. 사람들이 순전한 하나님의 말씀에서 벗어나는 것은 신기하고 새로운 사상에 빠지기 때문이다. 많은 경우에 사람들은 어떤 새로운 진리가 밝혀졌다고 하면 호기심에 끌려 쫓아 가다가 하나님을 버리고 이단에 빠지곤 한다. 이것은 사람들의 심리 속에 내재하는 새로운 것을 좋아하는 성향 때문이다. 그러나 우리는 늘 고대부터 있는 십자가, 처음부터 말씀하여 오신 살아계신 하나님께로 돌아가야 한다. 많은 잘 사는 나라의 기독교는 살아계신 하나님께 순종하는 길보다는 새로운 지식의 세계 속으로 이끌리며 가려운 귀를 긁어줄 스승들을 많이 두고자 한다.

18절, 너를 낳은 반석은 네가 상관치 아니하고 너를 내신 하나님은 네가 잊었도다

하나님은 그들을 낳은 반석이시며 그들을 내신 근본이시다.

19절, 여호와께서 보시고 미워하셨으니 그 자녀가 그를 격노케 한 연고로다

이 노래에서 모세가 예언하는 것은 결국 그들이 가나안 땅에 들어가면 여호와를 버린다는 것이다. 그런 다음 그들이 하나님을 떠나 다른 우상을 섬기고 다른 신을 따라가게 되면 여호와께서 그들을 미워하시는데 이는 그들이 여호와 하나님을 격노케 한 연고이다.

20절, 여호와의 말씀에 내가 내 얼굴을 숨겨 그들에게 보이지 않게 하고 그들의 종말의 어떠함을 보리니 그들은 심히 패역한 종류요 무신한 자녀임이로다

하나님께서 그분의 얼굴을 숨기시는 것은 그분의 백성에게 가장 큰 저주요 가장 큰 형벌이다. 오늘날 우리 또한 하나님께서 그분의 얼굴을 숨기시는 것을 두려워해야 한다. 그러면 어떤 때 하나님께서 자기 얼굴을 숨기시는가? 그들이 여호와를 떠나서 다른 것을 향할 때이다. 여기서 우리가 배울 것은 간단하다. 우리가 부유할 때, 배가 부를 때, 먹을 것이 풍성할 때, 돈이 많을 때 조심해야 한다. 그럴 때 그 원래 섬기고 두려워하던 하나님을 버리고 다른 신을 섬기게 된다. 하나님을 하나님 아닌 다른 것과 바꾸게 된다. 자신들의 편의를 따라 바꾸는 것이다.

디모데 후서에서 바울은 특히 말세에 돈을 사랑하는 사람들이 자기의 가려운 귀를 긁어줄 스승들을 많이 찾는다고 했다. 고난을 피하고 쉽게 길을 가려는 사람들은 이러한 미혹을 받게 된다. 하나님 아닌 것을 하나님으로 삼게 되는 것이다. 높고 새로운 지식, 철학, 교양, 금욕주의, 율법주의, 신비주의적인 체험 등이 하나님 아닌 범주들이다. 오늘날 많은 사람들이 하나님 자신이 아닌 하나님에 대한, 하나님을 위한 많은 것들로 하나님을 대치한다. 그럴 때 하나님께서는 자기 얼굴을 가리신다.

21절, 그들이 하나님이 아닌 자로 나의 질투를 일으키며 그들의 허무한 것으로 나의 진노를 격발하였으니 나도 백성이 되지 아니한 자로 그들의 시기가 나게 하며 우준한 민족으로 그들의 분노를 격발하리로다

"그들이 하나님이 아닌 자로 나의 질투를 일으키며". 신약 갈라디아서에서 바울은 믿는이들이 율법으로 돌아갔을 때 그들이 하나님이 아닌 것을 좇는다고 했다. 오늘날에도 하나님을 대치하는 많은 교리와 지식이 있다. 이러한 것들을 따르는 것은 하나님의 질투를 일으킨다. 또 허무한 것, 아무 실제가 없는 헛된 것으로 그분의 진노를 격발한다고 했는데, 소위 유명한 어떤 사람을 따르는 것, 어떤 명성있고 기성화된 조직을 의지하는 것은 다 헛된 것이다. 그럴 때 하나님은 "나도 백성이 되지 아니한 자로 그들의 시기가 나게 하며 우준한 민족으로 그들의 분노를 격발하리로다"고 하신다. 이 말씀은 바울 때에 완전히 이루어졌다. 이방 가운데 복음이 들어가 많은 이방 나라들이 하나님을 찬송함으로 이스라엘이 시기하게 된 것이다.

22절, 내 분노의 불이 일어나서 음부 깊은 곳까지 사르며 땅의 그 소산을 삼키며 산들의 터도 붙게 하는도다

하나님은 소멸하는 불이시다(히 12:29). 이렇게 하나님을 떠난 사람들에게 하나님은 그분의 소멸하는 불을 일으키신다.

23절, 내가 재앙을 그들의 위에 쌓으며 나의 살을 다하여 그들을 쏘리로다

하나님께서는 이스라엘 백성들을 사랑하시기 때문에, 또 그들이 하나님 앞에서 특권을 가지고 있기 때문에, 그들이 하나님을 배반하고 떠날 때 더욱 혹독하게 다루시는 것이다. 사실 오늘 신약의 교회는 이스라엘보다 더욱 큰 특권을 가지고 있다. 그들은 땅에 속한 하나님의 백성이지만 교회는 하늘에 속한, 천상에 위치한 하나님의 백성이기 때문이다. 그러한 특권을 가지고 있는 그들이 어느 날 자만하게 되어 하나님 아닌 것을 향하고 마음을 돌이키면 하나님께서는 진노하심으로 그들을 다루시되 아주 혹독하게 다루실 것이다. 어떤 사람은 하나님은 은혜의 하나님이시고 사랑의 하나님이시기 때문에 절대 그렇게 하실 리가 없다고 생각할지 모르지만 하나님은 사랑하는 자들을 더욱 징계하신다는 것을 알아야 한다. 히브리서 2장 2-3절은 "천사들로 하신 말씀이 견고하게 되어 모든 범죄함과 순종치 아니함이 공변된 보응을 받았거든 우리가 이같이 큰 구원을 등한히 여기면 어찌 피하리요"라고 한다. 천사들로 하신 말씀은 구약 시대의 율법의 말씀이며 '이같이 큰 구원' 은 신약의 말씀이다. 구약의 말씀을 어긴 것에 대하여 공변된 보응을 받았다면 신약의 말씀을 불순종한 것에 대하여는 더욱 큰 보응을 받는다는 말씀이다.

24절, 그들이 주리므로 파리하며 불 같은 더위와 독한 파멸에게 삼키울 것이라 내가 들짐승의 이와 티끌에 기는 것의 독을 그들에게 보내리로다

각종 재앙을 임하게 하실 것이라는 말씀이다.

25절, 밖으로는 칼에, 방 안에서는 놀람에 멸망하리니 청년 남자와 처녀와 젖 먹는 아이와 백발 노인까지리로다

칼에 멸망하고 놀라서 멸망하되 모든 사람에게 이러한 징계가 임한다.

26절, 내가 그들을 흩어서 인간에서 그 기억이 끊어지게 하리라 하였다마는

하나님께서는 아예 그들을 다 흩어서 사람들이 그들을 기억조차 못하게 하시려고 했지만 완전히 끊어버리지 않으셨는데, 그 이유는 이어지는 구절들에 나온다.

27절, 대적을 격동할까 염려라 원수가 오해하고 말하기를 우리 수단이 높음이요 여호와의 행함이 아니라 할까 염려라 하시도다

그렇게 할 때 대적을 격동시킬 수 있으므로, 그리고 그들이 스스로 자만할까 염려되어 하나님께서는 이스라엘 백성을 완전히 끊어버리지 않고 일부 남겨 두시겠다는 뜻이다. 왜 이런 말씀을 하시는가? 하나님께서 그들을 흩어버리고 멸하실 때 대적을 사용하시기 때문이다. 그 대적이 이스라엘을 흩어버리고 멸한 다음 '아, 우리가 워낙 뛰어난 전술을 사용해서 이런 승리를 거둔 것이다' 라고 하면서 그 일이 여호와가 행하신 것이 아니라고 할 수 있다는 것이다. 그래서 이스라엘을 완전히 없애지 않고 조금은 남겨 두시겠다고 하신다. 이 노래의 대강의 내용은 이스라엘이 가나안에 들어가서 젖과 꿀이 흐르는 땅에서 풍요롭게 살다 보니 배가 부르게 되자 그들의 하나님을 하나님 아닌 다른 것으로 바꾸었고, 그럴 때 하나님은 이들을 징계하시되 열국을 들어 징계하시는데 이스라엘을 다 멸절하면 열국이 오해할까봐 다 없애지는 않으시겠다는 것이다.

28-29절, 그들은 모략이 없는 국민이라 그 중에 지식이 없도다 29 그들이 지혜가 있어서 이것을 깨닫고 자기의 종말을 생각하였으면

어떤 사람들은 이 말씀을 이스라엘에게 적용하는데, 나는 이 말씀이 열국에게 해당된다고 생각한다. 이스라엘이 이렇게 된 것은 여호와의 행함이 아니고 자신들의 수단이 높기 때문이라고 생각하는 자체가 모략이 없는 것이고 지혜가 없는 것이고 지식이 없는 것이라는 말이다.

그들이 만일 지혜가 있고 이것을 깨달을 수 있었다면 조심했을 것이고 자기의 종말이 어떠할 것인지를 생각했을 것이다.

30절, 그들의 반석이 그들을 팔지 아니하였고 여호와께서 그들을 내어주지 아니하셨더면 어찌 한 사람이 천을 쫓으며 두 사람이 만을 도망케 하였을까

반석이신 하나님께서 이스라엘을 대적에게 팔고 내어주셨기 때문에 대적 한 사람이 천을 쫓고 두 사람이 만을 도망하게 할 수 있었다는 것이다. 만일 하나님께서 이스라엘을 내어주지 않으셨다면 그들은 결코 이스라엘에게 그렇게 할 수 없었을 것이다.

31절, 대적의 반석이 우리의 반석과 같지 못하니 대적도 스스로 판단하도다

열국도 나중에 가서는 이스라엘의 하나님이 더 강하시고 위대하시다는 것을 스스로 판단하게 된다는 말씀이다.

32-33절, 그들의 포도나무는 소돔의 포도나무요 고모라의 밭의 소산이라 그들의 포도는 쓸개포도니 그 송이는 쓰며 33 그들의 포도주는 뱀의 독이요 독사의 악독이라

이 말씀 또한 열국의 악행을 묘사한 것이라고 본다.

34절, 이것이 내게 쌓이고 내 곳간에 봉하여 있지 아니한가

열국의 모든 악행들이 하나님 앞에 쌓이고 그분의 곳간에 봉하여 있다는 것이다.

35절, 보수는 내 것이라 그들의 실족할 그때에 갚으리로다 그들의 환난의 날이 가까우니 당할 그 일이 속히 임하리로다

하나님께서는 이스라엘을 친 열국에게 보수하시되 그들이 실족할 때 갚는다고 하셨다. "그들의 환난의 날이 가까우니 당할 그 일이 속히 임하리로다". 여기서 여호와 하나님의 심정을 이해하기가 아주 어렵다. 한 면으로는 이스라엘을 징계하려니까 열국이 필요한데, 그러다보니 이 열국이 자만하게 되는 것이다. 그래서 이들도 징계할 수밖에 없다는 말씀이다.

36절, 여호와께서 자기 백성을 판단하시고 그 종들을 인하여 후회하시리니 곧 그들의 무력함과 갇힌 자나 놓인 자가 없음을 보시는 때에로다

하나님께서는 열국을 통해 이스라엘을 징계하시고 그런 다음 열국에게 보수하신다. 왜냐하면 열국을 들어 이스라엘을 징계했더니 이 열국이 스스로 높아져서 이스라엘을 완전히 쓸어버렸기 때문이다. 이때 하나님께서는 자기 백성을 변호할 마음이 생기셨다(여기의 '판단하다'는 변호한다는 뜻이 있다). 그분이 자기 백성을 변호하시고 그 종들(이스라엘)을 인하여 후회하시되 그들의 무력함과 갇힌 자나 놓인 자가 아무도 없음을 보시는 때이다.

37-38절, 여호와의 말씀에 그들의 신들이 어디 있으며 그들의 피하던 반석이 어디 있느냐 38 그들의 희생의 고기를 먹던 것들, 전제의 술을 마시던 것들로 일어나서 너희를 돕게 하라 너희의 보장이 되게 하라

이스라엘 백성들에게 하신 말씀이다. 그들이 이방신들을 섬겼는데, 이제 와서 그 신들이 어디 있으며 그들이 피하던 반석이 어디 있느냐는 것이다. 즉 대적이 반석으로 삼는 우상을 말한다. 또 희생의 고기를 먹던 것들, 전제의 술을 마시던 것들로 일어나서 너희를 돕게 하라는 말씀은 과거 이스라엘 백성들이 의지했던 헛된 것들, 희생을 드리고 섬겼던 것들에게 도움을 요청해보라는 뜻이다. 이것은 하나님의 질투의 표현이다.

오늘날 하나님의 자녀들도 하나님 아닌 것들을 따라가고 섬기면 결국 하나님께 징계를 받게 된다. 환경으로, 질병으로 매를 맞는 것이다. 그럴 때 이제까지 의지하던 것들은 아무 힘을 발하지 못하고 속수무책이 된다. 많은 지식, 커다란 조직에 의지하여 힘을 냈었는데 막상 환경이 임하고 질병이 임하여 죽을 지경이 되자 그러한 것들은 전혀 도움도, 보장도 되지 않는 것이다.

39절, 이제는 나 곧 내가 그인줄 알라 나와 함께 하는 신이 없도다 내가 죽이기도 하며 살리기도 하며 상하게도 하며 낫게도 하나니 내 손에서 능히 건질 자 없도다

그러므로 이제 하나님 자신께로 돌아오라는 것이다. 하나님은 죽이기도 하시고 살리기도 하시고 상하게도 하시고 낫게도 하시는 분이시다.

40절, 내가 하늘을 향하여 내 손을 들고 말하노라 나의 영원히 삶을 두고 맹세하노니

하나님께서 맹세하시는 말씀이다.

41절, 나의 번쩍이는 칼을 갈며 내 손에 심판을 잡고 나의 대적에게 보수하며 나를 미워하는 자에게 보응할 것이라

하나님은 심판하시고 보수하시며 보응하시는 하나님이시다.

42절, 나의 화살로 피에 취하게 하고 나의 칼로 그 고기를 삼키게 하리니 곧 피살자와 포로 된 자의 피요 대적의 장관의 머리로다 하시도다

하나님께서 이와 같이 철저하게 보수하시겠다는 말씀이다.

43절, 너희 열방은 주의 백성과 즐거워하라 주께서 그 종들의 피를 갚으사 그 대적에게 보수하시고 자기 땅과 백성을 위하여 속죄하시리로다

바울에 의하면 이러한 모든 과정을 거쳐서 결국 하나님은 이스라엘과 열방이 함께 하나님을 찬양하고 즐거워하게 하신다. 이처럼 모세의 노래는 가나안에 들어감으로부터 오늘날까지를 망라한 아주 광대한 간격을 가진 예언의 노래이다. 이 노래에서 예언한 대로 역사는 진행되었다.

그들이 가나안에 들어가서 사무엘 시대, 사울 시대, 다윗 시대를 거쳐 솔로몬 때에 이르러 왕국이 분열되었고, 그 후로 왕들이 이어지는데 좀 선한 왕도 있었고 악한 왕도 있었지만 결국 하나님을 버리게 된다. 그리고 이스라엘과 유다는 바벨론에 의해 철저히 멸망당하게 된다. 뒤이어 메데 바사와 헬라와 로마의 통치 아래 머물게 된다. 그러나 하나님께서는 이스라엘 백성을 친 바벨론을 징계하시고 메데 바사를 징계하시고 또 로마를 징계하신다. 이렇게 하나님은 이스라엘을 친 나라들을 징계하시는 것이다. 모세 시대에 이렇게 예언한 말씀이 이스라엘 백성에게 하나하나 그대로 이루어지는 것을 본다. 이러한 과정을 거쳐 최종적으로 유대인과 이방인이 다 하나님께 돌아오는 기묘한 역사가 있게 된다. 그러므로 로마서 11장에서는 "깊도다 하나님의 지혜와 지식의 부요함이여 그의 판단은 측량치 못할 것이며 그의 길은 찾지 못할 것이로다"(33절)라고 말한다.

44-47절, 모세와 눈의 아들 호세아가 와서 이 노래의 모든 말씀을 백성에게 말하여 들리니라 45 모세가 이 모든 말씀을 온 이스라엘에게 말하기를 마치고 46 그들에게 이르되 내가 오늘날 너희에게 증거한 모든 말을 너희 마음에 두고 너희 자녀에게 명하여 이 율법의 모든 말씀을 지켜 행하게 하라 47 이는 너희에게 허사가 아니라 너희의 생명이니 이 일로 인하여 너희가 요단을 건너 얻을 땅에서 너희의 날이 장구하리라

결국 이 노래를 지어준 것은 요단에 건너가서 그들이 풍요롭게 되어 하나님을 떠날 위험이 있을 때 다시금 이 말씀으로 경고받고 가르침받을 수 있게 하려는 것이다. 이것은 허사가 아니요 너희의 생명이라고 했다. 이스라엘이 하나님의 축복을 받기 위해 할 일이라고는 한 가지이다. 그것은 곧 하나님의 말씀을 두려워하며 떨며 지키고 순종하는 것이다. 이 '순종'이라는 한 단어가 신명기의 주제임을 영원히 잊지 말자!

48-50절, 당일에 여호와께서 모세에게 일러 가라사대 49 너는 여리고 맞은편 모압 땅에 있는 아바림 산에 올라 느보 산에 이르러 내가 이스라엘 자손에게 기업으로 주는 가나안 땅을 바라보라 50 네 형 아론이 호르 산에서 죽어 그 조상에게로 돌아간 것같이 너도 올라가는 이 산에서 죽어 네 조상에게로 돌아가리니

하나님께서는 그분의 신실한 종이 어떻게 죽을 것을 미리 말씀해 주고 계신다. 그리고 그가 가나안에 들어가지 못하고 죽을 수밖에 없는 이유를 51절에서 말씀해 주신다.

51절, 이는 너희가 신 광야 가데스의 므리바 물가에서 이스라엘 자손 중 내게 범죄하여 나의 거룩함을 이스라엘 자손 중에서 나타내지 아니한 연고라

이런 노래를 가르치는 마지막 장에서 하나님께서는 이스라엘 최고의 인도자 모세가 한 마디 실수 때문에 그 땅에 들어가지 못하고 산에 올라가서 다만 그 땅을 바라볼 수밖에 없다는 그 엄중한 사실을 말씀하고 계신다. 이 노래는 모세의 엄중한 사건과 어우러져서 그 엄숙함이 한층 더 고조된다.

52절, 내가 이스라엘 자손에게 주는 땅을 네가 바라보기는 하려니와 그리로 들어가지는 못하리라 하시니라

이 이야기는 모세가 기록한 것이다. 하나님의 충성된 종인 모세일지라도 한 가지 일에서 불순종함으로 약속하신 땅에 들어가지 못하게 되었다는 것을 경계로 삼아 우리는 두렵고 떨림으로 순종해야 한다. 이 길을 가는 사람들은 경거망동하지 말아야 한다. 하나님께서는 마음이 겸손하고 통회하는 자를 권고하신다.

신명기 33장

모세는 그의 사역을 마치고 임종하기 전에 이스라엘 12지파에 대하여 예언적인 축복을 하고 그의 말을 마쳤다. 이 장은 이스라엘 자손에 대한 그의 마지막 축복을 담은 내용이다. 구약 성경에는 열조들의 후손에 대한 축복이 있다. 노아의 축복이 있고(창 9:26-27) 이삭의 축복이 있으며(창 27:27-29) 야곱의 축복이 있다(창 49:1-27). 본 장은 위대한 하나님의 종 모세의 이스라엘 12지파에 대한 예언적인 축복(benediction)의 내용이다.

1절, 하나님의 사람 모세가 죽기 전에 이스라엘 자손을 위하여 축복함이 이러하니라

성숙한 성도가 죽음 직전에 마지막으로 이 땅에서 하는 일은 남은 하나님의 자녀들을 위하여 축복하는 것이다. 이삭은 야곱을 축복했고 야곱은 창세기 49장에서 자기의 열두 아들, 즉 이스라엘 열두 지파를 예언적으로 축복했다. 창세기 49장에 있는 야곱의 예언과 신명기 33장의 모세의 축복은 많은 연관성이 있다. 하나는 열두 지파의 아버지인 야곱의 축복이고, 또 하나는 그 열두 지파를 애굽에서 인도해낸 하나님의 종 모세의 축복이기 때문이다. 둘 다 운명하기 전에 한 축복이며, 또 둘 다 모세가 기록했을 것이다. 하지만 어쩌면 신명기 34장만큼은 모세가 기록하지 않고 여호수아나 다른 저자가 기록했을 것으로 생각된다. 왜냐하면 그것은 모세의 죽음에 대해 기록한 것이기 때문이다.

창세기 49장에 있는 축복과 신명기 33장에 있는 축복이 같은 사람에 의해 기록되었다는 것을 생각해 보는 것은 아주 흥미롭다. 야곱이나 모세나 다 하나님께 쓰임을 받은 하나님의 종이다. 하나님의 종의 마음속에 최종적으로 남아 있는 것은 아주 중요한 것인데, 그것이 바로 하나님의 백성 이스라엘이다. 하나님의 백성, 하나님의 기업이 잘되기를 바라는 것이 하나님의 종들의 공통적인 생각이다. 창세기 49장에서 야곱은 우리에게 인간적인 실패와 연약함과 죄를 그대로 표현해주었다. 그에 반해 신명기 33장의 모세의 축복은 모든 것이 다 밝다. 여기에는 하나님의 신실하심, 하나님의 축복, 하나님의 은혜가 충만하게 나타나 있다.

2절, 일렀으되 여호와께서 시내에서 오시고 세일 산에서 일어나시고 바란 산에서 비취시고 일만 성도 가운데서 강림하셨고 그 오른손에는 불 같은 율법이 있도다

이 모세의 축복은 실상 하나님의 축복이라고 할 수 있다. 여호와 하나님의 강림하심, 여호와 하나님의 말씀, 여호와 하나님의 백성을 사랑하심이 결국 모세의 축복의 내용이다. 여기서 시내는 하나님께서 이스라엘 백성들에게 율법을 주신 곳이고 세일 산은 에서가 거하는 곳으로서 이스라엘이 지나온 곳이다. 바란 역시 이스라엘이 지나온 곳이다. 하나님께서는 이스라엘 백성이 거쳐 온 시내, 세일, 바란 등에서 계속 함께하셨으며 거기서 일어나시고 비취셨다. 그리고 일만 성도 가운데서 강림하셨으며 하나님의 오른손에는 불 같은 율법이 있다고 했다. 살아계시며 놀라우신 하나님의 관심은 '일만 성도' 이며 '불 같은 율법'

이다. 교회와 말씀, 이 두 가지가 하나님의 모든 것이다.

3절, 여호와께서 백성을 사랑하시나니 모든 성도가 그 수중에 있으며 주의 발아래에 앉아서 주의 말씀을 받는도다

여호와 하나님은 그분의 백성을 사랑하신다. 그리고 모든 성도가 그분의 손에 있다. 또 주의 발아래 앉아서 주의 말씀을 받는다고 했다. 오늘 신약의 믿는이인 우리도 마땅히 그러해야 한다. 우리는 여호와 하나님의 손에 붙들린 자이고 그 발아래서 말씀을 받는 자들이어야 한다. 여러분이 교회생활을 한다고 하면서 말씀 앞에 있지 않다면 당신의 마음이 아무리 착하다 해도 보장이 없다. "주의 발아래에 앉아서 주의 말씀을 받는" 성도들이 되기 바란다.

마리아는 예수님의 발 앞에 앉아서 말씀을 들었다고 했다. 그러나 언니 마르다는 하는 일이 많아 분주해서 하나님의 말씀을 잘 듣지 못했다. 오늘날 합당한 믿는이는 하나님의 손에 붙잡혀 있어서 자기 마음대로 어떤 것을 하지 못하는 사람이고 언제나 하나님 앞에서 말씀을 듣는 사람이다.

4절, 모세가 우리에게 율법을 명하였으니 곧 야곱의 총회의 기업이로다

하나님은 모세를 통하여 이스라엘 백성에게 율법을 주셨다. 그런데 여기서 그 율법을 '야곱의 총회의 기업'이라고 했다. 즉 하나님의 백성 가운데서 가장 귀한 보배는 하나님의 말씀이라는 것이다. 이스라엘 백성은 매우 귀한 하나님의 재산이지만 만일 그들 가운데 하나님의 말씀이 없다면 아무것도 아니다. 그들이 그렇게 여호와의 눈에 귀하게 된 것은 그들이 말씀을 받은 사람들이고 말씀을 소유한 자들이기 때문이다. 이것은 오늘 우리에게도 동일하다. 우리가 이 땅에서 믿지 않는 이방인들 가운데서 하나님의 눈에 귀하게 보이는 것은 다름 아니라 우리가 하나님의 말씀을 받아 간직하고 있기 때문이다.

5절, 여수룬에 왕이 있었으니 곧 백성의 두령이 모이고 이스라엘 모든 지파가 함께한 때에로다

여수룬이란 이스라엘의 애칭이다. 의로운 백성, 혹은 하나님의 사랑을 받는 자라는 뜻이 있다. 여기서 여수룬에 왕이 있었다고 하는데, 이 왕은 누구일까? 어떤 학자들은 모세라고 하는데, 모세가 자신을 이스라엘의 왕이라고 말했다고 보기는 좀 어렵다. 당시에 이스라엘 백성을 실제로 통치한 왕은 하나님이시고 그 통치를 집행한 종은 모세라고 보는 것이 좋을 것 같다.

6절, 르우벤은 살고 죽지 아니하고 그 인수가 적지 않기를 원하도다

르우벤은 야곱의 맏아들이다. 창세기 49장에서 야곱의 예언에는 르우벤의 실패가 그대로 기록되어 있다. 그러나 신명기 33장에는 축복만 있다. 르우벤에 대한 축복을 보면 "르우벤은 살고 죽지 아니하고 그 인수가 적지 않기를 원하도다"라고 짧게 말한다. 르우벤은 야곱의 장자이지만 아비의 침상을 더럽힘으로 장자권을 빼앗긴 사람이다. 창세기 49장의 야곱의 예언을 보자. "르우벤아 너는 내 장자요 나의 능력이요 나의 기력의 시작이라 위광이 초등하고 권능이 탁월하도다마는 물의 끓음 같았은즉 너는 탁월치 못하리니"(3-4절). 르우벤에 대한 야곱의 예언은 심각하다. 그는 야곱의 장자로서 능력이고 기력의 시작이었으며 또 위광이 초등하고 권능이 탁월했다. 그는 원래 아주 뛰어나게 태어났다. 좋은 신분을 가지고 태어났다. 그런데 그는 육신의 정욕이 물이 끓듯 하였으므로 이 모든 것을 상실하고 말았다. 물이 끓는다는 말이 영어 킹제임스 역에는 'unstable', 즉 안정되지 못한 것을 말한다. 그러다 보니 르우벤은 그만 육신의 정욕을 이기지 못하고 아비의 침상을 더럽힌 것이다. 그래서 야곱은 르우벤에 대해 축복하는 말을 하지 않았다. 창세기 49장의 야곱의 예언은 오히려 저주이다.

그런데 모세 때 와서 그의 예언은 야곱의 예언과 조금 다르다. 여기서 모세는 르우벤에 대해 동정이 가득한 은혜로운 말로 축복하고 있다. "살고 죽지 않기를 원하노라." 레위기 20장을 보면 아비의 침상을 더럽힌 자는 죽어 마땅하다. 그러나 모세는 르우벤에 대해서 살고 죽지 않기를 바라며 그 인수가 적지 않기를 원한다고 했다.

또 한 가지, 르우벤은 요단을 건너 가나안을 정복하기 전에 모세에게 청원해서 요단 동편 땅을 그들의 기업으로 달라고 했다. 그런데 그로 인해 그들은 요단 동편에 살면서 늘 대적의 공격을 받았다. 항상 위험에 노출되어 있었던 것이다. 그러므로 모세는 르우벤에 대해 예언하면서 또한 인수가 적지 않기를 바란다고 했다. 르우벤에 대한 예언적인 축복은 뒤이어 나오는 다른 지파들에 대한 축복에 비하면 아주 근근한 축복이지만 그가 심각한 죄를 범한 것에 비하면 참으로 은혜로운 음성이라고 하지 않을 수 없다.

7절, 유다에 대한 축복은 이러하니라 일렀으되 여호와여 유다의 음성을 들으시고 그 백성에게로 인도하시오며 그 손으로 자기를 위하여 싸우게 하시고 주께서 도우사 그로 그 대적을 치게 하시기를 원하나이다

유다는 야곱의 넷째 아들이다. 르우벤, 시므온, 레위, 그 다음이 유다이다. 창세기 49장의 예언에서는 르우벤 다음에 시므온이 나오는데 여기 모세의 예언에는 시므온이 빠졌다. 또 유다가 먼저 나오고 그 다음이 레위이다. 유다가 먼저 나오는 것은 그가 왕의 지파이기 때문이다. 예수 그리스도께서도 유다 지파를 통해 출생하셨다.

창세기 38장에는 유다에 관한 이야기가 나오는데, 사실 거기서 유다가 한 행동은 그리 영예롭지 않다. 유다는 당시 형제들에게서 내려가서 아둘람 사람 히라에게로 갔는데, 거기서 가나안 사람 수아라 하는 자의 딸을 아내로 취했고 아들 셋을 낳았다. 또 그에게는 다말이라는 며느리가 있었으며 그녀는 장자 엘의 아내였다. 그런데 그가 여호와 목전에 악을 행함으로 여호와께서 그를 죽이셨다. 율법에 따라 둘째인 오난이 다말에게로 들어갔는데 그도 자기 형에게 후사를 끼치지 않으려고 여호와 목전에 악한 짓을 하다가 죽었다. 그러자 유다는 셀라도 죽을까봐 그가 장성했어도 다말에게로 들어가게 하지 않았다. 결국 다말은 스스로 창기 옷을 입고 유다를 유인하여 동침했고 베레스와 세라라는 쌍둥이 형제를 낳았다. 그리고 베레스를 통해서 주 예수님의 조상들이 태어났다.

사실 창세기에서 요셉 이야기 외에는 열 두 아들 중 어떤 사람도 이렇게 자세한 기록을 가진 사람이 없다. 그렇다면 모세는 주 예수님이 오시기 삼천 오백 년 전에 이미 유다를 통해 예수님이 태어나실 것을 알았다는 것이다. 그렇지 않다면 유다의 이런 사건을 창세기에 이렇게 자세히 기록할 필요가 있었겠는가? 참으로 성경은 보통 책이 아니다.

유다에 대한 야곱의 예언은 상당히 길다(창 49장). 거기서 유다는 분명히 왕의 지파인 것을 알 수 있다. "홀이 유다를 떠나지 아니하며 치리자의 지팡이가 그 발 사이에서 떠나지 아니하시기를 실로가 오시기까지 미치리니 그에게 모든 백성이 복종하리로다"(창 49:10). 유다 지파가 왕의 지파가 될 것을 확실히 내다보고 있는 것이다. 우리는 창세기의 기록을 통해 저주받아 마땅한 인간이 하나님의 택하심을 입어 그의 모든 것이 축복으로 바뀌는 것을 본다. 죽을 수밖에 없는 운명에 처한 죄인이 살아날 뿐 아니라 왕이 되는 것이다.

유다 지파는 정치적인 축복이 있고 다음 구절의 레위는 종교적인 축복이 있으며 요셉은 물질적인 축복이 있다. 그러나 신약의 성도들에게는 모든 것이 하늘에 속하며 영적인 것으로 교회의 모든 성도들에게 골고루 임한다.

8절, 레위에 대하여는 일렀으되 주의 둠밈과 우림이 주의 경건한 자에게 있도다 주께서 그를 맛사에서 시험하시고 므리바 물가에서 그와 다투셨도다

모세의 예언에서는 레위에 대한 이야기가 다소 길다. 창세기 49장의 야곱의 예언을 보면 시므온과 레위를 함께 언급했다. 그들은 레아의 아들로서 형제이기도 하고 특히 둘이 가까웠던 것 같다. 그 누이 디나가 세겜에게 강간당했을 때 이 둘은 분을 참지 못하여 모의를 했고, 가서 세겜 성 사람들을 죽이고 말의 발목을 끊는 등 많은 난폭한 일을 했다. 그럴 때 야곱은 시므온과 레위에 대해 "그 노염이 혹독하니 저주를 받을 것이요 분기가 맹렬하니 저주를 받을 것이라 내가 그들을 야곱 중에서 나누며 이스라엘 중에서 흩으리로다" 하면서 저주했다.

그런데 신명기 33장에는 시므온이 나오지 않고 레위만 나오는데 여기서 레위는 축복을 받는다. 그것은 출애굽기 32장에서 이스라엘 백성이 금송아지를 섬겼을 때 모세가 여호와의 편에 선 자는 나오라고 하자 레위 지파가 일어났기 때문이다. 레위는 그 사건으로 인해 저주를 축복으로 바꾸었다. 그런데 시므온은 그때 별 반응이 없었던 것 같다. 시므온은 자기 가족을 위해서는 혈기를 내고 큰 일을 저지르는데 동참했지만 막상 이스라엘이 영적으로 부패하고 우상을 숭배하는 일에 있어서 레위가 일어날 때는 그와 함께 하지 않았다. 교회생활도 동일하다. 어떤 형제가 교회에 분열과 혼란스러운 일이 일어났을 때는 큰 혈기를 내면서 주님을 혼자 다 위하는 것처럼 하다가 막상 교회가 영적으로 가장 어려워지고 진정 헌신해야 하는 상황에 이르면 꼬리를 내린다. 여기서 시므온은 그런 사람에게 속한다. 하나님의 종의 죽기 전 축복 예언에서 빠졌다는 것은 매우 좌설스런 일이 아닐 수 없다.

"주의 둠밈과 우림이 주의 경건한 자에게 있도다". 레위 지파는 원래 노염이 혹독하고 분기가 맹렬한 사람들인데 이러한 사람들이 경건하게 하나님을 섬기는 사람들이 되었다. 둠밈과 우림은 제사장들이 착용하는 것으로서 둠밈은 '완전함'이라는 뜻이고 우림은 '빛'이라는 뜻이다. 즉 하나님을 섬기는 사람들은 모든 일에 완전함이 있어야 하고 빛이 있어야 한다는 뜻이다.

"주께서 그를 맛사에서 시험하시고 므리바 물가에서 그와 다투셨도다". 여기서 주님은 짧게 그들의 행적을 드러내셨다. 맛사는 출애굽기 17장에서 백성들이 물이 없다고 원망한 장소이다. 그 시험에서 레위 사람들인 모세와 아론은 잘 참았다. 그런데 므리바 물가에서는 그들이 실수를 함으로 여호와께서 그들과 다투셨고 결국 모세는 가나안 땅에 들어가지 못하게 되었다.

9절, 그는 그 부모에게 대하여 이르기를 내가 그들을 보지 못하였다 하며 그 형제들을 인정치 아니하며 그 자녀를 알지 아니한 것은 주의 말씀을 준행하고 주의 언약을 지킴을 인함이로다

이것이 레위 지파가 출애굽기 32장에서 한 일이다. 그는 부모, 형제, 자녀보다 주님의 말씀과 주님의 언약을 더 귀히 여겼다. 그래서 그의 부모를 보지 못하였다 하고 그 형제들을 인정하지 않고 그 자녀를 알지 아니한다고 했다. 그럼으로써 그들은 하나님을 섬기는 지파가 된 것이다.

10절, 주의 법도를 야곱에게, 주의 율법을 이스라엘에게 가르치며 주 앞에 분향하고 온전한 번제를 주의 단 위에 드리리로다

이것은 레위 지파가 얻은 축복이다. 주의 법도와 율법을 이스라엘에게 가르치며 성전에서 주님께 분향하고 번제를 드리는 축복이다.

11절, 여호와여 그 재산을 풍족케 하시고 그 손의 일을 받으소서 그를 대적하여 일어나는 자와 미워하는 자의 허리를 꺾으사 다시 일어나지 못하게 하옵소서

레위 지파는 이 땅에 기업이 없기 때문에 모세는 그들을 위하여 재산을 풍족하게 해달라고 기도했다. 그리고 그 손의 일을 받아달라고 했다. 하나님을 섬기는 사람들의 가장 큰 축복은 그들의 일을 하나님께서 받아주시는 것이다. 신약에서 사도 바울도 이것을 위해 기도했다. "곧 나로 이방인을 위하여 그리스도 예수의 일꾼이 되어 하나님의 복음의 제사장 직무를 하게 하사 이방인을 제물로 드리는 그것이 성령 안에서 거룩하게 되어 받으심직하게 하려 하심이라"(롬 15:16). 또 그의 다른 서신서들에서도 성도들의 연보나 섬김이 하나님께 열납되기를 간절히 바라는 것을 본다. 오늘 우리도 우리의 섬김이 하나님께 열납되기를 원한다.

"그를 대적하여 일어나는 자와 미워하는 자의 허리를 꺾으사 다시 일어나지 못하게 하옵소서". 하나님을 섬기는 사람들에게는 반드시 대적이 있다. 우리는 신약에서도 사도 바울이 열심으로 하나님을 섬길 때 대적하는 자들이 얼마나 많이 일어났는지를 보게 된다. 모세가 레위를 위해 드린 기도는 그를 대적하는 사람들의 허리를 꺾어 달라는 것이다. 사람이 허리가 꺾이면 다시는 일어날 수가 없다. 하나님을 섬기는 종들에게 대적을 이기는 축복을 주시는 것은 또 하나의 가장 필수적인 축복임을 기억해야 한다. 이것이 레위를 위한 축복이다.

12절, 베냐민에 대하여는 일렀으되 여호와의 사랑을 입은 자는 그 곁에

안전히 거하리로다 여호와께서 그를 날이 맞도록 보호하시고 그로 자기 어깨 사이에 처하게 하시리로다

베냐민은 야곱의 막내 아들이다. 야곱의 가장 사랑하는 아내 라헬이 두 아들을 낳았는데, 먼저는 요셉이고 다음이 베냐민이다. 이 베냐민을 낳다가 라헬은 결국 죽었다. 그때 야곱은 라헬을 잃고서 크게 슬퍼했다. 그는 임종시에 아들들 앞에서 다른 이야기를 한 것이 아니라 라헬이 오는 길에 죽어서 베들레헴에서 가까운 에브랏이라는 곳에 묻었다는 말을 했다. 라헬이 죽은 것이 그 마음에 아직도 깊이 남아 있었던 것이다. 라헬은 숨이 끊어지기 전에 그 아들의 이름을 '베노니' 라고 했는데, 그것은 슬픔의 아들이라는 뜻이다. 그러나 야곱은 그를 오른손의 아들을 의미하는 '베냐민' 이라고 불렀다.

이 베냐민에 대해서 모세는 하나님의 사랑을 입은 자라고 했다. 하나님의 사랑을 입은 자는 하나님을 사랑하는 자이다. 베냐민과 하나님의 관계는 사랑의 관계이다. 그러한 사람이 안전하다. 이 땅에서 가장 안전한 사람은 하나님의 사랑을 입은 자, 하나님을 사랑하는 자이다. 여호와께서 그를 날이 맞도록 보호하시고 그로 자기 어깨 사이에 처하게 하시겠다고 했다. 베냐민은 하나님께서 아주 특별하게 보호하신다. 또 어떤 사람은 베냐민의 어깨 사이에 주님이 거하신다고 해석한다. 예루살렘은 베냐민 지파에 속한 땅인데, 어떤 성경 학자들은 이것을 물질적인 축복의 개념으로 해석해서 하나님의 성전이 베냐민 지파 어깨 사이에 두어진 것을 뜻한다고 말한다. 어쨌든 주님이 베냐민 지파 어깨 가운데 있든 주님 어깨 가운데 베냐민이 있든 주님과 베냐민 지파는 아주 친밀한 관계에 있음에 틀림이 없다.

13-17절, 요셉에 대하여는 일렀으되 원컨대 그 땅이 여호와께 복을 받아 하늘의 보물인 이슬과 땅 아래 저장한 물과 14 태양이 결실케 하는 보

물과 태음이 자라게 하는 보물과 15 옛산의 상품물과 영원한 작은 산의 보물과 16 땅의 보물과 거기 충만한 것과 가시떨기 나무 가운데 거하시던 자의 은혜로 인하여 복이 요셉의 머리에, 그 형제 중 구별한 자의 정수리에 임할지로다 17 그는 첫 수송아지같이 위엄이 있으니 그 뿔이 들소의 뿔 같도다 이것으로 열방을 받아 땅 끝까지 이르리니 곧 에브라임의 만만이요 므낫세의 천천이로다

요셉에 관하여는 창세기 49장에서 그 축복의 내용이 길고도 풍성하다. 여기서 모세 또한 요셉에 대해 다양한 표현으로 축복의 말을 한다. 요셉은 하늘에서도 축복이 임하고 땅에서도 축복이 올라오며 산에도 축복이 있고 언덕에도 축복이 있다. 그에게는 축복이 되지 않는 것이 없다.

르우벤은 장자로서 원래 모든 면에 탁월하고 굉장한 축복을 받을 수 있는 위치에 있었지만 그만 육신의 정욕을 이기지 못하여 다 잃어버리게 되었다. 그리고 그 축복은 첫째 유다에게로 갔다. 왕권이 그에게 간 것이다. 다음으로 제사장권은 레위에게로 갔다. 셋째로 그 땅의 두 배 분깃은 요셉에게로 갔다. 그래서 지금 이 요셉은 땅의 축복을 받고 있는 것이다. 하늘에서는 이슬이 내려오고 땅 아래에는 저장된 물이 있으며, 태양이 결실케 하는 보물이 있고 태음이 자라게 하는 보물이 있다. 또 옛 산, 오래된 산에서는 상품물이 나오고 작은 산에서도 보물이 나온다. 또 가시떨기 나무 가운데 거하시던 자, 곧 모세가 본 하나님의 은혜로 인하여(출 3장) 복이 요셉의 머리에, 그 형제 중 구별한 자의 정수리에 임한다고 했다. 요셉에게는 모세가 할 수 있는 축복을 다 하는 것 같다.

그런데 우리는 요셉이 축복을 받는 근거가 무엇인지를 생각해볼 필요가 있다. 요셉은 사실 고난을 가장 많이 당한 사람이다. 그는 원래 아버지 야곱의 사랑을 많이 받았지만 또 그로 인해 형들의 시기도 받았다. 그러는 바람에 그는 엄청난 고난을 겪게 된 것이다. 그리고 결국은 애굽의 총리가 되어 흉년이 들었을 때 많은 사람들을 먹여 살렸다. 그는 구약에서 우리 주 예수님을 가장 많이 닮은 인물이다. 형들에게 시기를 당하고 팔려서 온갖 고초를 다 겪었지만 나중에는 가장 높은 위치에 오른 사람이다. 이 모든 것이 주님의 발자취와 흡사하다. 그러면 그가 왜 그렇게 어려운 길을 걸어갔는가? 그가 하나님을 사랑하는 사람이기 때문이다. 결국 그로 인해 그는 자기 형제들을 구원하고 많은 사람들을 구원할 수 있었다.

우리도 축복을 받는 사람이 되려면 요셉 같은 사람이 되면 된다. 요셉의 형제들은 요셉 하나 죽어 없어져도 별 느낌이 없었을 것이다. 아직도 열 명의 형제들이 있기 때문이다. 매일 열 명이 한데 어울려 지내다 보면 요셉 생각이 나지 않는다. 그런데 온 땅에 기근이 들어 이들이 요셉에게 곡식을 사러 왔을 때 요셉은 즉시 '내가 요셉이다' 하지 않고 그들을 하나씩 하나씩 훈련을 시키는 방식으로 대했다. 요셉은 아주 지혜가 있는 사람이다. 요셉은 이 형들에게 한 소자가 얼마나 귀한지를 깨닫도록 하기 위해 시므온을 구류해 두고 나머지 형제들에게 가서 베냐민을 데려오라고 했다. 베냐민을 데려오지 않으면 다시는 그의 얼굴을 볼 수 없을 것이라고 했다. 그럴 때 이 형들은 크게 근심했다. 왜냐하면 그들 부친이 그나마 베냐민 때문에 위안을 얻고 사는데 그를 부친에게서 빼앗아 오면 야곱이 너무나 상심할 것이 뻔하기 때문이다.

그런데 기근이 계속되어 사온 양식이 다 떨어지자 야곱은 하는 수 없이 베냐민을 형들과 함께 보냈다. 그리고 그들은 요셉에게 잘 대접을 받은 뒤에 양식을 사서 가나안으로 올라가려고 길을 떠났는데 애굽 병사들이 뒤쫓아 와서 은잔을 훔쳐갔다고 다그치는 것이다. 자루를 뒤져보니 그 은잔이 베냐민의 자루 속에서 나왔다. 요셉이 다른 사람들은 보내고 은잔이 자루에서 나온 베냐민만 잡아두겠다고 하자 유다가 요셉에게 길게 진술을 한다. 매우 감동적인 장면이다. 요셉이 거기서 유다의 감동적인 진술을 들으면서 눈물을 흘리지 않은 것이 대단하다.

어쨌든 요셉은 그의 형제들을 가르치기 위해서 이런 과정을 거치게 했다. 참으로 주님의 마음과 일치한다. 그는 그 모든 것들을 고난을 통해서 배웠다. 그는 그의 마음이 자신을 위하지 않고 형제들을 위했다. 그는 형제를 위해 살았던 것이다. 그가 고난을 받은 것조차 형제를 섬기기 위한 자본을 갖는 여정에 불과했다. 이와 같이 어떤 사람이든지 자신을 위해 살지 않고 하나님의 백성들을 위해 산다면 축복이 있을 것이다. 요셉보다 하나님의 아들 예수 그리스도와 닮은 사람이 없다. 하나님은 아들을 축복하시고 사랑하신다. 이 땅에 예수와 닮은 한 사람이 있다. 하나님은 그의 정수리를 바라보시고 축복하신 것이다. 그러다 보니 요셉에게는 축복이 많은 것이다. 창세기 49장의 야곱의 예언에도, 신명기 33장의 모세의 예언에도 요셉에 대한 축복은 많고도 많다. 요셉에게 관련된 것은 다 축복이다. 그 축복이 조금도 비껴나가지 않고 정확하게 요셉의 정수리에 임한다고 했다. 하나님은 그분의 축복을 요셉의 머리에 겨냥하여 그대로 임하게 하신 것이다.

하나님의 사랑하시는 자가 그 땅에 삶으로 인하여 하나님은 그 땅을 축복하심을 볼 수 있다. 하나님은 그분의 사랑하시는 자가 있을 때 하늘과 땅의 모든 복을 그에게 집중하여 쏟아 부으실 준비가 되어 있음을 볼 수 있다. 나는 신약의 성도들인 우리가 야곱이요 유다요 레위요 모든 이스라엘의 열 두 지파임을 인하여 하나님께 감사한다. 따라서 우리가 이들이 받고 있는 모든 축복을 받는 자들임을 인하여 하나님께 감사한다. 구약의 모든 일들은 영적인 하나님의 백성들인 신약의 교회를 위한 것임을 생각한다면 이러한 축복이 현재 우리의 것임을 감사해야 한다. 그러나 에베소서 1장에 의하면 교회는 구약의 이스라엘과 달리 그 축복이 영적이고 하늘에 속한 것임을 인하여 더욱 감사드려야 하리라! 땅에 속한 것은 잠시이지만 하늘에 속한 것은 영원하기 때문이다.

요셉에게는 낮의 태양도 축복이 되고 밤의 달도 축복이 되며 하늘도 축복이 되고 땅의 깊음도 축복이 된다(흠정역). 이는 요셉의 감옥생활을 밤으로 비유한다면 그 자체가 축복이 되었으며, 그의 총리 대신이 되었을 때가 낮의 태양이라면 그것이 축복이 되었음을 의미한다. 그에게는 형제들에게 팔린 것(땅의 깊음)도 축복이 되었고 아버지와 형제들을 잃은 것도 축복이 되었다. 그의 총리 시절 흉년도 축복이 되었으며 풍년도 축복이 되었다. 흉년이 되지 않았다면 그 형들을 만날 수 있었을까? 풍년이 되지 않았으면 그 많은 곡식을 예비할 수 있었을까? 그의 모든 일은 다 축복이 되고 말았다. 옛 산의 특산품도 축복이 되고 영원한 작은 산의 특산물도 축복이 된다. 그에게는 변치 않는 과거의 신앙적인 유산의 축복이 있고 말씀의 영원한 축복이 있다. 이것이 옛산의 상품물과 영원한 작은 산의 보물을 말하는 것이다. 이는 요셉의 신앙이 오래 전의 선조들의 신앙으로부터 배우는 것이 있는가 하면 현재적인 아름답고 영원한 말씀으로 인한 축복이 있다는 말씀이다.

18절, 스불론에 대하여는 일렀으되 스불론이여 너는 나감을 기뻐하라 잇사갈이여 너는 장막에 있음을 즐거워하라

원래 유다, 잇사갈, 스불론이 한 조이고, 단, 아셀, 납달리가 한 조이다. 여기서 스불론과 잇사갈은 한 팀으로 묶어 축복했다. 스불론에 대해서는 "너는 나감을 기뻐하라"고 했고 잇사갈에 대해서는 "너는 장막에 있음을 즐거워하라"고 했다. 창세기 49장에서 야곱은 스불론에 대해서 "스불론은 해변에 거하리니 그곳은 배 매는 해변이라 그 지경이 시돈까지리로다"라고 했는데, 스불론 지파는 신약으로 말하면 복음 전하는 자들이다. 우리 주 예수님이 이 땅에 오셔서 사역을 시작하실 때에도 갈릴리 해변, 즉 스불론과 납달리 지경에서부터 시작하셨다. 갈릴리로부터 온 세계에 복음이 전파된 것이다. 그것이 바로 배 매는 해변이다. 거기서 배가 출발한 것이다.

그러므로 모세는 '너는 나감을 기뻐하라' 고 한 것이다. 복음 전하러 나가는 사람들은 기쁘다. 오늘 많은 그리스도인들에게 기쁨이 없는 이유는 복음을 전하러 나가지 않기 때문이다. 어디든지 복음을 전하는 사람들은 그 얼굴에 기쁨이 가득하다. 또 여기 기쁜 사람이 있는데 잇사갈이다. 그에게는 "잇사갈아 너는 장막에 있음을 기뻐하라"고 했다. 이 잇사갈에 대해서 야곱은 "양의 우리 사이에 꿇어앉은 건장한 나귀로다 그는 쉴 곳을 보고 좋게 여기며 토지를 보고 아름답게 여기고 어깨를 내려 짐을 메고 압제 아래서 섬기리로다"라고 했다. 쉴 곳을 보고 좋게 여기며 토지를 보고 아름답게 여긴다는 것은 그가 있는 곳에서 열심히 섬기고 있는 광경을 가리키는 것이다. 복음을 전할 뿐 아니라 장막에 있어야 한다. 성도들은 한 무리가 복음을 전하러 나가고 한 무리는 교회의 간증을 짊어지고 지켜야 한다.

19절, 그들이 열국 백성을 불러 산에 이르게 하고 거기서 의로운 제사를 드릴 것이며 바다의 풍부한 것, 모래에 감추인 보배를 흡수하리로다

이 19절 말씀은 스불론과 잇사갈이 동역하여 이루어낸 결과라고 보고 싶다. 스불론의 나감과 잇사갈의 머무름은 함께 역사하는 것처럼 보인다. 그들이 열국 백성을 불러 산에 이르게 하고 거기서 의로운 제사를 드리게 하는 이것은 이방인들이 주님의 역사에 동참하고 주님의 교회에 참여하는 광경을 그린 것이라고 생각된다. 그럴 때 바다의 풍부한 것, 모래에 감추인 보배를 흡수한다고 했다. 이방인들이 교회에 들어왔을 때 이스라엘 백성들만 주님을 믿었을 때보다 훨씬 더 많은 하나님의 보물을 흡수할 수 있게 되었다. "하나님이 그들로 하여금 이 비밀의 영광이 이방인 가운데 어떻게 풍성한 것을 알게 하려하심이라 이 비밀은 너희 안에 계신 그리스도시니 곧 영광의 소망이니라"(골 1:27). 오늘 영국 사람들이 그리스도께 돌아왔기 때문에 얼마나 풍성하신 그리스도, 모래 속에 감취었던 보배를 흡수할 수 있었는지, 영국과 미국 사람들이 그리스도께 얻어졌기에 얼마나 귀한 말씀을 흡수할 수 있었는지 우리는 다 측량할 수 없다. 이 모든 것은 나가는 자의 역사와 장막에 있는 자의 역사로 인한 것이다.

20절, 갓에 대하여는 일렀으되 갓을 광대케 하시는 자에게 찬송을 부를지어다 갓이 암사자 같이 엎드리고 팔과 정수리를 찢는도다

창세기 49장의 야곱의 예언에서는 갓에 대해 '군대의 박격을 받으나 오히려 추격한다' 고 말한다. 갓은 전쟁을 잘 하는 지파이다. 그래서 갓은 광대케 된다. 가나안에서 광활한 영토를 획득할 것이다. 또 그는 암사자같이 엎드리고 팔과 정수리를 찢는다고 했다. 원수를 공격해서 패하게 하는 것이다. 모두 다 적극적이고 축복된 역사이다. 하나님은 그분의 자녀들이 이렇게 하나님 안에서 축복을 받아 귀하고 많은 일을 하기 원하신다.

21절, 그가 자기를 위하여 먼저 기업을 택하였으니 곧 법 세운 자의 분깃으로 예비된 것이로다 그가 백성의 두령들과 함께 와서 여호와의 공의와 이스라엘과 세우신 법도를 행하도다

이것은 갓이 먼저 요단 동편에서 기업을 택한 것을 말하는 것이다. 그리고 법 세운 자는 모세를 가리킨다. 갓은 가나안 땅에 들어가서 여호수아의 인도 아래 기업을 택한 것이 아니고 법 세운 자, 곧 모세의 분깃을 기업으로 택하였다. 그가 백성의 두령들과 함께 와서 여호와의 공의와 이스라엘과 세우신 법도를 행했다고 한 것은 그들이 요단 동편에서 기업을 얻었지만 앞장서서 요단을 건너 가나안 땅에 들어가 남은 지파들과 함께 전쟁을 치른 것을 의미한다.

22절, 단에 대하여는 일렀으되 단은 바산에서 뛰어나오는 사자의 새끼로다

단, 아셀, 납달리는 하나의 조를 이루는데, 단에 대하여 창세기 49장에서는 이스라엘의 한 지파같이 백성을 심판한다고 했고 단은 길의 뱀이요 첩경의 독사라고 했다. 또 말굽을 물어서 그 탄 자로 뒤로 떨어지게 한다고 했다. 그리 적극적인 표현이 아니다. 그러나 모세는 단에 대해서 간단하게 '바산에서 뛰어나오는 사자의 새끼로다' 라고 했다. 어쨌든 모세의 예언에는 소극적인 부분이 없고 적극적인 축복만 있다. 단 지파는 특히 삼손을 배출한 지파이다. 삼손은 사사 시대에 특이한 사람이었고 대단한 인물이었다. 열왕 시대가 유다 지파라면 사사 시대는 단 지파로 대표된다고 말할 수 있을 정도이다(사사기 강해 참조).

23절, 납달리에 대하여는 일렀으되 은혜가 족하고 여호와의 복이 가득한 납달리여 너는 서방과 남방을 얻을지로다

창세기 49장의 납달리에 대한 예언에서는 "납달리는 놓인 암사슴이라 아름다운 소리를 발하는도다" 라고 말한다. 아름다운 소식을 발한다는 것은 신약으로 말하면 복음을 전하는 것이다. 놓인 암사슴이니 얼마나 잘 달리겠는가? 스불론과 납달리 지경은 주 예수님께서 사역을 시작하실 때 복음 전파가 시작된 곳이다. 여기서도 납달리에 대해서는 "너는 서방과 남방을 얻을지로다" 라고 한다. 복음을 전하는 사람들이 결국 많은 지경을 얻게 된다.

24-25절, 아셀에 대하여는 일렀으되 아셀은 다자한 복을 받으며 그 형제에게 기쁨이 되며 그 발이 기름에 잠길지로다 25 네 문빗장은 철과 놋이 될 것이니 네 사는 날을 따라서 능력이 있으리로다

이 아셀에게 또 축복이 많다. 그는 그 형제에게 기쁨이 되고 그 발이 기름에 잠길 것이라고 했다. 야곱의 예언에서도 아셀 땅에서 나는 식물은 기름지며 왕의 진수를 공궤한다고 했다. 그뿐 아니라 아셀은 강한 능력을 갖고 있다. 그들의 문빗장은 철과 놋이어서 대적이 열수도 없고 뚫을 수도 없을 것이다. 이는 아셀 지파의 땅이 비옥할 것임을 예언한 것이다. 그들은 형제들에게 기쁨이 되는 축복이 있다. 이 또한 큰 축복 중의 하나이다. 기름이 있고 철과 놋이 있으며 능력이 있다는 것은 영적으로 강건하여 전쟁에 참여 할 수 있다는 뜻이다. 하나님은 우리가 더욱 자라고 강건하여 악한 자를 패배시킬 수 있기를 원하신다. 형제에게는 기쁨이 되고 대적에게는 철 문빗장이 되는 것은 모두가 영적으로 귀한 장점이다. 사는 날 끝까지 이런 능력이 충만하다면 더 바랄 것이 없다. 교회에 이런 형제들이 많다면 큰 축복이 된다.

26절, 여수룬이여 하나님 같은 자 없도다 그가 너를 도우시려고 하늘을 타시고 궁창에서 위엄을 나타내시는도다

25절까지 각 지파를 축복하던 모세는 26절부터 통칭 이스라엘을 향하여 축복의 말을 낸다. 하나님은 그분의 백성을 돕고 지키시는 분이라고 선포하신다. 우리가 하나님을 찬양하는 방법은 하나님께 "당신 같은 분이 없습니다!"라고 말씀드리는 것이다. 하나님은 항상 우리를 도우시려고 하늘을 타시고 궁창에서 그분의 위엄을 나타내신다. 그분의 능력, 그분의 위엄은 다 우리 같은 그분의 택한 자들을 도우시기 위한 것이다.

27절, 영원하신 하나님이 너의 처소가 되시니 그 영원하신 팔이 네 아래 있도다 그가 네 앞에서 대적을 쫓으시며 멸하라 하시도다

“영원하신 하나님이 너의 처소가 되시니”. 이는 모세가 시편 90편에서 노래한 것과도 상통하는 말이다. “주여 주는 대대에 우리의 거처가 되셨나이다”(1절). 하나님 자신이 우리의 처소가 된다는 개념은 깊은 것이다. 주 예수님은 ‘내 안에 거하라 나도 너희 안에 거하리라’고 하셨다. 주님 자신이 우리의 거할 처소이다. 이는 계시록 새 예루살렘에서 영원히 실제가 된다(계 21:22). 결국 우리의 대적을 쫓고 멸하시는 분은 영원한 팔로 우리를 안으시고 붙들고 계시며 우리의 능력이 되신 하나님이시다. 하나님이 우리 앞에서 대적을 쫓고 멸하신다.

28-29절, 이스라엘이 안전히 거하며 야곱의 샘은 곡식과 새 포도주의 땅에 홀로 있나니 곧 그의 하늘이 이슬을 내리는 곳에로다 29 이스라엘이여 너는 행복자로다 여호와의 구원을 너같이 얻은 백성이 누구뇨 그는 너를 돕는 방패시요 너의 영광의 칼이시로다 네 대적이 네게 복종하리니 네가 그들의 높은 곳을 밟으리로다

이 땅에서 가장 축복된 존재가 바로 이스라엘이다. 이 말씀이 열 두 지파에 대한 축복의 결론이다. 하나님께서는 이스라엘을 돕고 이스라엘의 처소가 되시며 그들로 하여금 안전하게 거하게 하시고 그들의 땅에 축복을 베푸시며 그들을 구원하시고 그들의 방패가 되시어 대적에게서 지켜주시고 또 대적을 멸하게 하신다. 그러므로 이러한 하나님을 모신 이스라엘은 참으로 행복자이다. 이스라엘은 하나님의 축복의 범위이다. 오늘 교회 또한 다른 것이 아니라 하나님의 축복의 범위이다. 하나님께서는 축복을 가득 갖고 계시는데 그것을 쏟아부을 대상이 바로 하나님의 백성이요 오늘날에는 교회인 것이다. 우리는 오늘날의 이스라엘로서 이러한 축복을 다 받을 수 있기 바란다.

신명기 34장

신명기 32장에는 모세의 노래가 있고 33장에는 모세의 축복이 있다. 이 34장은 앞에서 언급한 바 있듯이 모세가 직접 쓸 수 없었을 것이다. 누가 썼는지 명시되어 있지 않지만 여호수아나 혹 다른 사람이 썼을 수도 있다. 그러나 어쨌든 이 부분은 모세의 죽음에 대해 말하고 있고 거룩한 하나님의 말씀에 포함되어 있기 때문에 하나님의 신성한 계시임에 틀림이 없다. 모세는 느보산에 올라가서 하나님께서 친히 보여주신 약속의 땅 전역을 다 바라본 후에(1-4절) 120세의 일기로 임종한다(5-7절). 이스라엘은 모압 평지에서 그의 죽음을 30일 동안 애도하였다고 기록하였다(8절). 마지막 9-12절은 후계자에 대한 말씀과 모세의 위대성을 칭송하는 것으로 마친다.

1-8절, 모세가 모압 평지에서 느보 산에 올라 여리고 맞은 편 비스가 산
꼭대기에 이르매 여호와께서 길르앗 온 땅을 단까지 보이시고 2 또 온 납
달리와 에브라임과 므낫세의 땅과 서해까지의 유다 온 땅과 3 남방과 종
려의 성읍 여리고 골짜기 평지를 소알까지 보이시고 4 여호와께서 그에게
이르시되 이는 내가 아브라함과 이삭과 야곱에게 맹세하여 그 후손에게
주리라 한 땅이라 내가 네 눈으로 보게 하였거니와 너는 그리로 건너가지
못하리라 하시매 5 이에 여호와의 종 모세가 여호와의 말씀대로 모압 땅에

서 죽어 6 벧브올 맞은편 모압 땅에 있는 골짜기에 장사되었고 오늘까지
그 묘를 아는 자 없느니라 7 모세의 죽을 때 나이 일백 이십 세나 그 눈이
흐리지 아니하였고 기력이 쇠하지 아니하였더라 8 이스라엘 자손이 모압
평지에서 애곡하는 기한이 맞도록 모세를 위하여 삼십 일을 애곡하니라

이 부분은 하나님의 종 모세의 죽음을 말하고 있다. 그는 모압 평지에서 느보 산에 올라 비스가 산 꼭대기에서 죽었다. 느보 산이 큰 산이라면 비스가 산은 그 중 한 봉우리인 것 같다. 이때 모세의 나이가 백 이십 세였는데, 그 산에 올라갈 때에 모세는 사람들의 부축을 받고 올라간 것 같지 않다. 왜냐하면 비스가 산꼭대기에 올라간 것은 모세 혼자였기 때문이다. 그래서 그 시체를 어디에 두었는지 아무도 모른다. 어느 지점까지는 사람들과 함께 갔을 수 있지만, 비스가 산꼭대기에는 모세 혼자 올라갔다고 보여진다. 그렇다고 볼 때 모세는 백 이십 세가 되었어도 산에 올라갈 수 있는 기력을 지니고 있었던 것이다. 7절에서 "모세의 죽을 때 나이 일백 이십 세나 그 눈이 흐리지 아니하였고 기력이 쇠하지 아니하였더라"고 말한다. 이렇게 아직 기력이 남아 있는 상태에서 모세는 죽었다. 그것이 하나님의 하나의 행정이요 통치이다. 이러한 죽음은 매우 특별하다.

그리고 그가 죽기 전에 하나님께서는 그분의 약속대로 장차 이스라엘 백성들이 건너가서 취할 가나안 땅 온 지경을 보여 주셨다. 길르앗 온 땅을 단까지 보여주시고 또 온 납달리와 에브라임과 므낫세의 땅과 서해까지의 유다 온 땅과 남방과 종려의 성읍 여리고 골짜기 평지를 소알까지 보여주셨다. 모세의 사역은 애굽에서 홍해를 건너 광야로, 광야에서 모압 평지까지, 즉 요단을 건너기 전까지이다. 그는 거기까지 사역하도록 위임받았다. 이제 요단을 건너 가나안 땅에 들어가서 그 땅 족속과 전쟁을 하고 그 땅을 취하여 이스라엘 백성들에게 기업으로 나눠주는 일은 여호수아에게 맡겨져 있었다. 모세에 대해서 히브리서 기

자는 상래 말할 것을 증거하기 위하여 하나님의 온 집에서 사환으로 충성하였다고 기록하고 있다(3:5). 그는 분명히 하나님의 온 집에서 사환으로 충성을 다한 종이다. 그러한 그가 므리바 물가에서 하나님의 거룩함을 나타내지 못한 고로 하나님께서는 그를 가나안 땅에 들이지 않겠다고 하셨다. 여기에 하나님의 통치가 있다. 하나님은 은혜의 하나님만이 아니고 통치의 하나님이심을 알아야 한다.

히브리서 10장 30절에 의하면 "원수갚은 것이 내게 있으니 내가 갚으리라 하시고 또 다시 주께서 그의 백성을 심판하시리라 말씀하신 것을 우리가 아노니 살아계신 하나님의 손에 빠져 들어가는 것이 무서울진저"라고 한다. 어떤 사람들은 하나님이 무골호인처럼 어떤 일에서든지 은혜와 사랑만 베푸시는 것으로 알지만 사실은 그와 다르다. 그렇게 아는 것은 하나님을 잘 알지 못하는 것이다. 신명기 34장에서 보여주는 것은 무엇인가? 하나님은 모세같이 충성된 종에게도 은혜와 통치 양면을 갖고 대하심을 볼 수 있다는 것이다. 고린도 전서 11장 29-30절에 의하면 "주의 몸을 분변치 못하고 먹고 마시는 자는 자기의 죄를 먹고 마시는 것이니라 이러므로 너희 중에 약한 자와 병든 자가 많고 잠자는 자도 적지 아니하니"라고 한다. 당시 고린도 교회의 어떤 사람들이 함부로 주의 만찬상을 대하다가 하나님의 심판의 행정에 걸려든 것이다. 주의해야 할지라! 하나님은 사랑의 하나님이실 뿐 아니라 두려우신 하나님이시다.

베드로전서 4장 17절은 "하나님의 집에서 심판을 시작할 때가 되었나니"라고 말하면서 하나님이 그분의 교회도 심판하심을 알려준다. 주 예수님은 버가모 교회의 혼잡한 성도들이 만일 회개하지 않는다면 그들을 그대로 두시지 않고 그분의 입의 날선 검으로 그들과 싸우겠다고 하셨다(계 2:16). 하나님은 이스라엘이 그분의 택한 백성이고 사랑의 대상임에 분명하지만 그들에게 행정을 행사하신다. "내가 땅의 모든 족속중에 너희만 알았나니 그러므로 내가 너희 모든 죄악을 너희에게 보응하리라 하셨나니"(암 3:2). 그분은 그들만 알 정도로 사랑하신다. 그래서 그들의 죄악을 간과하시지 않고 보응하신다고 하신다. 이것은 어떠한 두려움인가!

이제 모세는 백 이십 세를 일기로 해서 비스가 산꼭대기에서 죽게 된다. 여기서 우리는 한 하나님의 종의 죽음을 본다. 그는 그 산에 올라가는 것이 자기의 죽음을 의미한다는 것을 알았을 것이다. 그렇지만 그는 기꺼이 올라갔고 거기서 슬퍼하거나 괴로워하지 않고 아마 기쁨 가운데 영광스러워하면서 죽었을 것이다. 하나님께서 그에게 요단 저편의 가나안 일경을 기업으로 보여 주셨기 때문이다. 하나님께서는 그분의 신실한 종이 이 세상을 떠나기 전에 하나님의 영광을 보여주시고 그 나라의 영광을 보여주심으로 그에게 힘을 주시어 그로 하여금 능히 그 죽음의 강을 건널 수 있게 하시는 듯하다. 모세가 바라본 가나안 땅은 하늘 왕국의 모습이기도 하다. 즉 그가 가나안 땅을 바라보는 것은 믿음으로 하나님의 약속을 바라보는 것이다. 그렇기 때문에 안타까워하기보다 하나님께서 약속하신 왕국에 들어갈 것을 생각하고 기뻐하며 감사했을 것이다.

아브라함과 이삭과 야곱 또한 가나안 땅에 거했지만 거기서는 순례자와 나그네로 지냈으며 오직 하늘 본향을 사모했다는 것을 기록하고 있다(히 11:9). 이것은 하나님의 통치 외에 그분의 은혜이기도 하다. 하나님은 통치와 은혜를 적절히 조화하신다. 그분은 그분의 종 모세에 대하여 그의 잘못으로 인하여 그 땅에 들어가는 것을 금하셨지만 그 땅을 바라보게 하는 긍휼을 베푸셨다. 그분은 참으로 진노 중에라도 긍휼을 베푸시는 분이다(합 3:2).

또 한 가지, 모세를 통해 우리는 성도가 죽음에 닥쳐서 당황하지 않고 그 죽음을 잘 받아들일 수 있는 비결을 보게 된다. 모세는 약속의 땅 가나안을 향해 살았다. 신약 빌립보서에서 사도 바울도 "이는 내게 사는 것이 그리스도니 죽는 것도 유익함이라"(빌 1:21)고 말했다. 그러면서 그는 자신이 삶과 죽음 사이에 끼였는데 떠나서 그리스도와 함께 있을 욕망을 가진 이것이 더욱 좋다고 했다. 이러한 태도는 오늘날 많은 그리스도인들의 태도와 너무 차이가 있는 것 같다. 대부분의 사람들은 이 땅에서 하루라도 더 살고 싶어하며 죽음이 목전에 다가오면 당황해하면서 절대로 죽어서는 안 된다고 생각한다. 그러나 여기 모세의 죽음이나 바울의 죽음 앞에서의 태도는 너무 당당하고 의연하다. 그러려면 오늘 우리의 삶이 그 나라를 향한 것이어야 한다. 골로새서 3장에서는 위엣 것을 생각하라고 했다. 이는 우리가 이 땅에서 그리스도와 함께 죽었고 다시 그리스도와 함께 살리심을 받았기 때문이다. 그리고 그리스도께서 하나님 우편에 앉아 계시기 때문이다.

모세가 비스가 산에 올라갈 때 그의 발걸음이 무겁지 않았을 것이라고 생각한다. 그는 이 땅에서 40년 동안 이스라엘 백성을 인도할 때에도 여전히 하나님과 함께 있었기 때문이다. 그러한 그가 하나님께 가는 것은 너무 친근하고 자연스러운 일이었을 것이다. 그러므로 이 땅에서 우리가 늘 오늘밖에 없는 것처럼 하루, 한 달, 일 년 계산하면서 주님과 함께 생활해 나간다면 참으로 유용하고 가치 있는 삶을 살게 될 것이다.

"벧브올 맞은편 모압 땅에 있는 골짜기에 장사되었고 오늘까지 그 묘를 아는 자 없으니라"(6절). 이는 틀림없이 모세의 시체를 찾아서 장사지내지 않았다는 것을 의미할 것이다. 모세는 혼자 산에 올라갔고 거기서 죽었으며 그의 시체를 관심하신 분은 하나님이셨을 것이다. 누가 장사했는지 천사인지 누구인지 우리는 알지 못한다. 어쨌든 이스라엘 백성들은 모세의 시체를 찾지 못했고 오늘까지 모세의 묘를 아는 자가 없다고 했다. 이후로 이스라엘 백성들은 우상숭배를 많이 한다. 예레미야서를 보면 유다 성읍에는 그 거리 수보다 우상의 수가 더 많다고 말했다. 그러한 그들이 사십 년 동안 그들을 인도한 왕 같은 사람의 시체가 있다면 결코 그냥 두지 않았을 것이다. 어떤 식으로든 숭배하는 형태를 취했을 것이다. 그래서 하나님은 모세의 시체를 그들에게 내어주지 않고 감추신 것이다. 어떤 성경 학자들은 모세의 시체를 천사들이 장사했을 것이라고 말한다. 유다서 9절을 보겠다. "천사장 미가엘이 모세의 시체에 대하여 마귀와 변론할 때에 감히 훼방하는 판결을 쓰지 못하고 다만 말하되 주께서 너를 꾸짖으시기를 원하노라 하였거늘". 여기서 천사장 미가엘은 모세의 시체를 가지고 마귀와 다투었다고 했다. 무엇에 관해 다투었는지는 알 수 없다. 우리는 여기서 하나님은 그의 신실한 종들의 장사까지도 관심하시는 것을 볼 수 있다.

"모세의 죽을 때 나이 일백 이십 세나 그 눈이 흐리지 아니하였고 기력이 쇠하지 아니하였더라"(7절). 모세는 백 이십 세 때까지 기력이 좋았다. 우리도 모세처럼 이 세상 끝날 때까지 건강하게 살다가 주님 만날 수 있기를 바란다. 이스라엘 자손은 모압 평지에서 애곡하는 기한이 맞도록 모세를 위하여 삼십 일을 애곡했다. 정말 귀한 주님의 종이 그들을 떠났을 때 슬퍼하는 것도 당연한 일이라 생각된다.

9절, 모세가 눈의 아들 여호수아에게 안수하였으므로 그에게 지혜의 신이 충만하니 이스라엘 자손이 여호와께서 모세에게 명하신 대로 여호수아의 말을 순종하였더라

모세가 후계자 눈의 아들 여호수아에게 안수하자 그에게 지혜의 신이 충만하였다. 그래서 이스라엘 자손들은 여호와께서 모세에게 명하신 대로 여호수아의 말을 순종했다.

10-12절, 그 후에는 이스라엘에 모세와 같은 선지자가 일어나지 못하였나니 모세는 여호와께서 대면하여 아시던 자요 11 여호와께서 그를 애굽 땅에 보내사 바로와 그 모든 신하와 그 온 땅에 모든 이적과 기사와 12 모든 큰 권능과 위엄을 행하게 하시매 온 이스라엘 목전에서 그것을 행한 자더라

마지막으로 모세의 인물됨과 사역을 다시 한 번 간략하게 기록하고 있다. 하나님은 그의 충성을 기억하신다. 그의 인물됨도 기억하신다. "그 후에는 이스라엘에 모세와 같은 선지자가 일어나지 못하였나니". 이 어떠한 칭찬의 말인가! 또한 "모세는 여호와께서 대면하여 아시던 자요"라고 한다. 그는 하나님과 친밀하였고 체험적으로 하나님을 안 자였다. 또한 하나님의 보내심을 받아 이스라엘 목전에 많은 기적을 행한 자였다. 성령은 이를 귀한 것으로 기록하고 있다. 하나님은 그분의 종들의 사역의 충성스러움과 귀한 부분들을 결코 잊지 않으신다. 주님은 그들의 그리스도 안의 수고가 결코 헛되지 않다고 하신다(고전 15:58). 그들의 업적 또한 하나하나 기억하시고 반드시 보상하신다(히 11:23-29).

모세는 강물 위로 떠내려가던 아이의 건져짐으로부터 시작하여 애굽의 궁정과 미디안 초원과 광야의 40년을 거쳐 이제 모압 평지에서 비스가 산으로 한 발 한 발 인도를 받다가 이 땅을 떠났지만 신약 복음 시대를 열기 위해 주 예수께서 이 땅에 성육신하여 오셨을 때 엘리야와 더불어 그리스도 앞에 변화산 상에서 모습을 나타낼 특권을 얻었다. 그는 진정으로 은혜를 받은 종이다. 자격 없는 인간에게 섬길 기회를 주신 긍휼의 하나님께 감사하고 찬양드린다. 아멘.

IMC

국제선교신학원(IMC-International Mission College)은 성경 진리에 따라 범사를 행하며 진리를 참되게 가르치는 사람들을 양성하고, 복음 전파와 선교를 위하여 주님의 사명을 감당할 수 있는 예수 그리스도의 제자들을 훈련하며 양성하는 기관이다.

신명기 강해

초판 발행 | 2004년 12월 10일
2 판 1 쇄 | 2008년 8월 30일

저자 | 유동근

발행처 | IMC(국제선교신학원 출판부)
등록번호 | 제 15-335 호

420-031| 경기도 부천시 원미구 상동 617-5 2F
벧엘서원 영업부 : TEL. 032) 326-3096 FAX. 032) 324-3097
IMC, 벧엘서원 편집부 : TEL. 032) 322-3095
http : www.bethelbook.com
E-mail: bethelbook@bethelbook.com

값 25,000원

ISBN 89-92014-30-4 03230
ISBN 89-92014-01-5 03230 (세트)